François de Lannoy & Josef Charita

Panzertruppen

Les troupes blindées allemandes
German armored troops
1935-1945

Traduction : John Lee

HEIMDAL

Conception : Georges Bernage

Texte : François de Lannoy et Josef Charita

Traduction : John Lee

Maquette : Francine Gautier

Mise en pages : Christel Lebret

Photogravure : Christian Caira et Philippe Gazagne

Dessin des insignes : Bernard Paich

Infographie : Philippe Gazagne

Iconographie :   - Bundesarchiv, Koblenz (BA.)

                  - Collections Josef Charita et Heimdal*

                  - Etablissement Cinématographique et Photographique des Armées, Ivry (ECPA)

* Dont sont issus, sauf mention contraire, tous les portraits et clichés du corps de l'ouvrage.

Légendes des photographies hors texte :

Page 4 : Un Panzer IV de la *16. Panzer-Division* (*Generalmajor* Rudolf Sickenius) photographié en Italie en septembre 1943. Contrairement à ce que l'on pourrait supposer, ce char n'appartient pas au régiment blindé de la division *(Panzer-Regiment 2)*, mais à la 3ᵉ compagnie du bataillon du génie *(Pionier-Bataillon 16)*. (BA 305/652/24.)

Page 6 : Deux tankistes du Panzer-Regiment 31 de la 5. Panzer-Division photographiés à la tourelle de leur Panzer IV en URSS au cours de l'été 1942. (BA.)

Page 4 : *A Panzer IV of 16. Panzer-Division (Generalmajor Rudolf Sickenius) photographed in Italy in September 1943. Contrary to what one might think, this tank does not belong to the division's armored regiment (Panzer-Regiment 2), but to 3rd Company of the engineers battalion (Pionier-Bataillon 16). (BA 305/652/24.)*

Page 6 : *Two tank crew members of 5. Panzer-Division Panzer-Regiment 31 photographed in the turret of their Panzer IV in the USSR during the summer of 1942. (BA.)*

Editions Heimdal
Château de Damigny - BP 61350 - 14406 BAYEUX Cedex
Tél. : 02.31.51.68.68 - Fax : 02.31.51.68.60 - E-mail : Editions.Heimdal@wanadoo.fr

ISBN 2-84048-151-0

Introduction

De 1939 à 1945, les divisions blindées de l'armée de terre allemande *(Heer)* ont constitué un formidable instrument de guerre. Cet instrument a commencé à être forgé dès le lendemain de la guerre de 14-18 et c'est grâce à la ténacité et à l'esprit inventif d'un groupe d'officiers, parmi lesquels figurent les futurs généraux Lutz et Guderian, que Hitler a trouvé, lors de son arrivée au pouvoir en 1933, les bases nécessaires à la constitution d'une force blindée digne de ce nom. De 1935 à 1945, plus de trente divisions blindées ont ainsi vu le jour. Dotées d'un encadrement de qualité, de matériels performants et utilisées selon des principes révolutionnaires, elles ont joué un rôle déterminant dans la série de victoires remportées en Pologne, en France, dans les Balkans, en Afrique du Nord et en Union Soviétique. Contraintes à la défensive à partir de l'été 1943, elles ont ensuite contribué à ralentir l'avance inexorable des troupes alliées vers le cœur du Reich. Pendant toute la guerre et malgré leurs vicissitudes, elles ont suscité l'admiration et l'envie, donnant naissance à un véritable mythe, encore vivace de nos jours...

Cet ouvrage est consacré aux troupes blindées *(Panzertruppen)* du *Heer* et plus particulièrement aux divisions blindées *(Panzerdivisionen)*. Il contient les biographies et les portraits des 266 officiers généraux ou supérieurs ayant commandé des armées, des corps d'armée et des divisions blindées pendant la période 1935-1945. C'est un aspect peu connu et pourtant primordial qui est présenté ici pour la première fois en langue française et anglaise. Une seconde partie donne la composition et l'historique des armées, des corps d'armée et divisions blindées et légères (ces dernières faisant partie des *Panzertruppen*) créées entre 1935 et 1945. Cette partie est illustrée par une soixantaine de reportages regroupant plus de 300 photos, pour la plupart inédites, mettant en scène les différentes divisions blindées sur tous les fronts et à tous les moments du conflit...

Les auteurs remercient chaleureusement M. Peter Schmitz pour son aide.

From 1939 to 1945, the armored divisions of the German land army (Heer) made up a formidable instrument of war. This instrument began to be built up in the immediate aftermath of the 1914-18 war, and it was thanks to the tenacity and inventiveness of a group of officers, including future generals like Lutz and Guderian, that, on rising to power in 1933, Hitler found ready the necessary basis on which to build up a tank force worthy of the name. Thus, from 1935 to 1945, over thirty armored divisions came into being. Being endowed with quality staffing, and high-performance equipment employed following revolutionary principles, they played a decisive role in the series of victories in Poland and France, in the Balkans, in north Africa and the Soviet Union. When, from the summer of 1943, they went on the defensive, they continued to contribute towards slowing down Allied troops as they advanced inexorably into the heart of the Reich. Throughout the war, although they had their ups and downs, they managed to inspire admiration and envy, attaining a legendary status that lingers on to this day...

This book is devoted to the panzer or armored troops (Panzertruppen) of the Heer and more especially to the armored divisions (Panzerdivisionen). It contains the biographies and portraits of the 266 general or superior officers who commanded armies, army corps and armored divisions during the period 1935-1945. This little-known and yet crucial aspect is presented here for the first time in French and English. Part Two describes the makeup and history of the armies, army corps and armored and light divisions (these last were part of the Panzertruppen) set up between 1935 and 1945. This section is illustrated with some sixty reportages totalling over 300 mostly unpublished photographs involving the different tank divisions on all fronts and at all stages of the war...

The authors extend their warm thanks to Mr. Peter Schmitz for his kind assistance.

Sommaire
Contents

De 1934 à 1945, 266 officiers, principalement des généraux, ont assumé le commandement d'armées blindées (*Pz.Armee*), de corps motorisés ou blindés (*A.K. (mot.)* ou *Pz.K.*), de divisions blindées (*Pz.Div.*) ou de divisions légères (*Lei. Div.*) (1) du *Heer* (armée de terre). Ces chefs, dont les biographies vont suivre, sont issus de l'élite du corps des officiers et ont joué un rôle important pendant la Seconde Guerre mondiale. Jusqu'aux derniers jours du conflit, les unités blindées qu'ils ont commandées ont constitué le fer de lance de la plupart des opérations offensives ou le noyau dur des combats défensifs menés à l'Est, à l'Ouest et sur les théâtres périphériques. Qui étaient ces hommes ? Quel fut leur parcours avant et pendant la guerre ? Que sont-ils devenus après la guerre ? C'est à ces questions que nous allons tenter de répondre ici.

Il convient, avant d'entrer dans les détails de cette étude, d'apporter quelques précisions sur notre *corpus*. Ce dernier comprend donc les officiers ayant assumé comme titulaire ou comme remplaçant des commandements supérieurs (armée, corps d'armée et division) dans les troupes blindées entre 1934 et 1945 (2). Cet ensemble représente 266 officiers se répartissant entre 241 généraux du *Heer*, un général de la Waffen-SS (*SS-Oberstgruppenführer* Sepp Dietrich, chef d'une *Pz.Armee* à la fin de la guerre) (3), un général de la *Luftwaffe* (Hermann-Bernhard Ramcke, chef de la *90. Lei. Div.*) et un général italien (Giovanni Messe successeur de Rommel à la tête de la *Pz.Armee* « Afrika »), 21 *Oberosten* (colonels) et un *Major* (commandant). Les 241 généraux du *Heer* se répartissent eux-mêmes en 7 *Generalfeldmarschälle*, 13 *Generalobersten* (généraux d'armée), 77 *Generäle* (généraux de corps d'armée (4)), 94 *Generalleutnante* (généraux de division) et 50 *Generalmajore* (généraux de Brigade). On notera que ces 239 généraux représentent environ 10 % du total des généraux ayant servi dans le *Heer* au cours de la Seconde Guerre mondiale.

Ces 266 officiers généraux (ou non) (5) ayant commandé de grandes unités blindées sont nés entre

(1) *Leichte-Division* ou division légère. Ces dernières, dotées d'une *Pz.Abt.* font partie des *Panzertruppen*. La plupart d'entre elles serviront de base à la constitution de nouvelles *Pz.Div.*

(2) Une seule exception cependant, nous avons inclus dans notre liste Walther Wenck, Ia et chef d'état-major de différentes grandes unités blindées, promu *General der Panzertruppe* en 1945.

(3) Les passerelles entre les troupes blindées du *Heer* et la Waffen-SS sont très rares. A part Sepp Dietrich, aucun général de la *Waffen-SS* ne commandera de grandes unités blindées de l'armée de terre. Inversement, un seul général des blindés du *Heer*, Martin Unrein commandera une grande unité blindée de la *Waffen-SS* (le *III. SS-Pz.K.* en février 1945). Il semble qu'une certaine rivalité ait existé entre les unités blindées du *Heer* et celles de la *Waffen-SS*, mieux équipées à la fin de la guerre. Par ailleurs, des généraux des troupes blindées du *Heer*, comme Balck ou Hoepner, ne cachaient pas leur hostilité pour les unités de la *Waffen-SS*.

(4) Dans la *Wehrmacht*, ces derniers portent l'appellation de *General* suivi de leur spécialité *Panzertruppe*, *Infanterie*, *Artillerie*, etc.

(5) Pour simplifier, nous emploierons tout au long de ce texte le terme de « généraux » même si tous nos commandeurs de division n'atteignirent pas ce grade.

Part One : The Commanders

From 1934 to 1945, 266 officers, mostly generals, took over command of the tank armies (*Pz.Armee*), motorized or armored corps (*A.K. (mot.)* or *Pz.K.*), armored divisions (*Pz.Div.*) and light divisions (*Lei. Div.*) (1) of the *Heer* (army). These commanders, whose biographies follow, were drawn from the elite of the officer corps and played an important role during World War II. Right up until the last days of the war, the armored units under their command were the spearhead of most of the offensive operations and the hard core of the defensive battles fought in both East and West, and in the peripheral theaters of war. Who were these men? What career did they follow before and during the war? What became of them after the war? Such are the questions that will be addressed in these pages.

Before entering into the detail of this study, a few indications should be given regarding our corpus. It includes those officers who took over higher commands (army, army corps and division), or deputized for them, in the panzer troops between 1934 and 1945 (2). This group numbers 266 officers, and includes 241 generals of the *Heer*, one general of the Waffen-SS (*SS-Oberstgruppenführer* Sepp Dietrich, commander of a *Pz.Armee* at the end of the war) (3), one general of the *Luftwaffe* (Hermann-Bernhard Ramcke, commander of *90. Lei. Div.*) and one Italian general (Giovanni Messe, Rommel's successor at the head of *Pz.Armee* « Afrika »), 21 *Oberosten* (colonels) and one *Major* (major). The 241 *Heer* generals themselves break down into 7 *Generalfeldmarschälle*, 13 *Generalobersten* (generals), 77 *Generäle* (lieutenant generals (4)), 94 *Generalleutnante* (major generals) and 50 *Generalmajore* (brigadier generals). It will be noted how these 239 generals account for around 10% of all generals serving with the *Heer* during the course of World War II.

Whether generals or otherwise, these 266 officers (5) who commanded the large armored units were born between 1881, for the two oldest (Ernst Fessmann, commanding officer of *3. Pz.Div.* in 1935 and Ewald von Kleist, commanding officer of *1. Pz.Armee*) and 1913 for the youngest, but this was a very special case, that of *Major i.G.* (commissioned staff officer), Rudolf Knebel-Doeberitz, commanding officer of *24. Pz.Div.* at the end of the war. We may place together in one group those generals born between 1881 and 1889 (27% of the total), in a second group, those born between 1890 and 1902 (70% of the total), and in a third group those born after 1902 (around 6% of the total). The majority of our contingent (the second group) thus comprises men aged between 39 and 50 at the outbreak of World War II, and around 44 to 55 at the end of the war. These were officers who were promoted to general during the course of the war. Those in the first group (less than a quarter of the total) were aged from about 49 to 58 at the start of the war and about 56 to 65 by its end. Most of them were already generals before the war. In contrast, the third group is made up of much younger men, from 26 years old (an extreme case) to around 37 at the start of the war and about 31 to 41 at the end. These were either colonels who took over command of a division or very young generals promoted to that rank at the age of about 40.

(1) *Leichte-Division*, or light division. These were part of the *Panzertruppen* and had a *Pz.Abt.* Most of them were used as a basis for forming new *Pz.Div.*

(2) With just one exception, however: we have included in our list Walther Wenck, Ia and chief-of-staff of various large panzer units, promoted to *General der Panzertruppe* in 1945.

(3) There were very few crosslinks between the panzer troops of the *Heer* and the Waffen-SS. Apart from Sepp Dietrich, no *Waffen-SS* general ever commanded a big army panzer formation. Conversely, only one *Heer* panzer general, Martin Unrein, ever commanded a big *Waffen-SS* armored formation (*III. SS-Pz.K.* in February 1945). There seems to have been a degree of rivalry between the *Heer* panzer units and those of the *Waffen-SS*, which were better equipped at the end of the war. Also, *Heer* panzer troop generals like Balck or Hoepner made no secret of their hostility towards the *Waffen-SS* units.

(4) In the *Wehrmacht*, they had the title *General* followed by their speciality, *Panzertruppe*, *Infanterie*, *Artillerie* etc.

(5) To simplify things, we shall use the term « general » throughout this text, despite the fact that some divisional commanders did not achieve that rank.

Origines sociales et géographiques

Le manque d'éléments nous empêche de déterminer avec précision l'origine sociale de nos 266 généraux. De longues recherches dans l'état-civil et dans des ouvrages sur l'histoire des familles seraient pour cela nécessaires. Cependant, la présence dans cette série de patronyme de la particule *von* ainsi que celle de titres nobiliaires, toujours portés en Allemagne entre les deux guerres (la chute de la Monarchie est encore très récente lorsque Hitler arrive au pouvoir) nous apportent quelques indications. Sur les 266 généraux de notre *corpus*, 67 portent en effet cette particule. Parmi eux, 26 sont titrés : 5 *Ritter* (chevalier), 18 *Freiherren* ou *Reichsfreiherren* (baron, baron de l'empire) et 3 *Grafen* (comte). Les *Ritter* sont souvent des Bavarois ayant obtenu ce titre avec l'ordre de Max-Josef pendant la guerre de 14-18 (cas notamment de Wilhelm von Thomas ou de Bruno von Hauenschild ou encore de Karl von Weber). Parmi les barons, signalons des hommes comme Maximilian von Weichs (issu d'une famille honorée du titre de *Reichsfreiherr* en 1623), Erpo von Bodenhausen (titre obtenu en 1669), Hans von Boineburg-Lengsfeld (titre obtenu en 1653), Hans von Falkenstein (titre obtenu en 1664), Willibald von Langermann und Erlencamp (titre obtenu en 1776) ou encore Heinrich et Smilo von Lüttwitz (titres obtenus en 1741 et 1788). Les trois comtes, Gerhard *Graf* von Schwerin, Theodor *Graf* von Sponeck et Hyazinth *Graf* Strachwitz sont issus d'anciennes familles ayant été honorées de ce titre au XVIIIe siècle. Au total, au moins le quart de nos généraux est donc d'origine aristocratique mais il s'agit ici d'un minimum car des généraux non porteurs de la particule peuvent appartenir à des familles ayant contracté des alliances dans la noblesse et descendre eux-mêmes de familles aristocratiques (cas notamment de Guderian dont le grand-père, le *Frhr* Hiller von Gaertinger, était grand propriétaire terrien en Poméranie). Cette présence de l'élément aristocratique est assez considérable. Elle est légèrement supérieure à celle du total des généraux du *Heer* en service de 1939 à 1945. Elle montre bien la pérennité de la tradition militaire dans les familles de l'aristocratie allemande et l'engouement de ces dernières pour la cavalerie et les troupes blindées. L'importance de l'élément nobiliaire dans le corps des officiers du *Heer* et ce, au plus haut niveau (à l'inverse de la *Luftwaffe*, plus populaire et plus marquée politiquement), est un élément caractéristique de cette armée. Rappelons ici que sur les 19 généraux du *Heer* ayant accédé à la dignité de *Generalfeldmarschall* sous Hitler, pas moins de 13 (soit 68 %) étaient issus de l'aristocratie et que sur les 2 338 généraux ayant servi pendant la Seconde Guerre mondiale, au moins 510 appartenaient à de familles aristocratiques, soit 21,8 %.

Les origines géographiques de nos généraux (quand elles sont connues) nous montrent une nette prédominance de l'Allemagne du Nord et du Nord-Est (au moins 77 cas, soit un peu moins du tiers) et notamment de la Prusse (au moins 39 cas), de la Poméranie (au moins 7 cas), de la Saxe (au moins 15 cas) et de la Silésie (au moins 16 cas). Les Bavarois (18) représentent 6,7 % du total, les Autrichiens (11) 4,1 % du total. Ces chiffres ne sont pas étonnants compte tenu du poids de ces deux entités par rapport au reste des « pays » germaniques. Par leur position géographique et leurs traditions, la Bavière et l'Autriche ont fourni beaucoup plus d'officiers des troupes de montagne que des troupes blindées.

Le *General der Panzertruppe* Guderian au cours d'une partie de chasse organisée le 8 septembre 1939 sur les terres du comte Dohna-Finckenstein. A cette date, le *XIX. A.K. (mot.)* de Guderian combat en Pologne. (DR.)

General der Panzertruppe Guderian during a day's shooting organized on 8 September 1939 on the estate of Count Dohna-Finckenstein. At that time, Guderian's XIX. A.K. (mot.) was fighting in Poland. (DR.)

1881, pour les deux plus âgés (Ernst Fessmann, chef de la *3. Pz.Div.* en 1935 et Ewald von Kleist, chef de la *1. Pz.Armee*) et 1913 pour le plus jeune mais il s'agit d'un cas très particulier, celui du *Major i.G.* (breveté d'état-major), Rudolf Knebel-Doeberitz, chef de la *24. Pz.Div.* à la fin de la guerre. Nous pouvons placer dans un premier groupe les généraux nés entre 1881 et 1889 (27 % du total), dans un second, les généraux nés entre 1890 et 1902 (70 % du total) et dans un troisième les généraux nés après 1902 (environ 6 % du total). Le gros de notre contingent (le second groupe) est donc constitué d'hommes âgés de 39 à 50 ans environ au début de la Seconde Guerre mondiale, 44 à 55 ans environ à la fin de la guerre. Il s'agit d'officiers ayant accédé au généralat au cours du conflit. Ceux du premier groupe (moins d'un quart du total) sont âgés de 49 à 58 ans environ au début de la guerre et de 56 à 65 ans environ à la fin. La plupart d'entre eux étaient déjà généraux avant la guerre. A l'opposé, le troisième groupe comprend des hommes beaucoup plus jeunes, âgés de 26 (cas extrême) à 37 ans environ au début de la guerre et 31 à 41 ans environ à la fin. Il s'agit soit des colonels ayant assumé le commandement de divisions soit de très jeunes généraux ayant reçu ce grade aux alentours de 40 ans.

Social and geographical origins

Lack of material prevents us from determining the social origins of our 266 generals with any accuracy. This would require lengthy searches through registry office records and works on family histories. However, we can get some idea from the presence in this list of patronymics of the particle *von* together with titles, still used in Germany between the two wars – the fall of the Monarchy was still a fairly recent event when Hitler came to power. Of the 266 generals of our corpus, 67 have a *von* in their name and 26 of these were titled: 5 *Ritter* (knights), 18 *Freiherren* or *Reichsfreiherren* (barons, barons of the empire) and 3 *Grafen* (counts). The *Ritter* were often Bavarians who earned the title with the order of Max-Josef during the 1914-18 war (e.g. Wilhelm von Thomas, Bruno von Hauenschild, or Karl von Weber). Among the barons, we find people like Maximilian von Weichs (from a family honored with the title of *Reichsfreiherr* in 1623), Erpo von Bodenhausen (title conferred in 1669), Hans von Boineburg-Lengsfeld (title conferred in 1653), Hans von Falkenstein (title conferred in 1664), Willibald von Langermann und Erlencamp (title conferred in 1776) or yet Heinrich and Smilo von Lüttwitz (titles conferred in 1741 and 1788). The three counts, Gerhard *Graf* von Schwerin, Theodor *Graf* von Sponeck and Hyazinth *Graf* Strachwitz, came from old families honored with the title back in the 18th century. Altogether, no less than one quarter of our generals were drawn from the ranks of the aristocracy but this is only a minimum since generals without a handle to their name may have come from families that had married into the nobility and been themselves descended from aristocratic families (this was notably the case with Guderian, whose grandfather, *Frhr* Hiller von Gaertinger, was a wealthy landowner in Pomerania). This shows a quite considerable presence of the aristocracy. It is slightly higher than the total number of generals of the *Heer* in service from 1939 to 1945. It certainly shows the lasting military tradition in the families of the German aristocracy and their obsession with the cavalry and armored troops. The number of the nobility among the *Heer* officer corps, and at the highest level (unlike the *Luftwaffe*, which was lower class and more politically marked), is a characteristic feature of that arm. We may recall here that of the 19 *Heer* generals promoted to *Generalfeldmarschall* under Hitler, no less than 13 (i.e. 68%) were members of the aristocracy, and of the 2338 generals who served during World War II, at least 510, or 21.8 %, came from aristocratic backgrounds.

Our generals' geographical origins, when known to us, show a clear majority from north and north-east Germany (at least 77 cases, or just under a third), particularly from Prussia (at least 39 cases), Pomerania (at least 7 cases), Saxony (at least 15 cases) and Silesia (at least 16 cases). Bavarians (18) account for 6.7% and Austrians (11) for 4.1% of the total. These figures are unsurprising given the weight of those two entities compared with the rest of the German « Lands ». Owing to their geographical position and traditions, Bavaria and Austria supplied many more officers to the mountain troops than to the panzer troops.

Military career up to World War II:

Apart from the 18 officers born after 1901, all our generals embarked on their careers at the start of the 1914-18 war or earlier. The vast majority (220, or around 82% of the total), being destined for a career as active officers, some of them first went to cadet school, began as officer cadets at ages of between 16 and 20, the rest enlisting either before (4 cases) or at the start of the first war (29 cases). Finally, the youngest ones (born after 1902) joined up during the 1920s.

The generals in the first group were cadets just at the turn of the century. This was the case with Ewald von Kleist (1900), Maximilian von Weichs (1900), Franz Boehme (1904), Richard Ruoff (1903) and his contemporary, Max von Hartlieb (1904). These officers ended the 1914-18 war with the rank of *Hauptmann* (captain). They were all in command of regiments during the inter-war period and, as we have already seen, were promoted to general before World War II broke out (42 out of 56, or 75%). But apart from the oldest and the most brilliant ones, not many rose higher than *Generalmajor*. While Ewald von Kleist and Maximilian von Weichs (born in 1881) were *Generäle der Kavallerie* in 1936; Ernst Fessmann (born in 1881), a *General der Panzertruppe* in 1937 and Richard Ruoff (born in 1883), a *General der Infanterie* in May 1939; Friedrich Kirchner (born in 1885) was a *Generalmajor* in 1938 and had to wait until wartime to step up in rank again. Likewise with Gotthard Heinrici (born in 1886), a *Generalmajor* in 1938; Josef Foltmann and Georg-Hans Reinhardt (born in 1887), *Generalmajore* in April 1939 and April 1937. Others in their generation also had to wait until wartime before being admitted to the generalship; they included Lothar Rendulic and Kurt Feldt (born in 1887), *Generalmajore* in December 1939 and February 1940.

The officers in the second group (born between 1890 and 1901) joined the army during the decade after 1910. Hans Gollnick (born in 1892), for instance, was a cadet in 1912, Erwin Mack (born in 1893) in 1911, Gustav Schmidt (born in 1894) in 1913, Hans Källner (born in 1898) in 1914. The youngest of them began their careers at the start of, or even during, World War I. Most finished the 1914-18 war as *Oberleutnant* (lieutenant) or *Leutnant* (2nd lieutenant). The majority continued to pursue their careers after the war and had risen to the ranks of *Oberstleutnant* or *Oberst* by the time the Second World War broke out. The volunteers were in a group of their own. Four of them joined the army as privates prior to 1914 and later became non-commissioned officers and even officers during the First World War. They were Karl Arndt, enlisted in 1908, an officer in 1917, Sepp Dietrich, enlisted in 1911, an NCO throughout the 1914-18 war; Ferdinand Schörner, enlisted in 1911, an NCO then officer in 1914, and Otto Schünemann, enlisted in 1906, and an NCO throughout the 1914-18 war. The others volunteered in 1914, or in 1915 (one case) or 1918 (one case). Most reached the rank of *Leutnant d. Reserve* during that war. Whilst some went on to active duty, most left the army following the armistice. Altogether, 39 officers left the army shortly after the 1914-18 war, either to join the police force, where they served as officers (15 cases including 12 volunteers in 1914), or to return to civilian life. A few made a speedy return to the *Reichswehr* (one in 1921, two in 1922 and four in 1924). The rest (civilians or police officers) came back at the time when the *Wehrmacht* was being set up (22 in 1934 and 1935). Three did not rejoin the armed forces until 1939. We note

Carrière militaire jusqu'à la Seconde Guerre mondiale :

Sauf les 18 officiers nés après 1901, tous nos généraux ont commencé leur carrière avant ou au début de la guerre de 14-18. Après un passage dans une école de cadets pour certains d'entre eux, l'écrasante majorité (220, soit environ 82 % environ du total), se destinant à une carrière d'officier d'active, a débuté comme aspirant à un âge compris entre 16 et 20 ans, les autres se sont portés volontaires avant la guerre de 14-18 (4 cas) ou au début de cette dernière (29 cas). Enfin, les plus jeunes (nés après 1902) se sont engagés dans les années vingt.

Les généraux appartenant au premier groupe sont aspirants dès le début du siècle. C'est le cas d'Ewald von Kleist (1900), de Maximilian von Weichs (1900), de Franz Boehme (1904), de Richard Ruoff (1903) ou encore de son contemporain Max von Hartlieb (1904). Ces officiers terminent la guerre de 14-18 avec le grade d'*Hauptmann* (capitaine). Tous commandent des régiments pendant l'entre-deux-guerres et, comme cela été vu plus haut, obtiennent le généralat avant le déclenchement de la Seconde Guerre mondiale (42 sur 56 soit 75 %). Mais, à part les plus âgés et les plus brillants, très rares sont ceux qui dépassent l'échelon de *Generalmajor*. Si Ewald von Kleist et Maximilian von Weichs (nés en 1881) sont *Generäle der Kavallerie* en 1936, Ernst Fessmann

Le *Generalleutant* Karl Arndt, l'un des quatre généraux des troupes blindées à avoir commencé sa carrière comme simple soldat. (Coll. Heimdal.)

Generalleutant Karl Arndt, one of the four panzer troop generals to have begun his career as a pfc. (Coll. Heimdal.)

(né en 1881), *General der Panzertruppe* en 1937 et Richard Ruoff (né en 1883), *General der Infanterie* en mai 1939, Friedrich Kirchner (né en 1885) est *Generalmajor* en 1938 et devra attendre la guerre pour obtenir le grade suivant. C'est aussi le cas de Gotthard Heinrici (né en 1886), *Generalmajor* en 1938, de Josef Foltmann et de Georg-Hans Reinhardt (nés en 1887), *Generalmajore* en avril 1939 et avril 1937. D'autres, appartenant à cette génération, devront attendre la guerre pour accéder au généralat tels Lothar Rendulic et Kurt Feldt (nés en 1887), *Generalmajore* en décembre 1939 et février 1940.

Les officiers appartenant au second groupe (nés entre 1890 et 1901) entrent dans l'armée dans les années 1910. Hans Gollnick (né en 1892) est par exemple aspirant en 1912, Erwin Mack (né en 1893) en 1911, Gustav Schmidt (né en 1894) en 1913, Hans Källner (né en 1898) en 1914. Les plus jeunes commencent leur carrière au début de la Première Guerre mondiale voire même au cours de cette dernière. La plupart terminent la guerre de 14-18 avec le grade d'*Oberleutnant* (lieutenant) ou de *Leutnant* (sous-lieutenant). La majorité d'entre eux poursuit sa carrière après la guerre et atteint les grades d'*Oberstleutnant* ou d'*Oberst* lorsque la Seconde Guerre mondiale commence. Les engagés volontaires constituent un groupe à part. Quatre d'entre eux sont entrés dans l'armée comme soldats avant 1914 puis sont devenus sous-officiers voire officiers pendant la Première Guerre mondiale. Il s'agit de Karl Arndt, engagé en 1908, officier en 1917, de Sepp Dietrich, engagé en 1911, sous-officier pendant toute la guerre de 14-18, de Ferdinand Schörner, engagé en 1911, sous-officier puis officier en 1914 et d'Otto Schünemann, engagé en 1906, sous-officier pendant toute la guerre de 14-18. Les autres se sont portés volontaire en 1914, voire en 1915 (un cas) ou en 1918 (un cas). La plupart accèdent au grade de *Leutnant d. Reserve* au cours du conflit. Si certains se font activer, la majorité quitte l'armée au lendemain de l'armistice. Ils sont en effet 39 officiers à quitter l'armée peu après la guerre de 14-18 soit pour rejoindre les rangs de la police où ils servent comme officiers (15 cas dont 12 sont des engagés volontaires de 1914), soit le monde civil. Certains rentrent dans la *Reichswehr* très rapidement (un en 1921, deux en 1922 et quatre en 1924). Les autres (civils où officiers dans la police) sont de retour au moment de la création de la *Wehrmacht* (22 en 1934 et 1935). Trois rejoignent les forces armées en 1939 seulement. On notera que ces interruptions de carrière n'ont pas empêché ces officiers (sauf un) d'atteindre le grade de général pendant la Seconde Guerre mondiale. Sept d'entre eux (dont cinq issus de la police) ont même atteint le grade de *General* (Eduard Crasemann, Anton Grasser, Heinrich Eberbach, Walter Fries, Fritz-Hubert Graesser, Sigfrid Henrici et Gerhard *Graf* von Schwerin). Si le cas de Schwerin n'est pas exceptionnel puisqu'il a en fait quitté l'armée deux ans seulement entre 1920 et 1922, celui d'Eduard Crasemann l'est beaucoup plus car ce dernier a interrompu sa carrière pendant dix-sept ans entre 1919 et 1936 !

La génération des années 1900 est composée d'hommes trop jeunes pour avoir pu participer à la première guerre mondiale. Ces derniers débutent donc dans les années vingt au sein de la *Reichswehr* (5 cas connus) ou de la police (3 cas connus). Ils sont généralement *Hauptmann* (capitaine) lorsque débute le second conflit mondial.

Penchons nous maintenant sur l'arme d'origine de nos généraux. La grande majorité de nos 266 généraux (121 cas soit environ 45 % du total) commence sa carrière dans l'infanterie. 56 d'entre eux choisissent la cavalerie (soit environ 21 %), 36 l'artillerie (soit environ 14 %), 13 le génie (soit 4,6 %) et 2 les trans-

how, with one exception, the break in their career did not prevent these officers from reaching the rank of general during World War II. Seven of them (five of them former police officers) even attained the rank of *General* (Eduard Crasemann, Anton Grasser, Heinrich Eberbach, Walter Fries, Fritz-Hubert Graesser, Sigfrid Henrici and Gerhard *Graf* von Schwerin). Whilst there is nothing unusual about that in Schwerin's case, as he was in fact only out of the army for two years between 1920 and 1922, it is very unusual in the case of Eduard Crasemann, who broke off his career for a whole seventeen years from 1919 to 1936!

The 1900s generation was made up of men who were too young to have taken part in World War I, and they began their careers during the twenties in the *Reichswehr* (5 known cases) or the police (3 known cases). They were mostly *Hauptmann* (captain) by the start of World War II.

We now come to the question of which service our generals originally came from. The vast majority of our 266 generals (121 cases, or about 45% of the total) started their careers in the infantry. 56 of them (or about 21%) opted for the cavalry, 36 (or about 1%) for the artillery, 13 (or 4.6%) for the engineers, and 2 for signalling. There was a degree of continuity between the cavalry and the armored or motorized troops. Thus, a majority of officers drawn from the cavalry served with the panzer troops as of 1934 or later. One such was Erpo *Frhr* von Bodenhausen, a cavalry officer until 1940, who went on to join the panzers; others were Ludwig Crüwell, who commanded a *Pz.Rgt.* as early as in 1938, or Kurt Feldt, who moved from the cavalry to the panzer army in 1941, at the time when his division (*1. Kav.Div.*) was turned into a *Pz.Div.*; Oswin Grolig, who served throughout World War II with the panzers; Meinrad von Lauchert, a cadet in 1924, *Leutnant* in a cavalry regiment and later company commander with *Pz.Rgt. 35* in 1938. That said, many officers in the infantry, artillery or the engineers did rise to high command with the panzers before or during the war. Ludwig *Ritter* von Radlmeier, for example, was an infantry officer during the First World War and was given the command of a tank brigade in 1938; Hans *Fhr* von Falkenstein was an infantry officer until 1941, when he moved on to *14. Pz.Div.*, a unit he commanded in 1942; Hans-Valentin Hube, former commander of the infantry school, became *General der Panzertruppe* in 1942 and commanded first a panzer division then a corps. We may also quote the case of Erwin Mack, an officer with the engineers who moved on to the panzers in 1942, or Martin Wandel, an artilleryman in command of a tank corps as of late 1942...

During World War II

What became of our generals during World War II varies. If we considerer the commands taken over during the course of the war, these may be divided into two main categories.

The first group (55 generals out of 266, or about 20%) remained with the panzer troops for the duration of the war. From this group came most of the 45 officers who climbed to the rank of *General der Panzertruppe*. Many of these panzer troop specialists' careers follow the same pattern: after commanding one of the major elements of an armored division (*Pz.Rgt., Pz.Brig., Schtz.Rgt.* or *Schtz.Brig.*), they naturally found themselves in charge of that division. Some went on to command a tank corps or even an army. Here again are a few examples. After commanding first *3.* then *11. Schtz. Brig.*, Gunther Angern (*Generalleutnant* in 1943) became commanding officer of *11.* then of *16. Pz.Div.*; Hermann Breith (*General der Panzertruppe* in 1943) was successively commander of *Pz.Rgt. 36, 5. Pz.Brig., 3. Pz.Div.* and *III. Pz.K.*; Friedrich Kirchner (*General der Panzertruppe* in 1942), an outstanding example of stability, commanded *1. Pz.Div.* then, from 1941 to 1945, *LVII. Pz.K.*; Adalbert Schulz (*Generalmajor* in 1944) rose up through all the ranks, commanding successively an *Abteilung* of *Pz.Rgt. 25* (1940), *Pz.Rgt. 25* (1943) and finally *7. Pz.Div.* (1944); Georg Stumme (*General der Kavallerie* in 1940) was at the head of *1. Lei. Div.* which became *7. Pz.Div.* (1939), of *XXXX. Pz.K.* (1940) and then *Pz.Armee « Afrika »* (1942). As for Erich Hoepner (*Generaloberst* in 1940), he commanded first *1.Lei. Div.* (1939), then *XIV. A.K. (mot.)* (1940) and finally *Pz.Gr. 4*, later to become *4. Pz.Armee* (1941).

We may place in a second group (190 out of 266, or 72%) those generals who spent only part of the war with the panzer troops. Of these 186 generals, 53 began the war with the panzers before taking over command of other units. These were chiefly generals who attained positions of very high command: Hermann Balck commanded a motorized infantry regiment at the start of the war. We later find him in command of a regiment, a division, an army corps and then a panzer army. He was subsequently put in charge of an army group then an infantry army. Ewald von Kleist left his command of *1. Pz.Armee* to take over an army group. Erich Brandenberger commanded *8. Pz.Div.* in 1941 before being appointed to command various army corps and infantry armies. A certain number of generals, whether worn out by their commands, physically exhausted, over age, unable to adjust to the changing pattern of war (particularly on the eastern front, where they went onto the defensive starting in 1943) or, having maybe failed to give complete satisfaction, were reallocated to other posts, placed in the commander reserve (*Führerreserve*), or quite simply returned to civilian life. Walter Düvert commanded *13.* and *20. Pz.Div.* on the eastern front (1941-1942) before his appointment as commanding officer of *265. Inf. Div.*, a division stationed in a quiet sector (Brittany), Oskar Munzel took over a whole range of commands of armored units operating on the eastern front, later to find himself on the staff of the commander-in-chief West. Rudolf Sieckenius commanded a tank regiment then a tank division on the eastern front when he was placed in command of *263. Inf.Div.*; Johannes Streich, commander of *5. Lei. Div.* in Libya, was dismissed after falling out with Rommel. He returned to Germany in June 1941 when he was put in command of an infantry division before becoming inspector of a *Wehrkreis*. Lastly, we may quote the case of *General der Panzertruppe* Horst Stumpff, a brigade commander later at the head of an armored division, and who left all operational commands in 1942 to become a *Wehrkreis* inspector then a panzer troop inspector in the reserve army. As we hinted above, a number of our generals were transferred to the commanders' reserve after commanding large armored units. Some regained a command, others not. Among them, we may mention Walter Denkert, commander of *6.* and then *19. Pz.Div.*, placed in the reserve in June 1944, and reinstated in command of *Pz.Gren.Div.* in October of the same year; or Wilhelm von Apell, commanding officer of *22. Pz.Div.* in 1941, placed in the reserve in 1942, and appointed *Wehrkreis* inspector in 1943. Others, finally, were just

missions. Une certaine continuité s'établit entre la cavalerie et les troupes blindées ou motorisées. Ainsi, la majorité des officiers issus de la cavalerie servent à partir de 1934 ou plus tard dans les troupes blindées. C'est le cas par exemple de Erpo *Frhr* von Bodenhausen, officier de cavalerie jusqu'en 1940 passé ensuite dans les panzers, de Ludwig Crüwell qui commande un *Pz.Rgt.* dès 1938, de Kurt Feldt qui passe de la cavalerie à l'arme blindée en 1941, au moment de la transformation de sa division (la *1. Kav.Div.*) en *Pz.Div.*, d'Oswin Grolig qui fera toute la Seconde Guerre mondiale dans les blindés, de Meinrad von Lauchert, aspirant en 1924, *Leutnant* dans un régiment de cavalerie puis chef de compagnie dans le *Pz.Rgt. 35* en 1938. Ceci n'empêche pas de nombreux officiers d'infanterie, d'artillerie ou du génie d'accéder à des commandements importants dans les panzers avant ou pendant la guerre. Ludwig *Ritter* von Radlmeier est par exemple officier d'infanterie pendant la première guerre mondiale et commande une brigade blindée dès 1938, Hans *Frhr* von Falkenstein est officier dans l'infanterie jusqu'en 1941, date à laquelle il passe dans la *14. Pz.Div.*, unité qu'il commande en 1942, Hans-Valentin Hube, ancien commandant de l'école d'infanterie devient *General der Panzertruppe* en 1942 et commande une division puis un corps blindé. Citons aussi le cas d'Erwin Mack, officier du génie, passé dans les panzers à partir de 1942, de Martin Wandel, artilleur qui commande un corps blindé à partir de la fin 1942...

Pendant la Seconde Guerre mondiale

Le destin de nos généraux pendant la Seconde Guerre mondiale est variable. Si l'on considère les commandements assumés pendant le conflit, il est possible de les classer en deux grands groupes.

Un premier groupe (55 généraux sur 266 soit 20 % environ) effectue toute la guerre dans les troupes blindées. De ce groupe sont issus une grande partie des 45 officiers ayant obtenu le grade de *General der Panzertruppe*. Le cursus de ces spécialistes des troupes blindées se répète souvent : après avoir commandé un des principaux éléments d'une division blindée (*Pz.Rgt.*, *Pz.Brig.*, *Schtz.Rgt.* ou *Schtz.Brig.*), ils se retrouvent naturellement à la tête de cette division. Certains commandent ensuite des corps voire des armées blindées. Ici encore prenons quelques exemples. Après avoir commandé successivement les *3.* et *11. Schtz.Brig.*, Günther Angern (*Generalleutnant* en 1943) devient chef de la *11.* puis de la *16. Pz.Div.*, Hermann Breith (*General der Panzertruppe* en 1943) est successivement chef du *Pz.Rgt. 36*, de la *5. Pz.Brig.*, de la *3. Pz.Div.* puis du *III. Pz.K.*, Friedrich Kirchner (*General der Panzertruppe* en 1942), remarquable exemple de stabilité, commande la *1. Pz.Div.* puis, de 1941 à 1945, le *LVII. Pz.K.* Adalbert Schulz (*Generalmajor* en 1944) gravit tous les échelons : il commande successivement une *Abteilung* du *Pz.Rgt. 25* (1940), le *Pz.Rgt. 25* (1943) et enfin la *7. Pz.Div.* (1944), Georg Stumme (*General der Kavallerie* en 1940) est à la tête de la *1. Lei. Div.* devenue *7. Pz.Div.* (1939), du *XXXX. Pz.K.* (1940) puis de la *Pz.Armee « Afrika »* (1942) quant à Erich Hoepner (*Generaloberst* en 1940), il commande successivement la *1.Lei. Div.* (1939), le *XIV. A.K. (mot.)* (1940) puis la *Pz.Gr. 4* devenue ensuite *4. Pz.Armee* (1941).

Il est possible de placer dans un second groupe (190 sur 266 soit 72 % environ) les généraux ayant passé une partie seulement de la guerre dans les troupes blindées. Parmi ces 186 généraux, 53 ont commencé la guerre dans les troupes blindées puis ont assumé des commandements dans d'autres unités. Il s'agit souvent de généraux ayant obtenu des commandements très importants : Hermann Balck commande un régiment d'infanterie motorisée au début de la guerre. On le retrouve ensuite à la tête d'un régiment, d'une division, d'un corps puis d'une armée blindée. On lui confie alors un groupe d'armées puis une armée d'infanterie. Ewald von Kleist abandonne le commandement de la *1. Pz.Armee* pour celui d'un groupe d'armées. Erich Brandenberger commande la *8. Pz.Div.* en 1941 puis se voit confier le commandement de différents corps d'armée et armées d'infanterie. Un certain nombre de généraux usés par le commandement, fatigués physiquement, trop vieux, incapables de s'adapter aux mutations de la guerre (spécialement sur le front de l'est ou l'on passe à la défensive à partir de 1943) ou, peut-être, n'ayant pas donné complètement satisfaction, sont dirigés vers d'autres affectations, placés dans la réserve des commandants (*Führerreserve*) ou, plus simplement, rendus à la vie civile. Walter Düvert, commande les *13.* et *20. Pz.Div.* sur le front de l'Est (1941-1942) avant d'être nommé à la tête de la *265. Inf. Div.*, une division stationnant dans un secteur calme (Bretagne), Oskar Munzel assume toute une série de commandements dans des unités blindées opérant sur le front de l'Est puis se retrouve dans l'état-major du commandant en chef à l'Ouest, Rudolf Sieckenius commande un régiment blindé puis une division blindée sur le front de l'Est lorsqu'il est nommé chef de la *263. Inf.Div.*, Johannes Streich, chef de la *5. Lei. Div.* en Libye est limogé à la suite de ses démêlés avec Rommel. Il rentre en Allemagne en juin 1941 et se voit confier le commandement d'une division d'infanterie puis devient inspecteur d'un *Wehrkreis*. Citons enfin le cas du *General der Panzertruppe* Horst Stumpff, chef d'une brigade puis d'une division blindée, il quitte tous les commandements opérationnels en 1942 pour devenir inspecteur de *Wehrkreis* puis inspecteur des troupes blindées de l'armée de réserve. Comme cela a été entrevu plus haut, un certain nombre de nos généraux, après avoir commandé de grandes unités blindées, sont placés dans la réserve des commandants. Certains retrouvent des commandements, d'autres non. Parmi eux citons le cas de Walter Denkert, successivement chef des *6.* et *19. Pz.Div.*, placé dans la réserve en juin 1944, réintégré comme chef d'une *Pz.Gren.Div.* en octobre de la même année ou encore Wilhelm von Apell, chef de la *22. Pz.Div.* en 1941, placé dans la réserve en 1942, nommé inspecteur d'un *Wehrkreis* en 1943. D'autres enfin sont tout simplement limogés et renvoyés de l'armée. Deux cas sont célèbres. A la suite d'un différent avec son supérieur hiérarchique, le GFM von Kluge qui l'avait accusé d'avoir transgressé ses ordres, Guderian, alors chef de la *2. Pz.Armee*, est limogé en décembre 1941 au moment de la bataille de Moscou. Il devra attendre 1943 pour reprendre du service comme inspecteur général des troupes blindées. Mais il ne retrouvera jamais de commandements opérationnels. Un autre grand chef, Erich Hoepner, commandant de la *4. Pz.Armee* est limogé à la même époque (janvier 1942) avec interdiction de porter son uniforme et ses décorations ! Il ralliera rapidement le groupe des officiers opposants à Hitler...

A l'inverse des cas précédents, 99 de ces 190 généraux commencent la guerre dans des unités d'infanterie ou d'artillerie puis passent dans les troupes blindées où ils se révèlent parfois de grands chefs. Le cas le plus frappant est celui de Ferdinand Schörner. Schörner « végète » jusqu'en 1943 dans des unités de montagne opérant dans des secteurs où il ne se passe pas grand-chose (Scandinavie). On lui confie le commandement du *XXXX. Pz.K.* sur le front de l'est. Il se révèle alors comme un chef énergique capable de faire face aux situations les plus

relieved of their command and discharged from the army. There were two high-profile cases of this. Following a disagreement with his senior in rank, GFM von Kluge, who had accused him of disobeying orders, Guderian, then commander of *2. Pz.Armee*, was dismissed in December 1941 during the battle of Moscow. He had to wait until 1943 before returning to service as inspector general of the panzer troops. But he was never to regain an operational command. Another prominent leader, Erich Hoepner, commander of *4. Pz.Armee*, was dismissed at around the same time (January 1942) and forbidden to wear his uniform and his decorations! He lost no time joining the group of officers opposed to Hitler...

In contrast to the above cases, 99 of these 190 generals began the war in infantry or artillery units before moving on to the armored arm where they sometimes turned out to be great commanders. The most striking instance is provided by Ferdinand Schörner. Schörner « vegetated » until 1943 in mountain units operating in sectors where nothing very much was happening (Scandinavia). He was put in command of *XXXX. Pz.K.* on the eastern front. There he proved his mettle as an energetic leader capable of facing the most perilous situations. This marked the start of a meteoric rise to general of the army in command of an army group! Another such was Hans-Valentin Hube. This infantry specialist (he headed the infantry school in 1939), commanded a regiment and later an infantry division. His division was turned into an armored division. As its commander he distinguished himself on the eastern front and later climbed to command a panzer corps then a panzer army, with the rank of *Generaloberst* and the highest distinctions. As for Otto von Knobelsdorff, he fought in the 1914-18 war in the infantry, commanded an infantry division then a corps at the start of the Second World War and subsequently, from 1942 to 1944, two panzer corps, later returning to command an infantry army.

Lastly, 38 generals out of the 190 were one-off panzer regiment commanders. Franz Boehme, although a mountain unit specialist (he was promoted to *General der Gebirgstruppen*) deputized as commander of a panzer army for about twenty days in 1944. Walter Hartmann, an artilleryman by training, had spent the entire war in that arm or in the infantry when he was appointed to command *XXIV. Pz.K.* in April 1945, a post he also held for about twenty days. We may also quote the case of another artilleryman, Robert Martinek, commander of *XXXIX. Pz.K.* for 70 days...

A word should be said about the 59 panzer generals who had previously held staff posts. Mostly young commissioned staff officers (*i.G.*, *im Generalstab*) graduating from the *Kriegsakademie*, they belonged to the intellectual elite of the *Heer*. It should be remembered that among staff members, *i.G.* officers took precedence over all other officers, whatever their rank. Among the panzer generals who were staff officers, 11 occupied at one time or other during the war the crucial position of Ia, that is, staff officers in charge of operations of a division, army corps, army or even army group (6). Others were chiefs-of-staff of those same units or held posts at OKH or OKW. They all went on to hold sometimes very high command of panzer troops. Let us take a few examples. In 1939, *Oberst* Wilhelm Hasse held the very high position of Ia on the staff of Army Group « Nord ». He finished the war as a *General der Infanterie* and commanded *1. Pz.Armee* in 1945. Also in 1939, Fritz Bayerlein (born in 1899) was *Major* and Ia of *10. Pz.Div.* He later became Ia of *XIX. A.K. (mot.)*, then chief-of-staff of the *Afrikakorps*, and of *Panzerarmee*

(6) In a division, the Ia, the first commissioned staff officer, was also chief-of-staff, while in other units, he was under a chief-of-staff.

périlleuses. C'est le point de départ d'une ascension rapide qui le conduira au maréchalat et à la tête d'un groupe d'armées ! C'est aussi le cas de Hans-Valentin Hube. Ce spécialiste de l'infanterie (il commande l'école d'infanterie en 1939), est chef d'un régiment puis d'une division d'infanterie. Sa division est transformée en division blindée. Il se distingue à sa tête sur le front de l'Est puis obtient le commandement d'un corps blindé puis d'une armée blindée, le grade de *Generaloberst* et les plus hautes distinctions. Quant à Otto von Knobelsdorff, il fait la guerre de 14-18 dans l'infanterie, il commande une division puis un corps d'armée d'infanterie au début de la Seconde Guerre mondiale puis, de 1942 à 1944, deux corps blindés mais il retrouve ensuite le commandement d'une armée d'infanterie.

Enfin, 38 généraux sur ces 190 effectuent un temps de commandement ponctuel dans les troupes blindées. Franz Boehme, pourtant spécialiste des troupes de montagne (il obtiendra le grade de *General der Gebirgstruppen*) commande par intérim une armée blindée pendant une vingtaine de jours en 1944, Walter Hartmann, artilleur de formation, fait toute la guerre dans cette arme ou dans l'infanterie lorsqu'il se voit nommé à la tête du *XXIV. Pz.K.* en avril 1945. Il conservera ce commandement une vingtaine de jours également. Citons aussi le cas de Robert Martinek, lui aussi artilleur, chef du *XXXIX. Pz.K.* pendant 70 jours...

Un mot doit être dit des 59 généraux de panzers ayant occupé des postes en état-major. Pour la plupart jeunes officiers brevetés d'état-major (*i.G., im Generalstab*) sortis de la *Kriegsakademie*, ils appartiennent à l'élite intellectuelle du *Heer*. Rappelons ici que dans un état-major, les officiers *i.G.* avaient préséance sur tous les autres officiers quel que soit leur grade. Parmi les généraux de panzers officiers d'état-major, 11 occupent à un moment ou à un autre de la guerre la fonction capitale de Ia, c'est-à-dire d'officiers chargés des opérations dans un état-major de division, de corps d'armée, d'armée voire de groupe d'armée (6). D'autres sont chefs d'état-major des mêmes entités ou occupent des emplois à l'OKH ou à l'OKW. Tous obtiennent ensuite des commandements dans les troupes blindées, parfois fort importants. Prenons quelques exemples. En 1939, l'*Oberst* Wilhelm Hasse occupe la fonction très importante de Ia dans l'état-major du groupe d'armées « Nord ». Il finira la guerre comme *General der Infanterie* et commandera la *1. Pz.Armee* en 1945. Toujours en 1939, Fritz Bayerlein (né en 1899) est *Major* et Ia de la *10. Pz.Div.* Il devient ensuite Ia du *XIX. A.K. (mot.)*, puis chef d'état-major de l'*Afrikakorps*, de la *Panzerarmee « Afrika »* avant de prendre les rênes de la *3. Pz.Div.* puis de la *Pz.-Lehr-Div.* Il finit la guerre avec le grade de *Generalleutnant* ! Eberhard Thunert (également né en 1899) suit un parcours assez similaire. Il est Ia de la *5. Pz.Div.* en 1939 puis chef d'état-major d'un *Pz.K.* et enfin commandeur d'une *Pz.Div.* avec le grade de *Generalleutnant*. Parmi les officiers ayant occupé les fonctions de chef d'état-major citons le parcours caractéristique de Kurt von Liebenstein (né en 1899) successivement à l'OKH, à l'état-major d'une *Pz.Div.* puis chef d'état-major d'une *Pz.Gr.* Après cette solide expérience en état-major, il devient chef d'un *Pz.Rgt.*, d'une *Pz.Brig.* puis d'une *Lei.Div.* avec le grade de *Generalmajor*.

Une mention particulière doit être faite aux très jeunes généraux. L'arme blindée allemande a en effet donné, à l'extrême fin du conflit, quelques officiers promus au grade de général à un âge inhabituel. Horst Nie-

mack est ainsi fait *Generalmajor* en avril 1945 à 36 ans, Günther Pape en décembre 1944 à 37 ans, Helmuth Mäder en janvier 1945 également à 37 ans. Citons également le cas de Willi Langkeit, *Generalmajor* en avril 1945 à 38 ans ! On remarquera que deux de ces trois généraux, très décorés, serviront dans les unités d'élite *Grossdeutschland*. Leur promotion doit être comprise comme une ultime récompense pour des services exceptionnels...

Parce qu'il doit être souvent au milieu de ses hommes pour bien diriger la bataille, le général commandant des troupes blindées est particulièrement exposé. C'est ainsi que 35 de nos 266 généraux trouvent la mort au combat, soit un peu plus de 13 % ce qui n'est pas négligeable. La plupart d'entre eux (26, soit environ 74 %) sont tués sur le front de l'Est avec la répartition suivante dans le temps : un en 1941, deux en 1942, neuf en 1943, sept en 1944 et huit en 1945. Un seul général est tué sur le front de l'Ouest (en 1945), un autre en Italie (en 1944, par des partisans). Six trouvent la mort en Afrique du Nord, ce qui est considérable compte tenu du nombre réduit d'unités engagées sur ce théâtre périphérique. On peut parler ici d'une véritable hécatombe chez les commandeurs de divisions engagées en Afrique du Nord. A ces 35 morts sur le front, il faut ajouter 5 autres morts par accident dont deux en Afrique du Nord : Wolfgang Fischer, chef de la *10. Pz.Div.*, tué dans un champ de mines italien mal indiqué et Georg Stumme qui succombe d'une crise cardiaque près d'El Alamein en Egypte. Signalons enfin le cas de ces cinq généraux qui, jugeant la situation désespérée, préfèrent se suicider plutôt que de se rendre. Günther Angern, chef de la *16. Pz.Div.* se suicide dans la poche de Stalingrad en février 1943, Arno Jahr, chef du *XXIV. Pz.K.* dans le secteur central du front de l'Est en janvier 1943, Erpo von Bodenhausen dans la poche de Courlande en 1945, Karl Decker, chef du *XXXIX. Pz.K.* dans le Braunschweig en avril 1945, Walter Model dans la poche de la Ruhr à la même époque. Rommel, « suicidé » sur ordre de Hitler, présente un cas particulier. Ce n'est pas pour échapper aux Soviétiques que le maréchal, soupçonné d'avoir soutenu les conjurés de juillet 1944, s'est donné la mort mais pour éviter le déshonneur d'un procès...

Rommel n'est d'ailleurs pas le seul général ayant eu commandement dans les troupes blindées à s'être opposé à Hitler. Le *Generaloberst* Hoepner, ancien chef de la *4. Pz.Armee*, et le *Generalleutnant Frhr* von Thüngen, ancien chef de la *18. Pz.Div.*, seront pendus pour avoir participé au complot de juillet 1944. Pour le même motif, Hans-Karl *Frhr* von Esebeck, ancien chef des *15., 11.* et *2. Pz.Div.* est arrêté et interné dans un camp de concentration où il restera jusqu'à la fin de la guerre, Rudolf Veiel, ancien chef du *XXXXVIII. Pz.K.*, est relevé de son commandement. Une autre catégorie d'opposants à Hitler a aussi fait des émules parmi les généraux de panzers. Il s'agit des généraux faits prisonniers par les Soviétiques au cours de la guerre (principalement à Stalingrad) rallié à l'Union des officiers allemands, organisme pro-soviétique antinazi ou au comité de l'Allemagne libre, organisme de même tendance rassemblant des civils et des militaires. Trois généraux des troupes blindées capturés à Stalingrad, Martin Lattmann, chef de la *14. Pz.Div.*, Arno von Lenski, chef de la *24. Pz.Div.* et Helmuth Schlömer, chef du *XIV. Pz.K.* feront partie du premier de ces deux organismes. Ils seront rejoints en 1944 par Johannes Nedtwig, ancien chef de la *5. Pz.Div.* Seuls Arno von Lenski franchira un pas supplémentaire en adhérant au comité de l'Allemagne libre...

Une fois encore, parce qu'ils ont été à la pointe des combats, les généraux de panzers sont des hommes très décorés. La plupart ont obtenu la prestigieuse

---

(6) Dans une division, le Ia, premier officier breveté, est en même temps chef d'état-major, dans les autres entités, il est coiffé par un chef d'état-major.

14

« *Afrika* » before taking charge of *3. Pz.Div.* and later *Pz.-Lehr-Div.* He ended the war with the rank of *Generalleutnant!* Eberhard Thunert (also born in 1899) followed a fairly similar career. He was Ia of *5. Pz.Div.* in 1939 then chief-of-staff with *Pz.K.* and finally commanding officer of a *Pz.Div.* with the rank of *Generalleutnant.* Among the officers who served as chiefs-of-staff, we may quote as typical the career of Kurt von Liebenstein (born in 1899), successively an officer at OKH, on the staff of *Pz.Div.* then chief-of-staff of a *Pz.Gr.* After this considerable experience at staff headquarters, he became commanding officer of a *Pz.Rgt.*, a *Pz.Brig.* and later a *Lei.Div.* with the rank of *Generalmajor.*

A special mention is required for the very young generals. At the very end of the war, the German panzer army produced some officers who were promoted to general at an unusually tender age. Thus Horst Niemack became a *Generalmajor* in April 1945 at the age of 36, Günther Pape in December 1944 at 37, Helmuth Mäder in January 1945 also aged 37. Another case was Willi Langkeit, a *Generalmajor* in April 1945 at the age of 38! It will be noted how two of these three highly decorated generals served in the elite *Grossdeutschland* units. Their promotion should be seen as a final reward for outstanding services...

As he often needed to be among his men in order to direct the battle, the general commanding tank troops was particularly exposed. This accounts for 35 of our 266 generals being killed in battle, at 13% hardly a negligible number. Most of these (26, or around 74%) were killed on the eastern front with the year-by-year breakdown as follows: one in 1941, two in 1942, nine in 1943, seven in 1944 and eight in 1945. Just one general died on the western front (in 1945), and another in Italy (in 1944, killed by partisans). Six met their end in north Africa, which is a lot considering how few units were committed to that side-show. This may be fairly called a veritable massacre among the divisional commanders engaged in north Africa. To these 35 killed on the front, we may add a further 5 accidental deaths, two of which were also in north Africa: Wolfgang Fischer, commanding officer of *10. Pz.Div.*, killed in a poorly signposted Italian mine-field, and Georg Stumme, who died of a heart attack near El Alamein in Egypt. Finally, we should note the case of the five generals who, in view of their desperate plight, preferred to commit suicide rather than surrender. Günther Angern, commander of *16. Pz.Div.* committed suicide in the Stalingrad pocket in February 1943; Arno Jahr, commander of *XXIV. Pz.K.* in central sector of the eastern front in January 1943; Erpo von Bodenhausen in the Courland pocket in 1945; Karl Decker, commanding officer of *XXXIX. Pz.K.* in Braunschweig in April 1945; Walter Model in the Ruhr pocket at around the same time. Rommel, who committed suicide on Hitler's orders, is something of a special case. The field-marshal, suspected of supporting the conspiracy of July 1944, took poison not to escape the Soviets but to avoid the disgrace of a trial...

Rommel was not in fact the only general who had commanded panzer troops to have opposed Hitler. *Generaloberst* Hoepner, former commanding officer of *4. Pz.Armee,* and *Generalleutnant Frhr* von Thüngen, former commanding officer of *18. Pz.Div.,* were hanged for their part in the July 1944 plot. For the same reason, Hans-Karl *Frhr* von Esebeck, former commanding officer of *15., 11.* and *2. Pz.Div.* was arrested and interned in a concentration camp, where he remained until the end of the war, whilst Rudolf Veiel, former commanding officer of *XXXXVIII. Pz.K.,* was relieved of his command. Another category of Hitler opponents was also represented among the panzer generals. These were the generals taken prisoner by the Soviets during the war (chiefly at Stalingrad) and who joined the German Officers' Union, a pro-Soviet, anti-Nazi organization, or the Committee for a Free Germany, a like-minded organization for both civilians and soldiers. Three panzer troop generals captured at Stalingrad, Martin Lattmann, commander of *14. Pz.Div.*, Arno von Lenski, commander of *24. Pz.Div.* and Helmuth Schlömer, commander of *XIV. Pz.K.*, were members of the first-named of these organizations. They were joined in 1944 by former commander of *5. Pz.Div.*, Johannes Nedtwig. Only Arno von Lenski took the further step of joining the Committee for a Free Germany...

Once again, having fought their battles from the front, the panzer generals naturally won a great many decorations. Most of them won the prestigious Knight's Cross of the Iron Cross (223 out of 266, or around 84%!). 109 (or 40%) went on to add Oak Leaves to their Knight's Cross, which accounts for 12.2% of the total 890 Oak Leaves awarded during the war. 42 added Oak Leaves and Swords to their Knight's Cross, representing 26.2% of all those who won that very high distinction, awarded only 160 times. Lastly, 12 of our generals added Oak Leaves, Swords and Diamonds to their Knight's Cross; they were, in chronological order, Erwin Rommel (n° 6), Adalbert Schulz (n° 9), Hyazinth Strachwitz, n° 11), Hans-Valentin Hube (n° 13), Sepp Dietrich (n° 16), Walter Model (n° 17), Hermann Balck (n° 19), Hermann-Bernhard Ramcke (n° 20), Ferdinand Schörner (n° 23), Hasso von Manteuffel (n° 24), Karl Mauss (n° 26) and Dietrich von Saucken (n° 27). They alone account for 44% of recipients of a distinction awarded only 27 times! Finally, we note that 133 of our generals won the German Cross in Gold and 3 the German Cross in Silver.

After the war

Most of our generals spent the immediate postwar period in captivity. A large number were held in American or British prisoner-of-war camps. They were released mostly in 1947, but a few not until 1948. Three of the prisoners died in captivity; they were Willibald Borowietz, captured in Tunisia in 1943, who died on 1 July 1945 at the Clinton camp in the United States; Eduard Crasemann died on 28 April 1950 at Werl in the UK. Karl Bülowius, captured in Tunisia in 1943, committed suicide on 27 March 1945 at the Forrest camp hospital in the United States. The 36 generals taken prisoner by the Soviets (just over 13%) met a much less enviable fate. Most had to await the death of Stalin and the accords signed by Adenauer and Khrushchev in 1955 before they could return home to Germany. Five however were released prior to that date: Ernst Fessmann and Ernst-Wilhelm Hoffmann immediately in 1945 and 1946 for reasons unknown; Martin Lattmann and Arno von Lenski in 1952 probably for joining the Officers' Union and the Committee for a Free Germany; Eberhard von Mackensen in 1952, likewise for reasons unknown. Albert Brux, on the other hand, was not released until 1956, here again for reasons unknown. The others, 7 generals, died in captivity. They included Wilhelm Hasse, who died of his wounds shortly after his capture in May

Croix de chevalier de la Croix de fer (223 sur 266 soit environ 84 % !). 109 (soit 40 %) ont été décorés des feuilles de chêne de la Croix de chevalier, ce qui représente 12,2 % de la totalité des 890 feuilles de chêne attribuées pendant la guerre. Les récipiendaires des glaives de la Croix de chevalier sont 42 ce qui représente 26,2 % du total des récipiendaires de cette très haute distinction, attribué seulement 160 fois. Enfin 12 de nos généraux ont été décorés des brillants de la Croix de chevalier soit, dans l'ordre de réception, Erwin Rommel (n° 6), Adalbert Schulz (n° 9), Hyazinth Strachwitz, n° 11), Hans-Valentin Hube (n° 13), Sepp Dietrich (n° 16), Walter Model (n° 17), Hermann Balck (n° 19), Hermann-Bernhard Ramcke (n° 20), Ferdinand Schörner (n° 23), Hasso von Manteuffel (n° 24), Karl Mauss (n° 26) et Dietrich von Saucken (n° 27). Ils représentent à eux seuls, 44 % des récipiendaires de cette distinction attribuée seulement 27 fois ! Ajoutons enfin que 133 de nos généraux sont titulaires de la Croix allemande en or et 3 de la Croix allemande en argent.

Après la guerre

La plupart de nos généraux passent l'immédiat après guerre en captivité. Le plus grand nombre se retrouve dans les camps de prisonniers américains ou britanniques. Ils sont libérés en 1947 ou 1948 pour quelques-uns d'entre eux. Trois de ces prisonniers meurent en captivité, Willibald Borowietz, fait prisonnier en Tunisie en 1943, meurt le 1er juillet 1945 dans le camp de Clinton aux Etats-Unis, Eduard Crasemann, le 28 avril 1950 à Werl en Grande-Bretagne. Karl Bülowius, capturé en Tunisie en 1943, se suicide le 27 mars 1945 dans l'hôpital du camp de Forrest aux Etats-Unis. Le sort des 36 généraux faits prisonniers par les Soviétiques (un peu plus de 13 %) est nettement moins enviable. La plupart devront attendre la mort de Staline et les accords signés par Adenauer et Kroutchev en 1955 pour pouvoir revenir en Allemagne. Cinq seront pourtant libérés avant cette date : Ernst Fessmann et Ernst-Wilhelm Hoffmann dès 1945 et 1946 pour des raisons inconnues, Martin Lattmann et Arno von Lenski en 1952 probablement pour avoir adhéré à l'Union des Officiers et au comité de l'Allemagne libre, Eberhard von Mackensen en 1952 également pour des raisons inconnues. Inversement, Albert Brux ne sera libéré qu'en 1956, ici encore pour des raisons inconnues. Les autres, soit 7 généraux, meurent en captivité. C'est le cas de Wilhelm Hasse mort de ses blessures peu après sa capture en mai 1945, de Kurt Herzog (mort en 1948), de Werner Mummert (mort en 1950), d'Edmund Hoffmeister (mort en 1951), du GFM Ewald von Kleist (mort en 1954) et d'Helmuth Weidling (mort en 1955).

Vingt généraux au moins sont traduits en justice pour crimes de guerre : Maximilian de Angelis est condamné à 20 ans de prison par les Yougoslaves puis à 25 ans par les Soviétiques (il est finalement libéré en 1955), Hermann Balck est condamné à 3 ans de prison mais il est gracié au bout de 18 mois, Franz Boehme est traduit au procès de l'OKW mais il se suicide en 1947, Hermann Hoth figure au même procès et se voit condamné à 15 ans de prison (il est finalement libéré en 1954). Ewald von Kleist, capturé par les Britanniques en mai 1945, est livré par ces derniers à Tito qui le condamne à 15 ans de prison puis le livre à son tour aux Soviétiques. Erich von Manstein est traduit au procès de l'OKW et condamné à 18 ans de prison (il est libéré en 1953), Hermann-Bernhard Ramcke est condamné à 5 ans de prison pour crimes de guerre, Georg-Hans Reinhardt est condamné à 15 ans de prison (il est libéré en 1952), Dietrich von Saucken est condamné à 25 ans de travaux forcés

par les Soviétiques (il est libéré en 1955), Ferdinand Schörner, capturé par les Américains, est livré aux Soviétiques qui le condamnent aux travaux forcés. A son retour en Allemagne en 1955, il est de nouveau traduit en justice et condamné à 4 ans de prison ! Maximilian von Weichs est traduit dans le procès du « Sud-Est » (7) mais il est finalement relaxé. Gustav Fehn, qui avait terminé la guerre comme chef du XV. Geb.K. en Yougoslavie est capturé par les Yougoslaves et exécuté à Laibach (Lubljana) le 5 juin 1945. Toute une série de généraux (Hansen, Kretschmer, Lübbe, Mäder, Marcks, Mikosch, Nedtwig et Tröger) sont condamnés à 15 ans de réclusion par les autorités soviétiques.

Une fois libérés des camps de prisonniers, la plupart de nos généraux, souvent privés des pensions afférentes à leur ancien grade, sont obligés de travailler. Certains retrouvent la profession qu'ils exerçaient avant la guerre tel l'ex-General der Panzertruppe Karl Mauss, redevenu dentiste à Hambourg. D'autres se reconvertissent dans le civil tel cet autre grand général des panzers, Hasso von Manteuffel, qui entame une nouvelle carrière dans l'industrie. Arno von Lenski, rallié aux Soviétiques pendant sa captivité, se retire en RDA où il se voit confier un poste dirigeant à la « banque d'Emission allemande » avant de devenir général de brigade de la police populaire d'encadrement et chef de l'administration spéciale « C » (blindés) au ministère de l'Intérieur puis d'occuper la même fonction au Ministère de la Défense au moment de la création de l'armée est-allemande ! Son « collègue », Martin Lattmann, également retiré en RDA, devient général de brigade, chef adjoint de la même administration spéciale « C » puis chef de division au ministère de l'Industrie lourde en 1956. Trois généraux au moins vont jouer un rôle politique : Hasso von Manteuffel, élu député au Bundestag et Gerhard Graf von Schwerin (General der Panzertruppe en 1945) devenu conseiller du chancelier Adenauer pour les questions militaires. En RDA, Arno von Lenski se fera élire à la « Chambre Populaire » Seulement sept de nos généraux reprendront du service dans la Bundeswehr. Parmi eux, Heinrich-Georg Hax (Generalmajor en avril 1945 et ancien commandeur de la 8. Pz.Div.) commande une division blindée, Oskar Munzel (Generalmajor en 1944 et ancien chef des 14. et 2. Pz.Div.) devient inspecteur des troupes blindées de la Bundeswehr. Deux de nos généraux au moins militent dans des associations d'anciens combattants européens. Il s'agit de Siegfried Westphal et de Horst Niemack qui occuperont la place de président d'honneur de la Confédération Européenne des Anciens Combattants (CEAC). On notera ici que Westphal sera fait commandeur de la Légion d'honneur par le général Béthouard en 1970 pour son action en faveur de la réconciliation franco-allemande. Par ailleurs, Horst Niemack sera président de l'association des chevaliers de la Croix de fer.

Les derniers généraux de panzers de la Seconde Guerre mondiale meurent dans les années 1990. Parmi eux, signalons Oskar Audorsch, ex General-leutnant mort en 1991 à 93 ans, Heinrich Eberbach, ex-General der Panzertruppe, décédé en 1992 à 97 ans, Horst Niemack, ex-Generalmajor et Oskar Munzel ex-Generalmajor, également décédés en 1992 à 83 et 93 ans, Ernst-Wilhelm Hoffmann, ex-Oberst chef de la 4. Pz.Div., mort en 1994 à 90 ans et enfin Helmuth Schlömer, l'un des transfuges de Stalingrad, ex-Generalleutnant, mort en 1995 à l'âge de 102 ans et enfin l'ex-Oberst Paul Frhr von Hauser, chef de la Pz.Lehr-Div., mort en 1999 à l'âge de 88 ans.

(7) Procès impliquant les responsables militaires allemands du théâtre d'opérations « Sud-Est » (Balkans).

1945, Kurt Herzog (died in 1948), Werner Mummert (died in 1950), Edmund Hoffmeister (died in 1951), GFM Ewald von Kleist (died in 1954) and Helmuth Weidling (died in 1955).

At least twenty generals were brought to justice for war crimes: Maximilian de Angelis was sentenced to 20 years imprisonment by the Yugoslavs and later to 25 years by the Soviets (he was finally released in 1955); Hermann Balck was sentenced to 3 years but was pardoned after 18 months; Franz Boehme was among the accused at the OKW trial but committed suicide in 1947; Hermann Hoth also appeared at that trial and was sentenced to 15 years imprisonment (he was finally released in 1954). Ewald von Kleist, captured by the British in May 1945, was handed over by them to Tito, who sentenced him to 15 years imprisonment and then in turn handed him over to the Soviets. Erich von Manstein was among the accused at the OKW trial and sentenced to 18 years imprisonment (he was released in 1953); Hermann-Bernhard Ramcke was sentenced to 5 years imprisonment for war crimes; Georg-Hans Reinhardt was sentenced to 15 years imprisonment (he was released in 1952); Dietrich von Saucken was sentenced to 25 years hard labor by the Soviets (he was released in 1955); Ferdinand Schörner was captured by the Americans and handed over to the Soviets, who sentenced him to hard labor. Upon his return to Germany in 1955, he was again brought to justice and sentenced to 4 years imprisonment! Maximilian von Weichs was among the accused at the « Sud-Est » trial (7), but was finally acquitted. Gustav Fehn, who had ended the war as commanding officer of *XV. Geb.K.* in Yugoslavia, was captured by the Yugoslavs and executed at Laibach (Lubljana) on 5 June 1945. A whole string of generals (Hansen, Kretschmer, Lübbe, Mäder, Marcks, Mikosch, Nedtwig and Tröger) were sent for 15 years behind bars by the Soviet authorities.

Once they were released from the prisoner-of-war camps, most of our generals, often without the pension relating to their former rank, were forced to seek work. Some went back to the job they had before the war, like former *General der Panzertruppe* Karl Mauss, a Hamburg dentist as before. Others returned to civilian life, as did that other great panzer general, Hasso von Manteuffel, who embarked on a new career in industry. Arno von Lenski, went over to the Soviets during his captivity, withdrew to East Germany, where he was appointed to a managerial post at the « German Issuing Bank » before becoming brigadier general on the staff of the people's police and head of the special « C » (tank) department at the Ministry of the Interior, later taking up the same post at the Ministry of Defense at the time when the East Germany army was being set up! His « colleague », Martin Lattmann, who had also withdrawn to East Germany, became a brigadier general, deputy head of that same special « C » department, then divisional head at the Ministry of Heavy Industry in 1956. At least three generals played a role in politics: Hasso von Manteuffel, elected to the *Bundestag*, and Gerhard *Graf* von Schwerin (*General der Panzertruppe* in 1945) who became an adviser to Chancellor Adenauer on military matters. In East Germany, Arno von Lenski was elected to the « People's Chamber ». Just seven of our generals resumed service in the *Bundeswehr*. Among them, Heinrich-Georg Hax (*Generalmajor* in April 1945 and former commander of *8. Pz.Div.*) commanded a tank division, Oskar Munzel (*Generalmajor* in 1944 and former commander of *14. and 2. Pz.Div.*) became a *Bundeswehr* panzer troop inspector. At least two of our generals became active members of European veterans' associations. They were Siegfried Westphal and Horst Niemack, who became honorary chairmen of the European War Veterans Confederation. It may be noted here that Westphal was made a Commander of the French Legion of Honor by General Béthouard in 1970 for his action in favor of Franco-German reconciliation. Horst Niemack was also president of the Knight's Bearers of the Iron Cross Society.

The last surviving World War II panzer generals died during the nineties. Among these were Oskar Audorsch, former *Generalleutnant,* who died in 1991 at the age of 93; Heinrich Eberbach, former *General der Panzertruppe*, who died in 1992 aged 97; former *Generalmajor* Horst Niemack, and former *Generalmajor* Oskar Munzel, who both also died in 1992 aged 83 and 93; Ernst-Wilhelm Hoffmann, former *Oberst* commanding officer of *4. Pz.Div.*, who died in 1994 at the age of 90; Helmuth Schlömer, one of the Stalingrad renegades, and a former *Generalleutnant*, who died in 1995 at the age of 102; and finally, former *Oberst* Paul *Frhr* von Hauser, commanding officer of *Pz.Lehr-Div.*, who died in 1999 at the age of 88.

(7) A trial involving the German military commanders in the « Sud-Est » theater of operations (Balkans).

General CRÜWELL

Biographies

Maximilian de Angelis

Né le 2 octobre 1889 à Budapest, Maximilian de Angelis est *Oberleutnant* dans l'artillerie en 1910 et termine la guerre de 14-18 comme *Hauptmann*. Il poursuit sa carrière dans l'armée autrichienne et obtient le grade d'*Oberst* le 28 juin 1933. Il est *Generalmajor* le 15 mars 1938 puis *Generalleutnant* le 1er juin 1940 et *General der Artillerie* le 1er mars 1942. Pendant la guerre, il commande la *76. Inf.Div.* (1er septembre 1939), puis le *XXXXIV. A.K.* (26 janvier 1942). On le retrouve à la tête de la *6. Armee* (22 novembre-19 décembre 1943 et 8 avril 1944-17 juillet 1944) puis de la *2. Panzer-Armee* (18 juillet 1944). Il garde ce commandement jusqu'à la fin de la guerre. Condamné à 20 ans de prison par les autorités yougoslaves et à 25 ans par celles de l'URSS, il est libéré le 11 octobre 1955. Il meurt le 6 décembre 1974 à Graz en Autriche. Titulaire de la Croix de chevalier de la Croix de fer (9 février 1942) avec feuilles de chêne (12 novembre 1943, n° 323).

Born on 2 October 1889 in Budapest, Maximilian de Angelis was an Oberleutnant in the artillery in 1910 and ended the 1914-18 war as a Hauptmann. He pursued his career in the Austrian army, rising to the rank of Oberst on 28 June 1933. Promoted to Generalmajor on 15 March 1938 then Generalleutnant on 1 June 1940 and General der Artillerie on 1 March 1942. During the war, he commanded 76.Inf.Div. (1 September 1939), then XXXXIV. A.K. (26 January 1942). We again find him in command of 6.Armee (22 November-19 December 1943 and 8 April 1944-17 July 1944) then 2.Panzer-Armee (18 July 1944). He kept this command until the end of the war. Sentenced to 20 years imprisonment by the Yugoslav authorities and to 25 years by the Soviet authorities, he was released on 11 October 1955. He died at Graz in Austria on 6 December 1974. Awarded the Knight's Cross of the Iron Cross (9 February 1942) with Oak Leaves (12 November 1943, n° 323).

Günther Angern

Né le 5 mars 1893 à Kolberg (Poméranie), il est aspirant en 1912. *Oberleutnant* à la fin de la Première Guerre mondiale, il sert dans différentes unités de cavalerie entre les deux guerres et obtient le grade d'*Oberst* le 1er mars 1938. *Generalmajor* le 1er septembre 1941, il est *Generalleutnant* le 21 janvier 1943. Pendant la guerre, il commande la *3. Schtz.Brig.* (10 novembre 1938) puis la *11. Schtz.Brig.* (4 décembre 1939). Placé en réserve de l'OKH le 5 juillet 1941, il prend le commandement de la *11. Pz.Div.* dès le 15 août 1941. De nouveau versé dans la réserve (8 septembre 1941), il devient chef de la *16. Pz.Div.* le 28 septembre 1942. Il a toujours ce commandement lorsqu'il se suicide dans la poche de Stalingrad le 2 février 1943. Titulaire de la Croix de chevalier de la Croix de fer (5 août 1940) et de la Croix allemande en or (8 mars 1942).

Born at Kolberg (Pomerania) on 5 March 1893, he was an officer cadet in 1912. Promoted to Oberleutnant at the end of World War I, he served with various cavalry units between the two wars, rising to Oberst on 1 March 1938. Promoted to Generalmajor on 1 September 1941, he became a Generalleutnant on 21 January 1943. During the war, he commanded 3. Schtz.Brig. (10 November 1938) then 11. Schtz.Brig. (4 December 1939). Placed in the OKH reserve on 5 July 1941, he took over command of 11. Pz.Div. on 15 August 1941. He was again placed in the reserve (8 September 1941), becoming commanding officer of 16. Pz.Div. on 28 September 1942. He still held this command when he committed suicide in the Stalingrad Pocket on 2 February 1943. Awarded the Knight's Cross of the Iron Cross (5 August 1940) and the German Cross in Gold (8 March 1942).

Wilhelm von Apell

Né le 16 janvier 1892 à Bückeburg, Wilhelm von Apell est aspirant au *Jäg.Btl.7* en 1910 puis *Leutnant* en 1911. Il sert dans cette unité pendant la guerre de 14-18 qu'il finit avec le grade d'*Oberleutnant*. Il poursuit sa carrière entre les deux guerres. Il est *Oberst* le 1er octobre 1938 et commande le *Kav.Schtz.Rgt.11*. *Generalmajor* le 1er avril 1941 puis *Generalleutnant* le 1er avril 1943, il commande la *9. Schtz.Brig.* à partir du 16 février 1940. Il conserve ce commandement jusqu'au 27 août 1941. Peu après, il se voit confier le commandement de la *22. Pz.Div.* (25 septembre 1941). Placé dans la réserve de l'OKH (8 octobre 1942), il devient *Wehrersatz-Inspekteur* à Vienne (15 mars 1943). Fait prisonnier par les Américains le 8 avril 1945, il est libéré le 11 juin 1947. Il meurt le 7 mars 1969 à Varnholt près de Baden-Baden. Titulaire de la Croix de chevalier de la Croix de fer (14 mai 1941).

Born at Bückeburg on 16 January 1892, Wilhelm von Apell was an officer cadet with Jäg.Btl.7 in 1910 then a Leutnant in 1911. He served in that unit during the 1914-18 war, which he ended with the rank of Oberleutnant. He pursued his career between the two wars. Promoted to Oberst on 1 October 1938, he commanded Kav.Schtz.Rgt.11. Promoted to Generalmajor on 1 April 1941, he rose to Generalleutnant on 1 April 1943; he commanded 9. Schtz.Brig. from 16 February 1940. He held on to this command until 27 August 1941. Shortly afterwards, he was appointed to command 22. Pz.Div. (25 September 1941). Placed in the OKH reserve (8 October 1942), he became Wehrersatz-Inspekteur in Vienna (15 March 1943). He was taken prisoner by the Americans on 8 April 1945, and released on 11 June 1947. He died at Varnholt near Baden-Baden on 7 March 1969. Awarded the Knight's Cross of the Iron Cross (14 May 1941).

Karl Arndt

Né le 10 mars 1892 à Gross-Kauen en Silésie, Karl Arndt commence sa carrière militaire comme soldat en 1908. Il fait la guerre de 14-18 dans l'*Inf.Rgt. 46*. Il est officier suppléant en 1917 et obtient le grade de *Leutnant* en 1918. Fait prisonnier par les Anglais en septembre 1918, il est libéré en mars de l'année suivante. En septembre 1939, il commande un bataillon d'infanterie avec le grade d'*Oberstleutnant*. *Oberst* le 20 octobre 1940, il prend la tête de l'*Inf.Rgt. 511*. Chef de la *293. Inf.Div.* (10 janvier 1943), il reçoit le grade de *Generalmajor* le 10 mars 1943 puis celui de *Generalleutnant* le 8 novembre 1943. Il commande ensuite la *359. Inf.Div.* (20 novembre 1943) puis, en même temps, le *LIX. A.K.* (17 janvier 1945). Il prend en charge le *XXXIX. Pz.K.* le 25 avril 1945. Fait prisonnier par les Américains le 8 mai 1945, il est libéré le 5 juillet 1947. Il meurt le 30 décembre 1981 à Balve-Langenholthausen. Titulaire de la Croix de chevalier de la Croix de fer (23 janvier 1942) avec feuilles de chêne (1er février 1945, n° 719) et de la Croix allemande en or (2 juillet 1944).

Born at Gross-Kauen in Silesia on 10 March 1892, Karl Arndt began his military career as a private in 1908. He fought in the 1914-18 war in Inf.Rgt. 46. In 1917, he was a deputy officer and rose to the rank of Leutnant in 1918. He was taken prisoner by the British in September 1918 and released in March of the following year. In September 1939, he commanded an infantry battalion, with the rank of Oberstleutnant. Promoted to Oberst on 20 October 1940, he took command of Inf.Rgt. 511. As commanding officer of 293. Inf.Div. (10 January 1943), he rose to the rank of Generalmajor on 10 March 1943, then Generalleutnant on 8 November 1943. He went on to command 359. Inf.Div. (20 November 1943) then, at the same time, LIX. A.K. (17 January 1945). He took over command of XXXIX. Pz.K. on 25 April 1945. He was taken prisoner by the Americans on 8 May 1945, and released on 5 July 1947. He died at Balve-Langenholthausen on 30 December 1981. Awarded the Knight's Cross of the Iron Cross (23 January 1942) with Oak Leaves (1 February 1945, n° 719) and the German Cross in Gold (2 July 1944).

Hans Jürgen von Arnim

Né le 4 avril 1889 à Ernsdorf (Silésie), Hans Jürgen von Arnim est aspirant en 1908 et sert dans le 4e régiment de la garde à pied. Il termine la guerre de 14-18 avec le grade de *Hauptmann*. Pendant l'entre-deux-guerres, il sert dans différentes unités d'infanterie. *Oberst* le 1er juillet 1934, il est *Generalmajor* le 1er janvier 1938. Il poursuit sa carrière avec brio pendant la Seconde Guerre mondiale. *Generalleutnant* le 1er décembre 1939, il est *General der Panzertruppe* le 17 décembre 1941 et *Generaloberst* le 4 décembre 1942. Pendant cette période, il commande successivement la *52. Inf.Div.* (8 septembre 1939), la *17. Pz.Div.* (5 octobre 1940) et le *XXXIX. Pz.K.* (11 novembre 1941). On le retrouve ensuite à la tête de la *5. Pz.Armee* (3 décembre 1942) puis de la *Heeresgruppe Tunis* (9 mars 1943). Fait prisonnier par les Anglais près de Tunis le 12 mai 1943, il est libéré le 1er juillet 1947. Il meurt le 1er septembre 1962 à Bad-Wildungen. Titulaire de la Croix de chevalier de l'ordre de Hohenzollern avec glaives (7 septembre 1918) et de la Croix de chevalier de la Croix de fer (4 septembre 1941).

Born at Ernsdorf (Silesia) on 4 April 1889, Hans Jürgen von Arnim was an officer cadet in 1908, serving in the 4th Footguards Regiment. He ended the 1914-18 war as a Hauptmann. He served with various infantry units during the interwar period. Promoted to Oberst on 1 July 1934, he became a Generalmajor on 1 January 1938, pursuing a brilliant career during World War II. He became a Generalleutnant on 1 December 1939, General der Panzertruppe on 17 December 1941 and Generaloberst on 4 December 1942, during which time he commanded in succession 52. Inf.Div. (8 September 1939), 17. Pz.Div. (5 October 1940) and XXXIX. Pz.K. (11 November 1941). We later find him in command of 5. Pz.Armee (3 December 1942) then Heeresgruppe Tunis (9 March 1943). He was taken prisoner by the British near Tunis on 12 May 1943, and released on 1 July 1947. He died at Bad-Wildungen on 1 September 1962. Awarded the Knight's Cross of Hohenzollern with Swords (7 September 1918) and the Knight's Cross of the Iron Cross (4 September 1941).

Oskar Audörsch

Né le 27 février 1898 à Colbiehnen, Oskar Audörsch entre dans l'armée comme aspirant en 1916. *Leutnant* à la fin de la guerre, il poursuit sa carrière dans l'infanterie. En septembre 1939, il est *Oberstleutnant*. Il commande le *Schtz.Rgt. 394* à partir du 26 août 1940. *Oberst* le 1er février 1942, il est *Generalmajor* le 9 novembre 1944. Le 19 août 1944, il prend le commandement de la *25. Pz.Div.* et le conserve jusqu'en mai 1945. Fait prisonnier par les Américains puis par les Soviétiques, il est libéré en 1955 et meurt le 5 juin 1991 à Ulm. Titulaire de la Croix allemande en or (21 avril 1943).

Born at Colbiehnen on 27 February 1898, Oskar Audörsch joined the army as an officer cadet in 1916. As a Leutnant at the end of the war, he pursued his career in the infantry. In September 1939, he became an Oberstleutnant. He commanded Schtz.Rgt. 394 from 26 August 1940. Promoted to Oberst on 1 February 1942, he became Generalmajor on 9 November 1944. On 19 August 1944, he took over command of 25. Pz.Div., a post he held until May 1945. He was taken prisoner by the Americans and then by the Soviets; he was released in 1955 and died at Ulm on 5 June 1991. Awarded the German Cross in Gold (21 April 1943).

Ernst-Günther Baade

Né le 20 août 1897, il est volontaire en 1914 et sert comme *Leutnant* dans un régiment de cavalerie (dragons) à partir de 1916. Il quitte l'armée en 1920. De retour en 1924, il est activé avec le grade de *Leutnant* et sert dans une brigade de cavalerie. *Major* en 1937, il commande l'*Aufkl.Abt.17* lorsque la Seconde Guerre mondiale éclate. Il accède au grade d'*Oberstleutnant* le 1er mars 1940 puis à ceux d'*Oberst*, de *Generalmajor* et de *Generalleutnant* les 1er avril 1942, 1er février 1944 et 1er août 1944. Pendant cette période, il commande successivement la *I./Reit.Rgt. 22* (15 décembre 1939), la *Radf.Abt.1* (30 sept. 1941), le *Krd.Schtz.Btl. 4* (1er déc. 1941) et la *999. Lei.Afrika Div.* (2 avril au 13 mai 1943). Après un passage à l'état-major de la *Wehrmacht* en Italie, on le retrouve à la tête de la *90. Pz.Gren.Div.* (20 décembre 1943) puis du *LXXXI. A.K.* (10 mars 1945). Il meurt des suites de ses blessures le 8 mai 1945. Titulaire de la Croix de chevalier de la Croix de fer (27 juin 1942) avec feuilles de chêne (22 février 1944, n°402) et glaives (16 novembre 1944, n°111) et de la Croix allemande en or (2 novembre 1941).

Born on 20 August 1897, he was a volunteer in 1914 and served as a Leutnant in a cavalry (dragoons) regiment from 1916. He left the army in 1920. Upon his return in 1924, he returned to active service with the rank of Leutnant, serving in a cavalry brigade. Promoted to Major in 1937, he was commander of Aufkl.Abt.17 at the outbreak of World War II. Promoted to Oberstleutnant on 1 March 1940 then Oberst, Generalmajor and Generalleutnant on 1 April 1942, 1 February 1944 and 1 August 1944. During this time, he commanded successively I./Reit.Rgt. 22 (15 December 1939), Radf.Abt.1 (30 September 1941), Krd.Schtz.Btl. 4 (1 December 1941) and 999. Lei.Afrika Div. (2 April to 13 May 1943). After a spell with the Wehrmacht general staff in Italy, we later find him in command of 90. Pz.Gren.Div. (20 December 1943) then LXXXI. A.K. (10 March 1945). He died of his wounds on 8 May 1945. Awarded the Knight's Cross of the Iron Cross (27 June 1942) with Oak Leaves (22 February 1944, n° 402) and Swords (16 November 1944, n° 111) and the German Cross in Gold (2 November 1941).

Hans-Ulrich Back

Né le 26 août 1896 à Saarbrücken, Hans-Ulrich Back entre dans l'armée turque en juillet 1914. En septembre de la même année, la guerre ayant été déclarée, il intègre l'armée prussienne. *Leutnant* en 1915, il sert dans l'armée jusqu'en 1920, époque à laquelle il entre dans la police. De retour dans l'armée en 1935, il est *Oberstleutnant* lorsque la Seconde Guerre mondiale éclate. *Oberst* le 1er janvier 1942, il est *Generalmajor* le 1er février 1944 et commande successivement le 1er bataillon du *Schtz.Rgt. 2* (1er février 1938), le 1er bataillon du *Schtz.Rgt. 304* (8 août 1940), le *Schtz.Rgt. 304* (26 août 1940) et la *11. Pz.Gren.Brig.* (15 septembre 1942). Le 1er novembre 1943 on le retrouve à la tête de la *16. Pz.Div.* puis des *Pz.Div. 178* (9 octobre 1944), *Pz.Feldausb.Div.* « *Tatra* » (1er janvier 1945) et *232. Pz.Div.* (25 février 1945). Il meurt le 14 février 1976 à Hagen-Emst. Titulaire de la Croix de chevalier de la Croix de fer (5 juillet 1940).

Born at Saarbrücken on 26 August 1896, Hans-Ulrich Back joined the Turkish Army in July 1914. In September of that same year, war having been declared, he joined the Prussian Army. He became a Leutnant in 1915, serving in the army until 1920, when he joined the police. After re-enlisting in 1935, he was an Oberstleutnant at the outbreak of World War II. Promoted to Oberst on 1 January 1942 and Generalmajor on 1 February 1944, he commanded successively 1 Battalion of Schtz.Rgt. 2 (1 February 1938), 1 Battalion of Schtz.Rgt. 304 (8 August 1940), Schtz.Rgt. 304 (26 August 1940) and 11. Pz.Gren.Brig. (15 September 1942). On 1 November 1943 we find him in command of 16. Pz.Div. then Pz.Div. 178 (9 October 1944), Pz.Feldausb.Div. "Tatra" (1 January 1945) and 232. Pz.Div. (25 February 1945). He died at Hagen-Emst on 14 February 1976. Awarded the Knight's Cross of the Iron Cross (5 July 1940).

Johannes Baessler

Né le 3 mai 1892 à Grasegrund, Johannes Baessler entre dans l'armée en 1914 et sert dans l'infanterie. A la fin de la guerre de 14-18, il est *Oberleutnant* et poursuit sa carrière dans la *Reichswehr*, toujours dans l'infanterie puis comme officier d'état-major. *Oberst* le 1er janvier 1938, il est *Generalmajor* le 1er février 1942 puis *Generalleutnant* le 1er février 1944. Commandeur du *Pz.Rgt. 4* (10 novembre 1938), il est placé à la tête de l'état-major du *XI. A.K.* (10 septembre 1939) avant de commander la *9. Pz.Div.* (15 avril 1942). Placé dans la réserve des commandants (*Führerreserve*) peu après (27 juillet 1942), il commande la *14. Pz.Div.* du 1er au 26 novembre 1942 puis occupe différents commandements non opérationnels. Très gravement blessé le 26 août 1944, il meurt le 9 novembre suivant à Vienne. Titulaire de la Croix allemande en or (8 janvier 1943).

Born at Grasegrund on 3 May 1892, Johannes Baessler joined the army in 1914, serving in the infantry. At the end of the 1914-18 war, he was an Oberleutnant and pursued his career in the Reichswehr, again in the infantry, then as a staff officer. Promoted to Oberst on 1 January 1938, Generalmajor on 1 February 1942, then Generalleutnant on 1 February 1944. As commander of Pz.Rgt. 4 (10 November 1938), he was placed in command of the general staff of XI. A.K. (10 September 1939) before going on to command 9. Pz.Div. (15 April 1942). Placed in the commander reserve (Führerreserve) shortly afterwards (27 July 1942), he commanded 14. Pz.Div. from 1 to 26 November 1942 then held various non operational commands. He was very badly wounded on 26 August 1944, and died in Vienna the following 9 November. Awarded the German Cross in Gold (8 January 1943).

Franz Bäke-Dr. med. dent.

Né le 28 février 1898 à Schwarzenfels, Franz Bäke s'engage comme volontaire en 1915 et termine la guerre comme aspirant dans un régiment d'artillerie. Revenu à la vie civile, il entreprend des études de médecine dentaire et obtient son doctorat en 1923. *Leutnant d.Reserve* en 1937, il est mobilisé le 1er août 1939. Il sert dans différentes unités blindées. *Oberleutnant d.Reserve* le 1er janvier 1940, il gravit rapidement les échelons, obtenant le grade d'*Oberst* le 1er mai 1944. Activé le 1er janvier 1945, il est *Generalmajor* le 20 avril 1945. Pendant cette période, il commande le *Pz.Rgt. 11* (1er novembre 1943, m.d.F.b.), la *Pz.Brig.Feldherrnhalle* (13 juillet 1944) puis la *13. Pz.Div.* (9 mars 1945). Fait prisonnier le 8 mai 1945, il est libéré au début de l'année 1947. Il meurt le 12 décembre 1978 à Hagen en Westphalie. Titulaire de la Croix de chevalier de la Croix de fer (11 janvier 1943) avec feuilles de chêne (1er août 1943, n° 262) et glaives (21 février 1944, n° 49).

Born at Schwarzenfels on 28 February 1898, Franz Bäke joined up as a volunteer in 1915, ending the war as an officer cadet in an artillery regiment. On his return to civilian life, he studied dental surgery, graduating in 1923. On becoming a Leutnant d.Reserve in 1937, he was mobilized on 1 August 1939, serving in various armored units. Promoted to Oberleutnant d.Reserve on 1 January 1940, he rose quickly up the ranks, to Oberst on 1 May 1944. In action on 1 January 1945, he became a Generalmajor on 20 April 1945. During this period, he commanded Pz.Rgt. 11 (1 November 1943, m.d.F.b.), Pz.Brig.Feldherrnhalle (13 July 1944) then 13. Pz.Div. (9 March 1945). He was taken prisoner on 8 May 1945, released early in 1947 and died at Hagen in Westphalia on 12 December 1978. Awarded the Knight's Cross of the Iron Cross (11 January 1943), with Oak Leaves (1 August 1943, n° 262) and Swords (21 February 1944, n° 49).

Hermann Balck

Né le 7 décembre 1893 à Danzig-Langfuhr, Hermann Balck, fils d'un général, s'engage dans l'armée en 1913 et devient aspirant la même année. Pendant la guerre de 14-18, il sert comme *Oberleutnant* dans différentes unités de chasseurs. Il est blessé sept fois et se distingue au point d'être proposé pour l'ordre « Pour le mérite » en 1918 sans toutefois obtenir la prestigieuse décoration. Pendant l'entre-deux-guerres, il poursuit sa carrière dans des unités de chasseurs puis comme officier d'état-major et dans des unités blindées. Au début de la Seconde Guerre mondiale, il sert à l'OKH (jusqu'au 22 octobre 1939) puis commande le *Schtz.Rgt.1*. Son ascension est alors très rapide : *Oberst* le 1er juillet 1940, il est *Generalmajor* le 1er août 1942, *Generalleutnant* le 21 janvier 1943 et *General der Panzertruppe* le 12 novembre de la même année. Pendant cette période, il assume des commandements de plus en plus importants : *Pz.Rgt. 3* (15 décembre 1940), *Pz.Brig.2* (15 mai 1941), général des troupes rapides auprès du chef de l'OKH (1er novembre 1941), *11. Pz.Div.* (16 mai 1942), *Inf.Div. (mot.)* « *Grossdeutschland* » (3 avril 1943). On le retrouve ensuite à la tête du *XIV. Pz.K.* (2 septembre 1943), du *XXXX. Pz.K.* et du *XXXXVIII. Pz.K.* (12 et 15 novembre 1943). Chef de la *4. Pz.Armee* (5 août 1944), il prend la tête du groupe d'armées G (21 septembre 1944) puis de la *6. Armee* (23 décembre 1944) et de l'*Armeegruppe* portant son nom, composée de la *6. Armee* et de la 2e armée hongroise (23 décembre 1944). Fait prisonnier le 8 mai 1945, il est libéré début 1947. Peu après sa libération, il est condamné à trois ans de prison pour avoir fait exécuter un officier d'artillerie du groupe d'armées « G » ayant failli à sa mission. Il est finalement gracié au bout de 18 mois. Il devient représentant de commerce et meurt le 29 novembre 1982 à Erbenbach-Rockenau. Considéré comme un des meilleurs chefs des troupes blindées de la Seconde Guerre mondiale, Hermann Balck était titulaire de la Croix de chevalier de la Croix de fer (3 juin 1940), avec feuilles de chêne (20 décembre 1942, n° 155), glaives (4 mars 1943, n° 25) et brillants (31 août 1944, n° 19).

Born at Danzig-Langfuhr on 7 December 1893, Hermann Balck, a general's son, joined the army in 1913, and became an officer cadet that same year. During the 1914-18 war, he served as an Oberleutnant with various chasseur units. He was wounded seven times, fighting with such distinction that his name was put forward for the Order « Pour le Mérite » in 1918, although he was not awarded that prestigious decoration. During the interwar period he pursued his career with rifles units, then as a staff officer and with armored units. He was at OKH at the start of World War II (until 22 October 1939) then commanded Schtz.Rgt.1. He then rose very quickly through the ranks: Promoted to Oberst on 1 July 1940, he became a Generalmajor on 1 August 1942, Generalleutnant on 21 January 1943 and General der Panzertruppe on 12 November of that same year. During this period, he took over increasingly higher commands: Pz.Rgt. 3 (15 December 1940), Pz.Brig.2 (15 May 1941), general of the mobile troops with the commanding officer of OKH (1 November 1941), 11. Pz.Div. (16 May 1942), Inf.Div. (mot.) "Grossdeutschland" (3 April 1943). We later find him in command of XIV. Pz.K. (2 September 1943), XXXX. Pz.K. and XXXXVIII. Pz.K. (12 and 15 November 1943). Commanding officer of 4. Pz.Armee (5 August 1944), he took over command of Army Group G (21 September 1944) then of 6. Armee (23 December 1944) and the Armeegruppe bearing his name, comprising 6. Armee and Hungarian 2nd Army (23 December 1944). He was taken prisoner on 8 May 1945, and released early in 1947. Shortly after his release, he was sentenced to three years imprisonment for having an artillery officer of Army Group "G" executed for a failed mission. He was finally pardoned after 18 months. He became a sales representative and died at Erbenbach-Rockenau on 29 November 1982. Held to be one of the best panzer troop commanders of World War II, Hermann Balck was awarded the Knight's Cross of the Iron Cross (3 June 1940) with Oak Leaves (20 December 1942, n° 155), Swords (4 March 1943, n° 25) and Diamonds (31 August 1944, n° 19).

Fritz Bayerlein

Né le 14 janvier 1899 à Würzburg, Fritz Bayerlein commence sa carrière militaire en juin 1917 comme aspirant dans l'armée bavaroise. Pendant l'entre-deux-guerres, il sert dans différentes unités du génie, d'infanterie ainsi qu'en état-major. A la veille de la Seconde Guerre, il est *Major* et officier chargé des opérations (Ia) dans la *10. Pz.Div. Oberst* le 1ᵉʳ avril 1942, il obtient le grade de *Generalmajor* le 1ᵉʳ mars 1943 puis celui de *Generalleutnant* le 1ᵉʳ mai 1944. Pendant cette période, il occupe les fonctions de Ia dans l'état-major du *XIX. A.K. (mot)* (25 février 1940) devenu par la suite *Pz.Gr. Guderian* et enfin *2. Pz.Armee.* Placé dans la réserve des commandants (30 août 1941), il devient chef d'état-major de l'*Afrikakorps* (5 octobre 1941), de la *Panzerarmee Afrika* (7 décembre 1942) puis de la 1ʳᵉ armée italienne (1ᵉʳ mars 1943). Chef de la *3. Pz.Div.* (25 octobre 1943), il prend le commandement de la *Panzer-Lehr-Division* (10 janvier 1944) puis du *LIII. A.K.* (29 mars 1945, m.d.F.b.). Fait prisonnier le 8 mai 1945, il est libéré début 1947 et meurt le 30 janvier 1970 à Würzburg. Considéré comme un des officiers d'état-major les plus doués de sa génération, Fritz Bayerlein était titulaire de la Croix de chevalier de la Croix de fer (26 décembre 1941) avec feuilles de chêne (6 juillet 1943, n° 258) et glaives (20 juillet 1944, n° 81) et de la Croix allemande en or (23 octobre 1942).

Born at Würzburg on 14 January 1899, Fritz Bayerlein started his military career in June 1917 as an officer cadet in the Bavarian army. He served with various engineers and infantry units during the interwar period, and also as a staff officer. On the eve of World War II, he was a Major and made officer in charge of operations (Ia) with 10. Pz.Div. Promoted to Oberst on 1 April 1942, he rose to Generalmajor on 1 March 1943 then to Generalleutnant on 1 May 1944. During this period, he held posts as Ia on the general staff of XIX. A.K. (mot) (25 February 1940) which later became Pz.Gr. Guderian and finally 2. Pz.Armee. After being placed in the commanders' reserve (30 August 1941), he became chief-of-staff of the Afrikakorps (5 October 1941) Panzerarmee Afrika (7 December 1942), then of the Italian 1st Army (1 March 1943). Commanding officer of 3. Pz.Div. (25 October 1943), he took over command of Panzer-Lehr-Division (10 January 1944) then of LIII. A.K. (29 March 1945, m.d.F.b.). He was taken prisoner on 8 May 1945, released early in 1947 and died at Würzburg on 30 January 1970. Held to be one of the most gifted staff officers of his generation, Fritz Bayerlein was awarded the Knight's Cross of the Iron Cross (26 December 1941) with Oak Leaves (6 July 1943, n° 258), and Swords (20 July 1944, n° 81) and the German Cross in Gold (23 October 1942).

Becker

Oberst, commande la *164. Lei.Afrika Div.* du 16 janvier au 16 février 1943.
Oberst, commanded 164. Lei.Afrika Div. from 16 January to 16 February 1943.

Fritz Becker

Né le 7 mars 1892 à Heidberg, Fritz Becker est aspirant en 1913, *Leutnant* dans l'infanterie l'année suivante. Il fait toute la guerre dans l'infanterie. Il poursuit sa carrière entre les deux guerres, servant toujours dans l'infanterie. En septembre 1939, il est *Oberst* et commande l'*Inf.Rgt. 60. Generalmajor* le 20 avril 1942, il est placé dans la réserve des commandants le 15 mai 1942. Il prend la tête de l'OFK (*Oberfeldkommandantur*) 365 (17 juillet 1942) puis de la *370. Inf.Div.* (15 septembre 1942). Il reçoit le grade de *Generalleutnant* le 20 avril 1943 puis est de nouveau placé dans la réserve des commandants (1ᵉʳ juin 1944). Le 3 juillet 1944, il prend le commandement du *XXXXVI. Pz.K.* puis celui du *XXIV. Pz.K.* (20 août 1944). On le retrouve ensuite à la tête de la *389. Inf.Div.* (30 septembre 1944) puis dans la réserve des commandants (25 mars 1945). Il est fait prisonnier par les Britanniques le 27 mai 1945. Libéré le 6 janvier 1948, il meurt le 11 juin 1967 à Herzberg. Titulaire de la Croix de Chevalier de la Croix de fer (6 avril 1943) et de la Croix allemande en or (22 novembre 1941).

Born at Heidberg on 7 March 1892, Fritz Becker was an officer cadet in 1913, then Leutnant in the infantry the following year. He remained in the infantry throughout the war. He pursued his career between the two wars, serving in the infantry all the time. Promoted to Oberst in September 1939, commanding Inf.Rgt. 60. He became a Generalmajor on 20 April 1942, and was placed in the commander reserve on 15 May 1942. He took over command of OFK (Oberfeldkommandantur) 365 (17 July 1942) then of 370. Inf.Div. (15 September 1942). He rose to the rank of Generalleutnant on 20 April 1943 then was again placed in the commander reserve (1 June 1944). On 3 July 1944, he took over command of XXXXVI. Pz.K. then of XXIV. Pz.K. (20 August 1944). We later find him in command of 389. Inf.Div. (30 September 1944) then in the commander reserve (25 March 1945). He was taken prisoner by the British on 27 May 1945, and released on 6 January 1948. He died at Herzberg on 11 June 1967. Awarded the Knight's Cross of the Iron Cross (6 April 1943) and the German Cross in Gold (22 November 1941).

Clemens Betzel

Né le 9 juin 1895 à Ulm, Clemens Betzel entre dans l'armée bavaroise comme aspirant en 1914. Il termine la guerre de 14-18 comme *Oberleutnant* dans l'artillerie. *Hauptmann* au début de la Seconde Guerre mondiale, il obtient le grade d'*Oberst* le 1er avril 1942 puis ceux de *Generalmajor* et de *Generalleutnant* les 1er juillet 1944 et 1er janvier 1945. Après avoir servi dans différentes unités d'artillerie, il se voit confier le commandement de la *9. Pz.Div.* (20 mars 1944) puis de la *4. Pz.Div.* (1er mai 1944, m.d.F.b.). Chef de la *539. Inf.Div.* (1er septembre 1944), il meurt au combat le 27 mars 1945. Titulaire de la Croix de chevalier de la Croix de fer (5 septembre 1944) avec feuilles de chêne (11 mars 1945, n° 774) et de la Croix allemande en or (11 mars 1943).

Born at Ulm on 9 June 1895, Clemens Betzel joined the Bavarian army as an officer cadet in 1914. He ended the 1914-18 war as an Oberleutnant in the artillery. At the start of World War II, he was a Hauptmann, rising to the rank of Oberst on 1 April 1942 then to Generalmajor and Generalleutnant on 1 July 1944 and 1 January 1945. After serving with various artillery units, he was given command of 9. Pz.Div. (20 March 1944) then of 4. Pz.Div. (1 May 1944, m.d.F.b.). Commanding officer of 539.Inf.Div. (1 September 1944), he was killed in action on 27 March 1945. Awarded the Knight's Cross of the Iron Cross (5 September 1944) with Oak Leaves (11 March 1945, n° 774) and the German Cross in Gold (11 March 1943).

Georg von Bismarck

Né le 15 février 1891 à Neumühl près de Küstrin, Georg von Bismarck est aspirant en 1911. Il fait la Première Guerre mondiale comme *Leutnant* puis *Oberleutnant* dans une unité de chasseurs. Il poursuit sa carrière entre les deux guerres et devient *Oberst* le 1er février 1939. Lorsque la Seconde Guerre mondiale éclate, il commande le *Kav.Schtz.Rgt. 7.* On le retrouve ensuite à la tête de la *20. Schtz.Brig.* (10 décembre 1940) puis de la *20. Pz.Div.* (10 septembre 1941). *Generalmajor* le 19 février 1942, il prend le commandement de la *21. Pz.Div.* en Afrique du Nord (11 février 1942). Il est tué au combat le 31 août 1942 à El Alamein et fait *Generalleutnant* à titre posthume le 16 novembre de la même année. Titulaire de la Croix de chevalier de la Croix de fer (29 septembre 1940).

Born at Neumühl near Küstrin on 15 February 1891, Georg von Bismarck was an officer cadet in 1911. He fought in World War I as a Leutnant then Oberleutnant in a rifles unit. He pursued his career between the two wars, becoming an Oberst on 1 February 1939. At the outbreak of World War II he was in command of Kav.Schtz.Rgt. 7. We later find him in command of 20. Schtz.Brig. (10 December 1940) then 20. Pz.Div. (10 September 1941). He became a Generalmajor on 19 February 1942, and took over command of 21. Pz.Div. in north Africa (11 February 1942). He was killed in action at El Alamein on 31 August 1942 and posthumously promoted to Generalleutnant on 16 November of that same year. Awarded the Knight's Cross of the Iron Cross (29 September 1940).

Johannes Block

Né le 17 novembre 1894 à Büschdorf, Johannes Block entre dans l'armée comme volontaire en août 1914 et devient aspirant en 1915 et termine la guerre avec le grade de *Leutnant*. Pendant l'entre-deux-guerres, il sert dans différentes unités d'infanterie et en état-major. En septembre 1939, il est *Oberstleutnant*. Il obtient le grade d'*Oberst* le 1er août 1941. Son ascension se poursuit rapidement au cours du conflit puisqu'il est *Generalmajor* le 1er septembre 1942, *Generalleutnant* le 21 janvier 1943 et *General der Infanterie* le 20 août 1944. Chef d'un bataillon puis d'un régiment d'infanterie au début de la guerre, il commande la *294. Inf.Div.* à partir du 15 mai 1942. On le retrouve ensuite à la tête du *VIII. A.K.* (1er avril 1944), du *XIII. A.K.* (25 avril 1944) et enfin du *LVI. Pz.K.* (15 août 1944). Il est tué au combat le 26 janvier 1945 près de Kielce en Pologne. Titulaire de la Croix de chevalier de la Croix de fer (22 décembre 1941) avec feuilles de chêne (22 novembre 1943, n° 331).

Born at Büschdorf on 17 November 1894, Johannes Block enlisted in the army as a volunteer in August 1914 and became an officer cadet in 1915, ending the war as a Leutnant. During the interwar period, he served with various infantry units and as a staff officer. In September 1939, he became an Oberstleutnant. He obtained the rank of Oberst on 1 August 1941. He continued to rise rapidly through the ranks during the war, from Generalmajor on 1 September 1942 to Generalleutnant on 21 January 1943 and General der Infanterie on 20 August 1944. As commanding officer of an infantry battalion and later a regiment at the outbreak of war, he commanded 294. Inf.Div. from 15 May 1942. We later find him in command of VIII. A.K. (1 April 1944), of XIII. A.K. (25 April 1944) and finally of LVI. Pz.K. (15 August 1944). He was killed in action near Kielce in Poland on 26 January 1945. Awarded the Knight's Cross of the Iron Cross (22 December 1941) with Oak Leaves (22 November 1943, n° 331).

**Erpo *Frhr*
von Bodenhausen**

Né le 12 avril 1897 dans le château de Arnstein près de Kassel, Erpo von Bodenhausen commence sa carrière militaire en 1915 comme aspirant dans la cavalerie et termine la guerre de 14-18 avec le grade de *Leutnant*. Resté dans la cavalerie pendant l'entre-deux-guerres, il commande un bataillon du *Kav.Schtz.Rgt. 8* lorsque la Seconde Guerre mondiale éclate. Il est alors *Oberstleutnant*. *Oberst* le 17 décembre 1941, il accède au grade de *Generalmajor* le 20 avril 1943 puis à celui de *Generalleutnant* le 1er novembre de la même année. Pendant cette période, il commande le *Schtz.Rgt. 28* (21 décembre 1940), la *23. Schtz.Brig.* (28 mai 1942) puis la *12. Pz.Div.* (20 avril 1943), fonction qu'il cumule avec celle de chef du *L.A.K.* à partir du 12 avril 1945. Il se suicide le 9 mai 1945 près de Grobin en Courlande. Titulaire de la Croix de chevalier de la Croix de fer (17 décembre 1943) et de la Croix allemande en or (21 janvier 1942).

Born at Arnstein Castle near Kassel on 12 April 1897, Erpo von Bodenhausen began his military career as an officer cadet in the cavalry in 1915 and ended the 1914-18 war with the rank of Leutnant. After remaining with the cavalry during the interwar years, he was commander of a battalion of Kav.Schtz.Rgt. 8 at the outbreak of World War II. He was then an Oberstleutnant. He became an Oberst on 17 December 1941, rising to Generalmajor on 20 April 1943 then to Generalleutnant on 1 November of that same year. During this period, he commanded Schtz.Rgt. 28 (21 December 1940), 23. Schtz.Brig. (28 May 1942) then 12. Pz.Div. (20 April 1943), a post he held simultaneously with that of commanding officer of L.A.K. from 12 April 1945. He committed suicide on 9 May 1945 near Grobina in Courland. Awarded the Knight's Cross of the Iron Cross (17 December 1943) and the German Cross in Gold (21 January 1942).

**Hans Boelsen Dr.jur.
Dr. rer. pol.**

Né le 6 mars 1894 à Emden, Hans Boelsen entre dans l'armée comme volontaire en août 1914. Aspirant en 1915, il termine la guerre de 14-18 avec le grade de *Leutnant*. Retourné à la vie civile en 1919, il entreprend des études de droit et obtient deux doctorats en science politique et en droit (1923 et 1928). Réactivé en 1934, il est *Major* lorsque la Seconde Guerre mondiale éclate. Il sert dans différents états-majors ainsi que dans l'école d'infanterie de Döberitz avant d'obtenir le grade d'*Oberst* le 1er mars 1942. Chef du *Pz.Rgt.11*, il obtient le grade de *Generalmajor* le 1er juin 1944 puis celui de *Generalleutnant* le 1er mars 1944. On le retrouve alors à la tête de la *29. Pz.Gren.Div.* (5 mars 1944) puis de la *26. Pz.Div.* (11 avril 1944). Le 10 septembre 1944, il commande la *18. Pz.Div.* avant d'être placé dans la réserve des commandants le 4 février 1945. En mars 1945, il commande la *Div.Nr 172*. Fait prisonnier le 29 mars 1945, il est libéré en 1947 et meurt le 24 octobre 1960 à Francfort sur le Main. Titulaire de la Croix de chevalier de la Croix de fer (17 septembre 1943) et de la Croix allemande en or (17 novembre 1941).

Born at Emden on 6 March 1894, Hans Boelsen enlisted in the army as a volunteer in August 1914 and became an officer cadet in 1915, ending the 1914-18 war as a Leutnant. On his return to civilian life, he studied law, graduating with two doctorates, in political science and law in 1923 and 1928. Returning to active service in 1934, he was a Major at the outbreak of World War II. He served on various general staffs and at the infantry school at Döberitz before rising to the rank of Oberst on 1 March 1942. As commanding officer of Pz.Rgt.11, he was promoted to Generalmajor on 1 June 1944 then to Generalleutnant on 1 March 1944. We later find him in command of 29. Pz.Gren.Div. (5 March 1944) then 26. Pz.Div. (11 April 1944). On 10 September 1944, he commanded 18. Pz.Div. before being placed in the commanders reserve on 4 February 1945. In March 1945, he commanded Div.Nr 172. He was taken prisoner on 29 March 1945, released in 1947 and died at Frankfurt am Main on 24 October 1960. Awarded the Knight's Cross of the Iron Cross (17 September 1943) and the German Cross in Gold (17 November 1941).

Franz Boehme

Né le 15 avril 1885 à Zeltweg en Styrie (Autriche), Franz Boehme entre dans l'armée autrichienne en 1904. Pendant la guerre de 14-18, il sert comme officier dans différents états-majors. Il poursuit sa carrière entre les deux guerres et devient *Oberst* le 25 septembre 1929, *Generalmajor* le 24 décembre 1934 et *Generalleutnant* le 1er juin 1939. Au début de la Seconde Guerre mondiale, il commande la *30. Inf.Div.* puis la *32. Inf.Div.*. *General der Infanterie* le 1er août 1940 (appellation de *General der Gebirgstruppe* le 23 mars 1944), on le retrouve à la tête de différents corps d'armées, puis comme commandant en chef en Serbie. Il commande la *2. Pz.Armee* du 24 juin au 15 juillet 1944. Début 1945, il part pour la Norvège où il prend la tête de la *20. Geb.Armee*, fonction qu'il cumule avec celle de commandant en chef de la *Wehrmacht* en Norvège. Fait prisonnier le 9 mai 1945, il se suicide à Nuremberg le 29 mai 1947. Titulaire de la Croix de chevalier de la Croix de fer (29 juin 1940) et de la Croix allemande en or (10 février 1944).

Born at Zeltweg in Styria (Austria) on 15 April 1885, Franz Boehme joined the Austrian Army in 1904. During the 1914-18 war, he served as a staff officer with various units. He pursued his career between the two wars, becoming an Oberst on 25 September 1929, Generalmajor on 24 December 1934 and Generalleutnant on 1 June 1939. At the start of World War II, he was commander of 30. Inf.Div. then 32. Inf.Div. General der Infanterie on 1 August 1940 (called General der Gebirgstruppe as of 23 March 1944), we later find him in command of various army corps, then as commander-in-chief in Serbia. He commanded 2.Pz.Armee from 24 June to 15 July 1944. At the start of 1945, he left for Norway, where he took over command of 20. Geb.Armee, a post he combined with that commander-in-chief of the Wehrmacht in Norway. He was taken prisoner on 9 May 1945, and committed suicide in Nuremberg on 29 May 1947. Awarded the Knight's Cross of the Iron Cross (29 June 1940) and the German Cross in Gold (10 February 1944).

Hans *Frhr* von Boineburg-Lengsfeld

Hans von Boineburg-Lengsfeld naît le 9 juin 1889 à Eisenach et entre dans l'armée en 1910 comme aspirant. Pendant la guerre de 14-18, il sert dans différentes unités de cavalerie avec le grade de *Leutnant*. Resté dans l'armée après l'armistice, il poursuit sa carrière dans la cavalerie et obtient le grade d'*Oberst* le 10 octobre 1937. *Generalmajor* le 1er octobre 1941 puis *Generalleutnant* le 16 novembre 1941, il exerce différents commandements dans les unités blindées : chef des *4.* et *7. Schtz.Brig.* (1er septembre et 23 octobre 1939), il commande la *23. Pz.Div.* (25 septembre 1941) avant de devenir *Mil.Bef.Frankreich* et commandant de la place de Paris (1er avril 1943 et 1er mai 1943). Il occupe ensuite différents commandements à l'arrière. Fait prisonnier le 8 mai 1945, il est libéré en 1946. Il meurt le 20 novembre 1980 à Felsberg-Altenburg (Hesse). Titulaire de la Croix de chevalier de la Croix de fer (19 juillet 1940).

Hans von Boineburg-Lengsfeld was born at Eisenach on 9 June 1889 and joined the army as an officer cadet in 1910. During the 1914-18 war, he served as a Leutnant with various cavalry units. He stayed in the army after the armistice, and pursued his career in the cavalry, reaching the rank of Oberst on 10 October 1937. Promoted to Generalmajor on 1 October 1941, then Generalleutnant on 16 November 1941, he held various commands in armored units: commanding officer of 4. and 7. Schtz.Brig. (1 September and 23 October 1939), he commanded 23. Pz.Div. (25 September 1941) before becoming Mil.Bef.Frankreich and commanding officer of the fortress of Paris (1 April 1943 and 1 May 1943). He went on to hold various commands in the rear. He was taken prisoner on 8 May 1945, released in 1946 and died at Felsberg-Altenburg (Hesse) on 20 November 1980. Awarded the Knight's Cross of the Iron Cross (19 July 1940).

Walter von Boltenstern

Né le 26 novembre 1889 à Breslau, aspirant en 1910, Walter von Boltenstern termine la guerre de 14-18 avec le grade de *Hauptmann*. *Oberst* le 1er avril 1937, il commande un régiment d'infanterie (*Inf.Rgt. 71*) lorsqu'éclate la Seconde Guerre mondiale. *Generalmajor* le 14 août 1940 et *Generalleutnant* le 15 juillet 1942, il commande la *29. Inf.Div.* (1er juillet 1940) et la *Res.Pz.Div. 179* du 20 janvier 1942 au 10 mai 1944. Retiré du service actif en janvier 1945, il est enlevé par l'Armée Rouge le 8 mai 1945 et meurt en captivité le 19 janvier 1952. Titulaire de la Croix de chevalier de la Croix de fer (13 août 1941).

Born at Breslau on 26 November 1889, an officer cadet in 1910, Walter von Boltenstern ended the 1914-18 war with the rank of Hauptmann. Promoted to Oberst on 1 April 1937, he commanded an infantry regiment (Inf.Rgt. 71) at the outbreak of World War II. Promoted to Generalmajor on 14 August 1940 and Generalleutnant on 15 July 1942, he commanded 29. Inf.Div. (1 July 1940) and Res.Pz.Div. 179 from 20 January 1942 to 10 May 1944. After his withdrawal from active service in January 1945, he was carried off by the Red Army on 8 May 1945 and died in captivity on 19 January 1952. Awarded the Knight's Cross of the Iron Cross (13 August 1941).

Willibald Borowietz

Né le 17 septembre 1893 à Ratibor en Silésie, Willibald Borowietz est aspirant en 1914 et termine la guerre avec le grade de *Leutnant*. Passé dans la police *(Sipo)* dès 1919, il rentre dans la nouvelle *Wehrmacht* avec le grade de *Major* en 1935 et sert dans les unités rapides. Au début de la Seconde Guerre mondiale, il commande la *Pz.Abw.Abt. 50*. Activé en 1941, il obtient le grade d'*Oberst* le 1er février 1942 puis prend le commandement du *Schtz.Rgt. 10* (10 juin 1941) puis de la *10. Pz.Brig.* (10 novembre 1942). *Generalmajor* le 1er janvier 1943 puis *Generalleutnant* le 1er mai de la même année, il se retrouve à la tête de la *15. Pz.Div.* (18 novembre 1942). Fait prisonnier en Tunisie le 10 mai 1943, il meurt en captivité le 1er juillet 1945 au camp de Clinton (USA). Titulaire de la Croix de chevalier de la Croix de fer (24 juillet 1941) avec feuilles de chêne (10 mai 1943, n° 235) et de la Croix allemande en or (14 juin 1942).

Born at Ratibor in Silesia on 17 September 1893, Willibald Borowietz was an officer cadet in 1914, and ended the war with the rank of Leutnant. He immediately joined the police (Sipo) in 1919, enlisting in the new Wehrmacht with the rank of Major in 1935 and served in the mobile units. At the start of World War II, he was commander of Pz.Abw.Abt. 50. Entering active service in 1941, he rose to the rank of Oberst on 1 February 1942 then took over command of Schtz.Rgt. 10 (10 June 1941) then of 10. Pz.Brig. (10 November 1942). He became a Generalmajor on 1 January 1943, rising to Generalleutnant on 1 May of that same year, later in command of 15. Pz.Div. (18 November 1942). He was taken prisoner in Tunisia on 10 May 1943, and died in captivity at Camp Clinton (USA) on 1 July 1945. Awarded the Knight's Cross of the Iron Cross (24 July 1941) with Oak Leaves (10 May 1943, n° 235) and the German Cross in Gold (14 June 1942).

Karl Böttcher

Né le 25 octobre 1889 à Thorn (Torun), Karl Böttcher entre dans l'armée comme aspirant dans l'artillerie en 1909. Il fait la guerre de 14-18 dans différentes unités d'artillerie et obtient le grade de *Hauptmann* (1917). Il poursuit sa carrière pendant l'entre-deux-guerres. *Oberst* lorsque la Seconde Guerre mondiale éclate, il est *Generalmajor* le 1er mars 1940 et *Generalleutnant* le 1er mars 1942. Il commande la *21. Pz. Div.* du 1er décembre 1942 au 18 février 1942 puis différentes autres grandes unités (*326.* et *347. Inf.Div.*) avant d'occuper les fonctions de *H.Arko 305*. Le 10 mars 1945, il est *General der Artillerie z.b.V.* et chef de la *2. Pz.Armee*. Fait prisonnier le 8 mai 1945, il est libéré en 1947. Il meurt le 9 février 1975 à Bad-Wimpfen. Titulaire de la Croix de chevalier de la Croix de fer (13 décembre 1941).

Born at Thorn (Torun) on 25 October 1889, Karl Böttcher joined the army as an officer cadet in the artillery in 1909. During the 1914-18 war he fought in various artillery units, rising to Hauptmann (1917). He pursued his career between the two wars. As an Oberst at the outbreak of World War II, he became a Generalmajor on 1 March 1940 and Generalleutnant on 1 March 1942. He commanded 21. Pz. Div. from 1 December 1942 to 18 February 1942 then various other major units (326. and 347. Inf.Div.) before taking up a post as H.Arko 305. On 10 March 1945, he was General der Artillerie z.b.V. and commanding officer of 2. Pz.Armee. He was taken prisoner on 8 May 1945 and released in 1947. He died at Bad-Wimpfen on 9 February 1975. Awarded the Knight's Cross of the Iron Cross (13 December 1941).

Walter Botsch

Né le 27 février 1897 à Braunsbach am Kocher, Walter Botsch est aspirant en 1915. Pendant la guerre de 14-18, il combat dans l'infanterie et obtient le grade de *Leutnant*. Il poursuit sa carrière pendant l'entre-deux-guerres, dans l'infanterie, dans la cavalerie et dans différents états-majors. *Oberstleutnant* lorsque se déclare la Seconde Guerre mondiale, il est *Oberst* le 1er avril 1941, *Generalmajor* le 1er septembre 1943 et *Generalleutnant* le 1er septembre 1944. Pendant cette période, il est officier d'état-major dans le *XXX. A.K.* puis dans la *19. Armee* avant de prendre le commandement d'une division (*18. VGD* le 5 février 1945). On le retrouve ensuite à la tête du *LIII. A.K.* (6 mars 1945) puis du *LVIII. Pz.K.* (24 mars 1945). Fait prisonnier par les Américains dans la Ruhr en avril 1945, il est libéré en 1947. Il meurt le 7 janvier 1969 à Gmünd. Titulaire de la Croix de chevalier de la Croix de fer (9 mai 1945) et de la Croix allemande en or (22 juin 1942).

Born at Braunsbach am Kocher on 27 February 1897, Walter Botsch was an officer cadet in 1915. During the 1914-18 war, he served in the infantry, with promotion to the rank of Leutnant. He pursued his career between the two wars, in the infantry, in the cavalry, and on various general staffs. With the rank of Oberstleutnant when World War II broke out, he was made an Oberst on 1 April 1941, Generalmajor on 1 September 1943 and Generalleutnant on 1 September 1944. During this period, he was a staff officer with XXX. A.K. then in 19. Armee before taking over command of a division (18. VGD on 5 February 1945). We later find him in command of LIII. A.K. (6 March 1945) then LVIII. Pz.K. (24 March 1945). He was taken prisoner by the Americans in the Ruhr in April 1945, and released in 1947. He died at Gmünd on 7 January 1969. Awarded the Knight's Cross of the Iron Cross (9 May 1945) and the German Cross in Gold (22 June 1942).

(BA.)

Erich Brandenberger

Né le 15 juillet 1892 à Augsburg, il est aspirant dans l'armée bavaroise en 1912. Artilleur de formation, il sert dans différentes unités de cette arme pendant la guerre de 14-18 qu'il termine avec le grade d'*Oberleutnant*. *Oberst* le 1er août 1936, il est chef d'état-major du *XXIII. A.K.* lorsque la guerre éclate. Son ascension est alors rapide. *Generalmajor* le 1er août 1940, il est *Generalleutnant* le 1er août 1942 et *General der Artillerie* le 1er août 1943 (dénomination de *General der Panzertruppe* le 8 novembre 1943). Pendant cette période, Erich Brandenberger commande la *8. Pz.Div.* (20 février 1941), le *LIX. A.K.* (17 janvier 1943), le *XVII. A.K.* (1er août 1943), le *XXIX. A.K.* (21 novembre 1943) puis les *7.* et *19. Armeen*. Fait prisonnier par les Américains le 6 mai 1945, il est libéré en 1948. Il meurt le 21 juin 1955 à Bonn. Titulaire de la Croix de chevalier de la Croix de fer (15 juillet 1941) avec feuilles de chêne (12 novembre 1943, n° 324).

Born at Augsburg on 15 July 1892, he was an officer cadet in the Bavarian Army in 1912. After training as an artilleryman, he served in various units of that arm during the 1914-18 war, which he ended with the rank of Oberleutenant. Promoted to Oberst on 1 August 1936, he was chief-of-staff of XXIII. A.K. at the outbreak of World War II. He then rose very quickly through the ranks: Promoted to Generalmajor on 1 August 1940, Generalleutnant on 1 August 1942 and General der Artillerie on 1 August 1943 (renamed General der Panzertruppe on 8 November 1943). During this period, Erich Brandenberger commanded 8. Pz.Div. (20 February 1941), LIX. A.K. (17 January 1943), XVII. A.K. (1 August 1943), XXIX. A.K. (21 November 1943) then 7. and 19. Armeen. He was taken prisoner by the Americans on 6 May 1945, and released in 1948. He died at Bonn on 21 June 1955. Awarded the Knight's Cross of the Iron Cross (15 July 1941) with Oak Leaves (12 November 1943, n° 324).

Hermann Breith naît le 7 mai 1892 à Pirmasens et entre dans l'armée comme aspirant (infanterie) en 1910. Il termine la guerre de 14-18 avec le grade de *Leutnant* et poursuit sa carrière dans l'infanterie puis dans les troupes blindées. *Oberst* le 1er janvier 1939, il est *Generalmajor* le 1er août 1941 puis *Generalleutnant* le 1er novembre 1942 et enfin *General der Panzertruppe* le 1er mars 1943. Au début de la guerre, il commande le *Pz.Rgt.36* puis la *5. Pz.Brig.* (15 février 1940) et enfin la *3. Pz.Div.* (22 octobre 1941). On le retrouve ensuite à la tête du *III. Pz.K.* (3 janvier 1941). Fait prisonnier le 8 mai 1945, il est libéré en 1947. Il meurt le 3 septembre 1964 à Pech. Titulaire de la Croix de chevalier de la Croix de fer (3 juin 1940) avec feuilles de chêne (31 janvier 1942, n° 69) et glaives (21 février 1944, n° 48).

Born at Pirmasens on 7 May 1892, Hermann Breith enlisted in the army as an officer cadet (infantry) in 1910. He ended the 1914-18 war with the rank of Leutnant and pursued his career in the infantry and later the panzer troops. Promoted to Oberst on 1 January 1939, Generalmajor on 1 August 1941, then Generalleutnant on 1 November 1942 and finally General der Panzertruppe on 1 March 1943. At the start of the war, he commanded Pz.Rgt.36 then 5. Pz.Brig. (15 February 1940) and finally 3. Pz.Div. (22 October 1941). We later find him in command of III. Pz.K. (3 January 1941). He was taken prisoner on 8 May 1945, released in 1947 and died at Pech on 3 September 1964. Awarded the Knight's Cross of the Iron Cross (3 June 1940) with Oak Leaves (31 January 1942, n° 69) and Swords (21 February 1944, n° 48).

Hermann Breith

Né le 1er janvier 1896 à Strasbourg, Fritz von Broich est aspirant en 1914. Ayant choisi la cavalerie, il combat dans cette arme pendant la guerre de 14-18 qu'il finit avec le grade d'*Oberleutnant*. Pendant l'entre-deux-guerres, il sert toujours dans la cavalerie. *Oberst* le 1er septembre 1940, il est *Generalmajor* le 15 février 1943 et *Generalleutnant* le 1er mai 1943. Après avoir commandé les *Reit.Rgter 6, 21* et *22*, il prend la tête de la *1. Reit.Brig.* (30 septembre 1941) puis de la *24. Schtz.Brig.* (1er décembre 1941). Chef de la *10. Pz.Div.* en Afrique du Nord, il est fait prisonnier en Tunisie le 12 mai 1943. Libéré en 1947, il meurt le 24 septembre 1974 à Leoni près de Starnberg. Titulaire de la Croix de chevalier de la Croix de fer (29 août 1942) et de la Croix allemande en or (2 novembre 1941).

Born at Strasbourg on 1 January 1896, Fritz von Broich was an officer cadet in 1914. He opted for the cavalry, fighting with that arm during the 1914-18 war, which he ended with the rank of Oberleutenant. He continued to serve with the cavalry during the interwar period. Promoted to Oberst on 1 September 1940, Generalmajor on 15 February 1943, and Generalleutnant on 1 May 1943. He commanded successively Reit.Rgter 6, 21 and 22, took command of 1. Reit.Brig. (30 September 1941) then of 24. Schtz.Brig. (1 December 1941). As commanding officer of 10. Pz.Div. in north Africa, he was taken prisoner in Tunisia on 12 May 1943. He was released in 1947 and died at Leoni near Starnberg on 24 September 1974. Awarded the Knight's Cross of the Iron Cross (29 August 1942) and the German Cross in Gold (2 November 1941).

Friedrich (Fritz) *Frhr* von Broich

Né le 4 novembre 1897, Alfred Bruer entre dans l'armée comme volontaire en 1914. Il combat dans l'infanterie et termine la guerre avec le grade de *Leutnant*. En 1920, il passe dans la police avant de réintégrer l'armée en 1936. Au début de la Seconde Guerre mondiale, il sert dans des unités d'artillerie motorisée et obtient le grade d'*Oberstleutnant*. Chef du *Pz.Art.Rgt. 155* (*21. Pz.Div.*) en juin 1941, il accède au grade d'*Oberst* (1er février 1942) et commande par intérim la *21. Pz.Div.* (21 juillet-début août 1942). Fait prisonnier en Tunisie en mai 1943, il est libéré en 1947 et meurt le 12 février 1976 à Gmünd. Titulaire de la Croix de chevalier de la Croix de fer (30 juillet 1942).

Born on 4 November 1897, Alfred Bruer enlisted in the army as a volunteer in 1914. He fought in the infantry, ending the war as a Leutnant. In 1920, he joined the police before returning to the army in 1936. At the start of World War II, he served in motorized artillery units, reaching the rank of Oberstleutnant. Placed in command of Pz.Art.Rgt. 155 (21. Pz.Div.) in June 1941, he rose to the rank of Oberst (1 February 1942) then took over interim command of 21. Pz.Div. (21 July-early August 1942). He was taken prisoner in Tunisia in May 1943, released in 1947 and died at Gmünd on 12 February 1976. Awarded the Knight's Cross of the Iron Cross (30 July 1942).

(ECPA.)

Alfred Bruer

Albert Brux

Né le 11 novembre 1907 à Lauban, il est *Oberst* le 1ᵉʳ août 1943. Il commande par intérim la *17. Pz.Div.* (2 décembre 1944 au 19 janvier 1945). Blessé à la fin de la guerre, il est fait prisonnier par les Soviétiques. Il est libéré en 1956. Titulaire de la Croix de chevalier de la Croix de fer (12 septembre 1941) avec feuilles de chêne (24 juin 1944) et de la Croix allemande en or (23 janvier 1943).

Born at Lauban on 11 November 1907, he was made an Oberst on 1 August 1943. He was interim commander of 17. Pz.Div. (2 December 1944 to 19 January 1945). He was wounded at the end of the war and taken prisoner by the Soviets. He was released in 1956. Awarded the Knight's Cross of the Iron Cross (12 September 1941) with Oak Leaves (24 June 1944) and the German Cross in Gold (23 January 1943).

Karl Bülowius

Né le 2 mars 1890 à Königsberg, il est aspirant en 1908 et devient *Leutnant* dans les pionniers (génie) en 1909. Il fait la guerre de 14-18 dans différentes unités de pionniers et obtient le grade de *Hauptmann* en mai 1918. Il quitte l'armée en 1920 puis est réactivé dès 1924 et continue de servir dans des unités de pionniers et de cavalerie. En septembre 1939, il est *Oberst* (grade obtenu le 5 janvier 1939) et commande l'*Oberbaustab X*. Il est ensuite chef du génie (*Pionierführer*) des *8.* et *9. Armeen* (26 octobre 1939 et 15 mai 1940) puis de la *Pz.Armee « Afrika »* (25 octobre 1942), fonction qu'il cumule avec celle de chef de la *Pz.Armee* du 17 au 25 février 1943. *Generalmajor* le 1ᵉʳ avril 1942, il est *Generalleutnant* le 1ᵉʳ avril 1943 et chef du génie du groupe d'armées « Afrika » (13 mars 1943) et en même temps chef de la *Pz.Div. « Manteuffel »* (avril 1943). Il est capturé par les Américains à Tunis le 9 mai 1943. Il se suicide dans l'hôpital du camp de prisonnier de Forrest (Tennessee) le 27 mars 1945. Titulaire de la Croix allemande en or (3 décembre 1942).

Born at Königsberg on 2 March 1890, he was an officer cadet in 1908, becoming a Leutnant in the pioneers (engineers) in 1909. He fought in the 1914-18 war in various engineer units, reaching the rank of Hauptmann, in May 1918. He left the army in 1920, returning to active service in 1924, and continuing to serve in engineer and cavalry units. In September 1939, he was an Oberst (a rank obtained on 5 January 1939) and commanded Oberbaustab X. He went on to become commanding officer of the engineers (Pionierführer) with 8. and 9. Armeen (26 October 1939 and 15 May 1940) then of Pz.Armee "Afrika" (25 October 1942), a post he held simultaneously with that of CO of Pz.Armee from 17 to 25 February 1943. Promoted to Generalmajor on 1 April 1942, and to Generalleutnant on 1 April 1943 and commanding officer of the engineers with Army Group "Afrika" (13 March 1943) and at the same time CO of Pz.Div. "Manteuffel" (April 1943). He was captured by the Americans in Tunis on 9 May 1943. He committed suicide at the Forrest POW camp (Tennessee) on 27 March 1945. Awarded the German Cross in Gold (3 December 1942).

Rudolf von Bünau

Né le 19 août 1890 à Stuttgart, Rudolf von Bünau est aspirant en 1909. Il fait la guerre de 14-18 dans l'infanterie, obtenant le grade de *Hauptmann* en 1918. Il poursuit sa carrière dans l'infanterie et obtient le grade d'*Oberst* le 1ᵉʳ août 1936. Il commande l'*Inf.Rgt. 133* lorsque la Seconde Guerre mondiale éclate. *Generalmajor* le 1ᵉʳ septembre 1940, il commande la *177. Inf.Div.* à partir du 1ᵉʳ novembre 1940. Il est promu *Generalleutnant* le 1ᵉʳ septembre 1941 et *General der Infanterie* le 1ᵉʳ mai 1944. Il commande la *73. Inf.Div.* (1ᵉʳ novembre 1942) puis le *XXXXVII. Pz.K.* (26 novembre 1943-1ᵉʳ janvier 1944).On le retrouve ensuite à la tête des *LII.* et *XI. A.K.* et comme chef de la défense de Vienne. Fait prisonnier par les Américains le 8 mai 1945, il est libéré en 1947 et meurt le 14 janvier 1962 à Kirchheim unter Teck. Titulaire de la Croix de chevalier de la Croix de fer (15 août 1940) avec feuilles de chêne (5 mars 1945, n° 766) et de la Croix allemande en or (23 janvier 1943).

Born at Stuttgart on 19 August 1890, Rudolf von Bünau was an officer cadet in 1909. He fought in the infantry in the 1914-18 war, reaching the rank of Hauptmann in 1918. He pursued his career in the infantry, with promotion to Oberst on 1 August 1936. He commanded Inf.Rgt.133 at the outbreak of World War II. He became a Generalmajor on 1 September 1940, and took over command of 177. Pz.Div. on 1 November 1940. He was promoted to Generalmajor on 1 September 1941 and Generalleutnant on 1 May 1944. He commanded 73. Inf.Div.(1 November 1942) then XXXXVII. Pz.K. (26 November 1943-1 January 1944). We later find him in command of LII. and XI. A.K. and as commanding officer of the defense of Vienna. He was taken prisoner by the Americans on 8 May 1945, and released in 1947. He died at Kirchheim unter Teck on 14 January 1962. Awarded the Knight's Cross of the Iron Cross (15 August 1940) with Oak Leaves (5 March 1945, n° 766) and the German Cross in Gold (23 January 1943).

Hellmut von der Chevallerie

Hellmut von der Chevallerie naît à Berlin le 9 novembre 1896. Il s'engage dans l'armée prussienne en 1914 comme volontaire. Aspirant en 1915, il termine la guerre de 14-18 comme *Leutnant*. Il poursuit sa carrière dans l'infanterie puis la cavalerie. Lorsque la Seconde Guerre mondiale éclate, il est *Oberstleutnant* et officier d'état-major auprès du *XII. A.K.* *Oberst* le 17 décembre 1941, il gravit rapidement les échelons supérieurs : *Generalmajor* le 1er novembre 1942 et *Generalleutnant* le 1er mai 1943. Pendant cette période, il commande la *10. Schtz.Brig.* (9 mars 1942), la *22. Pz.Div.* (8 octobre 1942), la *13. Pz.Div.* (1er novembre 1942). On le retrouve ensuite à la tête de la *273. Res.Pz.Div.* (15 novembre 1943) et de la *233. Res.Pz.Div.* (5 août 1944). Fait prisonnier le 9 mai 1945, il est libéré en 1947 et meurt le 1er juin 1965 à Wiesbaden. Titulaire de la Croix de chevalier de la Croix de fer (30 avril 1943) et de la Croix allemande en or (19 avril 1942).

Hellmut von der Chevallerie was born in Berlin on 9 November 1896. He volunteered for the Prussian Army in 1914. An officer cadet in 1915, he ended the 1914-18 war as a Leutnant. He pursued his career in the infantry and later in the cavalry. At the outbreak of World War II, he was an Oberstleutnant and staff officer with XII. A.K. Promoted to Oberst on 17 December 1941, he rose quickly up the senior ranks: promoted to Generalmajor on 1 November 1942, he rose to the rank of Generalleutnant on 1 May 1943. During this period, he commanded 10. Schtz.Brig. (9 March 1942), 22. Pz.Div. (8 October 1942), 13. Pz.Div. (1 November 1942). We later find him in command of 273. Res.Pz.Div. (15 November 1943) and 233. Res.Pz.Div. (5 August 1944). He was taken prisoner on 9 May 1945, released in 1947 and died at Wiesbaden on 1 June 1965. Awarded the Knight's Cross of the Iron Cross (30 April 1943) and the German Cross in Gold (19 April 1942).

Dietrich von Choltitz

Né le 9 novembre 1894 à Wiesegräflich, Dietrich von Choltitz est aspirant en 1914. Il combat dans l'infanterie pendant la Première Guerre mondiale qu'il finit avec le grade de *Leutnant*. Pendant l'entre-deux-guerres, il sert dans l'infanterie et la cavalerie. *Oberstleutnant* à la déclaration de guerre de 1939, il commande alors un bataillon d'infanterie. Chef de l'*Inf.Rgt.16*, il est *Oberst* le 1er avril 1941 et se distingue lors du siège de Sébastopol. Sa carrière s'accélère à partir de la fin 1942 : *Generalmajor* le 1er septembre 1942, *Generalleutnant* le 1er mars 1943 et *General der Infanterie* le 1er août 1944. Il commande pendant cette période la *260. Inf.Div.*, le *XVII. A.K.* et la *11. Pz.Div.* (5 mars 1943). On le retrouve à la tête du *XXXXVIII. Pz.K.* (1er octobre au 15 novembre 1943) puis du *LXXXIV. A.K.* (17 juin-30 juillet 1944). Le 7 août 1944, Dietrich von Choltitz est nommé commandant de la place de Paris. Fait prisonnier le 24 août de cette même année, il est libéré en 1947. Il meurt le 5 novembre 1966 à Baden-Baden non sans avoir publié un livre de souvenirs traduit en français en 1964 et intitulé « De Sébastopol à Paris ». Titulaire de la Croix de chevalier de la Croix de fer (18 mai 1940) et de la Croix allemande en or (8 février 1942).

Born at Wiesegräflich on 9 November 1894, Dietrich von Choltitz was an officer cadet in 1914. He fought in the infantry during World War I, ending the war with the rank of Leutnant. He served with the infantry and the cavalry during the interwar period. He was an Oberstleutnant when war was declared in 1939, and commander of an infantry battalion. As commanding officer of Inf.Rgt.16, he was made an Oberst on 1 April 1941 and fought with distinction during the siege of Sevastopol. His career really took off in late 1942: promoted to Generalmajor on 1 September 1942, Generalleutnant on 1 March 1943 and General der Infanterie on 1 August 1944. He commanded 260.Inf.Div. , XVII. A.K. and 11.Pz.Div. (5 March 1943). We later find him in command of XXXXVIII. Pz.K. (1 October to 15 November 1943) then LXXXIV. A.K. (17 June-30 July 1944). On 7 August 1944, Dietrich von Choltitz was appointed commanding officer of the fortress of Paris. He was taken prisoner on 24 August that same year, and released in 1947. He died at Baden-Baden on 5 November 1966, having first published a book of memoirs entitled "From Sevastopol to Paris". Awarded the Knight's Cross of the Iron Cross (18 May 1940) and the German Cross in Gold (8 February 1942).

Hans Christern

Né le 24 janvier 1900 à Lauenbure, Hans Christern est *Oberst* le 1er novembre 1943, il commande la *7. Pz.Div.* du 23 mars au 3 mai 1945. Il meurt le 17 juin 1966. Titulaire de la Croix de chevalier de la Croix de fer (31 janvier 1941).

Born at Lauenbure on 24 January 1900, Hans Christern is Oberst on 1 November 1943. He commanded 7. Pz.Div. from 23 March to 3 May 1945. He died on 17 June 1966. Awarded the Knight's Cross of the Iron Cross (31 January 1941).

Erich-Heinrich Clössner

Né le 17 septembre 1888 à Giessen, Erich-Heinrich Clössner est *Leutnant* en 1907. Il fait la guerre de 14-18 dans l'infanterie et dans différents états-majors, obtenant le grade de *Hauptmann* en 1916. *Oberst* le 1ᵉʳ juin 1934, il est *Generalmajor* le 1ᵉʳ octobre 1937 et *Generalleutnant* le 1ᵉʳ octobre 1939. Au début de la Seconde Guerre mondiale, il commande la *25. Inf.Div.* puis le *LIII. A.K.* (25 janvier 1942). *General der Infanterie* le 1ᵉʳ janvier 1942, il assume le commandement par intérim de la *2. Pz.Armee* du 11 avril au 6 août 1943. On le retrouve ensuite à la tête du *IX.A.K.* (15 octobre 1943) puis à l'OKH. Fait prisonnier le 8 mai 1945, il est libéré en 1947 et meurt le 28 mars 1976 à Constance. Titulaire de la Croix de chevalier de la Croix de fer (29 septembre 1940) et de la Croix allemande en or (15 juillet 1942).

Born at Giessen on 17 September 1888, Erich-Heinrich Clössner was a Leutnant in 1907. During the 1914-18 war, he served in the infantry and as a staff officer with various units, reaching the rank of Hauptmann in 1916. Promoted to Oberst on 1 June 1934, he was made a Generalmajor on 1 October 1937 and Generalleutnant on 1 October 1939. At the start of World War II, he commanded 25. Inf.Div. then LIII. A.K. (25 January 1942). Promoted to General der Infanterie on 1 January 1942, he took over interim command of 2. Pz.Armee from 11 April to 6 August 1943. We later find him in command of IX. A.K. (15 October 1943), then at OKH. He was taken prisoner on 8 May 1945, released in 1947 and died at Constance on 28 March 1976. Awarded the Knight's Cross of the Iron Cross (29 September 1940) and the German Cross in Gold (15 July 1942).

Hans Cramer

Hans Cramer naît le 13 juillet 1896 à Minden. Il est aspirant en 1914. Il termine la guerre de 14-18 comme *Leutnant*. Pendant l'entre-deux-guerres, il sert dans l'infanterie puis dans la cavalerie et les troupes rapides. *Oberstleutnant* lorsque la Seconde Guerre mondiale éclate, il est *Oberst* le 1ᵉʳ octobre 1940, *Generalmajor* le 1ᵉʳ novembre 1942, *Generalleutnant* le 22 janvier 1943 et *General der Panzertruppe* le 1ᵉʳ mai 1943. Pendant cette période, il exerce différents commandements dans les troupes blindées : membre de l'état-major de la *10. Pz.Div.* (1ᵉʳ novembre 1940), chef du *Pz.Rgt. 8* (22 mars 1941), chef d'état-major du général commandant les troupes rapides (1ᵉʳ avril 1942), général des troupes rapides auprès de l'OKH (1ᵉʳ septembre 1942), chef par intérim du *XXXXVIII. Pz.K.* (20-25 nov. 1942), chef de l'*Afrikakorps* (13 mars 1943). Fait prisonnier par les Britanniques le 16 mai 1943, il revient en Allemagne le 15 mai 1944. De nouveau prisonnier en mai 1945, il est libéré en 1946 et meurt le 28 octobre 1968 à Hausberge. Titulaire de la Croix de chevalier de la Croix de fer (27 juin 1941) et de la Croix allemande en or (5 mars 1942).

Hans Cramer was born at Minden on 13 July 1896. An officer cadet in 1914, he ended the 1914-18 war as a Leutnant. During the interwar period he served with the infantry and later the cavalry and mobile troops. With the rank of Oberstleutnant when World War II broke out, he was made an Oberst on 1 October 1940, Generalmajor on 1 November 1942, Generalleutnant on 22 January 1943 and General der Panzertruppe on 1 May 1943. During this period, he took over various panzer troop commands: member of the general staff of 10. Pz.Div. (1 November 1940), commanding officer of Pz.Rgt. 8 (22 March 1941), chief-of-staff of the general commanding the mobile troops (1 April 1942), general of the mobile troops at OKH (1 September 1942), interim commanding officer of XXXXVIII. Pz.K. (20-25 November 1942), commanding officer of the Afrikakorps (13 March 1943). He was cap-
tured by the British on 16 May 1943, returning to Germany on 15 May 1944. He was again taken prisoner in May 1945, released in 1946 and died at Hausberge on 28 October 1968. Awarded the Knight's Cross of the Iron Cross (27 June 1941) and the German Cross in Gold (5 March 1942).

Eduard Crasemann

Né le 5 mars 1891 à Hambourg, Eduard Crasemann est aspirant en 1910. Il sert dans différentes unités d'artillerie pendant la guerre de 14-18. Il termine le conflit avec le grade de *Hauptmann* et quitte l'armée en 1919. Il réintègre la *Wehrmacht* en 1936 avant d'être réactivé en 1939. Il est *Major* lorsque la Seconde Guerre mondiale commence et chef de batterie dans l'*Art.Rgt.73*. *Oberst* le 1ᵉʳ février 1942, il est *Generalmajor* le 1ᵉʳ octobre 1944, *Generalleutnant* le 27 février 1945 et *General der Artillerie* le 20 avril 1945. Pendant cette période, il commande la *15. Pz.Div.* (26 mai 1942, m.d.F.b.) et le *Pz.Art.Rgt. 116* (20 avril 1943).Il devient ensuite *Arko 143* puis chef de la *26. Pz.Div.* (6 juillet 1944) et du *XII.SS-Korps* (29 janvier 1945, m.d.F.b.). Fait prisonnier par les Britanniques le 16 avril 1945, il meurt en captivité à Werl le 28 avril 1950. Titulaire de la Croix de chevalier de la Croix de fer (26 décembre 1941) avec feuilles de chêne (18 décembre 1944, n° 683) et de la Croix allemande en or (1ᵉʳ novembre 1943).

Born at Hamburg on 5 March 1891, Eduard Crasemann was an officer cadet in 1910. He served with various artillery units during the 1914-18 war. He ended the war as a Hauptmann and left the army in 1919. He re-enlisted in the Wehrmacht in 1936 before returning to active service in 1939. He was a Major at the outbreak of World War II and battery commander in Art.Rgt.73. He became an Oberst on 1 February 1942, Generalmajor on 1 October 1944, Generalleutnant on 27 February 1945 and General der Artillerie on 20 April 1945. During this period he was commanding officer of Pz.Div. (26 May 1942, m.d.F.b.) and Pz.Art.Rgt.116 (20 April 1943). He went on to become Arko 143 then commanding officer of 26. Pz.Div. (6 July 1944) and of XII.SS-Korps (29 January 1945, m.d.F.b.). He was captured by the British on 16 April 1945, and died in captivity at Werl on 28 April 1950. Awarded the Knight's Cross of the Iron Cross (26 December 1941) with Oak Leaves (18 December 1944, n° 683) and the German Cross in Gold (1 November 1943).

Wilhelm Crisolli

Né le 20 janvier 1895 à Berlin, Wilhelm Crisolli est aspirant en août 1914. Il sert dans des unités de chasseurs et termine la guerre de 14-18 avec le grade de *Leutnant*. Pendant l'entre-deux-guerres, il commande différentes unités dans la cavalerie. *Oberstleutnant* au début de la Seconde Guerre mondiale il est à la tête d'un bataillon du *Schtz.Rgt. 8. Oberst* le 1ᵉʳ août 1941 puis *Generalmajor* le 1ᵉʳ février 1944 et *Generalleutnant* le 25 mars 1945, il assume toute une série de commandements dans les troupes motorisées et blindées : *Schtz.Rgt. 8* (3 juin 1940), *Schtz.Brig. 13* (1ᵉʳ mai 1942), *13. Pz.Div.* (1ᵉʳ décembre 1942), *16. Pz.Gren.Div.* (20 mai 1943), *333. Inf.Div.* (10 juillet 1943, m.d.F.b.), *6. Pz.Div.* (25 juillet 1943, m.d.f.b.). Le 25 novembre 1943, il prend la tête de la *20.Luftwaffen-Feld-Div.* avec laquelle il combat en Italie. Il est tué par des partisans italiens le 12 septembre 1944. Titulaire de la Croix de chevalier de la Croix de fer (15 juillet 1941).

Born at Berlin on 20 January 1895, Wilhelm Crisolli was an officer cadet in August 1914. He served in rifles units, ending the 1914-18 war as a Leutnant. He commanded various cavalry units during the interwar period. As an Oberstleutnant at the start of World War II, he commanded a battalion of Schtz.Rgt. 8.He was promoted to Oberst on 1 August 1941 then Generalmajor on 1 February 1944 and to Generalleutnant on 25 March 1945, with a whole series of commands with the motorized and panzer troops: Schtz.Rgt. 8 (3 June 1940), Schtz.Brig. 13 (1 May 1942), 13. Pz.Div. (1 December 1942), 16. Pz.Gren.Div. (20 May 1943), 333. Inf.Div. (10 July 1943, m.d.F.b.), 6. Pz.Div. (25 July 1943, m.d.F.b.). On 25 November 1943, he took over command of 20. Luftwaffen-Feld-Div.with which he fought in Italy. He was killed by Italian partisans on 12 September 1944. Awarded the Knight's Cross of the Iron Cross (15 July 1941).

Ludwig Crüwell

Ludwig Crüwell naît le 20 mars 1892 à Dortmund d'un père éditeur. En 1911, il entre dans l'armée comme aspirant et sert dans la cavalerie. Il termine la guerre de 14-18 comme *Leutnant* de cavalerie. Pendant l'entre-deux-guerres, il sert dans différentes unités de cavalerie mais aussi en état-major. *Oberst* le 1ᵉʳ mars 1936, il commande le *Pz.Rgt. 6* à partir de février 1938. Lorsque la Seconde Guerre mondiale éclate, il est à l'état-major du *Heer* (OKH) comme chef de la *6. Abteilung*. Il franchit très rapidement les échelons supérieurs devenant *Generalmajor* le 1ᵉʳ décembre 1939, *Generalleutnant* le 1ᵉʳ septembre 1941 et *General der Panzertruppe* le 17 décembre 1941. Pendant cette période, il commande la *5. Pz.Div.* (6 juin 1940) puis la *11. Pz.Div.* (1ᵉʳ août 1940). Il prend ensuite la tête de l'*Afrikakorps* (1ᵉʳ septembre 1941). Fait prisonnier par les Anglais le 29 mai 1942, il est libéré en 1947. Il meurt le 25 septembre 1958 à Essen. Titulaire de la Croix de chevalier de la Croix de fer (14 mai 1941) avec feuilles de chêne (1ᵉʳ septembre 1941, n° 34).

Ludwig Crüwell, the son of a publisher, was born at Dortmund on 20 March 1892. In 1911, he joined the army as an officer cadet, and served with the cavalry. He ended the 1914-18 war as a Leutnant in the cavalry. During the interwar period, he served with various cavalry units and also as a staff officer. Promoted to Oberst on 1 March 1936, he was placed in command of Pz.Rgt. 6 from February 1938. At the outbreak of World War II, he was a staff officer with the Heer (OKH) as commanding officer of 6. Abteilung. He rose quickly up the senior ranks, becoming a Generalmajor on 1 December 1939, Generalleutnant on 1 September 1941 and General der Panzertruppe on 17 December 1941. During this period, he commanded 5. Pz.Div. (6 June 1940) then 11. Pz.Div. (1 August 1940). He then took over command of the Afrikakorps (1 September 1941). He was taken prisoner by the British on 29 May 1942, and released in 1947. He died at Essen on 25 September 1958. Awarded the Knight's Cross of the Iron Cross (14 May 1941) with Oak Leaves (1 September 1941, n° 34).

Kurt Cuno

Kurt Cuno naît le 27 août 1896 à Zweibrücken et entre dans l'armée bavaroise en 1915. Aspirant en 1916, il termine la guerre de 14-18 comme *Leutnant*. Pendant l'entre-deux-guerres, il effectue divers temps de commandement dans les troupes rapides. Au début de la Seconde Guerre mondiale, il est *Oberstleutnant* et commande la *I./Pz.Rgt.25*. On le retrouve ensuite à la tête du *Pz.Rgt.1* puis du *Pz.Rgt.39*. *Oberst* le 1ᵉʳ janvier 1941, *Generalmajor* le 1ᵉʳ juillet 1943 et *Generalleutnant* le 1ᵉʳ août 1944, il est placé à la tête de la *Res.Pz.Div. 233* (8 août 1944). Fait prisonnier le 8 juin 1944, il est libéré en 1947 et meurt le 14 juillet 1961 à Munich. Titulaire de la Croix de chevalier de la Croix de fer (18 janvier 1942) et de la Croix allemande en or (14 janvier 1942).

Kurt Cuno was born at Zweibrücken on 27 August 1896, and joined the Bavarian Army in 1915. An officer cadet in 1916, he ended the 1914-18 war as a Leutnant. He held various commands in the mobile troops during the interwar period. At the start of World War II, he was an Oberstleutnant and commanded I./Pz.Rgt.25. We later find him in command of Pz.Rgt.1 then Pz.Rgt.39. Promoted to Oberst on 1 January 1941, he became a Generalmajor on 1 July 1943 and Generalleutnant on 1 August 1944 before being appointed to command Res.Pz.Div. 233 (8 August 1944). He was taken prisoner on 8 June 1944, released in 1947 and died at Munich on 14 July 1961. Awarded the Knight's Cross of the Iron Cross (18 January 1942) and the German Cross in Gold (14 January 1942).

Karl Decker

Né le 30 novembre 1897 à Borntin en Poméranie, Karl Decker est aspirant en 1914 et *Leutnant* en 1915. Pendant l'entre-deux-guerres, il sert dans différentes unités de cavalerie. *Oberstleutnant* au moment de la déclaration de guerre, il commande la *Pz.Abw.Abt. 38*. L'année suivante, on le retrouve à la tête de la *I./Pz.Rgt. 3* puis du *Pz.Rgt. 3* (15 mai 1941). *Oberst* le 1er février 1942, il gravit très rapidement les échelons suivants : *Generalmajor* le 1er décembre 1943, *Generalleutnant* le 1er juin 1944 et *General der Panzertruppe* le 27 décembre 1944. Pendant cette période il commande différentes unités blindées : *Pz.Rgt. 35* (18 janvier 1943), *21. Pz.Brig.* (20 juin 1943), *5. Pz.Div.* (7 septembre 1943), *XXXIX. Pz.K.* (16 octobre 1944). Karl Decker se suicide le 21 avril 1945 à Gross-Brunsrode dans le Braunschweig. Titulaire de la Croix de chevalier de la Croix de fer (13 juin 1941) avec feuilles de chêne (4 mai 1944, n° 466) et glaives (26 avril 1945, n° 149) et de la Croix allemande en or (1er août 1942).

Born at Borntin in Pomerania on 30 November 1897, Karl Decker was an officer cadet in 1914 and a Leutnant in 1915. He served with various cavalry units during the interwar period. He was an Oberstleutnant when war was declared, when he commanded Pz.Abw.Abt. 38.The following year we find him in command of I./Pz.Rgt. 3 then Pz.Rgt. 3 (15 May 1941). Promoted to Oberst on 1 February 1942, he rose quickly up the next ranks: with promotion to Generalmajor on 1 June 1943, Generalleutnant on 1 June 1944 and General der Panzertruppe on 27 December 1944. During this period, he held various armored unit commands: Pz.Rgt. 35 (18 January 1943), 21. Pz.Brig. (20 June 1943), 5. Pz.Div. (7 September 1943), XXXIX. Pz.K. (16 October 1944). Karl Decker committed suicide at Gross-Brunsrode (Braunschweig) on 21 April 1945. Awarded the Knight's Cross of the Iron Cross (13 June 1941) with Oak Leaves (4 May 1944, n° 466) and Swords (26 April 1945, n° 149) and the German Cross in Gold (1 August 1942).

Hans-Joachim Deckert

Né le 29 octobre 1904 à Tennrode dans la région de Weimar, il est aspirant en 1924 et sert dans différentes unités d'artillerie. En septembre 1939, il est *Hauptmann* à l'école d'artillerie de Jüterbog. En 1940, il est Ia à l'état-major du *H.Arko 302*. Jusqu'en 1944, il commande différentes unités d'artillerie dont le *Pz.Art.Rgt.76* (15 septembre 1943). *Oberst* le 20 avril 1944, il prend le commandement (m.d.F.b.) de la *15. Pz.Gren.Div.* (9 octobre 1944). Il accède au grade de *Generalmajor* le 30 janvier 1945 (il est âgé de 41 ans) et se voit confier le commandement de la *19. Pz.Div.* (20 mars 1945). Fait prisonnier par les Soviétiques le 10 mai 1945, il est libéré en 1955. Il meurt le 5 mars 1988 à Bielefeld. Titulaire de la Croix allemande en or (29 octobre 1944).

Born in Tennrode in the Weimar region on 29 October 1904, he was an officer cadet in 1924 and served in various artillery units. In September 1939, he was a Hauptmann at the Jüterbog school of artillery. In 1940, he was Ia on the general staff of H.Arko 302. Until 1944, he commanded various artillery units including Pz.Art.Rgt.76 (15 September 1943). Promoted to Oberst on 20 April 1944, he took over command (m.d.F.b.) of 15. Pz.Gren.Div. (9 October 1944). He became a Generalmajor on 30 January 1945 (at the age of 41) and was appointed to command 19. Pz.Div. (20 March 1945). He was taken prisoner by the Soviets on 10 May 1945, and released in 1955. He died at Bielefeld on 5 March 1988. Awarded the German Cross in Gold (29 October 1944).

Rudolf Demme

Né le 3 juin 1894 à Mühlausen, il est aspirant en 1914 et fait la guerre de 14-18 comme *Leutnant*. Il quitte l'armée en 1919 puis reprend du service dans la *Reichswehr* comme *Hauptmann* en 1934. *Major* au début de la Seconde Guerre mondiale, il commande le *Pi.Btl. 58* avec le grade d'*Oberstleutnant* (1er octobre 1941) puis le *Gr.Rgt.59* (1er juin 1942). *Oberst* le 1er juillet 1943, il commande la *17. Pz.Div.* par intérim du 19 septembre au 1er décembre 1944. *Generalmajor* le 1er mars 1945, on le retrouve à la tête de la *132. Inf.Div.* Fait prisonnier par les Soviétiques, il est libéré en 1955 et meurt le 5 janvier 1975 à Meckenheim. Titulaire de la Croix de chevalier de la Croix de fer (14 août 1943) avec feuilles de chêne (28 juillet 1944, n° 537) et de la Croix allemande en or (20 septembre 1942).

Born at Mühlausen on 3 June 1894, he was an officer cadet in 1914, and fought in the 1914-18 war as a Leutnant. He left the army in 1919, returning to active service in the Reichswehr as a Hauptmann in 1934. As a Major at the start of World War II, he commanded Pi.Btl.58 with the rank of Oberstleutnant (1 October 1941) then Gr.Rgt.59 (1 June 1942). Promoted to Oberst on 1 July 1943, he was interim commander of 17. Pz.Div. from 19 September to 1 December 1944. He became a Generalmajor on 1 March 1945, and we later find him in command of 132. Inf.Div. He was taken prisoner by the Soviets, released in 1955 and died at Meckenheim on 5 January 1975. Awarded the Knight's Cross of the Iron Cross (14 August 1943) with Oak Leaves (28 July 1944, n° 537) and the German Cross in Gold (20 September 1942).

Walter Denkert

Né le 23 février 1897 à Kiel, Walter Denkert entre dans l'armée comme volontaire en août 1914. Après avoir été sous-officier, il devient *Leutnant d. Réserve* en 1915. Après la Première Guerre mondiale, il entre dans la police. De retour dans l'armée en 1935, comme *Major*, il est *Oberstleutnant* et commande un bataillon d'infanterie lorsque la Seconde Guerre mondiale éclate. *Oberst* le 1ᵉʳ février 1942, il est à la tête de l'*Inf.Rgt. 8*. Il obtient le grade de *Generalmajor* le 1ᵉʳ juin 1944 et celui de *Generalleutnant* le 20 avril 1945. Il commande successivement la *6. Pz.Div.* (12 mars 1944, m.d.F.b.), la *19. Pz.Div.* (28 mars 1944, m.d.F.b.) avant d'être placé dans la réserve (16 juin 1944). Il retrouve un dernier commandement (*3. Pz.Gr.Div.*) le 3 octobre 1944. Fait prisonnier le 8 mai 1945, il est libéré en 1947. Il meurt le 9 juillet 1982 à Kiel. Titulaire de la Croix de chevalier de la Croix de fer (14 mai 1944) et de la Croix allemande en or (8 mars 1945).

Born at Kiel on 23 February 1897, Walter Denkert joined the army as a volunteer in August 1914. After being an NCO, he became Leutnant d.Reserve in 1915. After World War I, he joined the police. He re-enlisted as a Major in 1935, and was an Oberstleutnant in command of an infantry battalion at the outbreak of World War II. Promoted to Oberst on 1 February 1942, he was placed in command of Inf.Rgt. 8. He rose to the rank of Generalmajor on 1 June 1944 and Generalleutnant on 20 April 1945. He commanded successively 6. Pz.Div. (12 March 1944, m.d.F.b.), 19. Pz.Div. (28 March 1944, m.d.F.b.) before being placed in the reserve (16 June 1944). He received one last command (3. Pz.Gr.Div.) on 3 October 1944. He was taken prisoner on 8 May 1945, and released in 1947. He died at Kiel on 9 July 1982. Awarded the Knight's Cross of the Iron Cross (14 May 1944) and the German Cross in Gold (8 March 1945).

Josef (« Sepp ») Dietrich

Né le 28 mai 1892 à Hawangen, Sepp Dietrich s'engage dans l'armée bavaroise en 1911. Il se distingue pendant la guerre de 14 dans différentes unités d'infanterie puis de chars. Il termine la guerre avec le grade de *Stabsfeldwebel* et de nombreuses décorations. En 1919-20, il combat avec le corps-franc bavarois « Oberland » puis sert dans la police munichoise dont il démissionne en 1927 pour rejoindre le NSDAP. Membre de la *Chauffeureska* (gardes du corps-chauffeurs) de Hitler, il est *SS-Standartenführer* le 18 septembre 1929, *SS-Oberführer* le 11 juillet 1931 et organise la *Stabswache « Adolf Hitler »* puis la « *Leibstandarte Adolf Hitler* ». *SS-Gruppenführer* le 18 décembre 1931, il joue un rôle important lors de l'élimination du chef de la SA Röhm. Promu *SS-Obergruppenführer* le 1ᵉʳ juillet 1934, il commande le régiment motorisé (puis brigade) LSSAH, devenue ensuite division blindée. *SS-Oberstgruppenführer und Panzer-Generaloberst der Waffen-SS* le 20 avril 1942, on le retrouve à la tête du *I. SS-Pz.Korps*, de la *5. Pz.Armee* puis la *6. Pz.Armee*. Fait prisonnier en mai 1945, il est libéré en 1955. Il meurt le 21 avril 1966 à Ludwigsburg. Titulaire de la Croix de chevalier de la Croix de fer (4 juillet 1940) avec feuilles de chêne (31 décembre 1941, n° 41), glaives (14 mars 1943, n° 26) et brillants (6 août 1944, n° 16).

Born at Hawangen on 28 May 1892, Sepp Dietrich enlisted in the Bavarian Army in 1911. He served with distinction in various infantry and later armored units during the 1914-18 war. He ended the war with the rank of Stabsfeldwebel and numerous decorations. In 1919-20, he fought with the Bavarian "Oberland" commando, then served on the Munich police force, resigning in 1927 to join the NSDAP. A member of Hitler"s Chauffeureska (body-guard/drivers), he was promoted to SS-Standartenführer on 18 September 1929, SS-Oberführer on 11 July 1931 and raised the Stabswache "Adolf Hitler" then the "Leibstandarte Adolf Hitler". Promoted to SS-Gruppenführer on 18 December 1931, he played an important role in the elimination of SA commander Röhm. Promoted to SS-Obergruppenführer on 1 July 1934, he commanded the LSSAH motorized regiment (later brigade), which subsequently became an armored division. SS-Oberstgruppenführer und Panzer-Generaloberst der Waffen-SS on 20 April 1942, we later find him in command of I. SS-Pz.Korps, 5. Pz.Armee then 6. Pz.Armee. He was taken prisoner in May 1945, and released in 1955. He died at Ludwigsburg on 21 April 1966. Awarded the Knight's Cross of the Iron Cross (4 July 1940) with Oak Leaves (31 December 1941, n° 41), Swords (14 March 1943, n° 26) and Diamonds (6 August 1944, n° 16).

Walter Düvert

Né à Görlitz le 2 octobre 1893, Walter Düvert est aspirant en 1911. Il fait la guerre de 14-18 dans l'artillerie, obtenant le grade de *Leutnant*. Pendant l'entre-deux-guerres, il exerce différents commandements dans des unités d'artillerie et dans des états-majors. *Oberst* le 1ᵉʳ janvier 1937, il commande d'*Art.Rgt. 28* puis devient chef d'état-major du *VI. A.K.* (1ᵉʳ septembre 1939) *Generalmajor* le 1ᵉʳ janvier 1941 et *Generalleutnant* le 1ᵉʳ janvier 1943, il prend le commandement de la *13. Pz.Div.* le 14 juin 1941. Il commande ensuite la *20. Pz.Div.* (1ᵉʳ juillet-9 octobre 1942) puis la *265. Inf.Div.* (1ᵉʳ juin 1943). Placé dans la réserve le 27 juillet 1944, il quitte l'armée le 30 novembre 1944. Il meurt à Düsseldorf le 4 février 1972. Titulaire de la Croix de chevalier de la Croix de fer (30 juillet 1941).

Born at Görlitz on 2 October 1893, Walter Düvert was an officer cadet in 1911. He fought in the artillery in the 1914-18 war, reaching the rank of Leutnant. During the interwar period, he held various commands with artillery units and as a staff officer. Promoted to Oberst on 1 January 1937, he commanded Art.Rgt. 28 then became chief-of-staff of A.K. II. (1 September 1939). Promoted to Generalmajor on 1 January 1941 and Generalleutnant on 1 January 1943, he took over command of 13. Pz.Div. on 14 June 1941. He went on to command 20. Pz.Div. (1 July-9 October 1942) then 265. Inf.Div. (1 June 1943). Placed in the commander reserve on 27 July 1944, he left the army on 30 November 1944. He died in Düsseldorf on 4 February 1972. Awarded the Knight's Cross of the Iron Cross (30 July 1941).

Heinrich Eberbach

Né le 24 novembre 1895 à Stuttgart, Heinrich Eberbach est aspirant en 1915. Il combat dans différentes unités d'infanterie avant d'être détaché auprès de l'état-major turc. Il termine la guerre avec le grade d'*Oberleutnant*. En 1920, il quitte l'armée pour la police. De retour dans l'armée en 1935, il est *Oberstleutnant* et commandeur du *Pz.Rgt. 35* lorsqu'éclate la Seconde Guerre mondiale. Il effectue toute cette dernière dans les troupes blindées passant du grade d'*Oberstleutnant* à celui de *General der Panzertruppe* en moins de quatre ans ! *Oberst* le 1ᵉʳ août 1940, il est en effet *Generalmajor* le 1ᵉʳ février 1942, *Generalleutnant* le 1ᵉʳ janvier 1943 et *General der Panzertruppe* le 1ᵉʳ août de la même année. Ce grand chef de blindés commande successivement la *5. Pz.Brig.* (2 juillet 1941), la *4. Pz.Div.* (6 janvier 1942), le *XXXXVIII. Pz.K.* (26 novembre 1942, m.d.F.b.), le *Sonderstabes Panzer* (10 février 1943). Il est inspecteur des troupes blindées auprès du chef de l'*Ersatzheer* (28 février 1943) puis chef du *XXXXVII. Pz.K.* (15 octobre 1943), du *XXXXVIII. Pz.K.* (22 octobre 1943) et du *XXX. Pz.K.* (15 novembre 1943). On le retrouve ensuite à la tête de la *Panzergruppe West* devenue *5. Pz.Armee* (8 août 1944) et de la *7. Armee* (22 août 1944). Fait prisonnier par les Anglais le 31 août 1944, il est libéré en 1948. Il meurt à Notzingen le 13 juillet 1992. Titulaire de la Croix de chevalier de la Croix de fer (4 juillet 1940) avec feuilles de chêne (31 décembre 1941, n° 42).

Born at Stuttgart on 24 November 1895, Heinrich Eberbach was an officer cadet in 1915. He fought in various infantry units before being detached to the Turkish general staff. He ended the war as an Oberleutnant. In 1920, he left the army to join the police. After re-enlisting in 1935, he was an Oberstleutnant and commander of Pz.Rgt. 35 at the outbreak of World War II. He fought the entire war in the panzer troops, moving up the ranks from Oberstleutnant to General der Panzertruppe inside four years! Promoted to Oberst on 1 August 1940, he became a Generalmajor on 1 February 1942, Generalleutnant on 1 January 1943 and General der Panzertruppe on 1 August of that same year. This great tank commander was in command successively of 5. Pz.Brig. (2 July 1941), 4. Pz.Div. (6 January 1942), XXXXVIII. Pz.K. (26 November 1942, m.d.F.b.), Sonderstabes Panzer (10 February 1943). He was a panzer troop inspector with the commanding officer of the Ersatzheer (28 February 1943) then commanding officer of XXXXVII. Pz.K. (15 October 1943), XXXXVIII. Pz.K. (22 October 1943) and XXX. Pz.K. (15 November 1943). We later find him in command of Panzergruppe West, which later became 5. Pz.Armee (8 August 1944), and of 7. Armee (22 August 1944). He was taken prisoner by the British on 31 August 1944, and released in 1948. He died at Notzingen on 13 July 1992. Awarded the Knight's Cross of the Iron Cross (4 July 1940) with Oak Leaves (31 December 1941, n° 42).

**Maximilian *Reichsfrhr*
von Edelsheim**

Maximilian von Edelsheim naît à Berlin le 6 juillet 1897 et rentre dans l'armée (cavalerie) en 1914. Aspirant en 1915, il termine la guerre de 14-18 avec le grade de *Leutnant*. Pendant l'entre-deux-guerres, il exerce différents commandement dans la cavalerie. En 1939, il est *Oberstleutnant* et chef de la *Radf.Abt. 1*. Il commande ensuite le *Kav.Rgt. 22* (25 septembre 1941) et devient *Oberst* le 1ᵉʳ décembre 1941 puis *Generalmajor* le 1ᵉʳ juin 1943. Son ascension est ensuite rapide : *Generalleutnant* le 20 mai 1944 il est nommé *General der Panzertruppe* le 1ᵉʳ décembre de la même année. Pendant cette période, il sert sans discontinuer dans des unités blindées, motorisées ou de cavalerie, commandant successivement le *Schtz.Rgt.26* (1ᵉʳ décembre 1942), la *20. Pz.Gren.Brig.* (10 octobre 1942) puis la *24. Pz.Div.* (1ᵉʳ mars 1943) et le *XXXXVIII. Pz.K.* (21 septembre 1944). Fait prisonnier par les Américains le 3 mai 1945, il est libéré le 31 mars 1947. Il meurt le 26 avril 1994 à Constance. Titulaire de la Croix de chevalier de la Croix de fer (30 juillet 1941) avec feuilles de chêne (23 décembre 1942, n° 162) et glaives (23 octobre 1944 (n° 105).

Born in Berlin on 6 July 1897, Maximilian von Edelsheim enlisted in the army (cavalry) in 1914 and became an officer cadet in 1915, ending the 1914-18 war as a Leutnant. He commanded various cavalry units during the interwar period. In 1939, he became an Oberstleutnant and commanding officer of Radf.Abt. 1. He went on to command Kav.Rgt. 22 (25 September 1941) with promotion to Oberst on 1 December 1941 then to Generalmajor on 1 June 1943, rising rapidly through the ranks: appointed Generalleutnant on 20 May 1944 and General der Panzertruppe on 1 December of that same year. During this period, he served continuously in armored, motorized or cavalry units, commanding successively Schtz.Rgt.26 (1 December 1942), 20. Pz.Gren.Brig. (10 October 1942) then 24. Pz.Div. (1 March 1943) and XXXXVIII. Pz.K. (21 September 1944). He was taken prisoner by the Americans on 3 May 1945, and released on 31 March 1947. He died on 26 April 1944 at Konstanz. Awarded the Knight's Cross of the Iron Cross (30 July 1941) with Oak Leaves (23 December 1942, n° 162) and Swords (23 October 1944, n° 105).

Karl Eibl

Né le 23 juillet 1891 à Steeg en Autriche, Karl Eibl est *Leutnant* dans l'armée autrichienne en 1914. *Oberleutnant* à la fin de la guerre de 14-18, il poursuit sa carrière dans l'armée autrichienne (infanterie). Au moment de l'Anschluss, il passe dans la *Wehrmacht*. Au début de la Seconde Guerre mondiale, il commande un bataillon d'infanterie avec le grade d'*Oberstleutnant*. Il gagne ensuite très rapidement les grades supérieurs : *Oberst* le 1ᵉʳ février 1941, il est *Generalmajor* le 1ᵉʳ avril 1942, *Generalleutnant* le 19 décembre de la même année et *General der Infanterie* le 1er mars 1943 (à titre posthume). Pendant cette période il commande l'*Inf.Rgt. 132* (8 juin 1940), la *385. Inf.Div.* (8 janvier 1942) puis le *XXIV. Pz.K.* (20 janvier 1943, m.d.F.b.). Il est tué au combat sur le front russe le 21 janvier 1943. Titulaire de la Croix de chevalier de la Croix de fer (15 août 1940) avec feuilles de chêne (31 décembre 1941, n° 50) et glaives (19 décembre 1942, n° 21).

Born at Steeg in Austria on 23 July 1891, Karl Eibl was a Leutnant in the Austrian Army in 1914. By the end of the 1914-18 war, he was an Oberleutnant and pursued his career in the Austrian Army (infantry). At the time of the Anschluss, he moved into the Wehrmacht. At the start of World War II, he commanded an infantry battalion with the rank of Oberstleutnant. He then rose quickly up the senior ranks: promoted to Oberst on 1 February 1941, he became a Generalmajor on 1 April 1942, Generalleutnant on 19 December of that same year and General der Infanterie on 1 March 1943 (posthumously). During this period he commanded Inf.Rgt. 132 (8 June 1940), 385. Inf.Div. (8 January 1942) then XXIV. Pz.K. (20 January 1943, m.d.F.b.). He was killed in action on the Russian front on 21 January 1943. Awarded the Knight's Cross of the Iron Cross (15 August 1940) with Oak Leaves (31 December 1941, n° 50) and Swords (19 December 1942, n° 21).

Harald *Frhr* von Elverfeldt

Né le 6 février 1900 à Hildesheim, Harald von Elverfeldt est aspirant en mars 1918. Pendant l'entre-deux-guerres, il sert dans différentes unités d'infanterie et en état-major. Il est *Major* et Ia dans l'état-major de la *3. Lei.Div.* à la déclaration de guerre. Il occupe ensuite cette même fonction à l'état-major de la *8. Pz.Div.* puis devient chef d'état-major du *XV. Pz.K. Oberst* le 15 février 1942, il est fait *Generalmajor* le 8 septembre 1943. Il est chef d'état-major de la *9. Armee* (30 janvier 1943) puis de la *17. Armee* (1ᵉʳ novembre 1943) avant de prendre le commandement de la *9. Pz.Div.* (21 septembre 1944). Il est tué au combat le 6 mars 1945 et fait *Generalleutnant* à titre posthume le 1ᵉʳ mars 1945. Titulaire de la Croix de chevalier de la Croix de fer (9 décembre 1944) avec feuilles de chêne (23 mars 1945, n° 801, à titre posthume) et de la Croix allemande en or (16 mars 1942).

Born at Hildesheim on 6 February 1900, Harald von Elverfeldt was an officer cadet in March 1918. During the interwar period, he served with various infantry units and as a staff officer. He was a Major and Ia on the general staff of 3. Lei.Div. when war was declared. He went on to hold the same post on the general staff of 8. Pz.Div. then became chief-of-staff of XV. Pz.K. Promoted to Oberst on 15 February 1942, he was made a Generalmajor on 8 September 1943. He was chief-of-staff of 9. Armee (30 January 1943) then of 17. Armee (1 November 1943) before taking over command of 9. Pz.Div. (21 September 1944). He was killed in action on 6 March 1945 and posthumously promoted to Generalleutnant as of 1 March 1945. Awarded the Knight's Cross of the Iron Cross (9 December 1944) with Oak Leaves (23 March 1945, n° 801, posthumously) and the German Cross in Gold (16 March 1942).

Hans-Karl *Frhr* von Esebeck

Né le 10 juillet 1892 à Potsdam, Hans-Karl *Freiherr* von Esebeck est aspirant en 1912. Il termine la guerre de 14-18 comme *Oberleutnant* (cavalerie). Pendant l'entre-deux-guerres, il poursuit sa carrière dans la cavalerie. *Oberst* le 1ᵉʳ juin 1938, il commande la *6. Schtz.Brig.* Lorsque la Seconde Guerre mondiale éclate. Il est *Generalmajor* le 1ᵉʳ octobre 1941, *Generalleutnant* le 1ᵉʳ décembre 1942 et *General der Panzertruppe* le 1ᵉʳ février 1944. Il commande successivement la *15. Schtz.Brig.* (13 mars 1941), la *15. Pz.Div.* (13 avril 1941), la *11. Pz.Div.* (24 août 1941) et la *2. Pz.Div.* (17 février 1942). On le retrouve ensuite à la tête du *XXXXVI. Pz.K.* (20 novembre 1942), du *LVIII. Res.Pz.K.* (1ᵉʳ décembre 1943) et du *XVII. A.K.* (6 juillet 1944). Impliqué dans l'attentat contre Hitler (20 juillet 1944), il est arrêté et interné dans un camp de concentration jusqu'à la fin de la guerre. Il meurt le 5 janvier 1955 à Dortmund. Titulaire de la Croix de chevalier de la Croix de fer (4 juillet 1940) et de la Croix allemande en or (23 août 1942).

Born at Potsdam on 10 July 1892, Hans-Karl Freiherr von Esebeck was an officer cadet in 1912. He ended the 1914-18 war as an Oberleutnant in the cavalry. He continued his career with the cavalry during the interwar period. Promoted to Oberst on 1 June 1938, he commanded 6. Schtz.Brig. at the outbreak of World War II. Promoted to Generalmajor on 1 October 1941, Generalleutnant on 1 December 1942 and General der Panzertruppe on 1 February 1944. He commanded successively 15. Schtz.Brig. (13 March 1941), 15. Pz.Div. (13 April 1941), 11. Pz.Div. (24 August 1941) and 2. Pz.Div. (17 February 1942). We later find him in command of XXXXVI. Pz.K. (20 November 1942), LVIII. Res.Pz.K. (1 December 1943) and XVII. A.K. (6 July 1944). He was arrested for his part in the 20 July 1944 plot against Hitler and interned in a concentration camp until the end of the war. He died in Dortmund on 5 January 1955. Awarded the Knight's Cross of the Iron Cross (4 July 1940) and the German Cross in Gold (23 August 1942).

Né le 17 décembre 1896 à Dresde, Ernst Felix Faeckenstedt rentre dans l'armée en 1914. Il est aspirant l'année suivante et termine la guerre de 14-18 avec le grade de *Leutnant*. Il sert dans différentes unités de cavalerie pendant l'entre-deux-guerres. En 1939, il est *Oberstleutnant* et Ia dans l'état-major du *III. A.K.Oberst* le 1er décembre 1940, il est *Generalmajor* le 1er septembre 1942 et *Generalleutnant* le 1er septembre 1943. Le 24 avril 1942, il occupe les fonctions importantes de chef d'état-major de la *1. Pz.Armee*. On le retrouve ensuite comme chef de la *5. Pz.Div.* (7 mai 1943) puis chef d'état-major des *VI. et XII. A.K.* (15 décembre 1943 et 16 novembre 1944). Fait prisonnier le 6 mai 1945, il est libéré en 1948. Il meurt le 6 avril 1961 à Höxter. Titulaire de la Croix allemande en or (26 janvier 1942).

Born at Dresden on 17 December 1896, Ernst Felix Faeckenstedt enlisted in the army in 1914 and became an officer cadet the following year, ending the 1914-18 war as a Leutnant. He served with various cavalry units during the interwar period. In 1939, he was Oberstleutnant and Ia on the general staff of III. A.K. Promoted to Oberst on 1 December 1940, Generalmajor on 1 September 1942 and Generalleutnant on 1 September 1943. On 24 April 1942, he was appointed to the important post of chief-of-staff of 1. Pz.Armee. We later find him in command of 5. Pz.Div. (7 May 1943) then chief-of-staff of VI. and XII. A.K. (15 December 1943 and 16 November 1944). He was taken prisoner on 6 May 1945, released in 1948 and died at Höxter on 6 April 1961. Awarded the German Cross in Gold (26 January 1942).

Ernst-Felix Faeckenstedt

Né le 12 septembre 1893 à Dresde, il est aspirant en 1912 (infanterie). Après la guerre de 14-18, terminée avec le grade de *Leutnant*, il poursuit sa carrière dans l'infanterie. En 1939, il est *Oberstleutnant* et commande le *MG Bat.7*. *Oberst* le 1er avril 1940, il est *Generalmajor* le 20 avril 1943 et *Generalleutnant* le 1er novembre de la même année. Il commande l'*Inf.Rgt. 103* (10 janvier 1940), la *14. Schtz.Brig.* (20 décembre 1941), la *14. Pz.Div.* du 1er au 15 novembre 1942 (m.d.F.b.) puis les *707., 45. et 24. Inf.Div.* Fait prisonnier par les Soviétiques le 7 mai 1945, il est libéré en 1955 et meurt à Hanovre le 30 octobre 1980. Titulaire de la Croix allemande en or (15 novembre 1941).

Born at Dresden on 12 September 1893, he was an officer cadet in 1912 (infantry). After the 1914-18 war, which he ended with the rank of Leutnant, he pursued his career in the infantry. In 1939, he was an Oberstleutnant and commander of MG Bat.7. Promoted to Oberst on 1 April 1940, he became Generalmajor on 20 April 1943 and Generalleutnant on 1 November of that same year. He commanded Inf.Rgt. 103 (10 January 1940), 14. Schtz. Brig. (20 December 1941), 14. Pz.Div. from 1 to 15 November 1942 (m.d.F.b.) then 707., 45. and 24. Inf.Div. He was taken prisoner by the Soviets on 7 May 1945, released in 1955 and died at Hanover on 30 October 1980. Awarded the German Cross in Gold (15 November 1941).

Hans *Frhr* von Falkenstein

Gustav Fehn naît le 21 février 1892 à Nuremberg et entre dans l'armée en 1912 comme aspirant. *Oberleutnant* en 1916, il sert dans différentes unités d'infanterie pendant l'entre-deux-guerres. En septembre 1939, il est *Oberst* et commande l'*Inf.Rgt. 33*. Il obtient rapidement les trois premiers grades de général : *Generalmajor* le 1er août 1940, il est *Generalleutnant* le 1er août 1942 et *General der Panzertruppe* le 1er novembre de la même année. Il exerce alors toute une série de commandements dans les troupes blindées : *4. Schtz. Brig.* (30 juillet 1940), *5. Pz.Div.* (25 novembre 1940), *XXXX. Pz.K.* (1er octobre 1942), *Afrikakorps* (16 novembre 1942-15 janvier 1943), *LXXXVI. Pz.K.* (1er juillet 1943). On le retrouve ensuite à la tête du *XXI. A.K.* et du *XV. Geb.K.* Fait prisonnier par les Yougoslaves le 8 mai 1945, il est exécuté à Laibach le 5 juin de la même année. Titulaire de la Croix de chevalier de la Croix de fer (5 août 1940) et de la Croix allemande en or (7 juillet 1942).

Gustav Fehn was born at Nuremberg on 21 February 1892, and joined the army as an officer cadet in 1912. An Oberleutnant en 1916, he served with various infantry units during the interwar period. In September 1939, he was an Oberst and commander of Inf.Rgt. 33. He rose quickly through the first three ranks of general: Generalmajor on 1 August 1940, Generalleutnant on 1 August 1942 and General der Panzertruppe on 1 November of that same year. He went on to hold various panzer troop commands: 4. Schtz. Brig. (30 July 1940), 5. Pz.Div. (25 November 1940), XXXX. Pz.K. (1 October 1942), Afrikakorps (16 November 1942-15 January 1943), LXXXVI. Pz.K. (1 July 1943). We later find him in command of XXI. A.K. and of XV. Geb.K. He was taken prisoner by the Yugoslavs on 8 May 1945, and executed at Laibach on 5 June of that same year. Awarded the Knight's Cross of the Iron Cross (5 August 1940) and the German Cross in Gold (7 July 1942).

Gustav Fehn

Kurt Feldt

Né le 22 novembre 1887 à Schmentau en Prusse-Orientale, Kurt Feldt est aspirant dans la cavalerie en 1909. Il finit la guerre de 14-18 avec le grade de *Rittmeister* et poursuit sa carrière dans la cavalerie après l'armistice. Au moment de la déclaration de guerre de septembre 1939, il est *Oberst* (1ᵉʳ avril 1936) et commande la *1. Kav.Brig. Generalmajor* le 1er février 1940, *Generalleutnant* le 1er février 1942, il est *General der Kavallerie* le 1ᵉʳ février 1944. Pendant cette période, il commande la *1. Kav.Div.* (25 octobre 1939), devenue *24. Pz.Div.* (1ᵉʳ décembre 1941). A partir du 8 juillet 1942, il est nommé commandant du district France-sud-ouest. Chef du *Korps Feldt* (12 septembre 1944), il est ensuite détaché auprès du commandant en chef au Danemark et prend la direction du *Korps Süd Jütland* (5 février 1945). Fait prisonnier le 8 mai 1945, il est libéré en 1947 et meurt le 11 mars 1970 à Berlin. Titulaire de la Croix de chevalier de la Croix de fer (23 août 1941).

Born at Schmentau in East Prussia on 22 November 1887, Kurt Feldt was an officer cadet in the cavalry in 1909. He ended the 1914-18 war with the rank of Rittmeister and pursued his career in the cavalry after the armistice. When war was declared in September 1939, he held the rank of Oberst (1 April 1936), and commanded 1. Kav.Brig. Promoted to Generalmajor on 1 February 1940 and Generalleutnant on 1 February 1942, he was made a General der Kavallerie on 1 February 1944. During this period, he commanded 1. Kav.Div. (25 October 1939), which became 24. Pz.Div. (1 December 1941). From 8 July 1942, he was appointed commander of the southwest district of France. As commanding officer of the Korps Feldt (12 September 1944), he was later detached to the commander-in-chief in Denmark, taking over Korps Süd Jütland (5 February 1945). He was taken prisoner on 8 May 1945, released in 1947 and died in Berlin on 11 March 1970. Awarded the Knight's Cross of the Iron Cross (23 August 1941).

Maximilian Felzmann

Né le 22 avril 1894 à Zwittau (Moravie) il entre dans l'armée autrichienne comme aspirant (artillerie) en 1913. Après la guerre de 14-18 qu'il termine avec le grade d'*Oberleutnant* il poursuit sa carrière dans l'armée autrichienne puis passe dans la *Wehrmacht* au moment de l'Anschluss. En septembre 1939, il est *Oberstleutnant* et commande l'*Art.Rgt. 251. Oberst* le 1ᵉʳ février 1941, il accède au grade de *Generalmajor* le 1ᵉʳ juin 1943 puis à ceux de *Generalleutnant* et *General der Artillerie* les 1ᵉʳ décembre 1943 et 1ᵉʳ janvier 1945. Pendant cette période il occupe la fonction d'*Arko 130* puis commande la *251. Inf.Div.* (10 mars 1943), la *Korps-Abteilung E.* et le *XXXXVI. Pz.K.* (28 août 1944, m.d.f.b.)). On le retrouve ensuite à la tête des *XXVII.* et *V.A.K.* Fait prisonnier par les Américains le 8 mai 1945, il est libéré en 1947. Il meurt le 8 juillet 1962 à Zürich. Titulaire de la Croix de chevalier de la Croix de fer (28 novembre 1943) avec feuilles de chêne (3 novembre 1944, n° 643) et de la Croix allemande en or (29 janvier 1942).

Born at Zwittau (Moravia) on 22 April 1894, Maximilian Felzmann joined the Austrian Army as an officer cadet (artillery) in 1913. After the 1914-18 war, which he ended with the rank of Oberleutnant, he pursued his career in the Austrian Army, then moved into the Wehrmacht at the time of the Anschluss. In September 1939, he held the rank of Oberstleutnant, and commanded Art.Rgt. 251. Promoted to Oberst on 1 February 1941, he was made a Generalmajor on 1 June 1943, Generalleutnant on 1 December 1943, and General der Artillerie on 1 January 1945. During this period he was Arko 130 then commanded 251. Inf.Div. (10 March 1943), Korps-Abteilung E. and XXXXVI. Pz.K. (28 August 1944, m.d.F.b.). We later find him in command of XXVII. and V.A.K. He was taken prisoner by the Americans on 8 May 1945, and released in 1947. He died in Zürich on 8 July 1962. Awarded the Knight's Cross of the Iron Cross (28 November 1943) with Oak Leaves (3 November 1944, n° 643) and the German Cross in Gold (29 January 1942).

Ernst Fessmann

Né le 6 janvier 1881 à Pfersee, il entre dans l'armée bavaroise en 1900. Aspirant en 1901, il fait la guerre de 14-18 dans différentes unités d'infanterie et en état-major, obtenant dès 1914 le grade de *Rittmeister. Oberst* le 1ᵉʳ avril 1931, il est *Generalmajor* le 1ᵉʳ janvier 1934 et *Generalleutnant* le 1ᵉʳ octobre 1935. Après avoir commandé un régiment de cavalerie, il est placé à la tête de la *3. Pz.Div.* le 15 octobre 1935. Il quitte l'armée en 1937 avec le grade de *General der Panzertruppe* (honoraire). Il reprend du service et commande la *267. Inf.Div.* au début de la Seconde Guerre mondiale puis se voit confier des commandements à l'arrière. Fait prisonnier par les Soviétiques le 5 juin 1945, il est libéré dès le 30 septembre de la même année et meurt le 25 octobre 1962 à Pullach.

Born at Pfersee on 6 January 1881, he joined the Bavarian Army in 1900. He was an officer cadet in 1901 and during the 1914-18 war he fought in various infantry units and as a staff officer, rising quickly to Rittmeister in 1914. Promoted to Oberst on 1 April 1931, he was made a Generalmajor on 1 January 1934, and Generalleutnant on 1 October 1935. After commanding a cavalry regiment, he was placed in command of 3. Pz.Div. on 15 October 1935. He left the army in 1937 with the rank of General der Panzertruppe (honorary). He returned to service and commanded 267. Inf.Div. at the start of World War II, going on to hold various commands in the rear. He was taken prisoner by the Soviets on 5 June 1945, released on 30 September of that same year and died at Pullach on 25 October 1962.

Edgar Feuchtinger

Né le 9 novembre 1894 à Metz, Edgar Feuchtinger est *Leutnant* en 1915. Il fait la guerre de 14-18 dans différentes unités d'artillerie. Il poursuit sa carrière dans cette arme entre les deux guerres. A la veille du Second Conflit mondial, il est *Oberstleutnant* et comman-de la *III./Art.Rgt. 26*. *Oberst* le 1ᵉʳ août 1940, il est *Generalmajor* le 1ᵉʳ août 1943 puis *Gene-ralleutnant* le 1ᵉʳ août 1944. Pendant cette période, on le trouve à la tête de l'*Art.Rgt. 227* (26 août 1939) puis de la *21. Pz.Div.* (15 juillet 1943). Fait prisonnier par les Britanniques en avril 1945, il est libéré en 1946 et meurt le 21 janvier 1960 à Berlin. Titulaire de la Croix de chevalier de la Croix de fer (6 août 1944) et de la croix allemande en argent (15 juillet 1943).

Born at Metz on 9 November 1894, Edgar Feuchtinger was a Leutnant in 1915. He fought in the 1914-18 war with various artillery units. He pursued his career in that branch of the service between the two wars. On the eve of World War II, he was an Oberstleutnant and commander of III./Art.Rgt. 26. Promoted to Oberst on 1 August 1940, he was made a Gene-ralmajor on 1 August 1943 then Generalleutnant on 1 August 1944. During this period we find him in command of Art.Rgt. 227 (26 August 1939) then 21. Pz.Div. (15 July 1943). He was taken prisoner by the British in April 1945, released in 1946 and died in Berlin on 21 January 1960. Awarded the Knight's Cross of the Iron Cross (6 August 1944) and the German Cross in Silver (15 July 1943).

Sebastian Fichtner

Né le 17 juin 1894 à Pfugdorf, il entre dans l'armée bavaroise en 1913 comme aspirant. Pendant la guerre de 14-18, il combat dans différentes unités de pionniers avec le grade de *Leutnant*. Il poursuit sa carrière entre les deux guerres notamment dans les unités mobiles. A la veille de la Seconde Guerre mondiale, il est *Oberstleutnant*. Il obtient le grade d'*Oberst* le 1ᵉʳ janvier 1940 puis ceux de *Generalmajor* et de *Generalleutnant* les 1ᵉʳ août 1942 et 8 septembre 1943. Il commande la *8. Pz.Div.* de janvier à novembre 1943 avant d'être placé dans la réserve des commandants. Fait prisonnier le 8 mai 1945, il est libéré en 1947 et meurt le 7 mars 1950 à Munich.

Born at Pfugdorf on 17 June 1894, he joined the Bavarian Army in 1913 as an officer cadet. During the 1914-18 war, he served as a Leutnant with various engineer units. He pursued his career between the two wars, serving notably in mobile units. On the eve of World War II, he was an Oberstleutnant. Promoted to Oberst on 1 January 1940 then to Generalma-jor and Generalleutnant on 1 August 1942 and 8 September 1943. He commanded 8. Pz.Div. from January to November 1943 before being placed in the commander reserve. He was taken prisoner on 8 May 1945, released in 1947 and died in Munich on 7 March 1950.

Wolfgang Fischer

Né le 11 décembre 1888 à Carolath, Wolfgang Fischer est aspirant en 1910 (infanterie). Il termine la guerre de 14-18 avec le grade de *Hauptmann*. Il poursuit sa carrière dans l'infan-terie pendant l'entre-deux-guerres, obtenant le grade d'*Oberst* le 1ᵉʳ août 1937. *General-major* le 1ᵉʳ août 1941, il est *Generalleutnant* le 1ᵉʳ novembre 1942. Il commande successi-vement l'*Inf.Rgt.69* (1ᵉʳ septembre 1939), la *10. Schtz.Brig.* (27 octobre 1939) puis la *10. Pz.Div.* C'est à la tête de cette division qu'il trouve la mort accidentellement le 1ᵉʳ février 1943 dans un champ de mines italien mal indiqué. Il est fait *General der Panzertruppe* à titre posthume le 1ᵉʳ avril 1943. Titulaire de la Croix de chevalier de la Croix de fer (3 juin 1940) avec feuilles de chêne (9 décembre 1942, n° 152) et de la Croix allemande en or (22 avril 1942).

Born at Carolath on 11 December 1888, Wolfgang Fischer was an officer cadet in 1910 (infantry). He ended the 1914-18 war as a Hauptmann. He pursued his career in the infan-try during the interwar period, reaching the rank of Oberst on 1 August 1937. Promoted to Generalmajor on 1 August 1941, he became a Generalleutnant on 1 November 1942. He commanded successively Inf.Rgt.69 (1 September 1939), 10. Schtz.Brig. (27 October 1939) then 10. Pz.Div. It was as commander of this division that he was accidentally killed on 1 February 1943 in a poorly marked Italian minefield. He was posthumously promoted to General der Panzertruppe on 1 April 1943. Awarded the Knight's Cross of the Iron Cross (3 June 1940) with Oak Leaves (9 December 1942, n° 152) and the German Cross in Gold (22 April 1942).

Josef Folttmann

Né le 18 janvier 1887 à Breslau, il est aspirant en 1907, *Leutnant* (infanterie) l'année suivante. Il poursuit sa carrière après la guerre de 14-18 et commande un régiment d'infanterie en 1935. *Oberst* le 1ᵉʳ juillet 1935, il est *Generalmajor* le 1ᵉʳ avril 1939. Au début de la Seconde Guerre mondiale, il commande la *256. Inf.Div.* puis la *164. Inf.Div.* (10 janvier 1940). *Generalleutnant* le 1ᵉʳ février 1941, on le retrouve à la tête de la *Fest.Div. « Kreta »* (1ᵉʳ janvier 1942) puis de la *164. Lei.Afrika Div.* (18 juillet-10 septembre 1942). Il commande ensuite la *338. Inf.Div.* (10 novembre 1942) avant de servir au *Sonderstab II* de l'OKH (10 janvier 1944-7 avril 1945). Il meurt le 11 avril 1958 à Aix-la-Chapelle. Titulaire de la Croix allemande en argent (10 mars 1944).

Born at Breslau on 18 January 1887, he was an officer cadet in 1907, then Leutnant in the infantry the following year. He pursued his career after the 1914-18 war, commanding an infantry regiment in 1935. Promoted to Oberst on 1 July 1935, he was made a Generalmajor on 1 April 1939. At the start of World War II, he was commander of 256. Inf.Div. then 164. Inf.Div. (10 January 1940). Promoted to Generalleutnant on 1 February 1941), we later find him in command of Fest.Div. "Kreta" (1 January 1942) then of 164. Lei.Afrika Div. (18 July-10 September 1942). He then commanded 338. Inf.Div. (10 November 1942) before serving with Sonderstab II at OKH (10 January 1944-7 April 1945). He died at Aix-la-Chapelle on 11 April 1958. Awarded the German Cross in Silver (10 March 1944).

Max Fremerey

Né le 5 mai 1889 à Cologne, Max Fremerey est aspirant en 1910. Il fait la guerre de 14-18 dans différentes unités de cavalerie et d'infanterie, obtenant le grade de *Rittmeister* en 1918. Il exerce ensuite différents commandements dans des unités de cavalerie. *Oberst* le 1ᵉʳ avril 1937, il commande un régiment d'infanterie au début de la Seconde Guerre mondiale. *Generalmajor* le 1ᵉʳ juin 1941 et *Generalleutnant* le 1ᵉʳ juin 1943, il commande la *18. Schtz.Brig.* (26 octobre 1940), la *29. Inf.Div. (mot.)* (20 septembre 1942) et de la *Div.Nr 155 (mot.)* (1ᵉʳ octobre 1942), commandement qu'il exerce avec celui de la place de Hanovre (obtenu le 1ᵉʳ février 1943). On le retrouve ensuite à la tête de la *155. Res.Pz.Div.* (5 avril 1943) puis de la *233. Res.Pz.Div.* (20 mai 1943). Fait prisonnier le 8 mai 1945, il est libéré en 1947. Il meurt le 20 septembre 1968 à Krün. Titulaire de la Croix de chevalier de la Croix de fer (28 juillet 1942) et de la Croix allemande en or (19 décembre 1941).

Born at Cologne on 5 May 1889, Max Fremerey was an officer cadet in 1910. During the 1914-18 war, he served with various cavalry and infantry units, reaching the rank of Rittmeister in 1918. He went on to command various cavalry units. Promoted to Oberst on 1 April 1937, he commanded an infantry regiment at the outbreak of World War II. Promoted to Generalmajor on 1 June 1941, and to Generalleutnant on 1 June 1943, he commanded 18. Schtz.Brig. (26 October 1940), 29. Inf.Div. (mot.). (20 September 1942) and Div.Nr 155 (mot.) (1 October 1942), a command he held in conjunction with that of the fortress of Hanover (obtained on 1 February 1943). We later find him in command of 155. Res.Pz.Div. (5 April 1943) then 233. Res.Pz.Div. (20 May 1943). He was taken prisoner on 8 May 1945, and released in 1947. He died at Krün on 20 September 1968. Awarded the Knight's Cross of the Iron Cross (28 July 1942) and the German Cross in Gold (19 December 1941).

Werner Friebe

Werner Friebe naît le 12 juillet 1897 à Droschkau en Silésie. Il s'engage dans l'armée en 1915 et devient aspirant dans l'infanterie. Il termine la guerre de 14-18 avec le grade de *Leutnant*. Pendant l'entre-deux-guerres, il exerce des commandements dans l'infanterie, le génie, l'artillerie puis dans les troupes motorisées et dans différents état-majors. A la veille de la Seconde Guerre mondiale, il est *Oberstleutnant* et Ia dans l'état-major de la *20. Inf.Div. (mot.)*. *Oberst* le 1ᵉʳ octobre 1941, il accède au grade de *Generalmajor* le 1ᵉʳ juin 1944. Pendant cette période il occupe les fonctions de chef d'état-major du *XXXXVIII. A.K. (mot.)* (6 janvier 1941) avant de prendre le commandement de la *8. Pz.Div.* (1ᵉʳ avril 1944). En septembre 1944, il devient chef d'état-major du *Wehrkreis III*. Il est fait prisonnier le 8 mai 1945. Libéré en 1948, il meurt le 8 mars 1962 à Stuttgart. Titulaire de la Croix de chevalier de la Croix de fer (21 avril 1944) et de la Croix allemande en or (30 mai 1942).

Werner Friebe was born at Droschkau in Silesia on 12 July 1897. He joined the army in 1915 and became an officer cadet in the infantry. He ended the 1914-18 war as a Leutnant. During the interwar period, he held various commands of infantry, engineers, artillery units and later with the motorized troops and various posts as a staff officer. On the eve of World War II, he was an Oberstleutnant and Ia, serving on the general staff of 20. Inf.Div. (mot.). Promoted to Oberst on 1 October 1941, he became Generalmajor on 1 June 1944. During this period, he was chief-of-staff of XXXXVIII. A.K. (mot.) (6 January 1941) before taking over command of 8. Pz.Div. (1 April 1944). In September 1944, he became chief-of-staff of Wehrkreis III. He was taken prisoner on 8 May 1945, released in 1948 and died at Stuttgart on 8 March 1962. Awarded the Knight's Cross of the Iron Cross (21 April 1944) and the German Cross in Gold (30 May 1942).

Walter Fries

Né le 22 avril 1894 à Gutsteinhain, Walter Fries s'engage dans l'armée en 1914 comme sous-officier puis devient *Leutnant* en 1915. En 1919, il passe dans la police. De retour dans l'armée en 1936, il est *Oberstleutnant* à la déclaration de guerre et commande un bataillon de l'*Inf.Rgt.15 (mot.)*. *Oberst* le 1er mars 1942, son ascension est ensuite très rapide : il est *Generalmajor* le 1er juin 1943, *Generalleutnant* le 1er janvier 1944 et *General der Panzertruppe* le 1er décembre de la même année. Après avoir commandé l'*Inf.Rgt.87 (mot.)*, Walter Fries prend les rênes de la *29. Inf.Div. (mot.)*(1er juin 1943) puis du *XXXXVI.Pz.K.* (21 septembre 1944). Il est placé dans la réserve des commandants le 19 janvier 1945. Fait prisonnier le 8 mai 1945, il est libéré en 1947. Il meurt le 6 août 1982 à Weilburg. Titulaire de la Croix de chevalier de la Croix de fer (14 décembre 1941) avec feuilles de chêne (29 janvier 1944, n° 378) et glaives (11 août 1944, n° 87) et de la Croix allemande en or (9 octobre 1942).

Born at Gutsteinhain on 22 April 1894, Walter Fries enlisted in the army in 1914 as an NCO, then became a Leutnant in 1915. In 1919, he joined the police. After re-enlisting in 1936, he was an Oberstleutnant and when war was declared was in command of a battalion of Inf.Rgt.15 (mot.). Promoted to Oberst on 1 March 1942, he rose quickly up the ranks: promoted to Generalmajor on 1 June 1943, Generalleutnant on 1 January 1944 and General der Panzertruppe on 1 December of that same year. After commanding Inf.Rgt.87 (mot.), Walter Fries took over command of 29. Inf.Div. (mot.) (1 June 1943) then XXXXVI.Pz.K. (21 September 1944). He was placed in the commander reserve on 19 January 1945. He was taken prisoner on 8 May 1945, released in 1947 and died at Weilburg on 6 August 1982. Awarded the Knight's Cross of the Iron Cross (14 December 1941) with Oak Leaves (29 January 1944, n° 378) and Swords (11 August 1944, n° 87) and the German Cross in Gold (9 October 1942).

Gottfried Frölich

Né le 3 juin 1894 à Dresde, il est aspirant en 1914 et termine la guerre de 14-18 comme *Leutnant*. Pendant l'entre-deux-guerres, il sert dans différentes unités d'artillerie. A la veille de la Seconde Guerre, il commande la *II./Art.Rgt.76* avec le grade d'*Oberstleutnant*. Il est *Oberst* le 1er juillet 1941 puis *Generalmajor* le 1er décembre 1943. Il commande successivement le *Pz.Art.Rgt.78* (19 octobre 1939), la *36. Inf.Div.* (12 septembre 1943, m.d.F.b.) puis le *8.Pz.Div.* (20 septembre 1943, m.d.F.b.). On le retrouve à la tête du *Korpsgruppe* von Tettau (du nom de son chef) en mars 1945 puis comme *Harko 313* (*3. Pz.Armee*) en avril 1945. Fait prisonnier le 2 mai 1945, il est libéré en 1948 et meurt le 30 juillet 1959 à Heidenheim. Titulaire de la Croix de chevalier de la Croix de fer (20 décembre 1943) et de la Croix allemande en or (2 janvier 1942).

Born at Dresden on 3 June 1894, he was an officer cadet in 1914, and fought in the 1914-18 war as a Leutnant. He served with various artillery units during the interwar period. On the eve of World War II, he commanded II./Art.Rgt.76 with the rank of Oberstleutnant. Promoted to Oberst on 1 July 1941, then Generalmajor on 1 December 1943. He commanded successively Pz.Art.Rgt.78 (19 October 1939), 36. Inf.Div. (12 September 1943, m.d.F.b.) then 8.Pz.Div. (20 September 1943, m.d.F.b.). We later find him in command of Korpsgruppe von Tettau (named for its CO) in March 1945 then as Harko 313 (3. Pz.Armee) in April 1945. He was taken prisoner on 2 May 1945, released in 1948 and died at Heidenheim on 30 July 1959. Awarded the Knight's Cross of the Iron Cross (20 December 1943) and the German Cross in Gold (2 January 1942).

Hans *Frhr* von Funck

Né le 23 décembre 1891 à Aix la Chapelle, il est aspirant en 1915 et sert dans la cavalerie pendant toute la guerre de 14-18 qu'il termine avec le grade de *Leutnant*. Pendant l'entre-deux-guerres, il effectue plusieurs temps de commandement dans des unités de cavalerie ainsi qu'en état-major. *Oberst* le 20 avril 1939, il commande le *Pz.Rgt. 5* à partir du 15 octobre de cette année. *Generalmajor* le 1er janvier 1941, il est *Generalleutnant* le 1er septembre 1942 et *General der Panzertruppe* le 1er mars 1944. Pendant cette période, il commande la *3. Pz.Brig.* (13 novembre 1940), la *7. Pz.Div.* (14 février 1941), le *XXIII. A.K.* (5 décembre 1943, m.d.F.b.) puis le *XXXXVII. Pz.K.* (5 mars 1944). Placé dans la réserve des commandants en septembre 1944, il quitte l'armée le 15 février 1945. Capturé par les Soviétiques en mai 1945, il est libéré en 1955. Il meurt le 14 février 1979 à Viersen. Titulaire de la Croix de chevalier de la Croix de fer (15 juillet 1941) avec feuilles de chêne (22 août 1943, n° 278) et de la Croix allemande en or (14 mars 1943).

Born at Aix-la-Chapelle on 23 December 1891, he was an officer cadet in 1915. He fought in the cavalry throughout the 1914-18 war, reaching the rank of Leutnant. He did several spells as commander of cavalry units during the interwar period, and also as a staff officer. Promoted to Oberst on 20 April 1939, he was placed in command of Pz.Rgt. 5 from 15 October of that year. Promoted to Generalmajor on 1 January 1941, Generalleutnant on 1 September 1942 and General der Panzertruppe on 1 March 1944. During this period, he commanded 3. Pz.Brig. (13 November 1940), 7. Pz.Div. (14 February 1941), XXIII. A.K. (5 December 1943, m.d.F.b.) then XXXXVII. Pz.K. (5 March 1944). Placed in the commander reserve in September 1944, he left the army on 15 February 1945. He was captured by the Soviets in May 1945, released in 1955 and died at Viersen on 14 February 1979. Awarded the Knight's Cross of the Iron Cross (15 July 1941) with Oak Leaves (22 August 1943, n° 278) and the German Cross in Gold (14 March 1943).

Martin Gareis

Né le 6 octobre 1891 à Buch près de Berlin, Martin Gareis est aspirant en 1909. Ayant choisi l'infanterie, il fait toute la guerre de 14-18 dans cette arme et obtient le grade d'*Oberleutnant* en 1918. Il poursuit sa carrière dans l'infanterie et commande l'*Inf.Rgt. 282* avec le grade d'*Oberst* (obtenu le 1er août 1938) lorsque la Seconde Guerre mondiale éclate. *Generalmajor* le 1er février 1942, il est *Generalleutnant* le 1er janvier 1943 et *General der Infanterie* le 1er avril 1945. Pendant cette période, il commande successivement, le *98. Inf.Div.* (31 décembre 1941), la *264. Inf.Div.* (5 mai 1944) puis le *XXXXVI. Pz.K.* (19 janvier 1945). Il est fait prisonnier par les Britanniques le 2 mai 1945 et occupe les fonctions de représentant des prisonniers de guerre allemands auprès de l'état-major britannique. Il est libéré en 1947 et meurt le 26 février 1976 à Kreuth près de Rottach-Egern. Titulaire de la Croix de chevalier de la Croix de fer (29 novembre 1943) et de la Croix allemande en or (18 octobre 1941).

Born at Buch near Berlin on 6 October 1891, Martin Gareis was an officer cadet in 1909. He opted for the infantry, fighting with that arm during the 1914-18 war, and reaching the rank of Oberleutnant in 1918. He pursued his career in the infantry, and commanded Inf.Rgt. 282 with the rank of Oberst (obtained on 1 August 1938) at the outbreak of World War II. He became a Generalmajor on 1 February 1942, Generalleutnant on 1 January 1943 and General der Infanterie on 1 April 1945. During this period, he commanded successively 98. Inf.Div. (31 December 1941), 264. Inf.Div. (5 May 1944) then XXXXVI. Pz.K. (19 January 1945). He was taken prisoner by the British on 2 May 1945, and acted as German POW representative with the British general staff. He was released in 1947 and died at Kreuth, near Rottach-Egern, on 26 February 1976. Awarded the Knight's Cross of the Iron Cross (29 November 1943) and the German Cross in Gold (18 October 1941).

Georg Gawantka

Né le 18 août 1891 à Berlin, il est aspirant dans la cavalerie en 1910. Il fait la guerre de 14-18 dans cette arme et obtient le grade de *Rittmeister* en 1918. Il commande différentes unités de cavalerie pendant l'entre-deux-guerres. *Oberst* le 1er avril 1935 puis *Generalmajor* le 1er août 1938, il commande successivement la *3. Schtz.Brig.* (1er février 1938), la *2. Schtz.Brig.* (10 novembre 1938) et la *10. Pz.Div.* (1er mai 1939). Il meurt le 14 juillet 1939 à Prague.

Born in Berlin on 18 August 1891, he was an officer cadet in the cavalry in 1910. He fought in that arm in the 1914-18 war, reaching the rank of Rittmeister in 1918. He commanded various cavalry units during the interwar period. Promoted to Oberst on 1 April 1935 then Generalmajor on 1 August 1938, he commanded in succession 3. Schtz.Brig. (1 February 1938), 2. Schtz.Brig. (10 November 1938) and 10. Pz.Div. (1 May 1939). He died in Prague on 14 July 1939.

Paul Gerhard

Oberst, il commande (m.d.F.b.) la *Pz.Lehr-Div.* du 24 août au 8 septembre 1944.

As an Oberst, he commanded (m.d.F.b.) Pz.Lehr-Div. from 24 August to 8 September 1944.

Leo *Frhr* Geyr von Schweppenburg

Né le 2 mars 1886 à Potsdam, il est aspirant dans la cavalerie en 1905. Il fait la guerre de 14-18 dans la cavalerie et dans différents état-majors, obtenant le grade de *Rittmeister* en 1915. *Oberst* le 1er octobre 1932, il est *Generalmajor* le 1er septembre 1935 et *Generalleutnant* le 1er octobre 1937. En septembre 1939, il commande la *3. Pz.Div.* On le trouve ensuite à la tête du *XXIV. A.K.* devenu *A.K. (mot.)* (15 février 1940). Il obtient le grade de *General der Kavallerie* le 20 avril 1940 (dénomination de *General der Panzertruppe* le 4 juin 1941) et commande le *XXXX. Pz.K.* à partir du 9 juillet 1942. Commandant de la place de Stablack (1er février 1943), il prend les rênes du *LXXXVI. A.K.* (21 février 1943, m.d.F.b.) avant de devenir chef des troupes blindées auprès du commandant en chef à l'Ouest (20 mai 1943) et chef du *LVIII. Res.Pz.K.* (5 août 1943). Au moment du débarquement de juin 1944, il commande la *Panzergruppe West*. Il devient ensuite inspecteur des troupes blindées de l'*Ersatzheer* (7 août 1944). Fait prisonnier par les Américains, il est libéré en 1947. Il meurt le 27 janvier 1974 à Irschenhausen Titulaire de la Croix de chevalier de la Croix de fer (9 juillet 1941).

Born at Potsdam on 2 March 1886, he was an officer cadet in the cavalry in 1905. He fought in the cavalry in the 1914-18 war and with different general staffs, reaching the rank of Rittmeister in 1915. Promoted to Oberst on 1 October 1932, he became Generalmajor on 1 September 1935 and Generalleutnant on 1 October 1937. In September 1939, he commanded 3. Pz.Div. We later find him in command of XXIV. A.K., now A.K. (mot.) (15 February 1940). He rose to the rank of General der Kavallerie on 20 April 1940 (named General der Panzertruppe on 4 June 1941) and commanded XXXX. Pz.K. from 9 July 1942. Commanding officer of the Stablack fortress (1 February 1943), he took over command of LXXXVI. A.K. (21 February 1943, m.d.F.b.) before becoming commanding officer of the panzer troops with the commander-in-chief in the West (20 May 1943) and CO of LVIII. Res.Pz.K. (5 August 1943). By the time of the D-Day Landings in June 1944, he was commander of Panzergruppe West. He went on to become a panzer troop inspector with the Ersatzheer (7 August 1944). He was taken prisoner by the Americans, and released in 1947. He died at Irschenhausen on 27 January 1974. Awarded the Knight's Cross of the Iron Cross (9 July 1941).

Wolfgang Glaesemer

Né le 14 mars 1899 à Riemberg, Wolfgang Glaesemer est *Oberst* le 1ᵉʳ janvier 1942, il commande par intérim la *7. Pz.Div.* du 28 au 30 janvier 1944. Il meurt le 10 avril 1999. Titulaire de la croix de Chevalier de la Croix de fer (12 février 1943) et de la Croix allemande en or (21 février 1942).

Born at Riemberg on 14 March 1899, Wolfgang Glaesemer was promoted to Oberst on 1 January 1942, he was interim commander of 7. Pz.Div. from 28 to 30 January 1944. He died on 10 April 1999. Awarded the Knight'Cross of the Iron Cross (12 February 1943) and the German cross in Gold (21 February 1942).

Hans Gollnick

Né le 25 mai 1892 à Gut-Gursen en Poméranie, Hans Gollnick est aspirant en 1912 et sert dans l'infanterie. Il termine la guerre de 14-18 avec le grade d'*Oberleutnant*. Il poursuit sa carrière après 1918. *Oberst* le 1ᵉʳ octobre 1938, il commande l'*Inf.Rgt. 76* lorsque la Seconde Guerre mondiale éclate. *Generalmajor* le 1ᵉʳ juin 1941, il est *Generalleutnant* le 1ᵉʳ janvier 1943 et *General der Infanterie* le 1ᵉʳ octobre 1943. Pendant cette période, il commande la *36. Inf.Div. (mot.)* devenue *Pz.Gren.Div.* (6 octobre 1941), le *XXXXVI. Pz.K.* (8 août 1943) puis le *XXVIII. A.K.* (20 mai 1944). A la fin de la guerre, il est nommé commandant en chef de la *Wehrmacht* dans le district de Flensburg, siège du gouvernement du *Grossadmiral* Dönitz. Fait prisonnier par les Britanniques, il est libéré en 1946 et meurt le 15 février 1970 à Hambourg. Titulaire de la Croix de chevalier de la Croix de fer (21 novembre 1941) avec feuilles de chêne (24 août 1943, n° 282).

Born at Gut-Gursen in Pomerania on 25 May 1892, Hans Gollnick was an officer cadet in 1912 and served in the infantry. He ended the 1914-18 war as an Oberleutnant. He pursued his career after 1918. Promoted to Oberst on 1 October 1938, he commanded Inf.Rgt. 76 at the outbreak of World War II. Promoted to Generalmajor on 1 June 1941, Generalleutnant on 1 January 1943 and General der Infanterie on 1 October 1943. During this period, he commanded 36. Inf.Div. (mot.), renamed Pz.Gren.Div. (6 October 1941), XXXXVI. Pz.K. (8 August 1943) then XXVIII. A.K. (20 May 1944). At the end of the war, he was appointed commander-in-chief of the Wehrmacht in the district of Flensburg, at the headquarters of Gross-Admiral Dönitz's government. He was taken prisoner by the British, released in 1946 and died at Hamburg on 15 February 1970. Awarded the Knight's Cross of the Iron Cross (21 November 1941) with Oak Leaves (24 August 1943, n° 282).

Reinhold Gotsche

Né le 23 novembre 1893 à Erfurt, Reinhold Gotsche entre dans l'armée comme *Leutnant* en 1914. Il sert dans l'infanterie pendant la guerre de 14-18 puis poursuit sa carrière, obtenant le grade d'*Oberstleutnant* en 1938. Au début de la Seconde Guerre mondiale, il commande une *Abteilung* du HWA. *Oberst* le 1ᵉʳ juillet 1940, il est *Generalmajor* le 1ᵉʳ octobre 1943. Il commande la *Pz.Brig.* devenue *Pz.Div.* « Norwegen » du 1ᵉʳ octobre au 20 novembre 1943 puis du 11 juin au 1ᵉʳ juillet 1944. Il est ensuite placé à la tête de la *Feldkommandantur 520* avant de devenir *Korück* de la *7. Armee* (été 1944-22 avril 1945).

Born at Erfurt on 23 November 1893, Reinhold Gotsche joined the army as a Leutnant in 1914. He served in the infantry during the 1914-18 war, then pursued his career, reaching the rank of Oberstleutnant in 1938. At the start of World War II, he was commander of an Abteilung of HWA. Promoted to Oberst on 1 July 1940, he became a Generalmajor on 1 October 1943. He commanded Pz.Brig.now Pz.Div. "Norwegen" from 1 October to 20 November 1943, then from 11 June to 1 July 1944). He was then placed in command of Feldkommandantur 520 before becoming Korück of 7.Armee (summer 1944-22 April 1945).

Karl von Graffen

Karl von Graffen naît le 6 juin 1893 à Plôn dans le Holstein. Aspirant en 1911, il sert dans l'artillerie et termine la guerre de 14-18 avec le grade d'*Oberleutnant*. Il exerce différents commandements dans l'artillerie pendant l'entre-deux-guerres, obtenant le grade d'*Oberst* le 1ᵉʳ octobre 1939. *Generalmajor* le 1ᵉʳ juillet 1942, il est *Generalleutnant* le 1ᵉʳ janvier 1943. Il occupe la fonction d'*Arko 18* (28 novembre 1941) puis commande la *58. Inf.Div.* (27 mars 1942). *H.Arko 316* (22 septembre 1943), il prend la tête du *LXXVI. Pz.K.* le 24 avril 1945. Fait prisonnier par les Britanniques le 18 juillet 1945, il est libéré en 1948. Il meurt le 1ᵉʳ novembre 1964 à Grödersby. Titulaire de la Croix de chevalier de la Croix de fer (13 août 1942) et de la Croix allemande en or (24 décembre 1941).

Karl von Graffen was born at Plôn in Holstein on 6 June 1893. An officer cadet in 1911, he served in the artillery, ending the 1914-18 war as an Oberleutnant. During the interwar period, he held various commands with artillery units, rising to the rank of Oberst on 1 October 1939. Promoted to Generalmajor on 1 July 1942, he rose to the rank of Generalleutnant on 1 January 1943. He held the post of Arko 18 (28 November 1941) then commanded 58. Inf.Div. (27 March 1942). After a spell as H.Arko 316 (22 September 1943), he took over command of LXXVI. Pz.K. on 24 April 1945. He was taken prisoner by the British on 18 July 1945, released in 1948 and died at Grödersby on 1 November 1964. Awarded the Knight's Cross of the Iron Cross (13 August 1942) and the German Cross in Gold (24 December 1941).

Fritz-Hubert Gräser

Né le 3 novembre 1888 à Francfort sur Oder, il est aspirant en 1907. Il fait la guerre de 14-18 dans un régiment d'infanterie avant d'occuper plusieurs postes dans des état-majors importants. *Hauptmann* en 1915, il quitte l'armée en 1920. De retour en octobre 1933, il est *Oberst* la 1ᵉʳ octobre 1938 et commande l'*Inf.Rgt. 29* lorsque la seconde guerre éclate. *Generalmajor* le 1ᵉʳ octobre 1941, il est *Generalleutnant* le 15 mai 1943 et *General der Panzertruppe* le 1er septembre 1944. Il commande la *3. Inf.Div. (mot.)* alias *Pz.Gr.Div.* (1ᵉʳ mars 1943) puis les *XXIV.* et *XXXXVIII. Pz.K.* (28 juin et 20 août 1944). Le 21 septembre 1944, il prend la tête de la *4. Pz.Armee*. Fait prisonnier par les Américains le 8 mai 1945, il est libéré en 1947. Il meurt le 4 octobre 1960 à Göttingen. Titulaire de la Croix de chevalier de la Croix de fer (19 juillet 1940) avec feuilles de chêne (26 juin 1944, n° 517) et glaives (8 mai 1945, n° 154) et de la Croix allemande en or (8 février 1942).

Born at Frankfurt-an-der-Oder on 3 November 1888, he was an officer cadet in 1907. During the 1914-18 war he fought in an infantry regiment before holding staff posts with several major units. A Hauptmann in 1915, he left the army in 1920. After his return in October 1933, he was promoted to Oberst on 1 October 1938, and commanded Inf.Rgt. 29 at the outbreak of World War II. Promoted to Generalmajor on 1 October 1941, Generalleutnant on 15 May 1943 and General der Panzertruppe on 1 September 1944. He commanded 3. Inf.Div. (mot.), alias Pz.Gr.Div. (1 March 1943), then XXIV. and XXXXVIII. Pz.K. (28 June and 20 August 1944). On 21 September 1944, he took over command of 4. Pz.Armee. He was taken prisoner by the Americans on 8 May 1945, and released in 1947. He died at Göttingen on 4 October 1960. Awarded the Knight's Cross of the Iron Cross (19 July 1940) with Oak Leaves (26 June 1944, n° 517) and Swords (8 May 1945, n° 154) and the German Cross in Gold (8 February 1942).

Karl Grässel

Oberst le 1ᵉʳ mars 1942, il commande par intérim la *14. Pz.Div.* (15 mars - avril 1945).

Promoted to Oberst on 1 March 1942, he was interim commander of 14. Pz.Div. (15 March - April 1945).

Anton Grasser

Né le 3 novembre 1891 à Bossendorf dans la région de Strasbourg, Anton Grasser s'engage dans l'armée en avril 1914. Il devient *Leutnant d. Reserve* en mars 1915. Après la guerre, il rentre dans la police (1920) avant de rejoindre la nouvelle *Wehrmacht* en 1935. En septembre 1939, il est *Oberstleutnant* et commande un bataillon d'infanterie. *Oberst* le 1ᵉʳ mars 1941, il gravit rapidement les échelons suivants : *Generalmajor* le 15 août 1942, *Generalleutnant* le 1ᵉʳ janvier 1943 et *General der Infanterie* le 1ᵉʳ mai 1944. Il commande la *25. Inf.Div. (mot.)* du 25 janvier 1942 au 23 juin 1943. On le retrouve ensuite à la tête du *LVI. Pz.K.* (15 novembre 1943), du *XXVI. A.K.* (16 février 1944), de l'*Armeeabteilung Narva* (3 juillet 1944) et de l'*Armeeabteilung Grasser* (25 septembre 1944) et enfin du *LXXII. A.K.* (22 janvier 1945). Fait prisonnier le 8 mai 1945, il est libéré en 1947. A partir de 1951, il reprend du service dans les troupes de gardes-frontières de la République Fédérale d'Allemagne avant de se retirer définitivement en 1953. Il meurt le 3 novembre 1976 à Stuttgart. Titulaire de la Croix de chevalier de la Croix de fer (16 juin 1940) avec feuilles de chêne (5 décembre 1943, n° 344) et de la Croix allemande en or (11 mars 1943).

Born at Bossendorf in the Strasbourg region on 3 November 1891, Anton Grasser enlisted in the army in 1914. He became a Leutnant. d. Reserve in March 1915. After the war, he joined the police (1920) before joining the new Wehrmacht in 1935. In September 1939, he was an Oberstleutnant and commander of an infantry battalion. Promoted to Oberst on 1 March 1941, he rose quickly up the next ranks, being promoted to Generalmajor on 15 August 1942, Generalleutnant on 1 January 1943 and General der Infanterie on 1 May 1944. He commanded 25. Inf.Div. (mot.) from 25 January 1942 to 23 June 1943. We later find him in command of LVI. Pz.K. (15 November 1943), XXVI. A.K. (16 February 1944), Armeeabteilung Narva (3 July 1944) and Armeeabteilung Grasser (25 September 1944) and finally LXXII. A.K. (22 January 1945). He was taken prisoner on 8 May 1945, and released in 1947. As of 1951, he returned to service with the frontier guards of West Germany until he finally retired in 1953. He died at Stuttgart on 3 November 1976. Awarded the Knight's Cross of the Iron Cross (16 June 1940) with Oak Leaves (5 December 1943, n° 344) and the German Cross in Gold (11 March 1943).

Oswin Grolig

Oswin Grolig naît le 6 janvier 1894 à Altona. Il est aspirant en 1913. Il fait la guerre de 14-18 dans la cavalerie et obtient le grade de *Leutnant* en 1914. Pendant l'entre-deux-guerres, il sert dans différentes unités de cavalerie et de reconnaissance. En septembre 1939, il commande l'*Aufkl.Abt. 8* avec le grade d'*Oberstleutnant*. *Oberst* le 1ᵉʳ janvier 1941, il est *Generalmajor* le 1ᵉʳ novembre 1943. Il commande successivement le *Schtz.Rgt. 33* (24 juillet 1940), la *1. Schtz.Brig.* (15 février 1942) et la *1. Pz.Gren. Brig.* (5 juillet 1942). Placé dans la réserve des commandants le 15 décembre 1942, il est rappelé en septembre 1943 et prend la tête de la *Panzertruppen Schule II* à Krampnitz. Il commande ensuite la *21. Pz. Div.* (15 janvier 1944, m.d.F.b.) et la *25. Pz.Div.* (1ᵉʳ juin 1944). Il meurt dans un accident le 18 août 1944 près de Litzmannstadt. Titulaire de la Croix allemande en or (2 janvier 1942).

Oswin Grolig was born at Altona on 6 January 1894. He was an officer cadet in 1913. He fought in the cavalry in the 1914-18 war, reaching the rank of Leutnant in 1914. He commanded various cavalry and reconnaissance units during the interwar period. In September 1939, he commanded Aufkl.Abt. 8, with the rank of Oberstleutnant. Promoted to Oberst on 1 January 1941 and Generalmajor on 1 November 1943, he commanded successively Schtz.Rgt. 33 (24 July 1940), 1. Schtz.Brig. (15 February 1942) and 1. Pz.Gren. Brig. (5 July 1942). Placed in the commander reserve on 15 December 1942, he was recalled in September 1943 and took over command of Panzertruppen Schule II at Krampnitz. He went on to command 21. Pz.Div. (15 January 1944, m.d.F.b.) and 25. Pz.Div. (1 June 1944). He died in an accident near Litzmannstadt on 18 August 1944. Awarded the German Cross in Gold (2 January 1942).

Heinz Guderian

Heinz Guderian naît le 17 juin 1888 à Kulm en Prusse occidentale. Il entre dans l'armée comme aspirant en 1907. Au début de la Première Guerre, il combat au sein de différentes unités de transmission avant d'occuper des emplois en état-major. Il termine la guerre avec le grade de *Hauptmann*. Pendant l'entre-deux-guerres, il joue un rôle de premier plan dans la création de l'arme motorisée et révolutionne la doctrine d'emploi des blindés. Il publie en 1937 un ouvrage intitulé *Achtung Panzer !* dans lequel il présente les principes fondamentaux de la nouvelle arme blindée allemande. *Oberst* le 1ᵉʳ octobre 1933, il est commandant des unités motorisées le 1ᵉʳ juillet 1934 puis prend le commandement de la *2. Pz.Div.* (15 octobre 1935). *Generalmajor* le 1ᵉʳ août 1936, *Generalleutnant* le 10 février 1938 puis *General der Panzertruppe* le 23 novembre de la même année, il est à la tête du *XVI. A.K. (mot.)* (1ᵉʳ avril 1938) puis devient chef des unités rapides. Il commande ensuite le *XIX. A.K. (mot.)* (26 août 1939), devenu *Pz.Gr. Guderian* puis *Pz.Gr. 2* et devient *Generaloberst* le 19 juillet 1940. Il est limogé en décembre 1941 à la suite de la bataille de Moscou et d'un différend l'opposant avec le GFM von Kluge. Tombé en disgrâce, il doit attendre 1943 pour reprendre du service comme inspecteur général des troupes blindées (28 février 1943). Il cumule ce poste avec celui de chef d'état-major de l'OKH (21 juillet 1944, m.d.F.b.) puis est une nouvelle fois mis en congé le 28 mars 1945. Fait prisonnier par les Américains le 10 mai 1945, il est libéré en 1948. Il publie en 1951 un ouvrage intitulé « Souvenirs d'un soldat » dans lequel il expose, entre autre, ses conceptions de l'emploi de l'arme blindé. Il meurt le 14 mai 1954 à Schwangau. Guderian était titulaire de la Croix de chevalier de la Croix de fer (27 octobre 1939) avec feuilles de chêne (17 juillet 1941, n° 24).

Heinz Guderian

Heinz Guderian was born at Kulm in Western Prussia on 17 June 1888. He joined the army as an officer cadet in 1907. At the start of World War I, he fought in various signaling units before taking on various staff posts. He ended the war with the rank of Hauptmann. During the interwar period he played a major role in setting up the motorized arm and revolutionized the doctrine on the use of tanks. In 1937, he published a book entitled Achtung Panzer ! in which he presented the basic principles governing the new German tank arm. Promoted to Oberst on 1 October 1933, he was appointed commander of the motorized units on 1 July 1934, then took over command of 2. Pz.Div. (15 October 1935). Promoted to Generalmajor on 1 August 1936, Generalleutnant on 10 February 1938 and General der Panzertruppe on 23 November of that same year, he was placed in command of XVI. A.K. (mot.) (1 April 1938) then became commanding officer of the mobile units. He then commanded XIX. A.K. (mot.) (26 August 1939), renamed Pz.Gr. Guderian, and later Pz.Gr. 2 with promotion to Generaloberst on 19 July 1940. He was dismissed in December 1941 after the Battle for Moscow and a disagreement with GFM von Kluge. After his fall from favor, he had to wait until 1943 before his recall as Inspector-General of Armored Troops (28 February 1943). He combined this post with that of chief-of-staff at OKH (21 July 1944, m.d.F.b.) before being again sent on leave on 28 March 1945. He was taken prisoner by the Americans on 10 May 1945, and released in 1948. In 1951, he published a book entitled "Panzer Leader" in which he expounded his ideas on how the tank arm should be used. He died at Schwangau on 14 May 1954. Guderian was awarded the Knight's Cross of the Iron Cross (27 October 1939) with Oak Leaves (17 July 1941, n° 24).

Né le 21 juin 1889 à Wilhelmshaven, Johan Haarde est aspirant en 1908 puis Leutnant (infanterie) en 1909. Il poursuit sa carrière dans la Reichswehr après 1918. Il obtient le grade d'Oberst le 1er janvier 1936 et commande le Pz.Rgt.8. Au début de la Seconde Guerre mondiale, il commande le 8. Pz.Brig. Generalmajor le 1er octobre 1939, il est Generalleutnant le 1er octobre 1941 et commande la Pz.Brig.100 (1er octobre 1941), la 383. Inf.Div. (26 janvier 1941) puis la 25. Pz.Div. (20 février 1942). Il est ensuite nommé commandant en chef des îles de la mer Egée (PC à Salonique, 20 janvier 1943) puis chef des cours de perfectionnement des officiers d'état-major (20 juillet 1943). Il est placé dans la réserve des commandants le 31 janvier 1945. Il meurt le 8 février 1945.

Born at Wilhelmshaven on 21 June 1889, Johan Haarde was an officer cadet in 1908 then a Leutnant (infantry) in 1909. He pursued his career in the Reichswehr after 1918, rising to the rank of Oberst on 1 January 1936 and command of Pz.Rgt.8. At the start of World War II, he was commander of 8. Pz.Brig. He became a Generalmajor on 1 October 1939, Generalleutnant on 1 October 1941 and commander of Pz.Brig.100 (1 October 1941), 383. Inf.Div.(26 January 1941) then 25. Pz.Div. (20 February 1942). He was then appointed commander-in-chief of the Aegean islands (CP at Salonika, 20 January 1943) then commanding officer of staff officer further training (20 July 1943). He was placed in the commanders' reserve on 31 January 1945. He died on 8 February 1945.

Johan Haarde

Né le 20 juillet 1898 à Glashütte, il est aspirant en 1916, Leutnant dans un régiment de grenadiers l'année suivante. Après l'armistice de 1918, il poursuit sa carrière dans l'infanterie. En 1938, il commande un bataillon d'infanterie avec le grade de Major. Oberstleutnant le 1er mars 1940, il est Oberst le 1er novembre 1941, Generalmajor le 1er mars 1944 et Generalleutnant le 1er septembre de la même année. Après avoir fait partie de la mission militaire allemande en Roumanie (1941), il commande successivement le Jäg.Rgt. 49 (16 décembre 1941), la 336. Inf.Div. (8 décembre 1943), la 541. VGD (juillet 1944), le Korps « Oder » (1er mars 1945) et enfin le XXXXVIII. Pz.K. (avril 1945, m.d.F.b.). Il meurt le 12 septembre 1983 à Evian en France. Titulaire de la Croix de chevalier de la Croix de fer (14 septembre 1940) avec feuilles de chêne (4 juin 1944, n° 484).

Born at Glashütte on 20 July 1898, he was an officer cadet in 1916 then Leutnant in a grenadier regiment the following year. After the armistice of 1918, he pursued his career in the infantry. In 1938, he commanded an infantry battalion, with the rank of Major. Promoted to Oberstleutnant on 1 March 1940, he was made an Oberst on 1 November 1941, Generalmajor on 1 March 1944 and Generalleutnant on 1 September of that same year. After a period with the German military mission in Rumania (1941), he commanded successively Jäg.Rgt. 49 (16 December 1941), 336. Inf.Div. (8 December 1943), 541. VGD (July 1944), Korps "Oder" (1 March 1945) and finally XXXXVIII. Pz.K. (April 1945, m.d.F.b.). He died at Evian in France on 12 September 1983. Awarded the Knight's Cross of the Iron Cross (14 September 1940) with Oak Leaves (4 June 1944, n° 484).

Wolf Hagemann

Friedrich von Hake

Né le 14 août 1898 à Detmold, Friedrich von Hake est *Major* et chef de la *Pz.Aufk.Abt. 13* en 1941. *Oberst* le 1ᵉʳ avril 1943 il commande le *Pz.Rgt. 4* puis la *13. Pz.Div.* du 18 au 24 mai 1944 (m.d.F.b.). Il meurt le 22 mars 1982. Titulaire de la Croix de chevalier de la Croix de fer (23 novembre 1943) et de la Croix allemande en or (22 novembre 1941).

Born at Detmold on 14 August 1898, Friedrich von Hake was a Major and commanding officer of Pz.Aufk.Abt. 13 in 1941. Promoted to Oberst on 1 April 1943, he commanded Pz.Rgt. 4 then 13. Pz.Div. from 18 to 24 May 1944 (m.d.F.b.). He died on 22 March 1982. Awarded the Knight's Cross of the Iron Cross (23 November 1943) and the German Cross in Gold (22 November 1941).

Eric Hansen

Né le 27 mars 1889 à Hambourg, Eric Hansen est aspirant en 1907 puis *Leutnant* dans un régiment de dragons (1909). Il poursuit sa carrière après la guerre de 14-18. *Oberst* le 1ᵉʳ mai 1934, il est *Generalmajor* le 1ᵉʳ août 1937, *Generalleutnant* le 1ᵉʳ août 1939, *General der Kavallerie* le 1ᵉʳ août 1940 et commande la *4. Inf.Div.*, devenue *14. Pz.Div.* du 10 novembre 1938 au 30 septembre 1940. Il part ensuite en Roumanie au sein de la mission militaire allemande (1ᵉʳ octobre 1940), commande le *LIV. A.K.* (1ᵉʳ juin 1941) avant de devenir commandant en chef en Roumanie et chef de la mission militaire allemande dans ce pays (20 janvier 1943-26 août 1944). Fait prisonnier par les Soviétiques, il est libéré en 1955 et meurt le 20 mars 1967. Titulaire de la Croix de chevalier de la Croix de fer (4 septembre 1941) et de la Croix allemande en or (19 septembre 1942).

Born in Hamburg on 27 March 1889, Eric Hansen was an officer cadet in 1907 then Leutnant in a dragoons regiment (1909). He pursued his military career after the 1914-18 war, rising to the rank of Oberst on 1 May 1934. Promoted to Generalmajor on 1 August 1937, Generalleutnant on 1 August 1939, and General der Kavallerie on 1 August 1940, he commanded 4. Inf.Div. renamed 14. Pz.Div.. from 10 November 1938 to 31 September 1940. He then left for Rumania with the German military mission (1 October 1940) and commanded LIV. A.K. (1 June 1941) before becoming commander-in-chief in Rumania and head of the German military mission in that country (20 January 1943-26 August 1944). He was taken prisoner by the Soviets, released in 1955 and died on 20 March 1967. Awarded the Knight's Cross of the Iron Cross (4 September 1941) and the German Cross in Gold (19 September 1942).

(BA.)

Josef Harpe

Né le 21 septembre 1887 à Buer, Josef Harpe est aspirant en 1909, *Leutnant* (infanterie) l'année suivante. Il poursuit sa carrière dans la cavalerie et dans les troupes rapides entre les deux guerres, obtenant le commandement du *Pz.Rgt. 3* en 1935. *Oberst* le 1ᵉʳ janvier 1937, il commande la *1. Pz.Brig.* au début de la Seconde Guerre mondiale. Son ascension est ensuite rapide : il est en effet promu *Generalmajor* le 1ᵉʳ août 1940, *Generalleutnant* le 15 janvier 1942, *General der Panzertruppe* le 1ᵉʳ juin 1942 et enfin *Generaloberst* le 20 avril 1944. Après la *1. Pz.Brig.*, il commande l'école des troupes blindées (15 février 1942), la *2. Inf.Div. (mot.)* devenue *12. Pz.Div.* (5 octobre 1940) puis le *XXXXI. Pz.K.* (15 janvier 1942). On le trouve ensuite à la tête de commandements importants : *9. Armee* (4 novembre 1943), *4. Pz.Armee* (15 mai 1944), groupe d'armées « A » (28 septembre 1944) et enfin *5. Pz.Armee* (9 mars 1945). Il meurt le 14 mars 1968 à Nuremberg. Titulaire de la Croix de chevalier de la Croix de fer (13 août 1941) avec feuilles de chêne (31 décembre 1941, n° 55) et glaives (15 septembre 1943, n° 36) et de la Croix allemande en or (19 février 1943).

Born at Buer on 21 September 1887, Josef Harpe was an officer cadet in 1909, then Leutnant in the infantry the following year. He pursued his career between the two wars, in the cavalry and the mobile troops, and was appointed to command Pz.Rgt. 3 in 1935. Promoted to Oberst on 1 January 1937, he was commander of 1. Pz.Brig. at the outbreak of World War II. He then rose very quickly through the ranks: Promoted to Generalmajor on 1 August 1940, Generalleutnant on 15 January 1942, General der Panzertruppe on 1 June 1942, and Generaloberst on 20 April 1944. After 1. Pz.Brig., he commanded the armored troops school (15 February 1942), 2. Inf.Div. (mot.) renamed 12. Pz.Div. (5 October 1940), then XXXXI. Pz.K. (15 January 1942). We later find him with some important commands: 9. Armee (4 November 1943), 4. Pz.Armee (15 May 1944), Army Group "A" (28 September 1944) and finally 5. Pz.Armee (9 March 1945). He died at Nuremberg on 14 March 1968. Awarded the Knight's Cross of the Iron Cross (13 August 1941) with Oak Leaves (31 December 1941, n° 55) and Swords (15 September 1943, n° 36) and the German Cross in Gold (19 February 1943).

Né le 20 octobre 1883 à Hienheim, Max von Hartlieb est volontaire en 1904 puis *Leutnant* dans un régiment d'infanterie en 1906. Il sert dans les unités rapides à partir de 1934, année où il se voit confier le commandement du *Kr.Schtz.Rgt. 2. Oberst* le 1er avril 1934, il est *Generalmajor* le 1er avril 1937 et *Generalleutnant* le 1er août 1939. Au début de la guerre, il commande la *5. Pz.Brig.* puis la *5. Pz.Div.* (18 octobre 1939). On le trouve ensuite à la tête de la *Div.179* (20 juin 1940). Il est nommé *Korück* 585 (23 janvier 1942) puis chef de l'*OFK 226* (1er février 1943) et des *Div.St.z.b.V. 601* et *602* (26 octobre 1944). Il meurt le 25 juillet 1959 à Starnberg.

Born at Hienheim on 20 October 1883, Max von Hartlieb was a volunteer in 1904 then a Leutnant in an infantry regiment in 1906. He served in the mobile units from 1934, the year he was appointed commander of Kr.Schtz.Rgt. 2. Promoted to Oberst on 1 April 1934, he became a Generalmajor on 1 April 1937 and Generalleutnant on 1 August 1939. At the start of the war, he was commander of 5. Pz.Brig. then 5. Pz.Div. (18 October 1939). We later find him in command of Div.179 (20 June 1940). He was appointed Korück 585 (23 January 1942) then commanding officer of OFK 226 (1 February 1943) and of Div.St.z.b.V. 601 and 602 (26 October 1944). He died at Starnberg on 25 July 1959.

**Max von Hartlieb gen.
Walsporn**

Né le 23 juillet 1891 à Mühlheim dans la Ruhr, il est aspirant en 1910, *Leutnant* (artillerie) en 1912. *Oberst* le 1er juin 1938, il commande un régiment d'artillerie au début de la Seconde Guerre mondiale. *Generalmajor* le 1er octobre 1941, il est *Generalleutnant* le 1er février 1943 et *General der Artillerie* le 1er mai 1944. Il est *Arko 140* en février 1940 et reçoit une grave blessure qui se solde par la perte d'un bras et d'une jambe. Il exerce ensuite différents commandements dans l'infanterie. Chef du *I. A.K.* (m.d.F.b.) le 20 janvier 1944, il commande ensuite le *I. Geb.K.* (1er mai 1944), le *VIII. A.K.* (1er septembre 1944) et enfin le *XXIV. Pz.K.* (1er avril 1945). Il meurt le 11 mars 1977 à Mühlheim. Titulaire de la Croix de chevalier de la Croix de fer (10 août 1941) avec feuilles de chêne (30 novembre 1943, n° 340) et glaives (18 mars 1945, n° 139).

Born at Mühlheim in the Ruhr on 23 July 1891, he was an officer cadet in 1910 then Leutnant (artillery) in 1912. Promoted to Oberst on 1 June 1938, he commanded an artillery regiment at the outbreak of World War II. He became a Generalmajor on 1 October 1941, Generalleutnant on 1 February 1943 and General der Artillerie on 1 May 1944. He became Arko 140 in February 1940 and was badly wounded, losing an arm and a leg. He went on to hold various commands in the infantry. Appointed commanding officer of I. A.K. (m.d.F.b.) on 20 January 1944, he later commanded I. Geb.K. (1 May 1944), VIII. A.K. (1 September 1944) and finally XXIV. Pz.K. (1 April 1945). He died at Mühlheim on 11 March 1977. Awarded the Knight's Cross of the Iron Cross (10 August 1941) with Oak Leaves (30 November 1943, n° 340), and Swords (18 March 1945, n° 139).

Walter Hartmann

Né le 24 novembre 1894 à Neisse, il est aspirant en 1910, *Leutnant* dans un régiment de fusiliers l'année suivante. Il poursuit sa carrière entre les deux guerres et occupe des emplois en état-major. *Oberst* le 1er mars 1939, il est Ia dans l'état-major du groupe d'armées « Nord » lorsqu'éclate la Seconde Guerre mondiale. Il obtient le grade de *Generalmajor* le 1er février 1942 puis ceux de *Generalleutnant* et *General der Infanterie* les 1er janvier 1943 et 1er août 1944. Chef d'état-major de la *18. Armee* (décembre 1940) puis du groupe d'armées « Nord » (25 janvier 1942), il commande la *30. Inf.Div.* (5 novembre 1943), le *II. A.K.* (15 juillet 1944), la *17. Armee* (30 mars 1945) et enfin la *1. Pz.Armee* (4 avril 1945). Il meurt de la suite de ses blessures dans un camp de prisonniers soviétique le 21 mai 1945. Titulaire de la Croix de chevalier de la Croix de fer (12 août 1944) avec feuilles de chêne (14 janvier 1945, n° 698) et de la Croix allemande en or (26 janvier 1942).

Born at Neisse on 24 November 1894, he was an officer cadet in 1910, then Leutnant in a rifle regiment the following year. He pursued his career between the two wars, with staff appointments. Promoted to Oberst on 1 March 1939, he was Ia on the general staff of Army Group "Nord" at the outbreak of World War II. Promoted to Generalmajor on 1 February 1942 then Generalleutnant and General der Infanterie on 1 January 1943 and 1 August 1944. Chief-of-staff of 18. Armee (December 1940) then of Army Group "Nord" (25 January 1942), he commanded 30. Inf.Div. (5 November 1943), II. A.K. (15 July 1944), 17. Armee (30 March 1945) and finally 1. Pz.Armee (4 April 1945). He died from his wounds in a Soviet POW camp on 21 May 1945. Awarded the Knight's Cross of the Iron Cross (12 August 1944) with Oak Leaves (14 January 1945, n° 698) and the German Cross in Gold (26 January 1942).

Wilhelm Hasse

**Bruno *Ritter*
von Hauenschild**

Né le 9 juin 1896 à Würzburg, il entre dans l'armée bavaroise en 1914. *Leutnant* dans un régiment d'artillerie en 1915, il se distingue pendant la Première Guerre mondiale et obtient l'ordre bavarois de Max Josef et le titre de *Ritter*. Il poursuit sa carrière après l'armistice de 1918 et sert dans les troupes rapides. *Oberstleutnant* en 1938, il est chef du *Pz.Rgt. 7* lorsque la Seconde Guerre mondiale éclate. *Oberst* le 1er novembre 1940, il est *Generalmajor* le 1er avril 1942 et *Generalleutnant* le 1er janvier 1944. Pendant cette période il commande la *4. Pz.Brig.* (12 avril 1941), la *24. Pz.Div.* (15 avril 1942), l'école des troupes blindées (20 novembre 1943) puis le *III. A.K.* (26 janvier 1945). Il termine la guerre comme commandant d'arme de Berlin (6 mars 1945). Titulaire de la Croix de chevalier de la Croix de fer (25 août 1941) avec feuilles de chêne (27 septembre 1942, n° 129).

Born at Würzburg on 9 June 1896, he enlisted in the Bavarian Army in 1914 and served as a Leutnant in an artillery regiment in 1915. He fought with distinction during the 1914-18 war, winning the Bavarian Order of Max-Josef and the title of Ritter. After the armistice of 1918, he pursued his career, serving with the mobile troops. Promoted to Oberstleutnant in 1938, he was commanding officer of Pz.Rgt. 7 at the outbreak of World War II. Promoted to Oberst on 1 November 1940, he became Generalmajor on 1 April 1942 and Generalleutnant on 1 January 1944. During this period, he commanded 4. Kav Pz.Brig. (12 April 1941), 24. Pz.Div. (15 April 1942), the panzer troop school (20 November 1943) then III. A.K. (26 January 1945). He ended the war as arm commander in Berlin (6 March 1945). Awarded the Knight's Cross of the Iron Cross (25 August 1941) with Oak Leaves (27 September 1942, n° 129).

Eduard Hauser

Né le 22 juin 1895 à Erlangen, Eduard Hauser est aspirant en 1914 et *Leutnant* dans un régiment d'infanterie bavaroise l'année suivante. Pendant l'entre-deux-guerres il occupe différents emplois en état-major. En septembre 1939, il est *Oberstleutnant* et sert dans l'état-major du *XIX. A.K. Oberst* le 1er septembre 1941, il est *Generalmajor* le 1er décembre 1943 et *Generalleutnant* le 1er juin 1944. Il commande successivement le *Pz.Rgt. 18* (9 novembre 1940), le *Pz.Rgt. 25* (1er septembre 1941), la *13. Pz.Div.* (1er septembre 1943) puis un *Kampfgruppe* portant son nom (1er juin 1944). Il meurt le 16 juillet 1961. Titulaire de la Croix de chevalier de la Croix de fer (4 décembre 1941) avec feuilles de chêne (26 janvier 1944, n° 376).

Born at Erlangen on 22 June 1895, he was an officer cadet in 1914 then Leutnant in a Bavarian infantry regiment the following year. During the interwar period he held various posts on the general staff. In September 1939, he was a Oberstleutnant and served on the general staff of XIX. A.K. Promoted to Oberst on 1 September 1941, Generalmajor on 1 December 1943 and Generalleutnant on 1 June 1944. He commanded successively Pz.Rgt. 18 (9 November 1940), Pz.Rgt. 25 (1 September 1941), 13. Pz.Div. (1 September 1943) then a Kampfgruppe named for him (1 June 1944). He died on 16 July 1961. Awarded the Knight's Cross of the Iron Cross (4 December 1941) with Oak Leaves (26 January 1944, n° 376).

Paul *Frhr* von Hauser

Né le 24 avril 1911 à Graz en Autriche, Paul von Hauser entre dans l'armée autrichienne en 1930 et sert dans l'*Alpenjäger-Rgt 11*. *Leutnant* en 1936, il est *Oberleutnant* en 1938. Au début de la Seconde Guerre mondiale, il est officier dans le *Schtz.Rgt. 12 (4. Pz.Div.)*. *Hauptmann* en 1941, il commande le *Kradschtz.Btl. 61 (11. Pz.Div.)*. Il est ensuite promu *Major* le 1er janvier 1943 puis *Oberstleutnant* le 1er juin 1944. Chef du *Pz.Lehr-Rgt* (20 juillet 1944), il est *Oberst* le 1er janvier 1945 et commande la *Pz.Lehr-Div.* du 9 au 20 septembre 1944 et du 3 au 15 avril 1945 (m.d.F.b.). Fait prisonnier par les Alliés, il est libéré en 1946 et meurt le 5 avril 1999. Titulaire de la Croix de chevalier de la Croix de fer (25 janvier 1943) avec feuilles de chêne (28 octobre 1944, n° 635).

Born at Graz in Austria on 24 April 1911, Paul von Hauser joined the Austrian Army in 1930, serving in Alpenjäger-Rgt11. Promoted to Leutnant in 1936, he was an Oberleutnant in 1938. At the start of World War II, he was an officer in Schtz.Rgt. 12 (4.Pz.Div.). Promoted to Hauptmann in 1941, he commanded Kradschtz.Btl. 61 (11.Pz.Div.). He was then promoted to Major on 1 January 1943 and Oberstleutnant on 1 June 1944. Appointed commanding officer of Pz.Lehr-Rgt (20 July 1944), he was promoted to Oberst on 1 January 1945 and commanded Pz.Lehr-Div. from 9 to 20 September 1944 and from 3 to 15 April 1945 (m.d.F.b.). He was taken prisoner by the Allies, released in 1946 and died on 5 April 1999. Awarded the Knight's Cross of the Iron Cross (25 January 1943) with Oak Leaves (28 October 1944, n° 635).

Heinrich-Georg Hax

Né le 24 janvier 1900 à Berlin, il est volontaire dans l'infanterie en 1918. Resté dans la *Reichswehr*, il est *Leutnant* en 1922 puis devient officier d'état-major. Au début de la Seconde Guerre mondiale, il est *Oberstleutnant* et Ia dans l'état-major du groupe d'armées « Sud ». Il obtient le grade d'*Oberst* le 1er juin 1942 puis celui de *Generalmajor* le 1er avril 1945. Chef d'état-major du *LVI. A.K.* (30 janvier 1943), il commande le *Pz.Gren.Rgt. 111* (4 mai 1944) puis la *8. Pz.Div.* (janvier 1945). Fait prisonnier par les Soviétiques le 9 mai 1945, il est libéré en 1955. Il reprend le service dans la *Bundeswehr* à partir de 1957 et commande une division blindée. Il meurt le 1er septembre 1969 à Coblence. Titulaire de la Croix de chevalier de la Croix de fer (8 mars 1945) avec feuilles de chêne (30 avril 1945, n°855).

Born in Berlin on 24 January 1900, he was a volunteer in the infantry in 1918. He stayed in the Reichswehr, rising to Leutnant in 1922, then became a staff officer. At the start of World War II, he was an Oberstleutnant and Ia on the general staff of Army Group "Sud". He rose to the rank of Oberst on 1 June 1942, then Generalmajor on 1 April 1945. He was chief-of-staff of LVI. A.K. (30 January 1943), and commanded Pz.Gren.Rgt. 111 (4 May 1944) then 8. Pz.Div. (January 1945). He was taken prisoner by the Soviets on 9 May 1945, and released in 1955. He returned to active service in the Bundeswehr from 1957, in command of an armored division. He died at Coblenz on 1 September 1969. Awarded the Knight's Cross of the Iron Cross (8 March 1945) with Oak Leaves (30 April 1945, n°855).

Hans-Hermann Hecker

Né le 26 février 1895 à Duisburg-Meidrich, il est aspirant en 1914, *Leutnant* dans un bataillon du génie l'année suivante. Il quitte l'armée en 1919. De retour dans la *Reichswehr* en 1924 comme *Leutnant*, il sert dans différentes unités du génie. Au début de la Seconde Guerre mondiale, il est *Major* et commande un bataillon du génie. *Oberstleutnant* en 1940, il est *Oberst* le 1er juin 1941 puis *Generalmajor* le 1er juin 1944. Il occupe les fonctions de chef du génie de la *Pz.Gr.* « *Afrika* » (15 janvier 1942), commande temporairement la *164. Lei.Afrika Div.* (31 août-18 septembre 1942) puis est employé à l'OKH et à l'école des blindés de Krampritz. Il commande ensuite la *26. Pz.Div.* (22 janvier 1944, m.d.F.b.) puis les *29.* et *3. Pz.Gren.Div.* (mars 1944). Il meurt le 1er mai 1979 à Hannovre-Münden. Titulaire de la Croix de chevalier de la Croix de fer (5 août 1940) et de la Croix allemande en or (19 septembre 1942).

Born at Duisburg-Meidrich on 26 February 1895, he was an officer cadet in 1914 then Leutnant in an engineers battalion the following year. He left the army in 1919. On his return to the Reichswehr in 1924, he served as a Leutnant with various engineers units. As a Major at the start of World War II, he commanded an engineers battalion. Promoted to Oberstleutnant in 1940, then Oberst on 1 June 1941, and Generalmajor on 1 June 1944. He served as engineers commanding officer with Pz.Gr. "Afrika" (15 January 1942), held interim command of 164. Lei.Afrika Div. (31 August-18 September 1942) then was employed at OKH and at the panzer troop school at Krampritz. He went on to command 26. Pz.Div. (22 January 1944, m.d.F.b.) and 29. and 3. Pz.Gren.Div. (March 1944). He died at Hannovre-Münden on 1 May 1979. Awarded the Knight's Cross of the Iron Cross (5 August 1940) and the German Cross in Gold (19 September 1942).

Otto Heidkämper

Né le 13 mars 1901 à Lauenhagen, il est aspirant en 1918, *Leutnant* (génie) en 1922. Au début de la Seconde Guerre mondiale, il est *Major* et I a dans l'état-major de la *2. Lei.Div.* *Oberst* le 1er juin 1942, il obtient les grades de *Generalmajor* et *Generalleutnant* les 1er novembre 1943 et 9 novembre 1944. I a dans l'état-major de la *4. Pz.Div.* (15 novembre 1940), il commande cette division (2 mars 1942) puis devient chef d'état-major du *XXIV. Pz.K.* (13 mai 1942) avant de commander lui-même ce corps blindé (21 janvier 1943). On le retrouve ensuite comme chef d'état-major de la *3. Pz.Armee* (5 mai 1943) et du groupe d'armées « Centre » (1er septembre 1944). Il commande la *464. Inf.Div.* lorsque la guerre s'achève. Il meurt le 16 février 1969 à Bückeburg. Titulaire de la Croix de chevalier de la Croix de fer (8 février 1943) et de la Croix allemande en or (7 mars 1942).

Born at Lauenhagen on 13 March 1901, he was an officer cadet in 1918 and Leutnant (engineers) in 1922. At the outbreak of World War II, he was a Major and Ia on the general staff of 2. Lei.Div. Oberst on 1 June 1942, rising to the ranks of Generalmajor and Generalleutnant on 1 November 1943 and 9 November 1944. Later Ia on the general staff of 4. Pz.Div. (15 November 1940), he commanded that division (2 March 1942) then became chief-of-staff of XXIV. Pz.K. (13 May 1942) before himself commanding that armored corps (21 January 1943). We later find him as chief-of-staff of 3. Pz.Armee (5 May 1943) and Army Group "Centre" (1 September 1944). He was commander of 464. Inf.Div. at the end of the war. He died at Bückeburg on 16 February 1969. Awarded the Knight's Cross of the Iron Cross (8 February 1943) and the German Cross in Gold (7 March 1942).

Ferdinand Heim

Né le 27 février 1895 à Reutlingen, Ferdinand Heim est aspirant en 1914 puis *Leutnant* dans un régiment d'artillerie l'année suivante. Il poursuit sa carrière entre les deux guerres, occupant différents postes en état-major. En septembre 1939, il est *Oberst* (grade obtenu le 1er août 1939) et chef d'état-major du *XVI. A.K. Generalmajor* le 1er février 1942, il est *Generalleutnant* le 1er novembre de la même année. Il est employé à l'OKH (15 février 1940) puis devient chef d'état-major de la *6. Armee* (3 septembre 1940) et chef de la *14. Pz.Div.* (1er juillet 1942). On le retrouve ensuite à la tête du *XXXXVIII. Pz.K.* (1er novembre 1942). Il quitte l'armée en août 1943. Réactivé en août 1944, il commande la place de Boulogne. Il meurt le 14 novembre 1977 à Ulm. Titulaire de la Croix de chevalier de la Croix de fer (30 août 1942) et de la Croix allemande en or (26 janvier 1942).

Born at Reutlingen on 27 February 1895, Ferdinand Heim was an officer cadet in 1914 then Leutnant in an infantry regiment the following year. He pursued his career between the two wars, holding various staff posts. In September 1939, he was an Oberst (a rank obtained on 1 August 1939), and chief-of-staff of XVI. A.K. Generalmajor on 1 February 1942, he became a Generalleutnant on 1 November of that same year. He was employed at OKH (15 February 1940) then became chief-of-staff of 6. Armee (3 September 1940) and commanding officer of 14. Pz.Div. (1 July 1942). We later find him in command of XXXXVIII. Pz.K. (1 November 1942). He left the army in August 1943. Reactivated in August 1944, he commanded the fortress of Boulogne. He died at Ulm on 14 November 1977. Awarded the Knight's Cross of the Iron Cross (30 August 1942) and the German Cross in Gold (226 January 1942).

Gotthard Heinrici

Né le 25 décembre 1886 à Gumbinnen, il est aspirant en 1905, *Leutnant* dans un régiment d'infanterie l'année suivante. Il poursuit sa carrière entre les deux guerres, obtenant le grade d'*Oberst* le 1er mars 1933. *Generalmajor* le 1er mars 1938, il commande la *16. Inf.Div.* au début de la Seconde Guerre mondiale. *General der Infanterie* le 20 avril 1940, il est *Generaloberst* le 1er janvier 1943. Il commande successivement le *VII. A.K.* (1er février 1940), le *XII. A.K.* (9 avril 1940), le *XXXIII. A.K.* (17 juin 1940), la *4. Armee* (20 janvier 1942) et la *1. Pz.Armee* (19 août 1944). Il prend le commandement du groupe d'armées « Vistule » le 20 mars 1945. Fait prisonnier à Flensburg le 28 mai 1945, il est libéré le 19 mai 1948. Il meurt le 13 décembre 1971 à Waiblingen. Titulaire de la Croix de chevalier de la Croix de fer (18 septembre 1941) avec feuilles de chêne (24 novembre 1943, n° 333) et glaives (3 mars 1945, n° 136).

Born at Gumbinnen on 25 December 1886, he was an officer cadet in 1905 then Leutnant in an infantry regiment the following year. He pursued his career in the infantry during the interwar period, reaching the rank of Oberst on 1 March 1933. Promoted to Generalmajor on 1 March 1938, at the start of World War II he commanded 16. Inf.Div.. Promoted to General der Infanterie on 20 April 1940, he was made a Generaloberst on 1 January 1943. He commanded successively VII. A.K. (1 February 1940), XII. A.K. (9 April 1940), XXXIII. A.K. (17 June 1940), 4. Armee (20 January 1942) and 1. Pz.Armee (19 August 1944). He took over command of Army Group "Vistule" on 20 March 1945. He was taken prisoner at Flensburg on 28 May 1945, released on 19 May 1948 and died at Waiblingen on 13 December 1971. Awarded the Knight's Cross of the Iron Cross (18 September 1941) with Oak Leaves (24 November 1943, n° 333) and Swords (3 March 1945, n° 136).

Sigfrid Henrici

Né le 10 mai 1889 à Soest, Sigfrid Henrici est aspirant en 1907, *Leutnant* dans un régiment d'artillerie en 1909. Il quitte l'armée pour la police en 1920 et obtient le grade de *Polizei Oberst* le 1er octobre 1935. Il passe dans l'armée la même année et devient *Generalmajor* le 1er juin 1939. Au début de la Seconde Guerre mondiale, il est *Arko 30* puis commande la *16. Inf.Div.(mot.)* (16 mars 1941). *Generalleutnant* le 1er juin 1941, il est *General der Panzertruppe* le 1er janvier 1943. Il commande le *XXXX. Pz.K.* à partir du 13 novembre 1942 puis la *4. Pz.Armee* (12 novembre 1943) et de nouveau le *XXXX. Pz.K.* (3 septembre 1944). Fait prisonnier par les Soviétiques le 9 mai 1945, il est libéré le 8 novembre 1964. Titulaire de la Croix de chevalier de la Croix de fer (13 octobre 1941) avec feuilles de chêne (9 décembre 1943, n°350) et de la Croix allemande en or (13 août 1943).

Born at Soest on 10 May 1889, Sigfrid Henrici was an officer cadet in 1907 then Leutnant in an artillery regiment in 1909. In 1920, he left the army to join the police, reaching the rank of Polizei Oberst on 1 October 1935. He moved on into the army that same year and became a Generalmajor on 1 June 1939. At the start of World War II, he was Arko 30 then commander of 16. Inf.Div.(mot.) (16 March 1941). Promoted to Generalleutnant on 1 June 1941 and General der Panzertruppe on 1 January 1943. He commanded XXXX. Pz.K. from 13 November 1942 then 4. Pz.Armee (12 November 1943) and again XXXX. Pz.K. (3 September 1944). He was taken prisoner by the Soviets on 9 May 1945, released in 1955 and died on 8 November 1964. Awarded the Knight's Cross of the Iron Cross (13 October 1941) with Oak Leaves (9 December 1943, n° 350) and the German Cross in Gold (13 August 1943).

Traugott Herr

Né le 16 septembre 1890 à Weferlingen, il est aspirant en 1911, *Leutnant* dans un régiment de fusiliers en 1912. Il poursuit sa carrière après l'armistice de 1918 et obtient le grade d'*Oberst* le 1ᵉʳ août 1939. En septembre 1939, il commande l'*Inf.Rgt. 13*. On le retrouve ensuite à la tête de l'*Inf.Rgt. 66* (20 septembre 1939), de la *13. Schtz.Brig.* (17 octobre 1940) et de la *13. Pz.Div.* (29 novembre 1941). *Generalmajor* le 1ᵉʳ avril 1942, il est *Generalleutnant* le 1ᵉʳ décembre 1942 et *General der Panzertruppe* le 1ᵉʳ septembre 1943. Il commande le *LXXVI. Pz.K.* (25 juin 1943), la *4. Pz.Armee* (24 novembre 1944, mdFb) et enfin la *10. Armée* (15 février 1945). Fait prisonnier en Italie le 2 mai 1945, il est libéré le 17 mai 1948 et meurt le 13 avril 1972 à Achterwehr. Titulaire de la Croix de chevalier de la Croix de fer (2 octobre 1941) avec feuilles de chêne (9 août 1942, n° 10) et glaives (18 décembre 1944, n° 117).

Born at Weferlingen on 16 September 1890, he was an officer cadet in 1911 then Leutnant in a rifle regiment in 1912.He pursued his career after the armistice of 1918, reaching the rank of Oberst on 1 August 1939. In September 1939, he commanded Inf.Rgt. 13. We later find him in command of Inf.Rgt. 66 (20 September 1939), 13. Schtz.Brig. (17 October 1940) and 13. Pz.Div. (29 November 1941). He became a Generalmajor on 1 April 1942, Generalleutnant on 1 December 1942 and General der Panzertruppe on 1 September 1943.He commanded LXXVI. Pz.K. (25 June 1943), 4. Pz.Armee (24 November 1944, mdFb) and finally 10. Armee (15 February 1945). He was taken prisoner in Italy on 2 May 1945, released on 17 May 1948 and died at Achterwehr on 13 April 1972. Awarded the Knight's Cross of the Iron Cross (2 October 1941) with Oak Leaves (9 August 1942, n° 10) and Swords (18 December 1944, n° 117).

Hans-Georg Herzog

Né le 19 septembre 1912 à Grottkau, il est *Major d. Reserve* et chef de la *II./Pz.Gr.Rgt.14* en 1943, *Oberstleutnant d.Reserve* et chef du *Pz.Gr.Rgt.14* en 1944, il accède au grade d'*Oberst d. Reserve* et commande la *5. Pz.Div.* de mars à mai 1945. Il meurt le 20 juillet 1959 à Gelsenkirchen. Titulaire de la Croix de chevalier de la Croix de fer (6 avril 1944) avec feuilles de chêne (23 mars 1945, n°798) et de la Croix allemande en or (30 juillet 1942).

Born at Grottkau on 19 September 1912, he was Major d. Reserve and commanding officer of II./Pz.Gr.Rgt.14 in 1943, Oberstleutnant d.Reserve and commanding officer of Pz.Gr.Rgt.14 in 1944, he rose to the rank of Oberst d. Reserve and commanded 5. Pz.Div. from March to May 1945. He died at Gelsenkirchen on 20 July 1959. Awarded the Knight's Cross of the Iron Cross (6 April 1944) with Oak Leaves (23 March 1945, n° 798) and the German Cross in Gold (30 July 1942).

Kurt Herzog

Né le 27 mars 1889 à Quedlinbrug, il est aspirant en 1907, *Leutnant* dans un régiment d'artillerie l'année suivante. Après la guerre de 14-18, il poursuit sa carrière et obtient le grade d'*Oberst* le 1ᵉʳ juillet 1935. Il commande un régiment d'artillerie avant d'être fait *Generalmajor* le 1ᵉʳ mars 1939. Pendant la guerre, il commande l'*Erganzungstruppen I* (1ᵉʳ septembre 1939), devient *Arko 108* (30 septembre 1939), commande la *291. Inf.Div.* (7 février 1940) puis le *XXXVIII. Pz.K.* (10 juin 1942, m.d.F.b.). *Generalleutnant* le 1ᵉʳ février 1941, il accède au grade de *General der Artillerie* le 1ᵉʳ juillet de la même année. Il est fait prisonnier par les Soviétiques en 1945 alors qu'il commande toujours le *XXXVIII. Pz.K.* Il meurt dans un camp de prisonniers à Vorkuta en mai 1948. Titulaire de la Croix de chevalier de la Croix de fer (18 octobre 1941) avec feuilles de chêne (12 Janvier 1945, n° 694)

Born at Quedlinbrug on 27 March 1889, he was an officer cadet in 1907 then Leutnant in an infantry regiment the following year. After the 1914-18 war, he pursued his career, obtaining the rank of Oberst on 1 July 1935. He commanded an infantry regiment before being promoted to Generalmajor on 1 March 1939. During the war he commanded Erganzungstruppen I (1 September 1939), became Arko 108 (30 September 1939), and commanded 291. Inf.Div. (7 February 1940) then XXXVIII. Pz.K. (10 June 1942, m.d.F.b.). Appointed Generalleutnant on 1 February 1941, he attained the rank of General der Artillerie on 1 July of that same year. He was taken prisoner by the Soviets in 1945, when still commander of XXXVIII. Pz.K. He died in a POW camp at Vorkuta in May 1948. Awarded the Knight's Cross of the Iron Cross (18 October 1941) with Oak Leaves (12 January 1945, n° 694).

Joachim Hesse

Né le 21 décembre 1903 à Pirna, il est *Oberst* le 1ᵉʳ janvier 1943. Il commande le *Pz.Gr.Rgt. 64* (1944) puis la *Pz.Div. « Holstein »* de février à avril 1945. Il meurt le 18 avril 1989. Titulaire de la Croix de chevalier de la Croix de fer (6 avril 1944).

Born at Pirna on 21 December 1903, he was promoted to Oberst on 1 January 1943. He commanded Pz.Gr.Rgt. 64 (1944) then Pz.Div. "Holstein" from February to April 1945. He died on 18 April 1989. Awarded the Knight's Cross of the Iron Cross (6 April 1944).

Hans-Georg Hildebrandt

Né le 15 juin 1896 à Fraustadt, il est aspirant en 1914 puis *Leutnant* dans un régiment de fusiliers. Il poursuit sa carrière pendant l'entre-deux-guerres occupant notamment des postes en état-major. Le 1ᵉʳ octobre 1938, il est *Oberstleutnant* et I a dans l'état-major du *XIV. Pz.K. Oberst* le 1ᵉʳ octobre 1940, il est *Generalmajor* le 1ᵉʳ mars 1943 et *Generalleutnant* le 1ᵉʳ juin 1944. Pendant cette période il est chef d'état-major du *XXXIX. Pz.K.* (1ᵉʳ octobre 1940) puis commande la *21. Pz.Div.* (1ᵉʳ janvier 1943) et la *715. Inf.Div.* (5 janvier 1944). Il dirige ensuite l'état-major de liaison de la 3ᵉ division italienne. Fait prisonnier le 3 mai 1945, il est libéré le 1ᵉʳ novembre 1947. Il meurt le 31 janvier 1967 à Francfort sur le Main. Titulaire de la Croix allemande en or (26 janvier 1942).

Born at Fraustadt on 15 June 1896, he was an officer cadet in 1914 then Leutnant in a rifle regiment. He pursued his career during the interwar period, notably holding various staff posts. On 1 October 1938, he was made Oberstleutnant and Ia on the general staff of XIV. Pz.K. Promoted to Oberst on 1 October 1940, he became Generalmajor on 1 March 1943 and Generalleutnant on 1 June 1944. During this period he was chief-of-staff of XXXIX. Pz.K. (1 October 1940) then commander of 21. Pz.Div. (1 January 1943) and 715. Inf.Div. (5 January 1944). He went on to command the Italian 3rd division's liaison staff. He was taken prisoner on 3 May 1945, and released on 1 November 1947. He died at Frankfurt am Main on 31 January 1967. Awarded the German Cross in Gold (26 January 1942).

Erich Hoepner

Né le 14 septembre 1889 à Francfort sur Oder, Erich Hoepner est aspirant en 1905, *Leutnant* dans un régiment de dragons l'année suivante. Il poursuit sa carrière militaire après 1918. *Oberst* le 1ᵉʳ février 1933, il est *Generalmajor* le 1ᵉʳ janvier 1936 et *Generalleutnant* le 30 janvier 1938. Il commande alors la *1. Lei.Div.* Le 1ᵉʳ avril 1939, il est *General der Kavallerie* et commande le *XVI. A.K.* devenu par la suite *XVI. A.K. (mot.)*. *Generaloberst* le 19 juillet 1940, on le retrouve à la tête de la *Pz.Gr. 4*, devenue *4. Pz.Armee*, du 22 juin 1941 au 8 janvier 1942, date de son limogeage. Impliqué dans le complot contre Hitler (20 juillet 1944), il est pendu le 8 août 1944. Titulaire de la Croix de chevalier de la Croix de fer (27 octobre 1939).

Born at Frankfurt-an-der-Oder on 14 September 1889, Erich Hoepner was an officer cadet in 1905 then Leutnant in a dragoons regiment the following year. He pursued his military career after the 1914-18 war. Promoted to Oberst on 1 February 1933, Generalmajor on 1 January 1936 and Generalleutnant on 30 January 1938. He was then commander of 1. Lei.Div. On 1 April 1939, he was made a General der Kavallerie and commander of XVI. A.K. which later became XVI. A.K. (mot.). Generaloberst on 19 July 1940, we later find him in command of Pz.Gr.4, renamed 4. Pz.Armee, from 22 June 1941 to 8 January 1942, the date of his dismissal. He was implicated in the plot against Hitler (20 July 1944) and hanged on 8 August 1944. Awarded the Knight's Cross of the Iron Cross (27 October 1939).

Né le 27 septembre 1904 à Nuremberg, il est *Leutnant* en 1928, *Hauptmann* le 1ᵉʳ décembre 1935. Au début de la Seconde Guerre, il commande la *1./Schtz.Rgt. 12* . *Major* en 1940, il obtient le grade d'*Oberst* et commande les restes de la *4. Pz.Div.* du 10 avril au mois de mai 1945 (m.d.F.b.). Fait prisonnier par les Soviétiques, il est libéré en mai 1946. Il meurt le 27 août 1994 à Grefelfing.Titulaire de la Croix de chevalier de la Croix de fer (4 septembre 1940) avec feuilles de chêne (9 juin 1944, n° 494) et de la Croix allemande en or (8 février 1942).

Born at Nuremberg on 27 September 1904, he was promoted to Leutnant in 1928 and Hauptmann on 1 December 1935. At the start of World War II, he was commander of 1./Schtz.Rgt. 12. Promoted to Major in 1940, he rose to the rank of Oberst and commanded the remnants of 4. Pz.Div. from 10 April to May 1945 (m.d.F.b.). He was taken prisoner by the Soviets, and released in May 1946. He died at Grefelfing on 27 August 1994. Awarded the Knight's Cross of the Iron Cross (4 September 1940) with Oak Leaves (9 June 1944, n° 494) and the German Cross in Gold (8 February 1942).

Ernst-Wilhelm Hoffmann

Né le 1ᵉʳ mai 1905 à Posen, il est aspirant en 1924 et sert dans l'artillerie. En septembre 1939, il est *Hauptmann* et commande une batterie d'artillerie. Son ascension est très rapide puisqu'il passe de ce grade d'officier subalterne à celui de *Generalmajor* en cinq ans. Il est en effet *Major* en 1940, *Oberstleutnant* en 1942, *Oberst* le 1ᵉʳ novembre 1943 et *Generalmajor* le 1ᵉʳ décembre 1944 alors âgé d'à peine 40 ans ! Pendant cette période, il commande la *Sturmgeschützabt. 191* (1ᵉʳ octobre 1940), l'*Art.Lehr-Rgt.* (février 1943) puis l'école des *Sturmgeschütze* de Burg (1943-1944). On le trouve ensuite à la tête de la *18. VGD* (10 septembre 1943) et de la *5. Pz.Div.* (février 1945). Il meurt le 4 avril 1970 à Bad Keuznach. Titulaire de la Croix de chevalier de la Croix de fer (14 mai 1941) avec feuilles de chêne (31 décembre 1941, n° 49).

Born at Posen on 1 May 1905, he was an officer cadet in 1924 and served in the artillery. In September 1939, he was a Hauptmann and commander of an infantry battery. He rose very quickly through the ranks, moving up from that of subaltern to Generalmajor within five years, with the rank of Major in 1940, Oberstleutnant in 1942, Oberst on 1 November 1943 and Generalmajor on 1 December 1944 at the age of barely 40! During this period, he was commander of Sturmgeschützabt 191 (1 October 1940), Art.Lehr-Rgt. (February 1943) then the Sturmgeschütze school at Burg (1943-1944). We later find him in command of 18.VGD (10 September 1943) and 5. Pz.Div. (February 1945). He died at Bad Keuznach on 4 April 1970. Awarded the Knight's Cross of the Iron Cross (14 May 1941) with Oak Leaves (31 December 1941, n° 49).

Günter Hoffmann-Schönborn

Né le 4 mars 1893 à Aschaffenburg, il est cadet puis *Leutnant* dans un régiment d'infanterie en 1914. En septembre 1939, il est *Oberstleutnant* et commande un régiment d'infanterie. *Oberst* le 1ᵉʳ mars 1940, il est *Generalmajor* le 1ᵉʳ septembre 1943 et *Generalleutnant* le 1ᵉʳ mars 1944. Il commande successivement l'*Inf.Rgt.206* (10 décembre 1940), l'*Inf.Rgt. 61* (1ᵉʳ octobre 1942), la *383. Inf.Div.* (1ᵉʳ juillet 1943) et le *XXXXI.Pz.K.* (20 juin 1944, m.d.F.b.). Fait prisonnier par les Soviétiques le 1ᵉʳ juillet 1944, il meurt en captivité en 1951. Titulaire de la Croix de chevalier de la Croix de fer (6 octobre 1943) et de la Croix allemande en or (11 décembre 1941).

Born at Aschaffenburg on 4 March 1893, he was an officer cadet then Leutnant in an infantry regiment in 1914. In September 1939, he was an Oberstleutnant and commander of an infantry regiment. Promoted to Oberst on 1 March 1940, he became Generalmajor on 1 September 1943 and Generalleutnant on 1 March 1944. He commanded successively Inf.Rgt.206 (10 December 1940), Inf.Rgt. 61 (1 October 1942), 383. Inf.Div. (1 July 1943) and XXXXI.Pz.K. (20 June 1944, m.d.F.b.). He was taken prisoner by the Soviets on 1 July 1944, and died in captivity in 1951. Awarded the Knight's Cross of the Iron Cross (6 October 1943) and the German Cross in Gold (11 December 1941).

Edmund Hoffmeister

Rudolf Holste

Né le 9 avril 1897 à Hessisch-Oldendorf, Rudolf Holste est volontaire en 1914 et devient *Leutnant d. Reserve* (artillerie) en 1915. Il est activé en 1917 et poursuit sa carrière après la guerre de 14-18. En septembre 1939, il est *Oberstleutnant* et commande la *Reit.Art.Abt. 1.* On le trouve ensuite à la tête du *Reit.Art.Rgt.* (8 décembre 1939) et de l'*Art.Rgt. 73* (31 mars 1941). *Oberst* le 1er février 1942, il est *Generalmajor* le 1er octobre 1944 et *Generalleutnant* le 20 avril 1945. Il commande successivement la *14. Pz.Gren. Div.* (1er janvier 1943, m.d.F.b.), les *Ostlegionen* (16 décembre 1943), la *Kav.Brig.* (1er septembre 1944), la *4. Kav.Div.* (28 février 1945) et enfin le *XXXXI. Pz.K.* (20 avril 1945, m.d.F.b.). Il meurt le 3 décembre 1970 à Baden-Baden. Titulaire de la Croix de chevalier de la Croix de fer (6 avril 1942) avec feuilles de chêne (27 août 1944, n° 561).

Born at Hessisch-Oldendorf on 9 April 1897, Rudolf Holste was a volunteer in 1914 and became a Leutnant d. Reserve (artillery) in 1915. He was activated in 1917 and pursued his military career after the 1914-18 war. In September 1939, he was an Oberstleutnant and commander of Reit.Art.Abt. 1. We later find him in command of Reit.Art.Rgt. (8 December 1939) and Art.Rgt. 73 (31 March 1941). Promoted to Oberst on 1 February 1942, Generalmajor on 1 October 1944 and Generalleutnant on 20 April 1945, he commanded successively 14. Schtz.Brig. (1 January 1943, m.d.F.b.), the Ostlegionen (16 December 1943), Kav.Brig. (1 September 1944), 4. Kav.Div. (28 February 1945) and finally XXXXI. Pz.K. (20 April 1945, m.d.F.b.). He died at Baden-Baden on 3 December 1970. Awarded the Knight's Cross of the Iron Cross (6 April 1942) with Oak Leaves (27 August 1944, n° 561).

Friedrich Hossbach

Né le 21 novembre 1894 à Unna, Friedrich Hossbach est aspirant en 1913, *Leutnant* dans l'infanterie en 1914. Il poursuit sa carrière dans la *Reichswehr* après l'armistice, obtenant le grade d'*Oberst* le 1er mars 1937. En septembre 1939, il est chef d'état-major du *XXX. A.K. Generalmajor* le 1er mars 1942, il est *Generalleutnant* le 1er août de la même année et *General der Infanterie* le 1er novembre 1943. Il commande successivement l'*Inf.Rgt. 82* (25 octobre 1939), la *31. Inf.Div.* (21 janvier 1942, m.d.F.b.), la *82. Inf.Div.* (1er avril 1942), de nouveau la *31. Inf.Div.* (16 mai 1943), le *LVI. Pz.K.* (2 août 1943) et enfin la *4. Armee* (19 juillet 1944). Il meurt le 10 septembre 1980 à Göttingen. Titulaire de la Croix de chevalier de la Croix de fer (7 octobre 1940) avec feuilles de chêne (11 septembre 1943, n° 298)

Born at Unna on 21 November 1894, Friedrich Hossbach was an officer cadet in 1913 and Leutnant in the infantry in 1914. he pursued his career in the Reichswehr after the armistice, with promotion to Oberst on 1 March 1937. In September 1939, he became chief-of-staff of XXX. A.K. Generalmajor on 1 March 1942, he was Generalleutnant on 1 August of that same year and General der Infanterie on 1 November 1943. he commanded successively Inf.Rgt. 82 (25 October 1939), 31. Inf.Div. (21 January 1942, m.d.F.b.), 82. Inf.Div. (1 April 1942), again 31. Inf.Div. (16 May 1943), LVI. Pz.K. (2 August 1943) and finally 4. Armee (19 July 1944). He died at Göttingen on 10 September 1980. Awarded the Knight's Cross of the Iron Cross (7 October 1940) with Oak Leaves (11 September 1943, n° 298).

Hermann Hoth

Né le 12 avril 1885 à Neuruppin, il est aspirant en 1904, *Leutnant* dans l'*Inf.Rgt. 72* l'année suivante. Il poursuit sa carrière dans l'infanterie après la guerre de 14-18. *Oberst* le 1er février 1932, il commande l'*Inf.Rgt. 17* avant de devenir commandant de la place de Lübeck puis *Infanterie-Führer III.* Il est *Generalmajor* le 1er octobre 1934 et commande la *18. Inf. Div.* le 1er octobre 1935. *Generalleutnant* le 1er octobre 1936, il est *General der Infanterie* le 1er novembre 1938. En septembre 1939, il commande le *XV. A.K. (mot.)*. *Generaloberst* le 19 juillet 1940, il est à la tête de la *Pz.Gr. 3* (devenue *3. Pz.Armee*) puis de la *17. Armee* (5 octobre 1941). Il commande ensuite la *4. Pz.Armee* du 1er juin 1942 au 30 novembre 1943, date de son limogeage. Il ne joue plus aucun rôle jusqu'à la fin de la guerre. Traduit au procès de l'OKW à Nuremberg, il est condamné à 15 ans de prison. Finalement libéré le 8 avril 1954, il meurt le 25 Janvier 1970 à Goslar. Titulaire de la Croix de chevalier de la Croix de fer (27 octobre 1939) avec feuilles de chêne (17 juillet 1941, n° 25) et glaives (15 septembre 1943, n° 35).

Born at Neuruppin on 12 April 1885, he was an officer cadet in 1904, then Leutnant with Inf.Rgt. 72 the following year. He pursued his career in the infantry after the 1914-18 war, reaching the rank of Oberst on 1 February 1932. He commanded Inf.Rgt.17 before being appointed commanding officer of the fortress of Lübeck then Infanterie-Führer III. Promoted to Generalmajor on 1 October 1934 and commander of 18. Inf. Div. (1 October 1935). Promoted to Generalleutnant on 1 October 1936, he rose to the rank of General der Infanterie on 1 November 1938. In September 1939, he commanded XV. A.K. (mot.). Promoted to Generaloberst on 19 July 1940, he was commander of Pz.Gr. 3 (renamed 3.Pz.Armee) then 17. Armee (5 October 1941). He went on to command 4.Pz.Armee, from 1 June 1942 to 30 November 1943, the date of his dismissal. He played no further role until the end of the war. He appeared at the OKW trial at Nuremberg and was sentenced to 15 years imprisonment. He was finally released on 8 April 1954 and died at Goslar on 25 January 1970. Awarded the Knight's Cross of the Iron Cross (27 October 1939) with Oak Leaves (17 July 1941, n° 25) and Swords (15 September 1943, n° 35).

Hans-Valentin Hube

Né le 29 octobre 1890 à Naumburg, Hans-Valentin Hube est aspirant en 1909 puis sert dans l'infanterie. Gravement blessé pendant la guerre de 14-18 (il perd le bras gauche), il poursuit malgré tout sa carrière dans la *Reichswehr*, obtenant le grade d'*Oberst* le 1ᵉʳ août 1936. En septembre 1939, il commande l'école d'infanterie puis, à partir d'octobre 1939, l'*Inf.Rgt. 3*. *Generalmajor* le 1ᵉʳ juin 1940, il est à la tête de la *16. Inf.Div.* devenue *16. Pz.Div.* Sa carrière s'accélère à partir de 1942 : *Generalleutnant* le 1ᵉʳ avril 1942, il est *General der Panzertruppe* le 1ᵉʳ octobre de la même année et *Generaloberst* le 20 avril 1944. Pendant cette période, il commande le *XIV. Pz.K.* (15 septembre 1942) puis la *1. Pz.Armee* (29 octobre 1943). Il est toujours en possession de ce commandement lorsqu'il trouve la mort dans un accident d'avion le 21 avril 1944 alors qu'il se rendait à l'Obersalzberg pour recevoir des mains de Hitler les brillants de la Croix de chevalier de la Croix de fer. Titulaire de la Croix de chevalier de la Croix de fer (1ᵉʳ août 1941) avec feuilles de chêne (16 janvier 1942, n° 62), glaives (21 décembre 1942, n° 22) et brillants (20 avril 1944, n° 13).

Born at Naumburg on 29 October 1890, Hans-Valentin Hube was an officer cadet in 1909 then served in the infantry. Badly wounded during the 1914-18 war (he lost his left arm), he nevertheless pursued his career in the Reichswehr, obtaining the rank of Oberst on 1 August 1936. In September 1939, he was commander of the infantry school then, from October 1939, of Inf.Rgt. 3. He became a Generalmajor on 1 June 1940, and took over command of 16. Inf.Div., renamed 16. Pz.Div. His career really took off in 1942: appointed Generalleutnant on 1 April 1942, he became General der Panzertruppe on 1 October of that same year and Generaloberst on 20 April 1944. During this period, he commanded XIV. Pz.K. (15 September 1942) then 1. Pz.Armee (29 October 1943). He still held that command when he was killed in a plane crash on 21 April 1944 on his way to the Obersalzberg to receive from Hitler the Diamonds to his Knight's Cross of the Iron Cross. Awarded the Knight's Cross of the Iron Cross (1 August 1941), with Oak Leaves (16 August 1942, n° 62), Swords (21 December 1942, n° 22) and Diamonds (20 April 1944, n° 13).

Alfred *Ritter* von Hubicki

Né le 5 février 1887 à Friedrichsdorf en Hongrie, il entre dans l'armée austro-hongroise comme aspirant en 1905 et sert dans l'artillerie. Il poursuit sa carrière dans l'armée autrichienne, obtenant le grade de *Generalmajor* le 24 décembre 1935 et le commandement d'une division motorisée. Il passe dans la *Wehrmacht* en 1938 et devient chef de la *4. Lei.Div.* devenue par la suite *9. Pz.Div.* Il commande cette division jusqu'en avril 1942 non sans avoir été fait *Generalleutnant* le 1ᵉʳ août 1940. *General der Panzertruppe* le 1ᵉʳ octobre 1942, on le retrouve à la tête du *Korps Schelde* (1ᵉʳ août 1942) puis du *LXXXIX. Pz.K.* (24 octobre 1942). Après un passage à l'OKH, il devient chef de la mission militaire allemande en Slovaquie (26 juillet 1944). Il quitte l'armée en mars 1945 et meurt le 14 juillet 1971. Titulaire de la Croix de chevalier de la Croix de fer (20 avril 1941) et de la Croix allemande en or (22 avril 1942).

Born at Friedrichsdorf in Hungary on 5 February 1887, he joined the Austro-Hungarian Army as an officer cadet in 1905, serving in the artillery. He pursued his career in the Austrian Army, reaching the rank of Generalmajor on 24 December 1935 and command of a motorized division. He moved into the Wehrmacht in 1938 and became commanding officer of 4. Lei.Div. which later became 9. Pz.Div. He commanded this division until April 1942, meanwhile winning promotion to Generalleutnant on 1 August 1940. Promoted to General der Panzertruppe on 1 October 1942, we later find him in command of Korps Schelde (1 August 1942) then LXXXIX. Pz.K. (24 October 1942). After a spell at OKH, he became commander of the German military mission in Slovakia (26 July 1944). He left the army in March 1945 and died on 14 July 1971. Awarded the Knight's Cross of the Iron Cross (20 April 1941) and the German Cross in Gold (22 April 1942).

Werner Hühner

Né le 13 août 1886 à Helmerkamp, il est aspirant en 1908 et sert dans l'infanterie. Après la guerre de 14-18, il poursuit sa carrière dans la *Reichswehr*. *Oberst* le 1ᵉʳ août 1937, il commande un régiment d'infanterie l'année suivante. En septembre 1939, il est à la tête de l'*Inf.Rgt.25* puis commande la *12. Schtz.Brig.* (13 août 1941). *Generalmajor* le 1ᵉʳ septembre 1941, il est *Generalleutnant* le 1ᵉʳ janvier 1943. Il commande alors la *8. Pz.Div.* (8 décembre 1941, m.d.F.b.) puis les *61.* et *416. Inf.Div.* (1ᵉʳ avril 1942 et 1 juin 1943). Il est ensuite chef des fortifications de Prusse Orientale (1ᵉʳ juillet 1943) puis commandant de la place de Stettin (7 février 1945). Il meurt le 3 février 1966. Titulaire de la Croix de chevalier de la Croix de fer (21 septembre 1944) et de la Croix allemande en or (19 janvier 1942).

Born at Helmerkamp on 13 August 1886, he was an officer cadet in 1908 and served in the infantry. After the 1914-18 war, he pursued his career in the Reichswehr. Promoted to Oberst on 1 August 1937, he commanded an infantry regiment the following year. In September 1939, he was commander of Inf.Rgt.25 and later 12. Schtz.Brig. (13 August 1941). Promoted to Generalmajor on 1 September 1941, he rose to the rank of Generalleutnant on 1 January 1943. He was then in command of 8. Pz.Div. (8 December 1941, m.d.F.b.) then 61. and 416. Inf.Div. (1 April 1942 and 1 June 1943). He went on to become commander of the fortifications of East Prussia (1 July 1943) then commanding officer of the fortress of Stettin (7 February 1945). He died on 3 February 1966. Awarded the Knight's Cross of the Iron Cross (21 September 1944) and the German Cross in Gold (19 January 1942).

**Heinrich-Hermann
von Hülsen**

Né le 8 juillet 1895 à Weimar, Heinrich-Hermann von Hülsen est *Leutnant* dans un régiment d'artillerie à pied en 1914. Il poursuit sa carrière dans la *Reichswehr* et commande un régiment de cavalerie. En septembre 1939, il est *Oberstleutnant* et officier à l'état-major de la *11. Armee. Oberst* le 1er décembre 1940, il commande le *Reit.Rgt. 2* (1er avril 1941) avant d'être affecté à l'école des troupes blindées. On le retrouve ensuite à la tête de la *9. Schtz.Brig.* (25 mai 1942) puis à l'état-major de la *Pz.Armee « Afrika ».Generalmajor* le 1er juillet 1942, il prend la tête de la *21. Pz.Div.* le 25 avril 1943 (m.d.F.b.). Il est fait prisonnier en Tunisie le 12 mai 1943.

Born at Weimar on 8 July 1895, Heinrich-Hermann von Hülsen was a Leutnant in an artillery foot regiment in 1914. He pursued his career in the Reichswehr and later commanded a cavalry regiment. In September 1939, he was an Oberstleutnant and staff officer with 11. Armee. Promoted to Oberst on 1 December 1940, he commanded Reit.Rgt.2 (1 April 1941) before being appointed to the armored troops school. We next find him in command of 9. Schtz.Brig. (25 May 1942) then on the general staff of Pz.Armee "Afrika". Promoted to Generalmajor on 1 July 1942, he took over command of 21. Pz.Div. on 25 April 1943 (m.d.F.b.). He was taken prisoner in Tunisia on 12 May 1943.

Walther von Hünersdorf

Né le 28 novembre 1898 au Caire, il est aspirant en 1915, *Leutnant* dans un régiment de Hussards l'année suivante. Il poursuit sa carrière dans la *Reichswehr* et devient officier d'état-major. En septembre 1939, il est *Oberstleutnant* et Ia dans l'état-major de la *253. Inf.Div.* puis occupe cette même fonction au *II. A.K.* (25 octobre 1939). Il est ensuite chef d'état-major de la *Pz.Gr. 3* (15 février 1941) et obtient le grade d'*Oberst* (1er juillet 1941). *Generalmajor* le 1er mai 1943, il commande le *Pz.Rgt. 11* (1er juillet 1942) et la *6. Pz.Div.* (7 février 1943). Il est blessé le 14 juillet 1943 pendant la bataille de Koursk et meurt dans un hôpital militaire le 17 juillet. Il est fait *Generalleutnant* à titre posthume avec effet à compter du 1er juillet 1943. Titulaire de la Croix de chevalier de la Croix de fer (22 décembre 1942) avec feuilles de chêne (14 juillet 1943, n° 259) et de la Croix allemande en or (26 janvier 1942).

Born in Cairo on 28 November 1898, he was an officer cadet in 1915 then Leutnant in a Hussars regiment the following year. He pursued his career in the Reichswehr and became a staff officer. In September 1939, he was an Oberstleutnant and Ia on the general staff of 253. Inf.Div. then held the same position with II. A.K. (25 October 1939). He went on to become chief-of-staff of Pz.Gr. 3 (15 February 1941), obtaining the rank of Oberst on 1 July 1941. Promoted to Generalmajor on 1 May 1943, he commanded Pz.Rgt. 11 (1 July 1942) and 6. Pz.Div. (7 February 1943). He was wounded on 14 July 1943 during the Battle of Kursk, and died at a military hospital on 17 July. He was posthumously promoted to Generalleutnant backdated to 1 July 1943. Awarded the Knight's Cross of the Iron Cross (22 December 1942) with Oak Leaves (14 July 1943, n° 259) and the German Cross in Gold (26 January 1942).

Arno Jahr

Né le 3 décembre 1890 à Prittitz, Arno Jahr est aspirant en 1909, *Leutnant* dans le génie l'année suivante. Après la guerre de 14-18, il entre dans la police de Danzig (1920). De retour dans l'armée en 1937, il est *Oberst* le 1er janvier de cette année. Au moment de la déclaration de guerre, il commande le *Pz.Rgt. 685*. En décembre 1940, il est à la tête du génie du *XXVI. A.K. Generalmajor* le 1er décembre 1940, *Generalleutnant* le 1er décembre 1942, il commande le génie de la *17. Armee* (5 janvier 1941), la *387. Inf.Div.* (1er février 1942) et enfin le *XXIV. Pz.K.* (15-20 janvier 1943, m.d.F.b.).Il se suicide près de Podgornoje le 21 janvier 1943. Titulaire de la Croix de chevalier de la Croix de fer (22 décembre 1942) et de la Croix allemande en or (15 novembre 1941).

Born at Prittitz on 3 December 1890, Arno Jahr was an officer cadet in 1909, then a Leutnant in the engineers the following year. After the 1914-18 war, he joined the Danzig police (1920). After re-enlisting in 1937, he was promoted to Oberst on 1 January of that year. When war was declared, he was in command of Pz.Rgt. 685. In December 1940, he was in command of the engineers of XXVI. A.K. Promoted to Generalmajor on 1 December 1940, Generalleutnant on 1 December 1942, he commanded the engineers of 17. Armee (5 January 1941), 387. Inf.Div. (1 February 1942) and finally XXIV. Pz.K. (15-20 January 1943, m.d.F.b.). He committed suicide near Podgornoje on 21 January 1943. Awarded the Knight's Cross of the Iron Cross (22 December 1942) and the German Cross in Gold (15 November 1941).

Georg Jauer

Ne le 26 septembre 1896 à Lisson, il est volontaire en 1914 et devient *Leutnant d. Reserve* dans l'artillerie en 1916. Il reste dans l'armée entre les deux guerres et obtient le statut d'officier d'active. Le 1er septembre 1939, il est *Oberstleutnant* au service du personnel de l'OKH. *Oberst* le 1er octobre 1940, son ascension est ensuite très rapide car il sert dans une unité d'élite, la division « *Grossdeutschland* ». Il parvient en effet au grade de *Generalmajor* le 1er avril 1943 puis à ceux de *Generalleutnant* et de *General der Panzertruppe* les 1er octobre 1943 et 15 mars 1945. Pendant cette période, il commande successivement l'*Art.Rgt. 29* (5 mars 1941), l'*Art.Rgt. « Grossdeutschland »* (15 mars 1942), la *20. Pz.Gren.Div.* (30 janvier 1943) et enfin le *Pz.K. « Grossdeutschland »* (12 mars 1945). Il meurt le 5 août 1971 à Greven. Titulaire de la Croix de chevalier de Croix de fer (4 mai 1944) avec feuilles de chêne (10 février 1945, n° 733) et de la Croix allemande en or (19 décembre 1941).

Born at Lisson on 26 September 1896, he volunteered in 1914 then became a Leutnant d. Reserve in the artillery in 1916. During the interwar period, he stayed in the army, obtaining officer status in the regular army. On 1 September 1939, he was appointed Oberstleutnant in the service of the staff of OKH. Promoted to Oberst on 1 October 1940, he rose quickly up the ranks, serving in a crack unit, the "Grossdeutschland" division. Promoted to Generalmajor on 1 April 1943, then to Generalleutnant and General der Panzertruppe on 1 October 1943 and 15 March 1945. During this period he commanded successively Art.Rgt. 29 (5 March 1941), Art.Rgt. "Grossdeutschland" (15 March 1942), 20. Pz.Gren.Div. (30 January 1943) and finally Pz.K. "Grossdeutschland" (12 March 1945). He died at Greven on 5 August 1971. Awarded the Knight's Cross of the Iron Cross (4 May 1944) with Oak Leaves (10 February 1945, n° 733) and the German Cross in Gold (19 December 1941).

Kurt Jesser

Né le 4 novembre 1890 à Wadowice dans le sud de la Pologne, Kurt Jesser entre dans l'armée austro-hongroise comme aspirant en 1909. Après la guerre de 14-18, il poursuit sa carrière dans l'armée autrichienne puis passe dans la *Wehrmacht* après l'Anschluss. Il est *Oberst* le 1er avril 1939 et commande le *Pz.Rgt. 36* (15 février 1940-15 avril 1942). *Generalmajor* le 1er décembre 1942, on le retrouve à la tête des troupes rapides du *Wehrkreis III* (10 mai 1942) puis comme chef de la *386. Inf.Div.* (1er décembre 1942) et de la *155. Res.Pz.Div.* (24 août 1943). Il commande le secteur fortifié du Steiermark à partir du 31 décembre 1944. Il meurt le 10 août 1950 à Vienne. Titulaire de la Croix de chevalier de la Croix de fer (8 janvier 1941) et de la Croix allemande en or (29 novembre 1941).

Born at Wadowice in southern Poland on 4 November 1890, Kurt Jesser joined the Austro-Hungarian Army as an officer cadet in 1909. After the 1914-18 war, he pursued his career in the Austrian Army, then moved into the Wehrmacht after the Anschluss. Promoted to Oberst on 1 April 1939, he commanded Pz.Rgt. 36 (15 February 1940-15 April 1942). Promoted to Generalmajor on 1 December 1942, we find him in command of the rapid troops of Wehrkreis III (10 May 1942) then as commanding officer of 386. Inf.Div. (1 December 1942) and 155. Res.Pz.Div. (24 August 1943). He commanded the fortified Steiermark sector from 31 December 1944. He died in Vienna on 10 August 1950. Awarded the Knight's Cross of the Iron Cross (8 January 1941) and the German Cross in Gold (29 November 1941).

Erwin Jolasse

Erwin Jolasse naît le 8 décembre 1892 à Hambourg. Il est aspirant en 1911, *Leutnant* (infanterie) en 1913. Après la guerre de 14-18, il quitte l'armée (1919). De retour en 1934 avec le grade de *Hauptmann*, il est *Oberstleutnant* et commande la *II./Art.Rgt. 39* lorsque la Seconde Guerre mondiale éclate. *Oberst* le 1er mars 1941, il est *Generalmajor* le 1er octobre 1943 et *Generalleutnant* le 20 avril 1945. Pendant cette période, il commande l'*Inf.Rgt. 52* (1er février 1940) puis la *18. Pz.Brig.* (1er mars 1942) et enfin la *9. Pz.Div.* (22 juillet 1943). On le retrouve ensuite à la tête d'un *Kampfgruppe* dans le nord de Breslau (janvier 1944) puis comme chef de la *344. Inf.Div.* (mars 1945). Il meurt le 14 mars 1987. Titulaire de la Croix de chevalier de la Croix de fer (2 novembre 1941) et de la Croix allemande en or (6 janvier 1944).

Erwin Jolasse was born in Hamburg on 8 December 1892. An officer cadet in 1911 and Leutnant (infantry) in 1913, he left the army after the 1914-18 war (1919). After re-enlisting in 1934 with the rank of Hauptmann, he was an Oberstleutnant in command of II./Art.Rgt. 39 at the outbreak of World War II. Promoted to Oberst on 1 March 1941, he became a Generalmajor on 1 October 1943 and Generalleutnant on 20 April 1945. During this period, he commanded Inf.Rgt. 52 (1 February 1940) then 18. Pz.Brig. (1 March 1942) and finally 9. Pz.Div. (22 July 1943). We later find him in command of a Kampfgruppe north of Breslau (January 1944) then as commanding officer of 344. Inf.Div. (March 1945). He died on 14 March 1987. Awarded the Knight's Cross of the Iron Cross (2 November 1941) and the German Cross in Gold (6 January 1944).

Hans Junck

Né le 16 septembre 1893 à Leipzig, il est aspirant en 1913 et *Leutnant* (artillerie) l'année suivante Il poursuit sa carrière entre les deux guerres. *Oberst* le 1ᵉʳ février 1940, il est *Generalmajor* le 1ᵉʳ novembre 1943 et *Generalleutnant* le 30 janvier 1945. Après avoir commandé l'*Art.Rgt. 609* et occupé la fonction d'*Arko 125*, on le trouve à la tête de la *4. Pz.Div.* (janvier-février 1944). Il commande ensuite les *253.*, *299.* et *265. Inf.Div.* puis la *Festung Saint Nazaire*.

Born at Leipzig on 16 September 1893, he was an officer cadet in 1913 then a Leutnant (artillery) the following year. He pursued his career during the interwar years. Promoted to Oberst on 1 February 1940, he became Generalmajor on 1 November 1943 and Generalleutnant on 30 January 1945. After commanding Art.Rgt. 609 and acting as Arko 125, we find him in command of 4. Pz.Div. (January-February 1944). He went on to command 253., 299. and 265. Inf.Div. then Festung Saint Nazaire.

Friedrich-Wilhelm Jürgen

Né le 2 octobre 1895, il est *Major* et chef du *II./Schtz.Rgt. 2* en 1940. *Oberst* le 1ᵉʳ avril 1942, il commande la *14. Pz.Div.* (10 février-14 mars 1945). Il meurt en 1954. Titulaire de la Croix de chevalier de la Croix de fer (16 juin 1940).

Born on 2 October 1895, he was a Major and commanding officer of II./Schtz.Rgt. 2 in 1940. Promoted to Oberst on 1 April 1942, he commanded 14. Pz.Div. (10 February-14 March 1945). He died in 1954. Awarded the Knight's Cross of the Iron Cross (16 June 1940).

Hans Källner

Né le 9 octobre 1898 à Kattowitz, Hans Källner est aspirant en 1914 et termine la guerre de 14-18 avec le grade de *Leutnant* d'artillerie. Il quitte l'armée pour la police après 1918. De retour en 1935 avec le grade de *Rittmeister*, il est *Oberstleutnant* et commande l'*Aufkl.Abt. 11* au début de la Seconde Guerre mondiale. *Oberst* le 1ᵉʳ mars 1942, il accède au grade de *Generalmajor* le 1ᵉʳ novembre 1943 puis à celui de *Generalleutnant* le 1ᵉʳ juin 1944. Pendant cette période, il exerce différents commandements dans les troupes blindées : *Pz.Gr.Rgt. 73* (28 août 1941), *19. Pz.Gr.Brig.* (1ᵉʳ juillet 1942), *19. Pz.Div.* (18 août 1943) et *XXIV. Pz.K.* (20 mars 1945, m.d.F.b.). Il est tué au combat le 18 avril 1945. Titulaire de la Croix de chevalier de la Croix de fer (3 mai 1942) avec feuilles de chêne (12 février 1944 n° 392) et glaives (23 octobre 1944, n° 106) et de la Croix allemande en or (18 octobre 1941).

Born at Kattowitz on 9 October 1898, Hans Källner was an officer cadet in 1914, ending the 1914-18 war with the rank of Leutnant in the artillery. After 1918, he left the army to join the police. On re-enlisting in 1935 with the rank of Rittmeister, he was made an Oberstleutnant and was commander of Aufkl.Abt. 11 at the outbreak of World War II. Promoted to Oberst on 1 March 1942, he became Generalmajor on 1 November 1943 and Generalleutnant on 1 June 1944. During this period, he took over various panzer troop commands: Pz.Gr.Rgt. 73 (28 August 1941), 19. Pz.Gr.Brig. (1 July 1942), 19. Pz.Div. (18 August 1943) and XXIV. Pz.K. (20 March 1945, m.d.F.b.). He was killed in action on 18 April 1945. Awarded the Knight's Cross of the Iron Cross (3 May 1942) with Oak Leaves (12 February 1944, n° 392) and Swords (23 October 1944, n° 106) and the German Cross in Gold (18 October 1941).

Werner Kempf

Werner Kempf naît le 9 mars 1886 à Königsberg en Prusse Orientale. Il entre dans l'armée en 1906 comme aspirant d'infanterie. Il termine la guerre de 14-18 comme officier d'état-major avec le grade de *Hauptmann*. Pendant l'entre-deux-guerres, il sert dans différents états-majors. En 1934, il est chef d'état-major de l'inspection des troupes motorisées puis inspecteur des troupes motorisées en 1936. *Oberst* le 1er avril 1935, il commande la *4. Pz.Brig.* Il est *Generalmajor* le 18 janvier 1939 et commande la *Div. « Kempf »*, future *10. Pz.Div. Generalleutnant* le 31 juillet 1940 et *General der Panzertruppe* le 1er avril 1941, il exerce différents commandements importants dans les troupes blindées. Chef de la *6. Pz.Div.* (1er octobre 1939), il prend la tête du *XXXXVIII. Pz.K.* (6 janvier 1941) puis de l'*Armeeabteilung* portant son nom (31 janvier 1942). Du 30 septembre 1942 au 18 août 1943, il commande la *8. Armee* avant de devenir commandant de la *Wehrmacht Ostland* (fonction dépendante du groupe d'armées « Nord ») (1er mai-août 1944). Il meurt le 6 janvier 1964 à Bad Harzburg. Titulaire de la Croix de chevalier de la Croix de fer (3 juin 1940) avec feuilles de chêne (10 août 1942, n° 111).

Werner Kempf was born at Königsberg in East Prussia on 9 March 1886. He joined the army as an officer cadet in 1906. He ended the 1914-18 war as a staff officer with the rank of Hauptmann. He served on various general staffs during the interwar period. In 1934, he was chief-of-staff of the motorized troops inspectorate then inspector of motorized troops in 1936. Promoted to Oberst on 1 April 1935, he commanded 4. Pz.Brig. He became a Generalmajor on 18 January 1939 and commanded Div. "Kempf", the future 10. Pz.Div. Promoted to Generalleutnant on 31 July 1940 and General der Panzertruppe on 1 April 1941, he held various important panzer troop commands. Appointed commanding officer of 6. Pz.Div. (1 October 1939), he took over command of XXXXVIII. Pz.K. (6 January 1941) then of the Armeeabteilung bearing his name (31 January 1942). From 30 September 1942 to 18 August 1943, he commanded 8. Armee before becoming commander of Wehrmacht Ostland (a post placed under Group Army "Nord") (1 May-August 1944). He died at Bad Harzburg on 6 January 1964. Awarded the Knight's Cross of the Iron Cross (3 June 1940) with Oak Leaves (10 August 1942, n° 111).

Mortimer von Kessel

Né le 25 mai 1893 à Arnswalde, il est aspirant en 1914. Il combat dans la cavalerie pendant la guerre de 14-18 et obtient le grade de *Leutnant* en 1915. En septembre 1939, il commande l'*Aufkl.Abt. 8* avec le grade d'*Oberstleutnant*. Il est *Oberst* le 1er octobre 1939, *Generalmajor* le 1er novembre 1942 et *Generalleutnant* le 1er décembre 1943. Pendant cette période, il occupe un poste à la direction du personnel de l'armée de terre avant de se voir confier le commandement de la *20. Pz.Div.* (8 mai 1943) puis celui du *VII. Pz.K.* (27 décembre 1944). Il est fait *General der Panzertruppe* le 1er mars 1945. Il meurt le 8 janvier 1981 à Goslar. Titulaire de la Croix de chevalier de la Croix de fer (18 décembre 1943) avec feuilles de chêne (16 octobre 1944, n° 611).

Born at Arnswalde on 25 May 1893, he was an officer cadet in 1914. During the 1914-18 war, he served in the cavalry, winning promotion to the rank of Leutnant in 1915. In September 1939, he commanded Aufkl.Abt. 8, with the rank of Oberstleutnant. Promoted to Oberst on 1 October 1939, he became a Generalmajor on 1 November 1942 and Generalleutnant on 1 December 1943. During this period, he held a post with the land army personnel department before being placed in command of 20. Pz.Div. (8 May 1943) then of VII. Pz.K. (27 December 1944). He was promoted to General der Panzertruppe on 1 March 1945. He died at Goslar on 8 January 1981. Awarded the Knight's Cross of the Iron Cross (18 December 1943) with Oak Leaves (16 October 1944, n° 611).

Friedrich Kirchner

Né le 26 mars 1885 à Zöbigker près de Leipzig, il est aspirant en 1906 et choisit l'infanterie avant de passer dans la cavalerie. *Oberst* le 1er novembre 1934, il est *Generalmajor* le 1er mars 1938 et commande la *1. Schtz.Brig.* au début de la Seconde Guerre mondiale. *Generalleutnant* le 1er avril 1940 et *General der Panzertruppe* le 1er février 1942, il sert pendant toute la durée de la guerre dans les troupes blindées. Il commande en effet la *1. Pz.Div.* à partir du 5 novembre 1939 puis le *LVII. Pz.K.* du 15 novembre 1941 à la fin du conflit. Il meurt le 8 avril 1960 à Fulda. Titulaire de la Croix de chevalier de la Croix de fer (20 mai 1940) avec feuilles de chêne (12 février 1944, n° 127) et glaives (26 janvier 1945, n° 127) et de la Croix allemande en or (22 avril 1942).

Born at Zöbigker near Leipzig on 26 March 1885, he was an officer cadet in 1906 and opted for the infantry before moving to the cavalry. Promoted to Oberst on 1 November 1934 and Generalmajor on 1 March 1938, he was commander of 1. Schtz.Brig. at the outbreak of World War II. Appointed Generalleutnant on 1 April 1940, he became General der Panzertruppe on 1 February 1942, and served throughout the war in the panzer troops, commanding 1. Pz.Div. from 5 November 1939 then LVII. Pz.K. from 15 November 1941 till the end of the war. He died at Fulda on 8 April 1960. Awarded the Knight's Cross of the Iron Cross (20 May 1940) with Oak Leaves (12 February 1944, n° 127) and Swords (26 January 1945, n° 127) and the German Cross in Gold (22 April 1942).

Né le 23 mars 1892 à Langensalza, il est aspirant en 1911 et *Leutnant* de cavalerie à la veille de la guerre de 14-18. Il poursuit sa carrière dans la *Reichswehr* et sert dans des unités blindées après 1934. *Oberst* le 1er octobre 1938, il commande le *Schtz.Rgt. 3* lorsque la Seconde Guerre mondiale éclate. *Generalmajor* le 1er novembre 1941, il est *Generalleutnant* le 1er avril 1943 et *General der Panzertruppe* le 1er septembre 1944. Pendant cette période il commande la *3. Schtz.Brig.* (1er janvier 1940), la *90. Lei.Div.*, engagée sur le théâtre africain (1942), puis la *Sturm-Div. « Rhodos »* (1943). On le retrouve ensuite à la tête du *IV. Pz.K.* (1er septembre 1944). Il meurt le 1er janvier 1963 à Oberursel. Titulaire de la Croix de chevalier de la Croix de fer (13 octobre 1941) avec feuilles de chêne (16 septembre 1943, n° 304).

Born at Langensalza on 23 March 1892, he was an officer cadet in 1911, and a Leutnant in the cavalry on the eve of the 1914-18 war. He pursued his career in the Reichswehr, serving in armored units after 1934. Promoted to Oberst on 1 October 1938, he commanded Schtz.Rgt. 3 at the outbreak of World War II. He became a Generalmajor on 1 November 1941, Generalleutnant on 1 April 1943 and General der Panzertruppe on 1 September 1944. During this period he commanded 3. Schtz.Brig. (1 January 1940), 90.Lei.Div., committed in the African theater (1942), then Sturm-Div. "Rhodos" (1943). We later find him in command of IV. Pz.K. (1 September 1944). He died at Oberursel on 1 January 1963. Awarded the Knight's Cross of the Iron Cross (13 October 1941) with Oak Leaves (16 September 1943, n° 304).

Ulrich Kleemann

Né le 8 août 1881 à Braunfels an der Lahn en Hesse, Ewald von Kleist commence sa carrière militaire en 1900 comme aspirant dans le régiment d'artillerie prussien « *Generalfeldzeugmeister* » Nr. 3. *Leutnant* en 1902, il part étudier à la *Kriegsakadamie* de Berlin en octobre 1910. A son retour il sert dans le *Husaren-Regiment 14* (avril 1912) avant de devenir *Hauptmann* et chef d'escadron au *Leibhusaren-Regiment 1*. Pendant la guerre de 14-18, il participe à la bataille du Tannenberg puis est officier d'état-major (Ia) au *XVII. A.K.* Il passe ensuite à l'état-major de la division de cavalerie de la garde. Après l'armistice, Ewald von Kleist combat dans les corps-francs puis est intégré dans la nouvelle *Reichswehr* où il sert dans l'état-major de l'*Infanterieführers 6*. *Major* le 1er février 1922, il occupe le poste de professeur de tactique à l'école de cavalerie de Hanovre. *Oberstleutnant* le 1er décembre 1926, puis *Oberst* le 1er octobre 1929, il devient chef d'état-major de la *2. Kav.Div.* (janvier -juin 1929) puis chef d'état-major de la *3. Inf.Div.* et du *Wehrkreis III* à Berlin (juillet 1929-janvier 1931). Le mois suivant, il prend le commandement l'*Inf.Rgt. 9* . En février 1932, il commande la *2. Kav.Div.* puis reçoit le grade de *Generalmajor* le 1er octobre de la même année. *Generalleutnant* le 1er décembre 1933 puis *General der Kavallerie* en août 1936, il est à la tête du *VIII. A.K.* de mai 1935 à février 1938, date à laquelle il est mis en congé. Il réintègre l'armée à la veille de la guerre et commande *XXII. A.K.* en Pologne puis le groupement blindé portant son nom (devenu *Pz.Gr. 1*) pendant la campagne de France. A l'issue de la campagne à l'Ouest, il reçoit le grade de *Generaloberst* (19 juillet 1940).

Von Kleist est toujours à la tête de la *Pz.Gr. 1*, transférée en Bulgarie, lorsque se déclenche l'opération « Marita ». Il conservera le commandement de la *Pz.Gr. 1*, devenue entre-temps

Ewald von Kleist

1. Pz.Armee jusqu'en septembre 1942, date à laquelle il prend le commandement du groupe d'armées « A ». *Generalfeldmarschall* le 1er février 1943, Ewald von Kleist commande ensuite le groupe d'armées « *Südukraine* » du 9 mars 1943 à son limogeage le 31 mars 1944. Capturé à la fin de la guerre par les Britanniques, il est livré aux Yougoslaves qui le condamnent à 15 ans de prison pour crimes de guerre. Les Soviétiques l'ayant à leur tour réclamé, Tito le livre à Staline en 1948. Détenu au camp de prisonniers de Wladimirovka (à 300 km au sud-est de Moscou), il y meurt le 16 octobre 1954. Titulaire de la Croix de chevalier de la Croix de fer (15 mai 1940) avec feuilles de chêne (17 février 1942, n° 72) et glaives (30 mars 1944 n° 60).

Born at Braunfels an der Lahn in Hessen on 8 August 1881, Ewald von Kleist began his military career in 1900 as an officer cadet in the Prussian "Generalfeldzeugmeister" Nr. 3 Artillery Regiment. Promoted to Leutnant in 1902, he left to study at the Berlin Kriegsakadamie in October 1910. On his return, he served in Husaren-Regiment 14 (April 1912) before becoming a Hauptmann and squadron leader with Leibhusaren-Regiment 1. During the 1914-18 war, he fought in the Battle of Tannenberg, then became staff officer (Ia) with XVII. A.K. He moved on the staff of the guards cavalry division. After the armistice, Ewald von Kleist fought in the irregular forces, then was taken into the new Reichswehr where he served on the general staff of Infanterieführers 6. Promoted to Major on 1 February 1922, he held the post of tactics instructor at the Hanover cavalry school. Promoted to Oberstleutnant on 1 December 1926, then Oberst on 1 October 1929, he became chief-of-staff of 2. Kav.Div. (January-June 1929) then chief-of-staff of 3. Inf.Div. and of Wehrkreis III in Berlin (July 1929-January 1931). The following month, he took over command of Inf.Rgt. 9. In February 1932, he became commander of 2. Kav.Div. then was promoted to Generalmajor on 1 October of that same year. Promoted to Generalleutnant on 1 December 1933 then to General der Kavallerie in August 1936, he was placed in command of VIII. A.K. from May 1935 to February 1938, when he was sent on leave. He re-enlisted in the army on the eve of the war and took over command of XXII. A.K. in Poland, then the panzer group bearing his name (renamed Pz.Gr. 1) during the campaign in France. At the end of the campaign in the west he was promoted to Generaloberst (19 July 1940).

Von Kleist was still in command of Pz.Gr. 1, transferred to Bulgaria, when Operation "Marita" was launched. He held onto command of Pz.Gr. 1, which had meanwhile become 1. Pz.Armee, until September 1942, when he took over command of Army Group "A". Promoted to Generalfeldmarschall on 1 February 1943, Ewald von Kleist went on to command Army Group "Südukraine" from 9 March 1943 until his dismissal on 31 March 1944. He was captured at the end of the war by the British, and handed over to the Yugoslavs who sentenced him to 15 years imprisonment for war crimes. When the Soviets in turn claimed him, Tito handed him over to Stalin in 1948. He was held at the POW camp at Wladimirovka (300 km southeast of Moscow), where he died on 16 October 1954. Awarded the Knight's Cross of the Iron Cross (15 May 1940) with Oak Leaves (17 February 1942, n° 72) and Swords (30 March 1944 n° 60).

Gustav-Georg Knabe

Né le 8 juillet 1897 à Wichmannsdorf dans la région de Templin, Gustav-Georg Knabe est volontaire en 1914. Il combat dans différentes unités d'infanterie et obtient le grade de *Leutnant*. Après la guerre, il sert dans le corps-franc de la Baltique puis poursuit sa carrière dans la *Reichswehr*. Au début de la Seconde Guerre mondiale, il sert dans les troupes motorisées. En 1941, il commande le *Kradschtz.Btl.15* à la tête duquel il se distingue. *Oberstleutnant* le 1er juin 1941, il commande la *21. Pz.Div.* par intérim (29-30 novembre 1941). Rapatrié en Europe pour raisons de santé, il obtient le grade d'*Oberst* le 1er mars 1942 et sert en Roumanie comme conseiller à l'état-major des forces motorisées roumaines. Un accident de voiture au cours duquel il est grièvement blessé met fin prématurément à sa carrière militaire. Il meurt le 13 décembre 1972 à Celle. Titulaire de la Croix de chevalier de la Croix de fer (1er juin 1941).

Born at Wichmannsdorf in the Templin area on 8 July 1897, Gustav-Georg Knabe volunteered in 1914. He fought in various infantry units, rising to the rank of Leutnant. After the war, he served in the Baltic irregular force, then pursued his career in the Reichswehr. He served with the motorized troops at the start of World War II. In 1941, he fought with distinction as commander of Kradschtz.Btl. 15. Promoted to Oberstleutnant on 1 June 1941, he was interim commander of 21. Pz.Div. (29-30 November 1941). After being repatriated to Europe on grounds of health, he rose to the rank of Oberst on 1 March 1942 and served in Rumania as adviser to the general staff of the Rumanian motorized forces. His military career came to an untimely end when he was badly injured in a car accident. He died at Celle on 13 December 1972. Awarded the Knight's Cross of the Iron Cross (1 June 1941).

Rudolf von Knebel-Doeberitz

Né le 19 décembre 1913 à Nasewall, il est *Major i.G.* et Ia de la *24. Pz.Div.* Il commande les restes de cette division du 26 mars au mois de mai 1945. Il meurt le 5 juillet 1994. Titulaire de la Croix de chevalier de la Croix de fer (9 mai 1945) et de la Croix allemande en or (29 août 1942).

Born at Nasewall on 19 December 1913, he was a Major i.G. and Ia of 24. Pz.Div. He commanded the remnants of that division from 26 March until May 1945. He died on 5 July 1994. Awarded the Knight's Cross of the Iron Cross (9 May 1945) and the German Cross in Gold (29 August 1942).

Otto von Knobelsdorff

Né le 31 mars 1886 à Berlin, il est aspirant en 1905 et *Leutnant* dans l'infanterie l'année suivante. Il poursuit sa carrière entre les deux guerres, obtenant le grade d'*Oberst* le 1er juin 1935 puis celui de *Generalmajor* le 1er janvier 1939. Au début de la guerre, il est chef d'état-major du *XXXIII. A.K.* puis prend le commandement de la *19. Inf.Div.* devenue *19. Pz.Div.* (1er février 1940). *Generalleutnant* le 1er décembre 1940, il est *General der Panzertruppe* le 1er août 1942. En mai 1942, on le retrouve à la tête du *X. A.K.* puis du *II. A.K.* (juin 1942) et du *Korps Knobelsdorff* (1er juillet 1942). Il commande ensuite le *XXIV. Pz.K.* (10 octobre 1942), le *XXXXVIII. Pz.K.* (1er décembre 1942), le *XXXX. Pz.K.* (1er février 1944) et enfin la *1.Armee* (6 septembre 1944). Il est placé dans la réserve des commandants le 30 novembre 1944. Il publie en 1958 un historique de la *19. Pz.Div.* Titulaire de la Croix de chevalier de la Croix de fer (17 septembre 1941) avec feuilles de chêne (12 novembre 1943, n° 322) et glaives (21 septembre 1944, n° 100) et de la Croix allemande en or (16 février 1943).

Born in Berlin on 31 March 1886, he was an officer cadet in 1905, then a Leutnant in the infantry the following year. He pursued his career between the two wars, becoming an Oberst on 1 June 1935, then Generalmajor on 1 January 1939. At the outbreak of the war, he was chief-of-staff of XXXIII. A.K. then took over command of 19. Inf.Div. renamed 19. Pz.Div. (1 February 1940). He was promoted to Generalleutnant on 1 December 1940 and General der Panzertruppe on 1 August 1942. In May 1942, we find him in command of X. A.K., later II. A.K. (June 1942) and Korps Knobelsdorff (1 July 1942). He went on to command XXIV. Pz.K. (10 October 1942), XXXXVIII. Pz.K. (1 December 1942), XXXX. Pz.K. (1 February 1944) and finally 1.Armee (6 September 1944). He was placed in the commander reserve on 30 November 1944. In 1958 he published a history of 19. Pz.Div. Awarded the Knight's Cross of the Iron Cross (17 September 1941) with Oak Leaves (12 November 1943, n° 322) and Swords (21 September 1944, n° 100) and the German Cross in Gold (16 February 1943).

Rudolf Koch-Erpach

Né le 9 avril 1886 à Munich, il entre dans l'armée bavaroise en 1904 comme aspirant. Il sert dans la cavalerie et obtient le grade de *Leutnant* en 1906. Il continue à servir dans des unités de cavalerie pendant l'entre-deux-guerres. *Oberst* le 1er avril 1932, il est *Generalmajor* le 1er janvier 1935 et *Generalleutnant* le 1er avril 1937. Au début de la Seconde Guerre mondiale, il commande la *8. Inf.Div.* avant de recevoir le grade de *General der Kavallerie* (1er décembre 1940). Il est ensuite placé à la tête du *LX. A.K.* (1er novembre 1940), du *XXXV. A.K.* (1er avril 1941), de l'état-major de liaison à Breslau (15 juillet 1941), du *VIII. A.K.* (15 juillet 1942) et enfin du *LVI. Pz.K.* (16 février 1945). Il commande la *1. Armee* à partir du 6 avril 1945. Il meurt le 27 novembre 1971. Titulaire de la Croix de chevalier de la Croix de fer (24 juin 1940).

Born in Munich on 9 April 1886, he joined the Bavarian Army in 1904 as an officer cadet. He served in the cavalry and was promoted to Leutnant in 1906. He continued to serve with various cavalry units during the interwar period. He was promoted to Oberst on 1 April 1932, Generalmajor on 1 January 1935 and Generalleutnant on 1 April 1937. At the start of World War II, he was commander of 8. Inf.Div. until his promotion to General der Kavallerie (1 December 1940). He went on to take over in command of LX. A.K. (1 November 1940), XXXV. A.K. (1 April 1941), the general liaison staff at Breslau (15 July 1941), VIII. A.K. (15 July 1942) and finally LVI. Pz.K. (16 February 1945). He commanded 1. Armee from 6 April 1945. He died on 27 November 1971. Awarded the Knight's Cross of the Iron Cross (24 June 1940).

Richard Koll

Né le 7 avril 1897 à Kolberg, il est aspirant à la veille de la guerre de 14-18 et obtient le grade de *Leutnant* la même année. Resté dans l'armée, il poursuit sa carrière notamment dans les troupes rapides de la *Reichswehr*. En septembre 1939, il est *Oberstleutnant* et commande la *II./Pz.Rgt. 11*. puis le *Pz.Rgt. 11* (1er janvier 1940). *Oberst* le 1er décembre 1940, il est *Generalmajor* le 1er août 1943 et *Generalleutnant* le 1er janvier 1945. Après avoir été versé à l'OKW (1er juillet 1943) comme chef des véhicules de combat, il retrouve un commandement opérationnel le 1er janvier 1944 (*1. Pz.Div.*) puis revient à l'OKW dès le 25 février 1944. Il meurt le 13 mai 1963 à Bad-Godesberg. Titulaire de la Croix de chevalier de la Croix de fer (15 juillet 1941).

Born at Kolberg on 7 April 1897, he was an officer cadet on the eve of the 1914-18 war, rising to the rank of Leutnant that same year. He stayed in the army and pursued his career, notably with the mobile troops of the Reichswehr. In September 1939, he was an Oberstleutnant and commander of II./Pz.Rgt. 11. then Pz.Rgt. 11 (1 January 1940). He was promoted to Oberst on 1 December 1940, Generalmajor on 1 August 1943 and Generalleutnant on 1 January 1945. After being assigned to OKW (1 July 1943) as combat vehicle commanding officer, he returned to an operational command on 1 January 1944 (1. Pz.Div.) then returned to OKW as of 25 February 1944. He died at Bad-Godesberg on 13 May 1963. Awarded the Knight's Cross of the Iron Cross (15 July 1941).

Ewald Kraeber

Il naît le 24 octobre 1894 à Grube. Aspirant en 1911 il est *Leutnant* dans les pionniers au début de la guerre de 14-18. Il poursuit sa carrière militaire après 1918. A la veille de la Seconde Guerre mondiale, il est *Oberstleutnant* et exerce un commandement dans l'école des troupes blindées. *Oberst* le 1er août 1941, il commande le *Pz.Rgt. 4* (août 40), le *Pz.Rgt. 33* (1er mai 1942), l'école des troupes blindées de Wünsdorf (janvier 1943) puis la *23. Pz.Div.* (25 octobre 1943). Il est *Generalmajor* le 1er janvier 1944 et exerce différents commandements dont celui d'un *Korpsgruppe* portant son nom (décembre 1944). Titulaire de la Croix allemande en or (18 octobre 1941).

He was born at Grube on 24 October 1894. An officer cadet in 1911, he was a Leutnant in the engineers at the start of the 1914-18 war. He pursued his military career after 1918. On the eve of World War II, he was an Oberstleutnant and held a command at the panzer troop school. Promoted to Oberst on 1 August 1941, he commanded Pz.Rgt. 4 (August 40), Pz.Rgt. 33 (1 May 1942), the panzer troop school at Wünsdorf (January 1943) then 23. Pz.Div. (25 October 1943). He became a Generalmajor on 1 January 1944, and held various commands including of a Korpsgruppe bearing his name (December 1944). Awarded the German Cross in Gold (18 October 1941).

Fritz Krause

Né le 29 janvier 1895 à Dahme, près de Jüterbog, il est aspirant en 1913 et *Leutnant* dans l'artillerie l'année suivante. Il poursuit sa carrière après la guerre de 14-18. *Oberst* le 1er juin 1939, il commande l'*Art.Rgt.36* lorsque se déclenche la Seconde Guerre mondiale. *Generalmajor* le 1er juillet 1942, il est *Arko 104* (20 janvier 1942), *Arko 142* (15 décembre 1941) puis *H.Arko Afrika* (1er septembre 1942). Tout en gardant cette dernière fonction, il commande par intérim la *164. Lei.Afrika Div.* du 17 février au 13 mars 1943 puis la *334. Inf.Div.* du 15 avril au 9 mai 1943 (m.d.F.b.). Titulaire de la Croix allemande en or (16 août 1942).

Born at Dahme, near Jüterbog on 29 January 1895, he was an officer cadet in 1913, then a Leutnant in the artillery the following year. He pursued his career after the 1914-18 war. Promoted to Oberst on 1 June 1939, he was commander of Art.Rgt.36 at the outbreak of World War II. Promoted to Generalmajor on 1 July 1942, he was Arko 104 (20 January 1942), Arko 142 (15 December 1941) then H.Arko Afrika (1 September 1942). Whilst still holding this last post, he was interim commander of 164. Lei.Afrika Div. from 17 February to 13 March 1943 then 334. Inf.Div. from 15 April to 9 May 1943 (m.d.F.b.). Awarded the German Cross in Gold (16 August 1942).

Theodor Kretschmer

Né le 26 novembre 1901 à Burghaun dans la région de Hünfeld, il est volontaire dans la cavalerie en 1919. Il poursuit sa carrière dans les troupes mobiles et en état-major. En septembre 1939, il est *Major* à l'OKH (8 juillet 1940-30 avril 1942). *Oberstleutnant* le 1er avril 1941, il est *Oberst* le 1er octobre 1942 et *Generalmajor* le 1er avril 1945. Pendant cette période il commande la *Pz.Abt.65* (10 juin 1940) puis le *Pz.Rgt.36* (1er mai 1942). Il revient à l'OKH comme chef d'*Abteilung* à la direction du personnel (16 septembre 1942) avant de commander la *17. Pz.Div.* (1er février 1945). Fait prisonnier par les Soviétiques le 11 mai 1945, il est condamné à 15 ans de prison. Il est finalement libéré en 1955 et meurt le 5 décembre 1986. Titulaire de la Croix de chevalier de la Croix de fer (8 mars 1945) et de la Croix allemande en or (3 octobre 1942).

Born at Burghaun in the Hünfeld region on 26 November 1901, he was a volunteer in the cavalry in 1919. He pursued his career in the mobile troops and as a staff officer. In September 1939, he was a Major at OKH (8 July 1940-30 April 1942). Promoted to Oberstleutnant on 1 April 1941, he became an Oberst on 1 October 1942 and Generalmajor on 1 April 1945. During this period he commanded Pz.Abt.65 (10 June 1940) then Pz.Rgt.36 (1 May 1942). He returned to OKH as commander of an Abteilung at the personnel department (16 September 1942) before taking over command of 17. Pz.Div. (1 February 1945). He was taken prisoner by the Soviets on 11 May 1945 and sentenced to 15 years imprisonment. He was finally released in 1955 and died on 5 December 1986. Awarded the Knight's Cross of the Iron Cross (8 March 1945) and the German Cross in Gold (3 October 1942).

Walter Krüger

Walter Krüger naît le 23 mars 1892 à Zeitz et commence sa carrière militaire comme aspirant en 1910. Il sert dans la cavalerie et poursuit sa carrière dans la *Reichswehr* après la guerre de 14-18. Au début de la Seconde Guerre mondiale, il commande l'*Inf.Rgt. 171* avec le grade d'*Oberst*, ce dernier obtenu le 1er avril 1937. Sa carrière s'accélère à partir de 1941 : *Generalmajor* le 1er avril de cette année, il est *Generalleutnant* le 1er octobre 1942 et *General der Panzertruppe* le 1er février 1944. Pendant toute cette période il ne commande que des unités blindées : *1. Schtz.Brig.* (15 février 1940), *1. Pz.Div.* (17 juillet 1941), *LVIII. Pz.K.* (1er janvier 1944). Il termine la guerre à la tête du *IV. A.K.*, commandement obtenu le 10 avril 1945. Il meurt le 11 juillet 1973 à Baden-Baden. Titulaire de la Croix de chevalier de la croix de fer (15 juillet 1941) avec feuilles de chêne (24 janvier 1944, n°373) et de la Croix allemande en or (27 août 1942).

Walter Krüger was born at Zeitz on 23 March 1892, and began his military career as an officer cadet in 1910. He served with the cavalry and pursued his career in the Reichswehr after the 1914-18 war. At the start of World War II, he was commander of Inf.Rgt.171 as an Oberst, a rank obtained on 1 April 1937. His career really took off in 1941, with promotion to Generalmajor on 1 April of that year, Generalleutnant on 1 October 1942 and General der Panzertruppe on 1 February 1944. Throughout this period, he held only armored unit commands: 1. Schtz.Brig. (15 February 1940), 1. Pz.Div. (17 July 1941), LVIII. Pz.K. (1 January 1944). He ended the war in command of IV. A.K., a command received on 10 April 1945. He died at Baden-Baden on 11 July 1973. Awarded the Knight's Cross of the Iron Cross (15 July 1941) with Oak Leaves (24 January 1944, n° 373) and the German Cross in Gold (27 August 1942).

Friedrich Kühn

Né le 7 août 1889 à Eutin, il est aspirant en 1909. Pendant la guerre de 14-18, il combat dans l'infanterie puis poursuit sa carrière entre les deux guerres. *Oberst* le 1ᵉʳ août 1936, il commande la *14. Pz.Brig.* au début de la Seconde Guerre mondiale. *Generalmajor* le 1ᵉʳ juillet 1940, il est *Generalleutnant* le 1ᵉʳ juillet 1942 et *General der Panzertruppe* le 1ᵉʳ avril 1943. Il assure différents commandements dans les troupes blindées : *3. Pz.Brig.* (15 février 1940), *3. Pz.Div.* (1940), *15. Pz.Div.* (5 octobre 1940), *14. Pz.Div.* (22 mars 1941). Friedrich Kühn occupe ensuite des emplois à l'état-major général pour la motorisation de l'armée. Il est tué au cours d'un bombardement à Berlin le 15 février 1944. Titulaire de la Croix de chevalier de la Croix de fer (4 juillet 1940).

Born at Eutin on 7 August 1889, he was an officer cadet in 1909. During the 1914-18 war he fought in the infantry, then pursued his career between the two wars. Promoted to Oberst on 1 August 1936, he was commander of 14. Pz.Brig. at the outbreak of World War II. He was promoted to Generalmajor on 1 July 1940, Generalleutnant on 1 July 1942 and General der Panzertruppe on 1 April 1943. He held various panzer troop commands: 3. Pz.Brig. (15 February 1940), 3. Pz.Div. (1940), 15. Pz.Div. (5 October 1940), 14. Pz.Div. (22 March 1941). Friedrich Kühn went on to hold posts on the general staff for motorization of the army. He was killed during a bombing raid on Berlin on 15 February 1944. Awarded the Knight's Cross of the Iron Cross (4 July 1940).

Alfred Kuhnert

Né le 19 mars 1898 à Kreuzburg en Silésie, Alfred Kuhnert est volontaire dans l'infanterie en 1914. Il quitte l'armée après la guerre et devient *Leutnant* dans la police. Repris dans l'armée comme *Hauptmann* le 15 octobre 1935, il est chef du *III./Inf.Rgt. 51* au début de la Seconde Guerre mondiale. Il commande ensuite le *Kradschtz.Bat.38* (15 novembre 1940) et l'*Inf.Rgt. 51* (1ᵉʳ juillet 1942). *Oberst* le 1ᵉʳ février 1943, il sert dans le *Sonderstab II* de l'OKH (1ᵉʳ janvier 1944) avant de devenir chef de la *198. Inf.Div.* (août 1944) puis de la *26. Pz.Div.* (29 janvier au 19 mars 1945). Il obtient le grade de *Generalmajor* le 20 avril 1945. Il meurt le 22 novembre 1977. Titulaire de la Croix de chevalier de la Croix de fer (20 avril 1944) et de la Croix allemande en or (21 février 1942).

Born at Kreuzburg in Silesia on 19 March 1898, Alfred Kuhnert enlisted in the infantry as a volunteer in 1914. He left the army after the war, and joined the police as a Leutnant. After re-enlisting in the army as a Hauptmann on 15 October 1935, he was commanding officer of III./Inf.Rgt. 51 at the start of World War II. He went on to command Kradschtz.Bat.38 (15 November 1940), Inf.Rgt. 51 (1 July 1942). He was promoted to Oberst on 1 February 1943, serving in Sonderstab II at OKH (1 January 1944) before becoming commanding officer of 198. Inf.Div. (August 1944) then 26. Pz.Div. (29 January to 19 March 1945). He rose to the rank of Generalmajor on 20 April 1945. He died on 22 November 1977. Awarded the Knight's Cross of the Iron Cross (20 April 1944) and the German Cross in Gold (21 February 1942).

Adolf Kuntzen

Né le 26 juillet 1889 à Magdebourg, il est aspirant dans la cavalerie en 1909. *Leutnant* dans les Hussards en 1910, il reste dans l'armée après la guerre de 14-18. *Oberst* le 1ᵉʳ octobre 1934, il est *Generalmajor* le 1ᵉʳ mars 1938. Au début de la guerre, il commande la *3. Lei.Div.* devenue par la suite *8. Pz.Div. Generalleutnant* le 1ᵉʳ avril 1940, il est *General der Panzertruppe* un an plus tard et prend le commandement du *LVII. Pz.K.* (15 mars 1941). Il commande ensuite le *XXXII. A.K.* devenu *LXXXI. A.K.* (1ᵉʳ avril 1942). Il quitte l'armée en janvier 1945 et meurt le 9 juillet 1964. Titulaire de la Croix de chevalier de la Croix de fer (3 juin 1940).

Born at Magdeburg on 26 July 1889, he was an officer cadet in the cavalry in 1909. A Leutnant in the Hussars in 1910, he stayed in the army after the 1914-18 war. Promoted to Oberst on 1 October 1934, and Generalmajor on 1 March 1938. At the start of the war, he was commander of 3. Lei.Div. which later became 8. Pz.Div. Appointed Generalleutnant on 1 April 1940, he became General der Panzertruppe a year later and took over command of LVII. Pz.K. (15 March 1941). He then commanded XXXII. A.K. renamed LXXXI. A.K. (1 April 1942). He left the army in January 1945 and died on 9 July 1964. Awarded the Knight's Cross of the Iron Cross (3 June 1940).

Franz Landgraf

Né le 16 mars 1888 à Munich, Franz Landgraf est aspirant dans l'armée bavaroise en 1909. Il finit la guerre de 14-18 avec le grade de *Leutnant*. Il poursuit sa carrière militaire après 1918 et devient *Oberst* le 1er août 1936. Il commande le *Pz.Rgt.7* lorsque la Seconde Guerre mondiale éclate. *Generalmajor* le 1er septembre 1940 et *Generalleutnant* le 1er septembre 1942, il est à la tête de la *4.Pz.Brig.* (25 octobre 1939), de la *6. Pz.Div.* (6 janvier 1941) puis de la *155. Res.Pz.Div.* (1er mai-1er octobre 1942). Il meurt le 19 avril 1944 à Stuttgart. Titulaire de la Croix de chevalier de la Croix de fer (16 juin 1940) .

Born in Munich on 16 March 1888, Franz Landgraf was an officer cadet in the Bavarian Army in 1909. He ended the 1914-18 war with the rank of Leutnant. He pursued his military career after 1918 and became an Oberst on 1 August 1936. He was commander of Pz.Rgt.7 at the outbreak of World War II. He was promoted to Generalmajor on 1 September 1940 and Generalleutnant on 1 September 1942, taking over command of 4. Pz.Brig. (25 October 1939), 6. Pz.Div. (6 January 1941) then 155. Res.Pz.Div. (1 May-1 October 1942). He died at Stuttgart on 19 April 1944. Awarded the Knight's Cross of the Iron Cross (16 June 1940).

Rudolf Lang

Rudolf Lang naît le 25 octobre 1898 à Neustadt a.d. Donau. Il commande la *Geb.Pz.Jäg.Abt. 44* avec le grade d'*Oberstleutnant*. Parvenu au grade d'*Oberst*, il commande par intérim la *3. Pz.Div.* du 5 janvier au 24 mai 1944.Il meurt en 1971 à Murnau. Titulaire de la Croix de chevalier de la Croix de fer (23 août 1941).

Rudolf Lang was born at Neustadt a.d. Donau on 25 October 1898. He commanded Geb.Pz.Jäg.Abt. 44 with the rank of Oberstleutnant. Promoted to Oberst, he was interim commander of 3. Pz.Div. from 5 January to 24 May 1944. He died in Murnau in 1971. Awarded the Knight's Cross of the Iron Cross (23 August 1941).

Willibald *Frhr* von Langermann und Erlencamp

Né le 29 mars 1890 à Karlsruhe, il entre dans l'armée en 1908 comme aspirant puis devient *Leutnant* dans les dragons en 1910. Après la guerre de 14-18 il poursuit sa carrière dans la *Reichswehr* et continue de servir dans la cavalerie. *Oberst* le 1er avril 1936, il commande la *Div. 410*. Au début de la Seconde Guerre mondiale, il est à la tête de la *29. Inf.Div.Generalmajor* le 1er mars 1940, il est *Generalleutnant* le 15 janvier 1942 et *General der Panzertruppe* le 1er juin de la même année. On le trouve à la tête de la *4. Pz.Div.* (8 septembre 1940) puis du *XXIV. Pz.K.* (8 janvier 1942). Il est tué au combat le 3 octobre 1942 sur le front russe près de Storoshewoje. Titulaire de la Croix de chevalier de la Croix de fer (15 août 1940) avec feuilles de chêne (17 février 1942, n° 75).

Born at Karlsruhe on 29 March 1890, he joined the army as an officer cadet in 1908 then became a Leutnant in the dragoons in 1910. After the 1914-18 war, he pursued his career in the Reichswehr, continuing to serve in the cavalry. Promoted to Oberst on 1 April 1936, he commanded Div. 410. At the start of World War II, he was commander of 29. Inf.Div. He was promoted to Generalmajor on 1 March 1940, Generalleutnant on 15 January 1942 and General der Panzertruppe on 1 June of that same year. We later find him in command of 4. Pz.Div. (8 September 1940) then XXIV. Pz.K. (8 January 1942). He was killed in action on the eastern front near Storoshewoje on 3 October 1942. Awarded the Knight's Cross of the Iron Cross (15 August 1940) with Oak Leaves (17 February 1942, n° 75).

Willy Langkeit

Né le 2 juin 1907 à Schuchten, il entre dans l'armée comme volontaire en 1924. *Hauptmann* au début de la Seconde Guerre mondiale, il commande une compagnie du *Pz.Rgt. 36*. *Oberstleutnant* le 1er décembre 1942, il est *Oberst* le 1er décembre 1943. *Generalmajor* le 20 avril 1945, il est alors âgé de 38 ans seulement et figure parmi les plus jeunes généraux de la *Wehrmacht*. Willy Langkeit doit cette promotion rapide aux commandements successifs qu'il occupe dans les troupes blindées et motorisées (dont les prestigieuses unités « *Grossdeutschland* ») qui lui donnent l'occasion de se distinguer sur le front. Il commande en effet la *II./Pz.Rgt. 36* (1er novembre 1941), le *Pz.Rgt. 36* (1er septembre 1942), le *Pz.Rgt.* « *Grossdeutschland* » (1er mars 1944) puis l'*Ersatz-Brigade* « *Grossdeutschland* » (1er novembre 1944) et la *Pz.Div.* « *Kurmark* » (23 janvier 1945). Il est fait prisonnier par les Américains le 9 mai 1945. Après sa libération, il reprend du service dans les troupes de gardes-frontières de la RFA. Il meurt le 27 octobre 1969 à Bad Bramstedt. Titulaire de la Croix de chevalier de la Croix de fer (9 décembre 1942) avec feuilles de chêne (7 décembre 1943, n° 348) et de la Croix allemande en or (1er juillet 1942).

Born at Schuchten on 2 June 1907, he volunteered for the army in 1924. As a Hauptmann at the start of World War II, he commanded a company of Pz.Rgt. 36. He was promoted to Oberstleutnant on 1 December 1942 and to Oberst on 1 December 1943. Promoted to Generalmajor on 20 April 1945 when he was aged just 38, he figured among the youngest generals in the Wehrmacht. Willy Langkeit owed his rapid promotion to the successive commands he held in the panzer and motorized troops (including the famed "Grossdeutschland" units) which gave him a chance to show bravery on the front. He commanded II./Pz.Rgt. 36 (1 November 1941), Pz.Rgt. 36 (1 September 1942), Pz.Rgt. "Grossdeutschland" (1 March 1944) then Ersatz-Brigade "Grossdeutschland" (1 November 1944) and Pz.Div. "Kurmark" (23 January 1945). He was captured by the Americans on 9 May 1945. Following his release, he returned to service with the West German border guards. He died at Bad Bramstedt on 27 October 1969. Awarded the Knight's Cross of the Iron Cross (9 December 1942) with Oak Leaves (7 December 1943, n° 348) and the German Cross in Gold (1 July 1942).

Martin Lattmann

Né en 1896, à Freiburg, il est aspirant en 1914 et obtient le grade de *Leutnant* (artillerie) l'année suivante. Au début de la Seconde Guerre mondiale, il est *Oberstleutnant* et commande l'*Art.Abt. 430*. *Oberst* le 1er octobre 1940, il est *Generalmajor* le 1er janvier 1943. Il commande le *Pz.Art.Rgt. 16* (10 mai 1942) et la *14. Pz.Div.* (26 novembre 1942 à la fin janvier 1943). Fait prisonnier par les Soviétiques à Stalingrad, il adhère à l'Union des officiers allemands et intervient sur la radio *Freies Deutschland*. Libéré en 1948, il adhère au parti communiste est-allemand et devient chef adjoint du Service Technique C (blindés) au ministère de l'Intérieur de la RDA. En 1956, il est nommé chef de division au ministère de l'Industrie lourde puis en 1959 chef du service d'exportation des équipements compliqués de la Commission de planification. Titulaire de la Croix allemande en or (21 novembre 1943).

Born at Freiburg in 1896, he was an officer cadet in 1914 and rose to the rank of Leutnant (artillery) the following year. At the outbreak of World War II, he was an Oberstleutnant and commander of Art.Abt. 430. Promoted to Oberst on 1 October 1940, and Generalmajor on 1 January 1943. He commanded Pz.Art.Rgt. 16 (10 May 1942) and 14. Pz.Div. (26 November 1942 to the end of January 1943). Taken prisoner by the Soviets at Stalingrad, he joined the German Officers Union and spoke on Freies Deutschland radio. Released in 1948, he joined the East German Communist Party, becoming deputy officer of Technical Department "C" (tanks) at that country's Interior Ministry. In 1956, he was appointed divisional commander at the Ministry of Heavy Industry, then in 1959 head of the Planning Commission's complex equipment export department. Awarded the German Cross in Gold (21 November 1943).

Meinrad von Lauchert

Né le 29 août 1905 à Potsdam, il entre dans la *Reichswehr* comme aspirant en 1924. Il est *Leutnant* dans un régiment de cavalerie en 1931. En 1938, il commande une compagnie du *Pz.Rgt. 35*. Il commence la guerre comme chef de la *I./Pz.Rgt. 35*. *Oberstleutnant* le 1er août 1943, il est *Oberst* le 1er février 1944 et *Generalmajor* le 1er mars 1945 alors âgé d'à peine 40 ans. Pendant cette période, il commande le *Pz.Rgt. 15* (7 août 1943) puis la *2. Pz.Div.* (15 décembre 1944).Fait prisonnier par les Français le 8 mai 1945, il est libéré en 1948 et meurt le 4 décembre 1987 à Stuttgart. Titulaire de la Croix de chevalier de la Croix de fer (8 septembre 1941) avec feuilles de chêne (12 février 1944, n° 396) et de la Croix allemande en or (5 septembre 1943).

Born at Potsdam on 29 August 1905, he joined the Reichswehr as an officer cadet in 1924. In 1931, he was a Leutnant in a cavalry regiment. In 1938, he was a company commander with Pz.Rgt. 35. He started the war as commanding officer of I./Pz.Rgt. 35. Promoted to Oberstleutnant on 1 August 1943, Oberst on 1 February 1944 and Generalmajor on 1 March 1945 at the age of barely 40! During this period, he commanded Pz.Rgt. 15 (7 August 1943) then 2. Pz.Div. (15 December 1944). He was taken prisoner by the French on 8 May 1945, and released in 1948. He died at Stuttgart on 4 December 1987. Awarded the Knight's Cross of the Iron Cross (8 September 1941) with Oak Leaves (12 February 1944, n° 396) and the German Cross in Gold (5 September 1943).

Joachim Lemelsen

Né le 26 septembre 1888 à Berlin, Joachim Lemelsen est aspirant en 1907. Après la guerre de 14-18, il poursuit sa carrière d'artilleur dans la *Reichswehr*, obtenant le grade d'*Oberst* le 1er avril 1934 et ceux de *Generalmajor* et *Generalleutnant* les 1er avril 1937 et 1er avril 1939. En septembre 1939, il commande la *29. Inf.Div. (mot.)*. Il obtient peu après le grade de *General der Artillerie* (1er juillet 1940, appellation de *General der Panzertruppe* le 4 juin 1941). On le trouve alors à la tête de la *5. Pz.Div.* (29 mai 1940), du *XXXXVII. Pz.K.* (25 novembre 1940) puis successivement des *10. Armee*, *1. Armee* et *14.Armee* (1er novembre 1943, 1er mai 1944, 5 juin 1944). Fait prisonnier par les Anglais en mai 1945, il est libéré le 16 mai 1948 et meurt le 30 mars 1954 à Göttingen.Titulaire de la Croix de chevalier de la Croix de fer (27 juillet 1941) avec feuilles de chêne (7 septembre 1943, n° 294) et de la Croix allemande en or (15 juillet 1942).

Born in Berlin on 26 September 1888, Joachim Lemelsen was an officer cadet in 1907. After the 1914-18 war, he pursued his career as an artilleryman in the Reichswehr, obtaining the rank of Oberst on 1 April 1934, and Generalmajor and Generalleutnant on 1 April 1937 and 1 April 1939. In September 1939, he commanded 29. Inf.Div. (mot.). Shortly afterwards he was promoted to General der Artillerie (1 July 1940, renamed General der Panzertruppe on 4 June 1941). We find him in command of 5. Pz.Div. (29 May 1940), XXXXVII. Pz.K. (25 November 1940) then successively 10. Armee, 1. Armee and 14.Armee (1 November 1943, 1 May 1944, 5 June 1944). He was taken prisoner by the British in May 1945, released on 16 May 1948 and died at Göttingen on 30 March 1954. Awarded the Knight's Cross of the Iron Cross (27 July 1941) with Oak Leaves (7 September 1943, n° 294) and the German Cross in Gold (15 July 1942).

Max Lemke

Né le 7 avril 1895, Max Lemke est volontaire dans un régiment de Ulhan en 1914. *Leutnant d. Reserve* en 1918, il quitte l'armée après l'armistice. Il reprend du service en 1937 comme *Rittmeister*. Au début de la Seconde Guerre mondiale, il commande différentes unités de reconnaissance. *Oberstleutnant* le 1er septembre 1942, il est *Oberst* le 1er septembre 1943 et *Generalmajor* le 20 avril 1945. Pendant cette période il commande le *Pz.Gr.Rgt. 25* (26 janvier 1943), la *7. Pz.Div.* (janvier 1945, m.d.F.b.) puis la *Fallsch.Pz.Div.1 « Hermann Göring »* (fin janvier 1945). Il meurt le 29 mai 1985 à Hanovre. Titulaire de la Croix de chevalier de la Croix de fer (18 octobre 1941) et de la Croix allemande en or (23 juin 1942).

Born on 7 April 1895, Max Lemke volunteered for an Ulhan regiment in 1914. As a Leutnant d. Reserve in 1918, he left the army after the armistice. He returned to service as a Rittmeister in 1937. At the start of World War II, he was commander of various reconnaissance units. Promoted to Oberstleutnant on 1 September 1942, Oberst on 1 September 1943 and Generalmajor on 20 April 1945. During this period he commanded Pz.Gr.Rgt. 25 (26 January 1943), 7. Pz.Div. (January 1945, m.d.F.b.) then Fallsch.Pz.Div.1 "Hermann Göring" (late January 1945). He died at Hanover on 29 May 1985. Awarded the Knight's Cross of the Iron Cross (18 October 1941) and the German Cross in Gold (23 June 1942).

Arno von Lenski

Né le 20 juillet 1893 à Czymochen, Arno von Lenski est aspirant en 1912 et sert dans l'infanterie. Il poursuit sa carrière dans l'armée après 1918 et commande un régiment de cavalerie en 1935. *Oberst* le 1er août 1938, il commande la *1. Schtz.Brig.* lorsque débute la Seconde Guerre mondiale. On le retrouve ensuite à la tête de la *11. Schtz.Brig.* (5 août 1941) puis l'école des troupes rapides. *Generalmajor* le 1er juin 1942, il est *Generalleutnant* le 1er janvier 1943. Il commande par intérim la *2. Pz.Div.* (1er juin 1942) puis la *24. Pz.Div.* (12 septembre 1942). Il est fait prisonnier à Stalingrad fin janvier 1943. Rallié aux Soviétiques, il adhère à l'Union des officiers et au comité de l'Allemagne libre. Libéré en 1948, il se retire en RDA où il est nommé à un poste directeur de la banque d'émission allemande. En 1952, il est général de brigade de la Police Populaire d'encadrement et chef de l'administration spéciale C au ministère de l'Intérieur puis au ministère de la Défense de la RDA au moment de la création de la NVA (*Nationale Volksarmee*). Après sa mise à la retraite, il devient député à la « chambre populaire » et membre de la « communauté de Travail des anciens officiers ». Titulaire de la Croix allemande en or (21 janvier 1943).

Born at Czymochen on 20 July 1893, Arno von Lenski was an officer cadet in 1912 and served in the infantry. He pursued his career in the army after 1918 and commanded a cavalry regiment in 1935. Promoted to Oberst on 1 August 1938, he commanded 1. Schtz.Brig. at the outbreak of World War II. We later find him in command of 11. Schtz.Brig. (5 August 1941) then the mobile troops school. Promoted to Generalmajor on 1 June 1942, and Generalleutnant on 1 January 1943. He became interim commander of 2. Pz.Div. (1 June 1942) then 24. Pz.Div. (12 September 1942). He was taken prisoner in Stalingrad at the end of January 1943. He went over to the Soviets, and joined the Officers Union and the Committee for Free Germany. Released in 1948, he retired to East Germany where he received a leading appointment at the German issuing bank. In 1952, he was brigadier general on the staff of the People's Police and head of the special "C" (tank) department at the Ministry of the Interior, then at the East German Ministry of Defense at the time when the NVA (Nationale Volksarmee) was being raised. After his retirement, he was elected to the "People's Chamber" and became a member of the "former officers work community". Awarded the German Cross in Gold (21 January 1943).

Erich von Lewinski
genannt **von Manstein**

Erich von Lewinski naît le 24 novembre 1887. Il prend le nom de Manstein à la suite de son adoption par son oncle, le *Generalleutnant* von Manstein. Aspirant en 1906, il sert dans l'infanterie. Pendant la guerre de 14-18, il se distingue comme officier d'état-major et obtient le grade de *Hauptmann* à la fin du conflit. Pendant l'entre-deux-guerres, il sert dans différents états-majors. *Oberst* le 1er décembre 1933, il est *Generalmajor* le 1er octobre 1936 et sous-chef d'état-major chargé du bureau des opérations à l'OKH. Promu *Generalleutnant* le 1er avril 1938, il occupe les fonctions de chef d'état-major du groupe d'armées « Sud » (devenu groupe d'armées « A ») de septembre 1939 (campagne de Pologne) à novembre 1939. C'est lui qui met au point le plan d'invasion de la France, appliqué avec succès. En février 1940, il commande le *XXXVIII. A.K.* puis est *General der Infanterie* le 1er juin de cette même année. En juin 1941, Manstein se voit confier le commandement du *LVI. Pz.K.* à la tête duquel il réalise une formidable percée à travers les pays baltes. La carrière de Manstein, considéré comme l'un des meilleurs généraux de la *Wehrmacht* et peut-être le plus grand de ses stratèges, s'accélère à partir de la fin 1941. Nommé chef de la *11. Armee* à la suite de la mort accidentelle du *Generaloberst Ritter* von Schobert (13 septembre 1941), il est *Generaloberst* le 7 mars 1942 et accède à la dignité de *Generalfeldmarschall* le 1er juillet 1942 à la suite de ses succès en Crimée. Il commande ensuite le groupe d'armées « Don » (plus tard « Sud ») du 22 novembre 1942 au 31 mars 1944 date de son limogeage. Selon l'historien militaire britannique Liddell Hart, Manstein était considéré par les autres grands généraux allemands comme « ayant un sens profond de la stratégie, allié à une connaissance des engins motorisés supérieure à celle de tous les généraux non spécialistes ». Fait prisonnier par les Anglais en mai 1945, il est condamné à 18 ans de prison en 1949. Il est libéré pour raison de santé en 1953. Il se retire en Bavière et écrit un livre intitulé « Victoires perdues ». Le GFM von Manstein est mort le 10 juin 1973 à Irschenhausen en Haute-Bavière. Titulaire de la Croix de chevalier de la Croix de fer (19 juillet 1940) avec feuilles de chêne (14 mars 1943, n° 209) et glaives (30 mars 1944, n° 59).

Erich von Lewinski was born on 24 November 1887. He took the name Manstein after being adopted by his uncle, Generalleutnant von Manstein. An officer cadet in 1906, he served in the infantry. During the 1914-18 war, he served with distinction as staff officer, rising to the rank of Hauptmann by the end of the war. He served on various general staffs during the interwar period. Promoted to Oberst on 1 December 1933, Generalmajor on 1 October 1936 and deputy chief-of-staff in charge of the operations bureau at OKH. Promoted to Generalleutnant on 1 April 1938, he was chief-of-staff of Army Group "Sud" (renamed Army Group "A") from September 1939 (Polish campaign) to November 1939. It was he who masterminded the successful plan for the invasion of France. In February 1940, he commanded XXXVIII. A.K. then became General der Infanterie on 1 June of that same year. In June 1941, Manstein was placed in command of LVI. Pz.K. with which he achieved a tremendous breakthrough through the Baltic countries. Regarded as one of the shrewdest generals in the Wehrmacht and perhaps also its greatest strategist, Manstein saw his career really take off late in 1941. Appointed commanding officer of 11. Armee following the accidental death of Generaloberst Ritter von Schobert (13 September 1941), he was promoted to Generaloberst on 7 March 1942 and rose to the dignity of Generalfeldmarschall on 1 July 1942 following his successes in the Crimea. He went on to command Army Group "Don" (later "Sud"), from 22 November 1942 to 31 March 1944, when he was dismissed. According to the British military historian Liddell Hart, Manstein was regarded by the other great generals as having a deep strategic sense combined with better knowledge of motorized vehicles than any of the non specialist generals. He was taken prisoner by the British in May 1945 and sentenced to 18 years imprisonment in 1949. He was released on grounds of poor health in 1953. He retired to Bavaria and wrote a book, entitled "Lost Victories". GFM von Manstein died at Irschenhausen in Upper Bavaria on 10 June 1973. Awarded the Knight's Cross of the Iron Cross (19 July 1940) with Oak Leaves (14 March 1943, n° 209) and Swords (30 March 1944 n° 59).

Rudolf-Eduard Licht

Né le 11 juin 1890 à Holzhaleben, il est aspirant en 1911 et *Leutnant* dans l'infanterie l'année suivante. *Oberst* le 1er mars 1938, il commande l'*Inf.Rgt. 40* au début de la Seconde Guerre. On le trouve ensuite à la tête de la *17. Schtz.Brig.* (23 juillet 1941) et de la *17. Pz.Div.* (novembre 1941). Promu *Generalmajor* le 1er février 1942, il est *Generalleutnant* le 1er février 1944. Il commande alors la *Div. 487* (1er novembre 1942), la *21. Lw.Feld-Div.* (12 octobre 1943) et enfin la *710. Inf.Div.* (1er novembre 1944). Il meurt le 14 septembre 1978. Titulaire de la Croix allemande en or (18 octobre 1941).

Born at Holzhaleben on 11 June 1890, he was an officer cadet in 1911 and a Leutnant in the infantry the following year. Promoted to Oberst on 1 March 1938, he was commander of Inf.Rgt. 40 at the outbreak of World War II. He went on to command 17. Schtz.Brig. (23 July 1941) and 17. Pz.Div. (November 1941). He was promoted to Generalmajor on 1 February 1942 and Generalleutnant on 1 February 1944. He commanded Div. 487 (1 November 1942), 21. Lw.Feld-Div. (12 October 1943) and finally 710. Inf.Div. (1 November 1944). He died on 14 September 1978. Awarded the German Cross in Gold (18 October 1941).

Kurt *Frhr* von Liebenstein

Né le 28 février 1899 à Jebenhausen, il est aspirant en 1916, *Leutnant* (dragons) en février 1918. Il reste dans l'armée après la guerre de 14-18, obtenant le grade d'*Oberstleutnant* en 1939. Au début de la Seconde Guerre mondiale, il sert à l'état-major de l'OKH puis devient Ia dans l'état-major de la *10. Pz.Div.* (25 février 1940) et chef d'état-major de la *Pz.Gr. 2. Oberst* le 1er février 1941, il est promu *Generalmajor* le 1er mars 1943. On le retrouve alors à la tête du *Pz.Rgt. 6* (20 juin 1942), de la *3. Pz.Brig.* (25 octobre-8 novembre 1942) puis de la *164. Lei.Afrika Div.* (19 décembre 1942). Il est fait prisonnier en Tunisie le 12 mai 1943. Après sa libération, il sert dans la *Bundeswehr* (1956) avec le grade de *Generalmajor* et la fonction de chef du *Wehrkreis V*. Il meurt le 3 juin 1975. Titulaire de la Croix de chevalier de la Croix de fer (10 mai 1943) et de la Croix allemande en or (26 janvier 1942).

Born at Jebenhausen on 28 February 1899, he was an officer cadet in 1916 and a Leutnant (dragoons) in February 1918. He stayed on in the army after the 1914-18 war, obtaining the rank of Oberstleutnant in 1939. At the outbreak of World War II, he served on the general staff of OKH, then became Ia on the general staff of 10. Pz.Div. (25 February 1940) and chief-of-staff of Pz.Gr. 2. Promoted to Oberst on 1 February 1941 and Generalmajor on 1 March 1943. He went on to command Pz.Rgt. 6 (20 June 1942), 3. Pz.Brig. (25 October-8 November 1942) then 164. Lei.Afrika Div. (19 December 1942). He was taken prisoner in Tunisia on 12 May 1943. After his release, he served in the Bundeswehr (1956) with the rank of Generalmajor and as commanding officer of Wehrkreis V. He died on 3 June 1975. Awarded the Knight's Cross of the Iron Cross (10 May 1943) and the German Cross in Gold (26 January 1942).

Viktor Linnarz

Ne le 19 août 1894 à Alfeld, il est aspirant peu avant la guerre de 14-18. *Leutnant* dans les transmissions en août 1914, il reste dans l'armée après l'armistice de 1918. Il accède au grade d'*Oberstleutnant* en 1938. *Oberst* le 1er août 1940, il est *Generalmajor* le 1er août 1943 et commande la *5. Pz.Brig.* (3 juin 1941). On le retrouve ensuite à la tête de l'*Amtsgr. P1* au HPA (1er octobre 1942) puis comme chef de la *26. Pz.Div.* (1er mars 1945). Titulaire de la Croix allemande en argent (15 janvier 1945).

Born at Alfeld on 19 August 1894, he was an officer cadet just before the 1914-18 war. Promoted to Leutnant with the signals in August 1914, he stayed on in the army after the armistice of 1918. He rose to the rank of Oberstleutnant in 1938. Promoted to Oberst on 1 August 1940, and Generalmajor on 1 August 1943, he commanded 5. Pz.Brig. (3 June 1941). We later find him in command of Amtsgr. P1 at HPA (1 October 1942) then as commanding officer of 26. Pz.Div. (1 March 1945). Awarded the German Cross in Silver (15 January 1945).

Rolf Lippert

Né le 29 octobre 1900, Rolf Lippert est aspirant en juin 1918 et sert dans l'infanterie. Au début de la Seconde Guerre, il est *Major* et commande l'*Aufkl.Abt. 216. Oberstleutnant* le 1er octobre 1941, il est *Oberst* le 1er juin 1943 et *Generalmajor* le 1er janvier 1945. Il fait toute la guerre dans les unités blindées ou motorisées. On le trouve à la tête du *Pz.Rgt. « Grossdeutschland »* (25 août 1943) du *Pz.Rgt. 31* (1er novembre 1943) puis de la *5. Pz.Div.* (16 octobre 1944). Il meurt au combat le 1er avril 1945. Titulaire de la Croix de chevalier de la Croix de fer (9 Juin 1944).

Born on 29 October 1900, Rolf Lippert was an officer cadet in June 1918 and served in the infantry. At the outbreak of World War II, he was a Major and commander of Aufkl.Abt. 216. Promoted to Oberstleutnant on 1 October 1941, Oberst on 1 June 1943 and Generalmajor on 1 January 1945. He fought the entire war in armored or motorized units. We find him in command of Pz.Rgt. "Grossdeutschland" (25 August 1943), Pz.Rgt. 31 (1 November 1943) then 5. Pz.Div. (16 October 1944). He died in action on 1 April 1945. Awarded the Knight's Cross of the Iron Cross (9 June 1944).

Né le 3 août 1888 à Prieborn, il est *Leutnant* au *Gr.Rgt. 1* en 1906. Après la guerre de 14-18, il poursuit sa carrière dans l'infanterie, obtenant le grade d'*Oberst* le 1er avril 1934 et celui de *Generalmajor* le 1er août 1938. En septembre 1939, il commande la *1. Lei.Div.* puis la *81. Inf.Div.* (25 octobre 1939) et la *10. Inf.Div.* (5 octobre 1940). Promu *Generalleutnant* le 1er septembre 1940, on le retrouve ensuite à la tête de la *178. Res.Pz.Div.* (1er mai 1942), de la *Pz.Div. « Tatra »* (août 1944) et de la *Pz.Div. « Ludwig »* (janvier 1945). Il meurt le 7 octobre 1983. Titulaire de la Croix de chevalier de la Croix de fer (29 septembre 1941).

Born at Prieborn on 3 August 1888, he was a Leutnant with Gr.Rgt. 1 in 1906. After the 1914-18 war, he pursued his career in the infantry, with promotion to Oberst on 1 April 1934 and Generalmajor on 1 August 1938. In September 1939, he was commander of 1. Lei.Div. then 81. Inf.Div. (25 October 1939) and 10. Inf.Div. (5 October 1940). Promoted to Generalleutnant on 1 September 1940, we later find him in command of 178. Res.Pz.Div. (1 May 1942), Pz.Div. "Tatra" (August 1944) and Pz.Div. "Ludwig" (January 1945). He died on 7 October 1983. Awarded the Knight's Cross of the Iron Cross (29 September 1941).

**Friedrich-Wilhelm
von Loeper**

Né le 4 mars 1894 à Klein Lunow, il est aspirant en 1912 et *Leutnant* dans l'infanterie en 1914. Pendant l'entre-deux-guerres, il sert dans l'infanterie et la cavalerie. *Oberst* le 1er juin 1939, il est à la tête du *Kav.Schtz.Rgt. 13* lorsque la guerre se déclenche. *Generalmajor* le 1er octobre 1942, il est *Generalleutnant* le 1er avril 1943. Il commande successivement la *2. Schtz.Brig.* (1er août 1941), la *2. Pz.Div.* (5 septembre 1942), la *81. Inf.Div.* (5 avril 1944) puis la *443. Inf.Div.* (27 décembre 1944). Fait prisonnier par les Soviétiques en 1945, il est condamné à 15 ans de prison. Il est finalement libéré en 1955 et meurt le 25 avril 1969. Titulaire de la Croix de chevalier de la Croix de fer (17 août 1943) et de la Croix allemande en or (6 mars 1943).

Born at Klein Lunow on 4 March 1894, he was an officer cadet in 1912 and Leutnant in the infantry in 1914. During the interwar years, he served in the infantry and the cavalry. Promoted to Oberst on 1 June 1939, he was in command of Kav.Schtz.Rgt. 13 when war broke out. He was promoted to Generalmajor on 1 October 1942 and Generalleutnant on 1 April 1943. He commanded successively 2. Schtz.Brig. (1 August 1941), 2. Pz.Div. (5 September 1942), 81. Inf.Div. (5 April 1944) then 443. Inf.Div. (27 December 1944). Taken prisoner by the Soviets in 1945, he was sentenced to 15 years imprisonment. He was finally released in 1955 and died on 25 April 1969. Awarded the Knight's Cross of the Iron Cross (17 August 1943) and the German Cross in Gold (6 March 1943).

Vollrath Lübbe

Né le 20 juillet 1896 à Darmstadt, Carl-Hans Lungershausen est aspirant en août 1914 et sert dans la cavalerie. Il termine la guerre de 14-18 avec le grade de *Leutnant*. A la veille de la Seconde Guerre mondiale, il commande une unité de reconnaissance avec le grade d'*Oberstleutnant*. *Oberst* le 1er novembre 1940, il est *Generalmajor* le 1er octobre 1942 et *Generalleutnant* le 1er septembre de l'année suivante. Il commande successivement le *Schtz.Rgt. 7* (1er juin 1941), la *7. Schtz.Brig.* (1er avril 1942), la *90. Lei.Afrika Div.* (13 juillet 1942, m.d.F.b.), la *164.Lei.Afrika Div.* (10 août 1942), la *21. Pz.Div.* (31 août-18 septembre 1942), la *Div. « Sardinien »* (23 mai 1943) et la *90. Pz.Gren.Div.* (1er août 1943). Il est inspecteur des troupes italiennes du 1er juillet 1944 au 1er mars 1945. Il meurt le 24 décembre 1975. Titulaire de la Croix allemande en or (19 janvier 1942).

Born at Darmstadt on 20 July 1896, Carl-Hans Lungershausen was an officer cadet in August 1914 and served in the cavalry. He ended the 1914-18 war with the rank of Leutnant. On the eve of World War II, he was in command of a reconnaissance unit with the rank of Oberstleutnant. Promoted to Oberst on 1 November 1940, Generalmajor on 1 October 1942 and Generalleutnant on 1 September of the following year. He commanded successively Schtz.Rgt. 7 (1 June 1941), 7. Schtz.Brig. (1 April 1942), 90. Lei.Afrika Div. (13 July 1942, m.d.F.b.), 164.Lei.Afrika Div. (10 August 1942), 21. Pz.Div. (31 August-18 September 1942), Div. "Sardinien" (23 May 1943) and 90. Pz.Gren.Div. (1 August 1943). He was inspector of the Italian troops from 1 July 1944 to 1 March 1945. He died on 24 December 1975. Awarded the German Cross in Gold (19 January 1942).

Carl-Hans Lungershausen

Heinrich *Frhr* von Lüttwitz

Né le 6 décembre 1896 à Krumpach, il est aspirant en 1914 et sert dans un régiment de Ulhans. Il poursuit sa carrière dans la cavalerie après la guerre de 14-18. En septembre 1939, il est *Oberstleutnant* et commande un bataillon de motocylistes (*Krad.Schtz.Btl. 59*). *Oberst* le 1er octobre 1941, il franchit rapidement les grades suivants : *Generalmajor* le 1er décembre 1942, *Generalleutnant* le 1er juin 1943 et *General der Panzertruppe* le 1er novembre 1944. Pendant tout cette période, il exerce une série de commandements dans les troupes blindées ou motorisées : *Pz.Gr.Rgt. 59* (2 juillet 1941), *20. Schtz.Brig.* (1er juin 1942), *20. Pz.Div.* (1er octobre 1942), *2. Pz.Div.* (1er février 1944), *XXXXVII. Pz.K.* (5 septembre 1944). Il meurt le 9 octobre 1969 à Neuburg. Titulaire de la Croix de chevalier de la Croix de fer (27 mai 1942) avec feuilles de chêne (3 septembre 1944, n° 571) et glaives (9 mai 1945 n° 157) et de la Croix allemande en or (19 décembre 1941).

Born on 6 December 1896 at Krumpach, he was an officer cadet in 1914 and served in a Ulhans regiment. He pursued his career in the cavalry after the 1914-18 war. In September 1939, he was an Oberstleutnant and commander of a motorcycle battalion (Krad.Schtz.Btl. 59). Promoted to Oberst on 1 October 1941, he quickly climbed through the following ranks: Generalmajor on 1 December 1942, Generalleutnant on 1 June 1943 and General der Panzertruppe on 1 November 1944. Throughout this period, he held a series of commands in the panzer or motorized troops: Pz.Gr.Rgt. 59 (2 July 1941), 20. Schtz.Brig. (1 June 1942), 20. Pz.Div. (1 October 1942), 2. Pz.Div. (1 February 1944), XXXXVII. Pz.K. (5 September 1944). He died at Neuburg on 9 October 1969. Awarded the Knight's Cross of the Iron Cross (27 May 1942) with Oak Leaves (3 September 1944, n°571) and swords (9 May 1945 n° 157) and the German Cross in Gold (19 December 1941).

Smilo *Frhr* von Lüttwitz

Né le 23 décembre 1895 à Strasbourg (frère du précédent), il est aspirant en 1914 et sert dans la cavalerie (dragons). Il poursuit sa carrière après 1918. A la veille de la Seconde Guerre mondiale il est *Oberstleutnant* et occupe le poste d'*Adjutant* du *XV. A.K.* Il commande ensuite le *Schtz.Rgt. 12* (16 juin 1940) et la *1. Schtz.Brig.* (1er mars 1942). *Oberst* le 1er novembre 1941, il obtient le grade de *Generalmajor* le 1er septembre 1942 puis ceux de *Generalleutnant* et de *General der Panzertruppe* les 1er octobre 1943 et 1er septembre 1944. On le retrouve alors à la tête de la *26. Pz.Div.* (14 juillet 1942), du *XXXXVI. Pz.K.* (24 juillet 1944), de la *9. Armee* (1er septembre 1944) et enfin du *LXXXV. A.K.* (31 mars 1945). Après la guerre, il reprend du service dans la *Bundeswehr* où il commandera un corps d'armée avec le grade de *Generalleutnant*. Il meurt le 19 mai 1975 à Coblence. Titulaire de la Croix de chevalier de la Croix de fer (14 janvier 1942) avec feuilles de chêne (16 mars 1944, n° 426) et glaives (4 juillet 1944 n° 76) et de la Croix allemande en or (27 octobre 1941).

Born at Strasbourg on 23 December 1895 (brother of the above), he was an officer cadet in 1914 and served in the cavalry (dragoons). He pursued his career after 1918. On the eve of World War II he was an Oberstleutnant and held a post as Adjutant with XV. A.K. He went on to command Schtz.Rgt. 12 (16 June 1940) and 1. Schtz.Brig. (1 March 1942). Promoted to Oberst on 1 November 1941, he obtained the rank of Generalmajor on 1 September 1942 then those of Generalleutnant and General der Panzertruppe on 1 October 1943 and 1 September 1944. We then find him in command of 26. Pz.Div. (14 July 1942), XXXXVI. Pz.K. (24 July 1944), 9. Armee (1 September 1944) and finally LXXXV. A.K. (31 March 1945). After the war, he returned to active service in the Bundeswehr where he commanded an army corps, with the rank of Generalleutnant. He died at Coblenz on 19 May 1975. Awarded the Knight's Cross of the Iron Cross (14 January 1942) with Oak Leaves (16 March 1944, n° 426) and swords (4 July 1944, n° 76) and the German Cross in Gold (27 October 1941).

Erwin Mack

Né le 15 juillet 1893 à Hohenheim, Erwin Mack est aspirant en 1911. Deux ans plus tard, il est *Leutnant* dans une unité de pionniers. Après la guerre de 14-18 il continue à servir dans cette spécialité. *Oberst* le 1er juin 1938, il commande le *Pi.Rgt. 413* (23 juillet 1940) avant de devenir chef du génie de la *Pz.Gr. 3* (18 décembre 1940). *Generalmajor* le 1er avril 1942, il commande la *20. Schtz.Brig.* (23 février 1942) puis la *23. Pz.Div.* (20 juillet 1942). Il est tué au combat près d'Altud am Bakssan (Caucase) le 26 août 1942. Titulaire de la Croix allemande en or (8 décembre 1942).

Born at Hohenheim on 15 July 1893, Erwin Mack was an officer cadet in 1911. Two years later, he was a Leutnant in an engineers unit. After the 1914-18 war he continued to serve in that special service. Promoted to Oberst on 1 June 1938, he commanded Pi.Rgt. 413 (23 July 1940) before becoming commanding officer of the engineers of Pz.Gr. 3 (18 December 1940). Promoted to Generalmajor on 1 April 1942, he commanded 20. Schtz.Brig. (23 February 1942) then 23. Pz.Div. (20 July 1942). He was killed in action near Altud am Bakssan (Caucasus) on 26 August 1942. Awarded the German Cross in Gold (8 December 1942).

Eberhard von Mackensen

Fils du *Generalfeldmarschall* August von Mackensen, Eberhard von Mackensen naît le 24 septembre 1889 à Bromberg. En octobre 1908, il entre dans l'armée comme aspirant dans les hussards. En mars 1910, il est *Leutnant*. Au début de la guerre de 14-18, il est *Adjutant* de son régiment. *Oberleutnant* en août 1915, il sert ensuite comme *Hauptmann i.G.* dans l'état-major du groupe d'armées « Scholtz ». Il reste dans la *Reichswehr* après l'armistice de 1918 et sert comme *Rittmeister* dans le *5. Reit.Rgt.* En janvier 1922, il commande l'escadron de tradition du *1. Leibhusaren-Rgt.* Mackensen sert ensuite à l'état-major général. *Oberst* le 1ᵉʳ septembre 1934, il est chef d'état-major du *Kavalleriekorps* en novembre 1933 puis du *X. A.K.* en mai 1935. En octobre 1937, il commande la *1. Kav.Brig. Generalmajor* le 1ᵉʳ janvier 1939, il est *Generalleutnant* le 1ᵉʳ janvier 1940, *General der Kavallerie* le 1ᵉʳ août 1940 et devient chef d'état-major de la *14. Armee* puis de la *12. Armee.* Il prend le commandement du *III. A.K. (mot.)* au moment de sa création le 15 janvier 1941. Chef de la *1. Pz.Armee* (22 novembre 1942), puis de la *14. Armee* (5 novembre 1943), il exerce ce second commandement jusqu'au 6 juillet 1944, date à laquelle il est mis dans la réserve des commandants. Il avait été fait *Generaloberst* le 6 juillet 1943. Capturé par les Soviétiques en mai 1945, il est libéré en octobre 1952. Il est l'auteur d'un historique du *III. Pz.K.* paru en 1967. Il meurt le 19 mai 1969 à Alt-Mühlendorf. Titulaire de la Croix de chevalier de la Croix de fer (27 juillet 1941) avec feuilles de chêne (26 mai 1942,n° 95).

The son of Generalfeldmarschall August von Mackensen, Eberhard von Mackensen was born at Bromberg on 24 September 1889. In October 1908, he joined the army as an officer cadet in the Hussars. In March 1910, he was a Leutnant. At the start of the 1914-18 war, he was Adjutant of his regiment. Promoted to Oberleutnant in August 1915, he went on to serve as Hauptmann i.G. on the general staff of Army Group "Scholtz". He stayed on in the Reichswehr after the armistice of 1918 and served as Rittmeister in 5. Reit.Rgt. In January 1922, he commanded the traditional squadron of 1. Leibhusaren-Rgt. Mackensen went on to serve on the general staff. Promoted to Oberst on 1 September 1934, he became chief-of-staff of Kavalleriekorps in November 1933 then of X. A.K. in May 1935. In October 1937, he was appointed commander of 1. Kav.Brig. Promoted to Generalmajor on 1 January 1939, Generalleutnant on 1 January 1940, and General der Kavallerie on 1 August 1940, he became chief-of-staff of 14. Armee then 12. Armee. He took over command of III. A.K. (mot.) when it was raised on 15 January 1941. Commanding officer of 1. Pz.Armee (22 November 1942), then 14. Armee (5 November 1943), he held this last command until 6 July 1944, when he was placed in the commander reserve. He had been promoted to Generaloberst on 6 July 1943. He was captured by the Soviets in May 1945, and released in October 1952. He was the author of a history of III. Pz.K. published in 1967. He died at Alt-Mühlendorf on 19 May 1969. Awarded the Knight's Cross of the Iron Cross (27 July 1941) with Oak Leaves (26 May 1942, n° 95).

Hellmuth Mäder

Né le 5 juillet 1908, Hellmuth Mäder entre dans la police en 1928. *Leutnant* en 1933, il passe dans la *Wehrmacht* en 1935. et devient *Hauptmann* en 1936. Il est officier dans l'état-major de la *34. Inf.Div.* lorsque la Seconde Guerre mondiale commence. Il sert ensuite dans différentes unités d'infanterie avant de recevoir le grade d'*Oberst* le 1ᵉʳ octobre 1943. En octobre-novembre 1943, il commande la *7. Pz.Div.* puis la *Pz.Gren.Brig.* et la *Pz.Gren.Div.* « *Grossdeutschland* » (24 décembre 1944 et 1ᵉʳ février 1945). Il obtient le grade de *Generalmajor* le 30 janvier 1945 alors qu'il est âgé de 37 ans ! Fait prisonnier par les Soviétiques en 1945, il est condamné à 15 ans de prison. Il est cependant libéré en 1955. Il poursuit sa carrière dans la *Bundeswehr* où il sert comme général à partir de 1958. Il meurt le 12 mai 1984 à Coblence. Titulaire de la Croix de chevalier de la Croix de fer (3 avril 1942) avec feuilles de chêne (27 août 1944, n° 560) et glaives (18 avril 1945, n° 143).

Born on 5 July 1908, Hellmuth Mäder joined the police in 1928. A Leutnant in 1933, he switched to the Wehrmacht in 1935 and was promoted to Hauptmann in 1936. He was an officer on the general staff of 34. Inf.Div. at the start of World War II. He went on to serve in various infantry units before receiving the rank of Oberst on 1 October 1943. In October-November 1943, he commanded 7. Pz.Div. then Pz.Gren.Brig. and Pz.Gren.Div. "Grossdeutschland" (24 December 1944 and 1 February 1945). He obtained the rank of Generalmajor on 30 January 1945 at the age of 37! Taken prisoner by the Soviets in 1945, he was sentenced to 15 years imprisonment. However he was released in 1955. He pursued his career in the Bundeswehr where he served as a general from 1958. He died at Coblenz on 12 May 1984. Awarded the Knight's Cross of the Iron Cross (3 April 1942) with Oak Leaves (27 August 1944, n° 560) and Swords (18 April 1945, n° 143).

Hasso-Eccard *Frhr* von Manteuffel

Né le 14 janvier 1897 à Potsdam, il est aspirant en 1916 puis *Leutnant* dans un régiment de Hussards. Pendant la guerre de 14-18, il sert dans la cavalerie et en état-major. Il poursuit sa carrière dans la cavalerie entre les deux guerres. Au début de la Seconde Guerre mondiale, il est *Oberstleutnant* et instructeur à l'école des troupes blindées. Il commande ensuite le *Kradschtz.Btl. 3* (13 juin 1940) avant de recevoir le grade d'*Oberst* (1er octobre 1941). On le retrouve à la tête du *I./Schtz.Rgt. 7* (1er mai 1941), du *Pz.Gr.Rgt. 6* (25 août 1941) puis de la *7. Pz.Gr.Brig.* (15 juillet 1942). Le 8 février 1943, il commande la *Div. von Manteuffel.* Sa carrière s'accélère à partir de 1943 : *Generalmajor* le 1er mai 1943, il est *Generalleutnant* le 1er février 1944 et *General der Panzertruppe* le 1er septembre de cette année. Il commande alors la *7. Pz.Div.* (1er août 1943), la *Pz.Gr.Div. « Grossdeutschland »* (1er février 1944) puis les *5.* et *3. Pz.Armeen* (1er septembre 1944 et 5 mars 1944). Fait prisonnier en mai 1945, il est libéré en 1947. Reconverti dans l'industrie, il se fait élire au *Bundestag.* Il est l'auteur d'un historique de la *7. Pz.Div.* paru en 1978. Il meurt le 24 septembre 1978 à Reith près d'Innsbruck. Figure emblématique des troupes blindées, Hasso von Manteuffel était titulaire de la Croix de chevalier de la Croix de fer (31 décembre 1941) avec feuilles de chêne (23 novembre 1943, n° 332), glaives (22 février 1944, n° 50) et brillants (18 février 1945, n° 24).

Born at Potsdam on 14 January 1897, he was an officer cadet in 1916 then a Leutnant in a Hussars regiment. During the 1914-18 war, he served in the cavalry and on the general staff. He pursued his career in the cavalry between the two wars. At the outbreak of World War II, he was an Oberstleutnant and instructor at the panzer troop school. He went on to command Kradschtz.Btl. 3 (13 June 1940) before being promoted to Oberst (1 October 1941). We find him in command of I./Schtz.Rgt. 7 (1 May 1941), Pz.Gr.Rgt. 6 (25 August 1941) then 7. Pz.Gr.Brig. (15 July 1942). On 8 February 1943, he was placed in command of Div. von Manteuffel. His career really took off in 1943, with promotion to Generalmajor on 1 May 1943, Generalleutnant on 1 February 1944 and General der Panzertruppe on 1 September of that year. He then commanded 7. Pz.Div. (1 August 1943), Pz.Gr.Div. "Grossdeutschland" (1 February 1944) then 5. and 3. Pz.Armeen (1 September 1944 and 5 March 1944). Taken prisoner in May 1945, and released in 1947, he started a new career in industry, and was elected to the Bundestag. He was the author of a history of 7. Pz.Div. published in 1978. He died at Reith near Innsbruck on 24 September 1978. An emblematic figure of the panzer troops, Hasso von Manteuffel was awarded the Knight's Cross of the Iron Cross (31 December 1941) with Oak Leaves (23 November 1943, n° 332), Swords (22 February 1944, n° 50) and Diamonds (18 February 1945, n° 24).

Werner Marcks

Né le 17 juillet 1896 à Magdebourg, Werner Marcks est aspirant en 1914, *Leutnant* (infanterie) l'année suivante. Il poursuit sa carrière dans la *Reichswehr* puis dans la *Wehrmacht* où il sert dans des unités blindées. Au début de la Seconde Guerre mondiale, il est *Major* et commande la *Pz.Abw.Abt. 19. Oberstleutnant* le 1er janvier 1940, il est *Oberst* le 1er juin 1942. Il commande successivement le *Schtz.Rgt.115* (2 juillet 1941), le *Schtz.Rgt.104* (6 janvier 1942) et le *Schtz.Rgt. 155* (9 février-25 septembre 1942). C'est en tant que chef de ce régiment, rattaché à la *90. Lei.Afrika Div.*, qu'il assure le commandement de cette division du 14 au 18 juin 1942 et du 19 au 21 juin 1942. On le retrouve ensuite à l'état-major de l'inspection des troupes blindées (1er octobre 1942) puis à la tête des *1.* et *21. Pz.Div.* (2 janvier 1944 et 10 janvier 1945). Il avait été entre temps promu *Generalmajor* (1er avril 1944) et *Generalleutnant* (20 avril 1945). Fait prisonnier par les Soviétiques en 1945, il est condamné à 15 ans de prison. Il est finalement libéré le 10 octobre 1955 et meurt le 28 juillet 1967 à Wedel. Titulaire de la Croix de chevalier de la Croix de fer (2 février 1942) avec feuilles de chêne (21 septembre 1944, n° 593) et de la Croix allemande en or (11 décembre 1941).

Born at Magdeburg on 17 July 1896, Werner Marcks was an officer cadet in 1914 and a Leutnant (infantry) the following year. He pursued his career in the Reichswehr then in the Wehrmacht where he served with various armored units. At the outbreak of World War II, he was a Major and commander of Pz.Abw.Abt. 19. Promoted to Oberstleutnant on 1 January 1940 and Oberst on 1 June 1942. He commanded successively Schtz.Rgt.115 (2 July 1941), Schtz.Rgt.104 (6 January 1942) and Schtz.Rgt. 155 (9 February-25 September 1942). It was as commanding officer of that regiment, attached to 90. Lei.Afrika Div., that he held command of that division from 14 to 18 June 1942 and from 19 to 21 June 1942. We later find him on the general staff of the panzer troop inspectorate (1 October 1942) then in command of 1. and 21. Pz.Div. (2 January 1944 and 10 January 1945). Meanwhile he had been promoted to Generalmajor (1 April 1944) and Generalleutnant (20 April 1945). Taken prisoner by the Soviets in 1945, he was sentenced to 15 years imprisonment. He was finally released on 10 October 1955 and died at Wedel on 28 July 1967. Awarded the Knight's Cross of the Iron Cross (2 February 1942) with Oak Leaves (21 September 1944, n° 593) and the German Cross in Gold (11 December 1941).

Robert Martinek

Né le 2 février 1889 à Gratzen, Robert Martinek est aspirant (artillerie) dans l'armée austro-hongroise en 1907. Il poursuit sa carrière dans l'armée autrichienne après 1918 puis dans la *Wehrmacht* après l'Anschluss. *Oberst* le 15 décembre 1934, il est *Arko* du *XVIII. A.K.* en septembre 1939 puis *Arko 35* et *Arko 7* (1ᵉʳ février 1940). *Generalmajor* le 1ᵉʳ juin 1941, il est *Generalleutnant* le 1ᵉʳ décembre de la même année et *General der Artillerie* le 1ᵉʳ janvier 1943. On le trouve alors à la tête de la *267. Inf.Div.* (10 novembre 1941), de la *7. Geb.Div.* (1ᵉʳ janvier 1942) puis du *XXXIX. Pz.K.* (1ᵉʳ décembre 1942). Il est tué au combat près de Beresinov sur le front russe le 28 juin 1944. Titulaire de la Croix de chevalier de la Croix de fer (26 décembre 1941) avec feuilles de chêne (10 février 1944, n°388) et de la Croix allemande en or (21 mars 1943).

Born at Gratzen on 2 February 1889, Robert Martinek was an officer cadet (artillery) in the Austro-Hungarian Army in 1907. He pursued his career in the Austrian Army after 1918, then in the Wehrmacht after the Anschluss. Promoted to Oberst on 15 December 1934, he was Arko of XVIII. A.K. in September 1939 then Arko 35 and Arko 7 (1 February 1940). Promoted to Generalmajor on 1 June 1941, Generalleutnant on 1 December of the same year and General der Artillerie on 1 January 1943. We find him in command of 267. Inf.Div. (10 November 1941), 7. Geb.Div. (1 January 1942) and XXXIX. Pz.K. (1 December 1942). He was killed in action near Beresinov on the Russian front on 28 June 1944. Awarded the Knight's Cross of the Iron Cross (26 December 1941) with Oak Leaves (10 February 1944, n°388) and the German Cross in Gold (21 March 1943).

Dr Karl Mauss

Né le 17 mai 1898 à Plön, il entre dans l'armée dès 1914 comme volontaire dans l'infanterie. Il termine la guerre avec le grade de *Leutnant* mais quitte l'armée en 1922 comme *Oberleutnant* honoraire. Il se réengage en 1934 avec le grade de *Hauptmann*. Au début de la Seconde Guerre, il commande une compagnie dans l'*Inf.Rgt. 69*. Son ascension est alors très rapide puisqu'il passe en un peu plus de quatre ans du grade de capitaine à celui de général et obtient tous les échelons supérieurs de la Croix de chevalier de la Croix de fer, cas exceptionnel pour un officier « de fortune ». Il est en effet *Oberstleutnant* le 1ᵉʳ avril 1941, *Oberst* le 1ᵉʳ avril 1942, *Generalmajor* deux ans plus tard et *Generalleutnant* le 1ᵉʳ octobre 1944 (il aurait obtenu le grade de *General der Panzertruppe* le 20 avril 1945). Pendant cette période il commande le *II./Inf.Rgt. 69*, le *Pz.Gr.Rgt. 33* (1ᵉʳ mars 1942) et enfin la *7. Pz.Div.* (30 janvier 1944). Fait prisonnier en mai 1945, il est libéré le 28 janvier 1947 et exerce le métier de dentiste à Hambourg. Il meurt le 9 février 1959 à Hambourg. Titulaire de la Croix de chevalier de la Croix de fer (26 novembre 1941) avec feuilles de chêne (24 novembre 1943, n° 335), glaives (23 octobre 1944, n° 101) et brillants (15 avril 1945, n° 26) et de la Croix allemande en or (11 mars 1943).

Born at Plön on 17 May 1898, he joined the army as early as 1914 as a volunteer in the infantry. He ended the war with the rank of Leutnant but left the army in 1922 as an honorary Oberleutnant. He returned to the service in 1934 with the rank of Hauptmann. At the outbreak of World War II, he commanded a company of Inf.Rgt. 69. He then rose quickly through the ranks, passing in a little over four years from captain to general and obtained all the higher ranks of the Knight's Cross of the Iron Cross, an exceptional achievement for an "improvised" officer. He was promoted to Oberstleutnant on 1 April 1941, Oberst on 1 April 1942, Generalmajor two years later and Generalleutnant on 1 October 1944 (he apparently received the rank of General der Panzertruppe on 20 April 1945). During this period he commanded II./Inf.Rgt. 69, Pz.Gr.Rgt. 33 (1 March 1942) and finally 7. Pz.Div. (30 January 1944). Taken prisoner in May 1945, and released on 28 January 1947, he became a practising dentist in Hamburg. He died in Hamburg on 9 February 1959. Awarded the Knight's Cross of the Iron Cross (26 November 1941) with Oak Leaves (24 November 1943, n° 335), Swords (23 October 1944, n° 101) and Diamonds (15 April 1945, n° 26) and the German Cross in Gold (11 March 1943).

Karl-Friedrich von der Meden

Né le 3 décembre 1896 à Samplau, il est volontaire dans les chasseurs en 1914. Il obtient le grade de *Leutnant* (chasseurs à cheval) en 1917 puis quitte l'armée en 1919. De retour sous les drapeaux en 1922, il sert dans différentes unités de cavalerie. En 1939, il est *Oberstleutnant* et commande l'*Aufkl.Abt. 12*. *Oberst* le 1ᵉʳ octobre 1941, il est *Generalmajor* le 1ᵉʳ octobre 1943 et *Generalleutnant* le 1ᵉʳ juillet 1944. Pendant toute cette période, il sert dans les troupes blindées : *Schtz.Rgt. 1* (1ᵉʳ février 1942), *17. Pz.Div.* (22 juillet 1943), *178. Pz.Div.* (1ᵉʳ octobre 1944), état-major de la *4. Pz.Armee* (6 février 1945). Il meurt le 26 décembre 1961. Titulaire de la Croix de chevalier de la Croix de fer (8 août 1941).

Born at Samplau on 3 December 1896, he volunteered in the rifles in 1914. He obtained the rank of Leutnant (mounted rifles) in 1917 then left the army in 1919. On re-enlisting in 1922, he served in various cavalry units. In 1939, he was Oberstleutnant and commanded Aufkl.Abt. 12. He was promoted to Oberst on 1 October 1941, Generalmajor on 1 October 1943 and Generalleutnant on 1 July 1944. Throughout this period, he served in the panzer troops: Schtz.Rgt. 1 (1 February 1942), 17. Pz.Div. (22 July 1943), 178. Pz.Div. (1 October 1944), the general staff of 4. Pz.Armee (6 February 1945). He died on 26 December 1961. Awarded the Knight's Cross of the Iron Cross (8 August 1941).

Horst von Mellenthin

Né le 31 juillet 1898 à Hanovre, Horst von Mellenthin est aspirant en 1915 et *Leutnant* dans l'artillerie à la fin de cette même année. Après la guerre de 14-18, il poursuit sa carrière et obtient le grade d'*Oberstleutnant* le 1er août 1939. *Oberst* le 1er mars 1941, il est *General-major* le 1er décembre 1943, *Generalleutnant* le 1er juillet 1944 et *General der Artillerie* le 16 mars 1945. Pendant cette période on le trouve à la tête de la *23. Inf.Div.* (août 1943, m.d.F.b.), de la *93. Inf.Div.* (septembre 1943) et de la *205. Inf.Div.* (1er décembre 1943). Il commande ensuite, comme remplaçant, le *XVI. A.K.* (20 octobre 1944), le *XXXVIII. Pz.K.* (9 janvier 1945) et enfin les *XI.* et *VIII. A.K.* (16 mars et 19 mars 1945). Il publie en 1955 un ouvrage sur les batailles de chars. Il meurt le 8 janvier 1977 à Wiesbaden. Titulaire de la Croix de chevalier de la Croix de fer (10 octobre 1944) avec feuilles de chêne (4 avril 1945, n°815) et de la Croix allemande en or (25 mars 1944).

Born at Hanover on 31 July 1898, Horst von Mellenthin was an officer cadet in 1915 and Leutnant in the artillery at the end of that same year. After the 1914-18 war, he pursued his career and obtained the rank of Oberstleutnant on 1 August 1939. He was promoted to Oberst on 1 March 1941, Generalmajor on 1 December 1943, Generalleutnant on 1 July 1944 and General der Artillerie on 16 March 1945. During this period we find him in command of 23. Inf.Div. (August 1943, m.d.F.b.), 93. Inf.Div. (September 1943) and 205. Inf.Div. (1 December 1943). He went on to become interim commander of XVI. A.K. (20 October 1944), XXXVIII. Pz.K. (9 January 1945) and finally XI. and VIII. A.K. (16 March and 19 March 1945). In 1955 he published a book on tank battles. He died at Wiesbaden on 8 January 1977. Awarded the Knight's Cross of the Iron Cross (10 October 1944) with Oak Leaves (4 April 1945, n°815) and the German Cross in Gold (25 March 1944).

Erwin Menny

Né le 10 août 1893 à Sarrebourg, Erwin Menny est aspirant en 1912 et *Leutnant* dans les dragons en 1914. Il poursuit sa carrière après 1918 et devient *Oberst* le 1er avril 1939. En 1940, il commande le *Schtz.Rgt. 69* . Il est *Generalmajor* le 1er avril 1942 et *Generalleutnant* le 1er octobre 1943. Après avoir commandé la *15. Schtz.Brig.*, il prend la tête de la *18. Pz.Div.* (15 septembre 1942,m.d.F.b.) non sans avoir assuré le commandement de la *90. Lei. Div.* les 18-19 juin 1942. A partir du 6 mai 1943, il commande successivement les *387., 333., 123., 72.* et *84. Inf.Div.* Il est fait prisonnier à l'Ouest le 21 août 1944. Il meurt le 6 décembre 1949 à Freiburg. Titulaire de la Croix de chevalier de la Croix de fer (26 décembre 1941).

Born at Sarreburg on 10 August 1893, Erwin Menny was an officer cadet in 1912 and a Leutnant in the dragoons in 1914. He pursued his career after 1918 and became an Oberst on 1 April 1939. In 1940, he commanded Schtz.Rgt. 69. He was promoted to Generalmajor on 1 April 1942 and Generalleutnant on 1 October 1943. After commanding 15. Schtz.Brig., he was placed in command of 18. Pz.Div. (15 September 1942, m.d.F.b.) having first led 90. Lei. Div. on 18-19 June 1942. From 6 May 1943, he commanded in succession 387., 333., 123., 72. and 84. Inf.Div. He was taken prisoner in the west on 21 August 1944. He died at Freiburg on 6 December 1949. Awarded the Knight's Cross of the Iron Cross (26 December 1941).

Giovanni Messe

Né le 10 décembre 1883 à Mesagne-Bari, Giovanni Messe combat comme officier d'active en Libye (1911-1912), pendant la guerre de 14-18 puis en Ethiopie (1935-36). En juin 1941, il prend le commandement du corps expéditionnaire italien en Russie mais il en donne sa démission en 1942. Au début de 1943, il est rappelé sur le théâtre africain et succède à Rommel à la tête de la *Pz.Armee « Afrika »* (23 février 1943). Il est fait prisonnier le 13 mai 1943 au moment même où il apprend sa promotion à la dignité de maréchal. Libéré par les Alliés dès septembre 1943, il est nommé chef d'état-major général de l'armée italienne. Il conserve cette fonction jusqu'en 1945. Il est élu sénateur en 1953 et meurt à Rome le 18 décembre 1968. Titulaire de la Croix de chevalier de la Croix de fer (23 janvier 1942).

Born at Mesagne-Bari on 10 December 1883, Giovanni Messe fought as an officer in the regular army in Libya (1911-1912), during the 1914-18 war, then in Ethiopia (1935-36). In June 1941, he took over command of the Italian expeditionary corps in Russia, but resigned in 1942. At the start of 1943, he was recalled to the African theater, taking over from Rommel in command of Pz.Armee "Afrika" (23 February 1943). He was taken prisoner on 13 May 1943 at the very moment when he heard of promotion to the dignity of field-marshal. He was soon released by the Allies, in September 1943, and appointed general chief-of-staff of the Italian Army. He kept that post until 1945. He was elected senator in 1953 and died in Rome on 18 December 1968. Awarded the Knight's Cross of the Iron Cross (23 January 1942).

Eduard Metz

Né le 28 novembre 1891 à Munich, Eduard Metz est aspirant dans l'armée bavaroise en 1912. Après la guerre de 14, il poursuit sa carrière dans l'artillerie. *Oberst* le 1ᵉʳ novembre 1938, il est officier chargé des opérations à l'état-major de la *10. Armee* lorsque débute la Seconde Guerre mondiale. Il devient ensuite chef d'état-major du *XIV. Pz.K.* (3 octobre 1939), officier de liaison de la *11. Armee* (23 juin 1941) avant de partir en mission en Roumanie (23 janvier 1942). *Generalmajor* le 1ᵉʳ août 1942, il est *Generalleutnant* le 1ᵉʳ janvier 1944. Pendant cette période, on le trouve à la tête de la *5. Pz.Div.* (10 août 1942) puis comme *Harko 302* (10 septembre 1943-janvier 1945). Il meurt le 9 juin 1969. Titulaire de la Croix de chevalier de la Croix de fer (5 janvier 1943).

Born in Munich on 28 November 1891, Eduard Metz was an officer cadet in the Bavarian Army in 1912. After the 1914-18 war, he pursued his career in the artillery. Promoted to Oberst on 1 November 1938, at the outbreak of World War II he was officer in charge of operations on the general staff of 10. Armee. He went on to become chief-of-staff of XIV. Pz.K. (3 October 1939), liaison officer with 11. Armee (23 June 1941) before leaving on an assignment to Rumania (23 January 1942). Promoted to Generalmajor on 1 August 1942 and Generalleutnant on 1 January 1944. During this period, we find him in command of 5. Pz.Div. (10 August 1942) then as H.Arko 302 (10 September 1943-January 1945). He died on 9 June 1969. Awarded the Knight's Cross of the Iron Cross (5 January 1943).

Helmuth Michalik

Né le 19 septembre 1894 à Steegen, il est aspirant dans la cavalerie en 1914 et obtient le grade de *Leutnant* en 1915. A la veille de la Seconde Guerre mondiale il est *Oberstleutnant* et commande la *Pz.Abw.Abt. 30*. *Oberst* le 1ᵉʳ août 1941, on le retrouve à la tête du *Schtz.Rgt.140* (1940) puis de la *27. Pz.Div.* (1ᵉʳ octobre 1942,m.d.F.b.). Il sert ensuite à l'état-major de la *18. Armee* et du groupe d'armées « *Südukraine* ». Il meurt dans un accident dans le sud de l'Ukraine le 7 juin 1944. Il est fait *Generalmajor* à titre posthume avec effet rétroactif le 1ᵉʳ juin 1944.

Born at Steegen on 19 September 1894, he was an officer cadet in the cavalry in 1914 and obtained the rank of Leutnant in 1915. On the eve of World War II he was an Oberstleutnant and commander of Pz.Abw.Abt. 30. Promoted to Oberst on 1 August 1941, we later find him in command of Schtz.Rgt.140 (1940) then 27. Pz.Div. (1 October 1942, m.d.F.b.). He went on to serve on the general staff of 18. Armee and Army Group "Südukraine". He died in an accident in southern Ukraine on 7 June 1944. He was posthumously promoted to Generalmajor backdated to 1 June 1944.

Johann Mickl

Né le 18 avril 1893 à Zeltnig, il entre dans l'armée austro-hongroise en 1914 comme *Leutnant* (infanterie). Il poursuit sa carrière dans l'armée autrichienne puis dans la *Wehrmacht*. En septembre 1939, il est *Oberstleutnant* et commande la *Pz.Abw.Abt. 42*. Il est *Oberst* le 1ᵉʳ juin 1940, *Generalmajor* le 1ᵉʳ mars 1943 et *Generalleutnant* le 1ᵉʳ avril 1944. Pendant cette période, il commande le *Schtz.Rgt. 7* (10 décembre 1940), l'*Inf.Rgt. 155* (1ᵉʳ juin 1941), la *90. Lei.Afrika Div.* (11-27 décembre 1941), la *12. Schtz.Brig.* (15 mars 1942), la *11. Pz.Div.* (15 mai 1943) et enfin la *392. Kroat.Inf.Div.* (18 août 1943). Il est gravement blessé au combat près de Karlobey à la fin du mois de mars 1945 et meurt à l'hôpital le 10 avril 1945. Titulaire de la Croix de chevalier de la Croix de fer (13 décembre 1941) avec feuilles de chêne (6 mars 1943, n° 205).

Born at Zeltnig on 18 April 1893, he joined the Austro-Hungarian Army in 1914 as a Leutnant (infantry). He pursued his career in the Austrian Army then in the Wehrmacht. In September 1939, he was an Oberstleutnant and commander of Pz.Abw.Abt. 42. He was promoted to Oberst on 1 June 1940, Generalmajor on 1 March 1943 and Generalleutnant on 1 April 1944. During this period, he commanded Schtz.Rgt. 7 (10 December 1940), Inf.Rgt. 155 (1 June 1941), 90. Lei.Afrika Div. (11-27 December 1941), 12. Schtz.Brig. (15 March 1942), 11. Pz.Div. (15 May 1943) and finally 392. Kroat.Inf.Div. (18 August 1943). He was badly wounded in action near Karlobey at the end of March 1945 and died in hospital on 10 April 1945. Awarded the Knight's Cross of the Iron Cross (13 December 1941) with Oak Leaves (6 March 1943, n° 205).

Hans Mikosch

Né le 7 janvier 1898 à Kattowitz, il entre dans l'armée allemande comme volontaire en septembre 1914. En 1916, il est *Leutnant* dans un bataillon de pionniers. Il quitte l'armée en 1920 pour rejoindre les rangs de la police. En 1935, il est de retour dans l'armée avec le grade de *Hauptmann*. *Oberstleutnant* le 11 avril 1939, il commande un bataillon de pionniers lorsque la Seconde Guerre mondiale éclate. *Oberst* le 1er février 1942, il est *Generalmajor* le 1er janvier 1944 et *Generalleutnant* le 16 mars 1945. Pendant cette période, il commande la *10. Pz.Gr.Div.* (2 octobre 1943) et la *13. Pz.Div.* (23 décembre 1943). Le 18 juin 1944, il est *Kampfkommandant* de Boulogne puis devient chef du génie du *Wehrkreis XIII* et en même temps chef des fortifications de Prusse Orientale. Fait prisonnier par les Soviétiques le 8 mai 1945, il est condamné à 15 ans de prison. Il est finalement libéré en 1955. Il meurt le 18 janvier 1993 à Reichshof. Titulaire de la Croix de chevalier de la Croix de fer (21 mai 1940) avec feuilles de chêne (6 mars 1943, n° 201) et de la Croix allemande en or (13 novembre 1942).

Born at Kattowitz on 7 January 1898, he joined the German Army as a volunteer in September 1914. In 1916, he was a Leutnant in an engineers battalion. He left the army in 1920 to join the police force. In 1935, he was back in the army with the rank of Hauptmann. Promoted to Oberstleutnant on 11 April 1939, he was in command of an engineers battalion when World War II broke out. He was promoted to Oberst on 1 February 1942, Generalmajor on 1 January 1944 and Generalleutnant on 16 March 1945. During this period, he commanded 10. Pz.Gr.Div. (2 October 1943) and 13. Pz.Div. (23 December 1943). On 18 June 1944, he was Kampfkommandant of Boulogne, then became commanding officer of the engineers of Wehrkreis XIII and at the same time commanding officer of the fortifications of East Prussia. Taken prisoner by the Soviets on 8 May 1945, he was sentenced to 15 years imprisonment. He was finally released in 1955. He died at Reichshof on 18 January 1993. Awarded the Knight's Cross of the Iron Cross (21 May 1940) with Oak Leaves (6 March 1943, n°201) and the German Cross in Gold (13 November 1942).

Walter Model

Né le 24 janvier 1891 à Genthin, Walter Model est aspirant en 1909, *Leutnant* dans l'infanterie l'année suivante. Pendant la guerre de 14-18, il sert dans différentes unités d'infanterie et en état-major. Il poursuit sa carrière après 1918 et obtient le grade d'*Oberst* le 1er octobre 1934. *Generalmajor* le 1er mars 1938, il est chef d'état-major du *IV. A.K.* à la veille de la Seconde Guerre mondiale. On le trouve ensuite chef d'état-major de la *16. Armee* (25 octobre 1939). Son ascension est alors très rapide : *Generalleutnant* le 1er avril 1940, il est *General der Panzertruppe* le 1er octobre 1941 et commande la *3. Pz.Div.* (13 novembre 1940) puis le *XXXXI. Pz.K.* (1er octobre 1941). *Generaloberst* le 1er février 1942, il se fait remarquer par son habileté et cumule les commandements de plus en plus importants : *9. Armee* (16 janvier 1942), groupe d'armées « Nord » (9 janvier 1944), groupe d'armées « Nordukraine » (31 mars 1944), groupe d'armées « B » et commandant en chef à l'Ouest (17 août 1944). Spécialiste de la défensive et homme des situations désespérées, Model est fait *Generalfeldmarschall* le 1er mars 1944. Il se suicide dans la poche de la Ruhr le 21 avril 1945. Titulaire de la Croix de chevalier de la Croix de fer (9 juillet 1941) avec feuilles de chêne (17 février 1942, n° 74), glaives (2 avril 1943, n° 28) et brillants (17 août 1944, n° 17).

Born at Genthin on 24 January 1891, Walter Model was an officer cadet in 1909, and a Leutnant in the infantry the following year. During the 1914-18 war, he served in various infantry units and on the general staff. He pursued his career after 1918 and obtained the rank of Oberst on 1 October 1934. Promoted to Generalmajor on 1 March 1938, he was chief-of-staff of IV. A.K. on the eve of World War II. He went on to become chief-of-staff of 16. Armee (25 October 1939). He then saw very rapid promotion, to Generalleutnant on 1 April 1940, General der Panzertruppe on 1 October 1941 and command of 3. Pz.Div. (13 November 1940), then XXXXI. Pz.K. (1 October 1941). Rising to Generaloberst on 1 February 1942, he was noticed for his skill and accumulated more and more important commands: 9. Armee (16 January 1942), Army Group "Nord" (9 January 1944), Army Group "Nordukraine" (31 March 1944), Army Group "B" and Commander-in-Chief West (17 August 1944). A specialist of defensive warfare and a man for desperate situations, Model was promoted to Generalfeldmarschall on 1 March 1944. He committed suicide in the Ruhr pocket on 21 April 1945. Awarded the Knight's Cross of the Iron Cross (9 July 1941) with Oak Leaves (17 February 1942, n° 74), Swords (2 April 1943, n° 28) and Diamonds (17 August 1944, n° 17).

Gerhard Müller

Né le 19 décembre 1896 à Breslau, il est aspirant en 1915, *Leutnant* dans l'infanterie l'année suivante. Il quitte l'armée pour la police en 1920. En 1935, il reprend du service dans la nouvelle *Wehrmacht* avec le grade de *Hauptmann*. A la veille de la Seconde Guerre mondiale, il est *Major* et commande la *Pz.Jg.Abt. 33*. *Oberstleutnant* le 1ᵉʳ janvier 1940, il accède au grade d'*Oberst* le 1ᵉʳ février 1942 et commande *Pz.Rgt. 5* en Afrique du Nord (il est surnommé par ses hommes « Panzermüller »). De retour en Europe, Müller est employé à l'OKH puis placé à la tête de la *12. Inf.Div.* (m.d.F.b.) et de la *116. Pz.Gr.Div.* (m.d.F.b.) Il commande la *9. Pz.Div.* à partir du 1ᵉʳ septembre 1944 (m.d.F.b.), date de sa promotion au grade de *Generalmajor*. A la fin de la guerre, il occupe les fonctions de commandant de la place de Pilsen. Il meurt le 19 avril 1977 à Landau. Titulaire de la Croix de chevalier de la Croix de fer (9 septembre 1942).

Born on 19 December 1896 at Breslau, he was an officer cadet in 1915, and a Leutnant in the infantry the following year. He left the army to join the police in 1920. In 1935, he returned to active service in the new Wehrmacht with the rank of Hauptmann. On the eve of World War II, he was a Major and commander of Pz.Jg.Abt. 33. Promoted to Oberstleutnant on 1 January 1940, he reached the rank of Oberst on 1 February 1942 and commanded Pz.Rgt. 5 in north Africa (he was nicknamed "Panzermüller" by his men). On his return to Europe, Müller was employed at OKH then placed in command of 12. Inf.Div. (m.d.F.b.) and 116. Pz.Gr.Div. (m.d.F.b.). He commanded 9. Pz.Div. from 1 September 1944 (m.d.F.b.), when he was promoted to Generalmajor. At the end of the war, he held a post as governor of the Pilsen garrison. He died at Landau on 19 April 1977. Awarded the Knight's Cross of the Iron Cross (9 September 1942).

Dietrich von Müller

Né le 16 décembre 1891 à Malchow, il est aspirant en 1910 et *Leutnant* dans un bataillon de chasseurs en 1913. Il quitte l'armée en 1920. En 1934, il reprend du service dans la *Wehrmacht* avec le grade de *Hauptmann*. En septembre 1939, il commande un bataillon d'infanterie avec le grade de *Major*. *Oberstleutnant* le 1ᵉʳ avril 1941, il est *Oberst* un an plus tard. Pendant cette période, il commande l'*Inf.Rgt. 5* (20 août 1940) puis le *Pz.Gren.Rgt. 5* (5 septembre 1941). *Generalmajor* le 9 novembre 1944, il est *Generalleutnant* le 20 avril 1945. Il est employé à l'état-major du *Generaloberst* Guderian (mars 1944) puis prend le commandement de la *16. Pz.Div.* (août 1944). Fait prisonnier par les Soviétiques le 19 avril 1945, il est libéré le 9 octobre 1955. Titulaire de la Croix de chevalier de la Croix de fer (3 mai 1942) avec feuilles de chêne (16 août 1943, n° 272) et glaives (20 février 1945, n° 134) et de la Croix allemande en or (21 février 1942).

Born at Malchow on 16 December 1891, he was an officer cadet in 1910 and a Leutnant with a rifles battalion in 1913. He left the army in 1920. In 1934, he returned to active service in the Wehrmacht with the rank of Hauptmann. In September 1939, he commanded an infantry battalion with the rank of Major. He was promoted to Oberstleutnant on 1 April 1941, and Oberst a year later. During this period, he commanded Inf.Rgt. 5 (20 August 1940) then Pz.Gren.Rgt. 5 (5 September 1941). Promoted to Generalmajor on 9 November 1944, and Generalleutnant on 20 April 1945, he was employed on the general staff of Generaloberst Guderian (March 1944), then took command of 16. Pz.Div. (August 1944). He was taken prisoner by the Soviets on 19 April 1945, and released on 9 October 1955. Awarded the Knight's Cross of the Iron Cross (3 May 1942) with Oak Leaves (16 August 1943, n° 272) and Swords (20 February 1945, n° 134) and the German Cross in Gold (21 February 1942).

Burkhart Müller-Hillebrand

Né le 26 décembre 1904 à Dieuze, il entre dans l'armée comme aspirant en 1923 et obtient le grade de *Leutnant* dans la cavalerie en 1926. *Major* au début de la guerre, il occupe différents emplois dans des états-majors jusqu'en 1943. *Oberst* le 1ᵉʳ novembre 1943, il est *Generalmajor* le 1ᵉʳ mars 1945, alors âgé d'à peine 41 ans. Il commande la *16. Pz.Div.* (février 1943), le *Pz.Rgt. 24* (1ᵉʳ mars 1943) avant de devenir chef d'état-major du *XXXXVI. Pz.K.* (avril 1944) puis de la *3. Pz.Armee* (1ᵉʳ septembre 1944). A partir de 1956, il poursuit sa carrière dans la *Bundeswehr* avec le grade de général. Titulaire de la Croix allemande en or (11 février 1944).

Born at Dieuze on 26 December 1904, he joined the army as an officer cadet in 1923 and obtained the rank of Leutnant in the cavalry in 1926. A Major at the start of war, he held various general staff posts until 1943. Promoted to Oberst on 1 November 1943, he became a Generalmajor on 1 March 1945, when aged barely 41. He commanded 16. Pz.Div. (February 1943), Pz.Rgt. 24 (1 March 1943) before becoming chief-of-staff of XXXXVI. Pz.K. (April 1944) then 3. Pz.Armee (1 September 1944). From 1956, he pursued his career in the Bundeswehr with the rank of general. Awarded the German Cross in Gold (11 February 1944).

Werner Mummert

Né le 31 mars 1897 à Lüttewitz, Werner Mummert entre dans l'armée comme volontaire en 1914. Il est *Leutnant d. Reserve* dans les carabiniers en 1916. Activé en 1917, il quitte le service actif en 1918. Il reprend du service en 1936. Au début de la Seconde Guerre mondiale, il commande l'*Aufkl.Abt. 4*. Il est *Oberstleutnant d.Reserve* le 18 septembre 1942, *Oberst d.Reserve* le 1er février 1944 et *Generalmajor d.Reserve* le 1er février de l'année suivante. Pendant cette période, il commande le *Pz.Aufkl.Abt. 14*, le *Pz.Gr.Rgt. 103* (28 janvier 1944) puis la *Pz.Div.Müncheberg* (janvier 1945). Fait prisonnier par les Soviétiques, il meurt en captivité dans le camp de Ssuja le 28 février 1950. Titulaire de la Croix de chevalier de la Croix de fer (17 août 1942) avec feuilles de chêne (28 mars 1944, n°429) et glaives (23 octobre 1944, n°107) et de la Croix allemande en or (11 janvier 1942).

Born at Lüttewitz on 31 March 1897, Werner Mummert joined the army as a volunteer in 1914. He was Leutnant d. Reserve in the rifles in 1916. Activated in 1917, he left active service in 1918, returning in 1936. At the outbreak of World War II, he commanded Aufkl.Abt. 4. He was promoted to Oberstleutnant d.Reserve on 18 September 1942, Oberst d.Reserve on 1 February 1944 and Generalmajor d.Reserve on 1 February of the following year. During this period, he commanded Pz.Aufkl.Abt. 14, Pz.Gr.Rgt. 103 (28 January 1944), then Pz.Div.Müncheberg (January 1945). Taken prisoner by the Soviets, he died in captivity at the Ssuja camp on 28 February 1950. Awarded the Knight's Cross of the Iron Cross (17 August 1942) with Oak Leaves (28 March 1944, n°429) and Swords (23 October 1944, n°107) and the German Cross in Gold (11 January 1942).

Oskar Munzel

Né le 13 mars 1899 à Grimmen en Poméranie, il est aspirant en 1917 et *Leutnant* (cavalerie) en 1918. Il reste dans l'armée après l'armistice de 1918 atteignant le grade de *Major* en 1939. *Oberstleutnant* le 1er octobre 1940, Oskar Munzel est *Oberst* le 30 janvier 1942 et *Generalmajor* le 1er décembre 1944. Il commande une *Abteilung* du *Pz.Rgt. 6* (1er juin 1941) puis le *Pz.Rgt. 6* (décembre 1941). Après un passage à l'école des troupes blindées, il prend la tête de la *14. Pz.Div.* (15 septembre 1944, m.d.F.b.). Il commande ensuite un groupe rattaché à la *1. Pz.Armee* (15 janvier 1945) puis la *2. Pz.Div.* (30 mars 1945). Il termine la guerre à l'état-major du commandant en chef à l'Ouest. En 1956, il reprend du service dans la *Bundeswehr* dont il devient inspecteur des troupes blindées. Il publie en 1980 un historique du *Pz.Rgt. 6*. Il meurt le 1er janvier 1992. Titulaire de la Croix de chevalier de la Croix de fer (16 octobre 1944) et de la Croix allemande en or (14 février 1943).

Born at Grimmen in Pomerania on 13 March 1899, he was an officer cadet in 1917 and Leutnant (cavalry) in 1918. He stayed on in the army after the armistice of 1918, rising to the rank of Major in 1939. Promoted to Oberstleutnant on 1 October 1940, Oskar Munzel became an Oberst on 30 January 1942 and Generalmajor on 1 December 1944. He commanded an Abteilung of Pz.Rgt. 6 (1 June 1941) then Pz.Rgt. 6 (December 1941). After a spell at the panzer troop school, he was placed in command of 14. Pz.Div. (15 September 1944, m.d.F.b.). He went on to command a group attached to 1. Pz.Armee (15 January 1945) then 2. Pz.Div. (30 March 1945). He ended the war on the general staff of the Commander-in-Chief West. In 1956, he returned to active service in the Bundeswehr when he became an armored troop inspector. In 1980 he published a history of Pz.Rgt. 6. He died on 1 January 1992. Awarded the Knight's Cross of the Iron Cross (16 October 1944) and the German Cross in Gold (14 February 1943).

Johannes Nedtwig

Né le 7 janvier 1894 à Grammenz en Poméranie, il entre dans l'armée comme volontaire en août 1914. Il est *Leutnant d.Reserve* en 1916. Après la Première Guerre, il quitte l'armée puis est réactivé en février 1921. À la veille de la Seconde Guerre mondiale, il est *Oberstleutnant* et commande le *Pz.Rgt.1*. Oberst le 1er février 1940, il est *Generalmajor* le 1er août 1943. Il est employé à l'état-major de la *2. Armee* (26 août 1940) puis commande l'école des blindés (5 octobre 1940). On le trouve ensuite à la tête de la *5. Pz.Div.* (1er février 1943), des *156. et 73. Inf.Div.* (8 juillet 1943, m.d.F.b. et 1er décembre 1943) et de la *454. Sich.Div.* (1er mai 1944). Il est fait prisonnier par les Soviétiques le 22 juillet 1944 et adhère à l'Union des officiers allemands. Ceci ne l'empêche pas d'être condamné à 15 ans de prison. Il est finalement libéré le 6 octobre 1955.

Born at Grammenz in Pomerania on 7 January 1894, he joined the army as a volunteer in August 1914. He was a Leutnant d.Reserve in 1916. After the Great War, he left the army until he was reactivated in February 1921. On the eve of World War II, he was an Oberstleutnant and commander of Pz.Rgt.1. He was promoted to Oberst on 1 February 1940, and Generalmajor on 1 August 1943. He was employed on the general staff of 2. Armee (26 August 1940) then commanded the panzer school (5 October 1940). He went on to command 5. Pz.Div. (1 February 1943), 156. and 73. Inf.Div. (8 July 1943, m.d.F.b. and 1 December 1943) and 454. Sich.Div. (1 May 1944). He was taken prisoner by the Soviets on 22 July 1944 and joined the German Officers Union. This did not prevent him from being sentenced to 15 years imprisonment. He was finally released on 6 October 1955.

Walther Nehring

Né le 15 août 1892 à Stretzin, Walter Nehring entre dans l'armée comme aspirant en 1911. Il est *Leutnant* (infanterie) en 1915. Il poursuit sa carrière après l'armistice et commande le *Pz.Rgt. 5* en 1937. À la veille de la Seconde Guerre mondiale, il est *Oberst* (1er mars 1937) et chef d'état-major du *XIX. A.K. (mot.)* (devenu *Panzergruppe Guderian*). *General-major* le 1er août 1940, il est *Generalleutnant* le 1er février 1942 et *General der Panzertrup-pe* le 1er juillet de la même année. À partir de 1940, il exerce toute une série de comman-dements importants dans les troupes blindées. Il commande en effet la *18. Pz.Div.* (26 octobre 1940), l'*Afrikakorps* (9 mars 1942) avant de devenir commandant en chef en Tunisie (15 novembre 1942). De retour en Europe, on le retrouve à la tête du *XXIV. Pz.K.* (10 février 1943), de la *4. Pz.Armee* (2 juillet-8 août 1944) et de nouveau du *XXIV. Pz.K.* (15 octobre 1944). Après une très grave maladie, il finit la guerre comme chef de la *1. Pz.Armee* (22 mars 1945). Il est fait prisonnier par les Alliés en mai 1945. Il est libéré le 31 mai 1948 et meurt le 20 avril 1983. Walther Nehring est l'auteur d'un ouvrage sur l'histoire de l'arme blindée allemande de 1916 à 1945. Titulaire de la Croix de chevalier de la Croix de fer (24 juillet 1941) avec feuilles de chêne (8 février 1944, n° 124) et glaives (22 janvier 1945, n° 124).

Born at Stretzin on 15 August 1892, Walter Nehring joined the army as an officer cadet in 1911. He was a Leutnant (infantry) in 1915. He pursued his career after the armistice and commanded Pz.Rgt. 5 in 1937. On the eve of World War II, he was an Oberst (1 March 1937) and chief-of-staff of XIX. A.K. (mot.) (renamed Panzergruppe Guderian). He was pro-moted to Generalmajor on 1 August 1940, Generalleutnant on 1 February 1942 and Gene-ral der Panzertruppe on 1 July that same year. From 1940, he held a string of important panzer troop commands. He commanded 18. Pz.Div. (26 October 1940), the Afrikakorps (9 March 1942) before becoming commander-in-chief in Tunisia (15 November 1942). On his return to Europe, he took over command of XXIV. Pz.K. (10 February 1943), 4. Pz.Armee (2 July-8 August 1944) and again XXIV. Pz.K. (15 October 1944). After a very serious illl-ness, he ended the war as commanding officer of 1. Pz.Armee (22 March 1945). He was taken prisoner by the Allies in May 1945, released on 31 May 1948 and he died on 20 April 1983. Walther Nehring is the author of a book on the history of the German tank arm from 1916 to 1945. Awarded the Knight's Cross of the Iron Cross (24 July 1941) with Oak Leaves (8 February 1944, n° 124) and Swords (22 January 1945, n° 124).

Walter Neumann-Silkow

Né le 10 avril 1894 à Gross Silkow en Poméranie, Walter Neumann-Silkow est aspirant en 1912 puis *Leutnant* dans un régiment de dragons en 1913. Il poursuit sa carrière après l'armistice de 1918. *Oberstleutnant* en 1936, il est *Oberst* le 1er septembre 1939 et *Gene-ralmajor* le 1er avril 1941. Il commande successivement la *8. Schtz.Brig.* (29 mars 1940), la *8. Pz.Div.* (21 avril 1941, m.d.F.b.) puis la *15. Pz.Div.*, cette dernière engagée en Afrique du Nord (26 mai 1941). Blessé au combat le 6 décembre 1941, il meurt dans l'hôpital de Derna le 9 décembre. Titulaire de la Croix de chevalier de Croix de fer (5 août 1940).

Born at Gross Silkow in Pomerania on 10 April 1894, Walter Neumann-Silkow was an offi-cer cadet in 1912 then a Leutnant in a dragoons regiment in 1913. He pursued his career after the armistice of 1918. He was promoted to Oberstleutnant in 1936, Oberst on 1 Sep-tember 1939 and Generalmajor on 1 April 1941. He commanded successively 8. Schtz.Brig. (29 March 1940), 8. Pz.Div. (21 April 1941, m.d.F.b.) then 15. Pz.Div., this last being en-gaged in north Africa (26 May 1941). He was wounded in action on 6 December 1941, and died at Derna Hospital on 9 December. Awarded the Knight's Cross of the Iron Cross (5 August 1940).

Horst Niemack

Né le 10 mars 1909 à Hanovre, il commence sa carrière comme aspirant en 1927. Au début de la Seconde Guerre mondiale, il est *Hauptmann* et commande la *3./Aufkl.Abt. 5*. On le retrouve ensuite à la tête de cette unité puis comme instructeur à l'école des troupes blindées (1ᵉʳ octobre 1941). *Oberstleutnant* le 1ᵉʳ mars 1943, il devient chef du *Pz.Gr.Rgt. 26*. Son ascension est alors très rapide. *Oberst* le 1ᵉʳ janvier 1944, il est promu *Generalmajor* le 1ᵉʳ avril 1945. Il est alors âgé d'à peine 36 ans et figure parmi les plus jeunes généraux de la *Wehrmacht* ! Pendant cette période, il commande le *Pz.Füs.Rgt. « Grossdeutschland »*, (1ᵉʳ octobre 1943) et la *Pz.Lehr-Div.* (15 janvier 1945). Fait prisonnier par les alliés, il est libéré en 1947 et devient *Brigadegeneral der Reserve* de la *Bundeswehr* et président d'honneur de la confédération européenne des Anciens combattants. Il meurt à Celle le 7 avril 1992. Titulaire de la Croix de chevalier de la Croix de fer (13 juillet 1940) avec feuilles de chêne (10 août 1941, n° 30) et glaives (4 juin 1944, n° 69).

Born in Hanover on 10 March 1909, he began his career as an officer cadet in 1927. At the outbreak of World War II, he was a Hauptmann and commander of 3./Aufkl.Abt. 5. We later find him in command of that unit then as instructor at the panzer troop school (1 October 1941). Promoted to Oberstleutnant on 1 March 1943, he became commanding officer of Pz.Gr.Rgt. 26. He then rose quickly through the ranks. He was promoted to Oberst on 1 January 1944 and Generalmajor on 1 April 1945. He was then barely 36 years old and one of the youngest Wehrmacht generals! During this period, he commanded Pz.Füs.Rgt. "Grossdeutschland", (1 October 1943) and Pz.Lehr-Div. (15 January 1945). Taken prisoner by the Allies, and released in 1947, he became Brigadegeneral der Reserve in the Bundeswehr and honorary chairman of the European War Veterans Confederation. He died at Celle on 7 April 1992. Awarded the Knight's Cross of the Iron Cross (13 July 1940) with Oak Leaves (10 August 1941, n° 30) and Swords (4 June 1944, n° 69).

**Gustav-Adolf
von Nostitz-Wallwitz**

Né le 11 juillet 1898 à Oschatz, il est aspirant en 1917 et termine la guerre de 14-18 comme *Leutnant*. Pendant l'entre-deux-guerres, il sert dans des unités d'artillerie. En septembre 1939, il est *Major* et commande une *Abteilung* dans l'*Art.Rgt. 216*. *Oberstleutnant* le 1ᵉʳ 1940, il est *Oberst* le 1ᵉʳ février 1942 et *Generalmajor* le 9 novembre 1944. On le trouve à la tête de l'*Art.Rgt. 117* (5 novembre 1940), du *Pz.Art.Rgt. 89* (1ᵉʳ janvier 1941) puis de la *24. Pz.Div.* (1ᵉʳ août 1944). Commandant de la place d'Éckenförde en mai 1945, il meurt de ses blessures le 31 mai de cette année. Titulaire de la Croix de chevalier de la Croix de fer (12 juin 1944) et de la Croix allemande en or (1ᵉʳ décembre 1941).

Born at Oschatz on 11 July 1898, he was an officer cadet in 1917 and ended the 1914-18 war as a Leutnant. During the interwar years, he served in artillery units. In September 1939, he was a Major and commanded an Abteilung of Art.Rgt. 216. Promoted to Oberstleutnant on 1 1940, Oberst on 1 February 1942 and Generalmajor on 9 November 1944. He was commander of Art.Rgt. 117 (5 November 1940), Pz.Art.Rgt. 89 (1 January 1941) then 24. Pz.Div. (1 August 1944). The governor of the Eckenförde garrison in May 1945, he died of his wounds on 31 May of that year. Awarded the Knight's Cross of the Iron Cross (12 June 1944) and the German Cross in Gold (1 December 1941).

**Hermann von
Oppeln-Bronikowski**

Né le 2 janvier 1899 à Berlin, il est aspirant en 1917 puis *Leutnant* dans un régiment de Ulhans. Après la Première Guerre mondiale, il poursuit sa carrière dans la cavalerie. En 1937, il commande la *II./Kav.Rgt. 10*. *Oberstleutnant* le 8 août 1940, il est *Oberst* le 1ᵉʳ février 1942 et *Generalmajor* le 1ᵉʳ janvier 1945. Il commande successivement le *Pz.Rgt. 35* (14 janvier 1942), le *Pz.Rgt. 204* (5 octobre 1942), le *Pz.Rgt. 11* (printemps 1943), le *Pz.Rgt. 100* (novembre 1943) et enfin la *24. Pz.Div.* (octobre 1944). Fait prisonnier par les Britanniques, il est libéré le 4 juillet 1947 et meurt le 19 septembre 1966. Titulaire de la Croix de chevalier de la Croix de fer (1ᵉʳ janvier 1943) avec feuilles de chêne (20 juillet 1944, n° 536) et glaives (17 avril 1945, n° 142) et de la Croix allemande en or (7 août 1943).

Born in Berlin on 2 January 1899, he was an officer cadet in 1917 then Leutnant in an Ulhans regiment. After World War I, he pursued his career in the cavalry. In 1937, he commanded II./Kav.Rgt. 10. He was promoted to Oberstleutnant on 8 August 1940, Oberst on 1 February 1942 and Generalmajor on 1 January 1945. He commanded successively Pz.Rgt. 35 (14 January 1942), Pz.Rgt. 204 (5 October 1942), Pz.Rgt. 11 (spring 1943), Pz.Rgt. 100 (November 1943) and finally 24. Pz.Div. (October 1944). Taken prisoner by the British, he was released on 4 July 1947, and died on 19 September 1966. Awarded the Knight's Cross of the Iron Cross (1 January 1943) with Oak Leaves (20 July 1944, n° 536) and Swords (17 April 1945, n° 142) and the German Cross in Gold (7 August 1943).

Günther Pape

Né le 14 juillet 1907 à Düsseldorf, Günther Pape commence sa carrière militaire comme aspirant en 1927 et sert dans la cavalerie. *Leutnant* en 1932 il est *Oberleutnant* et *Bataillons-adjudant* du *Kradschtz. Btl. 3 (3. Pz.Div.)* l'année suivante. Au début de la Seconde Guerre mondiale, il est *Hauptmann* et commande une compagnie du *Kradschtz.Btl. 3. Major* en 1941, il est chef de la *I./Schtz.Rgt. 394* puis de la *Pz.Aufkl. 3. Obersleutnant* en 1942, il obtient le grade d'*Oberst* le 1er mars 1943 et prend la tête du *Schtz.Rgt. 394*. Gravement blessé fin 1943, il devient instructeur du *Regiments-Führer* à l'école des troupes blindées (août 1944). *Generalmajor* le 1er décembre 1944 à l'âge de 37 ans, il commande la *Pz.Div. « Feldherrnhalle »* (puis *Feldherrnhalle 1*) à partir de septembre 1944. Fait prisonnier par les Américains, il est libéré en 1947. En 1956, il reprend du service dans la *Bundeswehr* où il sert avec le grade de *Brigadegeneral*. Il meurt le 21 janvier 1986 à Dusseldorf. Titulaire de la Croix de chevalier de la Croix de fer (10 février 1942) avec feuilles de chêne (15 septembre 1943, n° 301) et de la Croix allemande en or (23 janvier 1942).

Born at Düsseldorf on 14 July 1907, Günther Pape began his military career as an officer cadet in 1927 and served in the cavalry. Promoted to Leutnant in 1932, he became an Oberleutnant and Bataillons-adjudant of Kradschtz. Btl. 3 (3.Pz.Div.) the following year. At the outbreak of World War II, he was a Hauptmann and commanded a company of Kradschtz.Btl. 3. Promoted to Major in 1941, he was commanding officer of I./Schtz.Rgt. 394 then Pz.Aufkl. 3. Rising to Obersleutnant in 1942, he obtained the rank of Oberst on 1 March 1943 and was placed in command of Schtz.Rgt. 394. After being seriously wounded late in 1943, he became instructor of the Regiments-Führer at the panzer troop school (August 1944). Promoted to Generalmajor on 1 December 1944 at the age of 37, he commanded Pz.Div."Feldherrnhalle" (later Feldherrnhalle 1) from September 1944. He was captured by the Americans, and released in 1947. In 1956, he returned to active service in the Bundeswehr where he served with the rank of Brigadegeneral. He died at Dusseldorf on 21 January 1986. Awarded the Knight's Cross of the Iron Cross (10 February 1942) with Oak Leaves (15 September 1943, n° 301) and the German Cross in Gold (23 January 1942).

Alfred Petry

Né le 15 septembre 1894 à Massweiler, Alfred Petry commence sa carrière militaire comme volontaire dans l'infanterie en 1914. Il est *Leutnant d.Reserve* en 1915 et quitte l'armée après 1918 pour rejoindre la police. Il est de retour dans l'armée en 1935 avec le grade de *Major*. Au début de la Seconde Guerre mondiale, il commande le *I./Inf.Rgt.41* avec le grade d'*Oberstleutnant. Oberst* le 1er novembre 1940, il commande un régiment de la *164. Lei.Div.*, unité dont il prend la tête en mars 1941. On le trouve ensuite comme chef de l'*Inf.Rgt. 355* (1941) puis de l'*Oflag VII A* (1943). Il est promu *Generalmajor* le 9 novembre 1944. Il meurt en 1948 à Francfort sur le Main.

Born at Massweiler on 15 September 1894, Alfred Petry began his military career as a volunteer in the infantry in 1914. He was Leutnant d.Reserve in 1915 and left the army after 1918 to join the police. He was back in the army in 1935 with the rank of Major. At the outbreak of World War II, he was commander of I./Inf.Rgt.41 with the rank of Oberstleutnant. Promoted to Oberst on 1 November 1940, he commanded a regiment of 164. Lei.Div., taking over command of this unit in March 1941. He went on to become commanding officer of Inf.Rgt. 355 (1941) then Oflag VII A (1943). He was promoted to Generalmajor on 9 November 1944. He died at Frankfurt am Main in 1948.

Wilhelm Philipps

Né le 29 juillet 1894 à Wuppertal-Barmen, il est aspirant en 1913, *Leutnant* dans un régiment d'artillerie à pied l'année suivante. Il poursuit sa carrière après l'armistice de 1918. En 1937, il commande le *Pz.Rgt. 11* avec le grade d'*Oberstleutnant. Oberst* le 1er mars 1938, il est *Generalmajor* le 1er octobre 1941 et *Generalleutnant* le 1er octobre 1943. Après avoir commandé le *Pz.Rgt. 11*, il occupe différents emplois en état-major (OKH) à partir de janvier 1940 puis prend le commandement de la *3. Pz.Div.* (le 25 mai 1944). Il est de retour à l'OKH en janvier 1945. Il meurt le 13 février 1971. Titulaire de la Croix de chevalier de la Croix de fer (4 juillet 1943) et de la Croix allemande en or (30 décembre 1944).

Born at Wuppertal-Barmen on 29 July 1894, he was an officer cadet in 1913 and a Leutnant in an artillery foot regiment the following year. He pursued his career after the armistice of 1918. In 1937, he commanded Pz.Rgt. 11 with the rank of Oberstleutnant. He was promoted to Oberst on 1 March 1938, Generalmajor on 1 October 1941 and Generalleutnant on 1 October 1943. After commanding Pz.Rgt. 11, he held various posts on the general staff (OKH) from January 1940 then took over command of 3. Pz.Div. (on 25 May 1944). He returned to OKH in January 1945. He died on 13 February 1971. Awarded the Knight's Cross of the Iron Cross (4 July 1943) and the German Cross in Gold (30 December 1944).

Albert Praun

Né le 11 décembre 1894 à Staffelstein, Albert Praun entre dans l'armée bavaroise en 1913 comme aspirant et devient *Leutnant* dans un bataillon de transmission l'année suivante. Il poursuit sa carrière dans les transmissions après la guerre de 14-18. En 1939, il est *Oberst* et commande le *Nachr.Rgt. 696. Generalmajor* le 1er août 1942, il est *Generalleutnant* le 1er février 1943 et *General der Nachrichtentruppe* le 1er octobre 1944. Pendant la Seconde Guerre mondiale, il commande les transmissions (*Nachrichtenführer*) de plusieurs grandes unités : *7. Armee* (1er février 1940), *Pz.Gr. Hoth* (19 mai 1940), *Pz.Gr. Guderian* (1er juin 1940-6 octobre 1941). On le retrouve ensuite à la tête de la *4. Pz.Br.* (25 avril 1942), de la *18. Pz.Div.* puis des *129.* et *277. Inf.Div.* (24 août 1942 et 12 avril 1944). Il finit la guerre comme chef des transmissions à l'OKH. Il meurt le 3 mars 1975 à Munich. Titulaire de la Croix de chevalier de la Croix de fer (27 octobre 1943) et de la Croix allemande en or (7 février 1943).

Born at Staffelstein on 11 December 1894, Albert Praun joined the Bavarian Army in 1913 as an officer cadet and became a Leutnant in a signals battalion the following year. He pursued his career in signaling after the 1914-18 war. In 1939, he was an Oberst and commander of Nachr.Rgt. 696. He was promoted to Generalmajor on 1 August 1942, Generalleutnant on 1 February 1943 and General der Nachrichtentruppe on 1 October 1944. During World War II, he was signals commander (Nachrichtenführer) with several big units: 7. Armee (1 February 1940), Pz.Gr. Hoth (19 May 1940), Pz.Gr. Guderian (1 June 1940-6 October 1941). We later find him in command of 4. Pz.Br. (25 April 1942), 18. Pz.Div. then 129. and 277. Inf.Div. (24 August 1942 and 12 April 1944). He ended the war as signals commander at OKH. He died in Munich on 3 March 1975. Awarded the Knight's Cross of the Iron Cross (27 October 1943) and the German Cross in Gold (7 February 1943).

**Heinrich von Prittwitz
und Gaffron**

Né le 4 septembre 1889 à Sitzmannsdorff, il est aspirant en 1908 et sert dans la cavalerie. Il poursuit sa carrière dans cette arme et dans les blindés. En 1935, il est *Oberstleutnant* et commande le *Pz.Rgt. 2. Oberst* le 1er janvier 1936, il est à la tête de la *2. Pz.Brig.* lorsque la seconde guerre éclate. *Generalmajor* le 1er octobre 1939, il prend ensuite la tête de la *14. Pz.Div.* (1er octobre 1940) puis de la *15. Pz.Div.* (22 mars 1941). Il est tué au combat devant Tobrouk le 10 avril 1941 et fait *Generalleutnant* à titre posthume le 1er avril 1941.

Born at Sitzmannsdorff on 4 September 1889, he was an officer cadet in 1908 and served in the cavalry. He pursued his career in that branch and in the tank arm. In 1935, he was an Oberstleutnant and commander of Pz.Rgt. 2. He was promoted to Oberst on 1 January 1936, and was in command of 2. Pz.Brig. when World War II broke out. Promoted to Generalmajor on 1 October 1939, he went on to become commanding officer of 14. Pz.Div. (1 October 1940) then 15. Pz.Div. (22 March 1941). He was killed in action before Tobruk on 10 April 1941 with posthumous promotion to Generalleutnant on 1 April 1941.

Carl Püchler

Né le 13 mai 1894 à Bad Warmbrunn, Carl Püchler est aspirant en 1913, *Leutnant* dans un bataillon du génie l'année suivante. Il poursuit sa carrière militaire après 1918. À la veille de la Seconde Guerre mondiale, il commande un bataillon d'infanterie avec le grade d'*Oberstleutnant*. Il est *Oberst* le 1er novembre 1939 puis franchit rapidement les échelons suivante : *Generalmajor* le 1er juillet 1942, *Generalleutnant* le 1er avril 1943 et *General der Infanterie* le 1er novembre 1944. Pendant cette période, il commande successivement les *Inf.Rgter 34* et *228* puis la *257. Inf.Div.* (1er juin 1942). On le trouve ensuite à la tête du *XXXIX. Pz.K.* (14 novembre 1943), des *LXVII.* et *LXXXVI. A.K.* et enfin du *LXXIV. A.K.* (15 décembre 1944). Il est fait prisonnier le 16 avril 1945. Il meurt en 1949 à Heilbron. Titulaire de la Croix de chevalier de la Croix de fer (20 décembre 1941) et de la Croix allemande en or (7 août 1943).

Born at Bad Warmbrunn on 13 May 1894, Carl Püchler was an officer cadet in 1913 and a Leutnant in an engineers battalion the following year. He pursued his military career after 1918. On the eve of World War II, he was commander of an infantry battalion with the rank of Oberstleutnant. He was promoted to Oberst on 1 November 1939 then climbed quickly up the following ranks, to Generalmajor on 1 July 1942, Generalleutnant on 1 April 1943 and General der Infanterie on 1 November 1944. During this period, he commanded successively Inf.Rgter 34 and 228 then 257. Inf.Div. (1 June 1942). He went on to command XXXIX. Pz.K. (14 November 1943), LXVII. and LXXXVI. A.K., and finally LXXIV. A.K. (15 December 1944). He was taken prisoner on 16 April 1945. He died at Heilbron in 1949. Awarded the Knight's Cross of the Iron Cross (20 December 1941) and the German Cross in Gold (7 August 1943).

Ludwig *Ritter* von Radlmeier

Né le 27 octobre 1887 à Freising, il est aspirant dans l'armée bavaroise en 1906 et sert dans l'infanterie. *Oberst* le 1ᵉʳ avril 1935, il est *Generalmajor* le 1ᵉʳ juin 1938 et commande la *6. Pz.Br.* lorsque la Seconde Guerre mondiale éclate. *Generalleutnant* le 1ᵉʳ avril 1942, on le trouve à la tête de la *5. Pz.Brig.* (23 octobre 1939) et de la *4. Pz.Div.* (5 février-8 juin 1941). Il meurt dans le lazaret de Tegernsee le 18 octobre 1943.

Born at Freising on 27 October 1887, he was an officer cadet in the Bavarian Army in 1906 and served in the infantry. He was promoted to Oberst on 1 April 1935, and Generalmajor on 1 June 1938, and was in command of 6. Pz.Br. when World War II broke out. Promoted to Generalleutnant on 1 April 1942, he was placed in command of 5. Pz.Brig. (23 October 1939) and 4. Pz.Div. (5 February-8 June 1941). He died at the lazaretto in Tegernsee on 18 October 1943.

Josef von Radowitz

Né le 29 juillet 1899 à Francfort sur le Main, il est aspirant en 1917 et *Leutnant* dans un régiment de dragons l'année suivante. Il quitte l'armée en 1919 puis reprend du service en 1924 et sert dans différentes unités de cavalerie. À la veille de la Seconde Guerre mondiale, il est *Major* et *Adjutant* du *III. A.K.* Son ascension est ensuite rapide : *Obersleutnant* le 1ᵉʳ mars 1941, il est *Oberst* un an plus tard, *Generalmajor* le 1ᵉʳ septembre 1944 et *Generalleutnant* le 1ᵉʳ mars 1945. Pendant toute cette période, il est successivement officier à l'état-major de la *2. Pz.Armee* (1ᵉʳ février 1942) puis chef du *Pz.Gr.Rgt. 28* (2 avril 1943) et de la *23. Pz.Div.* (juin 1944). Il reprend du service dans la *Bundeswehr* comme *Generalmajor* (1955). Il meurt à Bad Wiesee le 1ᵉʳ juin 1956. Titulaire de la Croix de chevalier de la Croix de fer (17 septembre 1944) et de la Croix allemande en or (29 février 1944).

Born at Frankfurt am Main on 29 July 1899, he was an officer cadet in 1917 and a Leutnant in a dragoons regiment the following year. He left the army in 1919 then returned to active service in 1924, serving in various cavalry units. On the eve of World War II, he was a Major and Adjutant of III. A.K. He then rose quickly through the ranks, from Obersleutnant on 1 March 1941, he became an Oberst a year later, Generalmajor on 1 September 1944 and Generalleutnant on 1 March 1945. Throughout this period, he was successively officer on the general staff of 2. Pz.Armee (1 February 1942) then commanding officer of Pz.Gr.Rgt. 28 (2 April 1943) and 23. Pz.Div. (June 1944). He returned to active service as a Generalmajor in the Bundeswehr (1955). He died at Bad Wiesee on 1 June 1956. Awarded the Knight's Cross of the Iron Cross (17 September 1944) and the German Cross in Gold (29 February 1944).

Hermann-Bernhard Ramcke

Né le 24 janvier 1889 à Schleswig-Friedrichsberg, Hermann-Bernhard Ramcke s'engage dans la marine impériale en 1905 comme matelot. Il commence la guerre de 14-18 comme sous-officier dans les fusiliers-marins. Il obtient au cours du conflit les grades de *Leutnant* puis d'*Oberleutnant* en 1918. Il poursuit sa carrière dans l'armée de terre après la guerre et devient *Hauptmann* en 1927. Il est *Oberstleutnant* au début de la Seconde Guerre mondiale. *Oberst* le 29 février 1940, il passe dans la *Luftwaffe* le 1ᵉʳ août 1940 et commande au *Stab* de la *7. Fliegerdivision* en même temps qu'à la *Fallschirmschule III* (école des parachutistes) à Braunschweig. *Generalmajor* le 22 juillet 1941, il commande le *Fallschirmjäger-Sturm-Rgt.1* pour l'attaque de la Crète. Il prend ensuite la tête de la *90. lei.Afrika Div.* (8-17 septembre 1942) avant de recevoir le grade de *Generalleutnant* (21 décembre 1942). On le retrouve ensuite à la tête de la *2. Falls.Jäg.Div.* (13 février-1ᵉʳ septembre 1943). Il tombe malade le 5 septembre 1943. Rétabli le 16 février 1944, il prend le commandement de la nouvelle *2. Falls.Jäg.Div.* (17 février 1944). Chef de la « *Festung Brest* » (11 août 1944), il est promu au grade de *General der Fallschirmtruppe* le 14 septembre 1944. Il capitule le 20 septembre 1944 et est fait prisonnier par les Américains. Il est interné au camp de Clinton avant d'être transféré en Grande-Bretagne puis en France où il est condamné à cinq ans de prison pour crimes de guerre. Il est libéré le 23 juin 1951 et meurt le 4 juillet 1968 à Keppeln. Ramcke est l'auteur de deux ouvrages consacrés aux parachutistes : *Vom Schiffsjungen zum Fallschirmjäger* et *Fallschirmjäger damals und danach*. Titulaire de la Croix de chevalier de la Croix de fer (21 août 1941) avec feuilles de chêne (13 novembre 1942, n° 145), glaives (19 septembre 1944, n 99) et brillants (19 septembre 1944, n° 20).

Bernhard-Hermann Ramcke

Born at Schleswig-Friedrichsberg on 24 January 1889, Hermann-Bernhard Ramcke joined the imperial navy in 1905 as an ordinary seaman. He began the 1914-18 war as an NCO in the marines. During the war he obtained the rank of Leutnant, then Oberleutnant in 1918. He pursued his career in the land army after the war and became a Hauptmann in 1927. He was an Oberstleutnant by the start of World War II. Promoted to Oberst on 29 February 1940, he moved over to the Luftwaffe on 1 August 1940 and commanded the Stab of 7. Fliegerdivision at the same time as Fallschirmschule III (paratroop school) at Braunschweig. Promoted to Generalmajor on 22 July 1941, he commanded Fallschirmjäger-Sturm-Rgt. 1 for the attack on Crete. He went on to take over command of 90. lei.Afrika Div. (8-17 September 1942) before receiving the rank of Generalleutnant (21 December 1942). We then find him in command of 2. Falls.Jäg.Div. (13 February-1 September 1943). He fell ill on 5 September 1943. Following his recovery on 16 February 1944, he took command of the new 2. Falls.Jäg.Div. (17 February 1944). Appointed governor of "Festung Brest" (11 August 1944), he was promoted to General der Fallschirmtruppe on 14 September 1944. He surrendered on 20 September 1944 and was taken prisoner by the Americans. He was interned at the Clinton camp until his transfer to Britain then to France where he was sentenced to five years imprisonment for war crimes. He was released on 23 June 1951 and died at Keppeln on 4 July 1968. Ramcke was the author of two books on the paratroopers: "Vom Schiffsjungen zum Fallschirmjäger" and "Fallschirmjäger damals und danach". Awarded the Knight's Cross of the Iron Cross (21 August 1941) with Oak Leaves (13 November 1942, n° 145), Swords (19 September 1944, n° 99) and Diamonds (19 September 1944, n° 20).

Heinz von Randow

Né le 15 novembre 1890 à Grammow, il est aspirant en 1910 et *Leutnant* dans les Dragons l'année suivante. Il poursuit sa carrière dans la cavalerie puis dans les troupes blindées après l'armistice de 1918. *Oberstleutnant* en 1936, il commande la *1. Kav.Brig.* en septembre 1939 puis obtient le grade d'*Oberst* (1er février 1939). Le 1er avril 1942, il est *Generalmajor* et chef de la *17. Schtz.Brig.* Il part ensuite pour le théâtre africain où il commande la *15. Pz.Div.* (15 juillet 1942) et la *21. Pz.Div.* (1er septembre 1942). Il est tué au combat près de Tripoli le 21 décembre 1942. Fait *Generalleutnant* à titre posthume avec effet rétroactif au 1er décembre 1942. Titulaire de la Croix allemande en or (19 décembre 1941).

Born at Grammow on 15 November 1890, he was an officer cadet in 1910 and Leutnant in the Dragoons the following year. He pursued his career in the cavalry then in the panzer troops after the armistice of 1918. Promoted to Oberstleutnant in 1936, he commanded 1. Kav.Brig. in September 1939, obtaining the rank of Oberst (1 February 1939). On 1 April 1942, he was a Generalmajor and commanding officer of 17. Schtz.Brig. He later left for the African theater where he commanded 15. Pz.Div. (15 July 1942) and 21. Pz.Div. (1 September 1942). He was killed in action near Tripoli on 21 December 1942. He received posthumous promotion to Generalleutnant backdated to 1 December 1942. Awarded the German Cross in Gold (19 December 1941).

Né le 8 janvier 1889 à Wolframitz, il est aspirant dans l'armée austro-hongroise en 1909 et obtient le grade de *Leutnant* (infanterie) en 1912. Il poursuit sa carrière dans l'armée autrichienne avant de rejoindre la *Wehrmacht* au moment de l'*Anschluss*. *Oberst* le 19 décembre 1936, il est *Generalmajor* le 1er septembre 1941, *Generalleutnant* le 1er janvier 1943, *General der Panzertruppe* le 1er mai de la même année et *Generaloberst* le 15 août 1944. Pendant cette période il exerce toute une série de commandements dans les unités blindées : *Schtz.Rgt. 4* (15 juillet 1940), *6. Schtz.Brig.* (15 avril 1941), *6. Pz.Div.* (1er avril 1942), *XI. A.K.* (1er mars 1943), *XXXXVII. Pz.K.* (octobre 1943), *4. Pz.Armee* (3 novembre 1943), *1. Pz.Armee* (1er mai 1944) et *3. Pz.Armee* (16 août 1944). Il meurt le 3 avril 1956 à Bad Gastein. Titulaire de la Croix de chevalier de la Croix de fer (11 octobre 1941) avec feuilles de chêne (22 août 1943, n° 280).

Born at Wolframitz on 8 January 1889, he was an officer cadet in the Austro-Hungarian Army in 1909 and obtained the rank of Leutnant (infantry) in 1912. He pursued his career in the Austrian Army before joining the Wehrmacht at the time of the Anschluss. He was promoted to Oberst on 19 December 1936, Generalmajor on 1 September 1941, Generalleutnant on 1 January 1943, General der Panzertruppe on 1 May of that same year and Generaloberst on 15 August 1944. During this period he held a whole series of commands in the armored units: Schtz.Rgt. 4 (15 July 1940), 6. Schtz.Brig. (15 April 1941), 6. Pz.Div. (1 April 1942), XI. A.K. (1 March 1943), XXXXVII. Pz.K. (October 1943), 4. Pz.Armee (3 November 1943), 1. Pz.Armee (1 May 1944) and 3. Pz.Armee (16 August 1944). He died at Bad Gastein on 3 April 1956. Awarded the Knight's Cross of the Iron Cross (11 October 1941) with Oak Leaves (22 August 1943, n° 280).

Erhard Raus

Johann von Ravenstein

Né le 1ᵉʳ janvier 1889 à Strehlen en Silésie, il est *Leutnant* dans un régiment de grenadiers en 1909. Il se distingue particulièrement pendant la guerre de 14-18. Plusieurs fois blessé, il obtient le grade de *Hauptmann* pour bravoure devant l'ennemi et la prestigieuse croix « Pour le mérite ». Il quitte l'armée en 1932 avec le grade de *Major*. De retour en 1934, il est *Oberstleutnant* en 1936 et commande le *Schtz.Rgt. 4* en 1938. Oberst le 1ᵉʳ août 1939, il est *Generalmajor* le 20 mai 1941. Il commande la *16. Schtz.Brig.* (15 juillet 1940) puis la *21. Pz.Div.* engagée sur le théâtre nord-africain (20 mai 1941). Il est fait prisonnier près de Tobrouk le 29 novembre 1941 (c'est le premier officier général allemand à subir ce sort). Il obtient cependant le grade de *Generalleutnant* le 1ᵉʳ octobre 1943. Il meurt le 26 mars 1962 à Duisbourg. Titulaire de la croix « Pour le Mérite » (23 juin 1918) et de la Croix de chevalier de la Croix de fer (3 juin 1940).

Born at Strehlen in Silesia on 1 January 1889, he was a Leutnant in a grenadier regiment in 1909. He fought with particular distinction during the 1914-18 war. Wounded several times, he obtained the rank of Hauptmann for bravery before the enemy and the prestigious Cross « Pour le Mérite ». He left the army in 1932 with the rank of Major. On his return in 1934, he became an Oberstleutnant in 1936 and commander of Schtz.Rgt. 4 in 1938. He was promoted to Oberst on 1 August 1939, and Generalmajor on 20 May 1941. He commanded 16. Schtz.Brig. (15 July 1940) then 21. Pz.Div. engaged in the north African theater (20 May 1941). He was taken prisoner near Tobruk on 29 November 1941 (the first German general to suffer this fate). However he obtained the rank of Generalleutnant on 1 October 1943. He died at Duisburg on 26 March 1962. Awarded the « Pour le Mérite » Cross (23 June 1918) and the Knight's Cross of the Iron Cross (3 June 1940).

Georg-Hans Reinhardt

Né le 1ᵉʳ mars 1887 à Bautzen, il est aspirant en 1907 puis *Leutnant* (infanterie) l'année suivante. Il poursuit sa carrière dans la *Reichswehr* après la guerre de 14-18. *Oberst* le 1ᵉʳ février 1934, il est *Generalmajor* le 1ᵉʳ avril 1937 et commande la *4. Pz.Div.* lorsqu'éclate la Seconde Guerre mondiale. *Generalleutnant* le 1ᵉʳ octobre 1939, il est *General der Panzertruppe* le 1ᵉʳ juin 1940 et *Generaloberst* le 1ᵉʳ janvier 1942. Pendant cette période il assume le commandement du *XXXXI. Pz.K.* (15 février 1940) puis de la *Pz.Gr. 3* alias *3. Pz.Armee* (5 octobre 1941). Le 16 août 1944, il prend la tête du groupe d'armées « Centre ». Fait prisonnier par les Américains, il est condamné à 15 ans de prison. Finalement libéré en juin 1952, il meurt le 23 novembre 1963 à Tegernsee. Titulaire de la Croix de chevalier de la Croix de fer (27 octobre 1939) avec feuilles de chêne (17 février 1942, n° 73) et glaives (26 mai 1944, n° 68).

Born at Bautzen on 1 March 1887, he was an officer cadet in 1907 then a Leutnant (infantry) the following year. He pursued his career in the Reichswehr after the 1914-18 war. He was promoted to Oberst on 1 February 1934 and Generalmajor on 1 April 1937 and was in command of 4. Pz.Div. when World War II broke out. Promoted to Generalleutnant on 1 October 1939, General der Panzertruppe on 1 June 1940 and Generaloberst on 1 January 1942. During this period he took over command of XXXXI. Pz.K. (15 February 1940) then Pz.Gr. 3 aka 3. Pz.Armee (5 October 1941). On 16 August 1944, he was placed in command of Army Group "Centre". Taken prisoner by the Americans, he was sentenced to 15 years imprisonment. Finally released in June 1952, he died at Tegernsee on 23 November 1963. Awarded the Knight's Cross of the Iron Cross (27 October 1939) with Oak Leaves (17 February 1942, n° 73) and Swords (26 May 1944, n° 68).

Lothar Rendulic

Né le 23 octobre 1887 à Wiener-Neustadt, Lothar Rendulic suit les cours de l'Académie militaire austro-hongroise puis devient *Leutnant* (infanterie) en 1910. Il poursuit sa carrière dans l'armée autrichienne après l'armistice de 1918. *Oberst* en 1933, il commande une brigade motorisée en 1935 avant d'être intégré dans la *Wehrmacht* en 1938. Il est *Oberst* du *Heer* le 1ᵉʳ mars 1938 et chef d'état-major du *XVII. A.K.* lorsque la Seconde Guerre mondiale éclate. *Generalmajor* le 1ᵉʳ décembre 1939, il est *Generalleutnant* le 1ᵉʳ décembre 1941, *General der Infanterie* un an plus tard et *Generaloberst* le 1ᵉʳ avril 1944. Pendant cette période, il commande la *14. Inf.Div.* (15 juin 1940), la *52. Inf.Div.* (5 octobre 1940), le *XXXV. A.K.* (1ᵉʳ novembre 1942). On le retrouve ensuite à la tête de la *2. Pz.Armee* (15 avril 1944), de la *20. Geb.Armee* (25 juin 1944), du groupe d'armées « Courlande » (15 janvier 1945), du groupe d'armées « Nord » (27 janvier 1945), de nouveau du groupe d'armées « Courlande » (10 mars 1945) et enfin du groupe d'armées « Sud » (25 mars 1945). Fait prisonnier à la fin de la guerre, il est libéré dès décembre 1945 et meurt le 18 janvier 1971 à Efferdingen en Autriche. Il est l'auteur de deux ouvrages intitulés *Soldat in stürzenden Reichen* et *Grundlagen militärischer Führung*. Titulaire de la Croix de chevalier de la Croix de fer (6 mars 1942) avec feuilles de chêne (15 août 1943, n° 271) et glaives (18 janvier 1945, n° 122) et de la Croix allemande en or (26 décembre 1941).

Lothar Rendulic

Born at Wiener-Neustadt on 23 October 1887, Lothar Rendulic followed courses at the Austro-Hungarian military academy then became a Leutnant (infantry) in 1910. He pursued his career in the Austrian Army after the armistice of 1918. Promoted to Oberst in 1933, he commanded a motorized brigade in 1935 before joining the Wehrmacht in 1938. He was appointed Oberst in the Heer on 1 March 1938 and was chief-of-staff of XVII. A.K. when World War II broke out. He was promoted to Generalmajor on 1 December 1939, Generalleutnant on 1 December 1941, General der Infanterie a year later and Generaloberst on 1 April 1944. During this period, he commanded 14. Inf.Div. (15 June 1940), 52. Inf.Div. (5 October 1940), XXXV. A.K. (1 November 1942). We later find him in command of 2. Pz.Armee (15 April 1944), 20. Geb.Armee (25 June 1944), Army Group "Courlande" (15 January 1945), Army Group "Nord" (27 January 1945), again Army Group "Courlande" (10 March 1945) and finally Army Group "Sud" (25 March 1945). Taken prisoner at the end of the war, he was released in December 1945 and died at Efferdingen in Austria on 18 January 1971. He was the author of two books entitled "Soldat in stürzenden Reichen" and "Grundlagen militärischer Führung". Awarded the Knight's Cross of the Iron Cross (6 March 1942) with Oak Leaves (15 August 1943, n° 271) and Swords (18 January 1945, n° 122) and the German Cross in Gold (26 December 1941).

Eberhard Rodt

Né le 4 décembre 1895 à Munich, il est volontaire dans l'armée bavaroise en 1914 et sert comme *Leutnant* dans un régiment de cavalerie. Il poursuit sa carrière dans cette arme après l'armistice de 1918. À la veille de la Seconde Guerre mondiale, il est *Oberstleutnant* et commande le *Kav.Rgt. 7*. On le trouve ensuite à la tête de l'*Aufkl.Abt. 25* (1ᵉʳ octobre 1939). *Oberst* le 1ᵉʳ août 1940, il est *Generalmajor* le 1ᵉʳ mars 1943 et *Generalleutnant* le 1ᵉʳ mars 1944. Pendant cette période, il sert à l'état-major de la *2. Pz.Div.* (5 septembre 1940) puis commande le *Pz.Gren.Rgt. 66* (16 octobre 1940), la *2. Pz.Brig.* (1ᵉʳ octobre 1941), la 22. *Pz.Gren.Brig.* (1ᵉʳ février 1942), la *22. Pz.Div.* (1ᵉʳ novembre 1942) et enfin la *15. Pz.Gren.Div.* (9 juin 1943). Fait prisonnier par les Britanniques en 1945, il est libéré dès le 15 juin 1946. Il meurt le 15 décembre 1979 à Munich. Titulaire de la Croix de chevalier de la Croix de fer (25 juin 1940) avec feuilles de chêne (28 avril 1945, n° 847) et de la Croix allemande en or (23 août 1942).

Born in Munich on 4 December 1895, he was a volunteer in the Bavarian Army in 1914 and served as a Leutnant in a cavalry regiment. He pursued his career in that arm after the armistice of 1918. On the eve of World War II, he was an Oberstleutnant and commander of Kav.Rgt. 7. He went on to command Aufkl.Abt. 25 (1 October 1939). He was promoted to Oberst on 1 August 1940, Generalmajor on 1 March 1943 and Generalleutnant on 1 March 1944. During this period, he served on the general staff of 2. Pz.Div. (5 September 1940) then commanded Pz.Gren.Rgt. 66 (16 October 1940), 2. Pz.Brig. (1 October 1941), 22. Pz.Gren.Brig. (1 February 1942), 22. Pz.Div. (1 November 1942) and finally 15. Pz.Gren.Div. (9 June 1943). Taken prisoner by the British in 1945, he was released on 15 June 1946. He died in Munich on 15 December 1979. Awarded the Knight's Cross of the Iron Cross (25 June 1940) with Oak Leaves (28 April 1945, n° 847) and the German Cross in Gold (23 August 1942).

(BA.)

Erwin Rommel

Erwin Rommel naît le 15 novembre 1891 à Heidenheim. Il est aspirant en 1910 et *Leutnant* dans un régiment d'infanterie würtembourgeois en 1912. Il se distingue par sa bravoure pendant la guerre de 14-18 et particulièrement pendant la bataille d'Isonzo à l'issue de laquelle il obtient la prestigieuse croix « Pour le Mérite ». Il poursuit sa carrière dans l'infanterie dans la *Reichswehr* après l'armistice de 1918. *Oberst* le 1ᵉʳ août 1937, il est promu *Generalmajor* le 1ᵉʳ août 1939 et occupe le poste de chef du bataillon d'escorte du Führer lorsqu'éclate la Seconde Guerre mondiale. Jouissant de la protection de Hitler, il obtient le commandement de la *7. Pz.Div.* le 5 février 1940 et s'illustre à la tête de cette division lors de la campagne de France. Il est ensuite nommé chef de l'*Afrikakorps* (14 février 1941) puis de la *Pz.Gr. « Afrika »* (1ᵉʳ septembre 1941) alias *Pz.Armee « Afrika »* (21 février 1942). Son ascension est alors très rapide : *Generalleutnant* le 1ᵉʳ janvier 1941, il est *General der Panzertruppe* le 1ᵉʳ juillet de cette même année, *Generaloberst* le 30 janvier 1942 et *Generalfeldmarschall* le 22 juin 1942 ! Il commande les *Dtsch.-italien Pz.Kräfte « Afrika »* le 24 octobre 1942 puis le groupe d'armées « Afrika » le 1ᵉʳ janvier 1943. Il quitte le théâtre d'opérations d'Afrique du Nord le 9 mars 1943. Après une mission au Danemark, il devient chef du groupe d'armées « B » (1ᵉʳ janvier 1944). Blessé au cours de l'été 1944, il abandonne provisoirement son commandement. Soupçonné d'avoir soutenu les comploteurs du 20 juillet 1944, il est contraint au suicide par Hitler le 14 octobre 1944. Titulaire de la croix « Pour le Mérite » (10 décembre 1917) et de la Croix de chevalier de la Croix de fer (27 mai 1940) avec feuilles de chêne (20 mars 1941, n° 10), glaives (20 janvier 1942, n° 6) et brillants (11 mars 1943, n° 6).

Erwin Rommel was born at Heidenheim on 15 November 1891. He was an officer cadet in 1910 and Leutnant in a Würtemburg infantry regiment in 1912. He stood out for his bravery during the 1914-18 war and particularly during the Battle of Isonzo at the end of which he won the prestigious « Pour le Mérite » Cross. He pursued his career in the infantry in the Reichswehr after the armistice of 1918. He was promoted to Oberst on 1 August 1937, Generalmajor on 1 August 1939 and held the post of commanding officer of the Führer's escort battalion at the outbreak of World War II. Enjoying Hitler's protection, he obtained command of 7. Pz.Div. on 5 February 1940 and made a name for himself in command of that division during the campaign in France. He went on to be appointed commanding officer of the Afrikakorps (14 February 1941) then Pz.Gr. "Afrika" (1 September 1941) aka Pz.Armee "Afrika" (21 February 1942). He then rose quickly through the ranks, from Generalleutnant on 1 January 1941, to General der Panzertruppe on 1 July that same year, Generaloberst on 30 January 1942 and Generalfeldmarschall on 22 June 1942! He was put in command of Dtsch.-italien Pz.Kräfte "Afrika" on 24 October 1942 then of Army Group "Afrika" on 1 January 1943. He left the north African theater of operations on 9 March 1943. After an assignment in Denmark, he became commander of Army Group "B" (1 January 1944). On being wounded during the summer of 1944, he temporarily left his command. Suspected of supporting the plotters on 20 July 1944, he was forced by Hitler to commit suicide on 14 October 1944. Awarded the « Pour le Mérite » Cross (10 December 1917) and the Knight's Cross of the Iron Cross (27 May 1940) with Oak Leaves (20 March 1941, n° 10), Swords (20 January 1942, n° 6) and Diamonds (11 March 1943, n° 6).

Max Roth

Oberst, il commande la *Pz.Div. « Norwegen »* du 20 novembre 1943 au 11 juin 1944.

As an Oberst, he commanded Pz.Div. "Norwegen" from 20 November 1943 to 11 June 1944.

(BA.)

Richard Ruoff

Né le 18 août 1883 à Messbach en Würtemberg, il est aspirant en 1903 et *Leutnant* dans l'infanterie en 1904. Il poursuit sa carrière dans la *Reichswehr* et obtient le grade d'*Oberst* le 1er juillet 1933. *Generalmajor* le 1er avril 1936, il est *Generalleutnant* le 1er mars 1938 et *General der Infanterie* le 1er mai 1939. Il est à la tête du *V. A.K.* au début de la Seconde Guerre mondiale. Promu *Generaloberst* le 1er avril 1942, il commande la *4. Pz.Armee* (8 janvier 1942) et la *17. Armee* (1er juin 1942). Après Stalingrad, il est limogé et n'obtient plus de commandement. Il meurt le 20 mars 1967 à Tübingen. Titulaire de la Croix de chevalier de la Croix de fer (30 juin 1941).

Born at Messbach in Würtemberg on 18 August 1883, he was an officer cadet in 1903 and a Leutnant in the infantry in 1904. He pursued his career in the Reichswehr and obtained the rank of Oberst on 1 July 1933. He was promoted to Generalmajor on 1 April 1936, Generalleutnant on 1 March 1938 and General der Infanterie on 1 May 1939. He was in command of V. A.K. at the outbreak of World War II. Promoted to Generaloberst on 1 April 1942, he commanded 4. Pz.Armee (8 January 1942) and 17. Armee (1 June 1942). After Stalingrad, he was dismissed and was given no further commands. He died at Tübingen on 20 March 1967. Awarded the Knight's Cross of the Iron Cross (30 June 1941).

Dietrich von Saucken

Né le 16 mai 1892 à Fischhausen, Dietrich von Saucken est aspirant en 1910, *Leutnant* dans un régiment de grenadiers deux ans plus tard. Il poursuit sa carrière dans la *Reichswehr* puis dans la *Wehrmacht*. *Oberst* le 1er juin 1936, il commande le *Reit.Rgt. 2* lorsque la Seconde Guerre mondiale éclate. *Generalmajor* le 1er janvier 1942, il est *Generalleutnant* le 1er avril 1943 et *General der Panzertruppe* le 1er août 1944. Pendant cette période, il exerce différents commandements dans les troupes blindées : *4. Schtz.Brig.* (16 novembre 1940), *4. Pz.Div.* (27 décembre 1941), école des troupes rapides (24 août 1942), de nouveau *4. Pz.Div.* (31 mai 1943). On le retrouve ensuite à la tête du *III. Pz.K.* (10 mai 1944), du *XXXIX. Pz.K.* (juin 1944) et du *Pz.K. « Grossdeutschland »* (décembre 1944). En mars 1945, il commande la *2. Armee*. Fait prisonnier par les Soviétiques, il est condamné à 25 ans de travaux forcés. Il est finalement libéré en octobre 1955 et meurt le 27 septembre 1980 à Munich. Titulaire de la Croix de chevalier de la Croix de fer (6 janvier 1941) avec feuilles de chêne (22 août 1943, n° 281), glaives (31 janvier 1944, n° 46) et brillants (8 mai 1945, n° 27).

Born at Fischhausen on 16 May 1892, Dietrich von Saucken was an officer cadet in 1910, and a Leutnant in a grenadier regiment two years later. He pursued his career in the Reichswehr then in the Wehrmacht. Promoted to Oberst on 1 June 1936, he was commander of Reit.Rgt. 2 when World War II broke out. He was promoted to Generalmajor on 1 January 1942, Generalleutnant on 1 April 1943 and General der Panzertruppe on 1 August 1944. During this period, he held various panzer troop commands: 4. Schtz.Brig. (16 November 1940), 4. Pz.Div. (27 December 1941), the mobile troop school (24 August 1942), and again 4. Pz.Div. (31 May 1943). We later find him in command of III. Pz.K. (10 May 1944), XXXIX. Pz.K. (June 1944) and Pz.K. "Grossdeutschland" (December 1944). In March 1945, he took over command of 2. Armee. Taken prisoner by the Soviets, he was sentenced to 25 years hard labor. He was finally released in October 1955 and died in Munich on 27 September 1980. Awarded the Knight's Cross of the Iron Cross (6 January 1941) with Oak Leaves (22 August 1943, n° 281), Swords (31 January 1944, n° 46) and Diamonds (8 May 1945, n° 27).

Ferdinand Schaal

Né le 7 février 1889 à Fribourg, Ferdinand Schaal est aspirant en 1908, *Leutnant* (dragons) l'année suivante. Il poursuit sa carrière dans la cavalerie pendant l'entre-deux-guerres. *Oberst* le 1er août 1934, il est *Generalmajor* le 1er janvier 1938, *Generalleutnant* le 1er avril de l'année suivante. Au début de la Seconde Guerre mondiale, il commande la *10. Pz.Div.* On le trouve ensuite à la tête du *XXXIV. A.K.* (1er septembre 1941) puis du *LVI. Pz.K.* (13 septembre 1941) avec le grade de *General der Panzertruppe* (ce dernier obtenu le 1er octobre 1941). Il abandonne ce commandement le 1er août 1943 et termine la guerre comme commandant du *Wehrkreis* de Bohème-Moravie et représentant chez le *Reichsprotektor* de Bohème Moravie. Il meurt le 10 novembre 1962. Titulaire de la Croix de chevalier de la Croix de fer (13 juillet 1940) et de la Croix allemande en or (8 mars 1942).

Born at Friburg on 7 February 1889, Ferdinand Schaal was an officer cadet in 1908, Leutnant (dragoons) the following year. He pursued his career in the cavalry during the interwar years. He was promoted to Oberst on 1 August 1934, Generalmajor on 1 January 1938, and Generalleutnant on 1 April of the following year. At the outbreak of World War II, he was commander of 10. Pz.Div. He went on to command XXXIV. A.K. (1 September 1941) then LVI. Pz.K. (13 September 1941) with the rank of General der Panzertruppe (a rank received on 1 October 1941). He left this command on 1 August 1943 and ended the war as commander of the Wehrkreis of Bohemia-Moravia and representative to the Reichsprotektor of Bohemia-Moravia. He died on 10 November 1962. Awarded the Knight's Cross of the Iron Cross (13 July 1940) and the German Cross in Gold (8 March 1942).

Adolf von Schell

Né le 21 août 1893 à Magdebourg, il est aspirant en 1914, puis *Leutnant* dans un régiment d'infanterie. Pendant l'entre-deux-guerres, il sert à l'OKH puis obtient le grade d'*Oberst* le 1er novembre 1938. Il est *Generalmajor* le 1er mars 1940 et *Generalleutnant* le 1er avril 1942. Il commande la *25. Pz.Div.* du 1er janvier 1943 au 15 novembre de la même année et quitte le service actif en 1944.

Born at Magdeburg on 21 August 1893, he was an officer cadet in 1914, then Leutnant in an infantry regiment. During the interwar years, he served at OKH then obtained the rank of Oberst on 1 November 1938. He was promoted to Generalmajor on 1 March 1940 and Generalleutnant on 1 April 1942. He commanded 25. Pz.Div. from 1 January 1943 to 15 November of the same year and left active service in 1944.

Walter Scheller

Né le 27 janvier 1892 à Hanovre, il est aspirant en 1911 (infanterie). Il poursuit sa carrière entre les deux guerres, obtenant le grade d'*Oberst* le 1er mars 1938 et le commandement de l'*Inf.Rgt. 66* en novembre de la même année. Au début de la Seconde Guerre mondiale, il est chef d'état-major du *X. A.K.* puis chef de la *8. Schtz.Brig.* (26 mai 1940). *Generalmajor* le 1er octobre 1941, *Generalleutnant* le 1er janvier 1943, il commande ensuite la *11. Pz.Div.* (20 octobre 1941), la *9. Pz.Div.* (28 juillet 1942) puis les *334.* et *337. Inf.Div.* (20 octobre 1943 et 27 novembre 1943). En juin 1944, il est commandant de la place de Brest-Litovsk. Il est tué au combat dans les environs de cette ville le 22 juillet 1944. Titulaire de la Croix de chevalier de la Croix de fer (3 avril 1943) et de la Croix allemande en or (4 février 1943).

Born at Hanover on 27 January 1892, he was an officer cadet in 1911 (infantry). He pursued his career between the two wars, obtaining the rank of Oberst on 1 March 1938 and command of Inf.Rgt. 66 in November of the same year. At the outbreak of World War II, he was chief-of-staff of X. A.K. then commanding officer of 8. Schtz.Brig. (26 May 1940). Promoted to Generalmajor on 1 October 1941, Generalleutnant on 1 January 1943, he went on to command 11. Pz.Div. (20 October 1941), 9. Pz.Div. (28 July 1942) then 334. and 337. Inf.Div. (20 October 1943 and 27 November 1943). In June 1944, he was made governor of the Brest-Litovsk garrison. He was killed in action near that city on 22 July 1944. Awarded the Knight's Cross of the Iron Cross (3 April 1943) and the German Cross in Gold (4 February 1943).

Walter Schilling

Né le 23 décembre 1895 à Kulm, il est aspirant en 1914, *Leutnant* dans un bataillon de pionniers l'année suivante. Il poursuit sa carrière après 1918, occupant différents postes en état-major. *Oberst* le 1ᵉʳ août 1939, il est Ia dans l'état-major de la *8. Armee* lorsque la guerre se déclenche. Ia dans l'état-major de la *2. Armee* le 20 octobre 1939, il est ensuite chef d'état-major du *XXIV. Pz.K.* (1ᵉʳ avril 1941) et de la *3. Pz.Armee* (16 mai 1942). *Generalmajor* le 1ᵉʳ juin 1942 et *Generalleutnant* le 1ᵉʳ avril 1943, il commande la *17. Pz.Div.* à partir du 16 juin 1943. Il est tué au combat le 21 juillet 1943 sur le front russe près de Doljenhaja.Titulaire de la Croix de chevalier de la Croix de fer (28 juillet 1943) et de la Croix allemande en or (28 février 1942).

Born at Kulm on 23 December 1895, he was an officer cadet in 1914, and a Leutnant in an engineers battalion the following year. He pursued his career after 1918, holding various posts on the general staff. Promoted to Oberst on 1 August 1939, he was Ia on the general staff of 8. Armee when war broke out. Appointed Ia on the general staff of 2. Armee on 20 October 1939, he went on to become chief-of-staff of XXIV. Pz.K. (1 April 1941) and of 3. Pz.Armee (16 May 1942). Promoted to Generalmajor on 1 June 1942 and Generalleutnant on 1 April 1943, he commanded 17. Pz.Div. from 16 June 1943. He was killed in action on 21 July 1943 on the Russian front near Doljenhaja. Awarded the Knight's Cross of the Iron Cross (28 July 1943) and the German Cross in Gold (28 February 1942).

**Karl-Wilhelm
von Schlieben**

Né le 30 octobre 1894 à Eisenach, Karl-Wilhelm von Schlieben entre dans l'armée comme aspirant en 1914 puis devient *Leutnant* dans un régiment de grenadiers à pied l'année suivante. Il poursuit sa carrière après 1918 et obtient le grade d'*Oberstleutnant* en 1938. En septembre 1939, il est *Adjutant* du *XIII. A.K.* puis obtient le grade d'*Oberst* le 1ᵉʳ août 1941 et ceux de *Generalmajor* et *Generalleutnant* les 1ᵉʳ mai 1943 et 1ᵉʳ mai 1944. Pendant cette période, il commande le *Schtz.Rgt.108* (15 août 1940), la *4. Schtz.Brig.* (20 juillet 1942), la *208. Inf.Div.* (février 1943, m.d.F.b.), la *18. Pz.Div.* (1ᵉʳ avril 1943) et enfin la *709. Inf.Div.* (12 décembre 1943). En juin 1944, il est commandant de la place de Cherbourg où il est fait prisonnier par les Américains (26 juin). Il meurt le 18 juin 1964 à Giessen. Titulaire de la Croix de chevalier de la Croix de fer (17 mars 1943) et de la Croix allemande en or (2 juillet 1942).

Born at Eisenach on 30 October 1894, Karl-Wilhelm von Schlieben joined the army as an officer cadet in 1914 then became a Leutnant in a grenadier foot regiment the following year. He pursued his career after 1918 and obtained the rank of Oberstleutnant in 1938. In September 1939, he was Adjutant of XIII. A.K. then was promoted to Oberst on 1 August 1941 and Generalmajor and Generalleutnant on 1 May 1943 and 1 May 1944. During this period, he commanded Schtz.Rgt.108 (15 August 1940), 4. Schtz.Brig. (20 July 1942), 208. Inf.Div. (February 1943, m.d.F.b.), 18. Pz.Div. (1 April 1943) and finally 709. Inf.Div. (12 December 1943). In June 1944, he was governor of the Cherbourg garrison where he was taken prisoner by the Americans (26 June). He died at Giessen on 18 June 1964. Awarded the Knight's Cross of the Iron Cross (17 March 1943) and the German Cross in Gold (2 July 1942).

Helmuth Schlömer

Né le 30 mai 1893 à Hausberge, il est aspirant en 1913, *Leutnant* dans un régiment d'infanterie l'année suivante. Il poursuit sa carrière dans l'infanterie après la guerre de 14-18, obtenant le grade d'*Oberst* le 1ᵉʳ juin 1939. Au début de la Seconde Guerre mondiale, il commande l'*Inf.Rgt. 5.* puis la *7. Schtz.Brig.* (1ᵉʳ octobre 1941). *Generalmajor* le 1ᵉʳ avril 1942, il est *Generalleutnant* le 1ᵉʳ décembre 1942. On le trouve alors à la tête de la *3. Inf.Div. (mot.)* (1ᵉʳ avril 1942) puis du *XIV. Pz.K.* (15 janvier 1943, m.d.F.b.). Il est fait prisonnier à Stalingrad le 29 janvier 1943. Rallié aux Soviétiques, il adhère à l'Union des officiers allemands. Il est libéré en 1949 et meurt le 18 août 1995 à Minden-Hübbecke. Titulaire de la Croix de chevalier de la Croix de fer (28 octobre 1941) avec feuilles de chêne (23 décembre 1942, n° 161).

Born at Hausberge on 30 May 1893, he was an officer cadet in 1913 and a Leutnant in an infantry regiment the following year. He pursued his career in the infantry after the 1914-18 war, obtaining the rank of Oberst on 1 June 1939. At the outbreak of World War II, he was commander of Inf.Rgt. 5. then 7. Schtz.Brig. (1 October 1941). He was promoted to Generalmajor on 1 April 1942, and Generalleutnant on 1 December 1942. He was commander of 3. Inf.Div. (mot.) (1 April 1942) then XIV. Pz.K. (15 January 1943, m.d.F.b.). He was taken prisoner at Stalingrad on 29 January 1943. After going over to the Soviets, he joined the German Officers Union. He was released in 1949 and died at Minden-Hübbecke on 18 August 1995. Awarded the Knight's Cross of the Iron Cross (28 October 1941) with Oak Leaves (23 December 1942, n° 161).

Gerhard Schmidhuber

Né le 9 avril 1894 à Dresde, Gerhard Schmidhuber est volontaire dans l'infanterie en 1914. Il est *Leutnant d. Reserve* en 1915 puis quitte l'armée en 1920. De retour en 1934 avec le grade de *Hauptmann*, il est *Major* et chef d'un bataillon d'infanterie en septembre 1939. *Oberstleutnant* le 1er 1941, il est *Oberst* le 1er avril 1942 et *Generalmajor* le 1er octobre 1944. Après un passage à l'école des troupes blindées, il commande le *Pz.Gren.Rgt. 304* (11 juillet 1943) puis, par intérim, la *7. Pz.Div.* (2 mai 1944) et la *13. Pz.Div.* (9 septembre 1944). Il est tué au combat à Budapest le 11 février 1945. Titulaire de la Croix de chevalier de la Croix de fer (18 octobre 1943) avec feuilles de chêne (21 janvier 1945, n° 706) et de la Croix allemande en or (28 février 1942).

Born in Dresden on 9 April 1894, Gerhard Schmidhuber was a volunteer in the infantry in 1914. He was Leutnant d. Reserve in 1915 then left the army in 1920. On his return with the rank of Hauptmann in 1934, he was promoted to Major and command of an infantry battalion in September 1939. Promoted to Oberstleutnant on 1 1941, Oberst on 1 April 1942 and Generalmajor on 1 October 1944. After a spell at the panzer troop school, he became commander of Pz.Gren.Rgt. 304 (11 July 1943) then interim commander of 7. Pz.Div. (2 May 1944) and 13. Pz.Div. (9 September 1944). He was killed in action at Budapest on 11 February 1945. Awarded the Knight's Cross of the Iron Cross (18 October 1943) with Oak Leaves (21 January 1945, n° 706) and the German Cross in Gold (28 February 1942).

Gustav Schmidt

Né le 24 avril 1894 à Carstorf, il est aspirant en 1913 et sert comme *Leutnant* dans un régiment d'infanterie l'année suivante. *Oberst* le 1er juin 1939, il commande l'*Inf.Ersatz-Rgt. 216* lorsqu'éclate la Seconde Guerre mondiale. Il est *Generalmajor* le 1er avril 1942 et *Generalleutnant* le 1er janvier 1943. Il commande successivement l'*Inf.Rgt.74* (10 octobre 1939), une brigade rattachée à la *19. Pz.Div.* (1er octobre 1940) et enfin la *19. Pz.Div.* (1er avril 1942). Il commande toujours cette division sur le front russe lorsqu'il est tué au combat le 7 août 1943 près de Beresowka. Titulaire de la Croix de chevalier de la Croix de fer (4 septembre 1940) avec feuilles de chêne (6 mars 1943, n° 203) et de la Croix allemande en or (22 avril 1942).

Born at Carstorf on 24 April 1894, he was an officer cadet in 1913 and served as a Leutnant in an infantry regiment the following year. Promoted to Oberst on 1 June 1939, he was in command of Inf.Ersatz-Rgt. 216 when World War II broke out. He was promoted to Generalmajor on 1 April 1942 and Generalleutnant on 1 January 1943. He commanded successively Inf.Rgt.74 (10 October 1939), a brigade attached to 19. Pz.Div. (1 October 1940) and finally 19. Pz.Div. (1 April 1942). He was still commander of that division on the Russian front when he was killed in action near Beresowka on 7 August 1943. Awarded the Knight's Cross of the Iron Cross (4 September 1940) with Oak Leaves (6 March 1943, n° 203) and the German Cross in Gold (22 April 1942).

Rudolf Schmidt

Né le 12 mai 1886 à Berlin, Rudolf Schmidt est aspirant en 1906 et sert dans l'infanterie. Il poursuit sa carrière après la guerre de 14-18, obtenant le grade d'*Oberst* le 1er octobre 1933. Il est *Generalmajor* le 1er octobre 1936, *Generalleutnant* le 1er juin 1938 et commande de la *1. Pz.Div.* lorsque se déclenche la Seconde Guerre mondiale. *General der Panzertruppe* le 1er juin 1940, il est *Generaloberst* le 1er janvier 1942. Pendant cette période, on le trouve à la tête du *XXXIX. A.K. (mot.)* (1er février 1940) puis des *2. Armee* (15 novembre 1941) et *2. Pz.Armee* (25 décembre 1941). Il abandonne ce commandement le 10 juillet 1943 puis quitte le service actif le 30 septembre suivant. Fait prisonnier par les Soviétiques en 1945, il est libéré en 1955. Il meurt le 7 avril 1957 à Krefeld. Titulaire de la Croix de chevalier de la Croix de fer (3 juin 1940) avec feuilles de chêne (10 juillet 1941, n° 19).

Born in Berlin on 12 May 1886, Rudolf Schmidt was an officer cadet in 1906 and served in the infantry. He pursued his career after the 1914-18 war, obtaining the rank of Oberst on 1 October 1933. He was promoted to Generalmajor on 1 October 1936, Generalleutnant on 1 June 1938 in command of 1. Pz.Div. at the start of World War II. Promoted to General der Panzertruppe on 1 June 1940, and Generaloberst on 1 January 1942. During this period, he commanded XXXIX. A.K. (mot.) (1 February 1940) then 2. Armee (15 November 1941) and 2. Pz.Armee (25 December 1941). He left this command on 10 July 1943 then quit active service on the following 30 September. He was taken prisoner by the Soviets in 1945 and released in 1955. He died at Krefeld on 7 April 1957. Awarded the Knight's Cross of the Iron Cross (3 June 1940) with Oak Leaves (10 July 1941, n° 19).

Erich Schneider

Né le 12 août 1894 à Biedenkopf en Hesse, il est aspirant en 1914, *Leutnant* dans un régiment d'artillerie à pied en 1915. Il poursuit sa carrière dans la *Reichswehr*, obtenant un diplôme d'ingénieur en 1928. *Oberstleutnant* en 1937, il commande une *Abteilung* au HWA (*Heeres Waffen Amt*) en septembre 1939. *Oberst* le 1ᵉʳ janvier 1940, il est *Generalmajor* le 1ᵉʳ janvier 1943 et *Generalleutnant* le 1ᵉʳ juillet de la même année. Pendant cette période, il commande le *Pz.Art.Rgt. 103* (20 juin 1940), de nouveau une *Abteilung* du HWA (12 mars 1942) puis prend la tête de la *4. Pz.Div.* (24 novembre 1942) avant de revenir au HWA (1ᵉʳ juin 1943). Le 28 décembre 1944, il commande la *14. Inf.Div. (mot.)*. Il est limogé le 20 mars 1945. Il meurt le 3 octobre 1980 à Wiesbaden. Titulaire de la Croix de chevalier de la Croix de fer (5 mai 1945) avec feuilles de chêne (6 mars 1945, n° 78).

Born at Biedenkopf in Hessen on 12 August 1894, he was an officer cadet in 1914, and a Leutnant in an artillery foot regiment in 1915. He pursued his career in the Reichswehr, graduating as an engineer in 1928. Promoted to Oberstleutnant in 1937, he commanded an Abteilung with HWA (Heeres Waffen Amt) in September 1939. He was promoted to Oberst on 1 January 1940, Generalmajor on 1 January 1943 and Generalleutnant on 1 July of that same year. During this period, he commanded Pz.Art.Rgt. 103 (20 June 1940), again an Abteilung of HWA (12 March 1942), then was placed in command of 4. Pz.Div. (24 November 1942) before returning to HWA (1 June 1943). On 28 December 1944, he commanded 14. Inf.Div. (mot.). He was dismissed on 20 March 1945. He died at Wiesbaden on 3 October 1980. Awarded the Knight's Cross of the Iron Cross (5 May 1945) with Oak Leaves (6 March 1945, n° 78).

Volkmar Schöne

Oberst le 1ᵉʳ février 1942, il commande la *3. Pz.Div.* du 19 avril 1945 à la fin de la guerre.

Promoted to Oberst on 1 February 1942, he commanded 3. Pz.Div. from 19 April 1945 until the end of the war.

Henning Schönfeld

Né le 19 mai 1894 à Stettin, il est aspirant en 1912 puis *Leutnant* dans un régiment de Ulhans en 1913 et termine la guerre de 14-18 avec le grade de *Rittmeister*. Il quitte l'armée en 1918 mais la réintègre en 1934. À la veille de la Seconde Guerre mondiale, il est *Oberstleutnant* et commande l'*Aufkl.Abt. 20*. *Oberst* le 1ᵉʳ février 1942, il est *Generalmajor* le 1ᵉʳ décembre 1944. *Gruppenleiter* auprès de l'inspecteur des troupes rapides à l'OKH (1940), il commande l'*Inf.Rgt. 949* (1943) puis la *2. Pz.Div.* (5 septembre 1944). Il meurt le 7 mars 1958. Titulaire de la Croix de chevalier de la Croix de fer (15 août 1940).

Born at Stettin on 19 May 1894, he was an officer cadet in 1912 then a Leutnant in a Ulhans regiment in 1913, and ended the 1914-18 war with the rank of Rittmeister. He left the army in 1918 but re-enlisted in 1934. On the eve of World War II, he was an Oberstleutnant and commander of Aufkl.Abt. 20. He was promoted to Oberst on 1 February 1942, and Generalmajor on 1 December 1944. Gruppenleiter to the inspector of mobile troops at OKH (1940), he commanded Inf.Rgt. 949 (1943) then 2. Pz.Div. (5 September 1944). He died on 7 March 1958. Awarded the Knight's Cross of the Iron Cross (15 August 1940).

Ferdinand Schörner

Né le 12 juin 1892 à Munich, Ferdinand Schörner est volontaire dans un régiment d'infanterie bavaroise en 1911. Il franchit les différents grades de sous-officier avant d'obtenir le grade de *Leutnant d. Reserve* en novembre 1914 puis d'être activé en 1917. Pendant la guerre, il se distingue particulièrement, ce qui lui vaut la prestigieuse croix « Pour le Mérite », obtenue comme Rommel sur le front italien, et le grade d'*Oberleutnant*. Il poursuit lentement sa carrière pendant l'entre-deux-guerres, servant dans des unités de chasseurs de montagne. Il est *Oberst* le 27 août 1939 et commande un régiment de chasseurs de montagne au début de la Seconde Guerre mondiale. *Generalmajor* le 1er août 1940, il est *Generalleutnant* le 27 janvier 1942 et *General der Gebirgstruppe* le 1er juin 1942. Pendant cette période, Schörner commande la 6. Geb.Div. (31 mai 1940) et le XIX. Geb.K. (15 janvier 1942). Son ascension est très rapide à partir de 1943, date à laquelle il obtient enfin un commandement sur le front de l'Est. Chef du XXXX. Pz.K. (1er octobre 1943), il apparaît rapidement comme un chef énergique et intransigeant, capable, un peu comme Model, de faire face aux situations les plus périlleuses. Il est promu *Generaloberst* le 1er avril 1944 et se voit attribuer d'importants commandements : *17. Armee* (2 mars 1944), groupe d'armées « Sud » (31 mars 1944), groupe d'armées « Nord » (20 juillet 1944), groupe d'armées « Centre » (18 janvier 1945). Promu *Generalfeldmarschall* le 5 avril 1945, il est désigné par Hitler dans son testament comme commandant en chef du *Heer*. Capturé par les Américains dans les jours suivant l'armistice, il est livré aux Soviétiques qui le condamnent à 50 ans de travaux forcés. Finalement libéré en 1955, il est jugé à son arrivée en Allemagne et purge une nouvelle peine de quatre ans. Il meurt le 2 juillet 1973 à Munich. Titulaire de la croix « Pour le Mérite » (5 décembre 1917) et de la Croix de chevalier de la Croix de fer (20 avril 1941) avec feuilles de chêne (17 février 1944, n° 398), glaives (28 août 1944, n° 93) et brillants (1er janvier 1945, n° 23).

Born in Munich on 12 June 1892, Ferdinand Schörner was a volunteer in a Bavarian infantry regiment in 1911. He climbed up the different NCO ranks before being promoted to Leutnant d. Reserve in November 1914 and activated in 1917. During the war, he fought with distinction to win the prestigious « Pour le Mérite » Cross, like Rommel on the Italian front, and the rank of Oberleutnant. He slowly pursued his career during the interwar years, serving in mountain rifle units. He was promoted to Oberst on 27 August 1939 and was commander of a mountain rifle regiment at the outbreak of World War II. He was promoted to Generalmajor on 1 August 1940, Generalleutnant on 27 January 1942 and General der Gebirgstruppe on 1 June 1942. During this period, Schörner held command of 6. Geb.Div. (31 May 1940) and XIX. Geb.K. (15 January 1942). He climbed very quickly after 1943, when he at last obtained a command on the Eastern front. As commanding officer of XXXX. Pz.K. (1 October 1943), he soon stood out as a forceful, intransigent commander, rather like Model capable of rising to the most dangerous situations. He was promoted to Generaloberst on 1 April 1944 and appointed to further major commands: 17. Armee (2 March 1944), Army Group "Sud" (31 March 1944), Army Group "Nord" (20 July 1944), Army Group "Centre" (18 January 1945). Promoted to Generalfeldmarschall on 5 April 1945, he was named by Hitler in his will as commander-in-chief of the Heer. Captured by the Americans in the days following the armistice, he was handed over to the Soviets who sentenced him to 50 years hard labor. Finally released in 1955, he was tried upon arrival in Germany and served a further four-year sentence. He died in Munich on 2 July 1973. Awarded the « Pour le Mérite » Cross (5 December 1917) and the Knight's Cross of the Iron Cross (20 April 1941) with Oak Leaves (17 February 1944, n° 398), Swords (28 August 1944, n° 93) and Diamonds (1 January 1945, n° 23).

Josef Schroetter *Dipl.Ing.*

Né le 8 mars 1891 à Cologne, il est aspirant en 1912 puis *Leutnant* dans l'infanterie en 1914. Après la guerre de 14-18, il poursuit sa carrière et devient ingénieur à l'OKH en 1938. À la veille de la Seconde Guerre mondiale, il est *Oberst*, grade obtenu le 1er avril 1939. *Generalmajor* le 1er juin 1942, il est *Generalleutnant* le 1er avril 1944. Après une longue période à l'OKH, il commande la 8. Schtz.Brig. (1942) puis la 8. Pz.Div. (6 août 1942, m.d.F.b.). Il est ensuite chargé des unités motorisées à l'OKW (10 juin 1944).

Born in Cologne on 8 March 1891, he was an officer cadet in 1912 then a Leutnant in the infantry in 1914. After the 1914-18 war, he pursued his career, becoming an engineer at OKH in 1938. On the eve of World War II, he was an Oberst, a rank obtained on 1 April 1939. He was promoted to Generalmajor on 1 June 1942 and Generalleutnant on 1 April 1944. After a long period at OKH, he commanded 8. Schtz.Brig. (1942) then 8. Pz.Div. (6 August 1942, m.d.F.b.). He was later put in charge of motorized units at OKW (10 June 1944).

Hermann Schulte-Heuthaus

Né le 15 janvier 1898 à Weissensee en Prusse Orientale, il est aspirant en 1914 puis *Leutnant* (infanterie) en 1915. Il quitte l'armée en 1920. Réactivé en 1934 avec le grade de *Hauptmann*, il devient instructeur dans l'école d'infanterie pour sous-officiers de Potsdam. Au début de la Seconde Guerre mondiale, il est *Major* et toujours employé dans l'école de Potsdam. *Oberstleutnant* le 1ᵉʳ août 1940, il est *Oberst* le 1ᵉʳ avril 1942. Pendant cette période, il commande la *I./Inf.Rgt.1* (10 février 1940), le *Kradschtz.Btl. 25* (1ᵉʳ mai 1941) avant d'être nommé à l'état-major de la *Pz.Armee « Afrika »*. Il commande par intérim la *90. Lei.Afrika Div.* du 17 au 22 septembre 1942. Promu *Generalmajor* le 1ᵉʳ mars 1945, on le retrouve ensuite à la tête du *Füs.Rgt. « Grossdeutschland »* (7 juillet 1943) puis de l'*Ersatz-Brig. « Kottbus »* (27 mars 1944) et de la *Pz.Gren.Div. « Brandenburg »* (16 octobre 1944). Il meurt le 28 décembre 1979. Titulaire de la Croix de chevalier de la Croix de fer (23 janvier 1942).

Born at Weissensee in East Prussia on 15 January 1898, he was an officer cadet in 1914 then a Leutnant (infantry) in 1915. He left the army in 1920. Reactivated in 1934 with the rank of Hauptmann, he became an instructor at the NCO infantry school at Potsdam. At the outbreak of World War II, he was a Major and still employed at the Potsdam school. Promoted to Oberstleutnant on 1 August 1940 and Oberst on 1 April 1942. During this period, he commanded I./Inf.Rgt.1 (10 February 1940), Kradschtz.Btl. 25 (1 May 1941) before being appointed to the general staff of Pz.Armee "Afrika". He was interim commander of 90. Lei.Afrika Div. from 17 to 22 September 1942. Promoted to Generalmajor on 1 March 1945, he went on to command Füs.Rgt. "Grossdeutschland" (7 July 1943) then Ersatz-Brig. "Kottbus" (27 March 1944) and Pz.Gren.Div. "Brandenburg" (16 October 1944). He died on 28 December 1979. Awarded the Knight's Cross of the Iron Cross (23 January 1942).

Adalbert Schulz

Né le 20 décembre 1903 à Berlin, Adalbert Schulz entre dans la police comme volontaire en 1925 et obtient le grade de *Leutnant* (de police) en 1934. Il passe dans l'armée l'année suivante avec le grade d'*Oberleutnant*. Versé dans les troupes blindées, il commande une compagnie du *Pz.Rgt. 25* en 1937, commandement qu'il a toujours lorsque se déclenche la Seconde Guerre mondiale. Son ascension est alors très rapide puisqu'il lui faudra à peine cinq ans pour gagner le grade de général et le commandement d'une division. *Oberstleutnant* le 1ᵉʳ avril 1943, il est en effet *Oberst* le 1ᵉʳ novembre de la même année et *Generalmajor* le 1ᵉʳ janvier 1944. Il est alors âgé de 41 ans. Pendant cette période il commande successivement une *Abteilung* du *Pz.Rgt. 25* (6 juin 1940), le *Pz.Rgt.25* (5 mars 1943), la *7.Pz.Div.* (1ᵉʳ janvier 1944). Sa carrière fulgurante s'achève sur le front russe le 28 janvier 1945 date à laquelle il est tué au combat. Titulaire de la Croix de chevalier de la Croix de fer (29 septembre 1940) avec feuilles de chêne (31 décembre 1941, n° 47), glaives (6 août 1943, n° 33) et brillants (14 décembre 1943, n° 9).

Born in Berlin on 20 December 1903, Adalbert Schulz joined the police force as a volunteer in 1925 and obtained the rank of (police) Leutnant in 1934. He moved into the army the following year with the rank of Oberleutnant. Drafted into the panzer troops, he commanded a company of Pz.Rgt. 25 in 1937, a command he still held when World War II broke out. He then rose quickly through the ranks, climbing in barely five years to the rank of general in command of a division. He was promoted to Oberstleutnant on 1 April 1943, Oberst on 1 November of the same year and Generalmajor on 1 January 1944. He was then aged 41. During this period he commanded successively an Abteilung of Pz.Rgt. 25 (6 June 1940), Pz.Rgt.25 (5 March 1943), 7.Pz.Div. (1 January 1944). His meteoric career ended on the Russian front on 28 January 1945 when he was killed in action. Awarded the Knight's Cross of the Iron Cross (29 September 1940) with Oak Leaves (31 December 1941, n° 47), Swords (6 August 1943, n° 33) and Diamonds (14 December 1943, n° 9).

Johannes Schulz

Né le 23 octobre 1892 à Kaltenborn, Friedrich Schulz entre dans l'armée comme aspirant en 1910 et sert dans le génie. Il quitte l'armée avec le grade de *Hauptmann* en 1920 et obtient son doctorat en philosophie en 1925. De retour dans l'armée en 1934 comme *Hauptmann*, il commande un bataillon du génie avec le grade de *Major* en 1938. *Oberstleutnant* en octobre 1939, il est *Oberst* le 1ᵉʳ janvier 1942. Pendant cette période, il sert à l'OKH puis commande le *Pz.Gren.Rgt.10* (4 mars 1943) et la *9. Pz.Div.* (1ᵉʳ octobre 1943, m.d.F.b.). Tué au combat sur le front russe près de Krivoï Rog le 27 novembre 1943, il est fait *Generalmajor* à titre posthume le 1ᵉʳ novembre 1943. Titulaire de la Croix de chevalier de la Croix de fer (19 septembre 1943).

Born at Kaltenborn on 23 October 1892, Friedrich Schulz joined the army as an officer cadet in 1910 and served with the engineers. He left the army with the rank of Hauptmann in 1920 and won a doctorate in philosophy in 1925. On returning to the army in 1934 as a Hauptmann, he commanded an engineers battalion with the rank of Major in 1938. He was promoted to Oberstleutnant in October 1939 and Oberst on 1 January 1942. During this period, he served at OKH then commanded Pz.Gren.Rgt.10 (4 March 1943) and 9. Pz.Div. (1 October 1943, m.d.F.b.). Killed in action on the Russian front near Krivoy Rog on 27 November 1943, he was promoted posthumously to Generalmajor on 1 November 1943. Awarded the Knight's Cross of the Iron Cross (19 September 1943).

Friedrich Schulz

Né le 15 octobre 1897 à Nettkow en Silésie, Friedrich Schulz est volontaire en 1914 puis devient *Leutnant* dans un régiment d'infanterie en 1916. Il poursuit sa carrière après 1918, atteignant le grade d'*Oberstleutnant* en 1939. *Oberst* le 1ᵉʳ janvier 1941, son ascension est très rapide : il est *Generalmajor* le 1ᵉʳ juillet 1942, *Generalleutnant* le 1ᵉʳ juillet 1942 et *General der Infanterie* le 1ᵉʳ avril 1944. Pendant cette période, il sert à l'OKW avant de devenir chef d'état-major du *XXXXIII. A.K.* (20 avril 1940), de la *11. Armee* (12 mai 1942) et du groupe d'armées « Don » alias « Süd » (27 novembre 1942). Il commande ensuite la *28. Jäg.Div.* (1ᵉʳ mai 1943), le *III. Pz.K.* (1ᵉʳ décembre 1943, m.d.F.b.), le *LIX. A.K.* (8 février 1944), le *XXXXVI. Pz.K.* (22 mars 1944), la *17. Armee* (25 juillet 1944) et enfin le groupe d'armées « Sud » (2 avril 1945). Fait prisonnier par les Américains en mai 1945, il est libéré en 1946. Il meurt le 30 novembre 1976 à Freudenstadt. Titulaire de la Croix de chevalier de la Croix de fer (29 mars 1942) avec feuilles de chêne (20 mars 1944, n° 428) et glaives (26 février 1945, n° 135).

Born at Nettkow in Silesia on 15 October 1897, Friedrich Schulz was a volunteer in 1914 then became a Leutnant in an infantry regiment in 1916. He pursued his career after 1918, reaching the rank of Oberstleutnant in 1939. Promoted to Oberst on 1 January 1941, he climbed quickly through the ranks, from Generalmajor on 1 July 1942 to Generalleutnant on 1 July 1942 and General der Infanterie on 1 April 1944. During this period, he served at OKW before becoming chief-of-staff of XXXXIII. A.K. (20 April 1940), 11. Armee (12 May 1942) and Army Group "Don" alias "Süd" (27 November 1942). He went on to command 28. Jäg.Div. (1 May 1943), III. Pz.K. (1 December 1943, m.d.F.b.), LIX. A.K. (8 February 1944), XXXXVI. Pz.K. (22 March 1944), 17. Armee (25 July 1944) and finally Army Group "Sud" (2 April 1945). He was taken prisoner by the Americans in May 1945 and released in 1946. He died at Freudenstadt on 30 November 1976. Awarded the Knight's Cross of the Iron Cross (29 March 1942) with Oak Leaves (20 March 1944, n° 428) and Swords (26 February 1945, n° 135).

Otto Schünemann

Né le 6 octobre 1891 à Doberan, il entre dans l'armée comme volontaire en 1906 et fait la guerre de 14-18 comme sous-officier. Il quitte l'armée en 1920 et rejoint la police où il sert comme officier. De retour dans l'armée en 1936 avec le grade de *Major*, il est *Oberstleutnant* en 1938 et commande un régiment d'infanterie lorsque la Seconde Guerre mondiale éclate. *Oberst* le 1ᵉʳ décembre 1940, il est promu *Generalmajor* le 1ᵉʳ novembre 1942 et *Generalleutnant* le 1ᵉʳ mai 1943. Pendant cette période il commande l'*Inf.Rgt.184* (1ᵉʳ septembre 1939), la *337. Inf.Div.* (1ᵉʳ octobre 1942) puis le *XXXIX. Pz.K.* (28 juin 1944, m.d.F.b.) mais il est tué le lendemain de sa prise de fonction le 29 juin 1944 près de Pagost sur le front russe. Titulaire de la Croix de chevalier de la Croix de fer (20 décembre 1941) avec feuilles de chêne (28 novembre 1943, n° 339) et de la Croix allemande en or (11 février 1943).

Born at Doberan on 6 October 1891, he joined the army as a volunteer in 1906 and fought in the 1914-18 war as an NCO. He left the army in 1920 and joined the police, serving as an officer. On returning to the army in 1936 with the rank of Major, he was promoted to Oberstleutnant in 1938 and was commander of an infantry regiment when World War II broke out. He was promoted to Oberst on 1 December 1940, Generalmajor on 1 November 1942 and Generalleutnant on 1 May 1943. During this period he commanded Inf.Rgt.184 (1 September 1939), 337. Inf.Div. (1 October 1942) then XXXIX. Pz.K. (28 June 1944, m.d.F.b.) But he was killed the day after taking up his duties, on 29 June 1944, near Pagost on the Russian front. Awarded the Knight's Cross of the Iron Cross (20 December 1941) with Oak Leaves (28 November 1943, n° 339) and the German Cross in Gold (11 February 1943).

Gerhard Graf von Schwerin

Né le 23 juin 1899 à Hanovre, Gerhard *Graf* von Schwerin est aspirant en 1914 puis *Leutnant* dans un régiment de grenadiers à pied l'année suivante. Il quitte l'armée en 1920 mais reprend du service deux ans plus tard. À la veille de la Seconde Guerre mondiale, il est *Oberstleutnant* et sert à l'OKH. *Oberst* le 1ᵉʳ août 1941, son ascension est très rapide puisqu'il est *Generalmajor* le 1ᵉʳ octobre 1942, *Generalleutnant* le 1ᵉʳ juin 1943 et *General der Panzertruppe* le 1ᵉʳ avril 1945. Après avoir commandé un bataillon puis un régiment d'infanterie, il prend la tête de la *8. Jäg.Div.* (23 juillet 1942, m.d.F.b.) puis de la *16. Pz.Gren.Div.* (13 novembre 1942). On le trouve ensuite comme chef de la *116. Pz.Gren.Div.* (1ᵉʳ mai 1944) et de la *90. Pz.Gren.Div.* (décembre 1944) et enfin du *LXXVI. Pz.K.* (1ᵉʳ avril 1945). Fait prisonnier à l'Ouest, il est libéré le 24 décembre 1947 et devient conseiller du chancelier Adenauer pour les questions militaires. Il meurt à Rottach-Egern le 29 octobre 1980. Titulaire de la Croix de chevalier de la Croix de fer (17 janvier 1942) avec feuilles de chêne (17 mai 1943, n° 240) et glaives (4 novembre 1943, n° 41).

Born at Hanover on 23 June 1899, Gerhard Graf von Schwerin was an officer cadet in 1914 then a Leutnant in a grenadier foot regiment the following year. He left the army in 1920 but returned to active service two years later. On the eve of World War II, he was an Oberstleutnant and served at OKH. Promoted to Oberst on 1 August 1941, he rose very quickly through the ranks, from Generalmajor on 1 October 1942 to Generalleutnant on 1 June 1943 and General der Panzertruppe on 1 April 1945. After commanding an infantry battalion then a regiment, he was placed in command of 8. Jäg.Div. (23 July 1942, m.d.F.b.) then 16. Pz.Gren.Div. (13 November 1942). He went on to become commanding officer of 116. Pz.Gren.Div. (1 May 1944) and 90. Pz.Gren.Div. (December 1944) and finally LXXVI. Pz.K. (1 April 1945). Taken prisoner in the West and released on 24 December 1947, he became a military adviser to Chancellor Adenauer. He died at Rottach-Egern on 29 October 1980. Awarded the Knight's Cross of the Iron Cross (17 January 1942) with Oak Leaves (17 May 1943, n° 240) and Swords (4 November 1943, n° 41).

Fridolin von Senger und Etterlin

Né le 4 septembre 1891 à Waldshut, il entre dans l'armée comme volontaire en 1910. En 1914, il est *Leutnant d. Reserve* puis est activé en 1917. *Oberst* le 1ᵉʳ mars 1939, il commande le *Kav.Rgt. 3* lorsqu'éclate la Seconde Guerre mondiale. On le trouve ensuite à la tête du *Reit.Rgt. 22* (22 novembre 1939) puis de la *2. Reit.Brig.* (2 février 1940) et de la brigade rapide portant son nom (mai 1940). *Generalmajor* le 1ᵉʳ septembre 1940, il est *Generalleutnant* le 1ᵉʳ mai 1943 et *General der Panzertruppe* le 1ᵉʳ janvier 1944. Il est nommé chef de la délégation allemande siégeant auprès de la commission d'armistice franco-italienne (juillet 1940) puis prend le commandement de la *17. Pz.Div.* (10 octobre 1942) avant de devenir commandant en chef en Sicile (juin 1943) puis en Sardaigne et Corse (août 1943). Il commande le *XIV. Pz.K.* à partir du 23 octobre 1943 jusqu'à la fin de la guerre. Fait prisonnier par les alliés, il est libéré en 1946. Fridolin von Senger und Etterlin publie au début des années soixante un livre de souvenirs intitulé *Die Panzergrenadiere* et traduit en français sous le titre « Panzer sur l'Europe ». Il meurt le 4 janvier 1963 à Freiburg. Titulaire de la Croix de chevalier de la Croix de fer (8 février 1943) avec feuilles de chêne (5 avril 1944, n° 439) et de la Croix allemande en or (11 octobre 1943).

Born at Waldshut on 4 September 1891, he joined the army as a volunteer in 1910. In 1914, he was a Leutnant d. Reserve then was activated in 1917. Promoted to Oberst on 1 March 1939, he was commander of Kav.Rgt. 3 when World War II broke out. He went on to command Reit.Rgt. 22 (22 November 1939) then 2. Reit.Brig. (2 February 1940) and the mobile brigade bearing his name (May 1940). He was promoted to Generalmajor on 1 September 1940, Generalleutnant on 1 May 1943 and General der Panzertruppe on 1 January 1944. He was appointed commanding officer of the German delegation sitting on the Franco-Italian armistice commission (July 1940) then took over command of 17. Pz.Div. (10 October 1942) before becoming Commander-in-Chief in Sicily (June 1943) then in Sardinia and Corsica (August 1943). He commanded XIV. Pz.K. from 23 October 1943 until the end of war. He was taken prisoner by the Allies and released in 1946. In the early sixties Fridolin von Senger und Etterlin published a book of memoirs entitled "Die Panzergrenadiere". He died at Freiburg on 4 January 1963. Awarded the Knight's Cross of the Iron Cross (8 February 1943) with Oak Leaves (5 April 1944, n° 439) and the German Cross in Gold (11 October 1943).

Né le 15 février 1896 à Schwerte, il est aspirant en 1914 et sert dans l'infanterie. Au début de la Seconde Guerre mondiale, il est *Oberstleutnant* et commande la *I./Pz.Rgt.10*. On le retrouve ensuite à la tête du *Pz.Rgt.10* (23 octobre 1939) puis à l'école des troupes blindées (20 février 1942). *Generalmajor* le 1er juin 1943, il commande la *14. Pz.Div.* du 1er avril au 29 octobre 1943. Sévèrement blessé le 29 octobre 1943, il meurt de ses blessures le 3 novembre 1943 à l'hôpital de Kirovograd. Il est fait *Generalleutnant* à titre posthume avec effet rétroactif le 1er novembre 1943. Titulaire de la Croix de chevalier de la Croix de fer (16 juin 1940).

Born at Schwerte on 15 February 1896, he was an officer cadet in 1914 and served in the infantry. At the outbreak of World War II, he was an Oberstleutnant and commander of I./Pz.Rgt.10. We later find him in command of Pz.Rgt.10 (23 October 1939) then at the panzer troop school (20 February 1942). Promoted to Generalmajor on 1 June 1943, he commanded 14. Pz.Div. from 1 April to 29 October 1943. He was badly wounded on 29 October 1943 and died of his wounds at Kirovograd Hospital on 3 November 1943. He was promoted posthumously to Generalleutnant backdated to 1 November 1943. Awarded the Knight's Cross of the Iron Cross (16 June 1940).

Friedrich-Wilhelm Sieberg

Né le 18 août 1896 à Ludwigsthal en Silésie, Rudolf Sieckenius est volontaire en 1914 puis devient *Leutnant* dans un régiment d'infanterie en 1917. En 1920, il passe dans la police avant de revenir dans l'armée. *Oberstleutnant* le 1er juin 1939, il commande la *Pz.Abw.Abt. 66* lorsque la Seconde Guerre mondiale éclate. On le trouve ensuite comme chef de la *III./Pz.Rgt. 25* puis chef du *Pz.Rgt. 2* (1er mai 1941). *Oberst* le 1er février 1942 et *Generalmajor* le 1er juin 1943, il commande la *16. Pz.Div.* (5 mai 1943) puis la *263. Inf.Div.* (21 mai 1944). Il est tué lors des combats de Berlin le 28 avril 1945. Titulaire de la Croix de chevalier de la Croix de fer (17 septembre 1941).

Born at Ludwigsthal in Silesia on 18 August 1896, Rudolf Sieckenius was a volunteer in 1914 then became a Leutnant in an infantry regiment in 1917. In 1920, he joined the police before returning to the army. Promoted to Oberstleutnant on 1 June 1939, he was commander of Pz.Abw.Abt. 66 when World War II broke out. He went on to command III./Pz.Rgt. 25 then Pz.Rgt. 2 (1 May 1941). He was promoted to Oberst on 1 February 1942 and Generalmajor on 1 June 1943, and commanded 16. Pz.Div. (5 May 1943) then 263. Inf.Div. (21 May 1944). He was killed during the fighting in Berlin on 28 April 1945. Awarded the Knight's Cross of the Iron Cross (17 September 1941).

Rudolf Sieckenius

Né le 15 février 1903 à Wilster dans le Holstein, il est volontaire dans l'infanterie en 1921. Il quitte l'armée en 1933 avec le grade de *Wachtmeister* (artillerie). De retour en 1934 il obtient le grade d'*Oberleutnant*. Il commande la *II./Art.Rgt. 56* lorsque la Seconde Guerre mondiale éclate. *Oberstleutnant* le 1er avril 1942, il est *Oberst* le 1er août 1943 et *Generalmajor* le 30 janvier 1945. Il commande le *Pz.Art.Rgt. 73* (1er avril 1943), la *Gren.Brig. 1131* (27 juillet 1944) et enfin la *3. Pz.Div.* (20 janvier 1945). Il meurt le 6 juillet 1978. Titulaire de la Croix de chevalier de la Croix de fer (28 novembre 1940) et de la Croix allemande en or (27 mai 1942).

Born at Wilster (Holstein) on 15 February 1903, he was a volunteer in the infantry in 1921. He left the army in 1933 with the rank of Wachtmeister (artillery). On his return in 1934 he obtained the rank of Obersleutnant. He was commander of II./Art.Rgt. 56 when World War II broke out. He was promoted to Oberstleutnant on 1 April 1942, Oberst on 1 August 1943 and Generalmajor on 30 January 1945. He commanded Pz.Art.Rgt. 73 (1 April 1943), Gren.Brig. 1131 (27 July 1944) and finally 3. Pz.Div. (20 January 1945). He died on 6 July 1978. Awarded the Knight's Cross of the Iron Cross (28 November 1940) and the German Cross in Gold (27 May 1942).

Wilhelm Söth

Max Sperling

Né le 4 septembre 1905 à Kulm, il est *Major* et chef du *Kradsch.Btl.18* en 1941. Il commande le *Pz.Gren.Rgt.11* avec le grade d'*Oberstleutnant*, puis, avec le grade d'*Oberst*, la *9. Pz.Div.* du 16 au 21 septembre 1944 (m.d.F.b.). Il poursuit sa carrière dans la *Bundeswehr* à partir de 1956. Il meurt le 6 juin 1984. Titulaire de la Croix de chevalier de la Croix de fer (6 avril 1944) et de la Croix allemande en or (27 novembre 1941).

Born at Kulm on 4 September 1905, he was a Major and commanding officer of Kradsch.Btl.18 in 1941. He commanded Pz.Gren.Rgt.11 with the rank of Oberstleutnant, then, with the rank of Oberst, 9. Pz.Div. from 16 to 21 September 1944 (m.d.F.b.). He pursued his career in the Bundeswehr from 1956. He died on 6 June 1984. Awarded the Knight's Cross of the Iron Cross (6 April 1944) and the German Cross in Gold (27 November 1941).

Theodor *Graf* von Sponeck

Né le 24 janvier 1896 à Offenburg, il est aspirant puis *Leutnant* (infanterie) en 1914. Il poursuit sa carrière entre les deux guerres et occupe les fonctions de Ia dans l'état-major du *XV. A.K.* en octobre 1938. Au début de la Seconde Guerre mondiale, il est *Oberstleutnant* et toujours Ia du *XV. A.K. Oberst* le 1er avril 1940, il est promu *Generalmajor* le 1er juin 1942 et *Generalleutnant* le 1er mai 1943. Il commande le *Schtz.Rgt.11* (15 février 1940) puis la *90. Lei.Afrika-Div.* (1er novembre 1942). Il est fait prisonnier en Tunisie le 12 mai 1943. Il meurt le 13 juillet 1982. Titulaire de la Croix de chevalier de la Croix de fer (12 septembre 1941).

Born at Offenburg on 24 January 1896, he was an officer cadet then a Leutnant (infantry) in 1914. He pursued his career between the two wars and served as Ia on the general staff of XV. A.K. in October 1938. At the outbreak of World War II, he was an Oberstleutnant and still Ia of XV. A.K. He was promoted to Oberst on 1 April 1940, Generalmajor on 1 June 1942 and Generalleutnant on 1 May 1943. He commanded Schtz.Rgt.11 (15 February 1940) then 90. Lei.Afrika-Div. (1 November 1942). He was taken prisoner in Tunisia on 12 May 1943. He died on 13 July 1982. Awarded the Knight's Cross of the Iron Cross (12 September 1941).

Johann Joachim Stever

Né le 27 avril 1889 à Berlin, il est aspirant en 1908 et *Leutnant* dans un régiment de chasseurs à pied l'année suivante. Il poursuit sa carrière après la guerre de 14-18 atteignant le grade d'*Oberst* le 1er décembre 1935 et celui de *Generalmajor* le 1er juin 1939. Chef d'état-major du *XV. A.K.* au début de la Seconde Guerre, il commande la *4. Pz.Div.* (11 février 1940) puis la *336. Inf.Div.* (15 décembre 1940). *Generalleutnant* le 1er juin 1941, on le trouve ensuite à la tête de l'OFK (*Oberfeldkommandantur*) 399 à Melitopol en URSS (25 juin 1942) puis à la disposition du groupe d'armées « Centre » (10 novembre 1943) comme *General z.b.V.* Il se retire de l'armée le 30 avril 1944 et meurt en mai 1945.

Born in Berlin on 27 April 1889, he was an officer cadet in 1908 and Leutnant in a rifles foot regiment the following year. He pursued his career after the 1914-18 war, rising to the rank of Oberst on 1 December 1935 and Generalmajor on 1 June 1939. Chief-of-staff of XV. A.K. at the outbreak of World War II, he commanded 4. Pz.Div. (11 February 1940) then 336. Inf.Div. (15 December 1940). Promoted to Generalleutnant on 1 June 1941, he went on to command OFK (Oberfeldkommandantur) 399 at Melitopol in the USSR (25 June 1942) and was then placed at the disposal of Army Group "Center" (10 November 1943) as General z.b.V. He retired from the army on 30 April 1944 and died in May 1945.

Carl Stollbrock

Oberst le 1ᵉʳ janvier 1942, il commande la *2. Pz.Div.* du 3 avril au 7 mai 1945.

Promoted to Oberst on 1 January 1942, he commanded 2. Pz.Div. from 3 April to 7 May 1945.

Hyazinth *Graf* Strachwitz von Gross-Zauche und Camminetz

Figure emblématique des troupes blindées allemandes de la Seconde Guerre mondiale, Hyazinth *Graf* Strachwitz naît le 30 juillet 1893 à Gross Stein en Haute-Silésie. Il est *Leutnant* dans le régiment de gardes du corps en 1914. Il termine la guerre de 14-18 avec le grade d'*Oberleutnant*. Il quitte l'armée en 1921 puis la réintègre en 1935 avec le grade de *Rittmeister d. Res.* et sert dans la cavalerie puis dans les troupes blindées. Au début de la seconde guerre, il est *Major* dans le *Pz.Rgt. 2*, unité dans laquelle il sert jusqu'à la fin 1942. *Oberstleutnant d.Res.* le 1ᵉʳ janvier 1942, il est *Oberst d.Res.* le 1ᵉʳ janvier 1943, *Generalmajor d.Res.* le 1ᵉʳ avril 1944 et *Generalleutnant d.Res.* le 1ᵉʳ janvier 1945. Pendant cette période, il commande le *Pz.Gren.Rgt. « Grossdeutschland »* (1ᵉʳ janvier 1943), un *Kampfgruppe* soutenant le groupe d'armées « Nord » (novembre 1943) avant de devenir *Höherer Panzerkommandeur* au même groupe d'armées « Nord » (15 avril 1944). On le retrouve ensuite à la tête de la *Pz.Lehr-Div.* (8 juin 1944) puis d'une *Pz.Div.* et d'un *Jagd.Verb.* en Silésie (1ᵉʳ janvier 1945). Fait prisonnier par les Américains, il est libéré en 1947. Il vit en Syrie, au Liban puis en Italie avant de revenir en Allemagne en 1951. Il meurt le 25 avril 1968 à Prien. Blessé treize fois au cours du conflit, Hyazinth *Graf* Strachwitz, surnommé « Panzergraf » était titulaire de la Croix de chevalier de la Croix de fer (25 août 1941) avec feuilles de chêne (13 novembre 1942, n° 144), glaives (28 mars 1943, n° 27) et brillants (15 avril 1944, n° 11). Il avait été promu *SS-Standartenführer* dans l'*Allgemeine SS* (SS n° 82857) le 11 septembre 1943.

An emblematic figure of the German World War II panzer troops, Hyazinth Graf Strachwitz was born at Gross Stein in Upper Silesia on 30 July 1893. He was a Leutnant in a bodyguard regiment in 1914. He ended the 1914-18 war with the rank of Oberleutnant. He left the army in 1921 then re-enlisted in 1935 with the rank of Rittmeister d. Res., serving in the cavalry and later in the panzer troops. At the outbreak of World War II, he was a Major in Pz.Rgt. 2, and continued to serve with that unit until the end of 1942. He was promoted to Oberstleutnant d.Res. on 1 January 1942, Oberst d.Res. on 1 January 1943, Generalmajor d.Res. on 1 April 1944 and Generalleutnant d.Res. on 1 January 1945. During this period, he commanded Pz.Gren.Rgt. "Grossdeutschland" (1 January 1943), then a Kampfgruppe in support of Army Group "Nord" (November 1943) before becoming Höherer Panzerkommandeur again with Army Group "Nord" (15 April 1944). We later find him in command of Pz.Lehr-Div. (8 June 1944) then a Pz.Div. and a Jagd.Verb. in Silesia (1 January 1945). He was taken prisoner by the Americans and released in 1947. He lived in Syria, Lebanon and later in Italy before returning to Germany in 1951. He died at Prien on 25 April 1968. Wounded thirteen times during the course of the war, Hyazinth Graf Strachwitz, nicknamed "Panzergraf" was awarded the Knight's Cross of the Iron Cross (25 August 1941) with Oak Leaves (13 November 1942, n° 144), Swords (28 March 1943, n° 27) and Diamonds (15 April 1944, n° 11). He had been promoted to SS-Standartenführer in the Allgemeine SS (SS n° 82857) on 11 September 1943.

Johannes Streich

Né le 16 avril 1891 à Augustenburg dans le Holstein, Johannes Streich est aspirant en 1911 et *Leutnant* en 1913. Il poursuit sa carrière après la guerre de 14-18. En 1935, il commande le tout nouveau *Pz.Rgt.15* et obtient le grade d'*Oberstleutnant*. *Oberst* le 1ᵉʳ avril 1938, il commande toujours cette unité blindée lorsqu'éclate la Seconde Guerre mondiale. *Generalmajor* le 7 février 1941 puis *Generalleutnant* le 1ᵉʳ octobre 1943, on le trouve à la tête de la *5. Pz.Brig.* (janvier 1941) puis de la *5. Lei.Div.* en Libye (7 février 1941). Suite à ses démêlés avec Rommel, il est limogé le 16 mai 1941 mais conserve son commandement jusqu'à l'arrivée de son successeur en juin. De retour en Allemagne, il se voit confier le commandement d'un *Kampfgruppe* puis de la *16. Inf.Div.* (été 1941). Il devient ensuite inspecteur des troupes rapides (1ᵉʳ juin 1942), inspecteur du *Wehrkreis II* (1ᵉʳ juin 1943) puis du *Wehrkreis I* (avril 1945). Il meurt le 20 août 1977. Titulaire de la Croix de chevalier de la Croix de fer (31 janvier 1941).

Born at Augustenburg (Holstein) on 16 April 1891, Johannes Streich was an officer cadet in 1911 and a Leutnant in 1913. He pursued his career after the 1914-18 war. In 1935, he commanded the brand new Pz.Rgt.15, rising to the rank of Oberstleutnant. Promoted to Oberst on 1 April 1938, he was still in command of that armored unit when World War II broke out. Promoted to Generalmajor on 7 February 1941 then Generalleutnant on 1 October 1943, he was placed in command of 5. Pz.Brig. (January 1941) then 5. Lei.Div. in Libya (7 February 1941). Following a wrangle with Rommel, he was dismissed on 16 May 1941, but held onto his command until his successor arrived in June. On his return to Germany, he was placed in command of a Kampfgruppe then 16. Inf.Div. (summer 1941). He went on to become an inspector of the mobile troops (1 June 1942), inspector of Wehrkreis II (1 June 1943) then Wehrkreis I (April 1945). He died on 20 August 1977. Awarded the Knight's Cross of the Iron Cross (31 January 1941).

Georg Stumme

Né le 29 juillet 1886 à Halberstadt, il est aspirant en 1906, *Leutnant* l'année suivante. Il poursuit sa carrière après 1918, obtenant le grade d'*Oberst* le 1ᵉʳ août 1933, de *Generalmajor* le 1ᵉʳ août 1936 et de *Generalleutnant* le 1ᵉʳ avril 1938. Au début de la guerre de 1939, il commande la *2. Lei.Div.* devenue par la suite *7. Pz.Div. General der Kavallerie* le 1ᵉʳ juin 1940, on le retrouve ensuite à la tête du *XXXX. Pz.K.* (15 février 1940) puis de la *Pz.Armee « Afrika »* (20 septembre 1942) Il meurt d'une crise cardiaque le 24 octobre 1942 près d'El Alamein. Titulaire de la Croix de chevalier de la Croix de fer (19 juillet 1940).

Born at Halberstadt on 29 July 1886, he was an officer cadet in 1906 and a Leutnant the following year. He pursued his career after 1918, obtaining the rank of Oberst on 1 August 1933, Generalmajor on 1 August 1936 and Generalleutnant on 1 April 1938. At the start of the 1939 war, he commanded 2. Lei.Div. later renamed 7. Pz.Div. Promoted to General der Kavallerie on 1 June 1940, we find him in command of XXXX. Pz.K. (15 February 1940) then Pz.Armee "Afrika" (20 September 1942). He died of a heart attack on 24 October 1942 near El Alamein. Awarded the Knight's Cross of the Iron Cross (19 July 1940).

Horst Stumpff

Né le 20 novembre 1887 à Giessen, il est aspirant en 1907, *Leutnant* dans un régiment d'infanterie en 1906. Il poursuit sa carrière dans la *Reichswehr* après 1918. *Oberst* le 1ᵉʳ juillet 1935, il commande la *3. Pz.Brig.* en 1938 puis obtient le grade de *Generalmajor* le 1ᵉʳ mars 1939. Au début de la Seconde Guerre mondiale, il commande toujours la *3. Pz.Brig.* puis la *3. Pz.Div.* (15 février 1940, m.d.F.b.) et la *20. Pz.Div.* (13 novembre 1940). *Generalleutnant* le 1ᵉʳ février 1941 et *General der Panzertruppe* le 9 novembre 1944, il quitte les commandements opérationnels pour devenir inspecteur du *Wehrkreis I* (1ᵉʳ avril 1942) puis inspecteur général des troupes blindées de l'armée de réserve *(Ersatzheer)* (1944). Il meurt le 25 novembre 1958. Titulaire de la Croix de chevalier de la Croix de fer (29 septembre 1941).

Born at Giessen on 20 November 1887, he was an officer cadet in 1907, and a Leutnant in an infantry regiment in 1906. He pursued his career in the Reichswehr after 1918. Promoted to Oberst on 1 July 1935, he commanded 3. Pz.Brig. in 1938, rising to the rank of Generalmajor on 1 March 1939. At the outbreak of World War II, he was still commander of 3. Pz.Brig. then 3. Pz.Div. (15 February 1940, m.d.F.b.) and 20. Pz.Div. (13 November 1940). Promoted to Generalleutnant on 1 February 1941 and General der Panzertruppe on 9 November 1944, he left all operational commands to become an inspector of Wehrkreis I (1 April 1942) then inspector general of the panzer troops of the reserve army (Ersatzheer) (1944). He died on 25 November 1958. Awarded the Knight's Cross of the Iron Cross (29 September 1941).

Max Sümmermann

Né le 9 juin 1890 à Münster, il est aspirant en 1910 et sert dans l'infanterie comme *Leutnant* à partir de l'année suivante. Il poursuit sa carrière entre les deux guerres et devient *Oberst* le 1ᵉʳ août 1937. Au début de la Seconde Guerre mondiale, il commande l'*Inf.Rgt.105*. *Generalmajor* le 1ᵉʳ septembre 1941, on le retrouve à la tête de l'*Inf.Rgt. 213* (19 février 1941) puis de la *90. Lei.Afrika Div.* (1ᵉʳ septembre 1941). Il est tué au cours d'une attaque aérienne près de Mamali en Libye le 10 décembre 1941.

Born at Münster on 9 June 1890, he was an officer cadet in 1910 and served in the infantry as a Leutnant from the following year. He pursued his career between the two wars and was promoted to Oberst on 1 August 1937. At the outbreak of World War II, he commanded Inf.Rgt.105. Promoted to Generalmajor on 1 September 1941, he commanded Inf.Rgt. 213 (19 February 1941) then 90. Lei.Afrika Div. (1 September 1941). He was killed during an air raid near Mamali in Libya on 10 December 1941.

Wilhelm *Ritter* von Thoma

Né le 11 septembre 1891 à Dachau, Wilhelm von Thoma est aspirant dans l'armée bavaroise en 1912, *Leutnant* dans un régiment d'infanterie l'année suivante. Il se distingue pendant la guerre de 14-18, ce qui lui vaut l'ordre bavarois de Max-Josef et le titre de *Ritter*. Il poursuit sa carrière dans la *Reichswehr* puis dans la *Wehrmacht* et devient spécialiste des troupes rapides. Il obtient le grade d'*Oberst* le 1er avril 1938. Au début de la guerre, il commande le *Pz.Rgt. 3. Generalmajor* le 1er août 1940, il est *Generalleutnant* deux ans plus tard et *General der Panzertruppe* le 1er novembre 1942. Pendant cette période, il est successivement responsable des troupes rapides à l'OKH (5 mars 1940), chef de la *17. Pz.Brig.* (16 décembre 1940), de la *6. Pz.Div.* (juin 1941) et de la *20. Pz.Div.* (14 octobre 1941). De nouveau responsable des troupes rapides à l'OKH (23 mai 1942), il est nommé chef de l'*Afrikakorps* le 1er septembre 1942. Il est fait prisonnier par les Britanniques en novembre 1942. Il meurt à Dachau le 30 avril 1948. Titulaire de la Croix de chevalier de la Croix de fer (31 décembre 1941).

Born at Dachau on 11 September 1891, Wilhelm von Thoma was an officer cadet in the Bavarian Army in 1912, and a Leutnant with an infantry regiment the following year. He fought with distinction during the 1914-18 war, which earned him the Bavarian Order of Max-Josef and the title Ritter. He pursued his career in the Reichswehr then in the Wehrmacht and became a mobile troop specialist. He obtained the rank of Oberst on 1 April 1938. At the start of the war, he commanded Pz.Rgt. 3. Promoted to Generalmajor on 1 August 1940, rising to Generalleutnant two years later and General der Panzertruppe on 1 November 1942. During this period, he was successively placed in charge of the mobile troops at OKH (5 March 1940), commanding officer of 17. Pz.Brig. (16 December 1940), 6. Pz.Div. (June 1941) and 20. Pz.Div. (14 October 1941). Again in charge of the mobile troops at OKH (23 May 1942), he was appointed commanding officer of the Afrikakorps on 1 September 1942. He was taken prisoner by the British in November 1942. He died at Dachau on 30 April 1948. Awarded the Knight's Cross of the Iron Cross (31 December 1941).

Kurt Thomas

Né le 2 mars 1896 à Bünde en Westphalie, il est aspirant en 1914 et *Leutnant* (génie) en 1915. Il poursuit sa carrière entre les deux guerres, exerçant des commandements dans les troupes blindées à partir de 1935. Au début de la Seconde Guerre, il commande la *Pz.Abt. 65* avec le grade d'*Oberstleutnant. Oberst* le 1er décembre 1941, il se retrouve à la tête de la *Pz.Ers.Abt.1* (1er janvier 1940), du *Führer Begleit Btl.* (22 janvier 1940) avant d'être nommé commandant du quartier général du Führer (15 février 1940). *Generalmajor* le 1er avril 1943, il prend le commandement de l'*Afrika Brig. 999* (15 octobre 1942) devenue *999. Lei.Afrika Div.* (1er avril 1943). Son avion est abattu au cours d'un vol de reconnaissance le 1er avril 1943. Il est promu *Generalleutnant* à titre posthume le 1er octobre 1943.

Born at Bünde in Westphalia on 2 March 1896, he was an officer cadet in 1914 and a Leutnant (engineers) in 1915. He pursued his career between the two wars, with commands in the panzer troops starting in 1935. At the start of World War II, he commanded Pz.Abt. 65 with the rank of Oberstleutnant. Promoted to Oberst on 1 December 1941, he found himself in command of Pz.Ers.Abt.1 (1 January 1940), Führer Begleit Btl. (22 January 1940) before being appointed commander of the Führer's headquarters (15 February 1940). He was promoted to Generalmajor on 1 April 1943, and took over command of Afrika Brig. 999 (15 October 1942) renamed 999. Lei.Afrika Div. (1 April 1943). His aircraft was shot down during a reconnaissance flight on 1 April 1943. He was promoted to Generalleutnant posthumously on 1 October 1943.

Né le 22 novembre 1899 à Kulmsee dans la région de Thorn (Torun), il est aspirant en 1918 (infanterie), *Leutnant* en 1920. Au début de la Seconde Guerre mondiale, il est *Major* et Ia dans l'état-major de la *5. Pz.Div. Oberstleutnant* le 1er novembre 1940, il est *Oberst* le 1er juin 1942, *Generalmajor* le 1er janvier 1945 et *Generaleutnant* le 1er mai de la même année. Après avoir occupé les fonctions de Ia dans l'état-major du *XIV. Pz.K.* (1er octobre 1940), il devient chef d'état-major du même corps d'armée (1er avril 1942) puis du *LVIII. Res.Pz.K.* (10 août 1943). On le trouve ensuite à la tête du *Pz.Gren.Rgt. 394* (12 juin 1944) et de la *1. Pz.Div.* (18 septembre 1944). Il meurt le 4 mai 1964. Titulaire de la Croix de chevalier de la Croix de fer (1er février 1945) et de la Croix allemande en or (25 janvier 1943).

Born at Kulmsee in the Thorn (Torun) region on 22 November 1899, he was an officer cadet in 1918 (infantry), and a Leutnant in 1920. At the start of World War II, he was a Major and Ia on the staff of 5. Pz.Div. He was promoted to Oberstleutnant on 1 November 1940, Oberst on 1 June 1942, Generalmajor on 1 January 1945 and Generalleutnant on 1 May of that same year. After serving as Ia on the staff of XIV. Pz.K. (1 October 1940), he became chief-of-staff of that same corps (1 April 1942) then of LVIII. Res.Pz.K. (10 August 1943). We later find him in command of Pz.Gren.Rgt. 394 (12 June 1944) and 1. Pz.Div. (18 September 1944). He died on 4 May 1964. Awarded the Knight's Cross of the Iron Cross (1 February 1945) and the German Cross in Gold (25 January 1943).

Eberhard Thunert

Karl Frhr von Thüngen

Né le 26 mars 1893 à Mainz, il est aspirant en 1912, *Leutnant* dans un régiment de cavalerie de l'armée bavaroise en 1914. Il poursuit sa carrière entre les deux guerres obtenant le grade d'*Oberst* le 1er avril 1939. Au début de la Seconde Guerre mondiale, il commande l'*Inf.Ersatz-Rgt. 254*. On le trouve ensuite à la tête du *Kav.Rgt. 22* (12 février 1940) puis de la *1. Reit.Brig.* (22 mai 1940). *Generalmajor* le 1er décembre 1941, il accède au grade de *Generalleutnant* le 1er janvier 1943. Il commande la *18. Pz.Div.* (26 janvier 1942) avant de devenir inspecteur du *Wehrkreis I* (Berlin) (1er juin 1943). Ayant participé au complot du 20 juillet 1944, il est arrêté, jugé et pendu à Brandenbourg le 24 octobre 1944. Titulaire de la Croix de chevalier de la Croix de fer (6 avril 1943) et de la Croix allemande en or (18 octobre 1941).

Born at Mainz on 26 March 1893, he was an officer cadet in 1912 and Leutnant in a Bavarian army cavalry regiment in 1914. He pursued his career between the two wars, rising to the rank of Oberst on 1 April 1939. At the start of World War II, he commanded Inf.Ersatz-Rgt. 254. We later find him in command of Kav.Rgt. 22 (12 February 1940) then 1. Reit.Brig. (22 May 1940). After becoming a Generalmajor on 1 December 1941, he rose to the rank of Generalleutnant on 1 January 1943. He commanded 18. Pz.Div. (26 January 1942) before becoming an inspector for Wehrkreis I (Berlin) (1 June 1943). Having been involved in the 20 July 1944 plot against Hitler, he was arrested, tried and hanged at Brandenburg on 24 October 1944. Awarded the Knight's Cross of the Iron Cross (6 April 1943) and the German Cross in Gold (18 October 1941).

Kurt Treuhaupt

Oberst le 1er avril 1942, commande la *16. Pz.Div.* du 19 avril à mai 1945.

Promoted to Oberst on 1 April 1942, he commanded 16. Pz.Div. from 19 April to May 1945.

Horst *Frhr* Treusch von Butlar-Brandenfels

Né le 2 septembre 1900 à Kassel, il est aspirant en 1917 puis *Leutnant* dans un régiment de Hussards l'année suivante. A la veille de la Seconde Guerre mondiale, il est *Oberstleutnant* et sert dans l'état-major de l'OKH. *Oberst* le 1er février 1942, il est *Generalmajor* le 1er janvier 1944. Pendant cette période, il occupe différents postes en état-major avant de commander la *11. Pz.Div.* à partir de janvier 1945.

Born at Kassel on 2 September 1900, he was an officer cadet in 1917 then a Leutnant in a Hussars regiment the following year. On the eve of World War II, he was an Oberstleutnant and served on the general staff at OKH. Promoted to Oberst on 1 February 1942, he became Generalmajor on 1 January 1944. During this time, he held various posts on the general staff before commanding 11. Pz.Div. from January 1945.

Hans Tröger

Né le 29 août 1896 à Plauen, il est aspirant en 1915, *Leutnant* dans un bataillon du génie en 1916. Après l'armistice de 1918, il poursuit sa carrière notamment dans les troupes blindées. En septembre 1939, il est *Major* et commande le *Kradschtz.Btl. 3. Oberst* le 1er juin 1941, il est *Generalmajor* le 1er janvier 1943 et *Generalleutnant* le 1er avril 1944. Pendant cette période, il sert sans discontinuer dans les troupes blindées. Il commande en effet le *Kradschtz.Btl.64* (25 juin 1940), le *Schtz.Btl. 64* (20 décembre 1941), la *27. Pz.Div.* (30 novembre 1942, m.d.F.b.), l'école des troupes blindées (28 février 1943), la *25. Pz.Div.* (20 novembre 1943) et enfin la *13. Pz.Div.* (25 mai 1944). Fait prisonnier par les Soviétiques en septembre 1944, il est condamné à 15 ans de prison. Il est finalement libéré en 1955 et meurt le 21 janvier 1982. Titulaire de la Croix de chevalier de la Croix de fer (4 mai 1944) et de la Croix allemande en or (15 novembre 1941).

Born at Plauen on 29 August 1896, he was an officer cadet in 1915 then a Leutnant in an engineers battalion in 1916. After the armistice of 1918, he pursued his career, notably in the panzer troops. In September 1939, he was a Major and commanded Kradschtz.Btl. 3. He was promoted to Oberst on 1 June 1941, Generalmajor on 1 January 1943 and Generalleutnant on 1 April 1944. During this period, he served continuously in the panzer troops. He commanded Kradschtz.Btl.64 (25 June 1940), Schtz.Btl. 64 (20 December 1941), 27. Pz.Div. (30 November 1942, m.d.F.b.), the panzer troop school (28 February 1943), 25. Pz.Div. (20 November 1943) and lastly 13. Pz.Div. (25 May 1944). He was taken prisoner by the Soviets in September 1944 and sentenced to 15 years imprisonment. He was finally released in 1955 and died on 21 January 1982. Awarded the Knight's Cross of the Iron Cross (4 May 1944) and the German Cross in Gold (15 November 1941).

Martin Unrein

Né le 1ᵉʳ janvier 1901 à Weimar, Martin Unrein est aspirant en 1918, *Leutnant* en 1922 et sert dans la cavalerie. En septembre 1939, il est *Major* et *Adjutant* du *XI. A.K.* En à peine cinq ans, il passe de ce grade à celui de *Generalleutnant*. *Oberstleutnant* en 1940, il est en effet *Oberst* le 1ᵉʳ juillet 1942, *Generalmajor* le 1ᵉʳ janvier 1944 et *Generalleutnant* le 1ᵉʳ juillet de cette année. Après un passage à l'OKW, il commande la *Kradschtz.Abt. 6* (15 septembre 1941), le *Pz.Gren.Rgt. 4* (1ᵉʳ avril 1942) et la *14. Pz.Div.* (5 novembre 1943). Le 1ᵉʳ février 1945, il prend la tête du *III. SS-Pz.K.* puis le 1ᵉʳ avril de la même année, celui de la *Pz.Div.« Clausewitz »*. Fait prisonnier le 24 avril 1945, il est libéré en 1947 et meurt le 22 janvier 1972 à Munich. Titulaire de la Croix de chevalier de la Croix de fer (10 septembre 1943) avec feuilles de chêne (26 juin 1944, n° 515) et de la Croix allemande en or (28 février 1942).

Born at Weimar on 1 January 1901, Martin Unrein was an officer cadet in 1918 then a Leutnant in 1922, serving in the cavalry. In September 1939, he was a Major and Adjutant with XI. A.K. In barely five years, he moved up from that rank to Generalleutnant. He was promoted to Oberstleutnant in 1940, Oberst on 1 July 1942, Generalmajor on 1 January 1944 and Generalleutnant on 1 July of that same year. After a spell with OKW, he commanded Kradschtz.Abt. 6 (15 September 1941), Pz.Gren.Rgt. 4 (1 April 1942) and 14. Pz.Div. (5 November 1943). On 1 February 1945, he took over command of III. SS-Pz.K. then on 1 April of that same year, Pz.Div."Clausewitz". He was taken prisoner on 24 April 1945, released in 1947 and died at Munich on 22 January 1972. Awarded the Knight's Cross of the Iron Cross (10 September 1943) with Oak Leaves (26 June 1944, n° 515) and the German Cross in Gold (28 February 1942).

Gustav von Vaerst

Né le 19 avril 1894 à Meiningen, il est aspirant en 1912, *Leutnant* dans un régiment de hussards en 1914. Il poursuit sa carrière entre les deux guerres, obtenant le grade d'*Oberst* le 1ᵉʳ mars 1939. *Generalmajor* le 1ᵉʳ septembre 1941, il est *Generalleutnant* le 1ᵉʳ décembre 1942 et *General der Panzertruppe* le 1ᵉʳ mars 1943. Pendant cette période, il commande la *2. Schtz.Brig.* (1ᵉʳ septembre 1939), la *15. Pz.Div.* (9 décembre 1941) et la *5. Pz.Armee* (9 mars 1943). Il est fait prisonnier en Afrique du Nord le 9 mai 1943. Il meurt le 11 octobre 1975. Titulaire de la Croix de chevalier de la Croix de fer (30 juillet 1940).

Born at Meiningen on 19 April 1894, he was an officer cadet in 1912 and a Leutnant in a Hussars regiment in 1914. He pursued his career between the two wars, rising to the rank of Oberst on 1 March 1939. Promoted to Generalmajor on 1 September 1941, he was made a Generalleutnant on 1 December 1942 and General der Panzertruppe on 1 March 1943. During this period, he commanded 2. Schtz.Brig. (1 September 1939), 15. Pz.Div. (9 December 1941) and 5. Pz.Armee (9 March 1943). He was taken prisoner in north Africa on 9 May 1943. He died on 11 October 1975. Awarded the Knight's Cross of the Iron Cross (30 July 1940).

Rudolf Veiel

Né le 10 décembre 1883 à Stuttgart, Rudolf Veiel est aspirant en 1904 et *Leutnant* dans un régiment de Uhlans en 1905. Il poursuit sa carrière militaire après 1918 et devient *Oberst* le 1ᵉʳ décembre 1933. Il est *Generalmajor* le 1ᵉʳ janvier 1937 et *Generalleutnant* le 1ᵉʳ octobre 1938. En septembre 1942, il commande la *2. Pz.Div.* On le trouve ensuite à la tête du *XXXXVIII. Pz.K.* (19 février 1942). *General der Panzertruppe* le 1ᵉʳ avril 1942, il commande ensuite le *Kampfgruppe Auffrischungs-Stab Mitte* (28 septembre 1942) et le *V. A.K.* (1ᵉʳ septembre 1943). Il est relevé de son commandement à la suite du complot du 20 juillet 1944. Il meurt le 7 mars 1956 à Stuttgart. Titulaire de la Croix de chevalier de la Croix de fer (3 juin 1940).

Born in Stuttgart on 10 December 1883, Rudolf Veiel was an officer cadet in 1904 and a Leutnant in a Uhlans regiment in 1905. He pursued his military career after 1918, rising to the rank of Oberst on 1 December 1933. Promoted to Generalmajor on 1 January 1937, he was made a Generalleutnant on 1 October 1938. In September 1942, he commanded 2. Pz.Div. He commanded XXXXVIII. Pz.K. (19 February 1942). Promoted to General der Panzertruppe on 1 April 1942, we later find him in command of Kampfgruppe Auffrischungs-Stab Mitte (28 September 1942) and V. A.K. (1 September 1943). He was relieved of his command following the 20 July 1944 plot against Hitler. He died in Stuttgart on 7 March 1956. Awarded the Knight's Cross of the Iron Cross (3 June 1940).

Richard Veith

Né le 13 juin 1890 à Amberg, il est aspirant en 1909 et sert dans l'infanterie bavaroise comme *Leutnant* à partir de 1911. Il reste dans l'armée après la guerre de 14-18, obtenant le grade d'*Oberst* le 1ᵉʳ août 1936. En septembre 1939, il commande l'*Inf.Rgt.135*. Promu *Generalmajor* le 1ᵉʳ août 1941 et *Generalleutnant* le 1ᵉʳ août de l'année suivante, il est à la tête de la *Div.191* (15 novembre 1940) puis de la *90. Lei.Div.* (30 décembre 1941-10 avril 1942). Il est ensuite *General z.b.V.* au groupe d'armées « Nord » puis au groupe d'armées « Centre » (25 juin 1942 et 20 mars 1944).

Born at Amberg on 13 June 1890, he was an officer cadet in 1909 and served in the Bavarian infantry as a Leutnant from 1911. After the 1914-18 war he stayed on in the army, rising to the rank of Oberst on 1 August 1936. In September 1939, he commanded Inf.Rgt.135. Promoted to Generalmajor on 1 August 1941 and Generalleutnant on 1 August of the following year, he was put in command of Div.191 (15 November 1940) then of 90. Lei.Div. (30 December 1941-10 April 1942). He was then made General z.b.V. with Army Group "North" then with Army Group "Center" (25 June 1942 and 20 March 1944).

Né le 6 décembre 1887 à Mainz, il est aspirant en 1906, *Leutnant* dans un régiment de grenadiers en 1907. Il poursuit sa carrière dans la cavalerie et les panzers. *Oberst* le 1ᵉʳ avril 1933, il est *Generalmajor* le 1ᵉʳ avril 1936 et *Generalleutnant* le 1ᵉʳ mars 1938. Lorsque qu'éclate la Seconde Guerre mondiale, il commande la *5. Pz.Div.* *General der Panzertruppe* le 1ᵉʳ juin 1940, il obtient le grade de *Generaloberst* le 1ᵉʳ septembre 1943. Il commande successivement le *XIII. A.K.* (26 octobre 1939), le *XXXXVI. Pz.K.* (1ᵉʳ novembre 1940), la *9. Armee* (1ᵉʳ septembre 1942, m.d.F.b.), la *15. Armee* (1ᵉʳ décembre 1942) et la *10. Armee* (15 août 1943). Il devient ensuite commandant en chef Sud-Ouest (26 octobre 1944, i.V.) puis chef des groupes d'armées « Courlande » et « C » les 29 janvier et 10 mars 1945. Il meurt en 1952 à Pfronten. Titulaire de la Croix de chevalier de la Croix de fer (24 juin 1940) avec feuilles de chêne (16 avril 1944, n° 456) et de la Croix allemande en or (22 avril 1942).

Born at Mainz on 6 December 1887, he was an officer cadet in 1906 then Leutnant in an grenadier regiment in 1907. He pursued his career in the cavalry and panzers. From Oberst on 1 April 1933, he rose to Generalmajor on 1 April 1936 and Generalleutnant on 1 March 1938. At the outbreak of World War II, he was commander of 5. Pz.Div. He was promoted to General der Panzertruppe on 1 June 1940, and Generaloberst on 1 September 1943. He commanded in succession XIII. A.K. (26 October 1939), XXXXVI. Pz.K. (1 November 1940), 9. Armee (1 September 1942, m.d.F.b.), 15. Armee (1 December 1942) and 10. Armee (15 August 1943). He became Commander-in-Chief Southwest (26 October 1944, i.V.) then commander of Army Groups "Courland" and "C" on 29 January and 10 March 1945. He died at Pfronten in 1952. Awarded the Knight's Cross of the Iron Cross (24 June 1940) with Oak Leaves (16 April 1944, n° 456) and the German Cross in Gold (22 April 1942).

Heinrich von Vietinghoff
***gen.* Scheel**

Né le 24 décembre 1895 à Neumark en Prusse Occidentale, Nikolaus von Vormann entre dans l'armée comme volontaire en 1914. Il est *Leutnant* dans un régiment d'infanterie l'année suivante. Il poursuit sa carrière pendant l'entre-deux-guerres, obtenant le grade d'*Oberstleutnant* en 1938. En septembre 1939, il sert au quartier général du Führer comme officier de liaison puis devient chef d'état-major du *III. A.K.* (1ᵉʳ octobre 1939) et du *XXVIII. A.K.* (1ᵉʳ juin 1940). *Oberst* le 1ᵉʳ septembre 1940, il est *Generalmajor* le 1ᵉʳ janvier 1943, *Generalleutnant* le 1ᵉʳ juillet de la même année et enfin *General der Panzertruppe* le 27 juin 1944. Pendant cette période, il commande la *23. Pz.Div.* (26 décembre 1942), le *XXXXVII. Pz.K.* (26 décembre 1943) et la *9. Armee* (27 juin 1944, m.d.F.b.). Le 5 octobre 1944, il devient commandant en chef de la *Festungsbereich Süd-Ost* puis commandant de la *Festung Alpen* (4 mai 1945). Il meurt le 26 octobre 1957. Titulaire de la Croix de chevalier de la Croix de fer (22 août 1943) et de la Croix allemande en or (12 mars 1942).

Born at Neumark in West Prussia on 24 December 1895, Nikolaus von Vormann joined the army as a volunteer in 1914. He was a Leutnant in an infantry regiment the following year. He pursued his career during the interwar years, rising to Oberstleutnant in 1938. In September 1939, he served as liaison officer at the Führer's headquarters then became chief-of-staff of III. A.K. (1 October 1939) and XXVIII. A.K. (1 June 1940). He was promoted to Oberst on 1 September 1940, Generalmajor on 1 January 1943, Generalleutnant on 1 July of that same year and finally General der Panzertruppe on 27 June 1944. During this time, he commanded 23. Pz.Div. (26 December 1942), XXXXVII. Pz.K. (26 December 1943) and 9. Armee (27 June 1944, m.d.F.b.). On 5 October 1944, he became governor of Festungsbereich Süd-Ost then governor of Festung Alpen (4 May 1945). He died on 26 October 1957. Awarded the Knight's Cross of the Iron Cross (22 August 1943) and the German Cross in Gold (12 March 1942).

Nikolaus von Vormann

Né le 30 décembre 1898 à Gross Leipe, il est aspirant en 1916, *Leutnant* dans un régiment de grenadiers en 1917. Il poursuit sa carrière militaire après 1918. En septembre 1939, il est *Major* et Ia à l'état-major de la *6. Inf.Div. Oberstleutnant* le 1er mars 1940, il est *Oberst* le 1er février 1942 et *Generalmajor* le 1er décembre 1944. Chef d'état-major du *XII. A.K.* (25 octobre 1940), il devient suppléant de l'attaché militaire allemand à Rome et chef d'état-major du général allemand détaché auprès du Quartier-général italien (novembre 1941). Il commande ensuite le *Pz.Gren.Rgt. 26* (17 avril 1944) puis la *116. Pz.Div.* (14 septembre 1944). Il meurt le 27 mars 1973. Titulaire de la Croix de chevalier de la Croix de fer (9 décembre 1944).

Born at Gross Leipe on 30 December 1898, he was an officer cadet in 1916, and Leutnant in a grenadier regiment in 1917. He pursued his military career after 1918. In September 1939, he was a Major and Ia on the general staff of 6. Inf.Div. He was promoted to Oberstleutnant on 1 March 1940, Oberst on 1 February 1942 and Generalmajor on 1 December 1944. Chief-of-staff of XII. A.K. (25 October 1940), he became deputy to the German military attaché in Rome and chief-of-staff of the German general detached to the Italian staff headquarters (November 1941). He went on to command Pz.Gren.Rgt. 26 (17 April 1944) and 116. Pz.Div. (14 September 1944). He died on 27 March 1973. Awarded the Knight's Cross of the Iron Cross (9 December 1944).

Siegfried von Waldenburg

Né le 23 septembre 1895 à Ingolstadt, Rudolf *Frhr* von Waldenfels est aspirant en 1914 et *Leutnant* dans un régiment de cavalerie bavaroise en 1915. Il poursuit sa carrière après l'armistice de 1918, obtenant le grade d'*Oberstleutnant* en 1938. Le 1er septembre 1939, il commande l'*Aufk.Abt. 10. Oberst* le 1er octobre 1941, il est *Generalmajor* le 1er novembre 1943 et *Generalleutnant* le 1er juin 1944. Il commande successivement l'*Aufk.Abt. 24* (14 mars 1940), les *Schtz.Rgter 69* et *4* (12 novembre 1940 et 15 avril 1941) puis la *6. Schtz.Brig.* (1er avril 1942). On le trouve ensuite à la tête de l'école des troupes blindées de Paris (1er novembre 1942) et de la *6. Pz.Div.* (22 août 1943). Fait prisonnier par les Soviétiques, il est libéré en 1955 et meurt le 14 août 1969 à Rottach-Egern. Titulaire de la Croix de chevalier de la Croix de fer (11 octobre 1941) avec feuilles de chêne (14 mai 1944, n° 476).

Born at Ingolstadt on 23 September 1895, Rudolf Frhr von Waldenfels was an officer cadet in 1914 then a Leutnant in a Bavarian cavalry regiment in 1915. After the armistice of 1918, he pursued his career, reaching the rank of Oberstleutnant in 1938. On 1 September 1939, he took over command of Aufk.Abt. 10. Promoted to Oberst on 1 October 1941, Generalmajor on 1 November 1943 and Generalleutnant on 1 June 1944. He commanded in succession Aufk.Abt. 24 (14 March 1940), Schtz.Rgter 69 and 4 (12 November 1940 and 15 April 1941) then 6. Schtz.Brig. (1 April 1942). We later find him in command of the panzer troop school of Paris (1 November 1942) and 6. Pz.Div. (22 August 1943). He was taken prisoner by the Soviets, released in 1955 and died at Rottach-Egern on 14 August 1969. Awarded the Knight's Cross of the Iron Cross (11 October 1941) with Oak Leaves (14 May 1944, n° 476).

Rudolf *Frhr* von Waldenfels

Né le 15 avril 1892 à Berlin, Martin Wandel est aspirant en 1910 et choisit l'artillerie. En septembre 1939, il est *Oberst* et chef d'état-major de l'inspection de l'artillerie. *Generalmajor* le 1er avril 1941, il est *Generalleutnant* le 1er octobre 1942 et *General der Artillerie* le 1er janvier 1943. Il est *Arko 105* (1er septembre 1940) puis commande la *121. Inf.Div.* (8 juillet 1941) et le *XXIV. Pz.K.* (1er décembre 1942). Il est toujours à la tête de ce corps d'armée lorsqu'il est porté disparu au cours d'une action menée dans le secteur de Chilino sur le front russe (14 janvier 1943). Titulaire de la Croix de chevalier de la Croix de fer (23 novembre 1941).

Born in Berlin on 15 April 1892, Martin Wandel was an officer cadet in 1910 and chose the artillery. In September 1939, he was an Oberst and chief-of-staff of the artillery inspectorate. He was promoted to Generalmajor on 1 April 1941, Generalleutnant on 1 October 1942 and General der Artillerie on 1 January 1943. He became Arko 105 (1 September 1940) then commanded 121. Inf.Div. (8 July 1941) and XXIV. Pz.K. (1 December 1942). He was still commander of this corps when reported missing during an operation in the Chilino sector on the Russian front (14 January 1943). Awarded the Knight's Cross of the Iron Cross (23 November 1941).

Martin Wandel

Karl Ritter von Weber

Né le 23 août 1892 à Geiselbach, Karl von Weber entre dans l'armée bavaroise comme aspirant en 1911 et devient *Leutnant* en 1913. Il se distingue pendant la guerre de 14-18 et obtient l'ordre de Max Joseph et le titre viager de *Ritter*. *Oberst* le 1er janvier 1937, il commande l'*Inf.Rgt. 93* lorsque la Seconde Guerre mondiale éclate. *Generalmajor* le 1er décembre 1940, il est à la tête de la *17. Pz.Div.* le 1er novembre 1940. Sévèrement blessé sur le front russe le 18 juillet 1941, il meurt de ses blessures à Krassnyi deux jours plus tard.

Born at Geiselbach on 23 August 1892, Karl von Weber enlisted in the Bavarian Army as an officer cadet in 1911 then became a Leutnant in 1913. He fought with distinction during the 1914-18 war, winning the Order of Max-Josef and the title Ritter for life. Promoted to Oberst on 1 January 1937, he was commander of Inf.Rgt. 93 at the outbreak of World War II. He became a Generalmajor on 1 December 1940, having been placed in command of 17. Pz.Div. on 1 November 1940. He was badly wounded on the Russian front on 18 July 1941, and died of his wounds at Krasnyi two days later.

Maximilian *Reichsfrhr* von und zu Weichs an der Glon

(B.A.)

Né le 12 novembre 1881 à Dessau, Maximilian von Weichs est aspirant dans l'armée bavaroise en 1900. *Leutnant* (cavalerie) en 1902, il fait la guerre de 14-18 avec le grade de *Hauptmann* et sert dans des unités de cavalerie et en état-major. Il poursuit sa carrière entre les deux guerres. *Oberst* le 1er novembre 1930, il est *Generalmajor* le 1er avril 1933 et *Generalleutnant* le 1er avril 1935. Il commande alors la toute nouvelle *1. Pz.Div.* Promu *General der Kavallerie* le 1er octobre 1936, il est à la tête du *XIII. A.K.* lorsque la Seconde Guerre mondiale éclate. *Generaloberst* le 19 juillet 1940, von Weichs commande la *2. Armee* (20 octobre 1939) puis le groupe d'armées « B » (15 juillet 1942) et enfin le groupe d'armées « F » avec le titre de commandant en chef du Sud-Est (26 août 1943). Il est fait *Generalfeldmarschall* le 1er février 1943. Fait prisonnier par les Américains en mai 1945, il est traduit au procès du « Sud-Est » mais l'accusation portée contre lui tombe. Il est finalement libéré le 30 novembre 1948. Il meurt le 27 septembre 1954 au château de Rösberg dans la région de Bonn. Titulaire de la Croix de chevalier de la Croix de fer (26 juin 1940) avec feuilles de chêne (5 février 1943, n° 731).

Born at Dessau on 12 November 1881, Maximilian von Weichs was an officer cadet in the Bavarian Army in 1900. As a Leutnant in the cavalry in 1902, he fought in the 1914-18 war with the rank of Hauptmann, serving in cavalry units and at staff headquarters. He pursued his career between the two wars. He was promoted to Oberst on 1 November 1930, Generalmajor on 1 April 1933 and Generalleutnant on 1 April 1935. He then commanded the brand new 1. Pz.Div. Promoted to General der Kavallerie on 1 October 1936, he was in command of XIII. A.K. at the outbreak of World War II. Promoted to Generaloberst on 19 July 1940, von Weichs commanded 2. Armee (20 October 1939) then Army Group "B" (15 July 1942) and finally Army Group "F" with the title of Commander-in-Chief Southeast (26 August 1943). He was made a Generalfeldmarschall on 1 February 1943. Taken prisoner by the Americans in May 1945, he was one of the accused at the "Sud-Est" trial but the charge brought against him was dropped. He was finally released on 30 November 1948. He died at Rösberg Castle in the Bonn area on 27 September 1954. Awarded the Knight's Cross of the Iron Cross (26 June 1940) with Oak Leaves (5 February 1943, n° 731).

Helmuth Weidling

Né le 2 novembre 1891 à Halberstadt, Helmuth Weidling est aspirant en 1911, *Leutnant* 1912. *Oberst* le 1er mars 1938, il commande un régiment d'artillerie au début de la Seconde Guerre mondiale. *Generalmajor* le 1er février 1942, il est *Generalleutnant* le 1er janvier 1943 et *General der Artillerie* un an plus tard. Il commande l'*Art.Rgt. 20* (25 octobre 1939), devient *Arko 128* (15 avril 1940) puis commande la *86. Inf.Div.* (1er janvier 1942). On le trouve ensuite à la tête du *XXXXI. Pz.K.* puis du *LVI. Pz.K.* (20 octobre 1943 et 12 avril 1945). Il cumule ce dernier commandement avec la fonction de *Kampfkommandant* de Berlin. Fait prisonnier par les Soviétiques à Berlin, il meurt en captivité le 17 novembre 1955. Titulaire de la Croix de chevalier de la Croix de fer (15 janvier 1943) avec feuilles de chêne (22 février 1944, n° 408) et glaives (28 novembre 1944, n° 115) et de la Croix allemande en or (23 juin 1942).

Born at Halberstadt on 2 November 1891, Helmuth Weidling was an officer cadet in 1911 then a Leutnant in 1912. Promoted to Oberst on 1 March 1938, he commanded an artillery regiment at the outbreak of World War II. He became a Generalmajor on 1 February 1942, Generalleutnant on 1 January 1943 and General der Artillerie a year later. He commanded Art.Rgt. 20 (25 October 1939), became Arko 128 (15 April 1940) then commanded 86. Inf.Div. (1 January 1942). We later find him in command of XXXXI. Pz.K. then LVI. Pz.K. (20 October 1943 and 12 April 1945). He combined this command with that of Kampfkommandant of Berlin. He was taken prisoner by the Soviets in Berlin, and died in captivity on 17 November 1955. Awarded the Knight's Cross of the Iron Cross (15 January 1943) with Oak Leaves (22 February 1944, n° 408) and Swords (28 November 1944, n° 115) and the German Cross in Gold (23 June 1942).

Ernst Wellmann

Né le 14 janvier 1904 à Samter en Prusse Occidentale, Ernst Wellmann commence sa carrière dans la police puis passe dans la *Reichswehr* dès 1924. *Leutnant* en 1928, il est *Oberleutnant* en 1932 et sert dans le *Schtz.Rgt. 3* en 1932. *Hauptmann* en 1936, il sert toujours dans cette unité lorsque la Seconde Guerre mondiale éclate. Il commande ensuite le *Pz.Rgt. 126* (1er août 1942) et le *Pz.Gren.Rgt. 3* (1er avril 1943) et obtient le grade d'*Oberstleutnant* le 1er septembre 1942. *Oberst* le 1er septembre 1943, il est à la tête de la *Pz.Div. « Holstein »* du 28 février au 25 mars 1945. Fait prisonnier par les Alliés, il est libéré en 1947 et meurt le 17 juillet 1970 à Karlsruhe. Titulaire de la Croix de chevalier de la Croix de fer (2 septembre 1942) avec feuilles de chêne (30 novembre 1943, n° 342) et de la Croix allemande en or (8 juin 1942).

Born at Samter in West Prussia on 14 January 1904, Ernst Wellmann started out in the police, moving on to the Reichswehr in 1924. A Leutnant in 1928, he was promoted to Oberleutnant in 1932, serving in Schtz.Rgt. 3 in 1932. As a Hauptmann in 1936, he was still serving with that unit when World War II broke out. He later commanded Pz.Rgt. 126 (1 August 1942) and Pz.Gren.Rgt. 3 (1 April 1943) and obtained the rank of Oberstleutnant on 1 September 1942. Promoted to Oberst on 1 September 1943, he was placed in command of Pz.Div. "Holstein" from 28 February to 25 March 1945. He was taken prisoner by the Allies, and released in 1947. He died at Karlsruhe on 17 July 1970. Awarded the Knight's Cross of the Iron Cross (2 September 1942) with Oak Leaves (30 November 1943, n° 342) and the German Cross in Gold (8 June 1942).

Walther Wenck

Né le 18 septembre 1900 à Wittenberg, Walther Wenck commence sa carrière militaire comme aspirant dans le corps-francs von Oven en 1919. Il poursuit sa carrière dans la *Reichswehr* et devient *Leutnant* (infanterie) en 1923. Au début de la Seconde Guerre mondiale, il est *Major* et Ia de la *1. Pz.Div. Oberstleutnant* le 1er décembre 1940, il est *Oberst* le 1er juin 1942. Pendant cette période, il est professeur à la *Kriegsakademie* (4 février 1942) puis chef d'état-major du *LVII. Pz.K.* Promu *Generalmajor* le 1er février 1943, il est *Generalleutnant* le 1er avril 1944 et enfin *General der Panzertruppe* le 1er avril 1945. Il occupe les fonctions de chef d'état-major de la 3e armée roumaine (26 novembre 1942), de l'*Armee Abteilung Hollidt*, devenu plus tard *6. Armee* (27 décembre 1942), de la *1. Pz.Armee* (11 mars 1943) et enfin du groupe d'armées *« Südukraine »* (24 mars 1944). Il sert ensuite à l'OKH (22 juillet 1944) avant de prendre le commandement de la *12. Armee* (10 avril 1945). Il meurt le 1er mai 1982. Titulaire de la Croix de chevalier de la Croix de fer et de la Croix allemande en or (26 janvier 1942).

Born at Wittenberg on 18 September 1900, Walther Wenck began his military career as an officer cadet in the von Oven irregular troops in 1919. He pursued his career in the Reichswehr and became a Leutnant (infantry) in 1923. When World War II broke out he was a Major and Ia of 1. Pz.Div. He was promoted to Oberstleutnant on 1 December 1940 and Oberst on 1 June 1942. During this period, he taught at the Kriegsakademie (4 February 1942) then became chief-of-staff of LVII. Pz.K. He was promoted to Generalmajor on 1 February 1943, Generalleutnant on 1 April 1944 and finally General der Panzertruppe on 1 April 1945. He held the post of chief-of-staff of the Rumanian 3rd Army (26 November 1942), Armee Abteilung Hollidt, later renamed 6. Armee (27 December 1942), 1. Pz.Armee (11 March 1943) and finally Army Group "Südukraine" (24 March 1944). He went on to serve at OKH (22 July 1944) before taking over command of 12. Armee (10 April 1945). He died on 1 May 1982. Awarded the Knight's Cross of the Iron Cross and the German Cross in Gold (26 January 1942).

**Heinz-Joachim
Werner-Ehrenfeucht**

Né le 27 septembre 1894 à Sorau, il est aspirant en 1913, *Leutnant* dans un régiment d'infanterie en 1914. Il poursuit sa carrière après l'armistice de 1918. En septembre 1939, il est *Oberstleutnant* et commande la *Pz.Abw.Abt. 32*. On le trouve ensuite à la tête de la *Pz.Abt. 66* (15 octobre 1940) et de la *II./Pz.Rgt. 25* (22 décembre 1940). *Oberst* le 1er janvier 1941 et *Generalmajor* le 1er décembre 1944, il commande les *Pz.Rgter 25* et *201* (24 janvier 1941, m.d.F.b. et 4 février 1941), la *Pz.Brig.100* (22 février 1941, m.d.F.b.) puis la *23. Pz.Div.* (21 novembre 1941, m.d.F.b.). Il abandonne ce commandement très vite pour être placé dans la réserve des commandants. En mars 1943 on le retrouve à l'OKH puis de nouveau comme chef de la *23. Pz.Div.* (1er novembre 1943, m.d.F.b.) Il commande ensuite la *Div.Führ.Lehrg.* (11-19 mars 1944). Il meurt le 13 février 1948.

Born at Sorau on 27 September 1894, he was an officer cadet in 1913 and a Leutnant in an infantry regiment in 1914. He pursued his career after the armistice of 1918. In September 1939, he was an Oberstleutnant and commanded Pz.Abw.Abt. 32. He went on to command Pz.Abt. 66 (15 October 1940) and II./Pz.Rgt. 25 (22 December 1940). Promoted to Oberst on 1 January 1941 and Generalmajor on 1 December 1944, he commanded Pz.Rgter 25 and 201 (24 January 1941, m.d.F.b. and 4 February 1941), Pz.Brig.100 (22 February 1941, m.d.F.b.) then 23. Pz.Div. (21 November 1941, m.d.F.b.). He soon left this command to be placed in the commander reserve. We later find him in March 1943 at OKH then again as commanding officer of 23. Pz.Div. (1 November 1943, m.d.F.b.). He later commanded Div.Führ.Lehrg. (11-19 March 1944). He died on 13 February 1948.

Walter Wessel

Né le 21 avril 1892 à Lauthental dans le Harz, Walter Wessel est aspirant en 1911 puis sert dans l'infanterie. Il poursuit sa carrière militaire après la guerre de 14-18. *Oberstleutnant* en 1937, il est *Oberst* le 1er octobre 1939. Au début de la Seconde Guerre mondiale, il commande un bataillon d'infanterie puis l'*Inf.Rgt. 15* (1er octobre 1939). *Generalmajor* le 1er février 1942, il obtient le grade de *Generalleutnant* le 1er janvier 1943. Il est placé à la tête de la *12. Pz.Div.* (15 janvier 1942) avant d'être nommé à l'état-major de l'inspection des troupes blindées (1er mars 1943). Il meurt dans un accident près de Morano en Italie le 20 juillet 1943. Titulaire de la Croix de chevalier de la Croix de fer (15 août 1940) avec feuilles de chêne (17 février 1942, n° 76).

Born at Lauthental (Harz) on 21 April 1892, Walter Wessel was an officer cadet in 1911 then served in the infantry. He pursued his career after the 1914-18 war. He was promoted to Oberstleutnant in 1937, and Oberst on 1 October 1939. At the start of World War II, he commanded an infantry battalion then Inf.Rgt. 15 (1 October 1939). Promoted to Generalmajor on 1 February 1942, and Generalleutnant on 1 January 1943. He was placed in command of 12. Pz.Div. (15 January 1942) before being appointed to the Panzer troops inspection staff (1 March 1943). He died in an accident near Morano in Italy on 20 July 1943. Awarded the Knight's Cross of the Iron Cross (15 August 1940) with Oak Leaves (17 February 1942, n° 76).

Franz Westhoven

Né le 7 décembre 1894 à Ludwigshafen en Rhénanie, il est aspirant en 1913 et *Leutnant* dans un régiment de chasseurs en 1914. Il poursuit sa carrière après l'armistice, obtenant le grade d'*Oberstleutnant* en 1937. Au début de la Seconde Guerre mondiale, il est à l'OKH. *Oberst* le 1er novembre 1939, il commande le *Schtz.Rgt. 1* (1er janvier 1941) puis la *3. Pz.Gren.Brig.* (1er février 1942). *Generalmajor* le 1er août 1942, il est *Generalleutnant* le 1er avril 1943. On le trouve à la tête de la *3. Pz.Div.* (1er octobre 1942) puis à la *Pz.Gr. West* (1er février 1944). Il est mis à la disposition de l'inspection générale des troupes blindées (7 août 1944) puis commande l'école des troupes blindées (1er février 1945). Il meurt le 9 octobre 1983. Titulaire de la Croix de chevalier de la Croix de fer (25 octobre 1943) et de la Croix allemande en or (9 juillet 1942).

Born at Ludwigshafen in the Rhineland on 7 December 1894, he was an officer cadet in 1913 then a Leutnant in a rifles regiment in 1914. After the armistice, he pursued his career, reaching the rank of Oberstleutnant in 1937. He was at OKH at the start of World War II. Promoted to Oberst on 1 November 1939, he commanded Schtz.Rgt. 1 (1 January 1941) then 3. Pz.Gren.Brig. (1 February 1942). He became a Generalmajor on 1 August 1942, and Generalleutnant on 1 April 1943. He went on to command 3. Pz.Div. (1 October 1942) then Pz.Gr. West (1 February 1944). He was placed at the disposal of the armored troops' general inspectorate (7 August 1944) then headed the Panzer troop school (1 February 1945). He died on 9 October 1983. Awarded the Knight's Cross of the Iron Cross (25 October 1943) and the German Cross in Gold (9 July 1942).

Siegfried Westphal

Né le 18 mars 1902 à Leipzig, Siegfried Westphal est aspirant en novembre 1918 (infanterie). *Leutnant* dans un régiment de cavalerie en 1922, il sert dans différentes unités de cavalerie de la *Reichswehr* puis de la *Wehrmacht*. En septembre 1939, il est *Major* et la de la *58. Inf.Div.* Il occupe la même fonction dans le *XXVII. A.K.* (5 mars 1940) puis dans la *Pz.Gr. « Afrika »* (15 juin 1941). *Oberstleutnant* le 30 janvier 1941, il est *Oberst* le 1er août 1942. Il commande la *164. Lei.Div.* du 6 au 30 décembre 1942 tout en étant chef d'état-major de la *Dtsch.-Italien Pz.Armee*, poste obtenu le 6 octobre 1942. Il obtient le grade *Generalmajor* le 1er mars 1943 puis ceux de *Generalleutnant* et *General der Kavallerie* les 1er avril 1944 et 1er février 1945. On le retrouve ensuite comme chef d'une *Abteilung* à l'état-major du commandant en chef « Sud » (1er février 1943) puis comme chef d'état-major du commandant en chef « Sud » (15 juin 1943), chef d'état-major du commandant en chef « Sud-Ouest » (21 novembre 1943) et enfin chef d'état-major du commandant en chef à l'ouest (9 septembre 1944). Après la guerre, il devient président d'honneur de la confédération européenne des Anciens combattants (CEAC). A ce titre et pour son action en faveur de la réconciliation européenne, il reçoit des mains du général Béthouard, lui aussi membre de la CEAC, les insignes de commandeur de la Légion d'honneur (mai 1970). Il publie en 1975 un ouvrage intitulé *Heer im Fesseln*. Il meurt le 2 juillet 1982. Titulaire de la croix de Chevalier de la Croix de fer et de la croix allemande en or (19 décembre 1941).

Siegfried Westphal

Born in Leipzig on 18 March 1902, Siegfried Westphal was an officer cadet in November 1918 (infantry). As a Leutnant in a cavalry regiment in 1922, he served in various cavalry units of the Reichswehr then the Wehrmacht. In September 1939, he was a Major and Ia of 58. Inf.Div. He held the same position in XXVII. A.K. (5 March 1940) then in Pz.Gr. "Afrika" (15 June 1941). Promoted to Oberstleutnant on 30 January 1941 and to Oberst on 1 August 1939. He commanded 164. Lei.Div. from 6 to 30 December 1942 whilst chief-of-staff of Dtsch.-Italien Pz.Armee, a post obtained on 6 October 1942. He was promoted to Generalmajor on 1 March 1943 and to Generalleutnant and General der Kavallerie on 1 April 1944 and 1 February 1945. We then find him in command of an Abteilung on the staff of the Commander-in-Chief South (1 February 1943) then as chief-of-staff of the Commander-in-Chief South (15 June 1943), chief-of-staff of the Commander-in-Chief Southwest (21 November 1943) and lastly chief-of-staff of the Commander-in-Chief West (9 September 1944). After the war, he also became honorary president of the European War Veterans' Confederation (CEAC). For this and for his action in favor of European reconciliation, he received from General Béthouard, who was also a member of that confederation, the insignia of Commander of the Legion of Honor (May 1970). In 1975 he published a book entitled "Heer im Fesseln". He died on 2 July 1982. Awarded the Knight's Cross of the Iron Cross and the German Cross in Gold (19 December 1941).

Né le 11 février 1884 à Breslau, Gustav von Wietersheim est aspirant en 1902. L'année suivante, il est *Leutnant* dans un régiment de grenadiers. Il poursuit sa carrière après 1918 et obtient le grade d'*Oberst* le 1er novembre 1932. *Generalmajor* le 1er juillet 1934, il est *Generalleutnant* le 1er avril 1936 et commande la *29. Inf.Div.* (6 octobre 1936). *General der Infanterie* le 1er février 1938, il est à la tête du *XIV. A.K. (mot.)* lorsque la Seconde Guerre mondiale éclate. Il conserve ce commandement jusqu'en septembre 1942 puis se retire de l'armée. Il meurt le 25 avril 1974 à Göttingen. Titulaire de la Croix de chevalier de la Croix de fer (20 avril 1941).

Born at Breslau on 11 February 1884, Gustav von Wietersheim was an officer cadet in 1902. The following year he was a Leutnant in a grenadier regiment. He pursued his military career after 1918, rising to the rank of Oberst on 1 November 1932. Promoted to Generalmajor on 1 July 1934, and Generalleutnant on 1 April 1936, he commanded 29. Inf.Div. (6 October 1936). Promoted to General der Infanterie on 1 February 1938, he was placed in command of XIV. A.K. (mot.) at the outbreak of World War II. He kept this command until September 1942, when he retired from the army. He died at Göttingen on 25 April 1974. Awarded the Knight's Cross of the Iron Cross (20 April 1941).

Gustav von Wietersheim

Né le 18 avril 1900 à Neuland/Löwenberg, il est aspirant en 1918. *Leutnant* dans un régiment de hussards l'année suivante, il poursuit sa carrière dans la *Reichswehr*. En septembre 1939, il est *Major* et *Adjutant* de la *3. Pz.Div.* Il commande ensuite le *Kradschtz.Btl.1* (5 mars 1940) puis le *Pz.Gren.Rgt. 113* (20 juillet 1941). *Oberst* le 1er avril 1942, il est *Generalmajor* le 1er novembre 1943 et *Generalleutnant* le 1er juillet 1944 et se voit confier le commandement de la *11. Pz.Div.* (10 juillet 1943). Il se rend aux Américains avec sa division le 5 mai 1945 et reste prisonnier jusqu'en 1948. Il meurt le 19 septembre 1975 à Bonn. Titulaire de la Croix de chevalier de la Croix de fer (10 février 1942) avec feuilles de chêne (12 janvier 1943, n° 176) et glaives (26 mars 1944, n° 58) et de la Croix allemande en or (24 décembre 1941).

Born at Neuland/Löwenberg on 18 April 1900, he was an officer cadet in 1918 then a Leutnant in a Hussars regiment the following year, pursuing his career in the Reichswehr. In September 1939, he was a Major and Adjutant of 3. Pz.Div. He went on to command Kradschtz.Btl.1 (5 March 1940) then Pz.Gren.Rgt. 113 (20 July 1941). Promoted to Oberst on 1 April 1942, Generalmajor on 1 November 1943 and Generalleutnant on 1 July 1944, he was appointed to command 11. Pz.Div. (10 July 1943). He surrendered to the Americans with his division on 5 May 1945 and remained in captivity until 1948. He died in Bonn on 19 September 1975. Awarded the Knight's Cross of the Iron Cross (10 February 1942) with Oak Leaves (12 January 1943, n° 176) and Swords (26 March 1944, n° 58) and the German Cross in Gold (24 December 1941).

Wend von Wietersheim

Heinz Ziegler

Né le 19 mai 1894 à Darkehmen en Prusse Orientale, il est aspirant en 1912, *Leutnant* dans un régiment d'artillerie à pied en 1914. Il reste dans la *Reichswehr* après l'armistice de 1918 et obtient le grade d'*Oberst* le 1er janvier 1938 et le commandement d'un régiment d'artillerie. Il est chef d'état-major du *IV. A.K.* en septembre 1939. *Generalmajor* le 1er janvier 1942, il est *Generalleutnant* le 3 décembre de la même année puis *General der Artillerie* le 1er janvier 1944. Il occupe différents postes en état-major, notamment au *XXXXII. A.K.* et à l'*Afrikakorps* puis au groupe d'armées *Afrika*. Chef de la *334.Inf.Div.* (24 mai 1943), il commande le *III. Pz.K.* (21 octobre 1943, m.d.F.b.) puis la *14. Armee* (24 octobre 1944, m.d.F.b.). Il meurt le 21 août 1972. Titulaire de la Croix de chevalier de la Croix de fer (16 avril 1943) et de la Croix allemande en or (26 janvier 1942).

Born at Darkehmen in East Prussia on 19 May 1894, he was an officer cadet in 1914 and served as a Leutnant in an artillery foot regiment in 1914. After the armistice of 1918, he stayed on in the Reichswehr, rising to the rank of Oberst on 1 January 1938 in command of an artillery regiment. He was chief-of-staff of IV. A.K. in September 1939, with promotion to Generalmajor on 1 January 1942 and Generalleutnant on 3 December of that same year, then General der Artillerie on 1 January 1944. He held various staff posts, notably with XXXXII. A.K. and the Afrikakorps, then with Army Group Afrika. Commanding officer of 334.Inf.Div. (24 May 1943), he went on to command III. Pz.K. (21 October 1943, m.d.F.b.) then 14. Armee (24 October 1944, m.d.F.b.). He died on 21 August 1972. Awarded the Knight's Cross of the Iron Cross (16 April 1943) and the German Cross in Gold (26 January 1942).

Helmuth Zollenkopf

En 1942, il est *Oberstleutnant* et chef du *Schtz.Rgt. 114*. *Oberst* le 1er avril 1942, il commande la *21. Pz.Div.* du 25 janvier au 12 février 1945. Il meurt en 1962. Titulaire de la Croix allemande en or (28 février 1942).

In 1942, he was an Oberstleutnant and commanding officer of Schtz.Rgt. 114. Promoted to Oberst on 1 April 1942, he commanded 21. Pz.Div. from 25 January to 12 February 1945. He died in 1962. Awarded the German Cross in Gold (28 February 1942).

Hans Zorn

Né le 27 octobre 1891 à Munich, Hans Zorn est aspirant en 1911 avant de devenir *Leutnant* dans un régiment d'infanterie de l'armée bavaroise (1916). Il poursuit sa carrière pendant l'entre-deux-guerres. *Oberst* le 1er août 1936, il commande un régiment d'infanterie. Au début de la Seconde Guerre mondiale, il est chef d'état-major du *XXVII. A.K.* Il obtient le grade de *Generalmajor* le 1er juillet 1940 puis ceux de *Generalleutnant* et *General der Infanterie* les 15 janvier et 1er juin 1942. Chef de la *20. Inf.Div.* (10 novembre 1940), il commande ensuite le *XXXX. Pz.K.*(15 janvier 1942), le *XXXII. A.K.* (10 juin 1942, m.d.F.b.) et enfin le *XXXXVI. Pz.K.* (1er octobre 1942). Il est tué au combat le 2 août 1943 sur le front de l'Est près de Krassnaja-Roschtscha. Titulaire de la Croix de chevalier de la Croix de fer (27 juillet 1941) avec feuilles de chêne (obtenues à titre posthume le 3 septembre 1943, n° 291) et de la Croix allemande en or (14 juin 1942).

Born in Munich on 27 October 1891, Hans Zorn was an officer cadet in 1911 before becoming a Leutnant in a Bavarian Army infantry regiment (1916). He pursued his career between the two wars. Promoted to Oberst on 1 August 1936, he commanded an infantry regiment. At the start of World War II, he was chief-of-staff of XXVII. A.K. He was promoted to Generalmajor on 1 July 1940 then to Generalleutnant and General der Infanterie on 15 January and 1 June 1942. Commanding officer of 20.Inf.Div. (10 November 1940), he went on to command XXXX. Pz.K. (15 January 1942), XXXII. A.K. (10 June 1942, m.d.F.b.) and finally XXXXVI. Pz.K. (1 October 1942). He was killed in action on the eastern front near Krasnaya-Roshcha on 2 August 1943. Awarded the Knight's Cross of the Iron Cross (27 July 1941) with Oak Leaves (awarded posthumously on 3 September 1943, n° 291) and the German Cross in Gold (14 June 1942).

Le *Generaloberst* Guderian, créateur des *Panzertruppen*

Le *Generaloberst* Guderian (en uniforme noir des panzers) en compagnie du *Generalleutnant* (plus tard *General der Panzertruppe*) Walter Wenck. Ce dernier porte la Croix de chevalier de la Croix de fer obtenue le 28 décembre 1942 (Coll. Charita).

The *Generaloberst* Guderian

Generaloberst Guderian (in the black panzer uniform) with Generalleutnant (later General der Panzertruppe) Walter Wenck. The latter is wearing the Knight's Cross of the Iron Cross awarded him on 28 December 1942 (Charita coll.).

Guderian à la sortie d'une réunion au quartier-général de l'un de ses corps d'armée blindé. (Signal.)

Guderian emerging from a meeting at the headquarters of one of his panzer corps.

Le *Generalfeldmarschall* Walter Model
en compagnie de généraux des troupes blindées

1. Avec le *General der Panzertruppe* **Walter Nehring** (à droite)

2. Avec le *General der Panzertruppe* **Hermann Breith** (à droite)

3. Avec le *Generalmajor* **Vollrath Lübbe**, chef de la *2. Pz.Div.* (au centre).

4. Le GFM Model interroge des officiers hongrois en compagnie du *Generalleutnant* **Walter von Bünau**. Ce dernier commandera le *XXXXVII. Pz.K.* en 1943.

5. Avec le *Generalleutnant* **Friedrich Schulz** (à gauche, de profil).

6. Avec le *General der Panzertruppe* **Erhard Raus** et le *Generalleutnant* **Friedrich Schulz** (à droite). D'origine autrichienne, Raus commandera la *6. Pz.Div.* (1942), le *XXXXVII.Pz.K.* (1943) puis les *4., 1.* et *3. Pz.Armeen* (1943-1944).

(Coll. Charita)

**Generalfeldmarschall Walter Model
with panzer troop generals**

1. With General der Panzertruppe *Walter Nehring* (right)

2. With General der Panzertruppe *Hermann Breith* (right)

3. With Generalmajor *Vollrath Lübbe*, CO of 2. Pz.Div. (center).

4. GFM Model questioning Hungarian officers with Generalleutnant *Walter von Bünau* who was commander of XXXXVII. Pz.K. in 1943.

5. With Generalleutnant *Friedrich Schulz* (left, in profile).

6. With General der Panzertruppe *Erhard Raus* and Generalleutnant *Friedrich Schulz* (right). The Austrian-born Raus commanded 6. Pz.Div. (1942), XXXXVII.Pz.K. (1943) then 4., 1. and 3. Pz.Armeen (1943-1944).

(Charita coll.)

1

2

3

**Quelques généraux
ayant commandé des grandes unités blindées**

1. Franz Bäke (1898-1978). Aspirant pendant la Première Guerre mondiale, Bäke devient dentiste pendant l'entre-deux-guerres avant d'être mobilisé en 1939. *Oberleutnant d.Reserve* et chef de section dans la *Pz.Abwehr-Abt. 65* en septembre 1939, il est *Generalmajor* et chef de la *13. Pz.Div.* en avril 1945 ! Un destin exceptionnel pour cet officier des troupes blindées par ailleurs chevalier de la Croix de fer avec feuilles de chêne et glaives.

2. Johannes Block (1894-1945). *General der Infanterie* en août 1944, il commande le *LVI. Pz.K.* à partir du 15 août 1944. Tué au combat le 26 janvier 1945. Titulaire de la Croix de chevalier de la Croix de fer avec feuilles de chêne.

3. Erich Brandenberger (1892-1955). *General der Panzertruppe* en novembre 1943, il commande la *8. Pz.Div.* du 20 février 1941 au 16 janvier 1943. Titulaire de la Croix de chevalier de la Croix de fer avec feuilles de chêne.

4. Max Fremerey (1889-1968). *Generalleutnant* en juin 1943, il commande la *18. Schtz.Brig.* (*18. Pz.Div.*) en 1940-1942 puis les *155.* et *233. Res.Pz.Div.* Titulaire de la Croix de chevalier de la Croix de fer.

5. Heinz Guderian (1888-1954). *Generaloberst* considéré comme l'un des pères de l'arme blindée allemande, il commande un corps d'armée motorisé puis une armée blindée (*2. Pz.Armee*). Il est limogé en décembre 1942 et ne retrouvera plus de commandement opérationnel sur le front. Titulaire de la Croix de chevalier de la Croix de fer avec feuilles de chêne.

6. Josef Harpe (1887-1968). *Generaloberst* en avril 1944, il commande toute une série d'unités blindées : *1. Pz.Brig.* (1939), *12. Pz.Div.* (1940), *XXXI. Pz.K.* (1942), *4.* et *5. Pz.Armeen* (1944 et 1945). Un parcours classique pour ce grand chef de panzers titulaire de la Croix de chevalier de la Croix de fer avec feuilles de chêne et glaives.

(Coll. Charita)

A few generals who commanded major armored units

1. Franz Bäke *(1898-1978). An officer cadet during World War I, Bäke became a dentist during the interwar years until he was called up in 1939. Oberleutnant d.Reserve and platoon commander with Pz.Abwehr-Abt. 65 in September 1939, by April 1945 he was Generalmajor and commanding officer of 13. Pz.Div.! An outstanding career for this officer of the armored troops who was also awarded the Knight's Cross of the Iron Cross with Oak Leaves and Swords.*

2. Johannes Block *(1894-1945). General der Infanterie in August 1944, he commanded LVI. Pz.K. from 15 August 1944. Killed in action on 26 January 1945. Awarded the Knight's Cross of the Iron Cross with Oak Leaves.*

3. Erich Brandenberger *(1892-1955). General der Panzertruppe in November 1943, he commanded 8. Pz.Div. from 20 February 1941 to 16 January 1943. Awarded the Knight's Cross of the Iron Cross with Oak Leaves.*

4. Max Fremerey *(1889-1968). Generalleutnant in June 1943, he commanded 18. Schtz.Brig.(18. Pz.Div.) in 1940-1942 then 155. and 233. Res.Pz.Div. Awarded the Knight's Cross of the Iron Cross.*

5. Heinz Guderian *(1888-1954). Generaloberst viewed as one of the founding fathers of the German tank arm, he commanded a motorized corps and later a tank army (2. Pz.Armee). He was dismissed in December 1942 with no further operational command on the front. Awarded the Knight's Cross of the Iron Cross with Oak Leaves.*

6. Josef Harpe *(1887-1968). Generaloberst in April 1944, he commanded a whole series of armored units: 1. Pz.Brig. (1939), 12. Pz.Div. (1940), XXXI. Pz.K. (1942), 4. and 5. Pz.Armeen (1944 and 1945). A text-book career for this great panzer commander awarded the Knight's Cross of the Iron Cross with Oak Leaves and Swords.*

(Charita coll.)

4

5

6

**Quelques généraux
ayant commandé des grandes unités blindées**

1. Hans Källner (1898-1945). *Generalleutnant* en 1944, il commande la *19. Pz.Div.* (1943) puis le *XXIV. Pz.K.* (1945) avant d'être tué sur le front de l'Est. Titulaire de la Croix de chevalier de la Croix de fer avec feuilles de chêne et glaives.

2. Otto von Knobelsdorff. *General der Panzertruppe* en 1942, il commande les *XXXXVIII.* et *XXXX. Pz.K.* (1942 et 1944). Titulaire de la Croix de chevalier de la Croix de fer avec feuilles de chêne et glaives.

3. Le *Generalfeldmarschall* **Erich von Lewinski von Manstein** (1887-1973) en compagnie du *General der Panzertruppe* **Hermann Breith** (1892-1964). Le premier commande le *LVI. Pz.K.* (1941), le second la *3. Pz.Div.* puis le *III. Pz.K.* (1941).

4. Hasso-Eccard von Manteuffel (1897-1978). *General der Panzertruppe* en 1944, il commande la *7. Pz.Div.* (1943) puis les *5.* et *3. Pz.Armeen* (1944). Titulaire de la Croix de chevalier de la Croix de fer avec feuilles de chêne et glaives et brillants.

5. Le général **Giovanni Messe** (gauche), chef du CSIR en compagnie du général de Carolis, chef de la division de cavalerie « Torino ». Messe succédera à Rommel à la tête de la *Pz.Armee « Afrika »* (1943). C'est le seul général non-allemand à avoir commandé une grande unité blindée de la *Wehrmacht*... Titulaire de la Croix de chevalier de la Croix de Fer nommé maréchal.

6. Hans Mikosch (1898-1993). *Generalleutnant* en 1945, il commande la *13. Pz.Div.* (1943). Nous le voyons ici en uniforme d'*Oberst* (grade obtenu en 1942). Titulaire de la Croix de chevalier de la Croix de fer avec feuilles de chêne.

(Coll. Charita)

A few generals who commanded major armored units

1. Hans Källner *(1898-1945). Generalleutnant in 1944, he commanded 19. Pz.Div. (1943) then XXIV. Pz.K. (1945) before being killed on the Eastern front. Awarded the Knight's Cross of the Iron Cross with Oak Leaves and Swords.*

2. Otto von Knobelsdorff. *General der Panzertruppe in 1942, he commanded XXXXVIII. and XXXX. Pz.K. (1942 and 1944). Awarded the Knight's Cross of the Iron Cross with Oak Leaves and Swords.*

3. *Generalfeldmarschall* **Erich von Lewinski von Manstein** *(1887-1973) with General der Panzertruppe* **Hermann Breith** *(1892-1964). The former commanded LVI. Pz.K. (1941), the latter 3. Pz.Div. then III. Pz.K. (1941).*

4. Hasso-Eccard von Manteuffel *(1897-1978). General der Panzertruppe in 1944, he commanded 7. Pz.Div. (1943) then 5. and 3. Pz.Armeen (1944). Awarded the Knight's Cross of the Iron Cross with Oak Leaves and Swords and diamonds.*

5. *General* **Giovanni Messe** *(gauche), commanding officer of CSIR with General de Carolis, commanding officer of the "Torino" Cavalry Division. Messe succeeded Rommel in command of Pz.Armee "Afrika" (1943). He is the only non-German general to have commanded a major armored unit of the Wehrmacht... Awarded the Knight's Cross of the Iron Cross. Became Field-marshal.*

6. Hans Mikosch *(1898-1993). Generalleutnant in 1945, he commanded 13. Pz.Div. (1943). Here we see him in the uniform of an Oberst (rank obtained in 1942). Awarded the Knight's Cross of the Iron Cross with Oak Leaves.*

(Charita coll.)

1

2

3

Quelques généraux
ayant commandé des grandes unités blindées

1. Walter Nehring (1892-1983). *General der Panzertruppe* en 1942, il commande la *18. Pz.Div.* (1940), le *Deutsches Afrika Korps* (1942), le *XXIV. Pz.K.* (1943 et 1944), les *1.* et *4. Pz.Armeen* (1943 et 1945). Titulaire de la Croix de chevalier de la Croix de fer avec feuilles de chêne et glaives.

2. Hermann von Oppeln-Bronikowski (1899-1966). *Generalmajor* en 1945, il commande la *24. Pz.Div.* (1944). Titulaire de la Croix de chevalier de la Croix de fer avec feuilles de chêne et glaives.

3. Lothar Rendulic (1887-1971). *Generaloberst* en 1944, cet Autrichien commande la *2. Pz.Armee* (1944). Titulaire de la Croix de chevalier de la Croix de fer avec feuilles de chêne et glaives.

4. Erwin Rommel (1891-1944). *Generalfeldmarschall*. Le plus célèbre des généraux allemands de la Seconde Guerre mondiale, il commande la *7. Pz.Div.* (1940) et la *Pz.Armee* « *Afrika* » en 1942. Titulaire de la Croix de chevalier de la Croix de fer avec feuilles de chêne, glaives et brillants.

5. Richard Ruoff (1883-1967). *Generaloberst* en 1942, il commande la *4. Pz.Armee* (1942). Limogé après la défaite de Stalingrad en 1943. Titulaire de la Croix de chevalier de la Croix de fer.

6. Ferdinand Schörner (1892-1973). Ce bavarois, spécialiste des troupes de montagne, commande le *XXXX. Pz.K.* en 1943. C'est le dernier officier général du *Heer* à avoir reçu la dignité de *Generalfeldmarschall* (avril 1945). Titulaire de la Croix de chevalier de la Croix de fer avec feuilles de chêne, glaives et brillants.

(Coll. Charita)

A few generals who commanded major armored units

1. Walter Nehring (1892-1983). General der Panzertruppe in 1942, he commanded 18. Pz.Div. (1940), the Deutsches Afrika Korps (1942), XXIV. Pz.K. (1943 and 1944), and 1. and 4. Pz.Armeen (1943 and 1945). Awarded the Knight's Cross of the Iron Cross with Oak Leaves and Swords.

2. Hermann von Oppeln-Bronikowski (1899-1966). Generalmajor in 1945, he commanded 24. Pz.Div. (1944). Awarded the Knight's Cross of the Iron Cross with Oak Leaves and Swords.

3. Lothar Rendulic (1887-1971). Generaloberst in 1944, this Austrian commanded 2. Pz.Armee (1944). Awarded the Knight's Cross of the Iron Cross with Oak Leaves and Swords.

4. Erwin Rommel (1891-1944). Generalfeldmarschall. The best-known of German World War II generals, he commanded 7. Pz.Div. (1940) and Pz.Armee "Afrika" in 1942. Awarded the Knight's Cross of the Iron Cross with Oak Leaves, Swords and Diamonds.

5. Richard Ruoff (1883-1967). Generaloberst in 1942, he commanded 4. Pz.Armee (1942). Dismissed following the defeat at Stalingrad in 1943. Awarded the Knight's Cross of the Iron Cross.

6. Ferdinand Schörner (1892-1973). This Bavarian, a mountain troop specialist, commanded XXXX. Pz.K. in 1943. He was the last general in the Heer to rise to the rank of Generalfeldmarschall (April 1945). Awarded the Knight's Cross of the Iron Cross with Oak Leaves, Swords and Diamonds.

(Charita coll.)

121

**Quelques généraux
ayant commandé des grandes unités blindées**

1. Adalbert Schulz (1903-1944). *Generalmajor* à 41 ans, ce jeune et brillant officier des troupes blindées, issu de la police, commande la *7. Pz.Div.* en 1944. Il est tué sur le front russe en janvier 1944. Titulaire de la Croix de chevalier de la Croix de fer avec feuilles de chêne, glaives et brillants.

2. Friedrich Schulz (1897-1976). *General der Infanterie* en 1944, il commande le *III. Pz.K.* (1943) puis le *XXXXVI. Pz.K.* (1944). Titulaire de la Croix de chevalier de la Croix de fer avec feuilles de chêne et glaives.

3. Gerhard *Graf* **von Schwerin** (1899-1980). *General der Panzertruppe* en 1945, il commande le *LXXVI. Pz.K.* (1945). Après la guerre, il deviendra conseiller du chancelier Adenauer pour les questions militaires. Titulaire de la Croix de chevalier de la Croix de fer avec feuilles de chêne et glaives.

4. Fridolin von Senger und Etterlin (1891-1963). *General der Panzertruppe* en 1944, il commande la *17. Pz.Div.* (1942) et le *XIV. Pz.K.* (1943). Titulaire de la Croix de chevalier de la Croix de fer avec feuilles de chêne.

5. Rudolf von Waldenfels (1895-1969). *Generalleutnant* en 1944, il commande la *6. Pz.Div.* (1943). Titulaire de la Croix de chevalier de la Croix de fer.

6. Helmuth Weidling (1891-1955). *General der Artillerie* en 1944, il commande les *XXXXI.* et *LVI. Pz.K.* (1943 et 1945). Il meurt en captivité en URSS en 1955. Titulaire de la Croix de chevalier de la Croix de fer avec feuilles de chêne et glaives.

(Coll.Charita)

A few generals who commanded major armored units

1. Adalbert Schulz *(1903-1944). Generalmajor at the age of 41, this young and brilliant officer of the armored troops, drawn from the ranks of the police, commanded 7. Pz.Div. in 1944. He was killed on the Russian front in January 1944. Awarded the Knight's Cross of the Iron Cross with Oak Leaves, Swords and Diamonds.*

2. Friedrich Schulz *(1897-1976). General der Infanterie in 1944, he commanded III. Pz.K. (1943) then XXXXVI. Pz.K. (1944). Awarded the Knight's Cross of the Iron Cross with Oak Leaves and Swords.*

3. Gerhard Graf von Schwerin *(1899-1980). General der Panzertruppe in 1945, he commanded LXXVI. Pz.K. (1945). After the war, he became military adviser to Chancellor Adenauer. Awarded the Knight's Cross of the Iron Cross with Oak Leaves and Swords.*

4. Fridolin von Senger und Etterlin *(1891-1963). General der Panzertruppe in 1944, he commanded 17. Pz.Div. (1942) and XIV. Pz.K. (1943). Awarded the Knight's Cross of the Iron Cross with Oak Leaves.*

5. Rudolf von Waldenfels *(1895-1969). Generalleutnant in 1944, he commanded 6. Pz.Div. (1943). Awarded the Knight's Cross of the Iron Cross.*

6. Helmuth Weidling *(1891-1955). General der Artillerie in 1944, he commanded XXXXI. and LVI. Pz.K. (1943 and 1945). He died in captivity in the USSR in 1955. Awarded the Knight's Cross of the Iron Cross with Oak Leaves and Swords.*

(Charita coll.)

123

2

1

3

La Croix de chevalier de la Croix de fer

Créée en 1813 par le roi de Prusse Fredéric-Guillaume III, la Croix de fer comprend trois classes : 2e et 1re classes et Grand Croix. Elle est attribuée pendant la période 1813-1815 puis est mise en sommeil. L'ordre est recréé en 1870 puis en 1914. Au cours de la Première Guerre mondiale, pas moins de 5 millions de croix de 2e classe sont attribuées. Comme ses prédécesseurs, Hitler recrée l'ordre dès le 1er septembre 1939 avec trois classes : 2e et 1re classe et Grand Croix. Une quatrième classe, destinée à combler le vide entre la Grand Croix (attribuée une seule fois à Göring), voit le jour à la même époque : la Croix de chevalier (*Ritterkreuz*). Des degrés supplémentaires, accompagnant la Croix de chevalier, sont institués au cours de la guerre : les feuilles de chêne (3 juin 1940), les glaives (21 juin 1941), les brillants (15 juillet 1941) et les feuilles de chêne d'or avec glaives et brillants (29 décembre 1944).

1. Croix de chevalier dans son étui de présentation. La plupart des officiers généraux ayant commandé de grandes unités blindées (223 sur 266) ont reçu cette décoration, attribuée 7 358 fois pendant la Seconde Guerre mondiale dont 1 319 fois à des membres des troupes blindées.

2. Croix de chevalier (dessin de l'époque).

3. Croix de chevalier avec feuilles de chêne. Les feuilles de chêne ont été attribuées 890 fois pendant le conflit. 109 généraux (ou colonels) ayant commandé de grandes unités blindées ont reçu cette décoration, ce qui représente plus de 12 % du total des récipiendaires.

4. Croix de chevalier avec feuilles de chêne et glaives. Les glaives ont été attribués 160 fois au cours de la guerre. 42 généraux des troupes blindées ont reçu cette très haute distinction, ce qui représente 28 % du total.

5. Croix de chevalier avec feuilles de chêne, glaives et brillants. Ces derniers ont été attribués 27 fois seulement. 12 généraux des troupes blindées ont reçu cette prestigieuse décoration. Le modèle que nous voyons ici est l'un des premiers fabriqués. Remis par le Führer au récipiendaire, il comprend de véritables diamants.

6. Croix de chevalier avec feuilles de chêne, glaives et brillants, modèle plus tardif.

7. Croix de chevalier avec feuilles de chêne, glaives et brillants ayant appartenu à Sepp Dietrich. A l'inverse des deux précédents, ce modèle, destiné à être porté tous les jours, est orné de faux diamants. Les deux modèles (vrais et faux diamants) étaient remis en même temps au récipiendaire...

(Coll. Josef Charita.)

The Knight's Cross of the Iron Cross

Created in 1813 by King Frederick William III of Prussia, the Iron Cross has three grades: 2nd and 1st Class, and Grand Cross. It was awarded from 1813 until 1815 when it was mothballed. The order was reintroduced in 1870 and again in 1914. During World War I, no less than 5 million Iron Cross 2nd Class awards were made. Like his predecessors, Hitler immediately reintroduced the order on 1 September 1939 with three grades: 2nd and 1st Class, and Grand Cross. A fourth grade, designed to bridge a gap with the Grand Cross (awarded just once, to Göring), was created on the same occasion; this was the Knight's Cross (Ritterkreuz). Further classes accompanying the Knight's Cross were introduced as the war progressed: the Oak Leaves (3 June 1940), Swords (21 June 1941), Diamonds (15 July 1941) and Gold Oak Leaves with swords and Diamonds (29 December 1944).

1. Knight's Cross in its presentation case. Most of the generals who commanded major armored units (223 out of 266) received this decoration, awarded 7,358 times during World War II, including 1,319 to panzer troop members.

2. Knight's Cross (contemporary drawing).

3. Knight's Cross with Oak Leaves. The Oak Leaves were awarded 890 times during the war. 109 generals (or colonels) who commanded major armored units received this decoration, accounting for over 12% of all recipients.

4. Knight's Cross with Oak Leaves and Swords. Swords were awarded 160 times during the war. 42 generals of the armored troops received this very high distinction, accounting for 28% of the total.

5. Knight's Cross with Oak Leaves, Swords and Diamonds. Diamonds were awarded just 27 times. 12 generals of the armored troops received this prestigious decoration. The model we see here was one of the first to be made. It was presented to the recipient by the Führer, and was made of real diamonds.

6. Knight's Cross with Oak Leaves, Swords and Diamonds, a later model.

7. Knight's Cross with Oak Leaves, Swords and Diamonds belonging to Sepp Dietrich. Unlike the previous two, this model intended for everyday use was made with imitation diamonds. The recipient received both models (with real and imitation diamonds) together...

(Coll. Josef Charita.)

125

Croix allemande et Croix du mérite de guerre

La Croix allemande est instituée le 28 septembre 1941 et comprend deux classes : argent et or. La Croix en argent est attribuée aux sous-officiers ou officiers s'étant distingués par plusieurs actes de bravoure ou dans l'exercice de leur commandement, la Croix en or récompense des mérites exceptionnels dans la conduite des troupes. Environ 17 000 Croix allemande en or et 9 000 en argent ont été attribuées pendant le Second Conflit mondial.

1. Croix allemande en argent.

2. Croix allemande en or.

3. Croix allemande en or (dessin de l'époque).

4. Croix allemande en or, modèle tissé. La moitié des généraux ayant commandé de grandes unités blindées ont reçu cette décoration.

5. Le *General der Panzertruppe* Joachim Lemelsen (sur cette photo à droite en compagnie du *General der Infanterie* Otto Wöhler). Lemelsen porte la Croix allemande en or (obtenue le 15 juillet 1942), modèle en métal, ainsi que la Croix de chevalier de la Croix de fer obtenue le 27 juillet 1941) (ECPA).

La Croix du mérite de guerre est instituée le 18 octobre 1939. Elle comprend trois classes (2ᵉ classe, 1ʳᵉ classe et Croix de chevalier) et deux catégories (avec ou sans épées). Les croix avec épées sont attribuées aux personnels s'étant distingués au front sous le feu de l'ennemi, les croix sans épées aux personnels s'étant distingué à l'arrière. La Croix de chevalier a été attribuée 243 foix avec épées et 54 fois sans épées. Le 8 juillet, un grade supplémentaire est créé : la Croix de chevalier du mérite de guerre en or (avec ou sans épées).

6. Croix du mérite de guerre avec épées, 1ʳᵉ classe.

7. Croix de chevalier du mérite de guerre avec épées.

German Cross and War Merit Cross

The German Cross was introduced on 28 September 1941 and comprised two grades: silver and gold. The Silver Cross was for NCOs and officers who had performed several acts of bravery or in their role as commanders, whilst the Gold Cross rewarded outstanding merit in leading troops. Approximately 17,000 German Gold and 9,000 Silver Crosses were distributed during World War II.

1. German Cross in Silver.

2. German Cross in Gold.

3. German Cross in Gold (contemporary drawing).

4. German Cross in Gold, woven model. Half of the generals who commanded major panzer units received this decoration.

5. General der Panzertruppe Joachim Lemelsen (on the right of this photograph with General der Infanterie Otto Wöhler). Lemelsen is wearing the German Cross in Gold (won on 15 July 1942), a metal model, and Knight's Cross of the Iron Cross awarded on 27 July 1941) (ECPA).

The War Merit Cross was introduced on 18 October 1939. It comprised three grades (2nd and 1st Class, and Knight) and two categories (with or without swords). Crosses with swords rewarded personnel showing distinction on the front under enemy fire, crosses without swords to personnel showing distinction in the rear. The Knight's Cross was awarded 243 times with swords and 54 times without swords. On 8 July, a further class was introduced: the War Merit Knight's Cross in Gold (with or without swords).

6. War Merit Cross with Swords, 1st Class.

7. War Merit Knight's Cross with Swords.

L'insigne d'assaut des blindés (en argent et bronze)

L'insigne d'assaut des blindés en argent a été créé le 20 décembre 1939 afin de récompenser les soldats, sous-officiers et officiers ayant participé comme chefs de char, canoniers, conducteurs ou radios, à au moins trois assauts blindés ayant eu lieu trois jours différents. Le 31 décembre 1942 son attribution est étendue aux motocyclistes et membres des unités de réparation à condition qu'ils aient opéré sur le front et sous le feu de l'ennemi au moins trois jours. Un insigne similaire mais en bronze est créé le 1er juin 1940 pour les membres des *Schützen-Rgt.* et *Kradschützen-Btl.* Enfin, le 22 juin 1943, de nouveaux insignes sont introduits portant les numéros 25, 50, 75 et 100, correspondant au nombre de jours d'assaut auquel le récipiendaire a participé.

1. Insigne d'assaut des blindés.
2. Insigne d'assaut des blindés, 25 jours d'assaut.
3. Insigne d'assaut des blindés, 50 jours d'assaut.
4. Sous-officier du *Pz.Rgt. 33* de la *11. Pz.Div.* (Ukraine été 1941). Il porte bien visible ici l'insigne d'assaut des blindés ainsi que la Croix de fer de 1re classe (ECPA).
5. Jürgen von Maercken, *Hauptmann* dans les *Panzertruppen.* Il porte sous sa Croix de fer de 1re classe l'insigne d'assaut des blindés. (Coll. Charita).

3

1

2

Tank assault insignia (in silver and bronze)

The silver tank assault insigne was introduced on 20 December 1939 to reward rank and file, NCOs and officers taking part as tank commanders, gunners, drivers or wireless operators in at least three tank assaults on three different days. On 31 December 1942 it was opened up to motorcyclists and members of repair units provided they had operated on the front and under enemy fire for at least three days. A similar insigne in bronze was introduced on 1 June 1940 for members of Schützen-Rgt. and Kradschützen-Btl. Finally, on 22 June 1943, new insignia were brought bearing the numbers 25, 50, 75 and 100, corresponding to the number of assault days in which the recipient had been involved.

1. Tank assault insigne.
2. Tank assault insigne, 25 assault days.
3. Tank assault insigne, 50 assault days.
4. NCO of 11. Pz.Div. Pz.Rgt. 33 (Ukraine summer 1941). Here he can be clearly seen to be wearing the tank assault insigne and Iron Cross 1st Class (ECPA).
5. Jürgen von Maercken, Hauptmann in the Panzertruppen. Under his Iron Cross 1st Class he is wearing the tank assault insigne (Coll. Charita).

4

5

Panzer-Gruppen/Panzer-Armeen

Panzer-Gruppe 1/1. Panzer-Armee

- **Origine/Origin :** Wehrkreis X (Hamburg)
- **Unités organiques/Organizational units :** Höh. Arko 311, Korück 531, Pz.Armee-Nachschubführer 1, Pz.Armee-Nachr.Rgt. 1.
- **Commandeurs/Commanders :** *Gen.d.Kav. (Gen.Oberst)* Ewald von Kleist (1.IX.1939-21.XI.1942), *Gen.d.Kav.* Eberhard von Mackensen (22.XI.1942-29.X. 1943), *Gen.d.Pz.Tr. (Gen.Oberst)* Hans Valentin Hube (29.X.1943-21.IV.1944), *Gen.d.Pz.Tr.* Erhard Raus (1.V.-15.VIII.1944), *Gen.Oberst* Gotthard Heinrici (16.VIII.1944-19.III.1945), *Gen.d.Pz.Tr.* Walther Nehring (20.III.-3.IV.1945), *Gen.d.Inf.* Wilhelm Hasse (4.IV.-8.V.1945).
- **Rattachement/Attachment :** HGr. « C » (XII.1940), 12. Armee/OKH (I.-IV.1941), 2. Armee/OKH (V.1941), HGr. « Süd » (VI.1941-VII.1942), HGr.« A » (VIII.1942-I.1943), HGr. « Don » (II.1943), HGr. « Süd » (III.1943-III.1944), HGr. « Nordukraine » (IV.-IX.1944), HGr.« A » (X.1944-I.1945), HGr. « Mitte » (II.-V.1945).

Panzergruppe 1

Toutes les unités rattachées à la *Panzergruppe 1* ont porté, à partir du 22 juin 1941, ce « K » peint en blanc sur leurs véhicules, initiale du commandant de la *Panzergruppe*, le *Generaloberst* von Kleist.

As of 22 June 1941, all units attached to Panzergruppe 1 carried, painted in white on their vehicles, this "K", the initial of the Panzergruppe's commanding officer, Generaloberst von Kleist.

- Historique :

Mise sur pied le 16 novembre 1940, la *Pz.Gr. 1* est issue du *XXII. A.K (mot.)* alias *Gruppe Kleist*. Elle participe à la campagne des Balkans en avril 1941. Elle est ensuite engagée dans l'opération « Barbarossa » au sein du groupe d'armées « Sud ». Elle combat en Ukraine où elle participe aux combats d'Ouman et de Kiev. Elle devient *1. Pz.Armee* le 5 octobre 1941. Elle poursuit son avance jusqu'à Rostov avant de se stabiliser sur le Mious en décembre 1941. Jusqu'en juillet 1942, elle mène des combats défensifs sur le Mious (groupe d'armées « Sud »). Elle est ensuite attachée au groupe d'armées « A » (juillet 1942-janvier 1943), perce dans le bassin du Don et parvient dans le Kouban jusque dans le secteur de Maïkop, combat dans le Terek puis se replie à partir du centre du Caucase. Elle est ensuite rattachée au groupe d'armées « Don » (février 1943) puis au groupe d'armées « Sud » (mars 1943-mars 1944). Pendant cette période, elle mène des combats défensifs dans le secteur du Donetz moyen (Dniepropetrovsk, Krivoi Rog, Nikopol, Vinnitsa) avant de se replier vers les Carpates. En avril 1944, elle est transférée dans le nord de l'Ukraine. Elle bat en retraite à travers le sud de la Pologne et se retrouve en Slovaquie et en Bohème. Elle combat dans ce secteur jusqu'à sa capitulation dans la région de Budweis (Ceske Budejovice) le 8 mai 1945.

- History :

Raised on 16 November 1940, Pz.Gr. 1 was taken from XXII. A.K (mot.) alias Gruppe Kleist. It took part in the Balkans campaign in April 1941. It was later engaged in Operation "Barbarossa" as part of Army Group "Süd". It fought in the Ukraine where it took part in the battles of Uman and Kiev. It became 1. Pz.Armee on 5 October 1941. It continued to advance as far as Rostov before settling on the Mius in December 1941. Until July 1942, it was engaged in defensive fighting on the Mius (Army Group "Süd"). It was then attached to Army Group "A" (July 1942-January 1943), broke through in the Don basin and reached the Kuban as far as the Maïkop sector, fought in the Terek then withdrew from the central Caucasus. It was then attached to Army Group "Don" (February 1943) and later to Army Group "Süd" (March 1943-March 1944). During this period, it fought a defensive battle in the central Donetz sector (Dniepropetrovsk, Krivoi Rog, Nikopol, Vinnitsa) before withdrawing towards the Carpathian Mountains. In April 1944, it was transferred to northern Ukraine. It retreated through southern Poland, ending up in Slovakia and Bohemia. It fought in that sector until it surrendered in the region of Budweis (Ceske Budejovice) on 8 May 1945.

Panzer-Gruppe 2 / 2. Panzer-Armee

- **Origine/Origin :** Wehrkreis XVII (Wien)
- **Unités organiques/Organizational units :** Höh.Arko 305, Korück 2. Pz.Armee (Korück 532, 1943), Pz.Armee Nachschubführer 2, Pz.Armee Nachr.Rgt. 2.
- **Commandeurs/Commanders :** *Gen.d.Pz.Tr. (Gen.Oberst)* Heinz Guderian (1.IX.1939-25.XII.1941), Gen.d.Pz.Tr. *(Gen.Oberst)* Rudolf Schmidt (26.XII.1941-10.IV.1943), *Gen.d.Inf.* Heinrich Clössner (11.IV.-6.VIII.1943, in Vertretung), *Gen.Oberst* Walter Model (7-14.VIII.1943), *Gen.d.Inf. (Gen.Oberst)* Dr Lothar Rendulic (15.VIII.1943-24.VI.1944), *Gen.d.Inf.* Franz Böhme (24.VI.-17.VII.1944, in Vertretung), *Gen.d.Art.* Maximilian de Angelis (18.VII.1944-V.1945).
- **Rattachement/Attachment :** HGr. « B » (XII.1940-IV.1941), OKH (V.1941), HGr. « Mitte » (VI.1941-VIII.1943), HGr. « F » (IX.1943-XII.1944), HGr. « Süd » (I.-IV.1945), OB Südost (V.1945).

Panzergruppe 2

Tous les véhicules des unités rattachées à la *Panzergruppe 2* ont porté à partir du 22 juin 1941 un « G » aux formes anguleuses ou arrondies (voir page suivante) peint en blanc sur leurs véhicules, initiale du commandant de la *Panzergruppe*, le *Generaloberst* Guderian.

- Historique :

Créée le 16 novembre 1940, la *Pz.Gr. 2* est issue du *XIX. A.K. (mot.)* alias *Panzergruppe Guderian*. Après

- History :

Created on 16 November 1940, Pz.Gr. 2 was taken from XIX. A.K. (mot.) alias Panzergruppe Guderian.

As of 22 June 1941, all units attached to Panzergruppe 2 carried, painted in white on their vehicles, this "G", the initial of the Panzergruppe's commanding officer, Generaloberst Guderian.

quelques mois d'occupation en France, la *Pz.Gr.* est transférée dans l'est de l'Allemagne où elle prend le nom de code de *Festungsstab 49*. Elle participe à l'opération « Barbarossa » au sein du groupe d'armées « Centre ». Elle combat à Minsk et Smolensk. Du 29 juillet au 21 août 1941, elle est désignée sous le nom d'*Armee Gruppe Guderian* puis reprend le nom de *Panzer-Gruppe Guderian* le 22 août. Elle devient *2. Pz.Armee* le 5 octobre 1941. Toujours attachée au groupe d'armées « Centre », elle participe à la bataille de Moscou. Elle reste dans le secteur central du front jusqu'à la mi-août 1943 et participe aux batailles défensives qui s'y déroulent. En septembre 1943, elle est affectée au groupe d'armées « F » dans les Balkans (Croatie, Serbie, Albanie) où elle participe à différentes opérations anti-partisans. En octobre 1944, elle est engagée dans le secteur de Brod à l'est de la Croatie puis participe à la bataille défensive de Belgrade. En octobre-novembre 1944, elle est engagée entre le Danube et la Drave et sur la côte dalmate. Elle combat ensuite en Hongrie entre le lac Balaton et la Drave (novembre 1944-mars 1945). Elle est entre-temps rattachée au groupe d'armées « Sud » (janvier 1945). Fin mars 1945, la *2. Pz. Armee* bat en retraite vers la Carinthie et la Styrie et capitule en mai 1945.

After a few months of occupation in France, the Pz.Gr. was transferred to eastern Germany where it was codenamed Festungsstab 49. It took part in Operation "Barbarossa" as part of Army Group "Mitte". It fought at Minsk and Smolensk. From 29 July to 21 August 1941, it was known as Armee Gruppe Guderian, reverting to the name Panzer-Gruppe Guderian on 22 August. It became 2. Pz.Armee on 5 October 1941. Whilst still attached to Army Group "Mitte", it took part in the battle of Moscow. It remained in the central sector of the front until mid-August 1943 and took part in the defensive battles there. In September 1943, it was allocated to Army Group "F" in the Balkans (Croatia, Serbia, Albania) where it took part in various operations against the partisans. In October 1944, it was engaged in the Brod sector east of Croatia, then took part in the offensive battle for Belgrade. In October-November 1944, it was engaged between the Danube and the Drave and on the coast of Dalmatia. It went on to fight in Hungary between Lake Balaton and the Drava (November 1944-March 1945). It was meanwhile attached to Army Group "Süd" (January 1945). In late March 1945, 2. Pz. Armee retreated towards Carinthia and Styria and surrendered in May 1945.

Panzer-Gruppe 3 / 3. Panzer-Armee

- **Origine/*Origin* :** Wehrkreis IX

- **Unités organiques/*Organizational units* :** Höh.Arko 313, Korück 590, Pz.Armee-Nachschubführer 3, Pz.Armee-Nachr.Rgt. 3.

- **Commandeurs/*Commanders* :** Gen.d.Inf. (Gen.Oberst) Hermann Hoth (10.XI.1939-4.X.1941), Gen.d.Pz.Tr. *(Gen.Oberst)* Georg-Hans Reinhardt (5.X.1941-15.VIII.1944), Gen.Oberst Erhard Raus (16.VIII.1944-9.III.1945), Gen.d.Pz.Tr. Hasso-Eccard *Frhr* von Manteuffel (10.III.-8.V.1945).

- **Rattachement/*Attachment* :** HGr. « D » (XII.1940), HGr. « C » (I.-IV.1941), OKH (V.-VI.1941), HGr. « Mitte » (VII.1941-I.1945), HGr. « Weichsel » (II.-IV. 1945)

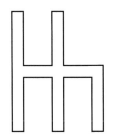

Panzergruppe 3

Cet emblème a été peint sur les véhicules de toutes les unités rattachées à la *Panzergruppe 3* à partir du 22 juin 1941. Il présente entrelacées les initiales du commandant de la *Panzergruppe*, le *Generaloberst Hermann Hoth*.

This emblem was painted on the vehicles of all units attached to Panzergruppe 3 as of 22 June 1941. It represents the interlaced initials of the Panzergruppe's commanding officer, Generaloberst Hermann Hoth.

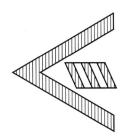

3. Panzer-Armee

Emblème attesté à l'automne 1942.

Emblem attested in the autumn of 1942.

- Historique :

Mise sur pied le 16 novembre 1940, la *Pz.Gr. 3* est issue de la *Gruppe Hoth*, alias *XV. A.K. (mot.)*. Elle participe à l'opération Barbarossa au sein du groupe d'armées « Centre ». Progressant de Byalistok à Minsk, elle combat sur le Dniepr et la Duna puis dans le secteur de Smolensk. Elle participe à la bataille de Moscou et aux batailles défensives qui se déroulent devant la capitale soviétique fin 1941-début 1942. Devenue *3. Pz.Armee* le 1er janvier 1942, elle reste dans le secteur central du front de l'Est et mène différents combats défensifs notamment dans les régions de Welish et de Demidoff au sud de Temkino. En 1943, elle est engagé dans les secteurs de Jarzewo-Duchovschtschina et Nevel. Jusqu'en juillet 1944, elle est responsable de la défense de la région de Vitebsk. La grande offensive soviétique de l'été 1944 la force à battre en retraite à travers la Lituanie et la Courlande (août-octobre 1944). Elle combat ensuite à Tauroggen et à Memel. En octobre 1944, la *3. Pz. Armee* est chargée de défendre la frontière nord de la Prusse Orientale. En janvier 1945, elle est refoulée vers Tilsit, Insterburg et Königsberg. Elle est alors rattachée au groupe d'armées « Vistule » (février 1945) et prend en charge la défense de la région nord de Stettin (Poméranie). De février à avril 1945, elle combat en Poméranie et sur l'Oder. Elle est ensuite refoulée vers le Mecklenbourg et se rend aux troupes américaines en mai 1945.

- History :

Raised on 16 November 1940, Pz.Gr. 3 was taken from Gruppe Hoth, alias XV. A.K. (mot.). It took part in Operation "Barbarossa" as part of Army Group "Mitte". Advancing from Byalistok to Minsk, it fought on the Dnieper and the Duna then in the Smolensk sector. It took part in the battle of Moscow and in the defensive battles that were fought before the Soviet capital in late 1941 and early 1942. Having become 3. Pz.Armee on 1 January 1942, it stayed in the central sector of the eastern front and fought various defensive battles notably in the regions of Welish and Demidoff, south of Temkino. In 1943, it was engaged in the Jarzevo-Duchovshchina and Nevel sectors. Up until July 1944, it was responsible for defending the region around Vitebsk. The great Soviet offensive of summer 1944 forced it to beat a retreat through Lithuania and the Courland (August-October 1944). It then fought at Tauroggen and Memel. In October 1944, 3. Pz. Armee was detailed to defend the northern border of East Prussia. In January 1945, it was pushed back towards Tilsit, Insterburg and Königsberg. It was then attached to Army Group "Vistule" (February 1945) and was placed in charge of defending the north region of Stettin (Pomerania). From February to April 1945, it fought in Pomerania and on the Oder. It was then pushed back towards Mecklenburg and surrendered to American troops in May 1945.

Panzer-Gruppe 4 / 4. Panzer-Armee

- **Origine/***Origin* : Wehrkreis III

- **Unités organiques/***Organizational units* : Höh.Arko 312, Korück 593, Pz.Armee-Nachschubführer 4, Pz.Armee Nachr.Rgt. 4.

- **Commandeurs/***Commanders* : *Gen.Oberst* Erich Hoepner (24.XI.1938-7.I.1942), *Gen.d.Inf. (Gen.Oberst)* Richard Ruoff (8.I.-31.V.1942), *Gen.Oberst* Hermann Hoth (1.VI.1942-26.XI.1943), *Gen.d. Pz.Tr.* Erhard Raus (26.XI.1943-18.V.1944), *Gen.Oberst* Josef Harpe (18.V.-28 VI.1944), *Gen.d.Pz.Tr.* Walther Nehring (28.VI.-5.VIII.1944), *Gen.d.Pz.Tr.* Hermann Balck (5.VIII.-21.IX.1944), *Gen.d.Pz.Tr.* Fritz-Hubert Gräser (21.IX.1944-8.V.1945).

- **Rattachement/***Attachment* : HGr. « B » (III.-IV.1941), HGr. « C » (V.1941), HGr. « Nord » (VI.-IX.1941), HGr. « Mitte » (X.1941-IV.1942), OKH (HGr. « Mitte ») (V.1942), HGr. « Süd » (VI.-VII.1942), HGr. « B » (VIII.-XI.1942), HGr. « Don » (XII.1942-II.1943), HGr. « Süd » (III.1943-III.1944), HGr. « Nordukraine » (IV.-IX.1944), HGr. « A » (X.1944-I.1945), HGr. « Mitte » (II.-V.1945).

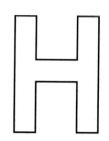

Panzergruppe 4

1. Tous les véhicules des unités rattachées à la *Panzergruppe 4* ont porté à partir du 22 juin 1941 ce « H » peint en blanc sur leurs véhicules, initiale du commandant de la *Panzergruppe*, le *Generaloberst* Hoepner.

1. *As of 22 June 1941, all units attached to Panzergruppe 4 carried, painted in white on their vehicles, this "H", the initial of the Panzergruppe's commanding officer, Generaloberst Hoepner.*

- Historique :

Créée le 17 février 1941, la *Pz.Gr. 4* est issue du *XVI. A.K. (mot.)*. Elle participe à l'opération Barbarossa au sein du groupe d'armées « Nord ». Elle conquiert les Pays Baltes puis arrive devant Leningrad. A la mi-septembre, elle passe au groupe d'armées « Centre » et prend part à la marche sur Moscou. Elle devient *4. Pz. Armee* le 1er janvier 1942. La *4. Panzer-Armee* combat dans le secteur du groupe d'armées « Centre » jusqu'en avril 1942. Affectée au groupe d'armées « Sud », elle est engagée dans le secteur de Koursk (juin 1942) puis participe, au sein du groupe d'armées « B », à la grande offensive vers le Don et la Volga. En décembre 1942, elle fait partie du groupe d'armées « Don » et participe à l'opération « Orage d'hiver » (*Wintergewitter*, dégagement de la *6. Armee* encerclée à Stalingrad). Elle mène ensuite des combats défensifs dans le secteur sud du front de l'Est, opérant notamment à l'ouest de Kiev. Début 1944, elle est engagée dans le nord de l'Ukraine dans la région de Tarnopol-Kowel.D'avril à septembre 1944, elle fait partie du groupe d'armées « Nordukraine » et se bat près de Cholm, Lublin et retraite vers la Vistule. Début 1945, elle se replie à travers la Pologne et la Silésie puis prend position sur l'Oder. En mars-avril, elle combat dans le secteur de Görlitz-Guben puis se rend aux Américains le 8 mai 1945 après avoir franchi l'Elbe...

- History :

Created on 17 February 1941, Pz.Gr. 4 was drawn from XVI. A.K. (mot.). It took part in Operation "Barbarossa" as part of Army Group "Nord". It conquered the Baltic states, then arrived before Leningrad. In mid-September, it was moved to Army Group "Mitte" and took part in the march on Moscow. It became 4. Pz. Armee on 1 January 1942. 4. Panzer-Armee fought in the sector of Army Group "Mitte" until April 1942. Allocated to Army Group "Süd", it was engaged in the Kursk sector (June 1942) then, as part of Army Group "B", took part in the great offensive on the Don and the Volga. In December 1942, it belonged to Army Group "Don" and took part in Operation "Winter Storm" (Wintergewitter, the release of 6. Armee encircled at Stalingrad). It was then engaged in defensive fighting in the southern sector of the eastern front, operating notably to the west of Kiev. Early in 1944, it was engaged in the Tarnopol-Kovel area of northern Ukraine. From April to September 1944, it was part of Army Group "Nordukraine" and fought near Cholm, Lublin and the retreat towards the Vistula. Early in 1945, it withdrew through Poland and Silesia then took up position on the Oder. In March-April, it fought in the Görlitz-Guben sector then surrendered to the Americans on 8 May 1945 after crossing the Elbe...

2. Variante probablement utilisée au sein de l'état-major de la *Panzergruppe*.

2. *A variant probably used by the Panzergruppe general staff.*

5. Panzer-Armee

- **Origine/***Origin* : Wehkreis VI (Münster)

- **Unités organiques/***Organizational units* : Korück 560, Armee Nachschubführer 561, Armee Nachr.Rgt. 563.

- **Commandeurs/***Commanders* : *Gen.Oberst* Hans-Jürgen von Arnim (3.XII.1942-28.II.1943), *Gen.d.Pz.Tr.* Gustav von Vaerst (28.II.-9.V.1943), *Gen.d. Pz.Tr.* Leo *Frhr* Geyr von Schweppenburg (1.I.-2.VII.1944), *Gen.d.Pz.Tr.* Heinrich Eberbach (2.VII.-22.VIII.1944), *SS-Oberstgruppenführer* Josef Dietrich (23.VIII.-9.IX.1944), *Gen.d.Pz.Tr.* Hasso-Eccard *Frhr* von Manteuffel (10.IX.1944-8.III.1945), *Gen.Oberst* Josef Harpe (9.III.-17.IV.1945).

- **Rattachement/***Attachment* : OB « Süd » (I.-II.1943), HGr. « Afrika » (III.-V.1943), HGr. « B » (VIII.1944), HGr. « G » (IX.-X.1944), HGr. « B » (XI.1944-IV. 1945).

- Historique :

La *5. Pz.Armee* est mise sur pied le 8 décembre 1942 à partir du *LXXXX. A.K.* Rattachée au groupe d'armées « Afrika », elle combat en Tunisie de novembre 1942 à mai 1943, époque à laquelle elle se rend aux Alliés.

Une seconde *5. Pz.Armee* est constituée le 5 août 1944 à partir de la *Pz.Gruppe West*, cette dernière créée le 24 janvier 1944. Elle est engagée avec le groupe d'armées « B » en Normandie et combat dans la région de Caen. Elle subit de grosses pertes dans la poche de Falaise puis retraite jusqu'à la frontière

- History :

5. Pz.Armee was raised on 8 December 1942 from LXXXX. A.K. Attached to Army Group "Afrika", it fought in Tunisia from November 1942 to May 1943, when it surrendered to the Allies.

A second 5. Pz.Armee was raised on 5 August 1944 from Pz.Gruppe West, this latter having been set up on 24 January 1944. It was engaged with Army Group "B" in Normandy and fought in the Caen area. It sustained heavy losses in the Falaise pocket then retreated to the German border where it arrived early in September 1944. 5. Pz Armee was then used in

allemande où elle arrive début septembre 1944. La *5. Pz Armee* est ensuite utilisée dans différents secteurs dont Luneville, Aix, la forêt de Hurtgen. Elle participe à la contre-offensive des Ardennes durant laquelle elle se bat durement à Bastogne et Houffalize. Elle se replie ensuite vers la ligne Siegfried (janvier 1945). Elle mène des combats défensifs en février et mars 1945, combat contre la tête de pont de Remagen puis est détruite dans la poche de la Ruhr le 18 avril 1945.

various sectors including Luneville, Aix, and Hurtgen forest. It took part in the Ardennes counter-offensive during which it fought hard at Bastogne and Houffalize. It then withdrew to the Siegfried Line (January 1945). It fought defensive battles in February and March 1945, fought against the Remagen bridgehead and was later wiped out in the Ruhr pocket on 18 April 1945.

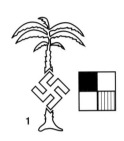

5. Panzer-Armee

1. Emblème composé d'un palmier jaune ou argent avec une croix gammée argent et l'insigne tactique d'une armée.

2. Parallélogramme argent à larges bords rouges surmonté d'un drapeau. Il s'agit de l'insigne tactique d'une armée blindée. En haut à droite, le chiffre « 5 ».

1. Emblem comprising a yellow or silver palm-tree with a silver swastika and an army's tactical insignia.

2. Silver parallelogram with broad red edges surmounted by a flag. This was the tactical insignia of a panzer army. Top right, figure "5".

Panzer-Armee « Afrika »

Panzer-Armee « Afrika »

- **Commandeurs/*Commanders*** : Gen.d.Pz.Tr. (Gen.Oberst) Erwin Rommel (15.VIII.1941-9.III.1942), *Gen.d.Pz.Tr.* Ludwig Crüwell (9-19.III.1942), *Gen.Oberst* Erwin Rommel (19.III.-22.IX.1942), *Gen.d.Kav.* Georg Stumme (22.IX.-24.X.1942), *Gen.Lt.* Wilhelm *Ritter* von Thoma (24-25.X.1942), GFM Erwin Rommel (25.X.1942-23.II.1943), *Generale di Armata* Giovanni Messe (23.II.-13.V.1943).

- Historique :

Le 30 janvier 1942, La *Pz.Gr. « Afrika »* devient *Pz.Armee « Afrika »*. Elle reprend Tobrouk en juin 1941 puis pénètre en Egypte, combat à El Alamein avant de se replier jusqu'en Tunisie sous la pression des forces britanniques. Réduite à un *Kampfgruppe*, elle est détruite en Tunisie en mai 1943...

- History :

On 30 January 1942, Pz.Gr. "Afrika" became Pz.Armee "Afrika". It recaptured Tobruk in June 1941 then entered Egypt, and fought at El Alamein before withdrawing to Tunisia as it came under pressure from the British forces. Reduced to a Kampfgruppe, it was destroyed in Tunisia in May 1943...

Armee-Korps (mot.)/Panzerkorps

III. Armee-Korps (mot.)/III. Panzerkorps

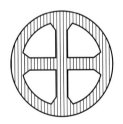

III. Panzerkorps

Emblème attesté en 1941.

Emblem attested in 1941.

- **Origine/*Origin*** : Wehrkreis III (Berlin)
- **Unités organiques/*Organizational units*** : Arko 3, Korps-Nachr.Abt. 43, Korps-Nachsch.Truppen 403.
- **Commandeurs/*Commanders*** : *Gen.d.Kav.* Eberhard von Mackensen (15.I.1941-31.III.1942), *Gen.d.Pz.Tr.* Leo Frhr Geyr von Schweppenburg (1.IV.- 19.VII.1942), *Gen.d.Kav.* Eberhard von Mackensen (20.VII.1942-2.I.1943), *Gen.Lt. (Gen.d.Pz.Tr.)* Hermann Breith (3.I.-20.X.1943), *Gen.Lt.* Heinrich Ziegler (21.X.-25.XI.1943, m.d.F.b.), *Gen.Lt.* Friedrich Schulz (27.XI.1943-9.I.1944, m.d.F.b.), *Gen.d.Pz.Tr.* Hermann Breith (9.I.-31.V.1944), *Gen.Lt.* Dietrich von Saucken (1-29.VI.1944, m.d.F.b.), *Gen.d.Pz.Tr.* Hermann Breith (30.VI.1944-V.1945).
- **Rattachement/*Attachment*** : 4. Armee (IX.1939), 6. Armee (X.1939), 12. Armee (XII.1939-VI.1940), 18. Armee (VII.1940), 12. Armee (IX.-XII.1940), 17. Armee (I.-IV.1941), 6. Armee (V.-VI.1941), Pz.Gr. 1/1. Pz.Armee (VII.1941-V.1942), 6. Armee (VI.1942), 1. Pz.Armee (VII.1942-IV.1943), Armee Abt. Kempf (V.-VII.1943), 4. Pz.Armee (VIII.1943), 8. Armee (IX.1943-II.1944), 1. Pz.Armee (III.-VII.1944), 4. Pz.Armee (VIII.1944), HGr. « Südukraine » (IX.1944), 6. Armee (X.1944-II.1945), 3e armée hongroise/*3rd Hungarian Army* (III.1945), 6. Armee (IV.1945).

- Historique :

Directement issu du *III. A.K.*, le *III. A.K. (mot.)* prend cette appellation le 21 mars 1941. Il participe à l'opération Barbarossa au sein de la *Pz.Gr. 1* (groupe

- History :

Drawn directly from III. A.K., III. A.K. (mot.) took that name on 21 March 1941. It took part in Operation Barbarossa as part of Pz.Gr. 1 (Army Group "Süd").

d'armées « Sud »). Engagé dans les combats d'Ouman et de Kiev, il parvient jusqu'à Rostov puis se stabilise sur le Mious (décembre 1941). En février-avril 1942 et en juin 1942, il prend l'appellation de *(Panzer) Gruppe « von Mackensen »*. Il devient *Panzerkorps* le 21 juin 1942. Au cours de l'année 1942, il combat à Charkov, sur le Donetz et le Don puis dans le Caucase (fin 1942-début 1943). En 1943, il subit de lourdes pertes à Charkov. Reconstitué début 1944, il mène différents combats défensifs dans le nord de l'Ukraine avec la *1. Pz.Armee* (avril-juillet 1944) puis avec la *4. Pz.Armee* (août 1944). En octobre 1944, il fait partie de la *6. Armee* et combat en Hongrie. De novembre 1944 à janvier 1945, il est désigné sous le nom de *(Panzer) Gruppe Breith*, du nom de son chef. Il bat en retraite avec la 3ᵉ armée hongroise puis est de nouveau attaché à la *6. Armee* et combat dans les Alpes où il termine la guerre.

Engaged in the battles of Uman and Kiev, it reached Rostov then settled down on the Mius (December 1941). In February-April 1942 and June 1942, it took the name (Panzer) Gruppe "von Mackensen". It became a Panzerkorps on 21 June 1942. During 1942, it fought at Kharkov, on the Donetz and on the Don, then in the Caucasus (late 1942-early 1943). In 1943, it sustained heavy losses at Kharkov. Reconstituted early in 1944, it fought various defensive battles in the northern Ukraine with 1. Pz.Armee (April-July 1944), and later with 4. Pz.Armee (August 1944). In October 1944, it was part of 6. Armee and fought in Hungary. From November 1944 to January 1945, it was given the name (Panzer) Gruppe Breith, for its commanding officer. It retreated with the Hungarian 3rd Army then was again attached to 6. Armee and fought in the Alps where it finished the war.

IV. Panzerkorps

- **Origine/***Origin* : Wehrkreis IV (Leipzig)
- **Unités organiques/***Organizational units* : Arko 404, Korps-Nachr.Abt. 44, Korps-Nachsch.Truppen 404
- **Commandeurs/***Commanders* : Gen.d.Pz.Tr. Ulrich Kleemann (1.X.-27.XI.1944).
- **Rattachement/***Attachment* : 6. Armee (X.-XII.1944), 8. Armee (I.1945).

- Historique :

Le *IV. Panzerkorps* est créé le 10 octobre 1944 au sein du groupe d'armées « Sud » à partir des restes du *IV. A.K.*, ce dernier mis sur pied en octobre 1943. Il est engagé en Hongrie puis prend le nom de *Panzerkorps « Feldherrnhalle »* le 27 novembre 1944.

- History :

IV. Panzerkorps was set up on 10 October 1944 as part of Army Group "Süd" from remnants of IV. A.K., which had been raised in October 1943. It was engaged in Hungary, later taking the name of Panzerkorps "Feldherrnhalle" on 27 November 1944.

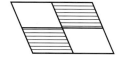

IV. Panzerkorps

Emblème vu en octobre 1944. Le trèfle (*Klee* en allemand) évoque le nom du commandant du corps, le *General der Panzertruppen* Ulrich Kleemann.

Emblem seen in October 1944. The clover (Klee in German) evokes the name of the corps commander, General der Panzertruppen Ulrich Kleemann.

VII. Panzerkorps

- **Origine/***Origin* : Wehrkreis VII (München)
- **Unités organiques/***Organizational units* : Arko 407, Korps-Nachr.Abt. 47, Korps-Nachsch.Truppen 407
- **Commandeurs/***Commanders* : Gen.Lt. (Gen.d.Pz.Tr.) Mortimer von Kessel (28.XII.1944-V.1945)
- **Rattachement/***Attachment* : 2. Armee (II.-III.1945), OKH (III.1945).

- Historique :

Le *VII. Panzerkorps* est mis sur pied au sein du groupe d'armées « Centre » le 18 décembre 1944 avec le personnel issu de l'état-major de la *49. Inf.Div.* Il mène des combats défensifs sur la Narev et la Vistule-inférieure. Il se bat ensuite pour Danzig. Il est dissous en mars 1945 et son état-major mis à la disposition de l'OKH.

- History :

VII. Panzerkorps was raised as part of Army Group "Mitte" on 18 December 1944 with personnel taken from the general staff of 49. Inf.Div. It fought defensive battles on the Narev and lower Vistula. It went on to fight for Danzig. It was disbanded in March 1945 and its general staff placed at the disposal of OKH.

VII. Panzerkorps

Cet emblème aurait été utilisé en décembre 1944. Non confirmé.

This emblem is thought to have been used in December 1944. Unconfirmed.

XIV. Armee-Korps (mot.)/ XIV. Panzerkorps

- **Origine/***Origin* : Wehrkreis XI (Burg)
- **Unités organiques/***Organizational units* : Arko 414, Korps-Nachr.Abt. 60, Korps-Nachsch.Truppen 414
- **Commandeurs/***Commanders* : Gen.d.Inf. Gustav von Wietersheim (1.IV.1938-14.IX.1942), Gen.Lt. Hans Valentin Hube (15.IX.1942-17.I.1943), Gen.Lt. Helmuth Schlömer (18-29.I.1943, m.d.F.b.), Gen.d.Pz.Tr. Hans Valentin Hube (5.III.-22.X.1943), Gen.Lt. (Gen.d.Pz.Tr.) Fridolin von Senger und Etterlin (23.X.1943-2.V.1945).
- **Rattachement/***Attachment* : 10. Armee (IX.1939), 16. Armee (XII.1939), OKH (I.1940), 12. Armee/Pz.Gr. von Kleist (V.1940), 4. Armee/Pz.Gr. von Kleist (VI.1940), 2. Armee (VII.-IX.1940), 12. Armee (X.-XII.1940), 12. Armee (I.-III.1941), Pz.Gr. 1 (IV.1941), 2. Armee (V.1941), Pz.Gr. 1 puis 1. Pz.Armee (VI.1941-VII.1942), 6. Armee (VIII.1942-II.1943), HGr.« D » (IV.-V.1943), OB « Süd » (VI.-VIII.1943), 10. Armee (IX.1942-V.1944), 14. Armee (VI.-X.1944), 10. Armee (XI.1944-II.1945), 14. Armee (III.-IV.1945).

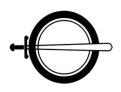

XIV. Panzerkorps

1. Cet emblème a été vu en mars 1944 au sein de la *10. Armee* en Italie.

1. *This emblem was seen among 10. Armee in Italy in March 1944.*

2. L'ordre a été donné de porter cet emblème mais n'a pas été suivi d'effet. Il évoque probablement les initiales du commandant du corps, le *General der Panzertruppen Senger und Etterlin.*

2. *Orders were issued to wear this emblem but nothing was done. It probably evokes the initials of the corps commander, General der Panzertruppen Senger und Etterlin.*

- Historique :

Le *XIV. A.K. (mot.)* est mis sur pied à Magdeburg le 1ᵉʳ avril 1938 pour prendre le contrôle des quatre divisions motorisées que compte alors le *Heer.* Il combat en Pologne puis en France (Ardennes, Cambrai, Somme, Loire, Orléans). Transféré en Roumanie, il est engagé en Serbie en avril 1941 (opération « Marita »). En juin 1941, il fait partie de la *Pz.Gr.1* et participe à l'opération « Barbarossa ». Il avance sur Lvov et Tarnopol, participe à la bataille de Kiev et à la marche sur Rostov avant de se mettre en position défensive sur le Mious. En juin 1942, il prend l'appellation de *(Panzer) Gruppe « von Wietershei m »* puis le 21 juin devient *XIV. Panzerkorps.* Il participe alors à l'offensive vers le Don et la Volga et parvient à Stalingrad. Il est complètement anéanti dans la poche de Stalingrad en janvier 1943. Son chef, le général Hube, est évacué par avion, son successeur, le général Schlömer, est capturé par les Soviétiques.

Un second *XIV. Pz.K.* est formé en mars 1943 dans le secteur de Dniepropetrovsk et Zaporojié. Il est transféré sur le front italien où il opère de l'été 1943 à octobre 1944, combattant dans les secteurs de Salerne, Sangro, Cassino puis en Toscanne. En novembre, il fait partie de la *10. Armee* du groupe d'armées « C » et combat dans les montagnes du nord de l'Italie jusqu'à la fin de la guerre.

- History :

XIV. A.K. (mot.) was raised at Magdeburg on 1 April 1938 to take control of the Heer's motorized divisions, at the time four in number. It fought in Poland, then in France (Ardennes, Cambrai, Somme, Loire, Orléans). It was later transferred to Rumania, and engaged in Serbia in April 1941 (Operation "Marita"). In June 1941, it belonged to Pz.Gr.1 and took part in Operation "Barbarossa". It advanced on Lvov and Tarnopol, took part in the battle of Kiev and the march on Rostov before taking up a defensive position on the Mius. In June 1942, it took the name of (Panzer) Gruppe "von Wietersheim" then on 21 June became XIV. Panzerkorps. It was then involved in the offensive towards the Don and the Volga, reaching Stalingrad. It was utterly wiped out in January 1943 in the Stalingrad pocket. Its commanding officer, General Hube, was evacuated by plane, and his successor, General Schlömer, captured by the Soviets.

A second XIV. Pz.K. was formed in March 1943 in the Dniepropetrovsk and Zaporojie sector. It was transferred to the Italian front where it operated from summer 1943 to October 1944, fighting in the sectors of Salerno, Sangro and Cassino and later in Tuscany. In November, it joined 10. Armee of Army Group "C" and fought until the end of the war in the mountains of northern Italy.

XV. Armee-Korps (mot.) « Gruppe Hoth »

- **Origine/*Origin* :** Wehrkreis IX (Saalfeld)
- **Unités organiques/*Organizational units* :** Korps-Nachr.Abt. 61, Korps-Nachsch.Truppen 415
- **Commandeurs/*Commanders* :** *Gen.d.Inf.* Hermann Hoth (10.XI.1939-4 X.1941)
- **Rattachement/*Attachment* :** 10. Armee (IX.1939), 6. Armee (XII.1939), 4. Armee (I.-V.1940), Gruppe von Kleist (VI.1940), 2. Armee (VII.-X.1940).

- Historique :

Le *XV. A.K. (mot.)* est mis sur pied à Jena le 10 novembre 1939 avec trois *Leichte Divisionen.* Il participe à la campagne de Pologne au sein du groupe d'armées « Sud ». Il est engagé en France en mai 1940 au sein du groupe d'armée « A » puis du groupe d'armées « B » et prend le nom de *Gruppe Hoth* du nom de son chef. Il devient *Pz.Gr. 1* le 16 novembre 1940.

- History:

XV. A.K. (mot.) was raised at Jena on 10 November 1939 with three Leichte Divisionen. It took part in the Polish campaign as part of Army Group "Süd". It was engaged in France in May 1940 as part of Army Group "A" then Army Group "B" and took the name Gruppe Hoth after its commanding officer. It became Pz.Gr. 1 on 16 November 1940.

XVI. Armee-Korps (mot.)

- **Origine/*Origin* :** Wehrkreis III (Neuruppin)
- **Unités organiques/*Organizational units* :** Korps-Nachr.Abt.62, Korps-Nachsch.Truppen 473.
- **Commandeurs/*Commanders* :** *Gen.Oberst* Erich Hoepner (24.XI.1938-7 I.1942).
- **Rattachement/*Attachment* :** 10. Armee (IX.1939), 6. Armee (XII.1939-I.1940), HGr. « B » (V.-VI.1940), 18. Armee (IX.1940-II.1941).

- Historique :

Ce corps d'armée est mis sur pied à Berlin en février 1938 afin de prendre le contrôle de trois *Panzerdivisionen.* Il est engagé en Pologne avec le groupe d'armées « Sud » puis à l'ouest avec le groupe d'armées « B ». Transféré en Prusse Orientale à partir de septembre 1940, il devient *Pz.Gr. 4* le 17 février 1941.

- History :

This army corps was raised in Berlin in February 1938 in order to control three Panzerdivisionen. It was engaged in Poland with Army Group "Süd" then in the west with Army Group "B". It was moved to East Prussia in September 1940, and became Pz.Gr. 4 on 17 February 1941.

XIX. Armee-Korps (mot.)

- **Origine/*Origin*** : Wehrkreis XVII (St. Pölten)
- **Unités organiques/*Organizational units*** : Korps-Nachr.Abt. 80
- **Commandeur/*Commander*** : Gen.d.Pz.Tr. (Gen.Oberst) Heinz Guderian (1.IX.-25 XII.1941),
- **Rattachement/*Attachment*** : 4.Armee (IX.1939), 12. Armee (XII.1939-VI.1940), 18. Armee (VII.-VIII.1940), HGr. « B » (IX.-XI.1940).

- Historique :

Le *XIX. A.K. (mot.)* est mis sur pied à Vienne le 1er juillet 1939 afin de prendre le contrôle de la *2. Pz.Div.* et de la *4. Lei.Div.* Il participe à la campagne de Pologne au sein du groupe d'armées « Nord » puis à la campagne à l'Ouest avec le groupe d'armées « A ». Il prend le nom de *Gruppe « Guderian »* le 1er juin 1940 puis devient *Pz.Gr. 2* le 16 novembre 1940.

- History :

XIX. A.K. (mot.) was raised in Vienna on 1 July 1939 to control 2. Pz.Div. and 4. Lei.Div. It took part in the Polish campaign as part of Army Group "Nord" then in the campaign in the west with Army Group "A". It took the name Gruppe "Guderian" on 1 June 1940 and later Pz.Gr. 2 on 16 November 1940.

XXII.Armee-Korps (mot.)

- **Origine/*Origin*** : Wehrkreis X (Lüneburg)
- **Unités organiques/*Organizational units*** : Arko 30, Korps-Nachr.Abt.80, Korps-Nachsch.Truppen 422.
- **Commandeurs/*Commanders*** : Gen.d.Kav. (Gen.Oberst) Ewald von Kleist (1.IX.1939-21 XI.1942).
- **Rattachement/*Attachment*** : HGr. « Süd » (IX.1939), 4. Armee (X.1939), 6. Armee (XII.1939-I.1940), 12. Armee (III.-V.1940), 6. Armee (VI.1940), 2.Armee (VII.-X.1940), 11. Armee (XI.1940).

- Historique :

Le *XXII. A.K. mot.* est mis sur pied dans le *Wehrkreis XII* le 26 août 1939. En septembre 1939, il combat dans le sud de la Pologne puis est transféré à l'Ouest en mars 1940. Il participe à la campagne de France au sein des groupes d'armées « A » et « B » et prend le nom de *Panzergruppe von Kleist*. Il devient officiellement *Pz.Gr. 1* le 16 novembre 1940.

- History :

XXII.A.K. mot. was raised in Wehrkreis XII on 26 August 1939. In September 1939, it fought in southern Poland then was transferred to the west in March 1940. It took part in the campaign of France as part of Army Groups "A" and "B", taking the name Panzergruppe von Kleist. It officially became Pz.Gr. 1 on 16 November 1940.

XXII. Armee-Korps (mot)
Initiale du général von Kleist, commandant le corps d'armée.
Initial of corps commander General von Kleist.

XXIV. Panzerkorps

- **Origine/*Origin*** : Wehrkreis XII (Kaiserlautern)
- **Unités organiques/*Organizational units*** : Arko 143 puis/*later* 424, Korps-Nachr.Abt. 424, Korps-Nachsch.Truppen 311 puis/*later* 424. **1944** : Korps-Pi.Rgt.Stab 424, Schw.Pz.Abt. 424, Korps-Füs.Rgt. 424, Korps Art.Rgt, Pz.Pi.Btl. 424, Pz.Felders Rgt. 63, vers.Rgt. 424.
- **Commandeurs/*Commanders*** : Gen.d.Pz.Tr. Willibald Frhr von Langermann und Erlencamp (8.I.-3 X.1942, m.d.F.b.), Gen.d.Pz.Tr. Otto von Knobelsdorff (10.X.-30 XI.1942), Gen.Lt. (Gen.d.Art.) Martin Wandel (1.XII.1942-14.I.1943), Gen.Lt. Arno Jahr (15-20.I.1943, m.d.F.b.), Gen.Lt. Karl Eibl (20-21.I.1943, m.d.F.b.), Oberst Otto Heidkämper (21.I.-9.II.1943, m.st.F.b.), Gen.d.Pz.Tr. Nehring (10.II.1943-27.VI.1944), Gen.Lt. Fritz Gräser (28.VI.-19.VIII.1944), Gen.d.Pz.Tr. Walther Nehring (20.VIII.1944-19.III.1945), Gen.Lt. Hans Källner (20.III.-2.IV.1945, m.st.F.b.), Gen.d.Art. Walter Hartmann (3.IV.-8.V.1945).
- **Rattachement/*Attachment*** : 1. Armee (IX.1939-X.1940), 2. Armee (XI.1940-III.1941), 11. Armee (IV.1941), 4. Armee (V.1941), 2. Pz.Gr./2. Pz.Armee (VI.1941-IV.1942), OKH (V.1942), 4. Pz.Armee (VI.-VII.1942), 6. Armee (VIII.1942), 2e armée hongroise/*2nd Hungarian Army* (IX.-XII.1942), 8e armée italienne/*8th Italian Army* (I.1943), A.Abt. Lanz (II.1943), HGr. « B » (III.1943), 5. Armee (IV.1943), OKH (V.1943), 1. Pz.Armee (VI.-VII.1943), 6. Armee (VIII.1943), 4. Pz.Armee (IX.1943), 8. Armee (X.1943), 4. Pz.Armee (XI.1943-II.1944), 1. Pz.Armee (III.-X.1945), 4. Pz.Armee (XI.1944), HGr. « A » (XII.1944-I.1945), 4. Pz.Armee (II.1945), 17. Armee (III.1945), 1. Pz.Armee (IV.-V.1945).

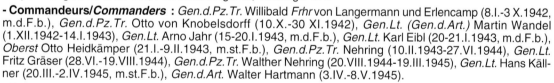

XXIV. Panzerkorps

- Historique :

Le *XXIV. Pz.K.* est formé à partir du *XXIV. A.K.* le 21 juin 1942. Il participe à l'opération « Barbarossa » dans le secteur central du front. Il combat à Brest-Litovsk, Minsk, Smolensk puis Kiev et enfin dans les secteurs de Briansk et Toula. En 1942, il participe à la marche sur le Don et la Volga et à la bataille de Stalingrad. On le retrouve l'année suivante, sur le Don et le Mious. Au cours de l'été 1944, il retraite à travers l'ouest de l'Ukraine et le sud de la Pologne. En novembre 1944 il est attaché au groupe d'armées « A » et réorganisé, recevant de nouvelles unités

- History :

XXIV. Pz.K. was formed from XXIV. A.K. on 21 June 1942. It took part in Operation "Barbarossa" in the middle sector of the front. It fought at Brest-Litovsk, Minsk, Smolensk then Kiev and finally in the Briansk and Tula sectors. In 1942, it took part in the march on the Don and the Volga and the battle of Stalingrad. We again find it the following year on the Don and the Mius. During the summer of 1944, it retreated through western Ukraine and southern Poland. In November 1944 it was attached to Army Group "A" and reorganized, with the addition of fresh organiza-

organiques. En mars 1945 il bat en retraite en Silé-sie sous le nom de *Gruppe « Nehring »* et termine la guerre en Bohème dans le secteur de Budweiss (Ceske Budejovice).

tional units. In March 1945 it retreated through Silesia under the name of Gruppe "Nehring" and ended the war in Bohemia in the sector of Budweis (Ceske Budejovice).

XXXVIII. Armee-Korps (mot.)
XXXVIII. Panzerkorps

- **Origine/*Origin*** : Wehrkreis II (Stettin)
- **Unités organiques/*Organizational units*** : Arko 30, Korps-Nachr.Abt.438, Korps-Nachsch.Truppen 438
- **Commandeurs/*Commanders*** : *Gen.Lt.* Horst von Mellenthin (9 I.1945-15 III.1945, m.d.F.b.).
- **Rattachement/*Attachment*** : 16. Armee (I.-IV.1945)

- Historique :

Le *XXXVIII. Pz.K.* est créé par transformation du *XXX-VIII. A.K.* en janvier 1945. Rattaché à la *16. Armee*, il combat en Courlande jusqu'en avril 1945.

- History :

XXXVIII. Pz.K. was set up in a reorganization of XXX-VIII. A.K. in January 1945. Attached to 16. Armee, it fought in Courland until April 1945.

XXXIX. Armee-Korps (mot.)/XXXIX. Panzerkorps

- **Origine/*Origin*** : Wehrkreis IX (Gotha)
- **Unités organiques/*Organizational units*** : Arko 140, Korps-Nachr.Abt. 439, Korps-Nachsch.Truppen 439, Ost.Btl. 439.
- **Commandeurs/*Commanders*** : *Gen.Lt. (Gen.d.Pz.Tr.)* Rudolf Schmidt (1.II.1940-10.XI.1941), *Gen.d.Pz.Tr. (Gen.Oberst)* Hans-Jürgen von Arnim (11.XI.1941-30.XI.1942), *Gen.Lt.* Robert Martinek (1.XII.1942-13.XI.1943, m.d.F.b.), *Gen.Lt.* Carl Püchler (14.XI.1943-18.IV.1944, m.d.F.b.), *Gen.d.Art.* Robert Martinek (19.IV.-28.VI.1944), *Gen.Lt.* Otto Schünemann (28-29.VI.1944, m.d.F.b.), *Gen.Lt. (Gen.d.Pz.Tr.)* Dietrich von Saucken (30.VI.-15.X.1944), *Gen.Lt. (Gen.d.Pz.Tr.)* Karl Decker (16.X.1944-21.IV.1945, m.d.F.b.), *Gen.Lt.* Karl Arndt (25.IV.-V.1945).
- **Rattachement/*Attachment*** : Gr.Guderian (VI.1940), 2. Armee (VII.-X.1940), 1. Armee (XI.-XII.1940), 7. Armee (I.-V.1941), 3. Pz.Gr. (VI.-VIII.1941), 16. Armee (IX.1941-VII.1942), 9. Armee (VIII.1942-III.1943), 4. Armee (avril 1943-VII.1944), 3. Pz.Armee (VIII.-IX.1944), 18. Armee (X.1944), 4. Armee (XI.-XII.1944), 5. Pz.Armee (I.1945), 11. Armee (II.1945), 17. Armee (III.1945), OKW (IV.1945).

XXXIX. Panzerkorps

Cet emblème a été porté par les troupes organiques du corps. Il a été vu en juillet et août 1941 près de Vitebsk. Il n'est toutefois pas attesté au sein des unités rattachées au corps d'armée.

This emblem was used by the organic troops of the corps. It was seen near Vitebsk in July and August 1941. It is not attested however in units attached to the army corps.

- Historique :

Le *XXXIX. A.K. (mot.)* est mis sur pied le 27 janvier 1940 dans le *Wehrkreis IX*. En mai 1940, il combat en Hollande et Belgique. Après la chute de Rotterdam et la capitulation hollandaise, il part pour le secteur d'Aix puis participe à la campagne de France. Rattaché à la *7. Armee* (groupe d'armées « D »), il reste en occupation dans le sud-ouest de la France jusqu'en mai 1941. Il participe à l'opération « Barbarossa » avec la *Pz.Gr. 3* et opère dans les secteurs de Vilna, Minsk et Smolensk puis, dans le cadre de la *16. Armee* (groupe d'armées « Nord »), dans les secteurs du lac Ladoga, de Tikhvin et de Cholm (janvier-juillet 1942). Le 9 juillet 1942, il devient *Pz.K.* et rejoint le secteur central du front de l'Est où il reste jusqu'à l'été 1944. En juillet 1944, il fait partie de la *4. Armee* (groupe d'armées « Centre »). Il subit de lourdes pertes dans les environs de Minsk lors de la grande offensive soviétique. Il se replie vers les Pays Baltes et combat en Courlande. En janvier 1945, il est rattaché à la *5. Pz.Armee* (groupe d'armées « B ») et se trouve engagé dans les Ardennes. Il retraite ensuite vers l'est (février-mars 1945) et finit la guerre avec la *12. Armee* sur l'Elbe.

- History :

XXXIX. A.K. (mot.) was raised in Wehrkreis IX on 27 January 1940. In May 1940, it fought in Holland and Belgium. After the fall of Rotterdam and the Dutch surrender, it left for the Aix sector then took part in the French campaign. Later attached to 7. Armee (Army Group "D"), it continued to occupy south-west France until May 1941. It took part in Operation "Barbarossa" with Pz.Gr. 3 and operated in the Vilna, Minsk and Smolensk sectors, then, as part of 16. Armee (Army Group "Nord"), in the sectors of Lake Ladoga, Tikhvin and Cholm (January-July 1942). On 9 July 1942, it became Pz.K. and joined the central sector of the eastern front, where it remained until the summer of 1944. In July 1944, it was joined to 4. Armee (Army Group "Mitte"). It sustained heavy losses during the great Soviet offensive in the area around Minsk. It withdrew towards the Baltic states and fought in Courland. In January 1945, it was attached to 5. Pz.Armee (Army Group "B") and was engaged in the Ardennes. It then retreated eastwards (February-March 1945) and ended the war with 12. Armee on the Elbe.

XXXX. Armee-Korps (mot.)/XXXX. Panzerkorps

- **Origine/*Origin*** : Wehrkreis X (Lübeck)
- **Unités organiques/*Organizational units*** : Arko 128, Korps-Nachr.Abt. 440, Korps-Nachsch.Truppen 440, Korps Feldersatz-Btl.440.

- **Commandeurs/*Commanders*** : *Gen.Lt. (Gen.d.Kav ⇒ Gen.d.Pz.Tr.)* Georg Stumme (15.II.1940-14.I.1942), *Gen.Lt. (Gen.d.Inf.)* Hans Zorn (15.I.-15.II.1942, m.d.F.b.), *Gen.d.Pz.Tr.* Georg Stumme (16.II.-20.VII.1942), *Gen.d.Pz.Tr.* Leo *Frhr* Geyr von Schweppenburg (20.VII.-30.IX.1942), *Gen.Lt. (Gen.d.Pz.Tr.)* Gustav Fehn (1.X.-14.XI.1942), *Gen.Maj.* Heinrich Eberbach (15-24.XI.1942, m.d.F.b.), *Gen.Lt. (Gen.d.Pz.Tr.)* Gotthard Heinrici (25.XI.1942-30.IX.1943), *Gen.d.Geb.Tr.* Ferdinand Schörner (1.X.-11.XI.1943), *Gen.d.Pz.Tr.* Hermann Balck (12-15.XI.1943, m.d.F.b.), *Gen.d.Geb.Tr.* Ferdinand Schörner (16.XI.1943-31.I.1944), *Gen.d.Pz.Tr.* Otto von Knoberlsdorff (1.II.-2.IX.1944), *Gen.d.Pz.Tr.* Sigfrid Henrici (3.IX.1944-V.1945).

- **Rattachement/*Attachment*** : 12. Armee (XI.-XII.1940), 17. Armee (I.1941), 12. Armee (II.1941), Pz.Gr. 1 (III.1941), 12. Armee (IV.-V.1941), OKH (VII.1941), HGr. « Mitte » (VIII.1941), 9. Armee (IX.1941), Pz.Gr. 4 (X.-XII.1941), 4. Armee (I.-IV.1942), OKH (V.1942), 6. Armee (VI.-VII.1942), 1. Pz.Armee (VIII.1942-XII.1943), 6. Armee (I.-II.1944), 8. Armee (III.-VII.1944), 3. Pz.Armee (VIII.-XII.1944), HGr. « A » (I.1945), 4. Pz.Armee (II.-III.1945), 17. Armee (IV.-V.1945).

XXXX. Panzerkorps
Emblème vu en janvier 1944 près de Krivoï Rog.
Emblem seen near Krivoi Rog in January 1944.

- Historique :

Le *XXXXX. A.K. (mot.)* est créé le 15 septembre 1940 par transformation du *XXXX. A.K.* et prend l'appellation de *Pz.K.* le 9 juillet 1942. De septembre 1940 à janvier 1941, il stationne en Pologne puis part pour la Bulgarie. Il participe à la campagne de Grèce (avril-mai 1941). Il rejoint le front de l'Est en septembre 1941 et participe à la bataille de Moscou. En juin 1942, il quitte le groupe d'armées « Centre » pour le secteur sud du front. Il participe à la bataille de Charkov, à l'offensive vers le Don puis combat sur le Terek et dans le Caucase. En janvier 1943, il retraite vers le nord en direction de Rostov puis vers le Dniepr. Il est désigné sous le nom de *Gruppe Eberbach* le 14 novembre 1943, *Gruppe Heinrici* le 19 novembre, *Gruppe Schörner* le 24 novembre et *Gruppe von Knobelsdorff* le 26 février 1944. A la fin de l'hiver 1944, il arrive en Roumanie. Il reprend le nom de *XXXX. Pz.K.* le 31 mai 1944 puis est transféré dans le secteur d'Husi toujours en Roumanie. Fin juillet-début août 1944, il part pour la frontière de la Prusse Orientale. Il retraite ensuite vers Memel, la Baltique puis la Silésie où il se trouve à la fin de la guerre...

- History :

XXXXX. A.K. (mot.) was created on 15 September 1940 in a reorganization of XXXX. A.K., and took the name of Pz.K. on 9 July 1942. It was stationed in Poland from September 1940 to January 1941, when it set off for Bulgaria. It took part in the Greek campaign (April-May 1941). It joined the eastern front in September 1941 and took part in the battle of Moscow. In June 1942, it left Army Group "Mitte" for the southern sector of the front. It took part in the battle of Kharkov, in the offensive towards the Don, then fought on the Terek and in the Caucasus. In January 1943, it retreated northwards towards Rostov then towards the Dnieper. It took the name of Gruppe Eberbach on 14 November 1943, Gruppe Heinrici on 19 November, Gruppe Schörner on 24 November and Gruppe von Knobelsdorff on 26 February 1944. Late in the winter of 1944, it arrived in Rumania. It reverted to the name XXXX. Pz.K. on 31 May 1944, then was transferred to the Husi sector, also in Rumania. In late July-early August 1944, it left for the East Prussian border. It later retreated towards Memel, the Baltic then Silesia, where it saw the end of the war...

XXXXI. Panzerkorps

- **Origine/*Origin*** : Wehrkreis IV (Breslau)

- **Unités organiques/*Organizational units*** : Arko 441, Korps-Nachr.Abt. 441, Korps-Nachsch. Truppen 441, Ost.Btl. 441, schw.Granatw.Btl. 441.

- **Commandeurs/*Commanders*** : *Gen.Lt. (Gen.d.Pz.Tr.)* Josef Harpe (15.I.1942-25.X.1943), *Gen.Lt. (Gen.d.Art.)* Helmuth Weidling (19.X.1943-19.VI.1944), *Gen.Lt.* Edmund Hoffmeister (19.VI.-1.VII.1944, m.d.F.b.), *Gen.d.Art.* Helmuth Weidling (2.VII.1944-10.IV.1945, m.d.F.b.), *Gen.Lt.* Wend von Wietersheim (10-19.IV.1945, m.d.F.b.), *Gen.Lt.* Rudolf Holste (20.IV.-8.V.1945, m.d.F.b.).

- **Rattachement/*Attachment*** : 9. Armee (VII.1942), 2. Pz.Armee (VIII.-X.1942), HGr. « Mitte » (XI.1942), 9. Armee (XII.1942-III.1943), 2. Pz.Armee (IV.-VI.1943), 9. Armee (IX.1943-VI.1944), 4. Armee (VIII.-X.1944), 2. Armee (XI.-XII.1944), 4. Armee (I.-III.1945), OKW (IV.1945).

- Historique :

Le *XXXXI. Pz.K.* est créé le 7 juillet 1942 par transformation du *XXXXI. A.K.* Il est alors rattaché à la *9. Armee* du groupe d'armées « Centre » et opère dans la région de Rjev. En janvier 1943, il mène des actions contre les partisans dans la région de Nikitinka, Yartsevo, Wyasma et Dukhovshchina. En février, il participe à l'opération « Büffel » (retrait du saillant de Rjev). En mars 1943, il mène des actions défensives dans le secteur de Smolensk, Kromy et Briansk. En avril, il part pour Orel et combat près de Sevsk, Trubchersk et Ponyri. Il participe ensuite à l'opération « Citadelle » puis mène différents combats défensifs jusqu'en mars 1944. Le gros du corps est détruit en juin 1944. Le 13 août 1944, les restes du *LIII. A.K.* sont réunis en un *XXXXI. Pz.K. z.b.V.* qui est attaché à la *4. Armee* et se bat en Prusse Orientale jusqu'en mars 1945.

- History :

XXXXI. Pz.K. was created on 7 July 1942 following the transformation of XXXXI. A.K. It was then attached to 9. Armee, Army Group "Mitte", and operated in the Rzhev area. In January 1943, it was involved in actions against the partisans in the Nikitinka, Yartsevo, Wyasma and Dukhovshchina sector. In February, it took part in Operation "Büffel" (retreat from the Rzhev salient). In March 1943, it fought in defensive actions in the Smolensk, Kromy and Briansk sector. In April, it left for Orel, and fought near Sevsk, Trubchersk and Ponyri. It then took part in Operation "Zitadelle", later fighting various defensive battles until March 1944. The main body of the corps was destroyed in June 1944. On 13 August 1944, the remnants of LIII. A.K. were brought together in XXXXI. Pz.K. z.b.V. which was attached to 4. Armee and fought in East Prussia until March 1945.

XXXXVI. Panzerkorps
Emblème vu en fin 1942 près de Gschatsk.

Emblem seen near Gschatsk late in 1942.

XXXXVI. Armee-Korps (mot.)
XXXXVI. Panzerkorps

- **Origine/***Origin* : Wehrkreis VIII

- **Unités organiques/***Organizational units* : Arko 101, Korps-Nachr.Abt. 446, Korps-Nachsch.Truppen 446, Ost.Btl. 446, Korps MG-Btl. 446

- **Commandeurs/***Commanders* : *Gen.d.Pz.Tr.* Heinrich von Vietinghoff *gen.* Scheel (1.XI.1940-10.VI.1942), *Gen.d.Inf.* Hans Zorn (1.X.-21.XI.1942), *Gen.Maj.* Hans-Karl *Frhr* von Esebeck (22.XI.1942-20.VI.1943, m.d.F.b.), *Gen.d.Inf.* Hans Zorn (21.VI.-2.VIII.1943), *Gen.Lt. (Gen.d.Inf.)* Hans Gollnick (5.VIII.1943-22.III.1944), *Gen.Lt. (Gen.d.Inf.)* Friedrich Schulz (23.III.-20.VII.1944), *Gen.Lt.* Smilo *Frhr* von Lüttwitz (21.VII.-28.VIII.1944, m.d.F.b.), *Gen.Lt.* Maximilian Felzmann (29.VIII.-20.IX.1944, m.d.F.b.), *Gen.Lt. (Gen.d.Pz.Tr.)* Walter Fries (21.IX.1944-19.I.1945), *Gen.Lt. (Gen.d.Inf.)* Martin Gareis (21.I.-3.V.1945).

- **Rattachement/***Attachment* : 11. Armee (XI.1940-III.1941), 2. Armee (IV.-V.1941), Pz.Gr. 2 (VII.-IX.1941), Pz.Gr. 4/4.Pz.Armee (X.1941-I.1942), 9. Armee (II.-IV.1942), 3. Pz.Armee (V.-VI.1942), 9. Armee (VII.-X.1942), 3. Pz.Armee (XI.1942-I.1943), 4. Armee (II.1943), 2. Pz.Armee (III.-VI.1943), 9. Armee (X.-XII.1943), 2. Armee (X.-XII.1943), OKH (I.1944), 1. Pz.Armee (II.-VI.1944), 4. Pz.Armee (VII.1944), 9. Armee (VIII.1944), HGr. « Mitte » (VIII.1944), 9. Armee (X.1944-I.1945), HGr. « Weichsel » (II.1945), 2. Armee (III.1945), 3. Pz.Armee (IV.1945)

- Historique :

Le *XXXXVI. A.K. (mot.)* est formé le 25 octobre 1940 dans le *Wehrkreis VIII*. Il est engagé en Yougoslavie en avril-mai 1941 : parti de Zagreb, il parvient à Belgrade et s'empare de Sarajevo. Il participe à l'opération « Barbarossa » au sein de la *Pz.Gr. 2* (groupe d'armées « Centre »). Il progresse jusqu'à Cherven via Brest et Baranovichi puis traverse la Béresina et l'Istra. Pendant l'hiver 1941-1942 et le printemps 1942, il mène différentes actions défensives dans les régions de Rusa-Volokolamsk, Rjev, Wiasma et Yelna. Le 14 juin 1942, il prend l'appellation de *XXXXVI. Pz.Korps*. Au cours de l'hiver 1942 et du printemps 1943, il est engagé contre les partisans toujours dans le secteur central du front. Au cours de l'été 1943, il participe à l'opération « Citadelle » avec la *9. Armee* puis bat en retraite vers Gomel. En janvier 1944, le *XXXXVI. Pz.K.* est transféré dans le secteur sud du front et combat dans le secteur de Vinnitsa et sur le Dniepr. D'août 1944 à janvier 1945, il est en position défensive sur la Vistule au nord-est de Varsovie. En mars, il bat en retraite à travers la Prusse Occidentale avec le groupe d'armées « Vistule » puis participe à la défense de la Poméranie...

- History :

XXXXVI. A.K. (mot.) was formed in Wehrkreis VIII on 25 October 1940. It was engaged in Yugoslavia in April-May 1941: starting out from Zagreb, it reached Belgrade and captured Sarajevo. It took part in Operation "Barbarossa" as part of Pz.Gr. 2 (Army Group "Mitte"). It advanced to Cherven via Brest and Baranovichi then crossed the Beresina and the Istra. During the winter of 1941-1942 and spring of 1942, it was involved in various defensive actions in the Rusa-Volokolamsk, Rzhev, Wiasma and Yelna regions. On 14 June 1942, it took the name of XXXXVI. Pz.Korps. During the winter of 1942 and spring of 1943, it was engaged against the partisans, still in the central sector of the front. During the summer of 1943, it took part in Operation "Zitadelle" with 9. Armee, then retreated towards Gomel. In January 1944, XXXXVI. Pz.K. was transferred to the southern sector of the front and fought in the Vinnitsa sector and on the Dnieper. From August 1944 to January 1945, it held a defensive position on the Vistula northeast of Warsaw. In March, it retreated through West Prussia with Army Group "Vistule", then took part in the defense of Pomerania...

XXXXVII. Panzerkorps
1. Emblème vu en août 1941 près de Smolensk. Il représente les armes de la ville de Danzig.

1. Emblem seen near Smolensk in August 1941. It represents the coat of arms of the city of Danzig.

XXXXVII. Armee-Korps (mot.)/XXXXVII. Panzerkorps

- **Origine/***Origin* : Wehrkreis XI (Hannover)

- **Unités organiques/***Organizational units* : Arko 130 (447 en/*in* 1944), Korps-Nachr.Abt. 447, Korps-Nachsch.Truppen 447, Ost.Btl. 447.

- **Commandeurs/***Commanders* : *Gen.d.Art. (Gen.d.Pz.Tr.)* Joachim Lemelsen (25.XI.1940-14.X.1943), *Gen.d.Pz.Tr.* Heinrich Eberbach (15-22.X.1943, in Vertretung), *Gen.d.Pz.Tr.* Joachim Lemelsen (23.X.-4.XI.1943), *Gen.d.Pz.Tr.* Erhard Raus (5-25.XI.1943), *Gen.Lt.* Rudolf von Bünau (26.XI.-31.XII.1943, m.d.F.b.), *Gen.Lt.* Nikolaus von Vormann (1.I.-4 III.1944, m.d.F.b.), *Gen.d.Pz.Tr.* Hans *Frhr* von Funck (5.III.-4.IX.1944), *Gen.Lt. (Gen.d.Pz.Tr.)* Heinrich *Frhr* von Lüttwitz (5.IX.1944-V.1945).

- **Rattachement/***Attachment* : 11. Armee (XII.1940-IV.1941), Pz.Gr.2/2. Pz.Armee (V.1941-VI.1943), 9. Armee (VII.-VIII.1943), 8. Armee (IX.1943-IV.1944), OKW/Pz.Gr.West (V.1944), 7. Armee (VI.1944), Pz.Gr.West (VII.1944), 1. Armee (VIII.1944), 5. Pz.Armee (IX.-X.1944), HGr. « B » (XI.1944), 5. Pz.Armee (XII.1944-I.1945), 1. Fsch.Armee (II.-III.1945), Armee-Abt. Lüttwitz (IV.1945).

- Historique :

Le *XXXXVII. A.K. (mot.)* est mis sur pied le 25 novembre 1940 à Hanovre. Il est engagé dans l'opération « Barbarossa » au sein de la *Pz.Gr. 3* (groupe d'armées « Centre ») et participe aux batailles de Minsk, Smolensk et Kiev. Il participe ensuite à la bataille de Moscou, opérant dans les secteurs de Briansk et Toula. En janvier 1942, il est contraint de battre en retraite jusqu'à la rivière Rosseta. En mars 1942, il participe à la contre-offensive organisée contre

- History :

XXXXVII. A.K. (mot.) was raised at Hanover on 25 November 1940. It was engaged in Operation "Barbarossa" as part of Pz.Gr. 3 (Army Group "Mitte") and took part in the battles of Minsk, Smolensk and Kiev. It then took part in the battle of Moscow, operating in the Briansk and Tula sectors. In January 1942, it was forced to withdraw to the Rosseta River. In March 1942, it took part in the counter-offensive organized against Soviet 61st Army in the Vesniny and Klintsy

la 61e armée soviétique dans la région de Vesniny et de Klintsy. Il mène ensuite différentes actions défensives et anti-partisans dans le secteur du groupe d'armées « Centre » et prend l'appellation de *Pz.K.* le 21 juin 1942.

En juillet-août 1943, il passe sous le contrôle de la *9. Armee* avec laquelle il combat à Koursk (opération « Citadelle »). Après l'échec de cette opération, il retraite tout en combattant jusqu'à la Bessarabie et la Moldavie. En mai 1944, il quitte la Roumanie pour la France où il est rattaché à la *Pz.Gr.West*. Il est engagé en Normandie puis retraite jusqu'à Metz et dans l'Eifel où il arrive en décembre 1944. Le *XXXXVII. Pz.K.* participe ensuite à la bataille des Ardennes au sein de la *5. Pz.Armee* (groupe d'armées « B »). Il combat dans les secteurs de Monschau et de Bastogne. En février 1945, il est affecté à la *1. Fsch.Armee* (groupe d'armées « H ») et se bat le long du Rhin. Ses derniers restes sont rassemblés dans l'*Armee-Abteilung von Lüttwitz* en avril 1945...

area. It then fought various defensive battles and against the partisans in the sector of Army Group "Mitte", and took the title Pz.K. on 21 June 1942.

In July-August 1943, it came under the control of 9. Armee with which it fought at Kursk (Operation "Zitadelle"). After that operation failed, it withdrew, fighting all the way, to Bessarabia and Moldavia. In May 1944, it left Rumania for France where it was attached to Pz.Gr.West. It was engaged in Normandy, then retreated to Metz and the Eifel, where it arrived in December 1944. XXXXVII. Pz.K. then took part in the battle of the Ardennes as part of 5. Pz.Armee (Army Group "B"). It fought in the Monschau and Bastogne sectors. In February 1945, it was allocated to 1. Fsch.Armee (Army Group "H") and fought on the Rhine. Its last remnants were gathered into Armee-Abteilung von Lüttwitz in April 1945...

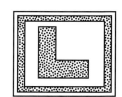

2. Cet emblème évoque probablement l'*Armee-Abteilung Lüttwitz*, il n'est pas confirmé.
2. *This emblem unconfirmed probably evokes Armee-Abteilung Lüttwitz.*

XXXXVIII. Armee-Korps (mot.)
XXXXVIII. Panzerkorps

- **Origine/*Origin*** : Wehrkreis XII (Koblenz)

- **Unités organiques/*Organizational units*** : Arko 144 , Korps-Nachr.Abt. 448, Korps-Nachsch.Truppen 448, Ost.Btl. 448.

- **Commandeurs/*Commanders*** : *Gen.Lt. (Gen.d.Pz.Tr.)* Werner Kempf (6.I.1941-31.I.1942), *Gen.Lt. (Gen.d.Pz.Tr.)* Rudolf Veiel (1.II.-5.V.1942, m.d.F.b.), *Gen.Lt.* Ferdinand Heim (1-19.XI.1942, m.d.F.b.), *Gen.Maj.* Hans Cramer (20-25.XI.1942, m.d.F.b.), *Gen.Maj.* Heinrich Eberbach (26-30.XI.1942, m.d.F.b.), *Gen.d.Pz.Tr.* Otto von Knobelsdorff (1.XII.1942-6.V.1943), *Gen.Lt.* Dietrich von Choltitz (7.V.-30.VIII.1943), *Gen.d.Pz.Tr.* Otto von Knobelsdorf (31.VIII.-30.IX.1943), *Gen.Lt.* Dietrich von Choltitz (1-21.X.1943, in Vertretung), *Gen.d.Pz.Tr.* Heinrich Eberbach (22.X.-14.XI.1943, in Vertretung), *Gen.d.Pz.Tr.* Hermann Balck (15.XI.1943-4.VIII.1944), *Gen.d.Pz.Tr.* Walther Nehring (5-19.VIII.1944, m.d.F.b.), *Gen.Lt. (Gen.d.Pz.Tr.)* Fritz-Hubert Gräser (20-31.VIII.-IX.1944), *Gen.Lt. (Gen.d.Pz.Tr.)* Maximilian *Reichsfrhr* von Edelsheim (21.IX.1944-III.1945), *Gen.Lt.* Wolf Hagemann (IV.-V.1945, m.d.F.b.).

- **Rattachement/*Attachment*** : 11. Armee (II.-IV.1941), HGr. « A » (V.1941), 6. Armee (VI.1941), Pz.Gr.1 (VII.-IX.1941), Pz.Gr. 2 (X.1941), 2. Armee (XI.1941-V.1942), 4. Pz.Armee (VI.-XI.1942), Armee Abt. « Hollidt » (XII.1942-II.1943), 4. Pz.Armee (III.1943), Armee-Abt. Kempf (IV.1943), OKH (V.-VI.1943), 4. Pz.Armee (VII.-IX.1943), 8. Armee (X.1943), 4. Pz.Armee (XI.1943-V.1944), 1. Pz.Armee (VI.-VII.1944), 4. Pz.Armee (VIII.1944-I.1945), 17. Armee (II.-III.1945), OKH (IV.1945).

XXXXVIII. Panzerkorps

Insigne vu début mai 1945 sur les bords de l'Elbe. Il représente la silhouette stylisée noire d'un char dans un cercle rouge.

Insignia seen on the banks of the Elbe early in May 1945. It represents the stylized black silhouette of a tank in a red circle.

- Historique :

Le *XXXXVIII. A.K. (mot.)* est mis sur pied le 15 décembre 1940. Après une période d'entraînement dans le secteur de Koblenz-Rüdesheim-Bensheim et Schandau, le corps se déplace en Pologne dans la région de Kielce-Zamosc. Il porte alors le nom de code de *Festungsbaustab 48*. En juin 1941, il participe à l'opération Barbarossa au sein de la *Pz. Gr. 1* (groupe d'armées « Sud »). Il combat dans les secteurs de Dubno, Rovno, Berditchev avant de participer aux batailles d'Ouman et de Kiev. Transféré dans le groupe d'armées « Centre » en octobre, il participe à la marche sur Moscou et combat dans le secteur de Briansk. De l'automne 1941 au printemps 1942, il mène des actions défensives dans le secteur de Koursk. Il prend l'appellation de *Pz.K.* le 22 avril 1942. Rattaché à la *4. Pz.Armee*, il participe à l'offensive vers le Don et progresse au sud de Stalingrad. De décembre 1942 à mars 1943, il est de nouveau sur la défensive sur le Donetz au sud de Vorochilovgrad. En avril 1943, il prend part à la bataille de Charkov puis, en juillet, participe à l'opération « Citadelle ». Il se replie ensuite à travers l'Ukraine et la Pologne. En janvier 1945, il se trouve au sud de Ratibor. En février, il fait partie de la *17. Armee* et prend position dans le centre de la Silésie. En avril, il est sur l'Elbe où il finit la guerre...

- History :

XXXXVIII. A.K. (mot.) was raised on 15 December 1940. After a training period in the sector of Koblenz-Rüdesheim-Bensheim and Schandau, the corps moved to the Kielce-Zamosc region of Poland. It was then codenamed Festungsbaustab 48. In June 1941, it took part in Operation "Barbarossa" as part of Pz. Gr. 1 (Army Group "Süd"). It fought in the sectors of Dubno, Rovno and Berdichev before taking part in the battles of Uman and Kiev. It was transferred to Army Group "Mitte" in October, later taking part in the march on Moscow, and fighting in the Briansk sector. From autumn 1941 to spring 1942, it carried out defensive actions in the Kursk sector. It was renamed Pz.K. on 22 April 1942. Attached to 4. Pz.Armee, it took part in the offensive towards the Don, advancing south of Stalingrad. From December 1942 to March 1943, it was again on the defensive on the Donetz south of Vorochilovgrad. In April 1943, it took part in the battle of Kharkov, then in July in Operation "Zitadelle". It then withdrew through the Ukraine and Poland. In January 1945, it was south of Ratibor. In February, it was part of 17. Armee and took up position in central Silesia. In April, it was on the Elbe, where it ended the war...

LVI. Armee-Korps (mot.)
LVI. Panzerkorps

- **Origine/*Origin*** : Wehrkreis VI (Wüppertal).
- **Unités organiques/*Organizational units*** : Arko 125 , Korps-Nachr.Abt. 456, Korps-Nachsch.Truppen 456, Korps MG-Btl. 456.
- **Commandeurs/*Commanders*** : *Gen.d.Inf* Erich von Lewinski *gen.* von Manstein (II.-12.IX.1941), *Gen.Lt. (Gen.d.Pz.Tr.)* Ferdinand Schaal (13.IX.1941-1.VIII.1943), *Gen.d.Inf.* Friedrich Hossbach (2.VIII.-14.XI.1943), *Gen.Lt.* Anton Grasser (15.XI.-9.XII.1943, m.d.F.b.), *Gen.d.Inf.* Friedrich Hossbach (10.XII.1943-14.VI.1944), *Gen.Lt. (Gen.d.Inf.)* Johannes Block (15.VI.1944-26.I.1945), *Gen.d.Kav.* Rudolf Koch-Erpach (16.II.-10.IV.1945), *Gen.d.Art.* Helmuth Weidling (11.IV.-2.V.1945).
- **Rattachement/*Attachment*** : 11. Armee (IV.1941), Pz.Gr. 3 (V.1941), Pz.Gr. 4 (VI.-VIII.1941), 16. Armee (IX.1941), Pz.Gr. 3 (X.1941-I.1942), 9. Armee (II.-IV.1942), 4. Armee (V.1942-VIII.1943), 2. Armee (IX.1943-I.1944), 9. Armee (II.-III.1944), 2. Armee (IV.-V.1944), 4. Pz.Armee (VI.-XII.1944), 9. Armee (I.1945), HGr. « Mitte » (II.-III.1945), HGr. « Weichsel » (IV.1945).

- Historique :

Le *LVI. A.K. (mot.)* est formé le 15 février 1941 à Bad Salzuflen dans le *Wehrkreis VI*. En juin 1941, il stationne dans le secteur de Memel puis prend part à l'invasion de l'Union soviétique au sein de la *Pz.Gr. 4* (groupe d'armées « Nord »). Il traverse la Lituanie et la Lettonie pour arriver sur le lac Illmen et la Louga. En août 1941, il poursuit sa progression jusqu'à Demiansk et Torzhok au nord-ouest de Kalinin. En septembre, il est affecté au groupe d'armées « Centre » pour participer à l'offensive sur Moscou. Il avance jusqu'au sud-est de Staritsa, à Klin et sur le canal Moscou-Volga puis est arrêté par la contre-offensive soviétique. En mars 1942, il prend l'appellation de *LVI. Panzer Korps*. Avec le *XXXXI. Pz.K.* et le *LV. A.K.*, il forme la *Gruppe « Harpe »* engagée dans différentes actions défensives et anti-partisans dans le secteur central du front de l'Est au cours de l'année 1942 et au début de 1943. D'août 1943 à janvier 1944, le corps bat en retraite jusqu'au Dniepr. Il mène ensuite des combats défensifs tout en se repliant jusque dans le secteur de Brest-Litovsk. Il participe également à la contre-offensive au sud de Kovel sur la Turya (opération « Ilse »). En avril 1944, il passe de la *2. Armee* (groupe d'armées « Centre ») à la *4. Pz.Armee* (groupe d'armées « Nordukraine »). En juin et juillet, il combat durement dans le secteur de Kovel et se replie sous la pression des forces soviétiques jusqu'à la Vistule. Il est anéanti dans la région de Tarnopol en janvier 1945. Le *LVI. Pz.K.* est reconstitué en février 1945 avec le personnel du *VIII. A.K.* et prend part à la défense de Berlin en mars-avril 1945...

- History :

LVI. A.K. (mot.) was formed on 15 February 1941 at Bad Salzuflen in Wehrkreis VI. In June 1941, it was stationed in the Memel sector, then took part in the invasion of the Soviet Union as part of Pz.Gr. 4 (Army Group "Nord"). It crossed Lithuania and Latvia to arrive on Lake Illmen and the Luga. In August 1941, it continued its advance, reaching Demiansk and Torzhok north-west of Kalinin. In September, it was allocated to Army Group "Mitte" to take part in the Moscow offensive. It advanced south-east of Staritsa, to Klin and the Moscow-Volga canal, where it was halted by the Soviet counter-offensive. In March 1942, it took the name LVI. Panzer Korps. Together with XXXXI. Pz.K. and LV. A.K., it formed the Gruppe "Harpe" engaged in various defensive and anti-partisan actions in the central sector of the eastern front during 1942 and early 1943. From August 1943 to January 1944, the corps retreated to the Dnieper. It was then involved in a defensive battle as it retired to the Brest-Litovsk sector. It also took part in the counter-offensive on the Turya south of Kovel (Operation "Ilse"). In April 1944, it was moved from 2. Armee (Army Group "Mitte") to 4. Pz.Armee (Army Group "Nordukraine"). In June and July, it fought hard in the Kovel sector and withdrew to the Vistula under pressure from the Soviet forces. In January 1945 it was wiped out in the region of Tarnopol. LVI. Pz.K. was reconstituted in February 1945 with personnel of VIII. A.K., and took part in the defense of Berlin in March and April 1945...

LVII. Armee-Korps (mot.)
LVII. Panzerkorps

- **Origine/*Origin*** : Wehrkreis VII (München)
- **Unités organiques/*Organizational units*** : Arko 121, Korps-Nachr.Abt.457, Korps-Nachsch.Truppen 457
- **Commandeurs/*Commanders* :** *Gen.Lt. (Gen.d.Pz.Tr.)* Adolf Kuntzen (15.III.-14.XI.1941), *Gen.Lt.* Friedrich Kirchner (15.XI.1941-12.I.1942, m.d.F.b.), *Gen.d.Pz.Tr.* Adolf Kuntzen (13-31.I.1942), *Gen.d.Pz.Tr.* Friedrich Kirchner (1.II.1942-30.XI.1943), *Gen.Lt.* Hans Karl *Frhr* von Esebeck (1.XII.1943-19.II.1944, m.d.F.b.), *Gen.d.Pz.Tr.* Friedrich Kirchner (20.II.-24.V.1944), *Gen.Lt.* Dr. Franz Beyer (25.V.-2.VI.1944, m.d.F.b.), *Gen.Pz.Tr.* Friedrich Kirchner (3.VI.1944-V.1945).
- **Rattachement/*Attachment* :** 11. Armee (IV.1941), Pz.Gr. 3 (V.-VIII.1941), 9. Armee (IX.1941), Pz.Gr. 4 (X.1941), 4. Armee (XI.1941-III.1942), OKH (IV.-VI.1942), HGr. « Süd » (VII.1942), 1. Pz.Armee (VIII.1942), 17. Armee (IX.-XI.1942), HGr. « Don » (XII.1942), 4. Pz.Armee (I.-III.1943), 1. Pz.Armee (IV.-XII.1943), 6. Armee (I.-III.1944), 8. Armee (IV.1944), 4ᵉ armée roumaine (V.-VII.1944), 8. Armee (VIII.1944), 6. Armee (IX.1944), 3ᵉ armée hongroise (X.1944), 6. Armee (XI.1944-I.1945), 17. Armee (II.-III.1945), 4. Pz.Armee (IV.-V.1945)

- Historique :

Le *LVII. A.K.(mot.)* est créé le 15 février 1941 dans le *Wehrkreis VII*. De mars à juin 1941, il stationne le long de la frontière lituanienne. En juin, il participe à

- History :

LVII. A.K.(mot.) was created on 15 February 1941 in Wehrkreis VII. From March to June 1941, it was stationed along the Lithuanian border. In June, it took

l'opération « Barbarossa » au sein de la *Pz.Gr. 3* (groupe d'armées « Centre »). Il combat à Vilna, Bialystok, Minsk et Smolensk. Il participe à la bataille de Moscou puis est obligé de se replier (janvier 1942). Au début de l'année 1942, il mène différentes actions défensives toujours dans le secteur central du front de l'Est. Le 21 juin 1942, il prend l'appellation de *LVII. Pz.K.* puis est transféré dans le secteur sud du front où il est rattaché à la *(Panzer) Gruppe von Wietersheim*. Il participe à des opérations dans le secteur d'Artemovka-Rostov au sein de la *(Panzer) Gruppe Kirchner*, traverse le Don à l'est de Rostov pour arriver dans le Kouban. Mais il est obligé de se replier vers le nord au moment de l'encerclement de Stalingad et de l'anéantissement de la 4ᵉ armée roumaine (décembre 1942-février 1943). Jusqu'en juillet 1943, il mène des actions défensives le long du Donetz puis participe à l'opération « Citadelle » (juillet 1943). De juillet à décembre, il se replie jusque dans le secteur de Krivoï-Rog. Pendant ces opérations, il est dénommé *(Panzer) Gruppe Kirchner*. De janvier à juin 1944, il poursuit son repli jusqu'à la frontière roumaine. Il porte alors le nom de *(Panzer) Gruppe von Knobelsdorff*. Il est ensuite rattaché à la 3ᵉ armée hongroise (octobre 1944) et prend position dans le sud de la Hongrie. Il participe à la bataille de Budapest de novembre 1944 à janvier 1945. En février, il passe au groupe d'armées « Centre ». Il combat en Silésie où il se rend dans les derniers jours de la guerre...

part in Operation "Barbarossa" as part of Pz.Gr. 3 (Army Group "Mitte"). It fought at Vilna, Bialystok, Minsk and Smolensk. It fought in the battle of Moscow but was later forced to withdraw (January 1942). Early in 1942, it fought various defensive battles, still in the central sector of the eastern front. On 21 June 1942, it was renamed LVII. Pz.K., and was transferred to the southern sector of the front where it was attached to (Panzer) Gruppe von Wietersheim. It took part in operations in the Artemovka-Rostov sector as part of (Panzer) Gruppe Kirchner, crossing the Don east of Rostov to arrive in the Kuban. However it was forced to withdraw northwards at the time of the encirclement of Stalingad when the Rumanian 4th Army was wiped out (December 1942-February 1943). Until July 1943, it fought in defensive actions along the Donetz, later taking part in Operation "Zitadelle" (July 1943). From July to December, it withdrew to the Krivoi Rog sector. During these operations, it was called (Panzer) Gruppe Kirchner. From January to June 1944, it continued to fall back to the Rumanian border. It was then named (Panzer) Gruppe von Knobelsdorff. It was later attached to the Hungarian 3rd Army (October 1944) and took up position in southern Hungary. It took part in the battle of Budapest from November 1944 to January 1945. In February, it was moved to join Army Group "Mitte". It fought in Silesia where it surrendered in the final days of the war...

LVIII. Panzerkorps

- **Origine/*Origin*** : Wehrkreis V (Ludwigsburg)
- **Unités organiques/*Organizational units*** : Arko 458, Korps-Nachr.Abt. 458, Korps-Nachsch.Truppen 458
- **Commandeurs/*Commanders*** : Gen.d.Pz.Tr. Leo *Frhr* Geyr von Schweppenburg (5.VIII.-30.XI.1943), *Gen.Lt.* Hans Karl *Frhr* von Esebeck (1.XII.1943-9.II.1944, m.d.F.b.), *Gen.d.Pz.Tr.* Walter Krüger (10.II.1944-24.III.1945), *Gen.Lt.* Walter Botsch (25.III.-17.IV.1945, m.d.F.b.).
- **Rattachement/*Attachment*** : HGr. « D » (IX.1943-V.1944), HGr. « G » (VI.-VII.1944), 5. Pz.Armee (VIII.1944), HGr. « G » (IX.1944), 5. Pz.Armee (X.1944), 7. Armee (XI.-XII.1944), 5. Pz.Armee (I.1945), 15. Armee (II.-III.1945), 5. Pz.Armee (IV.1945).

- Historique :

Le *LVIII. Panzer-Korps* est constitué le 6 juillet 1944 à partir du *LVIII. Reserve-Panzerkorps*. Ce dernier, mis sur pied en France (Rambouillet) le 28 juillet 1943, stationne en France jusqu'en mars 1944, date à laquelle il est transféré en Autriche puis en Hongrie pour participer à l'opération « Margarethe ». En avril, il revient en France (région de Toulouse) où il devient *Panzerkorps*. Le 20 juillet, il remonte vers le nord jusqu'au Mans puis combat contre les Américains dans le secteur Alençon-Argentan. D'août à septembre, il se replie vers le nord-est jusqu'à Strasbourg. Il contre-attaque dans le secteur de Lunéville-Pont-à-Mousson puis est transféré dans l'Eifel. Il participe ensuite à la bataille des Ardennes sous le nom de code de *Gruppe « Decker »*. Il traverse le Luxembourg, avance jusqu'à l'Ourthe au nord-ouest de Bastogne. Après les Ardennes, il se replie en Allemagne et finit la guerre dans la poche de la Ruhr...

- History :

LVIII. Panzer-Korps was set up on 6 July 1944 from LVIII. Reserve-Panzerkorps which had itself been raised in France (Rambouillet) on 28 July 1943, stationed in France until March 1944, when it was transferred to Austria then to Hungary to take part in Operation "Margarethe". In April, it returned to France (Toulouse area) where it became a Panzerkorps. On 20 July, it was moved north to Le Mans and fought against the Americans in the Alençon-Argentan sector. From August to September, it withdrew northeastwards as far as Strasbourg. It counter-attacked in the sector of Lunéville-Pont-à-Mousson, then was transferred to the Eifel. It then took part in the battle of the Ardennes under the codename Gruppe "Decker". It crossed Luxembourg, advanced to the Ourthe north-west of Bastogne. After the Ardennes, it withdrew into Germany, ending the war in the Ruhr pocket...

LXXVI. Panzerkorps

- **Origine/*Origin*** : Wehrkreis IX (Jena)
- **Unités organiques/*Organizational units*** : Arko 476, Korps-Nachr.Abt. 476, Korps-Nachsch.Truppen 476
- **Commandeurs/*Commanders*** : Gen.d.Pz.Tr. Leo *Frhr* Geyr von Schweppenburg (21.II.-31.III.1943, m.d.F.b.), *Gen.Lt. (Gen.d.Pz.Tr.)* Traugott Herr (1.VII.1943-28.II.1944), *Gen.Lt.* Dietrich von Choltitz (1.III.-15.IV.1944, m.d.F.b.), *Gen.d.Pz.Tr.* Traugott Herr (16.IV.-26.XII.1944), *Gen.Lt.* Gerhard *Graf* Schwerin (27.XII.1944-25.IV.1945), *Gen.Lt.* Karl von Graffen (26.IV.-2.V.1945).
- **Rattachement/*Attachment*** : HGr. « D » (VII.1943), Ob. « Süd » (VIII.1943), 10. Armee (IX.1943-I.1944), 14. Armee (II.-IV.1944).

LXXVI. Panzerkorps

Emblème vu en mars 1944 dans le secteur de Nettuno en Italie.

Emblem seen in the Nettuno sector of Italy in March 1944.

- Historique :

Le *LXXVI. Panzer-Korps* est créé en France le 22 juillet 1943 à partir du *G.Kdo LXXVI. A.K.* lui-même mis sur pied le 29 juin 1943 à partir d'éléments du *LXVI. Reserve-Korps*. Il comprend à sa création la *3. Pz.Gr.Div.*, la *26. Pz.Div.* et la *Pz.Div. « Hermann Göring »*. Envoyé en Italie, il combat en Sicile en juillet-août 1943 puis dans les secteurs de Salerne, Cassino et Foggia, puis, de février à juin 1944, dans ceux de Anzio-Nettuno. Il se replie ensuite vers Arezzo-Sienne. Il mène des combats défensifs dans la région de Florence-Bologne (juin-décembre 1944). Il fait partie de la *14. Armee* (groupe d'armées « C » et se trouve dans le secteur de Bologne lorsque la guerre prend fin...

- History :

LXXVI. Panzer-Korps was created in France on 22 July 1943 from G.Kdo LXXVI. A.K., itself raised on 29 June 1943 from elements of LXVI. Reserve-Korps. It initially comprised 3. Pz.Gr.Div., 26. Pz.Div. and Pz.Div. "Hermann Göring". It was sent to Italy, fighting in Sicily in July-August 1943 then in the Salerno, Cassino and Foggia sectors, and later, from February to June 1944, in the Anzio-Nettuno sector. It then withdrew towards Arezzo-Sienna. It fought defensive battles in the Florence-Bologna area (June-December 1944). It belonged to 14. Armee (Army Group "C" and was in the Bologna sector when the war ended...

Panzerkorps « Feldherrnhalle »

Panzer-Korps « Feldherrnhalle »

- **Origine/*Origin* :** Wehrkreis X
- **Commandeurs/*Commanders* :** Gen.d.Pz.Tr. Ulrich Kleeman (27.XI.1944-V.1945)
- **Rattachement/*Attachment* :** 8. Armee (II.-IV.1945)

- Historique :

Le *Panzer-Korps « Feldherrnhalle »* est mis sur pied le 27 novembre 1944 à partir des restes du *IV. Panzer-Korps*. En décembre, il comprend deux divisions de création récente : les *Pz.Div. « Feldherrnhalle » 1 et 2*. Il stationne alors dans la région de Pressburg (Bratislava/Slovaquie) puis est mis à disposition de l'OKH en février 1945. Le 5 avril, il passe sous le commandement de la *8. Armee* du groupe d'armées « Sud ». Il est alors engagé autour de Budapest où il est en grande partie anéanti...

- History :

Panzer-Korps "Feldherrnhalle" was raised on 27 November 1944 from the remnants of IV. Panzer-Korps. In December, it comprised two recently created divisions: Pz.Div. "Feldherrnhalle" 1 and 2. It was then stationed in the Pressburg (Bratislava/Slovakia) area, and later, in February 1945, placed at the disposal of OKH. On 5 April, it passed under the command of 8. Armee of Army Group "Süd". It was then engaged around Budapest where it was largely wiped out...

Panzer-Korps « Grossdeutschland »

- **Unités organiques/*Organizational units* :** (cf. ci-dessous/*see below*)
- **Commandeurs/*Commanders* :** Gen.d.Pz.Tr. Dietrich von Saucken (XII.1944-11.II.1945), *Gen.Lt. (Gen.d.Pz.Tr.) Georg Jauer (12.II.-8.V.1945).*
- **Rattachement/*Attachment* :** 4. Pz.Armee (II.-V.1945).

- Historique :

Le *Panzer-Korps « Grossdeutschland »* est également formé en novembre 1944 avec les restes de la *Pz.Gr.Div. « Grossdeutschland »* et la *Jäg.Div. « Brandenburg »* (qui devient *Pz.Gr.Div.* fin 1944). Il reçoit également les unités suivantes : *Pz.Korps-Füs.Rgt. « Grossdeutschland »*, *Führer-Begleit-Brigade*, *Führer-Grenadier-Brigade*, *Wach-Btl. « Grossdeutschland »*, *Pz.Abt. (FLK) 302*, *I./Pz.Rgt. 26*, *Korps-Pi.Btl. 500* et *H.Flakart.Abt. 280*.

A la fin 1944, le corps stationne en Prusse Orientale (réserve de l'OKH).De janvier à mars, les restes de la *Pz.Gr.Div. « Grossdeutschland »* combattent dans le secteur de Kohlkolz sur le Frisches Haff où ils sont pratiquement anéantis. Les deux brigades *Führer-Begleit* et *Führer-Grenadier* sont engagées dans les Ardennes. En janvier 1945, leurs effectifs sont portés à ceux d'une division. Elles sont alors envoyées sur le front de l'Oder. La *Führer-Begleit-Division* est anéantie près de Spremberg en avril 1945, la *Führer-Grenadier-Division* participe à la défense de la Poméranie dans le secteur de Stargard. Début avril, elle combat à Küstrin puis part pour Vienne. Elle est capturée par les Américains en mai. Quant à la division « Brandenburg », elle monte en ligne sur le Neisse en février 1945 et combat contre l'Armée Rouge jusque dans les derniers jours de la guerre.

- History :

Panzer-Korps "Grossdeutschland" was also formed in November 1944 with the remnants of Pz.Gr.Div. "Grossdeutschland" and Jäg.Div. "Brandenburg" (which became Pz.Gr.Div. late in 1944). It also included the following units: Pz.Korps-Füs.Rgt. "Grossdeutschland", Führer-Begleit-Brigade, Führer-Grenadier-Brigade, Wach-Btl. "Grossdeutschland", Pz.Abt. (FLK) 302, I./Pz.Rgt. 26, Korps-Pi.Btl. 500 and H.Flakart.Abt. 280.

Late in 1944, the corps was stationed in East Prussia (OKH reserve). From January to March, the remnants of Pz.Gr.Div. "Grossdeutschland" fought in the Kohlkolz sector on the Frisches Haff where they were practically wiped out. The two brigades, Führer-Begleit and Führer-Grenadier, were engaged in the Ardennes. In January 1945, their strength was raised to that of a division. They were then sent to the front on the Oder. Führer-Begleit-Division was wiped out in April 1945 near Spremberg, Führer-Grenadier-Division was involved in the defense of Pomerania in the Stargard sector. Early in April, it fought at Küstrin then left for Vienna. It was captured by the Americans in May. As for the "Brandenburg" division, it moved up to the front line on the Neisse in February 1945 and fought against the Red Army until the final days of the war.

Panzer-Divisionen

1. Panzer-Division

- **Origine/*Origin*** : Wehrkreis IX (Erfurt)
- **Composition** :

1935 : 1. Schützen-Brigade (Schützen-Rgt. 1, Kradschtz-Btl.1), 1. Panzer-Brigade (Pz.Rgt. 1, Pz.Rgt. 2), Art.Rgt. (mot.) 73, Pz.Jäg.Abt. 37, Pz.Pi.Btl. 37, Aufkl.Abt. (mot.) 4, Pz.Nachr.Abt. 37, Div.Nachsch. Fhr. 81, Felders.Btl. 81.

1943 : Pz.Gr.Rgt. 1, Pz.Gr.Rgt. 113, Pz.Rgt. 1, Pz.Aufkl.Abt. 1, Pz.Art.Rgt. 73, Pz.Jäg.Abt. 7, Pz.Pi.Abt.37, H.Flak-art.Abt. 299, Pz.Div.Nachr.Abt. 37, Kdr.Pz.Div. Nachsch.Tr. 81, Felders Btl. 73.

- **Commandeurs/*Commanders*** : *Gen.Lt. (Gen.d.Kav.)* Maximilian *Frhr* von und zu Weichs an der Glon (1.X.1935-30.IX.1937), *Gen.Lt.* Rudolf Schmidt (1.X.1937-2.XI. 1939), *Gen.Lt.* Friedrich Kirchner (3.XI.1939-16.VII.1941), *Gen.Lt.* Walter Krüger (17.VII.1941-31.XII.1943), *Gen.Maj.* Richard Koll (1.I.-19.II.1944, m.d.F.b.), *Oberst (Gen.Maj.)* Werner Marcks (20.II.-25.IX.1944), *Oberst (Gen.Maj.)* Thunert (26.IX.-8.V.1945).

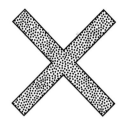

1. Panzer-Division

1. Emblème arboré par la division en 1939 et au début de 1940.

1. Emblem used by the division in 1939 and early 1940.

- Historique :

La *1. Pz.Div.* est mise sur pied le 15 octobre 1935 à Weimar à partir de la *3. Kav.Div.* Elle est constituée avec la *1. Schützen-Brigade* à Weimar et la *1.Panzer-Brigade* à Erfurt. Elle comprend alors deux régiments blindés, les *Pz.Rgt.1* et *2.* Elle est commandée par le général von Weichs (futur maréchal) et composée de soldats originaires de Saxe et de Thuringe...

En 1938, elle participe à l'annexion des Sudètes puis à l'*Anschluss.* En septembre 1939, elle est engagée en Pologne au sein de la *10. Armee* (groupe d'armées « Sud »). Elle atteint les faubourgs de Varsovie en huit jours seulement. Elle passe ensuite l'hiver 39-40 sur le front de l'Ouest. En mai-juin 1940, elle participe à l'offensive à l'Ouest au sein du *XIX. A.K. mot.* (*Gruppe von Kleist*) puis, à partir du 8 juin, au sein du *XXXIX. A.K. (mot.) (Gruppe Guderian).* Elle traverse le Luxembourg et le sud de la Belgique, combat à Sedan, progresse jusqu'à Dunkerque via Amiens. Elle oblique ensuite vers le sud, franchit la Marne, traverse le plateau de Langres pour arriver finalement à Belfort...

Après la campagne de France, elle est amputée de son *Pz.Rgt. 2,* attribué à la nouvelle *16. Pz.Div.* et reçoit le *Pz.Gr.Rgt. 13.* En juin 1941, elle participe à l'opération Barbarossa au sein du *XXXXI. A.K. (mot.)* de la *Pz.Gr. 4.* Au début de la campagne, elle contribue à l'anéantissement du III° corps blindé soviétique à Dubysa. Elle subit cependant de lourdes pertes lors de la conquête des Pays Baltes puisqu'elle ne compte plus que 44 chars en état de marche au 16 août. Affectée avec tout le *XXXXI. Pz.K.* à la *Pz.Gr. 3* (groupe d'armées « Centre »), elle prend part à la marche sur Moscou, combat dans le secteur de Wiasma puis se heurte à la contre-offensive soviétique de l'hiver 1941-42. En 1942, elle participe aux différentes batailles défensives qui se livrent dans le secteur du groupe d'armées « Centre » et notamment dans la région de Rjev. Fortement éprouvée par deux ans de combats ininterrompus, la division est retirée du front pour être reconstituée en janvier 1943. Elle part pour la France où elle est affectée à la *7. Armee.* En juin 1943, elle part pour les Balkans. Le mois suivant, elle est en Grèce où elle est chargée de protéger un secteur côtier. Elle passe l'automne 1943 en Grèce puis rejoint le secteur sud du front de l'Est (novembre 1943). Elle est alors affectée successivement aux

History :

1. Pz.Div. was raised at Weimar on 15 October 1935 from *3. Kav.Div.* It was made up of *1. Schützen-Brigade* at Weimar and *1.Panzer-Brigade* at Erfurt. It then comprised two tank regiments, *Pz.Rgt.1* and *2.* It was commanded by General (later Field-Marshal) von Weichs and the men came from Saxony and Thüringen...

In 1938, it took part in the annexing of the Sudetenland and later the Anschluss. In September 1939, it was engaged in Poland as part of *10. Armee* (Army Group "Süd"). It reached the outskirts of Warsaw within a week. It spent the winter of 39-40 on the western front. In May-June 1940, it took part in the offensive in the west as part of *XIX. A.K. mot. (Gruppe von Kleist)* then, from 8 June, as part of *XXXIX. A.K. (mot.) (Gruppe Guderian).* It passed through Luxembourg and southern Belgium, fighting at Sedan, and advancing to Dunkirk via Amiens. It then veered south, crossed the Marne and the Langres plateau, finally arriving at Belfort...

After the campaign in France, it lost its *Pz.Rgt. 2* to the new *16. Pz.Div.* and received *Pz.Gr.Rgt. 13.* In June 1941, it took part in Operation "Barbarossa" as part of *XXXXI. A.K. (mot.) (Pz.Gr. 4).* At the start of the campaign, it helped to wipe out the Soviet III Tank Corps at Dubysa. It sustained heavy losses however during the conquest of the Baltic states since by 16 August it was down to just 44 tanks in working order. Allocated along with the rest of *XXXXI. Pz.K.* to *Pz.Gr. 3* (Army Group "Mitte"), it took part in the march on Moscow, fought in the Wiasma sector then came up against the Soviet counter-offensive in the winter of 1941-42. In 1942, it took part in the various defensive battles in the Army Group "Mitte" sector and notably in the Rzhev area. After the strain of two years of uninterrupted fighting, the division was withdrawn from the front to be re-formed in January 1943. It left for France where it was allocated to 7. Armee. In June 1943, it left for the Balkans. The following month, it was in Greece where it was responsible for protecting a coastal sector. It spent the autumn of 1943 in Greece then joined the southern sector of the eastern front (November 1943). It was then allocated successively to *XXXXVIII.* then *III. Pz.K. (1. Pz.Armee).* It fought in the Kiev salient, then took part in the counter-offensive launched to the west of that city in November-December 1943. In February 1944

2. Emblème arboré à l'Ouest en mai 1940.

2. Emblem used in the West in May 1940.

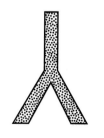

3. Emblème attesté en 1941 et en 1942.

3. Emblem attested in 1941 and 1942.

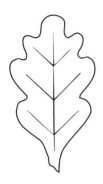

4. Emblème arboré de 1943 jusqu'à la fin de la guerre.

4. Emblem used from 1943 until the end of the war.

XXXXVIII. puis *III. Pz.K.* de la *1. Pz.Armee.* Elle combat dans le saillant de Kiev puis participe à la contre-offensive qui se déroule à l'ouest de cette ville en novembre-décembre 1943. Elle intervient dans les opérations de dégagement des *XI.* et *XXXXII. A.K.* encerclés à Tcherkassy en février 1944. Même si elle ne parvient pas à franchir la dizaine de kilomètres la séparant de la poche, son action permet à la moitié des Allemands encerclés de s'échapper. Le mois suivant, la *1. Pz.Div.* vient en aide aux *96.* et *291. Inf.Div.* menacées par l'Armée Rouge. Elle combat ensuite sur le Dniepr, dans le nord de l'Ukraine. Au moment de la grande offensive soviétique de l'été 1944, elle fait partie du *XXXXVIII. Pz.K.* et contre-attaque dans le secteur d'Oleyor (15 juillet 1944) et parvient à arrêter un temps l'Armée Rouge. Mais elle ne peut tenir longtemps et retraite vers la Vistule. C'est alors qu'elle est transférée en Hongrie et attachée au *III. Pz.K.* de la *6. Armee* (octobre 1944). Là, elle se distingue en contre-attaquant à Debrecen dans l'est du pays. Mais le gros de la division est anéanti avec la *6. Armee* à Szekesfehervar près du lac Balaton en décembre 1944. Les restes de la division poursuivent le combat dans ce secteur puis retraitent en Autriche où ils sont capturés par les Américains en même temps que les *3. Pz.Div.* et *1. Geb.Div.* Les membres de la division sont enfermés dans le camp de Mauerkirchen jusqu'à leur libération fin juillet 1945.

De 1939 à 1945, la *1. Pz.Div.* a donné 31 chevaliers de la Croix de fer, cinq titulaires des feuilles de chêne (sur 890) ainsi qu'un chevalier de la Croix du Mérite de guerre. Parmi les décorés des feuilles de chêne de la Croix de chevalier, mentionnons deux commandeurs de la division : Walter Krüger (24 janvier 1944, n° 373) et Werner Marcks (21 septembre 1944, n° 593).

it was involved in the operations to release *XI.* and *XXXXII. A.K.* from encirclement at Cherkassy. Although failing to cover the dozen or so kilometers to the pocket, its action enabled half of the trapped Germans to escape. The following month, *1. Pz.Div.* went to the aid of *96.* and *291. Inf.Div.* under threat from the Red Army. It went on to fight on the Dnieper, in northern Ukraine. At the time of the great Soviet offensive in the summer of 1944, it was part of *XXXX-VIII. Pz.K.* and counter-attacked in the Oleyor sector (15 July 1944), managing to hold back the Red Army for a time. But it could not hold out for long and retreated towards the Vistula. It was then transferred to Hungary and attached to *III. Pz.K.* (*6. Armee*, October 1944). There it caught attention by counter-attacking at Debrecen in the east of the country. But in December 1944 the main body of the division was wiped out with *6. Armee* at Szekesfehervar near Lake Balaton. The remnants of the division carried on fighting in that sector, later withdrawing into Austria where they were captured by the Americans, along with *3. Pz.Div.* and *1. Geb.Div.* The members of the division were held at the Mauerkirchen POW camp until their release late in July 1945.

From 1939 to 1945, 1. Pz.Div. produced 31 Knights of the Iron Cross, five (out of 890) with Oak Leaves and one War Merit Cross. Among those winning Oak Leaves to their Knight's Cross, we may mention two commanders of the division : Walter Krüger (24 January 1944, n° 373) and Werner Marcks (21 September 1944, n° 593).

2. Panzer-Division

2. Panzer-Division

1. Emblème arboré en 1939 et en 1940.

1. Emblem used in 1939 and 1940.

- **Origine/*Origin*** : Wehrkreis XIII (Würzburg) ⇒ XVIII (Wien)

- **Composition :**

1935 : 2. Schützen-Brigade (Schützen-Rgt. 2, KradSchtz.Btl.2), 2. Panzer-Brigade (Pz.Rgt. 3, Pz.Rgt. 4), Art.Rgt. (mot.) 5, Pz.Jäg.Abt. 38, Pz.Pi.Btl. 38, Aufkl.-Abt. (mot.) 5, Pz.Nachr.Abt. 38, Div. Nachsch. Fhr. 82, Felders.Btl. 82.

1943 : Pz.Gr.Rgt. 2, Pz.Gr.Rgt. 304, Pz.Rgt. 3, Pz.Aufkl.Abt. 2, Pz.Art.Rgt. 74, Pz.Jäg.Abt. 38, Pz.Pi.Abt. 38, H.Flak-Art.Abt. 273, Pz.Div.Nachr.Abt. 38, Kdr.Pz.Div.Versorgungs-Rgt. (Pz.) 82, Felders.Btl.74.

- **Commandeurs/*Commanders*** : Oberst (Gen.Maj. ⇒ Gen.Lt.) Heinz Guderian (15.X.1935-4.II.1938), *Gen.Maj. (Gen.Lt.)* Rudolf Veiel (1.III.1938-16.II.1942), *Gen.Maj. (Gen.Lt.)* Hans Karl *Frhr* von Esebeck (17.II.-31.V.1942), *Gen.Maj.* Arno von Lenski (1.VI.-4.IX.1942, m.d.F.b.), *Gen.Maj. (Gen.Lt.)* Vollrath Lübbe (5.IX.1942-31.I.1944), *Gen.Lt.* Heinrich *Frhr* von Lüttwitz (1.II.-4.V.1944) *Gen.Lt.* Franz Westhoven (5-27.V.1944, m.d.F.b.), *Gen.Lt.* Heinrich, *Frhr* von Lüttwitz (27.V.-31.VIII.1944), *Oberst* Gustav Adolf von Nostitz-Wallwitz (1-20.IX.1944, m.d.F.b.), *Oberst (Gen.Maj.)* Henning Schönfeld (21.IX.-14.XII.1944), *Oberst (Gen.Maj.)* Meinrad von Lauchert (15.XII.1944-19.III.1945), *Gen.Maj.* Oskar Munzel (20-31.III.1945, m.d.F.b.), *Oberst* Carl Stollbrock (1.IV.-7.V.1945).

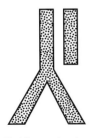

2. Emblème arboré pendant la campagne à l'Est jusqu'à la fin de 1943.

2. Emblem used during the campaign in the East until the end of 1943.

- **Historique :**

La *2. Pz.Div.* est mise sur pied le 15 octobre 1935 à Würzburg avec les *Pz.Rgt. 3* et *4* et confiée au commandement de l'*Oberst* Guderian. En 1938, elle est transférée à Vienne. Au début de la guerre, elle compte dans ses rangs une forte proportion d'Autrichiens.

La division combat en Pologne au sein de la *14. Armee* (groupe d'armées « Sud ») et subit d'assez lourdes pertes. En janvier 1940, elle est affectée à la *12. Armee* et prend position dans l'Eifel. En mai-juin 1940, elle participe à la campagne de France au sein du *XIX. A.K. (mot.) (Gruppe von Kleist)* puis, à partir du 8 juin, du *XXXIX. A.K. (mot.) (Gruppe Guderian)*. Elle s'empare d'Abbeville puis contribue à isoler les troupes franco-britanniques à Dunkerque. Fin 1940, elle perd son *Pz.Rgt. 4* attribué à la nouvelle *13.*

History :

2. Pz.Div. was raised on 15 October 1935 at Würzburg with Pz.Rgt. 3 and 4 and placed under the command of Oberst Guderian. In 1938, it was transferred to Vienna. At the start of the war, its ranks included a large proportion of Austrians.

The division fought in Poland as part of 14. Armee (Army Group "Süd"), sustaining fairly heavy losses. In January 1940, it was allocated to 12. Armee and took up position in the Eifel. In May-June 1940, it took part in the French campaign as part first of XIX. A.K. (mot.) (Gruppe von Kleist) then, from 8 June, of XXXIX. A.K. (mot.) (Gruppe Guderian). It captured Abbeville then helped to cut off the Franco-British troops at Dunkirk. Late in 1940, it lost its Pz.Rgt. 4 to the new 13. Pz.Div. Around this time it took in Schüt-

Pz.Div. Elle reçoit à cette époque le *Schützen-Rgt. 304*. L'état-major de la *Schützen-Brigade 2* est dissous au cours de l'été 1942, celui de la *Panzer-Brigade 2* le 1er novembre 1942. L'*Aufkl.Abt.* devient *Kradschtz.Btl. 2* et elle est cédée à la *22. Pz.Div.* le 10 septembre 1941. Le *Kradschtz.Btl. 2* devient *Pz.Aukl.Abt. 2* en mars 1943.

En avril 1941, après avoir été transférée en Roumanie, la division est engagée dans les Balkans. Elle combat en Grèce au sein du *XVIII. Geb.K.* de la *12. Armee* et s'empare d'Athènes avec la *6. Geb.Div.* Elle rejoint le front de l'Est en octobre et est aussitôt engagée vers Moscou au sein du *XXXX. Pz.K.* de la *Pz.Gr. 4*. Ses éléments de tête parviennent jusqu'à Khimki, port fluvial situé à 9 kilomètres de Moscou, et certains de ses hommes affirmeront avoir aperçu les coupoles du Kremlin ! La division est obligée de battre en retraite lors de la contre-offensive soviétique de l'hiver 1941-42. Elle reste dans le secteur central du front russe et participe avec la *9. Armee* aux différentes batailles défensives qui s'y déroulent en 1942. On la retrouve notamment lors des opérations de retrait du saillant de Rjev.

En juillet 1943, la *2. Pz.Div.* participe à l'opération « Citadelle » avec le *XXXXVII. Pz.K.* de la *9. Armee* (groupe d'armées « Centre »). Elle combat ensuite sur le Dniepr moyen où elle subit de grosses pertes. Elle est alors retirée du front et envoyée dans la Somme en France pour reconstitution. La division est engagée en Normandie en juillet 1944. En août, elle prend part à la contre-attaque avortée de Mortain avec les 25 chars qui lui restent. Encerclée dans la poche de Falaise, elle parvient à s'échapper au prix de pertes importantes. Elle est alors rapatriée en Allemagne. Elle stationne à Wittlich dans l'Eifel où elle est rééquipée et où elle absorbe les restes de la *352. Inf.Div.* En raison de la pénurie, le nombre de ses chars par compagnie est ramené à 14 et dans deux compagnies les chars sont remplacés par des canons d'assaut.

La *2. Pz.Div.* remonte en ligne sur le front de l'Ouest au moment de la contre-offensive des Ardennes. Elle fait alors partie de la *5. Pz.Armee*. Ses avant-gardes atteignent la Meuse. En 1945, elle continue à se battre sur le Rhin contre les forces américaines quoique réduite à 200 hommes, 4 chars et 3 canons d'assaut ! En mars, elle appartient au *XIII. A.K.* de la *7. Armee* (groupe d'armées « B »). Les derniers survivants de la division sont amalgamés à la *Brigade Thüringen* avec laquelle ils contribueront au sein du *XII. A.K.* (*7. Armee*) à la défense de Fulda en avril 1945.

Comme la *1. Pz.Div.*, la *2. Pz.Div.* a donné 31 chevaliers de la Croix de fer. À cela, il faut ajouter un titulaire des feuilles de chêne (Heinrich *Frhr* von Lüttwitz, commandeur de la division, 3 septembre 1944, n° 571) ainsi qu'un chevalier de la Croix du Mérite de guerre.

zen-Rgt. 304. The general staff of *Schützen-Brigade 2* was disbanded during the summer of 1942, that of *Panzer-Brigade 2* on 1 November 1942. *Aufkl.Abt.* became *Kradschtz.Btl. 2* and was transferred to 22. *Pz.Div.* on 10 September 1941. *Kradschtz.Btl. 2* became *Pz.Aukl.Abt. 2* in March 1943.

In April 1941, after being transferred to Rumania, the division was engaged in the Balkans. It fought in Greece as part of *XVIII. Geb.K.* (*12. Armee*) and took Athens with *6. Geb.Div.* It joined the eastern front in October and was immediately engaged towards Moscow as part of *XXXX. Pz.K.* (*Pz.Gr. 4*). Its leading elements got as far as Khimki, a river port 9 kilometers outside Moscow, and some of the men claimed to have sighted the domes of the Kremlin! The division was forced to retreat during the Soviet counter-offensive in the winter of 1941-42. It remained in the central sector of the Russian front and took part with *9. Armee* in the various defensive battles fought there in 1942. We find it notably in the operations to withdraw from the Rzhev salient.

In July 1943, *2. Pz.Div.* took part in Operation "Zitadelle" with *XXXXVII. Pz.K.* (*9. Armee*, Army Group "Mitte"). It went on to fight along the middle reaches of the Dnieper where it sustained heavy losses. It was then withdrawn from the front and sent to the Somme in France for reorganization. The division was engaged in Normandy in July 1944. In August, it took part in the failed counter-thrust at Mortain with its remaining 25 tanks. It was encircled in the Falaise pocket, but managed to escape although with substantial losses. It was then sent home to Germany. It was stationed at Wittlich in the Eifel, where it was refitted and took in the remnants of *352. Inf.Div.* Owing to a shortage of tanks, it was restricted to 14 tanks per company and in two companies the tanks were replaced with assault guns.

2. Pz.Div. moved back up to the front line on the western front in time for the Ardennes counter-offensive. It was then part of *5. Pz.Armee*. Its leading elements reached the Meuse. In 1945, although reduced to 200 men, 4 tanks and 3 assault guns, it continued to fight against the American forces on the Rhine! In March, it belonged to *XIII. A.K.* (*7. Armee*, Army Group "B"). The remaining survivors of the division were amalgamated with Brigade Thüringen with which they contributed as part of *XII. A.K.* (*7. Armee*) to the defense of Fulda in April 1945.

Like *1. Pz.Div.*, *2. Pz.Div.* produced 31 Knights of the Iron Cross. To them must be added one holder of Oak Leaves (divisional commander Heinrich Frhr von Lüttwitz, 3 September 1944, n° 571) and one War Merit Cross.

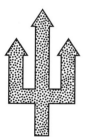   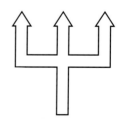

3. Emblème arboré à partir de janvier 1944.
3. Emblem used from January 1944.

4. Variante arborée dans le secteur d'Amiens en janvier et février 1944.
4. Variant used in the Amiens sector in January and February 1944.

5. Variante arborée en juin 1944 en Normandie.
5. Variant used in Normandy in June 1944.

6. Variante arborée en Normandie en juillet 1944.
6. Variant used in Normandy in July 1944.

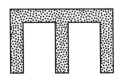

3. Panzer-Division

1. Emblème arboré par la division pendant les campagnes de Pologne et de l'Ouest.

1. Emblem used by the division during the campaigns in Poland and the West.

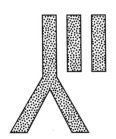

2. Emblème arboré pendant la campagne à l'Est.

2. Emblem used during the campaign in the East.

3. Emblème arboré sur le Don. Il représente « l'ours de Berlin ».

3. Emblem used on the Don. It represents "the Bear of Berlin".

4. Emblème arboré pendant l'hiver 1943-1944 près de Tcherkassy.

4. Emblem used during the winter of 1943-1944 near Cherkassy.

3. Panzer-Division

- **Origine/*Origin*** : Wehrkreis III (Berlin)

- **Composition :**

1935 : 3. Schützen-Brigade (Schützen-Rgt. 3, Kradschtz.Btl. 3), 3. Panzer-Brigade (Pz.Rgt. 5, Pz.Rgt. 6), Art.Rgt. (mot.) 75, Pz.Jäg.Abt. 39, Pz.Pi.Btl. 39, Aufkl.Abt. (mot.) 3, Pz.Nachr.Abt. 39, Div.Nachsch. Fhr. 83, Felders.Btl. 83.

1943 : Pz.Gr.Rgt. 3, Pz.Rgt. 394, Pz.Rgt. 6, Pz.Aufkl.Abt. 3, Pz.Art.Rgt. 75, Pz.Jäg.Abt. 543, Pz.Pi.Abt. 39, H.Flakart.Abt. 314, Pz.Div.Nachr.Abt. 39, Kdr.Pz.Div. Nachsch.Tr. 83, Felders.Btl. 75.

- **Commandeurs/*Commanders*** : Gen.Lt. Fessman (15.X.1935-30.IX.1937), *Gen.Lt.* Leo *Frhr* Geyr von Schweppenburg (1.X.1937-6.X.1939), Gen.Maj. Horst Stumpff (7.X.1939-IX.1940, m.d.f.b.), *Gen.Maj.* Friedrich Kühn (IX.-4.X.1940, m.d.F.b.), *Gen.Maj.* Horst Stumpff (5.X.-12.XI.1940), Gen.Lt. (Gen.d.Pz.Tr.) Walter Model (13.XI.1940-21.X.1941), Gen.Lt. Hermann Breith (22.X.1941-30.IX.1942), *Gen.Maj. (Gen.Lt.)* Franz Westhoven (1.X.1942-20.X.1943), *Gen.Maj.* Fritz Bayerlein (21.X.1943-4.I.1944), *Oberst* Rudolf Lang (5.I.-24.V.1944, m.d.F.b.), Gen.Lt.Dipl.Ing. Wilhelm Philipps (25.V.1944-19.I.1945), *Oberst (Gen.Maj.)* Wilhelm Söth (20.I.-18.IV.1945), *Oberst* Volkmar Schöne (19.IV.-V.1945).

- **Historique :**

Surnommée la division de l'ours en raison de la présence de cet animal sur son emblème (qui est en fait celui de Berlin), la *3. Pz.Div.* est mise sur pied le 15 octobre 1935 sur le terrain de manœuvre de Wünsdorf près de Berlin avec les *Pz.Rgt. 5* et *6* et des recrues en majorité prussiennes.

La division intervient en Autriche au moment de l'*Anschluss*. En septembre 1939, elle fait partie du *XIX. A.K. (mot.)* du général Guderian *(4. Armee)*. Partant de Poméranie, elle se dirige vers Thorn (Torùn) et parvient au sud de Brest-Litovsk. En mai-juin 1940, elle participe à la campagne de France, notamment au sein du *XVI. A.K. (mot.)* du général Hoepner rattaché à la *6. Armee* puis à la *Gruppe von Kleist*. Elle combat sur le canal Albert, au sud de Bruxelles puis prend part à la poursuite qui suit la chute de Dunkerque. Fin 1940, elle est restructurée : l'état-major de la *3. Pz.Brigade*, le *Pz.Rgt. 5*, l'*Aufkl.Abt. (mot.) 3*, la *Pz.Jäg.Abt. 39* et la *I./Art.Rgt. 75* sont cédés à la *5. Leichte Division* devenue par la suite *21. Pz.Div.* Elle reçoit en compensation l'*Aufkl.Abt. (mot.) 1* et la *Pz.Jäg.Abt. 353*. L'état-major de la *3. Pz.Brigade* est reconstitué et le *Schützen-Rgt. 94* mis sur pied. Comme les autres divisions blindées réduites à cette époque, elle perd ainsi environ la moitié de ses chars...

Affectée au *XXIV. A.K. (mot.)* de la *Pz.Gr. 2* (groupe d'armées « Centre »), la division alors commandée par le futur maréchal Model, participe à l'invasion de la Russie (été 1941). Elle s'empare du pont de Koden à la frontière à la suite d'un coup de main. Elle prend part aux batailles de Bialystock-Minsk et franchit le Dniepr. Elle est ensuite engagée dans la bataille de Kiev et contribue à l'encerclement des troupes soviétiques autour de cette ville. Pendant l'hiver 41-42 (grande contre-offensive de l'Armée Rouge), elle intervient en différents endroits pour colmater des brèches. En mars 1942 elle est affectée au secteur sud du front *(6. Armee)* où elle défend Charkov contre une attaque massive de l'armée soviétique. En juin 1942, elle prend part à l'opération « Bleu » au sein du *XXXX. Pz.K.* alors rattaché à la *6. Armee*. Elle marche ensuite sur le Caucase. Elle subit de grosses pertes lors des batailles qui se déroulent autour de Mozdok. Elle évacue le Kouban en traversant la mer d'Azov gelée (janvier 1943).

Entre-temps, en novembre 1942, les états-majors de la *Schützen-Brigade 3* et de la *Panzer-Brigade 3* sont dissous. Le 4 juin 1942, la *H-Flakart.Abt. 314* a rejoint la division, tout d'abord en tant que *IV./Art.Rgt. 75* puis, à partir du 24 avril 1943 en tant qu'unité autonome. Le 25 avril 1942, le *Kradschtz.Btl. 3* et la *Pz.Aufkl.Abt. 1* ont été fondus ensemble pour constituer la *Pz.Aufkl.Abt. 3*.

History :

Nicknamed the Bear division owing to the presence of that animal on its emblem (in fact that of Berlin), 3. Pz.Div. was raised on 15 October 1935 on the parade ground at Wünsdorf near Berlin, with Pz.Rgt. 5 and 6 and mostly Prussian recruits.

The division saw action in Austria at the time of the Anschluss. In September 1939, it joined XIX. A.K. (mot.) under General Guderian (4. Armee). Starting out from Pomerania, it headed towards Thorn (Torùn), arriving south of Brest-Litovsk. In May-June 1940, it took part in the French campaign, notably as part of General Hoepner's XVI. A.K. (mot.), attached to 6. Armee and later Gruppe von Kleist. It fought on the Albert canal south of Brussels, then took part in the pursuit following the fall of Dunkirk. At the end of 1940, it was reorganized: the general staff of 3. Pz.Brigade, Pz.Rgt. 5, Aufkl.Abt. (mot.) 3, Pz.Jäg.Abt. 39 and I./Art.Rgt. 75 were passed on to 5. Leichte Division, which later became 21. Pz.Div. In exchange it received Aufkl.Abt. (mot.) 1 and Pz.Jäg.Abt. 353. The general staff of 3. Pz.Brigade was re-formed and Schützen-Rgt. 94 raised. Like the other tank divisions downsized at this time, it thus lost around half of its tanks...

Allocated to XXIV. A.K. (mot.) (Pz.Gr. 2, Army Group "Mitte"), the division, then commanded by the future Field-Marshal Model, took part in the invasion of Russia (summer 1941). It captured the Koden bridge on the border following a coup de main operation. It took part in the battles of Bialystock-Minsk and crossed the Dnieper. It was later engaged in the battle of Kiev and helped to encircle the Soviet troops around that city. During the winter of 41-42 (the Red Army's great counter-offensive), it intervened to close up breaches in various places. In March 1942 it was allocated to the southern sector of the front (6. Armee) where it defended Kharkov against a massive attack by the Soviet army. In June 1942, it took part in Operation "Blau" as part of XXXX. Pz.K. at the time attached to 6. Armee. It then advanced to the Caucasus. It sustained heavy losses in the battles fought around Mozdok. It evacuated the Kuban by crossing the frozen Sea of Azov (January 1943).

Meanwhile, in November 1942, the general staffs of Schützen-Brigade 3 and Panzer-Brigade 3 were disbanded. On 4 June 1942, H-Flakart.Abt. 314 joined the division, first as IV./Art.Rgt. 75, and later, from 24 April 1943, as an independent unit. On 25 April 1942, Kradschtz.Btl. 3 and Pz.Aufkl.Abt. 1 were brought together as Pz.Aufkl.Abt. 3.

In July 1943, 3. Pz.Div. was engaged at Kursk with XXXXVIII. Pz.K. (4. Pz.Armee, Army Group "Süd"). It was once more severely tested in the battles of Kharkov in the autumn of 1943. Although exhausted,

En juillet 1943, la *3. Pz.Div.* est engagée à Koursk avec le *XXXXVIII. Pz.K.* de la *4. Pz.Armee* (groupe d'armées « Sud »). Elle est de nouveau fortement éprouvée lors des batailles de Charkov à l'automne 1943. Maintenue en ligne malgré son épuisement, la division continue à se battre sur le Dniepr et se distingue à Kiev et à Tcherkassy. Elle rejoint ensuite le groupe d'armées « Südukraine » et combat à Kischinev et Baranov. En octobre 1944, elle est en Pologne sur le Narew avec le *XXIII. A.K.* de la *2. Armee*. Elle part ensuite en Hongrie où elle participe à l'opération « Frühlingserwachen ». Elle est capturée par les Américains près de Steyr le 8 mai 1945.

La *3. Pz.Div.* a donné 43 chevaliers de la Croix de fer et 5 titulaires des feuilles de chêne. Parmi ces derniers, mentionnons l'*Oberstleutnant* Ernst-Georg Buchterkirch, du *Pz.Rgt. 6* qui figure parmi les premiers récipiendaires de cette décoration (31 décembre 1941, n° 44)

the division was kept in the front line, and continued to fight on the Dnieper, fighting with distinction at Kiev and Cherkassy. It later joined Army Group "Südukraine" and fought at Kishinev and Baranov. In October 1944, it was in Poland on the Narev River with XXIII. A.K. (2. Armee). It then left for Hungary where it took part in Operation "Frühlingserwachen". It surrendered to the Americans near Steyr on 8 May 1945.

3. Pz.Div. produced 43 Knights of the Iron Cross and 5 holders of Oak Leaves. Among these last, we may mention Oberstleutnant Ernst-Georg Buchterkirch of Pz.Rgt. 6, who was one of the first to receive that decoration (31 December 1941, n° 44)

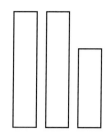

5. Insigne de camouflage arboré lors de l'opération « Zitadelle » contre le saillant de Koursk en juillet 1943.

5. Camouflage insignia used during Operation "Zitadelle" against the Kursk salient in July 1943.

4. Panzer-Division

- **Origine/*Origin*** : Wehrkreis XIII (Würzburg)

- **Composition :**

1938 : 4. Schützen-Brigade (Schützen-Rgt. 12, 1940 : Schützen-Rgt. 12, Schützen-Rgt. 33), 5. Panzer-Brigade (Pz.Rgt. 35, Pz.Rgt. 36), Art.Rgt. (mot.) 103, Pz.Jäg.Abt. 9, Pz.Pi.Btl. 79, Aufkl.Abt. (mot.) 7, Pz.Nachr.Abt. 79, Div.Nachsch.Fhr. 84, Felders.Btl. 84.

1943 : Pz.Gr.Rgt. 12, Pz.Gr.Rgt. 33, Pz.Rgt. 35, Pz.Aufkl.Abt. 4, Pz.Art.Rgt. 103, Pz.Jäg.Abt. 49, Pz.Pi.Abt. 79, H.Flakart.Abt. 290, Pz.Div.Nachr.Abt. 79, Kdr.Pz. Div.Nachsch.Tr. 84, Felders.Btl. 103.

- **Commandeurs/*Commanders*** : *Gen.Maj. (Gen.Lt.)* Georg-Hans Reinhardt (10.XI.1938-4.II.1939), *Gen.Maj. Ritter* von Radlmeier (4-10.II.1940), *Gen.Maj.* Johann Joachim Stever (11.II.-23.VII.1940, in Vertretung), *Oberst* Hans *Frhr* von Boineburg-Lengsfeld (24.VII.-7.IX.1940, in Vertretung), *Gen.Maj.* Willibald *Frhr* von Langermann und Erlenkamp (8.IX.1940-26.XII.1941), *Oberst (Gen.Maj.)* Dietrich von Saucken (27.XII.1941-2.I.1942, m.d.F.b.), *Oberst (Gen.Maj.)* Heinrich Eberbach (6.I.-1.III.1942, m.d.F.b.), *Oberstlt.* Otto Heidkämper (2.III.-3.IV.1942 (m.d.F.b.), *Gen.Lt.* Hans Eberbach (4.IV.-26.XI.1942), *Oberst (Gen.Maj.)* Dipl.Ing. Erich Schneider (27.XI. 1942-30.V.1943), *Gen.Lt.* Dietrich von Saucken (31.V.1943-I.1944), *Gen.Maj.* Dipl.Ing. Hans Junck I.-II.1944, m.d.F.b.), *Gen.Lt.* Dietrich von Saucken III.-IV.1944), *Oberst (Gen.Maj. ⇒ Gen.Lt.)* Clemens Betzel (1.V.1944-27.III.1945), *Oberst* Ernst Hoffmann (10.IV.-V.1945, m.d.F.b.).

4. Panzer-Division

1. Emblème vu en 1939 dans le secteur de Varsovie.

1. Emblem seen in 1939 in the Warsaw sector.

- **Historique :**

Cette division est créée à Würzburg le 10 novembre 1938 avec une majorité de soldats bavarois. Elle remplace dans ses casernements la *2. Pz.Div.* partie à Vienne. Elle comprend deux régiments de blindés, les *Pz.Rgt. 35* et *36*. Au cours de l'été 1939, elle reçoit le *Schützen-Rgt.33* issu de la *13. Inf.Div. (mot.)* qui s'ajoute à son *Schützen-Rgt.12*.

La *4. Pz.Div.* combat en Pologne au sein du *XVI. A.K. (mot.)* de la *10. Armee* (groupe d'armées « Sud »). Elle atteint les lisières de Varsovie en huit jours sans pouvoir prendre la ville (elle perd la moitié de ses chars en tentant de le faire).

En mai-juin 1940, elle fait partie du *XVI. A.K. (mot.)* du général Hoepner rattaché à la *6. Armee* puis à la *Gruppe von Kleist*. Elle combat notamment dans le secteur de Dunkerque. Après cette campagne, elle est refondue. Le *Pz.Rgt. 36* est affecté à la *14. Pz.Div.*, le *Kradschtz.Btl. 34* (constitué à partir du *III./Inf.Rgt. 5*) la rejoint en janvier 1941. Le 5 mars 1942, ce dernier sera fondu avec la *Pz.Aufkl.Abt. 7* qui deviendra la *Pz.Aufkl.Abt. 4* en juin 1943. Enfin, la *H-Flakart.Abt. 290* rejoint la division fin 1942...

En juin 1941, la *4. Pz.Div.* participe à l'opération « Barbarossa » au sein du *XXIV. A.K. (mot.)* du général Geyr von Schweppenburg, rattaché à la *Pz.Gr. 2* (groupe d'armées « Centre »). Elle combat à Minsk en Biélorussie, à Briansk et Wiasma sur la route de Moscou. En décembre 1941, elle tente d'encercler la ville de Tula au sud-est de Moscou mais échoue, subissant de lourdes pertes. La division reste dans

History :

This division was formed at Würzburg on 10 November 1938 with a majority of Bavarian soldiers. It took over the barracks of 2. Pz.Div. when the latter moved to Vienna. It comprised two tank regiments, Pz.Rgt. 35 and 36. During the summer of 1939, it received Schützen-Rgt.33, drawn from 13. Inf.Div. (mot.) in addition to its own Schützen-Rgt.12.

4. Pz.Div. fought in Poland as part of XVI. A.K. (mot.) (10. Armee, Army Group "Süd"). It reached the outskirts of Warsaw inside a week but was unable to capture the city (losing half of its tanks in the attempt).

In May-June 1940, it joined General Hoepner's XVI. A.K. (mot.) attached first to 6. Armee, and later to Gruppe von Kleist. It fought notably in the Dunkirk sector. After this campaign, it was reformed. Pz.Rgt. 36 was allocated to 14. Pz.Div., Kradschtz.Btl. 34 (drawn from III./Inf.Rgt. 5) joined it in January 1941. On 5 March 1942, the latter was combined with Pz.Aufkl.Abt. 7 which became Pz.Aufkl.Abt. 4 in June 1943. Lastly, H-Flakart.Abt. 290 joined the division at the end of 1942...

In June 1941, 4. Pz.Div. took part in Operation "Barbarossa" as part of XXIV. A.K. (mot.) under General Geyr von Schweppenburg, attached to Pz.Gr. 2 (Army Group "Mitte"). It fought at Minsk in Byelorussia, and at Briansk and Wiasma on the road to Moscow. In December 1941, it attempted to encircle the town of Tula south-east of Moscow. In this it failed, sustaining heavy losses. The division stayed in the Army Group "Mitte" sector until 1944. In July 1943, it took

2. Emblème arboré en 1940 pendant la campagne à l'Ouest.

2. Emblem used in 1940 during the campaign in the West.

3. Emblème vu en avril 1941 en France.

3. Emblem seen in France in April 1941.

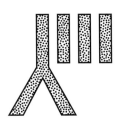

4. Emblème arboré sur le front de l'Est.

4. Emblem used on the Eastern front.

le secteur du groupe d'armées « Centre » jusqu'en 1944. En juillet 1943, elle participe à la bataille de Koursk au sein du *XXXXVII. Pz.K.* de la *9. Armee* (groupe d'armées « Centre »). Elle combat ensuite sur le Dniepr. Au cours de l'été 1944, elle tente en vain de s'opposer à la grande contre-offensive soviétique. En novembre, elle se retrouve dans la poche de Courlande avec le *XXXIX. Pz.K.* de la *18. Armee*. Elle est évacuée vers l'Allemagne début 1945 et combat en Prusse Orientale. En avril, elle fait partie du *XXIII. A.K.* de l'armée de Prusse Orientale. Les restes de la division prennent part à la bataille de Berlin où ils disparaissent.

Présente sans interruption sur le front de l'Est de 1941 à 1945, la *4. Pz.Div.* a donné 73 chevaliers de la Croix de fer, 10 titulaires des feuilles de chêne et un titulaire des glaives (le commandeur de la division, le *Gen.Lt.* von Saucken, décoré le 31 janvier 1944, n° 46). C'est le record absolu pour les divisions blindées du *Heer*, égale au palmarès de la division « *Das Reich* », la plus décorée des divisions de la *Waffen-SS* (73 chevaliers de la Croix de fer) et supérieur à celui de la division d'élite du *Heer*, la division de *Panzergrenadiere* « *Grossdeutschland* » (70 chevaliers de la Croix de fer, 10 feuilles de chêne).

part in the battle of Kursk as part of XXXXVII. Pz.K. (9. Armee, Army Group "Mitte"). It went on to fight on the Dnieper. During the summer of 1944, it made a vain attempt to oppose the great Soviet counter-offensive. In November, it was caught in the Courland pocket with XXXIX. Pz.K. (18. Armee). It was evacuated home to Germany early in 1945 and later fought in East Prussia. In April, it was made part of XXIII. A.K. in the East Prussian army. The remnants of the division took part in the battle of Berlin, where they disappeared.

Present without interruption on the eastern front from 1941 to 1945, 4. Pz.Div. produced 73 Knights of the Iron Cross, 10 with Oak Leaves and one with Swords (the divisional commander, Gen.Lt. von Saucken, decorated on 31 January 1944, n° 46). This was the all-time record for the Heer panzer divisions, equal to the Waffen-SS division with the most decorations (73 Iron Crosses), the "Das Reich" Division, and better than the crack Heer division, the Panzergrenadiere "Grossdeutschland" Division (70 Iron Crosses, 10 Oak Leaves).

5. Panzer-Division

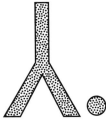
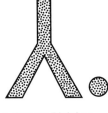

5. Panzer-Division

1. Emblème vu en France en 1940.

1. Emblem seen in France in 1940.

2. Emblème arboré par la division de 1941 jusqu'à la fin de la guerre.

2. Emblem used by the division from 1941 until the end of the war.

3. Variante.

3. Variant.

- **Origine/*Origin*** : Wehrkreis VIII (Oppeln).

- **Composition** :

1938 : 5. Schützen-Brigade (1939 : Schützen-Rgt. 13, Schützen-Rgt. 14), 8. Panzer-Brigade (Pz.Rgt. 15, Pz.Rgt. 31), Art.Rgt. (mot.) 116, Pz.Jäg.Abt. 53, Pz.Pi.Btl. 89, Aufkl.Abt. (mot.) 8, Pz.Nachr.Abt.77, Div.Nachsch.Fhr.85, Felders.Btl. 85.

1943 : Pz.Gr.Rgt. 13 et 14, Pz.Rgt. 31, Pz.Aufkl.Abt. 5, Pz.Art.Rgt. 116, Pz.Jäg.Abt. 53, Kradschtz.Btl. 55, Pz.Pi.Abt. 89, H. Flakart.Abt. 288, Pz.Div.Nachr.Abt. 77, Kdr.Pz.Div. Nachsch. Tr. 85, Felders Btl. 116.

- **Commandeurs/*Commanders*** : *Gen.Lt.* Heinrich von Vietinghoff gen. Scheel (24.XI.1938-17.X.1939), *Gen.Lt.* Max von Hartlieb gen. Walspron (18.X.1939-21.V.1940), *Gen.Lt. (Gen.d.Art.)* Joachim Lemelsen (22.V.-24.XI. 1940), *Gen.Maj. (Gen.Lt.)* Gustav Fehn (25.XI.1940-30.IX.1942), *Gen.Maj.* Eduard Metz (1.X.1942-31.I.1943), *Oberst* Johannes Nedtwig (1.II.-6.V.1943, m.d.F.b.), *Gen.Maj.* Ernst Felix Faeckenstedt (7.V.-6.IX.1943), *Oberst (Gen.Maj.)* Karl Decker (7.IX.1943-15.X.1943), *Oberst (Gen.Maj.)* Rolf Lippert (16.X.1943-I.1945), *Gen.Maj.* Günter Hoffmann-Schönborn (II.-III.1945), *Oberst d.R.* Hans Herzog (III.-V.1945).

- **Historique** :

La *5. Pz.Div.* est mise sur pied le 24 novembre 1938 à Oppeln peu après l'annexion des Sudètes. Elle est composée de soldats originaires de cette région ainsi que de la Silésie. Elle comprend deux régiments de chars, les *Pz.Rgt. 15* et *31*.

Affectée au *XIII. A.K.* du général von Kleist (*14. Armee*, groupe d'armées « Sud »), la *5. Pz.Div.* joue un rôle mineur pendant la campagne de Pologne. Elle pousse sur Auschwitz puis progresse en direction de Przemysl et de Jambor. Elle se distingue en France en combattant avec le *XV. A.K. (mot.)* rattaché à la *4. Armee* puis à la *Gruppe von Kleist* en juin. Fin 1940, elle est refondue. Elle perd son *Pz.Rgt. 15* au profit de la *11. Pz.Div.* Le *Kradschtz.Btl. 55* est constitué le 9 août 1940, l'état-major de la *8. Pz.Brigade* quitte la division pour devenir l'état-major de la *100. Panzer-Brigade*, enfin, l'*Aufkl.Abt.8* rejoint la *23. Pz.Div.* le 13 septembre 1941 sous le nom de *Kradschtz.Btl. 23*.

En avril 1941, la division prend part à la campagne des Balkans. Partie de Bulgarie, elle combat en Yougoslavie et en Grèce avec le *XIV. A.K. (mot.)* de la *12. Armee* puis avec la *2. Armee*. En Grèce, elle s'oppose victorieusement à la 2e division néo-zélandaise à Molos.

La *5. Pz.Div.* rejoint le front de l'Est en octobre 1941. Affectée au *XXXXVI. Pz.K.* de la *Pz.Gr. 4* (groupe

History :

5. Pz.Div. was raised on 24 November 1938 at Oppeln shortly after the annexing of the Sudetenland. It was made up of soldiers from that region and from Silesia. It comprised two tank regiments, Pz.Rgt. 15 and 31.

Allocated to General von Kleist's XIII. A.K. (14. Armee, Army Group "Süd"), 5. Pz.Div. played a minor role in the Polish campaign. It pushed forward to Auschwitz then advanced towards Przemysl and Jambor. It fought with distinction in France alongside XV. A.K. (mot.) attached to 4. Armee, and later Gruppe von Kleist, in June. At the end of 1940, it was refitted. It lost its Pz.Rgt. 15 to 11. Pz.Div., Kradschtz.Btl. 55 was formed on 9 August 1940, the general staff of 8. Pz.Brigade left the division to become that of 100. Panzer-Brigade, and finally Aufkl.Abt.8 joined 23. Pz.Div. on 13 September 1941 as Kradschtz.Btl. 23.

In April 1941, the division took part in the Balkans campaign. Starting out from Bulgaria, it fought in Yugoslavia and Greece with XIV. A.K. (mot.) (12. Armee), then with 2. Armee. In Greece, it won the day against 2nd New Zealand Division at Molos.

5. Pz.Div. joined the eastern front in October 1941. Allocated to XXXXVI. Pz.K. (Pz.Gr. 4, Army Group "Mitte"), it was engaged in fierce battles at the gates of Moscow and stood up to the Soviet counter-offensive in the winter of 1941-42. In 1942, it took part in

d'armées « Centre »). Elle mène de durs combats aux portes de Moscou et fait face à la contre-offensive soviétique de l'hiver 1941-42. En 1942, elle participe aux différentes batailles défensives qui se déroulent dans le secteur du groupe d'armées « Centre » puis prend part au retrait du saillant de Rjev.

Fin 1942-début 1943, la division connaît encore quelques modifications. L'état-major de la *5. Schützen-Brigade* est dissous en novembre 1942. Le 24 mars 1943, le *Kradschtz.Btl. 55* prend le nom de *Pz.Aufkl. 5*. La *H-Flakart.Abt. 55* rejoint la division à la même époque.

Fin 1943, la *5. Pz.Div.* combat sur le Dniepr moyen. Au cours de l'été 1944, elle contre-attaque les forces soviétiques lancées contre le groupe d'armées « Centre ». Elle inflige des pertes considérables à l'Armée Rouge. Mais elle ne parvient pas à inverser le cours des choses et à sauver de l'encerclement le gros des *4. et 9. Armeen*. Avec les restes du groupe d'armées « Centre », la division retraite à travers la Biélorussie et la Pologne. Elle se retrouve en Courlande avec le *XXX. Pz.K.* de la *3. Pz.Armee*. Elle est évacuée et combat en Prusse Orientale dans le secteur de la presqu'île de Hela puis au nord de Danzig où elle est capturée par l'Armée Rouge (avril 1945).

Considérée comme une des meilleures divisions blindées du *Heer*, la *5. Pz.Div.* a été citée six fois dans les communiqués pour son action sur le front de l'Est. À elle seule, elle a donné 50 chevaliers de la Croix de fer, 7 titulaires des feuilles de chêne et un titulaire des glaives. Pour les Croix de chevalier, elle se situe en troisième position après les *4. et 9. Pz.Div.* et pour les feuilles de chêne en seconde position après la *4. Pz.Div.* Il y aussi un chevalier de la croix du Mérite de guerre.

the various defensive battles fought in the sector of Army Group "Mitte", then joined the retreat from the Rzhev salient.

In late 1942-early 1943, the division came in for further modifications. The general staff of 5. Schützen-Brigade was disbanded in November 1942. On 24 March 1943, Kradschtz.Btl. 55 was renamed Pz.Aufkl. 5. H-Flakart.Abt. 55 joined the division at the same time.

At the end of 1943, 5. Pz.Div. fought along the middle reaches of the Dnieper. During the summer of 1944, it counter-attacked Soviet forces launched against Army Group "Mitte", inflicting heavy losses on the Red Army. But it failed to reverse the situation by saving the main body of 4. and 9. Armeen from being encircled. With the remnants of Army Group "Mitte", the division retreated across Byelorussia and Poland. It was in Courland with XXX. Pz.K. (3. Pz.Armee). It was evacuated and fought in East Prussia in the Hela peninsula sector and later north of Danzig, where it was captured by the Red Army (April 1945).

Held to be one of the best armored divisions in the Heer, 5. Pz.Div. was mentioned six times in dispatches for its action on the eastern front. Alone it produced 50 Knights of the Iron Cross, 7 with Oak Leaves and one with Swords. For the Knight's Cross, it came third behind 4. and 9. Pz.Div. and for Oak Leaves in second position behind 4. Pz.Div. There was also one Knight's cross of the War Merit Cross.

6. Panzer-Division

- **Origine/*Origin*** : Wehrkreis VI (Wuppertal)
- **Composition :**

1939 : 6. Schützen-Brigade (Schützen-Rgt. 4, Kradschtz.Btl. 6), Pz.Rgt. 11, Pz.Rgt. 65, Art.Rgt. (mot.) 76, Pz.Jäg.Abt. 41, Pz.Pi.Btl. 57, Aufkl.Abt. 57, Pz.Div.Nachsch.Fhr. 57, Felders.Btl. 57.

1943 : Pz.Gr.Rgt. 4, Pz.Gr.Rgt. 114, Pz.Rgt. 11, Pz.Aufkl.Abt. 6, Pz.Art.Rgt. 76, Pz.Jäg.Abt. 41, Pz.Pi.Btl. 57, H.Flakart.Abt. 298, Pz.Nachr.Abt. 82, Kdr.Pz.Div.Nachsch. Tr. 57, Kdr.Pz.Div. Nachsch. Tr. 84, Felders.Btl. 76.

- **Commandeurs/*Commanders*** : Gen.Maj. Friedrich-Wilhelm von Loeper (1.X.1938-9.X.1939), Gen.Maj. (Gen.Lt.) Werner Kempf (10.X.1939-5.I.1941), Gen.Maj. Franz Landgraf (6.I.-25.XI.1941), Gen.Maj. (Gen.Lt.) Erhard Raus (26.XI.1941-6.II.1943), Oberst (Gen.Maj.⇒Gen.Lt.) Walther von Hünersdorff (7.II.-13.VII.1943, m.d.F.b.), Oberst Wilhelm Crisolli (25.VII.-21.VIII.1943, m.d.F.b.), Oberst (Gen.Maj.) Rudolf Frhr von Waldenfels (22.VIII.1943-7.II.1944), Oberst Werner Marcks (8-20.II.1944, m.d.F.b.), Gen.Maj. Rudolf Frhr von Waldenfels (21.II.-12.III.1944), Oberst Walter Denkert (13-24.III.1944, m.d.F.b.), Gen.Maj. Rudolf Frhr von Waldenfels (25.III.-22.XI. 1944), Oberstlt. Friedrich-Wilhelm Jürgens (23.XI.1944-19.I.1945, m.d.F.b.), Gen.Lt. Rudolf Frhr von Waldenfels (20.I.-8.V.1945).

- **Historique :**

La *6. Pz.Div.* est formée le 18 octobre 1939 à partir de la *1. Leichte Division*. Elle est équipée de chars légers tchèques et ses effectifs sont un peu inférieurs à ceux des divisions précédentes.

La division est engagée en France. Elle fait partie du *XXXXI. A.K. (mot.)* du général Reinhardt rattaché à la *Gruppe von Kleist* (mai) puis à la *Gruppe Guderian* (juin). Elle combat en Belgique et dans les Flandres puis dans les secteurs de Rethel et d'Epinal. À l'issue de cette campagne, le *Schützen-Rgt.114* la rejoint en tant que second régiment d'infanterie motorisée. En juillet-août, elle retourne en Prusse Orientale où elle est affectée à la *18. Armee*.

En juin 1941, elle participe à l'invasion de l'Union Soviétique au sein du *XXXXI. A.K (mot.)* de la *Pz.Gr. 4* (groupe d'armées « Nord »). Elle perce la

History :

6. Pz.Div. was formed on 18 October 1939 from 1. Leichte Division. It was equipped with light Czech tanks and was slightly understrength as compared with the above divisions.

The division was engaged in France. It was part of XXXXI. A.K. (mot.) under General Reinhardt attached to Gruppe von Kleist (May) and later Gruppe Guderian (June). It fought in Belgium and Flanders and later in the sectors of Rethel and Epinal. At the end of that campaign, Schützen-Rgt.114 joined it as a second motorized infantry regiment. In July-August, it returned to East Prussia where it was allocated to 18. Armee.

In June 1941, it took part in the invasion of the Soviet Union as part of XXXXI. A.K (mot.) (Pz.Gr. 4, Army Group "Nord"). It broke through the Stalin line then

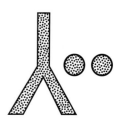

6. Panzer-Division

1. Emblème arboré en 1940 pendant la campagne à l'Ouest.

1. Emblem used in 1940 during the campaign in the West.

2. Emblème vu en 1941.

2. Emblem seen in 1941.

3. Emblème arboré à partir de l'opération « Barbarossa » en 1941.

3. Emblem used starting with Operation "Barbarossa" in 1941.

4. Emblème vu en 1941 lors de l'avance vers Moscou.

4. Emblem seen in 1941 during the advance on Moscow.

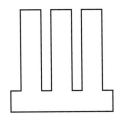

5. Insigne de camouflage arboré lors de l'opération « Zitadelle » contre le saillant de Koursk en juillet 1943.

5. Camouflage insignia used during Operation "Zitadelle" against the Kursk salient in July 1943.

ligne Staline puis marche sur Leningrad et prend part au siège de cette ville. Affectée au *LVI. Pz.K.* de la *Pz.Gr. 3* (groupe d'armées « Centre ») en octobre 1941, elle marche sur Moscou et subit de grosses pertes lors de la contre-offensive soviétique de l'hiver 1941-42. En raison de ses pertes, la division, restée dans le secteur central du front de l'Est de 1941 au début de l'année 1942, est rapatriée en France en mai 1942. Elle est reconstituée sur le terrain de Coët-quidan puis près de Paris et reçoit des *Pz. IV* en remplacement de ses vieux *Pz.35 (t.).* À la fin du mois d'octobre 1942, elle est forte de 160 *Pz. IV* et de 42 canons d'assaut et revient sur le front de l'Est. Elle est envoyée en urgence dans le secteur sud du front afin de participer aux opérations de dégagement de la *6. Armee* encerclée à Stalingrad (opération « Orage d'hiver »). Avec les *17.* et *23. Pz.Div.* rassemblées dans le *XXXXVIII. Pz.K.* (groupe d'armées « Don »), elle parvient à percer en direction de Stalingrad mais est arrêtée sur le Tschir à 21 kilomètres de la ville. Après avoir battu en retraite devant l'offensive soviétique du début de l'année 1943, la *6. Pz.Div.* combat à Koursk au sein du *III. Pz.K.* (*Armee-Abteilung Kempf*). Elle est ensuite engagée sur le Dniepr et dans le nord de l'Ukraine. C'est alors qu'elle est retirée du front pour une nouvelle reconstitution. Elle revient en catastrophe sur le front de l'Est au moment de l'encerclement des *4.* et *9. Armeen* (été 1944). Elle part ensuite en Hongrie où elle combat dans les environs de Budapest. Attachée au *II. SS-Pz.K.* de la *6.Pz.Armee* (groupe d'armées « Sud ») en avril 1945, elle est capturée par les Russes dans les environs de Brün (Brno) en Moravie.

45 membres de la *6. Pz.Div.* ont été décorés de la Croix de chevalier de la Croix de fer, 4 des feuilles de chêne et un des glaives. Parmi les titulaires des feuilles de chêne de cette division figurent deux de ses commandeurs Walther von Hünersdorff (14 juillet 1943, n° 259) et Rudolf *Frhr* von Waldenfels (14 mai 1944, n° 476). Les glaives ont été attribuées au commandeur du *Pz.Rgt. 11,* Franz Bäke, le 21 février 1944 (n° 49).

marched on Leningrad and took part in the siege of that city. Allocated to LVI. Pz.K. (Pz.Gr. 3, Army Group "Mitte") in October 1941, it marched on Moscow and sustained heavy losses during the Soviet counter-offensive of the winter of 1941-42. Owing to its losses, the division, which had remained in the central sector of the eastern front from 1941 to early in 1942, was repatriated to France in May 1942. It was re-formed at Coëtquidan, then near Paris, and was issued with Pz. IVs to replace its old Pz.35 (t.)s. At the end of October 1942, with 160 Pz. IVs and 42 assault guns it returned to the eastern front. It was rushed to the southern sector of the front to take part in operations to release 6. Armee which had been encircled at Stalingrad (Operation "Winter storm"). Along with 17. and 23. Pz.Div. brought together as XXXXVIII. Pz.K. (Army Group "Don"), it managed to break out in the direction of Stalingrad but was brought to a standstill on the Chir River 21 kilometers short of the city. After retreating before the Soviet offensive of early 1943, 6. Pz.Div. fought at Kursk as part of III. Pz.K. (Armee-Abteilung Kempf). It was later engaged on the Dnieper and in northern Ukraine. It was then withdrawn from the front for refitting. It was rushed back to the eastern front as 4. and 9. Armeen were being encircled (summer 1944). It then left for Hungary where it fought in the area around Budapest. Attached to II. SS-Pz.K. (6.Pz.Armee, Army Group "Süd") in April 1945, it was captured by the Russians somewhere near Brün (Brno) in Moravia.

45 members of 6. Pz.Div. received the Knight's Cross of the Iron Cross, 4 Oak Leaves and one Swords. Among those in this division who were awarded Oak Leaves were two of its commanders, Walther von Hünersdorff (14 July 1943, n° 259) and Rudolf Frhr von Waldenfels (14 May 1944, n° 476). Swords were awarded to the commander of Pz.Rgt. 11, Franz Bäke, on 21 February 1944 (n° 49).

6. Insigne non confirmé.

6. Unconfirmed insignia.

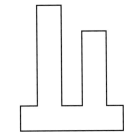

7. Emblème arboré pendant la préparation de l'opération « Zitadelle ».

7. Emblem used during the preparation of Operation "Zitadelle".

7. Panzer-Division

- **Origine/*Origin* :** Wehrkreis IX (Gera)

- **Composition :**

1939 : 7. Schützen-Brigade (Schützen-Rgt. 6, Schützen-Rgt. 7, Kradschtz.Btl.7), Pz.Rgt. 25, Pz.Abt. 66, Art.Rgt. (mot.) 78, Pz.Jäg.Abt. 42, Pz.Pi.Btl. 58, Aufkl.Abt. (mot.) 37, Pz.Nachr.Abt. 3, Pz.Div.Nachsch.Fhr. 58, Felders.Btl. 58.

1943 : Pz.Gr.Rgt. 6, Pz.Gr.Rgt. 7, Pz.Rgt. 25, Pz.Aufkl.Abt. 7, Pz.Art.Rgt. 78, Pz.Jäg.Abt. 42, Pz.Pi.Btl. 58, H.Flakart.Abt. 296, Pz.Div.Nachr.Abt. 83, Kdr.Pz.Div. Nachsch.Tr. 58, Felders.Btl. 78.

- **Commandeurs/*Commanders* :** Gen.Lt. Georg Stumme (1.X.1938-14.II.1940), *Gen.Maj. (Gen.Lt.)* Erwin Rommel (15.II.1940-13.II.1941), *Gen.Maj. (Gen.Lt.)* Hans *Frhr* von Funck (14.II.1941-16.VIII.1943), *Oberst* Wolfang Glaesemer (17-19.VIII.1943, m.d.F.b.), *Gen.Maj.* Hasso *Frhr* von Manteuffel (20.VIII.1943-19.I.1944), *Gen.Maj.* Adalbert Schulz (20-28.I.1944), *Oberst* Wolfang Glaesemer (28-30.I.1944, m.d.F.b.), *Oberst (Gen.Maj.) Dr* Karl Mauss (31.I.-1.V.1944), *Oberst* Gerhard Schmidhuber (2.V.-8.IX.1944), *Gen.Maj. Dr.* Karl Mauss (9.IX.-X.1944), *Oberst* Hellmuth Mäder (X.-XI.1944, m.d.F.b.), *Gen.Lt. Dr.* Karl Mauss (XII.1944-4.I.1945), *Oberst* Max Lemke (5-22.I.1945, m.d.F.b.), *Gen.Lt. Dr* Karl Mauss (23.I.-22.III.1945), *Oberst* Hans Cristern (23.III.-3.V.1945).

- Historique :

La *7. Panzer-Division* est créée le 18 octobre 1939 à partir de la *2. Leichte Division*. Elle est en grande partie équipée de chars légers tchèques. Elle est engagée sur le front de l'Ouest en 1940. Elle fait partie du *XV. A.K. (mot.)* rattaché à la *4. Armee* (mai) puis au groupe d'armées « B » (juin). Elle traverse la Hollande et la Belgique puis enraye la contre-offensive franco-britannique organisée dans le secteur d'Arras. Elle poursuit son avance vers le sud-ouest et atteint Cherbourg, empêchant les forces alliées de rembarquer par ce port. Son bilan à l'issue de la campagne est éloquent : 100 000 prisonniers dont 10 officiers généraux, 500 chars et engins blindés détruits. Ce succès contribue à la renommée de son chef, Erwin Rommel.

La *7. Pz.Div.* reste en occupation dans la région de Bordeaux jusqu'au printemps 1941, époque à laquelle est rejoint l'est de l'Allemagne. Après la campagne à l'Ouest et pendant son séjour sur le front de l'Est, la division subit un certain nombre de modifications : la *Pz.Abt. 66* devient *III./Pz.Rgt. 25*. La *Pz.Aufkl.Abt. 37* fusionne avec le *Kradschtz.Btl.7* et devient *Pz. Aufkl.Abt. 7*. La *H-Flakart.Abt. 296* rejoint la division au début de l'année 1943. L'état-major de la *7. Schützen-Brigade* est dissous en novembre 1942...

En juin 1941, la division participe à l'opération « Barbarossa » au sein du *XXXIX. A.K. (mot.)* de la *Pz.Gr. 3* (groupe d'armées « Centre »). Elle progresse en Biélorussie, combat autour de Minsk, traverse le Dniepr puis s'engage dans les batailles de Smolensk et de Moscou au sein du *LVI. Pz.K.* de la *Pz.Gr. 3* (groupe d'armées « Centre »). Elle subit de grosses pertes lors de la contre-offensive soviétique de l'hiver 1941-42. Aussi est-elle rapatriée en France (région de Bordeaux) en mai 1942 afin de se reconstituer. En novembre 1942, elle prend part à l'invasion de la zone libre, rejoignant Toulon en passant par Toulouse et Narbonne. Elle revient sur le front de l'Est (groupe d'armées « Don ») peu après la chute de Stalingrad (début 1943) et contribue à la défense de Rostov. En juillet 1943, elle participe à l'opération « Citadelle » avec le *III.Pz.K.* de l'*Armeeabteilung* « Kempf » (groupe d'armées « Sud ») et combat dans le secteur de Belgorod (pince sud de l'offensive). On la retrouve ensuite dans le secteur de Kiev et de Jitomir. Elle est citée à deux reprises pour son action au cours de ces batailles. En novembre 1943, elle retraite de Kiev et subit de nouveau de grosses pertes. Elle combat ensuite dans le secteur de Tarnopol. En mars 1944, elle se retrouve encerclée avec la *1. Pz.Armee*. Elle parvient à briser l'encerclement mais perd tous ses chars. Réduite à la taille d'un *Kampfgruppe*, la division continue de se battre contre l'Armée Rouge. Au cours de l'été 1944, elle fait face à la grande offensive soviétique contre le groupe d'armées « Centre » et parvient à échapper au désastre. En août elle est citée pour son action lors de la bataille de Raseiniai en Lituanie. La division est de nouveau fortement engagée sur la Vistule lors de l'offensive de l'hiver 1944-45. Elle se retrouve prise au piège à Danzig avec une partie du groupe d'armées « Nord » début 1945. Elle est cependant évacuée mais une fois de plus obligée d'abandonner tous ses chars et véhicules. La *7. Pz.Div.* participe à la bataille de Berlin en avril 1945. Certains de ses membres parviennent à se replier vers l'ouest et à se rendre aux forces britanniques dans le secteur de Schwerin...

36 membres de la *7. Pz.Div.* ont été décorés de la Croix de chevalier de la Croix de fer, 6 des feuilles de chêne, 3 des glaives et 2 des brillants (Adalbert Schulz, commandeur du *Pz.Rgt. 25* le 14 décembre 1943, n° 9 et Karl Mauss, commandeur de la division le 15 avril 1945, n° 26 et avant-dernier récipiendaire)...

History :

7. Panzer-Division was set up on 18 October 1939, drawn from *2. Leichte Division*. It was equipped chiefly with light Czech tanks. It was engaged on the western front in 1940. It was part of *XV. A.K. (mot.)* attached to *4. Armee* (May) and later Army Group "B" (June). It crossed through Holland and Belgium then halted the Franco-British counter-offensive organized in the Arras sector. It carried on advancing southwest, reaching Cherbourg, and preventing the Allied forces from re-embarking at that port. It received a glowing end-of-campaign report, having captured 100,000 prisoners including 10 general officers, and destroyed 500 tanks and armored vehicles. This success contributed to the renown of its commanding officer, Erwin Rommel.

7. Pz.Div. remained to occupy the Bordeaux area until the spring of 1941, when it was sent to eastern Germany. After the campaign in the west and during its time on the eastern front, the division came in for a number of changes: *Pz.Abt. 66* became *III./Pz.Rgt. 25*. *Pz.Aufkl.Abt. 37* was merged with *Kradschtz.Btl.7* to become *Pz. Aufkl.Abt. 7*. *H-Flakart.Abt. 296* joined the division at the start of 1943. The general staff of *7. Schützen-Brigade* was disbanded in November 1942...

In June 1941, the division took part in Operation "Barbarossa" as part of *XXXIX. A.K. (mot.)* (*Pz.Gr. 3*, Army Group "Mitte"). It advanced into Byelorussia, fought around Minsk, crossed the Dnieper and was then engaged in the battles of Smolensk and Moscow as part of *LVI. Pz.K.* (*Pz.Gr. 3*, Army Group "Mitte"). It sustained heavy losses during the Soviet counter-offensive in the winter of 1941-42. It was therefore repatriated to France (Bordeaux region) in May 1942 to re-form. In November 1942, it took part in the invasion of the unoccupied zone, passing through Toulouse and Narbonne on its way to Toulon. It returned to the eastern front (Army Group "Don") shortly after the fall of Stalingrad (early in 1943) and helped to defend Rostov. In July 1943, it took part in Operation "Zitadelle" with *III. Pz.K.* (*Armeeabteilung* "Kempf", Army Group "Süd") and fought in the Belgorod sector (the southern pincer of the offensive). It went on to the Kiev and Zhitomir sector. It was twice mentioned for its action during these battles. In November 1943, it withdrew from Kiev, again sustaining heavy losses. It went on to fight in the Tarnopol sector. In March 1944, it was encircled along with *1. Pz.Armee*. It managed to break out but lost all its tanks. Reduced to the strength of a *Kampfgruppe*, the division continued to fight against the Red Army. During the summer of 1944, it faced the great Soviet offensive against Army Group "Mitte" and contrived to escape from disaster. In August it was mentioned for its action during the battle of Raseiniai in Lithuania. The division was once more heavily engaged on the Vistula for the 1944-45 winter offensive. Early in 1945 it became trapped at Danzig with part of Army Group "Nord". It was evacuated however, but once again forced to leave behind all its tanks and vehicles. *7. Pz.Div.* took part in at the battle of Berlin in April 1945. Some of its members managed to fall back westwards and surrendered to British forces in the Schwerin sector...

36 members of *7. Pz.Div.* received the Knight's Cross of the Iron Cross, 6 with Oak Leaves, 3 with Swords and 2 with Diamonds (Adalbert Schulz, commander of *Pz.Rgt. 25* on 14 December 1943, n° 9 and Karl Mauss, divisional commander, on 15 April 1945, n°26 and last but one)...

7. Panzer-Division

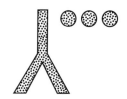

1. Emblème vu en France en 1940.

1. Emblem seen in France in 1940.

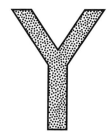

2. Emblème arboré de 1941 à la fin de la guerre.

2. Emblem used from 1941 until the end of the war.

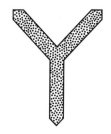

3. Variante du précédent arboré au début de 1941.

3. Variant of the above used early in 1941.

4. Insigne de camouflage arboré lors de l'opération « Zitadelle » contre le saillant de Koursk en juillet 1943. Cet insigne pouvait aussi être de couleur noire ou jaune.

4. Camouflage insignia used during Operation "Zitadelle" against the Kursk salient in July 1943. It also came in black and in yellow.

8. Panzer-Division

- **Origine/Origin :** Wehrkreis III (Cottbus)
- **Composition :**

1939 : 8. Schützen-Brigade (Schützen-Rgt. 8, Kradschtz.Btl.8), Pz.Rgt. 19, Pz.Abt. 67, Art.Rgt. (mot.) 80, Pz.Jäg.Abt. 43, Pz.Pi.Btl. 59, Pz.Aufkl.Abt. 59, Pz.Nachr.Abt. 84, Div.Nachsch.Fhr. 59, Felders.Btl. 59.

1943 : Pz.Gr.Rgt. 28, Pz.Gr.Rgt. 98, Pz.Rgt. 10, Pz.Aufkl.Abt. 8, Pz.Art.Rgt. 80, Pz.Jäg.Abt. 43, Pz.Pi.Btl. 59, H.Flakart.Abt. 286, Pz.Div. Nachr.Abt. 84, Kdr.Pz.Div. Nachsch.Tr. 59, Felders.Btl. 80.

- **Commandeurs/Commanders :** Gen.Lt. Adolf Kuntzen (1.X.1939-19.II.1941), *Gen.Maj.* Erich Brandenberger (20.II.-20.IV.1941), *Gen.Maj.* Walter Neumann-Silkow (21.IV.-25.V.1941, m.d.F.b.), *Gen.Maj. (Gen.Lt.)* Erich Brandenberger (26.V.-8.XII.1941), *Gen.Maj.* Werner Hühner (9.XII.1941-20.III.1942, m.d.F.b.), *Gen.Maj.* Erich Brandenberger (21.III.-5.VIII.1942), *Gen.Maj. Dipl.Ing.* Josef Schroetter (6.VIII.-9.XI.1942, m.d.F.b.), *Gen.Lt.* Erich Brandenberger (10.XI.1942-16.I.1943), *Gen.Lt.* Sebastian Fichtner, (17.I.-11.IX.1943), *Oberst (Gen.Maj.)* Gottfried Frölich (12.IX.1943-31.III.1944), *Oberst* Werner Friebe (1.IV.-19.VII.1944), *Gen.Maj.* Gottfried Frölich (20.VII.1944-21.I.1945)*, Oberst (Gen.Maj.)* Heinrich-Georg Hax (22.I-V.1945).

- Historique :

La *8. Panzer-Division* est créée le 16 octobre 1939 à partir de la *3. Leichte Division.* Comme les précédentes, elle compte un certain nombre de chars tchèques.

En mai 1940, elle combat avec le *XXXXI. A.K. (mot.)* du général Reinhardt rattaché à la *Gruppe Kleist* (mai) puis à la *Gruppe Guderian* (juin). Elle franchit la Meuse à Nouzonville le 15 mai 1940, enfonçant facilement les défenses de la 52e Demi-Brigade de mitrailleurs coloniaux. Elle reste en France jusqu'en avril 1941 avec un court séjour de deux mois en janvier et février en Allemagne.

En avril 1941, elle participe à l'invasion de la Yougoslavie avec le *XXXXVI. A.K. (mot.)* de la *2. Armee* mais joue un rôle mineur lors de cette campagne.

En juin de la même année, elle est engagée en Russie avec le *LVI. A.K. (mot.)* du général von Manstein (*Pz.Gr 4*, groupe d'armées « Nord »). Elle progresse à travers les Pays Baltes en direction de Leningrad, combattant à Dvinsk, sur la Louga, près du lac Ilmen et à Novgorod. En février 1942, elle est rattachée à la *16. Armee.* Elle est engagée dans le secteur de Cholm avant de rejoindre le groupe d'armées « Centre » (fin 1942). Elle participe aux différentes batailles défensives qui se déroulent dans ce secteur et plus spécialement dans les régions de Smolensk et d'Orel. Après l'échec de l'opération « Citadelle », à laquelle elle participe, elle passe au groupe d'armées « Sud ». Rattachée à la *4. Pz.Armee,* elle combat à Kiev où elle est fortement éprouvée (octobre 1943), à Tarnopol puis à Lemberg. En octobre 1944, elle se trouve en Slovaquie avec le *XXIV. Pz.K.* de la *1. Pz.Armee.* En décembre, elle part pour la Hongrie où elle est affectée au *XXIX. A.K.* de la *8. Armee.* Elle combat dans la région de Budapest puis retraite vers l'ouest. Elle est capturée par l'Armée Rouge dans la région de Brünn (Brno) en Moravie après d'ultimes combats...

31 membres de la *8. Pz.Div.* ont été décorés de la Croix de chevalier de la Croix de fer, deux des feuilles de chêne (Hans *Frhr* von Wolff, *Kdr I./Schtz.Rgt. 28,* 16 janvier 1942, n° 61, et Heinrich Hax, commandeur de la division, 20 mars 1945, n° 792).

History :

8. Panzer-Division was formed on 16 October 1939, and drawn from 3. Leichte Division. Like the above divisions, it had a number of Czech tanks.

In May 1940, it fought with General Reinhardt's XXXXI. A.K. (mot.) attached to Gruppe Kleist (May), and later to Gruppe Guderian (June). It crossed the Meuse at Nouzonville on 15 May 1940, easily breaking through the defenses of the 52nd Colonial Machine-gunners Semi-Brigade. It remained in France until April 1941 with a short two-month stay in Germany in January and February.

In April 1941, it took part in the invasion of Yugoslavia along with XXXXVI. A.K. (mot.) (2. Armee), playing only a minor role however in that campaign.

In June of that same year, it was engaged in Russia with LVI. A.K. (mot.) under General von Manstein (Pz.Gr 4, Army Group "Nord"). It advanced through the Baltic states towards Leningrad, fighting at Dvinsk, on the Luga, near Lake Ilmen and at Novgorod. In February 1942, it was attached to 16. Armee. It was engaged in the Cholm sector before joining Army Group "Mitte" (at the end of 1942). It took part in the various defensive battles fought in that sector and more particularly in the Smolensk and Orel regions. Following the failure of Operation "Zitadelle", in which it had a part, it was transferred to Army Group "Süd". Attached to 4. Pz.Armee, it fought at Kiev where it was sorely tried (October 1943) at Tarnopol and later Lemberg. In October 1944, it was in Slovakia with XXIV. Pz.K. (1. Pz.Armee). In December, it left for Hungary where it was allocated to XXIX. A.K. (8. Armee). It fought in the Budapest area, then retreated westwards. After a final stand in the region of Brünn (Brno) in Moravia, it was captured by the Red Army...

31 members of 8. Pz.Div. received the Knight's Cross of the Iron Cross, two with Oak Leaves (Hans Frhr von Wolff, Kdr I./Schtz.Rgt. 28, 16 January 1942, n° 61 and the divisional commander Heinrich Hax, on 30 April 1945, n° 855).

8. Panzer-Division
1. Emblème arboré en 1940.
1. Emblem used in 1940.

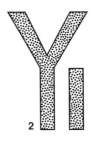

2. Emblème arboré de 1941 à la fin de la guerre.
2. Emblem used from 1941 until the end of the war.

9. Panzer-Division

- **Origine/*Origin*** : Wehrkreis XVII (Vienne)
- **Composition** :

1940 : 9. Schützen-Brigade (Schützen-Rgt. 12, Schützen-Rgt. 331, Kradschtz.Btl. 59), Pz.Rgt. 33, Art.Rgt. (mot.) 102, Pz.Jäg.Abt. (mot.) 9, Pz.Pi.Btl. 86, Aufkl.Abt. (mot.) 9, Pz.Nachr.Abt. 50, Div.Nachsch. Fhr. 60, Felders.Btl. 60.

1943 : Pz.Gr.Rgt. 10, Pz.Gr.Rgt. 11, Pz.Rgt. 33, Pz.Aufkl.Abt. 9, Pz.Art.Rgt. 102, Pz.Jäg.Abt. 50, Pz.Pi.Btl. 86, H.Flakart.Abt. 287, Pz.Nachr.Abt. 60, Kdr.Pz.Div.Nachsch.Tr.60, Felders.Btl. 160.

- **Commandeurs/*Commanders*** : *Gen.Maj. (Gen.Lt.) Dr Alfred Ritter von Hubicki (1.VIII.1940-14.IV.1942), Gen.Maj. Johannes Baessler (15.IV.-26.VII.1942), Gen.Maj. Heinrich-Hermann von Hülsen (27.VII.-3.VIII.1942, m.d.F.b.), Gen.Maj. (Gen.Lt.) Walter Scheller (4.VIII.1942-21.VII.1943), Oberst (Gen.Maj.) Erwin Jolasse (22.VII.-18.X.1943), Oberst Dr Johannes Schulz (19.X.-27.XI.1943, in Vertretung), Gen.Maj. Erwin Jolasse (28.XI.1943-9.VIII.1944), Oberst Max Sperling (10.VIII.-2.IX.1944, m.d.F.b.), Gen.Maj. Gerhard Müller (3-20.IX.1944, in Vertretung), Gen.Maj. Harald Frhr von Elverfeldt (21.IX.1944-6.III.1945), Oberst Helmuth Zollenkopf (10.III.-26.IV.1945, in Vertretung).*

9. Panzer-Division

1. Emblème arboré pendant l'hiver 1939-1940.

1. *Emblem used during the winter 1939-1940.*

- Historique :

La *9. Pz.Div.* est créée à partir de la *4. Leichte Division* le 3 janvier 1940. Elle est engagée à l'Ouest en mai 1940 avec le *XXIV. A.K. (mot.)* rattaché à la *18. Armee*. Après la bataille de Dunkerque, elle fait partie du *XIV. A.K. (mot.)* de la *Gruppe Guderian*. Des divisions blindées engagées en mai-juin 1940, c'est probablement celle qui parcourt les plus grandes distances. Après la campagne de France, la division stationne en Pologne (septembre-décembre 1940).

La division connaît un certain nombre de restructurations entre la fin 1940 et le début 1943. Le 15 décembre 1942, l'état-major de la *9. Schützen-Brigade* est dissous. L'*Aufkl.Abt. (mot.)* 9 est dissoute le 14 mars 1942 afin d'être incorporée au *Kradschtz.Abt. 59*. Ce dernier prend le nom de *Pz.Aufkl.Abt. 9* le 13 avril 1943. Le 2 juin 1942, la *H.Flakart. Abt. 287* rejoint la division, d'abord en tant que *IV./Pz.Art.Rgt. 102* puis, à partir du 1er mai 1943, comme unité indépendante.

Au début de l'année 1941, la division est affectée à la *12. Armee* dans le sud de la Roumanie. Elle combat en Yougoslavie dans le cadre de l'opération « Marita » (avec le *XXX. A.K. (mot.)* de la *12. Armee*) puis en Grèce. Elle rejoint ensuite le front de l'Est où elle est affectée à la *Pz.Gr. 1* (groupe d'armées « Sud »). Elle participe à la bataille d'Ouman et joue un rôle important lors de la bataille de Kiev. Elle progresse ensuite vers le Dniepr puis est affectée à la *Pz.Gr. 2* (groupe d'armées « Centre ») avec laquelle elle est engagée dans la marche vers Moscou. Elle combat dans la région de Briansk avant de faire face à la contre-offensive soviétique de l'hiver 1941-42. L'année suivante, elle participe à l'opération « bleu » avec le *XXIV. Pz.K.* de la *4. Pz.Armee*. Elle est une nouvelle fois transférée dans le secteur du groupe d'armées « Centre » au mois d'août 1942. Elle participe à la bataille de Koursk au sein du *XXXXVII. Pz.K.* de la *9. Armee*. Après l'échec de cette opération, elle retraite vers l'ouest puis revient dans le secteur sud du front (septembre 1943). Là, elle combat au sein de la *6. armee* et de la *1. Pz.Armee* dans les secteurs de Stalino et de Zaporojé. En janvier 1944, il ne lui reste plus qu'une trentaine de chars, son infanterie et son artillerie sont réduites à la portion congrue. Malgré cela, la division continue de combattre avec la *6. Armee* dans les secteurs de Krivoi Rog et en Crimée. En avril la division est envoyée en France, dans la région de Nîmes, pour se reconstituer. Elle absorbe la *155. Res.Pz.Div.* et poursuit son entraînement. Au moment du débarquement allié de Normandie, elle compte 12 768 hommes et stationne dans la vallée du Rhône (secteur d'Avignon). Mais, très vite, elle quitte cette région et rejoint le front de Normandie où elle est affectée à la *5. Pz.Armee* puis à la *7. Armee*. Elle se retrouve encerclée dans la

History :

9. Pz.Div. was formed from 4. Leichte Division on 3 January 1940. It was engaged in the west in May 1940 alongside XXIV. A.K. (mot.) attached to 18. Armee. After the battle of Dunkirk, it was made part of XIV. A.K. (mot.) (Gruppe Guderian). Of the panzer divisions engaged in May-June 1940, this was probably the one that covered the greatest distances. After the French campaign, the division was stationed in Poland (September-December 1940).

The division came in for a certain amount of restructuring in late 1940 and early 1943. On 15 December 1942, the general staff of 9. Schützen-Brigade was disbanded. Aufkl.Abt. (mot.) 9 was disbanded on 14 March 1942 and incorporated into Kradschtz.Btl. 59. This latter was renamed Pz.Aufkl.Abt. 9 on 13 April 1943. On 2 June 1942, H.Flakart. Abt. 287 joined the division, first as IV./Pz.Art.Rgt. 102, and as an independent unit from 1 May 1943.

At the beginning of 1941, the division was allocated to 12. Armee in southern Rumania. It fought in Yugoslavia in Operation "Marita" (with XXX. A.K. (mot.) (12. Armee) then in Greece. It later joined the eastern front where it was allocated to Pz.Gr. 1 (Army Group "Süd"). It took part in the battle of Uman and played a crucial role in the battle of Kiev. It advanced towards the Dnieper, and was then allocated to Pz.Gr. 2 (Army Group "Mitte") with which it was engaged in the march on Moscow. It fought in the Briansk area before facing the Soviet counter-offensive during the winter of 1941-42. The following year, it took part in Operation "Blau" with XXIV. Pz.K. (4. Pz.Armee). In August 1942 it was again transferred to the sector of Army Group "Mitte". It took part in the battle of Kursk as part of XXXXVII. Pz.K. (9. Armee). following the failure of that operation, it retreated westwards, returning to the southern sector of the front (September 1943) where it fought as part of 6. Armee and 1. Pz.Armee in the sectors of Stalino and Zaporozhye. In January 1944, it was down to about thirty tanks, and its infantry and artillery were similarly weakened. Nonetheless, the division continued to fight with 6. Armee in the sectors of Krivoi Rog and the Crimea. In April the division was sent to reform in the Nîmes area of France. It took in 155. Res.Pz.Div. and carried on training. At the time of the Allied Normandy landings, it had 12,768 men and was stationed in the Rhône valley (Avignon sector). But very soon it moved up to join the front in Normandy where it was allocated to 5. Pz.Armee and later 7. Armee. It was encircled in the Falaise pocket but managed to make its escape although sustaining heavy losses (August 1944). It was then down to the fighting strength of an infantry battalion and could muster no more than a dozen tanks in working order. Yet 9. Pz.Div. remained in the front line and fought in the Aix-la-Chapelle sector and later on the Siegfried line

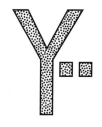

2. Emblème arboré pendant la campagne à l'Ouest en mai-juin 1940.

2. *Emblem used during the campaign in the West in May-June 1940.*

3. Cet emblème aurait été vu en juin 1940 en France dans le secteur de Lyon.

3. *This emblem is thought to have been seen in June 1940 in the Lyons sector of France.*

4. Emblème arboré à l'automne de 1940.

4. *Emblem used in the autumn of 1940.*

5. Emblème repéré par les services de renseignement alliés en Roumanie au début de l'année 1941.

5. Emblem spotted by Allied intelligence in Rumania early in 1941.

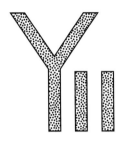

6. Emblème arboré de la campagne des Balkans en 1941 jusqu'à la fin de la guerre.

6. Emblem used during the Balkans campaign from 1941 until the end of the war.

10. Panzer-Division

1. Emblème arboré pendant l'hiver 1939-1940 d'après les services de renseignements alliés.

1. Emblem used according to Allied intelligence during the winter of 1939-1940.

poche de Falaise mais parvient à se dégager au prix de très lourdes pertes (août 1944). Elle est alors réduite à la force combattante d'un bataillon d'infanterie et ne peut aligner qu'une douzaine de chars en état de marche. La *9. Pz.Div.* reste pourtant en ligne et combat dans le secteur d'Aix la Chapelle puis sur la ligne Siegfried où elle perd les deux tiers de ses effectifs. Fin septembre, elle est placée en réserve du groupe d'armées « B » et en profite pour se reconstituer. Elle reçoit 11 000 hommes issus des unités de remplacement, 178 véhicules blindés et 22 *Pz. VI* « Tiger ». Elle est ensuite renvoyée sur le front et se bat dans le secteur de Geilenkirchen et d'Aix. Elle organise une attaque contre les forces américaines sur les lisières du Peel en novembre 1944 puis est placée en réserve de l'OKW. En décembre elle fait partie du *XXXXVII. Pz.K.* de la *5. Pz.Armee* et joue un rôle important dans la bataille des Ardennes. Mais elle enregistre de nouveau de très grosses pertes. Rattachée à la *15. Armee*, elle se fait remarquer lors de combats qui se déroulent dans l'Eifel début 1945. À cette époque elle ne compte plus que 29 chars. Fin février, elle participe à la contre-attaque contre la tête de pont américaine de Remagen mais échoue. Elle est réduite à la suite de cette opération à 600 hommes et 15 chars. Le 5 mars 1945, elle fait partie du *LXXXI. A.K.* de la *15. Armee* (groupe d'armées « B ») ; elle est attaquée par d'importantes forces alliées et finalement anéantie. Son chef, le général von Elverfeldt est tué. Les derniers survivants de la division se réfugient dans la poche de la Ruhr où ils se rendent en avril 1945 avec le *LVIII Pz.K.* de la *5. Pz.Armee...*

Présente sur tous les fronts, la *9. Pz.Div.* a donné 56 chevaliers de la Croix de fer, 4 titulaires des feuilles de chêne et un titulaire des glaives. Pour les chevaliers de la Croix de fer, elle arrive en seconde position derrière la *4. Pz.Div.* On notera que son palmarès est supérieur à celui la division de la *Waffen-SS* « *Leibstandarte SS Adolf Hitler* » (54 titulaires).

where it lost two thirds of its strength. At the end of September, it was placed in the Army Group "B" reserve and took this opportunity to reform. It took on 11,000 men drawn from replacement units, 178 armored vehicles and 22 Pz. VI "Tiger" tanks. It was then sent back to the front and fought in the Geilenkirchen and Aix sectors. In November 1944 it launched a counterattack on the American forces on the outskirts of Peel and was then placed in the OKW reserve. In December it was made part of XXXXVII. Pz.K. (5. Pz.Armee) and played an important role in the battle of the Ardennes. But again it suffered very heavy losses. Later attached to 15. Armee, it was conspicuous during the fighting in the Eifel early in 1945. At the time it had only 29 tanks left. Late in February, it took part in the failed counter-attack against the American bridgehead at Remagen. Following this operation it was down to 600 men and 15 tanks. On 5 March 1945, it was part of LXXXI. A.K. (15. Armee, Army Group "B") and was attacked by powerful Allied forces and finally wiped out. Its commanding officer, General von Elverfeldt, was killed. The final survivors of the division sought shelter in the Ruhr pocket where they surrendered in April 1945 along with LVIII Pz.K. (5. Pz.Armee)...

Present on all fronts, 9. Pz.Div. produced 56 Knights of the Iron Cross, 4 with Oak Leaves and one with Swords. For Knight's Crosses, it came second behind 4. Pz.Div. It may be noted that its record of achievement was better than that of the Waffen-SS "Leibstandarte SS Adolf Hitler" Division (54 awards).

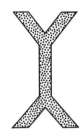

7. Emblème arboré par la division pendant l'hiver 1942-1943 dans le secteur de Volkovo et près d'Iasenok-Dubischtsche.

7. Emblem used by the division during the winter 1942-1943 in the Volkovo sector and near Iasenok-Dubishtche.

10. Panzer-Division

- Origine/*Origin* : Wehrkreis V (Stuttgart)

- Composition :

1939 (après la campagne de Pologne/*after the Polish campaign*) : 10. Schützen-Brigade (Schützen-Rgt. 69, Schützen-Rgt. 86), 4. Panzer-Brigade (Pz.Rgt. 7, Pz.Rgt. 8), Art.Rgt. (mot.) 90, Pz.Jäg.Abt. 90, Pz.Pi.Btl. 49, Pz.Aufkl.Abt. 90, Pz.Nachr.Abt. 90, Div.Nachsch.Fhr. 90.

1941 : Pz.Gr.Rgt. 69, Pz.Gr.Rgt. 86, Pz.Rgt. 7, Pz.Aufkl.Abt. 90, Pz.Art.Rgt. 90, Pz.Jäg.Abt. 90, Pz.Pi Btl. 49, H. Flakart.Abt. 302, Pz.Kradschtz.Btl.10, Pz.Nachr.Abt. 90, Pz.Div.Nachsch.Tr. 90, Felders.Btl. 90.

- Commandeurs/*Commanders* : *Gen.Maj.* Georg Gawantka (1.V.-14.VII.1939), *Gen.Lt.* Ferdinand Schaal (1.VIII.1939-2.VIII.1941), *Gen.Maj. (Gen.Lt.)* Wolfang Fischer (3.VIII.1941-1.II.1943), *Gen.Maj. (Gen.Lt.)* Fritz *Frhr* von Broich (1.II.-12.V.1943).

- **Historique :**

La *10. Pz.Div.* est mise sur pied à Prague le 1er avril 1939. Elle est composée d'hommes issus entre autres des *20.* et *29. Inf.Div. (mot.)*. Elle est alors composée des unités suivantes : *Inf.Rgt. (mot.) 86, Pz.Rgt. 8, II./Art.Rgt. (mot.) 29, I/Aufkl. Rgt. 8, Pi.Btl. 49, Pz.Nachr.Abt. 90, Pz.Div.Nachsch.Fhr. 90.*

Pendant la campagne de Pologne, la division est placée en réserve car elle n'est pas encore tout à fait complète. Elle joue un rôle déterminant en mai-juin 1940. Rattachée au *XIX.A.K. (mot.)* puis au *XIV. A.K. (mot.)* de la *Gruppe von Kleist*, elle traverse le Luxembourg et la Belgique, franchit la Meuse à Wadelincourt et parvient jusqu'aux côtes de la Manche. Elle

History :

10. Pz.Div. was raised in Prague on 1 April 1939. It was composed of men drawn from, among others, 20. and 29. Inf.Div. (mot.). It then comprised the following units: Inf.Rgt. (mot.) 86, Pz.Rgt. 8, II./Art.Rgt. (mot.) 29, I/Aufkl. Rgt. 8, Pi.Btl. 49, Pz.Nachr.Abt. 90, Pz.Div.Nachsch.Fhr. 90.

At the time of the Polish campaign, not being quite up to full strength, the division was placed in the reserve. It played a decisive role in May-June 1940. Attached to XIX.A.K. (mot.) then to XIV. A.K. (mot.) with Gruppe von Kleist, it passed through Luxembourg and Belgium, crossing the Meuse at Wadelincourt and reaching the Channel coast. It remained in

reste en France jusqu'en février 1941, époque à laquelle elle retourne en Allemagne. Elle cède son *Panzer-Regiment 8* à la nouvelle *15. Panzer-Division*.

En juin 1941, elle participe à l'opération « Barbarossa » au sein du *XXXXVI. A.K. (mot.)* de la *Pz.Gr. 2* (groupe d'armées « Centre »). Elle combat dans le secteur de Minsk puis à Smolensk. Elle prend part à la marche sur Moscou avec le *XXXX. Pz.K.* de la *Pz.Gr. 4* (groupe d'armées « Centre »). Elle combat à Gzchatsk et Wiasma et subit durement la contre-offensive soviétique de l'hiver 1941-42. Elle est ensuite envoyée dans le Nord de la France (secteur d'Amiens) pour reconstitution (mai 1942). En août 1942, elle est en réserve pour intervenir contre le débarquement britannique de Dieppe. En novembre de cette année, elle prend part à l'occupation de la zone libre et avance jusque dans la région de Marseille-Toulon. De là, elle part en Tunisie. Elle combat dans le secteur de Tunis, empêchant les forces américaines de prendre cette ville. La *10. Pz.Div.* est finalement capturée par les Américains lors de l'écroulement du front de Tunisie en mai 1943.

Beaucoup moins engagée que les précédentes divisions, la *10. Pz.Div.* a donné 17 chevaliers de la Croix de fer et 2 titulaires des feuilles de chêne.

France until February 1941, when it was sent home to Germany.

In June 1941, it took part in Operation "Barbarossa" as part of XXXXVI. A.K. (mot.) (Pz.Gr. 2, Army Group "Mitte"). It fought in the Minsk sector then at Smolensk. It took part in the march on Moscow alongside XXXX. Pz.K. (Pz.Gr. 4, Army Group "Mitte"). It fought at Gzchatsk and Wiasma and took the full weight of the Soviet counter-offensive during the winter of 1941-42. It was later dispatched to re-form in northern France (Amiens sector) (May 1942). In August 1942, it was held in reserve to intervene against the British landing at Dieppe. In November of that year, it took part in the occupation of the unoccupied zone of France, advancing as far as the Marseilles-Toulon area. From there it left for Tunisia. It fought in the Tunis sector, preventing the American forces from taking the city. 10. Pz.Div. was finally captured by the Americans when the Tunisian front collapsed in May 1943.

Being much less committed than the above divisions, 10. Pz.Div. produced 17 Knights of the Iron Cross and 2 with Oak Leaves.

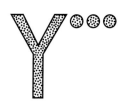

2. Emblème arboré pendant la campagne à l'Ouest en mai-juin 1940.

2. Emblem used during the campaign in the West in May-June 1940.

3. Emblème arboré sur le front de l'Est en 1941-1942, à l'Ouest en 1942 et à Tunis en 1943.

3. Emblem used on the eastern front in 1941-1942, in the West in 1942 and in Tunis in 1943.

4. Variante qui aurait été arborée au cours de l'été 1942 en France.

4. Variant thought to have been used in France during the summer of 1942.

11. Panzer-Division

- **Origine/*Origin*** : Wehrkreis VIII (Görlitz)

- **Composition :**

1940 : 11. Schützen-Brigade (Schützen-Rgt. 110, Schützen-Rgt. 111, Kradschtz.Btl. 61), Pz.Rgt. 15, Pz.Art.Rgt. 119, Pz.Jäg.Abt. 61, Pz.Pi.Btl. 209, Pz.Aufkl.Abt. 231, Pz.Nachr.Abt. 241, Kdr.Pz.Div.Nachsch. 61, Felders.Btl. 61.

1942 : Pz.Gr.Rgt. 110, Pz.Gr.Rgt. 111, Pz.Rgt. 15, Pz.Aufkl.Abt. 11, Pz.Art.Rgt. 119, Pz.Jäg.Abt. 61, Pz.Pi.Btl. 209, H.Flakart.Abt. 277, Pz.Kradschtz.Btl. 89, Kdr.Div. Pz.Nachr.Tr. 61, Pz.Nachr.Abt. 89, Felders.Btl. 119.

- **Commandeurs/*Commanders*** : *Oberst* Günther Angern (4.XII.1939-31.VII.1940), *Gen.Maj.* Lüdwig Crüwell (1.VIII.1940-14.VIII.1941), *Gen.Maj.* Günther Angern (15-23.VIII.1941, m.d.F.b.), *Gen.Maj.* Hans-Karl *Frhr* von Esebeck (24.VIII.-20.X.1941), *Gen.Maj.* Walter Scheller (21.X.1941-15.V.1942), *Oberst (Gen.Maj.⇒ Gen.Lt.)* Hermann Balck (16.V.1942-4.III.1943), *Gen.Lt.* Dietrich von Choltitz (5.III.-14.V.1943), *Gen.Maj.* Johannes Mickl (15.V.-11.VIII.1943, m.d.F.b.), *Oberst (Gen.Maj.)* Wend von Wietersheim (12.VIII.1943-9.IV.1945), *Gen.Maj.* Horst *Frhr* Treusch von Butlar-Brandenfels (10.IV.-V.1945).

11. Panzer-Division

1 et **2.** Ces deux emblèmes ont été arborés par la division jusqu'à la fin de la guerre, individuellement ou conjointement.

1 and **2.** *Either one or both of these two emblems were used by the division until the end of the war.*

- **Historique :**

La *11. Pz.Div.* est constituée le 1er août 1940 à partir de la *11. Schützen-Brigade* et du *Pz.Rgt. 15* issu de la *5. Pz.Div.* ainsi que des éléments provenant des *231.*, *311.* et *209. Inf.Div.* Ses membres sont majoritairement d'origine silésienne. Comme les précédentes, la division connaît plusieurs restructurations. Le 1er décembre 1941, l'*Aufkl.Abt. 231.* fusionne avec le *Kradschtz.Btl.* pour devenir la *Pz.Aufkl.Abt. 11.* La *Flakart.Abt. 277* rejoint la division le 22 mai 1942, tout d'abord comme *IV./Pz.Art.Rgt. 119* puis comme unité autonome à partir du 1er mai 1943. À l'automne 1942, l'état-major de la *11. Schützen-Brigade* est dissous.

La *11. Pz.Div.* est engagée pour la première fois en avril 1941 en Yougoslavie avec le *XIV. A.K. (mot.)* de la *Pz.Gr. 1.* Partie de Bulgarie, elle parvient jusqu'à Belgrade et contribue à la prise de cette ville. Elle est ensuite envoyée sur le front russe où elle est affec-

History :

11. Pz.Div. was formed on 1 August 1940 from 11. Schützen-Brigade and Pz.Rgt. 15 drawn from 5. Pz.Div. and from elements of 231., 311. and 209. Inf.Div. Its members were mostly from Silesia. Like the above divisions, this division came in for a number of reorganizations. On 1 December 1941, Aufkl.Abt. 231. merged with Kradschtz.Btl. to become Pz.Aufkl.Abt. 11. Flakart.Abt. 277 joined the division on 22 May 1942, first as IV./Pz.Art.Rgt. 119 then as an independent unit from 1 May 1943. In the autumn of 1942, the general staff of 11. Schützen-Brigade was disbanded.

11. Pz.Div. was engaged for the first time in Yugoslavia in April 1941 with XIV. A.K. (mot.) of Pz.Gr. 1. Starting out from Bulgaria, it got as far as Belgrade and helped to capture that city. It was then dispatched to the Russian front where it was assigned to XXXX-

tée au *XXXXVIII. A.K. (mot.)* du général Kempf (*Pz.Gr. 1*, groupe d'armées « Sud »). Elle se distingue lors des batailles de Kiev et d'Ouman puis participe à la marche sur Moscou au sein du *XXXXVI. Pz.K.* de la *Pz.Gr. 4* (groupe d'armées « Centre »).

En juin 1942, elle prend part à la grande offensive d'été sur le Don et la Volga avec la *4. Pz.Armee*, sans cependant être engagée à Stalingrad. Elle combat sur le Don et le Donetz avec la *2. Pz.Armee* puis au sein du groupe d'armées « Don ». Elle subit de grosses pertes au cours de l'hiver 1942-43. Elle joue un rôle important en contribuant à arrêter l'Armée Rouge dans le secteur de Rostov. En juillet 1943, elle participe à l'opération « Citadelle » au sein du *XXXXVIII. Pz.K.* de la *4. Pz.Armee* (groupe d'armées « Sud »). Elle est de nouveau fortement éprouvée lors de la bataille de Krivoï Rog fin 1943. En février 1944, elle fait partie des divisions encerclées à Tcherkassy. Elle parvient à percer mais perd la plus grande partie de ses véhicules. Elle est alors recomplétée avec les restes de la *123. Inf.Div.* puis retirée du front et placée en France dans la région de Bordeaux. Là, elle reçoit du personnel issu de la *273. Res.Pz.Div.* Après avoir stationné dans le secteur de Toulouse, elle rejoint la vallée du Rhône en juillet 1944. Elle combat puis retraite le long du couloir rodhanien et rejoint Besançon. Elle est ensuite engagée en Alsace et contribue à la défense de la trouée de Belfort puis retraite vers la Sarre. En décembre 1944, elle combat dans les Ardennes avec le *XIII. SS-K.* de la *1. Armee* (groupe d'armées « G »). Au début de la bataille, elle compte 3 500 hommes seulement dont 800 fantassins. La *11. Pz.Div.* se bat ensuite en Sarre et en Moselle, notamment dans le secteur de Trèves au sein de la *7. Armee* (janvier 1945). Elle est engagée à Remagen avec les 4 000 hommes, 25 chars et 18 canons qui lui restent mais elle est repoussée. Malgré ses pertes, elle est alors considérée comme une des divisions blindées les plus fortes du front de l'Ouest ! En mars 1944, elle appartient au *LXXXI. A.K.* de la *15. Armee* (groupe d'armées « B »). Elle part ensuite sur la partie méridionale du front ce qui lui permet d'échapper à l'encerclement des forces stationnées dans la Ruhr. La *11. Pz. Div.* continue de se battre jusqu'en mai 1945, époque à laquelle elle appartient au *LXXXV. A.K.* de la *7. Armee* (groupe d'armées « G »). Ses derniers restes sont capturés le 4 mai 1945 dans la forêt bavaroise par la 3ᵉ armée américaine.

47 membres de la *11. Pz.Div.* ont été décorés de la Croix de chevalier de la Croix de fer, 4 des feuilles de chêne, 3 des glaives (dont Wend von Wietersheim, commandeur de la division, 26 mars 1944, n° 58) et un de la Croix de chevalier du mérite de guerre.

VIII. A.K. (mot.) under General Kempf (*Pz.Gr. 1*, Army Group "Süd"). It fought with distinction during the battles of Kiev and Uman, later taking part in the march on Moscow as part of *XXXXVI. Pz.K.* (*Pz.Gr. 4*, Army Group "Mitte").

In June 1942, it took part with *4. Pz.Armee* in the great summer offensive on the Don and the Volga, although it was not engaged at Stalingrad. It fought on the Don and Donetz with *2. Pz.Armee*, then as part of Army Group "Don". It sustained heavy losses during the winter of 1942-43. It played a major role in helping to stop the Red Army in the Rostov sector. In July 1943, it took part in Operation "Zitadelle" as part of *XXXXVIII. Pz.K.* (*4. Pz.Armee*, Army Group "Süd"). It was again severely tested during the battle of Krivoi Rog in late 1943. In February 1944, it was one of the divisions encircled at Cherkassy. It managed to break out but lost most of its vehicles. Its numbers were then made up with the remnants of *123. Inf.Div.*, then it was withdrawn from the front and placed in the Bordeaux area of France. There, it received staff drawn from *273. Res.Pz.Div.* After being stationed in the Toulouse sector, it was moved to the Rhône valley in July 1944. It then retreated along the Rhône corridor, reaching Besançon. It was later engaged in Alsace and helped in the defense of the Belfort Gap then retreated towards the Saar. In December 1944, it fought in the Ardennes with *XIII. SS-K.* (*1. Armee*, Army Group "G"). At the start of the battle, it numbered just 3,500 men including 800 infantry. *11. Pz.Div.* went on to fight in Saarland and the Moselle, notably in the Trèves sector as part of *7. Armee* (January 1945). It was engaged at Remagen with the 4,000 men, 25 tanks and 18 guns still left to it, but was repulsed. Despite its losses, it was at the time viewed as one of the most powerful armored divisions on the Western front! In March 1944, it was allocated to *LXXXI. A.K.* (*15. Armee*, Army Group "B"). It later moved to the southern section of the front, thus avoiding the encirclement that befell the forces stationed in the Ruhr. *11. Pz. Div.* It fought on until May 1945, when it was assigned to *LXXXV. A.K.* (*7. Armee*, Army Group "G"). Its last remnants were captured on 4 May 1945 in the Bavarian forest by the US 3rd Army.

47 members of 11. Pz.Div. were awarded the Knight's Cross of the Iron Cross, 4 Oak Leaves, 3 Swords (including divisional commander Wend von Wietersheim on 26 March 1944, n° 58) and one Knight's Cross of the War Merit Cross.

12. Panzer-Division

- **Origine/*Origin*** : Wehrkreis II (Stettin)
- **Composition** :

1940 : 12. Schützen-Brigade (Schützen-Rgt. 5, Schützen-Rgt. 25, Kradschtz.Btl. 22), Pz.Rgt. 29, Art.Rgt. (mot.) 2, Pz.Jäg.Abt. 2, Pz.Pi.Btl. 32, Aufkl.Abt. (mot.) 2, Pz.Div.Nachr.Abt. 2, Pz.Div.Nachsch.Fhr. 2, Felders.Btl. 2.

1943 : Pz.Gr.Rgt. 5, Pz.Gr.Rgt.25, Pz.Rgt. 29, Pz.Aufkl.Abt. 12, Pz.Art.Rgt. 2, Pz.Jäg.Abt. 2, Pz.Pi.Btl. 32, H.Flakart.Abt. 303, Pz.Nachr.Abt.2, Kdr.Pz.Div.Nachsch. Tr. 2, Felders.Btl. 2.

- **Commandeurs/*Commanders*** : *Gen.Maj.* Josef Harpe (5.X.1940-14.I.1942), *Oberst (Gen.Maj. ⇒ Gen.Lt.)* Walter Wessel (15.I.1942-28.II.1943, m.d.F.b.), *Oberst (Gen.Maj. ⇒ Gen.Lt.)* Erpo *Frhr* von Bodenhausen (20.IV.1943-27.V.1944), *Oberst* Gerhard Müller (28.V.-15.VII.1944, in Vertretung), *Gen.Lt.* Erpo *Frhr* von Bodenhausen (16.VII.1944-IV.1945).

- **Historique** :

La *12. Pz.Div.* est créée le 5 octobre 1940 à partir de la *2. Inf.Div. (mot.)*. Elle prend son nom définitif le 10 janvier 1941. En 1941-42, la division connaît les

History :

12. Pz.Div. was raised on 5 October 1940 from 2. Inf.Div. (mot.). It took its definitive name on 10 January 1941. In 1941-42, the division came in for the fol-

modifications suivantes : d'août à novembre 1941, l'*Aufkl.Abt. (mot.) 2* et le *Kradschtz.Btl. 12* forment la *Pz.Aufkl. 2* et la *Vorausabt. 2*. Ces deux unités seront rassemblées au sein de la *Pz.Aufkl.Abt. 12*. La *12. Schützen-Brigade* est dissoute le 22 novembre 1942.

La division participe à l'opération « Barbarossa » au sein du *XXXIX. A.K. (mot.)* de la *Pz.Gr. 3* (groupe d'armées « Centre »). Elle combat dans le secteur de Minsk, franchit le Dniepr, est engagée à Smolensk puis rejoint le groupe d'armées « Nord »(septembre 1941). Là, elle participe à la bataille de la Mga. Elle est fortement éprouvée par la contre-offensive soviétique de l'hiver 1941-42. Elle est retirée du front et placée en Estonie pour reconstitution. Elle revient dans le secteur du groupe d'armées « Nord » et combat au sud de Leningrad en 1942. Elle est affectée au groupe d'armées « Centre » et combat dans les secteurs d'Orel, Briansk et Gomel (mars-juillet 1943). En janvier 1944, elle revient dans le groupe d'armées « Nord » mais arrive trop tard pour empêcher la rupture du siège de Leningrad. Elle se distingue ensuite lors de la retraite à travers les Pays Baltes. Au cours de l'été 1944, elle intervient pour empêcher l'encerclement des *4.* et *9. Armeen* en Biélorussie. Elle échoue et, en octobre, elle se retrouve elle-même encerclée dans la poche de Courlande avec la *18.Armee* à laquelle elle est rattachée. Elle est rapatriée en Allemagne par mer début 1945. Elle finit la guerre en Prusse Orientale dans le secteur de Frauenburg (réserve du groupe d'armées « Nord »). Elle est alors réduite à la taille d'un *Kampfgruppe*...

La *12. Pz.Div.* a donné 49 chevaliers de la Croix de fer et 6 titulaires des feuilles de chêne.

lowing modifications: from August to November 1941, *Aufkl.Abt. (mot.) 2* and *Kradschtz.Btl. l22* formed *Pz. Aufkl. 2* and *Vorausabt. 2*. Those two units were brought together as part of *Pz.Aufkl.Abt. 12*. *12. Schützen-Brigade* was disbanded on 22 November 1942.

The division took part in Operation "Barbarossa" as part of *XXXIX. A.K. (mot.)* (Pz.Gr. 3, Army Group "Mitte"). It fought in the Minsk sector, crossed the Dnieper, was engaged at Smolensk, and then joined Army Group "Nord" (September 1941). There it took part in the battle of the Mga. It was badly battered in the Soviet counter-offensive of the winter of 1941-42. It was withdrawn from the front and sent to reform in Estonia. It returned to the sector of Army Group "Nord" and fought south of Leningrad in 1942. It was allocated to Army Group "Mitte" and fought in the Orel, Briansk and Gomel sectors (March-July 1943). In January 1944, it rejoined Army Group "Nord" but arrived too late to prevent the lifting of the siege of Leningrad. It later fought with distinction during the retreat through the Baltic states. During the summer of 1944, it intervened to prevent encirclement of *4.* and *9. Armeen* in Byelorussia. It failed and in October it was itself encircled in the Courland pocket along with *18.Armee* to which it was attached. It was repatriated to Germany by sea early in 1945. It ended the war in East Prussia in the Frauenburg sector (Army Group "Nord" reserve), by now reduced to the size of a *Kampfgruppe*...

12. Pz.Div. produced 49 Knights of the Iron Cross and 6 with Oak Leaves.

12. Panzer-Division

1. Cet emblème aurait été arboré pendant la phase de constitution à partir du 5 octobre 1940 jusqu'au mois de janvier 1941. Il n'est pas confirmé.

1. This emblem is thought to have been used during the constitution phase from 5 October 1940 until January 1941. It is unconfirmed.

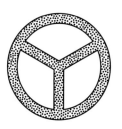

2. Emblème arboré jusqu'à la fin de la guerre.

2. Emblem used until the end of the war.

3. Emblème arboré pendant une courte période, probablement à l'été 1943.

3. Emblem used for a short period, probably during the summer of 1943.

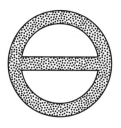

4. Emblème arboré pendant une courte période à l'été 1944, probablement en Prusse Orientale. Non confirmé.

4. Emblem used for a short period during the summer of 1944, probably in East Prussia. Unconfirmed.

13. Panzer-Division

- **Origine/*Origin*** : Wehrkreis XI (Magdeburg)
- **Composition :**

1940 : 13. Schützen-Brigade (Schützen-Rgt. 66, Schützen-Rgt. 93, Kradschtz.Btl. 43), Pz.Rgt. 4, Pz.Art.Rgt. 3, Pz.Jäg.Abt. 13, Pz.Pi.Btl. 4, Pz.Aufkl.Abt. 13, Pz.Div. Nachr.Abt. 13, Pz.Div.Nachsch.Fhr. 13, Felders.Btl. 13.

1943 : Pz.Gr.Rgt. 66, Pz.Gr.Rgt. 93, Pz.Rgt. 4, Pz.Aufkl.Abt. 13, Pz. Art.Rgt. 13, Pz.Jäg.Abt. 13, Pz.Pi.Btl. 4, H.Flakart.Abt. 271, Pz.Nachr.Abt. 13, Kdr.Pz.Div. Nachsch.Tr. 13, Felders.Btl. 13.

- **Commandeurs/*Commanders*** : *Oberst* Paul Otto (1.IV.-31.X.1939), *Gen.Maj.* Friedrich Wilhelm von Rotkirch und Panthen (1.XI.1939-13.VI.1941), *Gen.Maj.* Walter Düvert (14.VI.-30.XI.1941), *Gen.Maj.* Traugott Herr (1.XII.1941-31.X.1942), *Gen.Maj.* Helmuth von der Chevallerie (1-30.XI.1942), *Oberst* Wilhelm Crisolli (1.XII.1942-14.V.1943, m.d.F.b.), *Gen.Lt.* Helmuth von der Chevallerie (15.V.-31.VIII.1943), *Oberst (Gen.Maj.)* Eduard Hauser (1.IX.-25.XII.1943), *Oberst (Gen.Maj.)* Hans Mikosch (26.XII.1943-17.V.1944), *Oberst* Friedrich von Hake (18-24.V.1944, m.d.F.b.), *Gen.Lt.* Hans Tröger (25.V.-8.IX.1944), *Oberst (Gen.Maj.)* Gerhard Schmidhuber (9.IX.1944-2.II.1945), *Oberst d.Res.* Franz Bäke (9.III.-V.1945, m.d.F.b.).

- Historique :

La *13. Pz.Div.* est mise sur pied le 11 octobre 1940 à partir de la *13. Inf.Div.(mot.)*. Elle connaît les modifications suivantes dans sa structure : l'état-major de la *13. Schützen-Brigade* est dissous le 1er novembre 1942, l'*Aufkl.Abt. 13* et le *Kradschtz.Btl. 13* fusionnent le 10 avril 1942 pour former la *Pz.Aufkl.Abt.13* le 1er avril 1943. La *H.Flakart.Abt. 275* est rattachée pour une courte période au régiment d'artillerie

History :

13. Pz.Div. was raised on 11 October 1940 from *13. Inf.Div.(mot.)*. It came in for the following structural modifications: the general staff of 13. Schützen-Brigade was disbanded on 1 November 1942, Aufkl.Abt. 13 and Kradschtz.Btl. 13 merged on 10 April 1942, later forming Pz.Aufkl.Abt.13, on 1 April 1943. H.Flakart.Abt. 275 was attached for a short period to the artillery regiment as IV./Pz.Art.Rgt. 13. It was later

13. Panzer-Division

Emblème arboré jusqu'à la fin de la guerre.

Emblem used until the end of the war.

comme *IV./Pz.Art.Rgt. 13*. Elle est ensuite remplacée par la *H.Flakart.Abt. 271* au cours de l'hiver 1942.

Pendant l'hiver 1940-41, la division stationne en Roumanie où elle est occupée à des tâches d'entraînement. En mai 1941, elle revient en Allemagne. En juin 1941, elle participe à l'invasion de l'Union Soviétique au sein du *XXXXVIII. A.K. (mot.)* puis du *III. A.K. mot.* de la *Pz.Gr. 1* (groupe d'armées « Sud »). Elle combat à Ouman puis joue un rôle important dans l'encerclement de Kiev. Elle combat ensuite à Chernigovha et à Rostov. Après s'être opposée à la contre-offensive russe de l'hiver 1941-42, elle participe à l'attaque vers le Caucase, toujours avec la *1. Pz.Armee* (été 1942). Elle subit de grosses pertes dans le Terek et dans le secteur de Taganrog. Au cours de l'hiver 1942, elle est transférée dans le nord du Caucase. Le gros de la division parvient à quitter le Kouban avant la chute de Rostov et retraite vers la Crimée (printemps-été 1943). Affectée à la nouvelle *6. Armee*, la division participe aux batailles du Bas-Dniepr au cours desquelles elle enregistre de lourdes pertes, spécialement au moment de la défection roumaine (septembre 1944). À l'automne 1944, il ne lui reste plus que 40 chars. La *13. Pz.Div.* est alors retirée du front (octobre 1944) pour reconstitution. Elle remonte en ligne dès le mois de novembre. En décembre, une bonne partie de ses unités se retrouvent encerclées dans Budapest avec la *6. Armee* dont elles font partie.Seul un petit *Kampfgruppe* parvient à échapper à l'encerclement près de Budakeczi. La division est remise sur pied en mars 1945 et devient *Panzer-Division « Feldherrnhalle 2 »*.

38 membres de la *13. Pz.Div.* ont été décorés de la Croix de chevalier la Croix de fer, 5 des feuilles de chêne et un des glaives

replaced by H.Flakart.Abt. 271 during the winter of 1942.

During the winter of 1940-41, the division was stationed in Rumania where it engaged in training tasks. In May 1941, it returned to Germany. In June 1941, it took part in the invasion of the Soviet Union as part of XXXXVIII. A.K. (mot.) then III. A.K. mot. (Pz.Gr. 1, Army Group "Süd"). It fought at Uman then played a major role in the encirclement of Kiev. It went on to fight at Chernigovha and Rostov. After combating the Russian counter-offensive of the winter of 1941-42, it took part in the attack towards the Caucasus, still with 1. Pz.Armee (summer 1942). It sustained heavy losses in the Terek valley and in the Taganrog sector. During the winter of 1942, it was transferred to the northern Caucasus. The main body of the division managed to leave the Kuban before the fall of Rostov and retreat towards the Crimea (spring-summer 1943). Allocated to the new 6. Armee, the division took part in the battles of the lower Dnieper in the course of which it recorded heavy losses, especially at the time of the Rumanian defection (September 1944). In the autumn of 1944, it was down to 40 tanks. 13. Pz.Div. was then withdrawn from the front to re-form (October 1944). It rejoined the front line as of November. In December, a good number of its units were encircled in Budapest along with the rest of 6. Armee. Only one small Kampfgruppe managed to escape encirclement near Budakeczi. The division was re-formed in March 1945 as Panzer-Division "Feldherrnhalle 2".

38 members of 13. Pz.Div. were awarded the Knight's Cross of the Iron Cross, 5 Oak Leaves and one Swords.

14. Panzer-Division

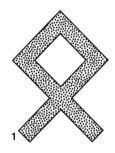

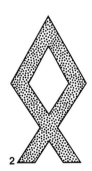

14. Panzer-Division
1. Emblème arboré jusqu'à la fin de la guerre.
2. Variante.

1. Emblem used until the end of the war.
2. Variant.

- **Origine/*Origin*** : Wehrkreis IV (Dresden)

- **Composition** :

1940 : 14. Schützen-Brigade (Schützen-Rgt. 103, Schützen-Rgt. 108, Kradschtz.Btl. 64), Pz.Rgt. 36, Pz.Art.Rgt. 4, Pz.Aufkl.Abt. 40, Pz.Jäg.Abt. 4, Pz.Pi.Btl. 13, Pz.Div.Nachr.Abt. 4, Pz.Div. Nachsch.Fhr. 4, Felders.Btl. 4.

Mai 1942/*May 1942* : Pz.Gr.Rgt. 103, Pz.Gr.Rgt. 108, Pz.Rgt. 36, Kradschtz.Btl. 64, Pz.Art.Rgt. 4 (avec la H-Flakart.Abt. 276/with the H-Flakart.Abt. 276), Pz.Jäg.Abt.4, Pz.Pi.Btl.13, Pz.Div.Nachr.Abt. 4, Kdr.Pz.Div.Nachsch.Tr.4, Felders.Btl. 4.

1943 : Pz.Gr.Rgt. 103, Pz.Gr.Rgt. 108, Pz.Rgt. 36, Pz.Aufkl.Abt.14, Pz.Art.Rgt. 4, Pz.Jäg.Abt. 4, Pz.Pi.Btl. 13, H.Flakart.Abt. 276, Pz.Div.Nachr.Abt. 4, Kdr.Pz.Div. Nachsch.Tr. 4, Felders.Btl. 4.

- **Commandeurs/*Commanders*** : Gen.Maj. (Gen.Lt. ⇒ Gen.d.Kav.) Erik Hansen (10.XI.1938-31.IX.1940), *Oberst* Heinrich von Prittwitz und Gaffron (1.X.1941-14.III.1941), Gen.Maj. Friedrich Kühn (15.III.1941-30.VI.1942), Gen.Maj. Ferdinand Heim (1.VII.-21.X.1942), *Oberst* Hans *Frhr* von Falkenstein (1-15.XI.1942, m.d.F.b.), Gen.Maj. Johannes Baessler (16-25.XI.1942), *Oberst (Gen.Maj.)* Martin Lattmann (26.XI.1942-I.1943), *Oberst (Gen.Maj.)* Friedrich Wilhelm Sieberg (1.IV.-29.X.1943), *Oberst (Gen.Maj.)* Martin Unrein (5.XI.1943-8.IX.1944), *Oberst* Oskar Munzel (9.IX.-30.XI.1944, in Vertretung), Gen.Lt. Martin Unrein (1.XII.1944-9.II.1945), *Oberst* Friedrich Wilhelm Jürgen (10.II.-14.III.1945, m.d.F.b.), *Oberst* Karl Grässel (15.III.-IV.1945, m.d.F.b.).

- **Historique :**

La *14. Pz.Div.* est formée le 15 août 1940 par transformation de la *4. Inf.Div.* Elle reçoit le *Pz.Rgt. 36* issu de la *4.Pz.Div.* Elle subit ensuite les modifications suivantes : l'*Aufkl.Abt. 40* est incorporée dans le *Kradschtz.Btl. 64*. L'état-major de la *14. Schützen-Brigade* est dissous le 15 novembre 1942.

En mars 1941, la division est affectée à la *11. Armee* et stationne en Allemagne. Elle est ensuite transférée en Hongrie puis participe à la campagne des Balkans avec le *XXXXVI. A.K. (mot.)* de la *2. Armee*. Partie de Hongrie, elle marche sur Zagreb puis traverse la Bosnie jusqu'à Sarajevo, s'empare de Mostar puis de Dubrovnik sur la côte adriatique. Après cette campagne, elle retourne en Allemagne et stationne dans le secteur de Döberitz où elle est complétée.

History :

14. Pz.Div. was formed on 15 August 1940 following the transformation of 4. Inf.Div. It received Pz.Rgt. 36 drawn from 4.Pz.Div. It later saw the following changes: Aufkl.Abt. 40 was incorporated into Kradschtz.Btl. 64. The general staff of 14. Schützen-Brigade was disbanded on 15 November 1942.

In March 1941, the division was allocated to 11. Armee and stationed in Germany. It was later transferred to Hungary taking part in the Balkans campaign with XXXXVI. A.K. (mot.) (2. Armee). On leaving Hungary, it marched on Zagreb then crossed through Bosnia as far as Sarajevo, capturing Mostar and then Dubrovnik, on the Adriatic coast. After that campaign, it returned to Germany and was stationed in the Döberitz sector where it was complemented.

plétée. En juin 1941, elle est engagée à l'Est au sein du *III. A.K. (mot.)* de la *Pz.Gr. 1* (groupe d'armées « Sud »). Elle franchit le Bug, combat à Jitomir, atteint le Dniepr à Krementschug puis participe à la bataille de Rostov. Après la contre-offensive soviétique de l'hiver 1941-42, elle participe à la marche sur le Don et la Volga avec le *XIX. Pz.K.* de la *1. Pz.Armee* puis avec le *XXXXVIII. Pz.K.* de la *4. Pz.Armee*. Elle combat à Stalingrad avec le *LI. A.K.* de la *6. Armee* et se retrouve encerclée. Elle disparaît avec la *6. Armee* en janvier 1943. Son chef, le *Gen.Maj.* Lattmann est capturé par les Soviétiques.

Une seconde *14. Pz.Div.* est formée en Bretagne-Anjou (secteur de Nantes-Angers) au cours de l'été 1943. Elle retourne dans le secteur sud du front de l'Est en novembre et combat dans le secteur de Krivoi Rog avec la *1. Pz.Armee* puis à Kirovograd et Tcherkassy avec la *8. Armee*, sur le Pruth et dans le secteur de Jassy avec la *6. Armee*. Elle subit de lourdes pertes lors de ces différents combats. Elle est retirée du front et de nouveau reconstituée au cours de l'été 1944. Elle rejoint ensuite le secteur nord du front de l'Est et se retrouve encerclée dans la poche de Courlande avec la *18. Armee*. Une partie de la division est évacuée vers l'Allemagne avec la *11. Inf.Div.* peu de temps avant la capitulation du groupe d'armées « Courlande ». Elle avait été choisie avec la *11. Inf.Div.* en raison de ses succès défensifs lors des différentes tentatives de l'Armée Rouge pour réduire la poche. Cependant, le gros de la division, resté dans la poche, tombe aux mains de l'Armée Rouge.

De 1940 à 1945, la *14. Pz.Div.* a donné 51 Croix de chevaliers de la Croix de fer (dont 12 sous-officiers et hommes de troupe), 6 titulaires des feuilles de chêne, un titulaire des glaives (*Oberst* Werner Mummert, chef du *Pz.Gren.Rgt. 103*, décoré le 23 octobre 1944). À cela, il faut ajouter un chevalier de la Croix du mérite de guerre.

In June 1941, it was engaged in the East as part of III. A.K. (mot.) (Pz.Gr. 1, Army Group "Süd"). It crossed the Bug River, fought at Zhitomir, reaching the Dnieper at Kremenchug, then took part in the battle of Rostov. After the Soviet counter-offensive of the winter of 1941-42, it took part in the march on the Don and the Volga first with XIX. Pz.K. (1. Pz.Armee) and then with XXXXVIII. Pz.K. (4. Pz.Armee). It fought at Stalingrad alongside LI. A.K. (6. Armee) and was encircled. It disappeared with 6. Armee in January 1943. Its commanding officer, Gen.Maj. Lattmann, was captured by the Soviets.

A second 14. Pz.Div. was formed in Brittany-Anjou (Nantes-Angers sector) during the summer of 1943. It returned to the southern sector of the Eastern front in November, fighting in the Krivoi Rog sector with 1. Pz.Armee then at Kirovograd and Cherkassy with 8. Armee, and on the Pruth and in the Jassy sector with 6. Armee. It sustained heavy losses in these different battles. It was withdrawn from the front and refitted during the summer of 1944. It went on to join the northern sector of the Eastern front and was encircled with 18. Armee in the Courland pocket. Part of the division was withdrawn to Germany with 11. Inf.Div. shortly before Army Group "Courland" surrendered. It had been selected along with 11. Inf.Div. on account of its defensive success during the Red Army's various attempts to reduce the pocket. However, the main body of the division remained caught in the pocket and fell into the hands of the Red Army.

From 1940 to 1945, 14. Pz.Div. produced 51 Knights of the Iron Cross (including 12 NCOs and men), 6 with Oak Leaves, one with Swords (Oberst Werner Mummert, commanding officer of Pz.Gren.Rgt. 103, decorated on 23 October 1944). To which must be added one War Merit Knight's Cross.

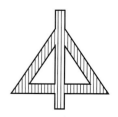

15. Panzer-Division

- **Origine/*Origin* :** Wehrkreis XII (Kaiserslautern)

- **Composition :**

1940 : 15. Schützen-Brigade (Schützen-Rgt. 104, Schützen-Rgt. 115, Kradschtz.Btl. 15), Pz.Rgt. 8, Pz.Art.Rgt. 33, Aufkl.Abt. (mot.) 33, Pz. Jäg.Abt. 33, Pz.Pi.Btl. 33, Pz.Div.Nachr.Abt. 78, Pz.Div.Nachsch.Fhr. 33, Felders.Btl. 33.

- **Commandeurs/*Commanders* :** *Gen.Maj.* Friedrich Kühn (5.X.1940-21.III.1941), *Gen.Maj.* Heinrich von Prittwitz und Gaffron (22.III.-10.IV.1941), *Gen.Maj.* Hans Karl von Esebeck (13.IV.-24.VII.1941), *Gen.Maj.* Walter Neumann-Silkow (25.VII.-5.XII.1941), *Oberst* Erwin Menny (6-8.XII.1941, m.d.F.b.), *Gen.Maj.* Gustav von Vaerst (9.XII.1941-25.V.1942), *Oberst* Eduard Crasemann (26.V.-7.VII.1942), *Gen.Maj.* Gustav von Vaerst (8.VII.-31.VIII.1942), *Gen.Maj.* Heinz von Randow (1-17.IX.1942,m.d.F.b.), *Gen.Maj.* Gustav von Vaerst (17.IX.-11.XI.1942), *Oberst* Eduard Crasemann (11.XI.1942, m.d.F.b.), *Gen.Maj.* Gustav von Vaerst (11.XI.-12.XII.1942), *Oberst (Gen.Maj.)* Willibald Borowietz (12.XI.1942-13.V.1943).

- **Historique :**

La *15. Pz.Div.* est créée le 1er novembre 1940 à partir de la *33. Inf.Div.* et du *Pz.Rgt. 8*.

Au printemps 1941, elle est envoyée en Libye. Au cours de l'été, elle abandonne son *Schtz.Rgt.104* et son *Kradschtz.Btl. 15* à la *5. Leichte Division* qui sera transformée peu après en *Pz.Div.* sous le numéro 21. La *15. Pz.Div.* participe à toutes les batailles qui se déroulent en Afrique du Nord, sauf à celle de Benghazi (avril 1941). Elle combat ainsi à Tobrouk en avril-mai 1941, contribue à la défaite des troupes britanniques au cours de l'été 1941. Elle est fortement éprouvée lors de l'opération « Crusader » (nov.-déc. 1941) au cours de laquelle son commandeur, le *Generalmajor* Neumannn-Silkow, meurt des suites

History :

15. Pz.Div. was set up on 1 November 1940, drawn from 33. Inf.Div. and Pz.Rgt. 8.

In the spring of 1941, it was dispatched to Libya. That summer, it abandoned its Schtz.Rgt.104 and Kradschtz.Btl. 15 to 5. Leichte Division, which was shortly afterwards turned into Pz.Div. with number 21. 15. Pz.Div. took part in all the battles fought in North Africa, except for Benghazi (April 1941). Thus it fought at Tobruk in April-May 1941, contributing to the defeat of the British troops during the summer of 1941. It was sorely tested during Operation "Crusader" (Nov.-Dec. 1941) during which its commander, Generalmajor Neumannn-Silkow, died of his wounds. It then withdrew across Libya, losing a fair number of tanks.

15. Panzer-Division

Ces quatre emblèmes ont été arborés par la division de 1940 à 1943.

These four emblems were used by the division from 1940 to 1943.

de ses blessures. Elle retraite ensuite à travers la Libye et perd une bonne partie de ses chars. En janvier 1942, elle reçoit de nouveaux chars arrivés par bateau. Elle combat au cours de la seconde campagne de Cyrénaïque et contribue à la reprise de Benghazi. Fin 1942, on la retrouve sur la ligne Gazala, à Tobrouk puis en Egypte. Mais elle est pratiquement anéantie lors de la bataille d'El Alamein. En novembre 1942, au cours de la seconde retraite vers l'ouest, son *Pz.Rgt. 8* perd tous ses chars et tous ses chefs, morts au combat. La division est finalement complètement détruite en Tunisie (mai 1943).

Au cours de son engagement en Afrique du Nord, la *15. Pz.Div.* a vu 19 de ses membres décorés de la Croix de chevalier de la Croix de fer, 3 des feuilles de chêne.

In January 1942, more tanks were shipped through to it. It fought in the second campaign of Cyrenaica and helped to recapture Benghazi. We find it again at the end of 1942, on the Gazala Line, at Tobruk, then in Egypt. But it was practically wiped out during the battle of Alamein. In November 1942, during the second westward retreat, its Pz.Rgt. 8 lost all its tanks and all its commanding officers, killed in action. The division was finally and utterly destroyed in Tunisia (May 1943).

During its engagement in North Africa, 15. Pz.Div. saw 19 of its members awarded the Knight's Cross of the Iron Cross, 3 with Oak Leaves.

16. Panzer-Division

1. Emblème arboré jusqu'à la fin de la guerre.
1. Emblem used until the end of the war.

2. Insigne de casquette.
2. Cap insignia.

16. Panzer-Division

- Origine/*Origin* : Wehrkreis VI (Münster)

- Composition :

1940 : 16. Schützen-Brigade (Schützen-Rgt. 64, Schützen-Rgt. 79, Kradschtz.Btl. 16), Pz.Rgt. 2, Pz.Art.Rgt 16, Pz.Aufkl.Abt. 16, Pz.Jäg. Abt. 16, Pz.Pi.Btl. 16, Pz.Div.Nachsch.Abt. 16, Pz.Div.Nachsch.Fhr. 16, Felders.Btl. 16.

1943 : Pz.Gr.Rgt. 64, Pz.Gr.Rgt. 79, Pz.Rgt. 2, Pz.Aufkl.Abt. 16, Pz.Art.Rgt. 16, Pz.Jäg.Abt. 16, Pz.Pi.Btl 49, H.Flakart.Abt. 274, Pz.Div.Nachr.Abt. 16, Kdr.Pz.Div. Nachsch Tr. 16, Felders.Btl. 16.

- Commandeurs/*Commanders* : *Gen.Maj.* Hans Valentin Hube (1.VI.1940-14.IX.1942), *Gen.Maj.* Günther Angern (15.IX.1942-2.II.1943), *Obstlt.* Burkhart Müller-Hildebrand (3-28.II.1943, m.d.F.b.), *Oberst (Gen.Maj.)* Rudolf Sieckenius (5.III.-31.X.1943), *Oberst (Gen.Maj.)* Hans Ulrich Back (1.XI.1943-14.VIII.1944), *Oberst (Gen.Maj.)* Dietrich von Müller (15.VIII.1944-18.IV.1945), *Oberst* Kurt Treuhaupt (19.IV.-V.1945).

- Historique :

La *16. Pz.Div.* est mise sur pied le 1er novembre 1940 à partir de la *16. Inf.Div.(mot.)*. Elle est dotée du *Pz.Rgt. 2*, issu de la *1. Pz.Div.* L'état-major de sa *16. Schützen-Brigade* sera dissous en novembre 1942.

En décembre 1940, la division part pour la Roumanie. Sous le nom de code de *Lehrstab-R II*, elle est subordonnée à la mission militaire allemande à Bucarest et entraîne l'armée roumaine. Elle est gardée en réserve (au sein du *L. A.K.* de la *12. Armee*) lors de l'invasion des Balkans en avril 1941. En juin 1941, elle participe à l'invasion de l'Union Soviétique au sein des *XIV. et XXXXVIII. A.K. (mot.)* de la *Pz.Gr. 1* (groupe d'armées « Sud »). Elle combat en Ukraine, participe à la bataille d'Ouman, s'empare de Nikolaïev puis est engagée à Kiev. Elle est sur le Mious au moment où se déclenche la contre-offensive soviétique de l'hiver 1941-42. Au printemps 1942, elle prend part à l'offensive sur le Don et la Volga (opération « bleu ») avec le *XIV. Pz.K.* rattaché à la *6. Armee*. Elle combat à Stalingrad avec le *XI. A.K.* Encerclée avec toute la *6. Armee*, elle est anéantie en janvier 1943. Son chef, le *Generalmajor* Günther Angern, se suicide le 2 février

En mars 1943, une seconde *16. Pz.Div.* est constituée en France dans le secteur de Vitré-Mayenne-Laval avec les restes de la division et avec les renforts du *verst.Gren.Rgt. (mot.) 890*. Elle est envoyée en Italie dans le secteur de Tarente (juin 1943) puis placée en réserve dans le secteur de Sienne jusqu'en septembre. Elle rejoint ensuite le secteur de Salerne juste avant le débarquement américain de Sicile. Elle encaisse le gros de l'attaque américaine mais inflige aux attaquants de grosses pertes. Elle-même perd au cours de ces combats les deux tiers de ses effectifs. La division continue de se battre au nord de Naples jusqu'à la fin de l'année 1943, époque à laquelle elle repart pour le secteur sud du front de l'Est. Elle arrive dans le secteur de Bobruisk en décembre 1943 et prend part à des combats défen-

History :

16. Pz.Div. was raised on 1 November 1940 from 16. Inf.Div.(mot.). It was given Pz.Rgt. 2, drawn from 1. Pz.Div. The general staff of its 16. Schützen-Brigade was disbanded in November 1942.

In December 1940, the division set off for Rumania. Codenamed Lehrstab-R II, it was subordinated to the German military mission at Bucharest and trained the Rumanian army. It was held in reserve (as part of L. A.K., 12. Armee) during the invasion of the Balkans in April 1941. In June 1941, it took part in the invasion of the Soviet Union as part of XIV. and XXXX-VIII. A.K. (mot.) (Pz.Gr. 1, Army Group "Süd"). It fought in the Ukraine, took part in the battle of Uman, captured Nikolaïev and was later engaged at Kiev. It was on the Mius at the launching of the Soviet counter-offensive of the winter of 1941-42. In the spring of 1942, it took part in the offensive on the Don and the Volga (Operation "Blau") with XIV. Pz.K. attached to 6. Armee. It fought at Stalingrad with XI. A.K. Encircled along with all the rest of 6. Armee, it was wiped out in January 1943. Its commanding officer, Generalmajor Günther Angern, committed suicide on 2 February.

In March 1943, a second 16. Pz.Div. was formed in France in the Vitré-Mayenne-Laval sector from the remnants of the division reinforced by verst.Gren.Rgt. (mot.) 890. It was dispatched to Italy in the Taranto sector (June 1943) then placed in the reserve in the Sienna sector until September. It later moved on to the Salerno sector just before the American landing in Sicily. It took the brunt of the American attack, inflicting heavy losses on the attackers, meanwhile losing two thirds of its own strength during the fighting. The division continued to fight to the north of Naples until the end of the year 1943, when it set off for the southern sector of the Eastern front. It arrived in the Bobruisk sector in December 1943 and took part in the defensive battles in the Parichi area. It was involved in the counter-thrust west of Kiev, a battle in which

sifs dans la zone de Parichi. Elle participe à la contre-offensive organisée à l'ouest de Kiev. Elle est fortement éprouvée lors de cette bataille. Elle retraite ensuite jusque dans le secteur de Baranow sur la Vistule. Au cours de l'été 1944, elle se replie à travers la Pologne. En octobre, elle stationne à Kielce où elle est reconstituée. En janvier, elle est renvoyée dans le secteur de Baranow où elle combat durement avant d'être repoussée jusqu'à Lauban (mars 1945) puis Pilsen (Plzen) et Karlsbad (Karlovy Vary) (avril 1945). Rattachée au *LIX. A.K.* de la *1. Pz.Armee* (groupe d'armées « Centre »), elle est alors réduite à la taille d'un *Kampfgruppe*. Une partie de ce *Kampfgruppe* se rend aux Russes, une autre aux Américains...

De 1941 à 1945, la *16. Pz.Div.* a donné 33 chevaliers de la Croix de fer (dont 10 issus du *Pz.Rgt. 2*), 3 titulaires des feuilles de chêne et un titulaire des glaives (Dietrich von Müller, commandeur de la division, le 20 février 1945, n° 134).

it was severely tested. It then retreated to the Baranov sector on the Vistula. During the summer of 1944, it fell back across Poland. In October, it was stationed at Kielce where it was reformed. In January, it was sent back to the Baranov sector where it fought hard until it was pushed back to Lauban (March 1945) then Pilsen (Plzen) and Karlsbad (Karlovy Vary) (April 1945). It was then assigned to LIX. A.K. (1. Pz.Armee, Army Group "Mitte"), by which time it was down to the size of a Kampfgruppe. One part of this Kampfgruppe surrendered to the Russians, the other to the Americans...

From 1941 to 1945, 16. Pz.Div. produced 33 Knights of the Iron Cross (including 10 from Pz.Rgt. 2), 3 with Oak Leaves and one with Swords (Dietrich von Müller, divisional commander, on 20 February 1945, n° 134).

17. Panzer-Division

- **Origine/*Origin*** : Wehrkreis VII (Augsburg)
- **Composition** :

1940 : 17. Schützen-Brigade (Schützen-Rgt. 40 et 63, Kradschtz Btl. 17), Pz.Rgt. 39, Art.Rgt. (mot.), Pz.Jäg.Abt. 27, Pz.Pi.Btl. 27, Pz.Aufkl.Abt. 27, Pz.Nachr.Abt. 27, Pz.Div.Nachsch.Fhr. 27, Felders. Btl. 27.

1943 : Pz.Gr.Rgt. 40, Pz.Gr.Rgt. 63, Pz.Rgt. 39, Pz.Aufkl.Abt. 17, Pz.Art.Rgt. 27, Pz.Jäg.Abt. 27 (à partir du Kradschtz.-Btl. 17/*from the Kradschtz.Btl. 17*), Pz.Pi.Btl. 27, H.Flakart.Abt. 297, Pz.Nachr.Abt. 27, Pz.Div.Nachsch.Tr. 27, Felders.Btl. 27.

- **Commandeurs/*Commanders*** : *Oberst* Karl *Ritter* von Weber (1.XI.-17.VII.1940, m.d.F.b.), *Gen.Maj.* Wilhelm *Ritter* von Thoma (18.VII.-14.IX.1941, m.d.F.b.), *Gen.Lt.* Hans-Jürgen von Arnim (15.IX.-10.XI.1941), *Oberst (Gen.Maj.)* Rudolf Eduard Licht (11.XI.1941-9.X.1942), *Gen.Maj. (Gen.Lt.)* Fridolin von Senger und Etterlin (10.X.1942-15.VI.1943), *Gen.Lt.* Walter Schilling (16.VI.-21.VII.1943), *Oberst (Gen.Maj.)* Karl-Friedrich von der Meden (22.VII.1943-18.IX.1944), *Oberst* Rudolf Demme (19.IX.-1.XII.1944, m.d.F.b.), *Oberst* Albert Brux (2.XII.1944-19.I.1945), *Oberst (Gen.Maj.)* Theodor Kretschmer (30.I.-8.V.1945).

17. Panzer-Division
Emblème arboré jusqu'à la fin de la guerre.
Emblem used until the end of the war.

- **Historique** :

La *17. Pz.Div.* est formée le 1er novembre 1940 à partir de la *27. Inf.Div.* Elle est restructurée pendant l'été 1942. La *I. Abt.* du *Pz.Rgt. 39* est cédée et devient *Pz.Abt. 129*, l'*Aufkl.Abt. 27* est intégrée au *Kradschtz.Btl.17.* Le 1er mai 1943, celui-ci devient *Pz.Aufkl.Abt. 17.* La *H-Flakart.Abt. 297* rejoint la division en juin 1943. Enfin, l'état-major de la *17. Schützen-Brigade* rejoint le *Gen.Kdo* du *IV. Pz.Korps.*

Cette division passe toute la guerre sur le front de l'Est. Elle participe à l'opération « Barbarossa » au sein du *XXXXVII. A.K. (mot.)* de la *Pz.Gr. 2* (groupe d'armée « Centre »). Elle combat à Brest-Litovsk, à Minsk, franchit le Dniepr et contribue à la prise de Smolensk. Elle se distingue à Orscha en détruisant cent chars soviétiques au cours de la seule journée du 9 juillet 1941 ! La *17. Pz.Div.* participe également à la marche et à la bataille de Moscou avec la *2. Pz.Armee.*

De janvier à novembre 1942, elle occupe un secteur de front dans la région d'Orel, toujours avec la *2. Pz.Armee.* En décembre, elle rejoint le groupe d'armées « Don » dans le secteur de Kotelnikovo. Au début de 1943, elle est affectée au *LVII. Pz.K* de la *4. Pz.Armee.* Elle est engagée dans l'opération « Orage d'hiver » (dégagement de la *6. Armee* enfermée dans la poche de Stalingrad). Elle échoue et se retrouve elle-même un temps encerclée. À la fin de ces opérations, il ne lui reste plus que 8 chars ! Après cette bataille, elle retraite du Donetz au Dniepr et traverse le nord de l'Ukraine. En février 1944, elle combat à Tcherkassy avec la *8. Armee* mais parvient à s'échapper. Affectée à la *4. Pz.Armee* elle arrive à Chelm en Pologne après une retraite via Proskurov, Chortkov et Stanislav. En septembre, on la retrouve à l'ouest de la Vistule. Jusqu'en

History :

17. Pz.Div. was formed on 1 November 1940 from 27. Inf.Div. It was reorganized during the summer of 1942. I. Abt., Pz.Rgt. 39 was transferred and became Pz.Abt. 129, Aufkl.Abt. 27 was incorporated into Kradschtz.Btl.17, which became Pz.Aufkl.Abt. 17 on 1 May 1943. H-Flakart.Abt. 297 joined the division in June 1943. Lastly, the general staff of 17. Schützen-Brigade joined Gen.Kdo, IV. Pz.Korps.

That division spent the entire war on the Eastern front. It took part in Operation "Barbarossa" as part of XXXXVII. A.K. (mot.) (Pz.Gr. 2, Army Group "Mitte"). It fought at Brest-Litovsk and Minsk, crossed the Dnieper, and helped to capture Smolensk. It distinguished itself at Orsha, destroying a hundred Soviet tanks in just one day on 9 July 1941! 17. Pz.Div. also took part with 2. Pz.Armee in the march on Moscow and the battle of Moscow.

From January to November 1942, still with 2. Pz.Armee, it occupied a sector of the front in the Orel area. In December, it joined Army Group "Don" in the Kotelnikovo sector. At the beginning of 1943, it was allocated to LVII. Pz.K (4. Pz.Armee). It was engaged in Operation "Winter Storm" (to extricate 6. Armee from the Stalingrad pocket). It failed and for a time was encircled. By the end of these operations, it had only 8 tanks left! After that battle, it retreated from the Donetz to the Dnieper and crossed through northern Ukraine. In February 1944, it fought with 8. Armee at Cherkassy but managed to escape. Assigned to 4. Pz.Armee, after retreating via Proskurov, Chortkov and Stanislav, it arrived at Chelm in Poland. In September, it was to the west of the Vistula. Until December, it fought in the sectors of Opatow, Chmielnik and Kielce, again in Poland. In January 1945, it faced the

décembre, elle combat dans les secteurs d'Opatow, Chmielnik et Kielce, toujours en Pologne. En janvier 1945, elle fait face à l'Armée Rouge dans la tête de pont de Baranow. Réduite à la taille d'un *Kampfgruppe*, elle retraite jusqu'à l'ouest de Görlitz après être passée par Konskie, Sorau et Luben. Elle est finalement capturée en Moravie pour une part par les Russes et pour une autre par les Américains (avril 1945)...

26 membres de la *17. Pz.Div.* ont été décorés de la Croix de chevalier de la Croix de fer, 2 des feuilles de chêne.

Red Army in the Baranov bridgehead. Reduced to the size of a Kampfgruppe, it retreated through Konskie, Sorau and Luben to west of Görlitz. It was finally captured in Moravia, partly by the Russians and partly by the Americans (April 1945)...

26 members of 17. Pz.Div. were awarded the Knight's Cross of the Iron Cross, 2 with Oak Leaves.

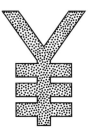

18. Panzer-Division

1. Emblème arboré par la division jusqu'à sa dissolution le 20 octobre 1943.

1. Emblem used by the division until it was disbanded on 20 October 1943.

2. Emblème arboré par les chars amphibies du régiment blindé.

2. Emblem used by the amphibious tanks of the armored regiment.

18. Panzer-Division

- **Origine/*Origin* :** Wehrkreis IV
- **Composition :**

1940 : 18. Schützen-Brigade (Schützen-Rgt. 52, Schützen-Rgt. 101, Kradschtz.Btl. 18), Pz.Rgt. 18, Pz.Rgt. 28, Pz.Art.Rgt. 88, Pz.Jäg.Abt. 88, Pz.Pi.Btl. 98, Pz.Aufkl.Abt. 88, Pz.Div.Nachr.Abt. 88, Kdr.Div.Nachsch.Tr. 88, Felders.Btl. 88.

1943 : Pz.Gr.Rgt. 52, Pz.Gr.Rgt. 101, Pz.Abt. 18, Pz.Aufkl. Abt. 18, Pz.Art.Rgt. 18, Pz.Jäg.Abt. 88, Pz.Pi.Btl. 98, H.Flakart.Abt. 292, Pz.Nachr.Abt. 88, Pz.Div.Nachsch. 88, Felders.Btl. 88.

- **Commandeurs/*Commanders* :** *Gen.Maj.* Walther Nehring (25.X.1940-25.I.1942), *Gen.Maj.* Karl *Frhr* von Thüngen (26.I.-31.VII.1942, m.d.F.b.), *Gen.Maj.* Albert Praun (1-24.VIII.1942, m.d.F.b.), *Gen.Maj.* Karl *Frhr* von Thüngen (25.VIII.-14.IX.1942), *Gen.Maj.* Erwin Menny (15.IX.-31.XII.1942, in Vertretung), *Gen.Lt.* Karl *Frhr* von Thüngen (1.I.-31.III.1943), *Oberst (Gen.Maj.)* Karl Wilhelm von Schlieben (1er.IV.-20.X.1943)

- Historique :

La *18. Pz.Div.* est créée dans le *Wehrkreis IV* le 26 octobre 1940. Elle reçoit le *52. Inf.Rgt. (mot.)* de la *4. Inf.Div.* et le *101. Inf.Rgt.(mot.)* de la *14. Inf.Div.* Elle connaît les restructurations suivantes : le *Pz.Rgt. 28* est dissous le 1er mars 1941, le Ier groupe de ce régiment rejoint le *Pz.Rgt. 6*, le IIe devient la *III./Pz.Rgt. 18*. Le *Pz.Rgt. 18* est à son tour dissous le 15 juin 1942, seul son IIe bataillon reste au sein de la division sous le nom de *Pz.Abt. 18*. La *H-Flakart.Abt. 292* rejoint la division au cours de l'hiver 1942...

La *18. Pz.Div.* est engagée en Russie en juin 1941 au sein du *XXXXVII. A.K. (mot.)* de la *Pz.Gr. 2* (groupe d'armées « Centre »). Elle franchit le Bug avec des chars amphibies conçus initialement pour l'opération « Seelöwe » (invasion de la Grande Bretagne). Elle combat à Minsk, sur le Dniepr et à Smolensk. Elle marche sur Moscou (toujours au sein du *XXXXVII. Pz.K.*) puis s'oppose à la contre-offensive russe de l'hiver 1941-42. Elle reste attachée à la *2. Pz.Armee* tout au long de l'année 1942. Elle participe aux batailles défensives qui se déroulent dans la partie centrale du front de l'Est au cours de l'année 1942-43. En juillet 1943, elle combat à Koursk (opération « Citadelle ») avec le *XXXXI. Pz.K.* de la *9. Armee* (groupe d'armées « Centre »). En octobre, elle combat autour de Kiev. Le mois suivant, elle subit de grosses pertes lors de la contre-offensive soviétique lancée à l'ouest de cette ville. Ses restes retraitent alors jusqu'à Orscha. La division est dissoute dans cette ville le 20 octobre 1943. Ses survivants sont envoyés à Vilnius en Lituanie où ils formeront le noyau de la *18. Art.Div.*, unité qui adoptera l'emblème de l'ex-*18. Pz.Div.*

Au cours de ses trois années d'existence, la *18. Pz.Div.* a donné 17 chevaliers de la Croix de fer.

History :

18. Pz.Div. was set up in Wehrkreis IV on 26 October 1940. It received 52. Inf.Rgt. (mot.) (4. Inf.Div.) and 101. Inf.Rgt.(mot.) (14. Inf.Div.). It came in for following reorganizations: Pz.Rgt. 28 was disbanded on 1 March 1941, the 1st group of this regiment joined Pz.Rgt. 6, the 2nd became III./Pz.Rgt. 18. Pz.Rgt. 18 was disbanded in turn on 15 June 1942, only its 2nd Battalion remaining part of the division under the name Pz.Abt. 18. H-Flakart.Abt. 292 joined the division during the winter of 1942...

18. Pz.Div. was engaged in Russia in June 1941 as part of XXXXVII. A.K. (mot.) (Pz.Gr. 2, Army Group "Mitte"). It crossed the Bug River with amphibious tanks originally designed for Operation "Seelöwe" (the invasion of Great Britain). It fought at Minsk, on the Dnieper and at Smolensk. It marched on Moscow (still as part of XXXXVII. Pz.K.) then faced the Russian counter-offensive during the winter of 1941-42. It remained attached to 2. Pz.Armee throughout the year 1942. It took part in the defensive battles fought in the central part of the Eastern front in 1942-43. In July 1943, it fought with XXXXI. Pz.K. (9. Armee, Army Group "Mitte") at Kursk (Operation "Zitadelle"). In October, it fought around Kiev. The following month, it sustained heavy losses during the Soviet counter-offensive launched to the west of that city. Its remnants then withdrew to Orsha. The division was disbanded in that city on 20 October 1943. Its survivors were dispatched to Vilnius in Lithuania where they formed the core of 18. Art.Div., which unit adopted the emblem of the former 18. Pz.Div.

During its three years of existence, 18. Pz.Div. produced 17 Knights of the Iron Cross.

19. Panzer-Division

- **Origine/*Origin* :** Wehrkreis XI (Hanover)
- **Composition :**

1940 : 19. Schützen-Brigade (Schützen-Rgt. 73, Schützen-Rgt. 74), Aufkl.Abt. 19, Pz.Rgt. 27, Art.Rgt. (mot.) 19, Pz.Jäg.Abt. 19, Pz.Pi.Btl. 19, Pz.Nachr.Abt. 19, Pz.Div.Nachsch.Fhr. 19, Felders.Btl. 19.

1942 : Pz.Gr.Rgt. 73, Pz.Gr.Rgt. 74, Pz.Rgt. 27, Pz.Aufkl.Abt. 19 (à partir du Kradschtz.Btl. 19/*from the Kradschtz.Btl. 19*), Pz.Art.Rgt. 19, Pz.Jäg.Abt. 19, Pz.Pi.Btl 19, H.Flakart.Abt. 272, Pz.Nachr.Abt. 90, Pz.Div.Nachsch.Abt. 19, Kdr.Pz. Div.Nachsch.Tr. 19, Felders.Btl. 19.

- **Commandeurs/*Commanders*** : *Gen.Maj.* Otto von Knobelsdorff (2.II.1940-4.I.1942), *Oberst (Gen.Maj.)* Gustav Schmidt (5.I.-7.VIII.1943), *Oberst (Gen.Maj.)* Hans Källner (8.VIII.1943-24.III.1944), *Oberst* Walter Denkert (25.III.-V.1944, in Vertretung), *Gen.Maj.* Hans Källner (V.1944-III.1945), *Gen.Maj.* Hans Joachim Deckert (20.III.-V.1945).

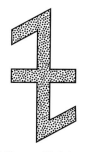

19. Panzer-Division

1. Emblème arboré de 1940-1943. Il a été vu dans le secteur d'Ielnia en juin 1942.

1. Emblem used in 1940-1943. It was seen in the Ielnia sector in June 1942.

- Historique :

La *19. Pz.Div.* est formée le 1er novembre 1940 à partir de la *19. Inf.Div.* Elle reçoit le *Pz.Rgt. 27*, l'*Inf.Rgt. 59* de l'ex-*19. Inf.Div.* sera quant à lui attribué à la *20. Pz.Div.* La division est ensuite restructurée de la manière suivante : la *Pz.Aufkl.Abt. 19* et le *Kradschtz.Btl. 19* fusionnent pour devenir le *Kradschtz.Btl. 19* et, en 1943, *Pz.Aufkl.Abt. 19*. Le 6 novembre 1942, la *Schützen-Brigade 19* est engagée sous le nom de « *Stossgruppe Källner* »

En juin 1941, la division participe à l'opération « Barbarossa » au sein du *LVII. A.K. (mot.)* de la *Pz.Gr. 3* (groupe d'armées « Centre »). Elle prend part aux opérations d'encerclement de Bialystock et de Minsk puis à la marche sur Moscou avec le *LVII. Pz.K.* (*4. Armee*). Elle reste dans le secteur central du front de l'Est tout au long de l'année 1942 et intervient dans les différentes batailles défensives qui s'y déroulent. En janvier 1943, elle est envoyée dans le secteur sud du front où elle est rattachée à la 8e armée italienne. Elle fait ensuite partie du *III. Pz.K.* de la *1. Pz.Armee* et combat dans le secteur du Donetz. En juillet 1943, elle prend part à l'opération « Citadelle » au sein du *III. Pz.K.* (*Armeeabteilung « Kempf »*). Elle subit de grosses pertes au cours des retraites qui suivent cette bataille. En décembre 1943, elle combat près de Kiev. Elle retraite ensuite en Ukraine, passant par Jitomir, Schepetovka, Proskurov et Stanislav pour arriver finalement à Varsovie en août 1944. D'août à octobre, elle prend position autour de Varsovie. Elle mène des combats défensifs dans le secteur de Radom jusqu'à la fin de l'année. Au cours de cette période, elle contribue à enrayer l'offensive soviétique en détruisant le *III*e corps blindé soviétique. En janvier-février 1945, elle s'oppose à l'armée Rouge dans la tête de pont de Baranow. Elle est refoulée jusqu'à Breslau. Réduite à la taille d'un *Kampfgruppe*, elle retraite avec le *LIX. A.K.* du groupe d'armées « Centre » à travers la Silésie puis se bat en Bohème au sein de la *1. Pz.Armee*. Elle finit la guerre dans la poche située à l'est de Prague.

40 membres de la *19. Pz.Div.* ont été décorés de la Croix de chevalier de la Croix de fer ; 4 des feuilles de chêne et un des glaives, cette dernière distinction attribuée à Hans Källner, commandeur de la division, le 23 octobre 1944 (n° 106).

History :

19. Pz.Div. was formed on 1 November 1940 from 19. Inf.Div. It received Pz.Rgt. 27, with Inf.Rgt. 59 of the former 19. Inf.Div. going to 20. Pz.Div. The division was then reorganized as follows: Pz.Aufkl.Abt. 19 and Kradschtz.Btl. 19 merged to become Kradschtz.Btl. 19 and later, in 1943, Pz.Aufkl.Abt. 19. On 6 November 1942, Schützen-Brigade 19 was engaged as "Stossgruppe Källner".

In June 1941, the division took part in Operation "Barbarossa" as part of LVII. A.K. (mot.) (Pz.Gr. 3, Army Group "Mitte"). It took part in the operations to envelop Bialystock and Minsk, then marched on Moscow with LVII. Pz.K. (4. Armee). It remained in the central sector of the Eastern front throughout the year 1942 and fought in the various defensive battles there. In January 1943, it was dispatched to the southern sector of the front where it was attached to Italian 8th Army. It later joined III. Pz.K. (1. Pz.Armee), fighting in the Donetz sector. In July 1943, it took part in Operation "Zitadelle" as part of III. Pz.K. (Armeeabteilung "Kempf"). It sustained heavy losses during the retreats that followed the battle. In December 1943, it fought near Kiev. It then retreated into the Ukraine, passing through Zhitomir, Shepetovka, Proskurov and Stanislav, finally arriving in Warsaw in August 1944. From August to October, it took up a position around Warsaw. It fought defensive battles in the Radom sector until the end of the year. During that period, it helped to halt the Soviet offensive by destroying the Soviet III armored corps. In January-February 1945, it faced the Red Army in the Baranov bridgehead. It was pushed back to Breslau. Reduced to the size of a Kampfgruppe, it retreated across Silesia with LIX. A.K. (Army Group "Mitte") then fought in Bohemia as part of 1. Pz.Armee. It ended the war in the pocket to the east of Prague.

40 members of 19. Pz.Div. were awarded the Knight's Cross of the Iron Cross, 4 with Oak Leaves and one with Swords, this last being awarded to divisional commander Hans Källner on 23 October 1944 (n° 106).

2. Emblème vu à l'été 1941 sur un véhicule léger Horch Kfz 15 dans le secteur de Smolensk.

2. Emblem seen in the Smolensk sector in the summer of 1941 on a light Horch Kfz 15 vehicle.

 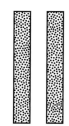  

3. Emblème arboré peu de temps à l'été 1943. Non confirmé.

3. Emblem used for a short time during the summer of 1943. Unconfirmed.

4. Emblème arboré de 1943 jusqu'à la fin de la guerre. Il a été établi en 1944 à Varsovie et en février 1945 à Kostenblut (Silésie).

4. Emblem used from 1943 until the end of the war. It was established in Warsaw in 1944 and in February 1945 at Kostenblut (Silesia).

5. Emblème vu à l'été 1942 sur la « Rollbahn » Rosslav-Youchnov.

5. Emblem seen during the summer of 1942 on the Rosslav-Yushnov "Rollbahn".

6. Emblème non confirmé.

6. Unconfirmed emblem.

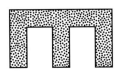

20. Panzer-Division

1. Emblème arboré de 1940 à 1943.

1. Emblem used from 1940 to 1943.

2. Emblème arboré de 1943 à 1945.

2. Emblem used from 1943 to 1945.

3. Emblèmes arborés en octobre 1944 à Arys en Prusse Orientale lors de la reconstitution de la division.

3. Emblems used in October 1944 at Arys in East Prussia while the division was being reformed.

4. Variante non confirmée de l'emblème précédent.

4. Unconfirmed variant of the previous emblem.

20. Panzer-Division

- **Origine/*Origin*** : Wehrkreis IX (Gotha)
- **Composition :**

1940 : 20. Schützen-Brigade (Schützen-Rgt. 59, Schützen-Rgt.112, Kradschtz.Btl. 20), Pz.Rgt. 21, Art.Rgt. (mot.) 92, Pz.Aufkl.Abt. 92, Pz.Jäg.Abt. 92, Pz.Pi.Btl. 92, Pz.Nachr.Abt. 92, Pz.Div.Nachsch.Fhr. 92, Felders.Btl. 92.

1942 : Pz.Gr.Rgt. 59, Pz.Gr.Rgt. 112, Pz.Abt. 21, Kradschtz.Btl. 20, Pz.Art.Rgt.Tr. 92, Pz.Jäg.Abt. 92, Pz.Pi.Btl. 92, Pz.Div.Nachr.Abt. 92, Kdr.Pz.Div.Nachsch.Tr. 92, Felders.Btl. 92.

- **Commandeurs/*Commanders*** : *Gen.Maj. (Gen.Lt.)* Horst Stumpff (13.XI.1940-13.X.1941), *Gen.Maj.* Wilhelm *Ritter* von Thoma (14.X.1941-30.VI.1942), *Gen.Maj.* Walter Düvert (1.VII.-9.X.1942), *Oberst* Heinrich *Frhr* von Lüttwitz (10.X.-4.V.1943), *Gen.Maj. (Gen.Lt.)* Mortimer von Kessel (5.V.1943-1.I.1944), *Oberst* Werner Marcks (2.I.-6.II.1944, m.d.F.b.), *Gen.Lt.* Mortimer von Kessel (7.II.-6.XI.1944), *Oberst (Gen.Maj.)* Hermann von Oppeln Bronikowski (7.XI.1944-V.1945).

- Historique :

Cette division, originaire du Hesse, est mise sur pied le 15 octobre 1940 à partir d'éléments de la *19. Inf.Div.* et de la *33. Inf.Div.* ainsi que de l'armée de dépôt *(Ersatzheer).* En juin 1941, elle participe à l'opération « Barbarossa » avec le *XXXIX. A.K. (mot.)* de la *Pz.Gr. 3* (groupe d'armées « Centre »). Elle contribue à la chute de Minsk puis combat à Smolensk. Le 9 juillet, après avoir pénétré à l'ouest de la Dvina, elle prend Ulla. Fin août, elle s'empare de Mga, point stratégique sur la route Leningrad-Moscou. Elle participe ensuite à la bataille de Moscou avec le *LVII. Pz.K. (4. Armee)* et subit de grosses pertes.

Elle reste dans le secteur central du front jusqu'en juillet 1944. Elle est remaniée en juillet 1942. Les *I.* et *II./Pz.Rgt. 21* sont dissoutes. La *III./Pz.Rgt. 21* devient la *Pz.Abt. 21.* Le *II./Schtz.Rgt. 112* est lui aussi dissous. La *Pz.Aufkl.Abt. 92* est incorporée au *Kradschtz.Btl. 20.*

La division prend part aux batailles défensives de l'année 1942. En juillet 1943, elle est engagée dans l'opération « Citadelle » avec le *XXXXVII. Pz.K.* de la *9. Armee* et combat dans le secteur d'Orel (pince nord de l'offensive). D'octobre à décembre 1943, elle retraite vers Vitebsk via Gomel, Moghilev et Osrscha. De janvier à avril 1944, elle combat dans les secteurs de Polotsk, Vitebsk et Bobruisk. En août 1944, elle est transférée dans le secteur sud du front (groupe d'armées « Südukraine »). Elle est affectée à la *8. Armee* et commence sa reconstitution. Elle est surprise par l'offensive soviétique alors qu'elle stationne en Roumanie et pratiquement détruite en septembre 1944. Ses restes sont envoyés à Arys, en Prusse Orientale, dans le secteur de la *3. Pz.Armee,* pour une nouvelle reconstitution (octobre 1944). De février à mai 1945, la *20. Pz.Div.* combat au sein des *XVII. A.K* et *XXXX. Pz.K. (17. Armee* et *4. Pz.Armee)* en Silésie à Breslau, Schweidnitz, Neisse et Görlitz. Elle est capturée dans les Sudètes, près de Karlsbad (Karlovy-Vary), par les forces soviétiques en mai 1945. Seuls quelques éléments atteignent les lignes américaines...

La *20. Pz.Div.* a donné 31 chevaliers de la Croix de fer, 3 titulaires des feuilles de chêne et un des glaives. Cette dernière distinction a été attribuée au commandeur de la division, le *Generalmajor* Hermann von Oppeln-Bronikowski le 17 avril 1945 (n° 142).

History :

This division from Hessen was raised on 15 October 1940 and drawn from elements of 19. Inf.Div. and 33. Inf.Div. and the replacement army (Ersatzheer). In June 1941, it took part in Operation "Barbarossa" with XXXIX. A.K. (mot.) (Pz.Gr. 3, Army Group "Mitte"). It contributed to the fall of Minsk, then fought at Smolensk. On 9 July, it took Ulla after penetrating to the west of Dvina. At the end of August, it captured the strategic point of Mga on the Leningrad-Moscow highway. It later fought with LVII. Pz.K. (4.Armee) in the battle of Moscow, sustaining heavy losses.

It remained in the central sector of the front until July 1944. It was reorganized in July 1942. I. and II./Pz.Rgt. 21 were disbanded. III./Pz.Rgt. 21 became Pz.Abt. 21. II./Schtz.Rgt. 112 was also disbanded. Pz.Aufkl.Abt. 92 was incorporated into Kradschtz.Btl. 20.

The division took part in the defensive battles of the year 1942. In July 1943, it was engaged with XXXXVII. Pz.K. (9. Armee) in Operation "Zitadelle" and fought in the Orel sector (northern prong of the pincer offensive). From October to December 1943, it retreated via Gomel, Moghilev and Orsha to Vitebsk. From January to April 1944, it fought in the Polotsk, Vitebsk and Bobruisk sectors. In August 1944, it was transferred to the southern sector of the front (Army Group "Südukraine"). It was assigned to 8. Armee and began to re-form. It was caught by surprise in the Soviet offensive when it was stationed in Rumania, and practically destroyed in September 1944. Its remnants were dispatched to Arys, in East Prussia, in the sector of 3. Pz.Armee, to re-form afresh (October 1944). From February to May 1945, 20. Pz.Div. fought as part of XVII. A.K and XXXX. Pz.K. (17. Armee and 4. Pz.Armee) in Silesia, at Breslau, Schweidnitz, Neisse and Görlitz. It was captured by the Soviet forces in May 1945 in the Sudetenland, near Karlsbad (Karlovy-Vary). Only a few elements reached the American lines...

20. Pz.Div. produced 31 Knight's Cross of the Iron Cross, 3 with Oak Leaves and one with Swords, this last being awarded to divisional commander Generalmajor Hermann von Oppeln-Bronikowski on 17 April 1945 (n° 142).

21. Panzer Division

- **Origine/*Origin*** : Wehrkreis III (Berlin)
- **Composition :**

1941 : Schützen-Rgt. 104, Kradschtz.Btl. 15, Pz.Rgt. 5, Art.Rgt. (mot.) 155, Aufkl.Abt. (mot.) 3, Pz.Jäg.Abt. 39, Pz.Pi.Btl. 200, Pz.Nachr.Abt. 200, Div.Nachsch. Fhr. 200. (le MG-Btl. 8 devient I./Schtz.Rgt. 104 le 1er avril 1942/*April 1st, 1942, MG-Btl. 8 became I./Schtz.Rgt. 104*).

1943 (26 février/26 February) : Pz.Gr.Rgt. 47, Pz.Gr.Rgt.104, Pz.Rgt. 5, Pz.Aufkl.Abt. 580, Pz.Art.Rgt. 155, Pz.Jäg.Abt. 39, H-Flakart Abt. 305, Pz.Pi.Btl. 220, Pz.Nachr.Abt. 200, Kdr.Pz.Div.Nachsch.Tr. 200, Felders.Btl. 200.

1943 (15 juillet/15 July) : Pz.Gr.Rgt. 125, Pz.Gr.Rgt.192, Pz.Rgt.100 (puis Pz.Rgt. 22 pendant la bataille de Normandie/then Pz.Rgt. 22 during the battle of Normandy), Pz.Aufkl.Abt. 21, Pz.Art.Rgt. 155, Pz.Jäg.Abt. 200, H-Flakart.Abt. 305, Pz.Pi.Btl. 220, Pz.Nachr.Abt. 200, Kdr.Pz.Div.Nachsch.Tr. 200, Felders.Btl. 200.

- Commandeurs/Commanders : *Gen.Maj.* Johann von Ravenstein (1.X.-29.XI.1941), *Oberst* Gustav Georg Knabe (29-30.XI.1941, m.d.F.b.), *Gen.Maj.* Karl Böttcher (1.XII.1941-10.II.1942), *Oberst (Gen.Maj.)* Georg von Bismarck (11.II.-20.VII.1942), *Oberst* Alfred Bruer (21.VII.-VIII.1942, m.d.F.b.), *Gen.Maj.* Georg von Bismarck (VIII.-31.VIII.1942), *Oberst* Carl Hans von Lungerhausen (31.VIII.-17.IX.1942, m.d.F.b.), *Gen.Maj.* Heinz von Randow (18.IX.-21.XII.1942), *Oberst (Gen.Maj.)* Georg Hildebrandt (1.I.-25.IV.1943), *Oberst (Gen.Maj.)* Heinrich Hermann von Hülsen (25.IV.-13.V.1943, m.d.F.b.), *Oberst (Gen.Maj.* ⇒ *Gen.Lt.)* Edgar Feuchtinger (1.VI.1943-15.I.1944), *Gen.Maj.* Oswin Grolig (15.I.-8.III.1944, m.d.F.b.), *Gen.Maj.* Franz Westhoven (8.III.-8.V.1944), *Gen.Lt.* Edgar Feuchtinger (8.V.1944-24.I.1945), *Oberst* Helmuth Zollenkempf (25.I.-12.II.1945).

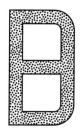

- Historique :

Issue de la *5. Lei.Div.*, la *21. Pz.Div.* est créée en Afrique du Nord en août 1941. Elle reçoit le *Pz.Gr.Rgt. 104* de la *15. Pz.Div.*

Elle est engagée lors des opérations « Battleaxe » et « Crusader » au cours desquelles elle perd un grand nombre de chars. Elle retraite ensuite en Cyrénaïque, prend part à la contre-offensive qui se solde par la reprise de Benghazi. En 1942, elle se distingue lors de l'attaque de la ligne Gazala, combat à Tobrouk et avance en Egypte. Elle est pratiquement anéantie lors de la deuxième bataille d'El Alamein (octobre-novembre 1942). Réduite à une douzaine de chars, la division retraite en Libye. Elle parvient à battre les Américains dans la passe de Kasserine avant d'être à son tour complètement anéantie en Tunisie en mai 1943.

Une seconde *21. Pz.Div.* est formée en Normandie à la mi-1943. Elle comprend un certain nombre de vétérans de l'*Afrikakorps* mais elle est équipée en grande partie de chars légers de fabrication française reconditionnés par l'atelier de la division.

La division stationne en France car elle considérée comme impropre au combat sur le front de l'Est. Cependant, le *Pz.Rgt. 100* est progressivement équipé de *Pz. IV* avant la bataille de Normandie et devient *Pz.Rgt. 22*.

En juin 1944, la division est rattachée au *I. SS-Pz.K (7. Armee)* et contre-attaque les forces alliées dans les jours qui suivent le débarquement mais la plupart de ses chars se font détruire par les Britanniques. Ses éléments d'infanterie continuent cependant à se battre dans le secteur de Caen. Réduits à un *Kampfgruppe,* ils contribuent à sauver la *362. Inf.Div.* des attaques britanniques fin juillet 1944. La *21. Pz.Div.* fait ensuite un court séjour en Allemagne en août pour reconstitution puis revient en France. Là, elle est affectée au groupe d'armées « G » où elle sert de « pompier » et retraite jusqu'à Metz via Epinal, Saint-Dié, Lunéville et Nancy. En décembre, elle fait partie du *LXXXII. A.K.* de la *1. Armee.* En janvier 1945, elle prend part à la tentative de reprise de Strasbourg (opération « Norwind »). En février, elle part pour le front de l'Est. Elle est affectée à la *4. Pz.Armee* (groupe d'armées « Centre »). Elle combat dans les secteurs de Lauban, Görlitz, Lwowek, Slaski et Cottbus. Elle est capturée par l'Armée Rouge en avril après avoir été anéantie dans la poche de Halbe.

26 membres de la *21. Pz.Div.* ont été décorés de la Croix de chevalier de la Croix de fer. À cela, il faut ajouter un titulaire des feuilles de chêne, le commandeur du *Pz.Rgt. 100,* l'*Oberst* Hermann von Oppeln-Bronikowski, décoré le 28 juillet 1944 (n° 536).

History :

Drawn from *5. Lei.Div., 21. Pz.Div.* was set up in North Africa in August 1941. It received *Pz.Gr.Rgt. 104* from *15. Pz.Div.*

It was engaged during Operations "Battleaxe" and "Crusader" in the course of which it lost a great many tanks. It then retreated to Cyrenaica, took part in the counter-stroke whereby Benghazi was retaken. In 1942, it fought with distinction during the attack on the Gazala Line, fought at Tobruk and advanced into Egypt. It was practically wiped out during the second battle of Alamein (October-November 1942). Reduced to a dozen tanks, the division withdrew into Libya. It contrived to engage the Americans in the Kasserine Pass before being utterly wiped out in Tunisia in May 1943.

A second *21. Pz.Div.* was formed in Normandy in mid-1943. It comprised a number of Afrikakorps veterans but was mostly equipped with French-made light tanks that had been overhauled in the divisional workshop.

The division was stationed in France being held unsuitable for action on the Eastern front. However, *Pz.Rgt. 100* was gradually issued Pz. IV tanks before the battle of Normandy and became *Pz.Rgt. 22.*

In June 1944, the division was attached to *I. SS-Pz.K (7. Armee)* and counter-attacked the Allied forces in the days following the D-Day landings. But most of its tanks were knocked out by the British. Its infantry elements fought on nonetheless in the Caen sector. Reduced to a Kampfgruppe, they helped to save *362. Inf.Div.* from British attacks late in July 1944. In August *21. Pz.Div.* went briefly back to Germany to refit before returning to France, where it was allocated to Army Group "G", serving as a "fire brigade" and retreating via Epinal, Saint-Dié, Lunéville and Nancy as far as Metz. In December, it was part of *LXXXII. A.K. (1. Armee).* In January 1945, it took part in the attempted recapture of Strasbourg (Operation "Norwind"). In February, it set off for the Eastern front. It was allocated to *4. Pz.Armee* (Army Group "Mitte"). It fought in the Lauban, Görlitz, Lwowek, Slaski and Cottbus sectors. It was captured by the Red Army in April after being wiped out in the Halbe pocket.

26 members of *21. Pz.Div.* were awarded the Knight's Cross of the Iron Cross. To which must be added one with Oak Leaves, the commander of *Pz.Rgt. 100,* Oberst Hermann von Oppeln-Bronikowski, decorated on 28 July 1944 (n° 536).

21. Panzer-Division

1, 2 et **3.** Ces trois emblèmes ont été arborés en Afrique de 1941 à 1943. Le second a été encore porté par la suite par la division après sa reconstitution.

1, 2 and 3. These three emblems were used in Africa from 1941 to 1943. The second was still being used later on upon the division reforming.

4. Emblème arboré pendant une courte période en juillet 1943 à partir de celui de la *Schnelle Brigade West.*

4. Emblem used for a short time in July 1943 and based on that of Schnelle Brigade West.

22. Panzer-Division

Emblème arboré par la division jusqu'à sa dissolution en février 1943.

Emblem used by the division until it was disbanded in February 1943.

22. Panzer-Division

- **Origine/*Origin*** : Wehrkreis XII
- **Composition :**

1941 : 22. Schützen-Brigade (Schützen-Rgt. 129, Schützen-Rgt. 140, Kradtschtz.Btl. 24), Pz.Rgt. 204, Pz.Aufkl.Abt. 22, Pz.Art.Rgt. (mot.) 140, Pz.Jäg.Abt. 140, Pz.Pi.Btl. 50, Pz.Nachr.Abt.140, Kdr.Div.Nachsch.Tr. 140, Felders.Btl. 140.

- **Commandeurs/*Commanders*** : *Gen.Maj.* Wilhelm von Apell (25.IX.1941-7.X.1942), *Oberst* Hellmut von der Chevallerie (8-31.X.1942, m.d.F.b.), *Oberst* Eberhard Rodt (1.XI.1942-8.II.1943, m.d.F.b.).

- Historique :

Cette division est mise sur pied en France (secteur de la *7. Armee*) le 25 septembre 1941 à partir du *Pz.Rgt. 204*. Elle rejoint le sud du front de l'Est (région d'Odessa) en février 1942 et se voit affectée à la *11. Armee*. Le 20 mars 1942, elle est sévèrement étrillée à la bataille de Parpach. En mai, elle perce les lignes de la *10e* armée soviétique dans la péninsule de Kertch et contribue à l'anéantissement d'une dizaine de divisions de l'Armée Rouge. En juillet, on la retrouve à Rostov. En septembre 1942, la *Gruppe « Michalik »*, constituée en juin 1942 (*Pz.Gr.Rgt. 140, III./Pz.Rgt. 140, III./Pz.Rgt. 204 et I./Pz.Art.Rgt. 140*), détachée auprès de la *2. Armee*, forme le noyau de la *27. Pz.Div*. En décembre 1942, la division fait partie du *XXXXVIII. Pz.K.* et subit la contre-offensive soviétique visant à l'encerclement de Stalingrad (opération « Uranus »). Quoique fortement amoindrie, elle participe à l'opération « Orage d'hiver » (dégagement de la *6. Armee*) au sein du détachement d'armée « Hollidt ». Après l'échec de cette opération, elle retraite sur le Don. En janvier, elle est à Starobelsk et arrive à Chistyakovo au début du mois de mars. Il ne lui reste alors plus que 96 chars dont une bonne partie hors d'état de marche. Qualifiée par le *Generalfeldmarschall* von Manstein de « complètement ruinée », la division est finalement dissoute le 24 mars 1943. Une partie, le *Kampfgruppe Burgsthaler* est absorbé par la *23. Pz.Div.* le 7 avril 1943. Une autre partie est affectée à la *6. Pz.Div*.

La *23. Pz.Div.* a donné deux chevaliers de la Croix de fer. Ce score, le plus faible des *Pz.Div.* du *Heer*, s'explique par la courte durée de vie de cette division.

History :

This division was raised in France (7. Armee sector) from Pz.Rgt. 204 on 25 September 1941. It joined the southern end of the Eastern front (Odessa area) in February 1942 and was allocated to 11. Armee. On 20 March 1942, it was thoroughly trounced at the battle of Parpach. In May, it broke through the lines of Soviet 10th Army in the Kerch peninsula and helped to wipe out a dozen Red Army divisions. In July, it was at Rostov. In September 1942, Gruppe "Michalik", created in June 1942 (Pz.Gr.Rgt. 140, III./Pz.Rgt. 140, III./Pz.Rgt. 204 and I./Pz.Art.Rgt. 140), and detached with 2. Armee, formed the kernel of 27. Pz.Div. In December 1942, the division was part of XXXXVIII. Pz.K. and faced the Soviet counter-offensive aimed at encircling Stalingrad (Operation "Uranus"). Although considerably weakened, it took part in Operation "Winter Storm" (to extricate 6. Armee) as part of the "Hollidt" army detachment. When that operation failed, it withdrew to the Don. In January, it was at Starobelsk and arrived at Chistyakovo early in March. By then it was down to 96 tanks, many of which were not fit for action. Described by Generalfeldmarschall von Manstein as being "utterly ruined", the division was finally disbanded on 24 March 1943. One part, Kampfgruppe Burgsthaler, was taken in by 23. Pz.Div. on 7 April 1943. Another part was assigned to 6. Pz.Div.

23. Pz.Div. produced two Knights of the Iron Cross. This score, the lowest of all the Pz.Div. in the Heer, is due to the division's short lifespan.

23. Panzer-Division

- **Origine/*Origin***: Wehrkreis V
- **Composition :**

1941 : 23. Schützen-Brigade (Schützen-Rgt. 126, Schützen-Rgt. 128, Kradschtz.Btl. 23), Pz.Rgt. 201, Pz.Art.Rgt. 128, Pz.Jäg.Abt. 128, Pi.Btl. 51, Pz.Nachr.Abt. 128, Pz.Div. Nachsch.Fhr. 128, Felders.Btl. 128.

1943 (Février/*February*) : Pz.Gr.Rgt. 126, Pz.Gr.Rgt. 128, Pz.Rgt. 23, Pz.Aufkl.Abt. 23, Pz.Art.Rgt. 128, Pz.Jäg.Abt. 128, H-Flakart.Abt. 278, Pz.Pi.Btl. 51, Pz.Nachr.Abt. 128, Kdr.Pz.Div. Nachsch.Tr. 128, Felders.Btl. 128.

- **Commandeurs/*Commanders*** : *Oberst (Gen.Maj.)* Hans *Frhr* von Boineburg-Lengsfeld (25.IX.15.XI.1941), *Oberst* Heinz Joachim Werner-Ehrenfeucht (16-21.XI.1941, m.d.F.b.), *Gen.Maj.* Hans *Frhr* von Boineburg-Lengsfeld (22.XI.1941-19.VII.1942), *Gen.Maj.* Erwin Mack (20.VII.-26.VIII.1942), *Gen.Maj.* Hans *Frhr* von Boineburg-Lengsfeld (26.VIII.-28.XII.1942), *Oberst (Gen.Maj.)* Nikolaus von Vormann (28.XII.1942-25.X.1943), *Oberst (Gen.Maj.)* Ewald Kraeber (26.X.1943-8.VI.1944), *Oberst (Gen.Maj.)* Josef von Radowitz (9.VI.1944-V.1945).

- Historique :

Comme la précédente, cette division est créée le 21 septembre 1941 en France (région de Paris, d'où la présence sur son emblème de la Tour Eiffel). Elle connaît au cours de son existence un certain nombre de modifications : la *Heeres-Flakartillerie-Abteilung 278* arrive à la division en tant que *IV. Abt.* au *Pz.Art.Rgt.* Le 1er mai 1943, ce groupe de *Flak* reprend

History :

Like the above, this division was set up on 21 September 1941 in France (Paris area, hence the presence of the Eiffel Tower on its emblem). It came in for a number of modifications over its existence: Heeres-Flakartillery-Abteilung 278 came to the division as IV. Abt., Pz.Art.Rgt. On 1 May 1943, this Flak battalion reverted to its earlier name of H-Flakart.Abt.

son nom de *H-Flakart.Abt. 78*. Le *Kradschtz.Btl. 23* devient *Pz.Aufkl.Abt. 23* le 22 avril 1943. Le *Pz.Rgt. 210* prend le nom de *Pz.Rgt. 23* le 22 avril 1943.

En avril 1942, la division rejoint le secteur sud du front de l'Est. En juin elle participe à la grande offensive vers le Don et la Volga au sein du *XXXX. Pz.K.* (*6. Armee* puis *1. Pz.Armee*). Elle combat dans le secteur de Charkov puis progresse ensuite dans le Kouban et le Terek. En novembre 1942, elle est affectée à la *4. Pz.Armee* et participe à l'opération « Orage d'hiver ». Elle manque de se faire encercler et retraite vers le Stalino via Bolschaya, Martynovka et Rostov. Fortement éprouvée, il ne lui reste plus que 20 chars en janvier 1943.

Au printemps 1943, la *23. Pz.Div.* est placée en réserve de la nouvelle *6. Armee*. Au cours de l'été 1943, elle participe à la retraite du Mious puis combat durement sur les rives du Dniepr à l'automne. Elle est engagée à Charkov, à Krivoï Rog puis dans les secteurs de Pyatikhatki, Aleksandriya, Krementchug et Kirovograd. En février 1944, elle se distingue dans les batailles qui se déroulent à l'ouest du Dniepr. C'est dans ce secteur qu'elle est encerclée en mars. Elle parvient à se dégager mais au prix de lourdes pertes. Elle est alors réduite à la taille d'un *Kampfgruppe*. D'avril à août 1944, elle contribue à la défense du secteur de Jassy. Jusqu'en octobre, la division combat en Pologne (secteur de Radomysl-Wielki, Opatow et Wierzbnik). Elle est ensuite transférée en Hongrie à l'est de Debrecen. Elle participe à la contre-attaque de la *8. Armee* sur Nyiregyhaza et prend cette ville (23-29 octobre 1944). Au cours de ces combats, elle détruit ou provoque l'abandon de 600 chars soviétiques. La *23. Pz.Div.* passe ensuite à la contre-offensive sur Debrecen puis combat autour de Puszla. Elle est une nouvelle fois citée pour sa conduite. Le gros de la division est finalement anéanti à Szkesfehervar sur le lac Balaton au moment de l'écroulement de la *6. Armee*. Les restes de la division continuent cependant à se battre au sein de la *2. Pz.Armee* dans la région de Maribor en Slovénie puis dans celle de Graz en Autriche. C'est dans ce pays qu'ils sont capturés par l'Armée Rouge.

31 membres de la *23. Pz.Div.* ont été décorés de la Croix de chevalier de la Croix de fer, 2 des feuilles de chêne.

78. Kradschtz.Btl. 23 became Pz.Aufkl.Abt. 23 on 22 April 1943. Pz.Rgt. 210 took the name Pz.Rgt. 23 on 22 April 1943.

In April 1942, the division joined the southern sector of the Eastern front. In June it took part in the great offensive towards the Don and the Volga as part of XXXX. Pz.K. (6. Armee later 1. Pz.Armee). It fought in the Kharkov sector, advancing into the Kuban and Terek. In November 1942, it was allocated to 4. Pz.Armee and took part in Operation "Winter Storm". After being nearly encircled, in January 1943 it withdrew towards Stalino via Bolshaya, Martynovka and Rostov, sorely tested and with only 20 tanks left.

In the spring of 1943, 23. Pz.Div. was placed in the reserve of the new 6. Armee. During the summer of 1943, it took part in the retreat from the Mius then fought fiercely on the banks of the Dnieper in the autumn. It was engaged at Kharkov, at Krivoi Rog then in the Pyatikhatki, Aleksandriya, Kremenchug and Kirovograd sectors. In February 1944, it fought with distinction in the battles which took place to the west of the Dnieper. It was in that sector that it was encircled in March. It managed to extricate itself but at the cost of heavy losses. By then it was reduced to the size of a Kampfgruppe. From April to August 1944, it helped to defend the Jassy sector. Until October, the division fought in Poland (Radomysl-Wielki, Opatow and Wierzbnik sector). It was later transferred to Hungary east of Debrecen. It took part in the counter-attack on Nyiregyhaza by 8. Armee and took that city (23-29 October 1944). During the battle, it destroyed or knocked out 600 Soviet tanks. 23. Pz.Div. then went on to the counter-offensive on Debrecen, later fighting around Puszla. It was again mentioned in dispatches for its conduct. The main body of division was finally wiped out at Szkesfehervar on Lake Balaton as 6. Armee collapsed. The remnants of the division nevertheless fought on as part of 2. Pz.Armee in the region of Maribor in Slovenia then near Graz in Austria. In that country they were captured by the Red Army.

31 members of 23. Pz.Div. were awarded the Knight's Cross of the Iron Cross, 2 with Oak Leaves.

23. Panzer-Division

1 et **2**. Emblèmes arborés lors de la constitution de la division dans la région parisienne d'octobre 1941 à mars 1942.

1 and 2. Emblems used while the division was forming in the Paris area from October 1941 until March 1942.

3. Emblème vu à l'été 1943 dans le secteur sud du front de l'Est.

3. Emblem seen during the summer of 1943 in the southern sector of the eastern front.

24. Panzer-Division

- **Origine/*Origin*** : Wehrkreis III (Francfort am Oder)
- **Composition** :

1941 : 24. Schützen-Brigade (Schützen-Rgt. 21, Schützen-Rgt. 26, Kradschtz.Abt. 4), Pz.Rgt. 24, Pz.Art.Rgt. 89, Pz.Jäg.Abt. 40, Pz.Pi.Btl. 40, Pz.Nachr.Abt. 86, Kdr. Div.Nachsch.Tr. 40, Felders.Btl. 40 (La H-Flakart.Abt. 283 est intégrée au régiment d'artillerie en tant que IV./Pz.Art.Rgt. 89/*H-Flakart.Abt. 283 joined the artillery regiment as IV./Pz.Art.Rgt. 89.*)

1943 : Pz.Gr.Rgt. 21, Pz.Gr.Rgt. 26, Pz.Rgt. 24, Pz.Aufkl.Abt. 24, Pz.Art.Rgt. 89, Pz.Jäg.Abt. 40, H-Flakart.Abt. 283, Pz.Pi.Btl. 40, Pz.Nachr.Abt. 86, Kdr.Pz.Div.Nachsch.Tr. 40, Felders.Btl. 89 (la Pz.Jäg.Abt. 40 n'est constituée qu'en septembre 1944, le Ier groupe du Pz.Rgt. 24 reste à l'Ouest lors du transfert de la division/*Pz.Jäg.Abt. 40 was not created until September 1944; the Ist group of Pz.Rgt. 24 stayed in the West when the division was sent to the Eastern front*).

- **Commandeurs/*Commanders*** : Gen.Maj. Kurt Feldt (28.XI.1941-14.IV.1942), Gen.Maj. Bruno *Ritter* von Hauenschild (15.IV.-11.IX.1942), Gen.Maj. (Gen.Lt.) Arno von Lenski (12.IX.1942-2.II.1943), Oberst (Gen.Maj.) Maximilian *Reichsfrhr* von Edelsheim (1.III.1943-20.IX.1944), Oberst (Gen.Maj.) Gustav Adolf von Nostitz-Wallwitz (21.IX.1944-25 .III.1945), Maj.i.G. Rudolf von Knebel-Doeberitz (26.III.-V.1945).

- Historique :

La *24. Pz.Div.* est mise sur pied le 28 novembre 1941 à Stablack, en Prusse Orientale, à partir de la *1. Kav.Div.* Jusqu'en février 1942, elle s'entraîne en Prusse Orientale puis stationne en France dans la

History :

24. Pz.Div. was raised on 28 November 1941 at Stablack in East Prussia, from 1. Kav.Div. It trained in East Prussia until February 1942, when it was stationed in France in the Rennes area (Coëtquidan

24. Panzer-Division

1. Emblème vu à l'été 1942 dans le secteur sud du front de l'Est, sur le Don. Il s'inspire de l'emblème de la *1. Kavallerie-Division* à partir de laquelle la *24. Panzer-Division* a été mise sur pied.

1. Emblem seen during the summer of 1942 on the Don, in the southern sector of the eastern front. It is inspired by the emblem of 1. Kavallerie-Division from which 24. Panzer-Division was raised.

2. Emblème simplifié arboré lors de la reconstitution de la division de 1943 et porté jusqu'en 1945.

2. Simplified emblem used during the reconstitution of the division from 1943 and used until 1945.

3. Variante non confirmée.

3. Unconfirmed variant.

région de Rennes (camp de Coëtquidan) puis en Champagne (camp de Mailly). En mai 1942, elle est transférée sur le front de l'Est dans le secteur de Koursk. En juin, elle passe à l'offensive vers le Don avec le *XXXXVIII. Pz.K.* de la *4. Pz.Armee.* Elle prend Voronej, combat dans le secteur de Kalatsch et dans la steppe des Kalmouks. Elle est engagée à Stalingrad où elle se bat dans le secteur de l'usine « *barikady* ».Elle est anéantie en janvier 1943, son chef, le *Gen.Maj.* von Lenski est capturé par les Soviétiques. Les éléments de la division restés en dehors de la poche de Stalingrad sont rassemblés au nord de Stalino et envoyés en France pour reconstitution.

Une seconde *24. Pz.Div.* est mise sur pieds en France dans le secteur de Falaise-Bernay en mars-avril 1943, à partir de ces restes et d'éléments neufs fournis par le dépôt de la *15. Armee.* En septembre-octobre 1943, la division fait partie du *II. SS-Pz.K.* et du *LI. A.K.* stationne dans le nord de l'Italie (Modène, Bologne, Florence, Pérouge, Padoue, Venise) puis est affectée au front de l'Est en octobre. En novembre, elle est transférée dans le secteur sud du front de l'Est et affectée au *XXXX. Pz.K.* de la *1. Pz.Armee.* Elle combat dans les secteurs de Nikopol, Krivoï Rog et Nikolaïev, subissant de grosses pertes. En février 1944, elle participe à la bataille de Tcherkassy au cours de laquelle elle se distingue. En mars, elle retraite du Dniepr vers la Roumanie. Elle est de nouveau fortement éprouvée. En août, elle stationne sur le San et la Vistule, au sud de la Pologne, où ses derniers restes font face à l'Armée Rouge. La *24. Pz.Div.* est ensuite transférée en Hongrie (secteur de Nagykörös et d'Eger) où, avec le *LVII. Pz.K.* de la *6. Armee,* elle prend part à la contre-attaque sur Debrecen. La division se défend en vain dans la ville de Kecskemet où elle enregistre de grosses pertes. Elle mène ensuite des actions défensives dans la région de Krupino en Slovaquie. En janvier 1945, elle est rapatriée en Prusse Orientale (Rastenburg). De février à avril 1945, elle est rattachée à la *4. Armee* et défend les secteurs de Heiligenbeil et de Braunsberg. En mai, certains de ses éléments sont évacués par voie maritime vers le Schleswig-Holstein où ils sont capturés par les forces britanniques. Mais le gros de la division tombe dans les mains de l'Armée Rouge...

40 membres de la *24. Pz.Div.* ont été décorés de la Croix de chevalier de la Croix de fer, trois des feuilles de chêne et un des glaives (Maximilian von Edelsheim, commandeur de la division, le 23 octobre 1944, n° 105).

camp) then in Champagne (Mailly camp). In May 1942, it was transferred to the Kursk sector on the Eastern front. In June, it went onto the offensive towards the Don with XXXXVIII. Pz.K. (4. Pz.Armee). It took Voronezh and fought in the Kalach sector and in the Kalmuk Steppes. It was engaged at Stalingrad where it fought in the sector of the "barikady" factory. It was wiped out in January 1943, and its commanding officer, Gen.Maj. von Lenski was captured by the Soviets. Those elements of the division not enveloped in the Stalingrad pocket mustered north of Stalino and were dispatched to France for re-forming.

A second 24. Pz.Div. was raised in March-April 1943 in the Falaise-Bernay sector of France, from those remnants and fresh elements drawn from the 15. Armee depot. In September-October 1943, the division was part of II. SS-Pz.K. and of LI. A.K. and was stationed in northern Italy (Modena, Bologna, Florence, Perugia, Padua, Venice) then was allocated to the Eastern front in October. In November, it was transferred to the southern sector of the Eastern front and assigned to XXXX. Pz.K. (1. Pz.Armee). It fought in the sectors of Nikopol, Krivoi Rog and Nikolaïev, sustaining heavy losses. In February 1944, it took part in the battle of Cherkassy, fighting with distinction. In March, it retreated from the Dnieper towards Rumania. It was again severely battered. In August, it was stationed on the San and the Vistula, in southern Poland, where its final remnants faced the Red Army. 24. Pz.Div. was later transferred to Hungary (Nagykörös and Eger sector) where, with LVII. Pz.K. (6. Armee), it took part in the counter-attack on Debrecen. The division defended itself in vain in the city of Kecskemet where it recorded heavy casualties. It later fought in rearguard actions in the Krupino region of Slovakia. In January 1945, it was repatriated to East Prussia (Rastenburg). From February to April 1945, it was attached to 4. Armee and defended the Heiligenbeil and Braunsberg sectors. In May, some of its elements were evacuated by sea to Schleswig-Holstein where they were captured by British forces. But the main body of the division fell into the hands of the Red Army...

40 members of 24. Pz.Div. were awarded the Knight's Cross of the Iron Cross, three with Oak Leaves and one with Swords (Maximilian von Edelsheim, divisional commander, on 23 October 1944, n° 105).

25. Panzer-Division

1. Emblème arboré de 1942 à 1945.

1. Emblem used from 1942 to 1945.

25. Panzer-Division

- Origine/*Origin* : Wehrkreis VI

- Composition :

1942 : Schützen-Rgt. 146, Pz.Abt. 214, Art.Abt. (mot.) 91, Pz.Jäg.Kp. 87 (514).

1943 (juin/*June*) : Pz.Gr.Rgt. 146, Pz.Gr.Rgt. 147, Pz.Rgt. 9, Pz.Art.Rgt. 91, Pz.Jäg.Abt. 87, Kradschtz.Btl. 87, Pz.Pi.Btl. 87, Pz.Nachr.Abt. 87, Kdr.Pz.Div.Nachsch.Tr. 87, Felders.Btl. 87.

- Commandeurs/*Commanders* : *Gen.Lt.* Johannes Haarde (20.II.-31.XII.1942), *Gen.Lt.* Adolf von Schell (1.I.-14.XI.1943), *Gen.Lt.* Georg Jauer (15-19.XI.1943, m.d.F.b.), *Gen.Maj. (Gen.Lt.)* Hans Tröger (20.XI.1943-10.V.1944), *Gen.Maj.* Oswin Grolig (1.VI.-18.VIII.1944), *Oberst (Gen.Maj.) Dipl.Ing.* Oskar Audorsch (19.VIII.1944-V.1945).

- Historique :

La *25. Pz.Div.* est officiellement formée à Eberswalde le 25 février 1942. Le 5 mars, son état-major embarque de Hambourg pour Oslo en Norvège où la division va stationner. Maintenue à effectifs réduits, elle est occupée à des fonctions d'entraînement et d'occupation. Elle prend également part à l'opération

***History* :**

25. Pz.Div. was officially formed at Eberswalde on 25 February 1942. On 5 March, its general staff embarked at Hamburg for Oslo in Norway where the division was to be stationed. It was kept understrength and used for training and occupying tasks. It also took part in the operation against the Norwe-

menée contre les partisans norvégiens qui avaient attaqué le dépôt d'eau lourde de Rjukan (fin février 1943). Fin août, elle part pour le Danemark où elle contribue au désarmement de l'armée danoise. En septembre, elle est envoyée en France où elle est réorganisée et complétée. Fin octobre 1943, elle part pour le front de l'Est où elle va combattre deux ans et demi, subissant de lourdes pertes en raison de son inexpérience.

Affectée à la *4. Pz.Armee* (groupe d'armées « Sud »), elle est sévèrement étrillée au cours de la bataille de Kiev en octobre-novembre 1943. Au début de l'année suivante, elle retraite avec la *1. Pz.Armee* au nord de l'Ukraine. Au cours de cette période, elle combat dans les secteurs de Fastov, Berditchev, Vinnitsa, Proskurov, Chortkov et Stanislav et subit de lourdes pertes. En mai 1944, elle quitte le front pour le Danemark puis rejoint le camp de Wildflecken pour reconstitution. En septembre, elle retourne sur le front dans le secteur de la *9. Armee* (groupe d'armées « Centre »). Elle se bat alors sur la Vistule puis participe à la défense de Varsovie. On la retrouve ensuite sur le Narev et dans la région de Radom en Pologne. En février-mars 1945, elle retraite à travers la Poméranie et parvient jusqu'à l'Oder. Elle est alors transférée en Autriche (secteur de Vienne). Elle combat dans le nord de ce pays puis se replie dans le sud de la Bohème. Elle est capturée par l'Armée Rouge aux alentours de Budweiss (Ceske-Budejovice).

La *25. Pz.Div.* a donné 3 titulaires de la Croix de chevalier de la Croix de fer.

gian partisans who had attacked the heavy-water depot at Rjukan (end of February 1943). At the end of August, it set out for Denmark where it helped to disarm the Danish Army. In September, it was dispatched to France where it was reorganized and complemented. At the end of October 1943, it left for the Eastern front where it fought for two and a half years, sustaining heavy losses out of inexperience.

Allocated to 4. Pz.Armee (Army Group "Süd"), it was trounced during the battle of Kiev in October-November 1943. At the start of the following year, it retired with 1. Pz.Armee to northern Ukraine. During that period, it fought in the sectors of Fastov, Berdichev, Vinnitsa, Proskurov, Chortkov and Stanislav, sustaining heavy casualties. In May 1944, it left the front for Denmark, then joined the Wildflecken camp to refit. In September, it returned to the front in the sector of 9. Armee (Army Group "Mitte"). It later fought on the Vistula then took part in the defense of Warsaw. It then moved on to the Narev and the Radom area of Poland. In February-March 1945, it retreated across Pomerania as far as the Oder. It was then transferred to Austria (Vienna sector). It fought in the north of that country then retired to southern Bohemia. It was captured by the Red Army in the area around Budweiss (Ceske-Budejovice).

25. Pz.Div. produced 3 Knight's Cross of the Iron Cross.

2. Variante.
2. Variant.

3. Insigne inspiré des armes de Cologne qui a dû être porté par la division lors de son engagement à l'ouest de Vienne en avril 1945.
3. Insignia inspired by the coat of arms of Cologne which must have been used by the division when engaged west of Vienna in April 1945.

26. Panzer-Division

- **Origine/*Origin*** : Wehrkreis III (Potsdam)
- **Composition :**

1942 : Pz.Gr.Rgt. 9, Pz.Gr.Rgt. 67, Pz.Rgt. 26, Kradschtz.Btl. 26, Pz.Art.Rgt. 93, Pz.Jäg.Abt. 51, H-Flakart.Abt. 304, Pz.Pi.Btl. 93, Pz.Nachr.Abt. 93, Kdr.Pz.Div. Nachsch. Tr. 93, Felders.Btl. 93 (Le Kradschtz.Btl. 26 devient Pz.Aufkl.Abt. 26 le 1er avril 1943. Le 23 juillet 1943, la Pz.Jäg.Abt. 93 quitte la division et est remplacée par la Pz.Jäg.Abt. 51/*Kradschtz.Btl. 26 became Pz.Aufkl.Abt. 26 on 1 April, 1943. On 23 July, 1943, Pz.Jäg.Abt. 93 left the division and was replaced by Pz.Jäg.Abt. 51.*)

- **Commandeurs/*Commanders*** : Oberst (Gen.Maj. ⇒ Gen.Lt.) Smilo Frhr von Lüttwitz (14.VII.1942-21.I.1944), *Gen.Maj.* Hans Hecker (22.I.-19.II.1944, m.d.F.b.), *Gen.Lt.* Smilo Frhr von Lüttwitz (20.II.-10.IV.1944), *Gen.Maj.Dr.Jur.Dr. Rer.Pol.* Hans Boelsen (11.IV.-7.V.1944, in Vertretung), *Gen.Lt.* Smilo Frhr von Lüttwitz (8.V.-5.VII.1944), *Oberst* Eduard Crasemann (6-18.VII.1944, m.d.F.b.), *Gen.Maj.Dr. Jur.Dr. Rer.Pol.* Hans Boelsen (19.VII.-26.VIII.1944, m.d.F.b.), *Oberst (Gen.Maj.)* Eduard Crasemann (27.VIII.1944-28.I.1945), *Oberst* Alfred Kuhnert (29.I.-19.III.1945), *Gen.Maj. (Gen.Lt.)* Viktor Linnarz (20.III.-V.1945).

26. Panzer-Division
1. Emblème inspiré de celui de la *23. Infanterie-Division*. Le cercle représente un barbotin de panzer.
1. Emblem inspired by that of 23. Infanterie-Division. The circle represents a panzer idling wheel.

- **Historique :**

La *26. Pz.Div.* est mise sur pied le 14 septembre 1942 en France dans le secteur de Courtrai-Béthune à partir de la *23. Inf.Div.* En mai 1943, elle stationne dans la région d'Amiens puis, en juillet, part pour l'Italie où elle est affectée au *1. Fallsch.K.* de la *14. Armée* (groupe d'armées « C »). La division contre-attaque à Anzio puis participe aux combats de la « ligne Gustav ». Elle retraite ensuite jusqu'à la « ligne gothique ». Elle absorbe à cette époque le *Gr.Rgt. 1027*. En novembre 1944, elle se distingue au cours de combats qui se déroulent entre les Apenins et l'Adriatique. Début 1945, elle défend un secteur sur la côte adriatique, en avril, elle combat au sud du Pô. Elle reçoit alors l'ordre de Hitler de tenir le Pô avec le *LXXVI. Pz K.* auquel elle appartient. C'est là qu'elle est anéantie. Seuls quelques membres de la division parviennent à s'échapper en traversant le Pô et en se repliant en direction de Bozen (Bolzano). La division qui a alors perdu tous ses véhicules et ses chars cesse d'exister. Ses hommes se retrouvent en captivité au camp de Ghedi...

History :

26. Pz.Div. was raised on 14 September 1942 23. Inf.Div. in the Courtrai-Béthune sector of France from. In May 1943, it was stationed in the Amiens area until July, when it left for Italy to be allocated to 1. Fallsch.K. (14. Armee, Army Group "C"). The division counterattacked at Anzio then took part in the fighting on the "Gustav Line". It later withdrew to the "Gothic Line". Around this time it took over Gr.Rgt. 1027. In November 1944, it distinguished itself during battles fought between the Apennines and the Adriatic. Early in 1945, it defended a sector along the Adriatic coast, in April, it fought to the south of the Po. It then received orders from Hitler to hold out on the Po with LXXVI. Pz K. to which it was assigned and was wiped out there. Only a few members of the division managed to escape across the Po, withdrawing towards Bozen (Bolzano). The division having lost all its vehicles and tanks by then, thus ceased to exist. Its men were placed in captivity at the Ghedi camp...

During what turned out to be a rather short existence, the division produced 11 Knights of the Iron Cross,

2. Ce nouvel emblème a été vu en mars 1944 en Italie lors de l'engagement de la division au sein de la 14. Armee.
2. This new emblem was seen in Italy in March 1944 when the division was engaged as part of 14. Armee.

Au cours de son existence finalement assez courte, cette division a donné 11 chevaliers de la Croix de fer, 2 titulaires de feuilles de chêne et un des glaives (Smilo von Lüttwitz, commandeur de la division, 4 juillet 1944, n° 76).

2 with Oak Leaves and one with Swords (Smilo von Lüttwitz, divisional commander, 4 July 1944, n° 76).

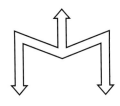

27. Panzer-Division

1. Emblème utilisé lors de la transformation du groupement « Michelik » en division.

1. Emblem used when the "Michelik" group was turned into a division.

2. Emblème non confirmé.

2. Unconfirmed emblem.

27. Panzer-Division

- **Origine/*Origin* :** Wehrkreis XII (Heidelberg)
- **Composition :**

1942 : Pz.Gr.Rgt. 140, Pz.Abt. 127, Schnelle Abt. 127, Pz.Art.Rgt. 127, Pz.Pi.Btl. 127, Pz.Nachr.Abt. 127, Pz.Div.Nachsch.Tr. 127.

- **Commandeurs/*Commanders* :** *Oberst* Helmuth Michalik (1.X.-29.XI.1942), *Oberst (Gen.Maj.)* Hans Tröger (30.XI.1942-26.I.1943).

- Historique :

Cette division est formée en deux fois. Une première partie est mise sur pied au cours de l'été et de l'automne 1942. Ces premiers éléments sont envoyés dans le secteur de Voronej où ils sont mis à la disposition de la *2. Armee* (groupe d'armées « B »). Là ils sont grossis de la brigade « Michalik » principalement composée des restes du *Pz.Gr.Rgt. 140* de la *22. Pz.Div.* La fusion de ces deux éléments forme la *27. Pz.Div.* en octobre 1942. Seul le *Pz.Pi.Btl. 127*, encerclé à Stalingrad, ne pourra jamais rejoindre la division.

La *27. Pz.Div.* combat sur le Donetz avec le *XXIV. Pz.K.* (1re armée hongroise) puis est de nouveau séparée en plusieurs morceaux. Une partie est rattachée à la 8e armée italienne. La division est finalement dissoute en février 1943 une fois la contre-offensive soviétique arrêtée. Ses éléments sont versés dans la *7. Pz.Div.* et dans la nouvelle *24. Pz.Div.*

History :

This division was formed in two stages. A first section was raised during the summer and autumn of 1942. These first elements were dispatched to the Voronezh sector where they were placed at the disposal of 2. Armee (Army Group "B"). Here their ranks swelled with the addition of the "Michalik" brigade, mostly made up of the remnants of Pz.Gr.Rgt. 140 (22. Pz.Div.). The merging of those two elements formed 27. Pz.Div. in October 1942. Only Pz.Pi.Btl. 127, encircled at Stalingrad, never managed to join the division.

27. Pz.Div. fought on the Donetz with XXIV. Pz.K. (Hungarian 1st Army) but was later separated back into several pieces. One part was attached to the Italian 8th Army. The division was finally disbanded in February 1943 once the Soviet counter-offensive had been stopped. Its elements were assigned to 7. Pz.Div. and the new 24. Pz.Div.

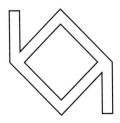

28. Panzer-Division

Emblème de cette division fantôme arboré en 1943 avant l'opération « Zitadelle ».

Emblem of this skeleton division used in 1943 prior to Operation "Zitadelle".

28. Panzer-Division

- **Composition :**

Pz.Gr.Rgt. 561, Pz.Gr.Rgt. 296, Pz.Rgt. 19, Pz.Aufkl.Abt. 57, Pz.Art. Rgt. 380, Pz.Jäg.Abt. 80, H-Flakart.Abt. 256, Pi.Btl. 65, Pz.Nachr.Abt. 141

- Historique :

La *28. Pz.Div.* est une division fantôme destinée à camoufler l'arrivée de nouvelles unités au début de l'été 1943 dans la perspective de l'opération « Citadelle »

History :

28. Pz.Div. was a dummy division intended to disguise the arrival of fresh units as part of Operation "Zitadelle" early in the summer of 1943.

116. Panzer-Division

- **Origine/*Origin* :** Wehrkreis VI
- **Composition :**

1944 : Pz.Gr.Rgt. 60, Pz.Gr.Rgt. 156, Pz.Rgt. 16, Pz.Aufkl.Abt. 116, Pz.Art.Rgt. 146, Pz.Jäg.Abt. 228, H-Flakart.Abt. 281, Pi.Btl. 675, Nachr.Abt. 228, Kdr.Pz.Div.Nachsch.Tr. 66.

- **Commandeurs/*Commanders* :** *Oberst* Gerhard Müller (28.III.-30.IV.1944, m.d.F.b.), *Gen.Lt.* Gerhard Graf von Schwerin (1.V.-13.IX.1944), *Oberst (Gen.Maj.)* Siegfried von Waldenburg (14.IX.1944-V.1945).

- Historique :

La *116. Pz.Div.* est mise sur pied en France le 28 mars 1944 avec les restes de la *16. Pz.Gr.Div.* et de la *179. Res.Pz.Div.*

La division stationne au nord de la Seine lorsque les alliés débarquent. Mais elle n'est engagée qu'à la fin du mois de juillet. D'après un témoignage écrit de son

History :

116. Pz.Div. was raised in France on 28 March 1944 from the remnants of 16. Pz.Gr.Div. and 179. Res.Pz.Div.

The division was stationed north of the Seine River when the Allies landed. But it was not committed until the end of July. According to the written testimony of

commandeur, le Comte von Schwerin, elle était tenue en réserve pour les « comploteurs du 20 juillet » et, pour cette raison, ne fut pas lancée dans la bataille de Normandie alors qu'elle se trouvait à proximité du front. Elle rejoint finalement la zone des combats à la fin juillet. En août, elle contre-attaque dans le secteur de Mortain mais échoue dans sa tentative de bloquer les Américains. Elle se retrouve encerclée à Falaise et parvient à briser l'étau au prix de grosses pertes.

À la mi-septembre, la division combat dans la région d'Aix la Chapelle. C'est à cette époque que son chef, le général von Schwerin est relevé de son commandement pour avoir ordonné à la division d'évacuer la ville d'Aix. En septembre-octobre 1944, elle fait partie du *I. SS-Pz.K.* de la *7. Armee*. Elle est rapatriée dans la région de Düsseldorf pour reconstitution. Elle intègre la *Pz.Brig. 108* mais, du fait de la pénurie, le nombre de chars par compagnie est ramené à 14. Ses effectifs sont portés à 11 500 hommes. En novembre, elle part dans la région de Cologne puis est engagée dans les Ardennes au sein de la *5. Pz.Armee*. Elle subit de lourdes pertes lors de cette offensive. En janvier 1945, elle retraite jusqu'à Clèves et combat en Hollande et tente en vain de stopper la progression des troupes anglo-canadiennes (février 1945). La *116. Pz.Div.* finit la guerre dans la poche de la Ruhr où elle est anéantie...

En un an d'existence, la *116. Pz.Div.* a donné 13 chevaliers de la Croix de fer.

its commander, Count von Schwerin, it was being held in reserve for the "20 July plotters" and that is why it was not thrown into the battle of Normandy although quite close to the front. It finally moved into the combat zone at the end of July. In August, it counter-attacked in the Mortain sector but failed in its attempt to cut off the Americans. It was caught in the Falaise pocket and only managed to break out by suffering heavy casualties.

In mid-September, the division fought in the Aix-la-Chapelle region. It was around this time that its commanding officer, General von Schwerin, was relieved of his command for ordering the division to evacuate the town of Aix. In September-October 1944, it was part of I. SS-Pz.K. (7. Armee). It was repatriated to re-form in the Düsseldorf area. It joined Pz.Brig. 108 but, owing to shortages, the number of tanks per company was restricted to 14. Its strength was increased to 11,500 men. In November, it left for the Cologne area, then was engaged in the Ardennes as part of 5. Pz.Armee. It sustained heavy losses during that offensive. In Janua kry 1945, it retreated to Clèves, and fought in Holland, making a vain attempt to halt the advancing British and Canadian troops (February 1945). 116. Pz.Div. ended the war in the Ruhr pocket where it was wiped out...

In its one-year existence, 116. Pz.Div. produced 13 Knights of the Iron Cross.

116. Panzer-Division
1. Emblème vu en 1944 à l'Ouest, en particulier en Normandie en aôut et dans le secteur à l'ouest de Düren en décembre.
2. Variante.

1. Emblem seen in the West in 1944, in particular in Normandy in August, and in December in the sector west of Düren.
2. Variant.

Panzer-Lehr-Division

- **Origine/*Origin*** : Wehrkreis III
- **Composition :**
1944 : Pz.Gr.Lehr-Rgt. 901, Pz.Gr.Lehr-Rgt. 902, Pz.Lehr-Rgt. 130, Pz.Aufkl.Lehr-Abt. 130, Pz.Art.Rgt. 130, H-Flakart.Abt. 311, Pi.Lehr-Btl. 130, Nachr.Abt. 130, Kdr.Pz.Div. Nachsch.Tr. 130.
- **Commandeurs/*Commanders*** : *Gen.Maj. (Gen.Lt.)* Fritz Bayerlein (10.I.-7.VI.1944), *Gen.Maj.* Hyazinth *Graf* Strachwitz von Gross-Zauche und Caminetz (8.VI.-23.VIII.1944), *Oberst* Paul Gerhardt (24.VIII.-8.IX.1944, m.d.f.b.), *Oberst* Paul *Frhr* von Hauser (9-20.IX.1944, m.d.F.b.), *Gen.Lt.* Fritz Bayerlein (21.IX.1944-15.I.1945), *Oberst (Gen.Maj.)* Horst Niemack (16.I.-2.IV.1945), *Oberst* Paul *Frhr* von Hauser (3-15.IV.1945, m.d.F.b.).

- Historique :

La *Panzer-Lehr-Division* est créée à Potsdam sur le terrain de manœuvre de Bergen dans le *Wehrkreis XI* avec le personnel d'encadrement de l'école d'instruction des panzers de Krampnitz et les unités d'instruction *(Lehr)* de différentes écoles. C'est donc une unité d'élite qui est ainsi créée pour faire face à une invasion alliée en Europe occidentale. Elle est envoyée dans l'Est de la France en février 1944. En mars, elle part en Hongrie où elle participe à l'opération « Margarethe ». En avril, elle absorbe l'*Inf.Lehr-Rgt. 901*, unité ayant opéré de manière indépendante dans les Balkans et sur le front russe. En mai 1944, la division retourne en France et stationne dans la région d'Orléans puis au Mans au début du mois de

History :

The Panzer-Lehr-Division was set up at Potsdam on the Bergen parade ground in Wehrkreis XI with officer personnel taken from the Krampnitz panzer training school and the demonstration units (Lehr) of various other schools. So this was an elite unit that was being raised to repulse an Allied invasion in western Europe. It was dispatched to eastern France in February 1944. In March, it left for Hungary where it took part in Operation "Margarethe". In April, it took in Inf.Lehr-Rgt. 901, a unit that had operated independently in the Balkans and on the Russian front. In May 1944, the division returned to France and was stationed in the Orléans area then at Le Mans early in June. On D-Day, the Panzer-Lehr was one of the

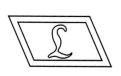

Panzer-Lehr-Division

juin. Au moment du débarquement, la *Panzer-Lehr* est l'une des divisions les plus puissantes du dispositif allemand. Elle comprend 109 chars, 40 canons d'assaut et 612 véhicules chenillés soit, pour cette dernière catégorie, le double des autres *Pz.Div*. La division participe à la bataille de Caen au cours de laquelle elle stoppe les forces britanniques (secteur de Tilly-sur-Seulles et Lingèvres). Elle subit d'énormes pertes au cours de ces combats très violents. Le 25 juin, il ne lui reste plus que 66 chars et en juillet une cinquantaine de chars et canons d'assaut, soit 20 % de ses effectifs de départ. Envoyée dans le secteur de Saint-Lô, elle est attaquée le 25 juillet 1944 par des bombardiers lourds et moyens américains. Deux jours plus tard, son chef annonce qu'elle est pratiquement anéantie. En août, les restes de la division sont provisoirement absorbés par la *2. SS-Pz.Div.* avec qui ils combattent dans le secteur de Falaise. En septembre, la division est affectée à la *1. Armee*, de nouveau comme unité indépendante. Elle comprend alors 6 obusiers de 105, 5 chars, un bataillon de *Pz.Grenadiere*, une compagnie du génie, une unité de reconnaissance et 200 hommes (dont des traînards) réunis dans un bataillon spécial. La division combat sur le *Westwall* avec le *LXXXI. A.K.* avant d'être retirée du front pour reconstitution. Cette reconstitution se fait sur le terrain de Paderborn dans le *Wehrkreis VI*. La division reçoit 72 chars (17 par compagnie) et une centaine de soldats. Elle repart aussitôt pour le front. Toujours affectée à la *1. Armee*, elle combat dans la Sarre (novembre 1944), contribue à sauver le groupe d'armées « G » des assauts de l'armée Patton. Elle participe à la bataille des Ardennes au sein du *XLVIII. Pz.K.* de la *5. Pz.Armee*. Elle attaque sur Bastogne mais ne parvient pas à prendre la ville. En mars 1945, après l'échec de la contre-offensive des Ardennes, on la retrouve sur la Meuse en Hollande. Là, elle se distingue de nouveau en arrêtant la progression des forces canadiennes et britanniques. Elle intervient ensuite contre la tête de pont de Remagen (début mars 1945). Elle comprend alors 300 grenadiers et 50 chars. Affectée au *XII. SS-K.* de la *15. Armee* (groupe d'armées « B »), la *Pz-Lehr* retraite vers la Ruhr en avril. C'est dans cette région qu'elle se rend à la 99e division d'infanterie américaine.

Division d'élite fortement engagée, la *Pz.Lehr-Div.*, malgré une existence finalement assez courte (un peu plus d'un an), a donné 21 chevaliers de la Croix de fer, 5 titulaires des feuilles de chêne et 2 titulaires des glaives. Parmi ces derniers, figure le commandeur de la division, Fritz Bayerlein, décoré le 20 juillet 1944 (n° 81)...

most powerful divisions in the entire German order of battle. It had 109 tanks, 40 assault guns and 612 tracked vehicles, which was twice as many tracked vehicles as for any other Pz.Div. The division took part in the battle of Caen during which it stopped the British forces (Tilly-sur-Seulles and Lingèvres sector). It sustained huge losses during this very fierce battle. On 25 June, it had shrunk to 66 tanks and in July around fifty tanks and assault guns, just 20 % of its initial strength. On being dispatched to the Saint-Lô sector, it was attacked by American heavy and medium bombers on 25 July 1944. Two days later, its commanding officer reported that it had been practically annihilated. In August, the remnants of the division were temporarily taken over by 2. SS-Pz.Div. with which they fought in the Falaise sector. In September, the division was assigned to 1. Armee, again as an independent unit. At this time it had 6 105mm howitzers, 5 tanks, a Pz.Grenadiere battalion, a company of engineers, a reconnaissance unit and 200 men (including stragglers) brought together in a special battalion. The division fought on the Westwall with LXXXI. A.K. before being withdrawn from the front for refitting. This was done at the Paderborn parade ground in Wehrkreis VI. The division received 72 tanks (17 per company) and around a hundred men. It set off immediately for the front. Still assigned to 1. Armee, it fought in the Saarland (November 1944), helping to save Army Group "G" from the assaults of Patton's army. It took part in the battle of the Ardennes as part of XLVIII. Pz.K. (5. Pz.Armee). It attacked Bastogne but failed to take that city. In March 1945, after the failure of the Ardennes counter-offensive, it turned up again on the Meuse in Holland where it again fought with distinction in halting the advancing Canadian and British forces. It was later involved against the Remagen bridgehead (early March 1945). It then comprised 300 grenadiers and 50 tanks. Allocated to XII. SS-K. (15. Armee, Army Group "B") in April, the Pz-Lehr division retired to the Ruhr. This was where it surrendered to American 99th Infantry Division.

A heavily committed elite division despite what turned out to be a rather short existence (just over a year), the Pz.Lehr-Div. produced 21 Knights of the Iron Cross, 5 with Oak Leaves and 2 with Swords. One of these last was divisional commander Fritz Bayerlein, decorated on 20 July 1944 (n° 81)...

155. Reserve-Panzer-Division (ex Div. Nr 155)

- **Origine/*Origin*** : Wehrkreis V (Ulm)

- **Composition :**

1944 : Res.Pz.Abt. 7, Res.Pz.Gren.Rgt. 5, Res.Gren.Rgt. (mot.) 25, Res.Art.Abt. (mot.) 260, Res.Aufkl. Abt.(mot.) 9, Res.Pz.Jäg.Abt. 5, Pz.Nachr.Kp. 1055.

- **Commandeurs/*Commanders*** : *Gen.Lt.* Otto Tscherning (1.IX.1939-30.IV.1942), *Gen.Maj. (Gen.Lt.)* Franz Landgraf (1.V.1942-23.VIII.1943), *Gen.Maj.* Kurt Jesser (24.VIII.-6.IX.1943, m.d.F.b.), *Gen.Lt.* Franz Landgraf (7-30.IX.1943), *Gen.Lt.* Max Fremerey (1.X.1943-30.IV.1944).

- **Historique :**

Cette division est mise sur pied en septembre 1939 comme division de remplacement motorisée. En novembre, elle est transférée dans la région de Prague. En septembre, elle retourne dans son *Wehrkreis* d'origine (V). En août 1941, elle stationne à Stuttgart puis en mai 1942 à Ludwigsburg. Fin 1943, elle

History :

This division was raised in September 1939 as a replacement motorized division. In November, it was transferred to the Prague area. In September, it returned to its home Wehrkreis (V). In August 1941, it was stationed at Stuttgart, then in May 1942 at Ludwigsburg. At the end of 1943, it became Res.Pz.Div.

devient *Res.Pz.Div.* Elle est alors envoyée dans la région de Rennes avec les unités de chars et d'infanterie motorisées du *Wehrkreis V*. En mars 1944, elle comprend 16 chars (*Pz. III* et *IV*). Elle est absorbée par la *9. Pz.Div.* en mai 1944.

It was then dispatched to the Rennes sector with tank and motorized infantry units from Wehrkreis V. In March 1944, it had 16 tanks (Pz. III and IV). It was merged into 9. Pz.Div. in May 1944.

Panzer-Division Nr. 178

- **Origine/*Origin*** : Wehrkreis VIII (Liegnitz)
- **Composition** :

1940 : Pz.Ers.Abt. 15, Schützen-Ers.Rgt. 85, Inf.Ers.Btl. 30, Inf.Res.Btl. (mot.) 51, Art.Ers.Abt. (mot.) 116.

1943 : Pz.Ers. und Ausb.Abt. 15, Pz.Gr.Ausb.Rgt. 85, Pz.Gren.Ers. und Ausb.Rgt. (mot.) 128, Pz.Aufkl.Ers. und Ausb.Abt. 55, Pz.Jäg.Ers. und Ausb.Abt. 8.

- **Commandeurs/*Commanders*** : *Gen.Lt.* Friedrich-Wilhelm von Loeper (1.V.1942-VIII.1944), *Gen.Lt.* Karl-Friedrich von der Meden (1-8.X.1944), *Gen.Maj.* Hans-Ulrich Back (9.IX.-31.XII.1944), *Gen.Lt.* Friedrich von der Meden (I.1945).

- Historique :

Cette division, créée en 1939, est au départ une division motorisée de remplacement. Elle contrôle les unités motorisées de remplacement de Silésie (*Wehrkreis VIII*). À l'automne 1942, elle conserve ses fonctions d'entraînement et de remplacement, quoique toutes les autres divisions de ce type aient abandonnés leurs fonctions d'entraînement. Au cours de l'été 1943, elle devient division blindée de remplacement. Elle est dissoute en décembre 1944. La plupart de ses unités sont transférées en Slovaquie où elles sont intégrées à la *Pz.Division « Tatra »*.

History :

This division, set up in 1939, was originally a replacement motorized division. It was in charge of replacement motorized units from Silesia (Wehrkreis VIII). In the autumn of 1942, it continued to carry out training and replacement tasks, although all the other divisions of this type had abandoned their training duties. During the summer of 1943, it became a replacement armored division. It was disbanded in December 1944. Most of its units were transferred to Slovakia where they were incorporated into Pz.Division "Tatra".

179. Reserve-Panzer-Division

- **Origine/*Origin*** : Wehrkreis IX (Weimar)
- **Composition** :

Res.Pz.Abt. 1, Res.Pz.Gren.Rgt. 81, Res.Gren.Rgt. (mot.) 29, Res.Art.Abt. 29, Res.Aufkl.Abt. 1, Res.Pz. Jäg.Abt. 9.

- **Commandeurs/*Commanders*** : *Gen.Lt.* Max von Hartlieb *gen.* Walsporn (20.VI.1940-19.I.1942), *Gen.Maj.* (⇒ *Gen.Lt.*) Walter von Boltenstern (20.I.1942-10.V.1944).

- Historique :

La *179. Res.Pz.Div.* est issue d'une division de remplacement créée en 1939 pour contrôler les unités de remplacement et d'entraînement du *Wehrkreis IX*. Elle devient *Res.Pz.Div.* en juillet 1943. Elle est alors envoyée en France dans la région de Laval. Fin janvier 1944, elle compte un bataillon de chars et un bataillon de défense côtière mais elle est dépourvue d'armes anti-chars, d'équipements de transmission et de moyens de transport. Après avoir fourni les éléments nécessaires à la transformation de la *16. Pz.Gr.Div.* en *116. Pz.Div.*, elle est dissoute (mai 1944).

History :

179. Res.Pz.Div. was drawn from a replacement division set up in 1939 to oversee the replacement and training units of Wehrkreis IX. It became Res.Pz.Div. in July 1943. It was then dispatched to the Laval region of France. At the end of January 1944, it numbered one tank battalion and a coastal defense battalion but it had no anti-tank weapons, signaling equipment or means of transport. After supplying the elements needed to turn 16. Pz.Gr.Div. into 116. Pz.Div., it was disbanded (May 1944).

232. Panzer-Division
(cf./*see* Pz.Div. « Tatra »)

233. Reserve-Panzer-Division
(⇒ Panzer-Division)

- **Origine/*Origin*** : Wehrkreis III (Francfort am Oder)
- **Composition** :

1943 : Res.Pz.Abt. 5, Res.Pz.Gren.Rgt. 83, Res.Gren.Rgt. (mot.) 3, Res.Art.Abt. 59, Res.Aufkl.Abt. 3, Res.Pz.Jäg.Abt. 3, Res.Pz.Pi.Btl. 208.

233. Reserve-Panzer-Division

1945 : Pz.Gr.Rgt. 42, Pz.Gr.Rgt. 50, Pz.Gr.Rgt. 83, Pz.Abt. 55, Pz.Aufkl.Abt. 233, Pz.Jäg.Abt. 1033, Art.Rgt. 1233, Pz.Pi.Btl. 1233, Pz.Nachr.Kp. 1233.

- **Commandeurs/*Commanders* :** *Gen.Lt.* Curt Jahn (1.V.1942-28.II.1943), *Gen.Lt.* Heinrich Wosch (1.III.-7.VIII.1943), *Gen.Maj.* Kurt Cuno (8.VIII.1943-19.V.1944), *Gen.Lt.* Max Fremerey (20.V.-14.VIII.1944), *Gen.Lt.* Hellmut von der Chevallerie (15.VIII.-3.X.1944, m.d.F.b.), *Gen.Lt.* Max Fremerey (4.X.1944-IV.1945).

- Historique :	*History :*
Cette autre division de réserve est créée le 15 mai 1942 pour prendre en charge les unités motorisées d'entraînement et de remplacement du *Wehrkreis III* (Francfort sur Oder). Elle devient *233. Pz.Gren.Div.* le 7 juillet 1942 puis *233. Res.Pz.Div.* le 5 avril 1943. Elle est alors envoyée au Danemark dans le Jutland (QG à Hersens). Là, elle entraîne des unités blindées et des troupes motorisées jusqu'à la fin de la guerre. En mai 1944, elle cède un certain nombre de ses éléments aux *6., 19.* et *25. Pz.Div.* et intègre en retour d'autres éléments en provenance des *55.* et *179. Res.Pz.Div.* Début 1945, elle sert de base à la *Pz.Div.« Holstein »* et perd pratiquement toutes ses unités. Mais diverses unités d'instruction sont envoyées au Danemark et permettent la reconstitution d'une nouvelle division qui prend la dénomination de *233. Pz.Div.* Cette division sert à son tour de base à la *Pz.Div. « Clausewitz ».* Elle disparaît alors sans avoir jamais combattu sous le numéro 233.	*This other reserve division was set up on 15 May 1942 to take charge of the training and replacement motorized units of Wehrkreis III (Frankfurt-an-der-Oder). It became 233. Pz.Gren.Div. on 7 July 1942 then 233. Res.Pz.Div. on 5 April 1943. It was then dispatched to Jutland in Denmark (HQ at Hersens) where it trained armored units and motorized troops until the end of the war. In May 1944, it passed on a number of its elements to 6., 19. and 25. Pz.Div., recovering other elements drawn from 55. and 179. Res.Pz.Div. in exchange. At the beginning of 1945, it served as a base for Pz.Div."Holstein" and lost practically all of its units. But various training units were sent to Denmark, enabling a new division to be raised, named 233. Pz.Div. This division in turn was used to form the basis of Pz.Div. "Clausewitz". It then disappeared without ever having seen action as 233. Pz.Div.*

273. Reserve-Panzer-Division (ex Div. Nr. 155)

- **Origine/*Origin* :** Wehrkreis XIII
- **Composition :**
1944 : Pz.Rgt. 25/35, Res.Pz.Gren.Rgt. 92, Res.Gren.Rgt. (mot.) 73, Res.Art.Abt. 167, Res.Aufkl. Abt. 7, Res.Pz.Jäg.Abt. 7, Res.Pz.Jäg.Abt. 10, Res.Pz.Pi.Btl. 19.
- **Commandeur/*Commander* :** *Gen.Lt.* Hellmut von der Chevallerie (15.XI.1943-9.V.1944).

- Historique :	*History :*
Cette division de réserve est constituée en novembre 1943 à Würzburg pour contrôler les unités blindées ou motorisées d'entraînement des *Wehrkreis XIII, VII* et autres. Contrairement aux deux précédentes, elle n'est pas issue d'une division de remplacement. Envoyée en France (secteur de Bordeaux-frontière espagnole), sa durée de vie est très courte. En mars 1944, elle fournit divers éléments à la *10. Pz.Gren.Div.* puis est totalement absorbée par la *11. Pz.Div.*	*This reserve division was formed at Würzburg in November 1943 to oversee the armored or motorized training units of Wehrkreis XIII, VII and others. Unlike the two above units, it was not drawn from a replacement division. It was a very shortlived unit and was sent to France (Bordeaux-Spanish border sector). In March 1944, it supplied various elements to 10. Pz.Gren.Div. then was completely taken over by 11. Pz.Div.*

Panzer-Division « Clausewitz »

- **Composition :**
1944 : Pz.Gren.Rgt. 42, I Art.Abt. (mot.) 144, 260, Pz.Aufkl.Abt. « Doring », Pi.Btl., Pz.Jäg.Abt. « Grossdeutschland », Pz. Nachr.Kp.
- **Commandeur/*Commander* :** *Gen.Lt.* Martin Unrein (3.IV.-V.1945).

- Historique :	*History :*
Cette division est formée à partir de la *233. Res.Pz.Div.* le 6 avril 1945 dans la région de Lauenburg sur l'Elbe. Elle n'est pas engagée car son organisation n'est pas encore achevée lorsque la guerre prend fin.	*This division was formed from 233. Res.Pz.Div. on 6 April 1945 in the Lauenburg region on the Elbe. It was never engaged as it was still not fully organized by the time the war came to an end.*

Panzer-Division « Feldherrnhalle 1 »

- **Origine/*Origin* :** Wehrkreis XX

- **Composition** : Pz.Rgt. « Feldherrnhalle 1 », Pz. Gren.Rgt. « Feldherrnhalle 1 », Pz.Jäg.Abt. « Feldherrnhalle 1 », Pz.Art.Rgt. « Feldherrnhalle 1 », Pz.Pi.Btl. « Feldherrnhalle 1 », Pz.Nach.Kp. « Feldherrnhalle 1 » (autres unités numérotées en 160/*another units numbered 160*)
- **Commandeur/***Commander* : *Gen.Maj.* Günther Pape (IX.1944-?)

- Historique :

La *155. Pz.Div.* « *Feldherrnhalle* » est créée fin décembre 1944 en Hongrie à partir des restes de la *Pz.Gr.Div.* « *Feldherrnhalle* ». Cette division à effectifs réduits entre dans la composition du *Pz.K.* « *Feldherrnhalle* » composé par ailleurs de la *13. Pz.Div.* Ce corps blindé, officiellement créé en février 1945 stationne à Presbourg (Bratislava) puis est mis en réserve de l'OKH en février 1945. Le 5 avril 1945, il est rattaché à la *8. Armee* (groupe d'armées « sud »). Il combat à Budapest où il est anéanti. La *Pz.Div.* « *Feldherrnhalle* » se verra ajouter le chiffre 1 après la création d'une *Pz.Div.* « *Feldherrnhalle 2* »

La *Pz.Gren.Div.* devenue *Pz.Div.* « *Feldherrnhalle* » a donné 30 chevaliers de la Croix de fer et 3 titulaires des feuilles de chêne...

History :

155. Pz.Div. "Feldherrnhalle" was set up in Hungary at the end of December 1944 from remnants of Pz.Gr.Div. "Feldherrnhalle". This under-strength division made up one part of Pz.K. "Feldherrnhalle", the other being 13. Pz.Div. Officially created in February 1945, this panzer corps was stationed at Presburg (Bratislava) then was placed in the OKH, still in February 1945. On 5 April 1945, it was attached to 8. Armee (Army Group "Süd"). It fought at Budapest where it was wiped out. Pz.Div."Feldherrnhalle" took a number 1 after its name following the raising of a Pz.Div. "Feldherrnhalle 2".

As Pz.Div. « Feldherrnhalle » the Pz.Gren.Div produced 30 Knights of the Iron Cross and 3 with Oak Leaves...

Panzer-Division « Feldherrnhalle 2 »

- **Origine/***Origin* : Wehrkreis XX
- **Composition** : Pz.Rgt. « Feldherrnhalle 2 », Pz.Gren.Rgt. « Feldherrnhalle 3 », Pz.Jäg.Abt. « Feldherrnhalle 2 », Pz.Art.Rgt. « Feldherrnhalle 2 », Pz.Pi.Btl. « Feldherrnhalle 2 », Pz.Nach.Kp. « Feldherrnhalle 2 », Heeres-Flak-Abt. « Feldherrnhalle 2 ».
- **Commandeur/***Commander* : *Gen.Maj.* Franz Bäke (III.-V.1945)

- Historique :

La *Pz.Div.* « *Feldherrnhalle 2* » est créée en mars 1945 à partir de la *13. Pz.Div.*, détruite à Budapest. Elle combat sur le Danube puis est capturée par les Soviétiques dans le sud de la Bohême dans la région de Budweiss (Ceske Budejovice) en mai 1945.

History :

Pz.Div. "Feldherrnhalle 2" was set up in March 1945 from 13. Pz.Div., destroyed at Budapest. It fought on the Danube then in May 1945 was captured by the Soviets in southern Bohemia in the region of Budweiss (Ceske Budejovice).

Panzer-Division « Holstein »

- **Origine/***Origin* : Wehrkreis X
- **Composition** : Pz.Abt. 44, Pz.Gen.Rgt. 139, Pz.Gen.Rgt.142, Pz.Art.Rgt. 144, Pz.Aufkl.Abt. 44, Pz.Jäg.Abt. 144, Pz.Pi.Btl. 144, Pz.Nachr.Kp. 144, Kdr.Pz.Nachsch.Tr. 144.
- **Commandeurs/***Commanders* : *Oberst* Hesse (2-27.II.1945), *Oberst* Wellmann (28.II.-25.III.1945).

- Historique :

La *Pz.Div.* « *Holstein* » est formée au Danemark le 10 février 1945 à partir de la *233. Res.Pz.Div.* Elle ne compte que quelques chars et ses effectifs sont réduits. Affectée au groupe d'armées « Vistule » le 21 mars 1945, ses éléments sont mis à la disposition de la *18. Pz.Gr.Div.* Les unités non utilisées sont envoyées à Gross Glienicke où elles sont dissoutes (avril 1945).

History :

Pz.Div. "Holstein" was formed in Denmark from 233. Res.Pz.Div. on 10 February 1945. It was under-strength and had very few tanks. Allocated to Army Group "Vistula" on 21 March 1945, its elements were made available to 18. Pz.Gr.Div. The units not used were dispatched to Gross Glienicke where they were disbanded (April 1945).

Panzer-Division « Jüterbog »

- **Composition** : Pz.Abt. « Jüterbog », Div.Begl.Kp. « Jüterbog », Pz.Gren.Rgt.« Jüterbog », Pz.Art.Rgt.« Jüterbog »,I./Art.Abt.510, Pz.Aufkl.Kp., Pz.Jäg.Kp., Pz.Pi.Kp., Pz.Nachr. Kp. « Jüterbog ».
- **Commandeur/***Commander* : *Gen.Maj.* Dietrich von Müller (28.II.-5.III.1945).

- Historique :

Cette division est formée sur le terrain d'entraînement de Jüterbog le 20 février 1945. À effectifs réduits, elle est affectée au groupe d'armées « Centre » le 23

History :

This division was formed at the Jüterbog parade ground on 20 February 1945. This under-strength unit was assigned to Army Group "Mitte" on 23

février 1945. Le 27 février, elle est transférée à Bautzen où elle est absorbée par la *16. Pz.Div.* en cours de reconstitution. Elle est officiellement dissoute le 4 mars 1945.

February 1945. On 27 February, it was transferred to Bautzen where it was taken over by 16. Pz.Div. as it re-formed. It was officially disbanded on 4 March 1945.

Panzer-Division « Kurmark »

Panzer-Division « Kurmark »

- **Composition :** Pz.Rgt.« Kurmark », Pz.Gren.Rgt.« Kurmark », Pz.Art.Rgt. « Kurmark », Pz.Aufkl.Abt. « Kurmark », Pz.Nachr.Abt.« Kurmark », Pz.Pi.Btl. « Kurmark ».
- **Commandeur/Commander :** Oberst (Gen. Maj.) Willy Langkeit (28.I.-5.V.1945)

- Historique :

La *Pz.Div. « Kurmark »* est formée le 22 janvier 1945 à Cottbus au sud de Berlin avec les restes du *Kampfgruppe Langkeit*. Elle comprend des unités des « *Grossdeutschland* » *Verbände*, d'où l'autorisation pour ses membres de porter la bande de bras « *Grossdeutschland* ». Le 4 février 1945, la division est envoyée sur le front de l'Oder où elle est rattachée au *XI. SS-Pz.K.* de la *9. Armee* (groupe d'armées « Vistule »). Le 17 mars, elle ne compte que 2 375 hommes et 14 chars. En avril, elle est placée en réserve pendant quelques semaines dans la forêt de Falkenhagen puis remonte en ligne. Incapable de résister à l'avance soviétique, elle bat en retraite et prend position au sud-ouest de Müncheberg. Elle reste dans ce secteur jusqu'à la fin du mois d'avril, époque à laquelle elle parvient à rompre l'encerclement soviétique à Halbe. Les restes de la division traversent l'Elbe et se rendent aux Américains le 5 mai...

History :

Pz.Div. "Kurmark" was formed on 22 January 1945 at Cottbus south of Berlin from the remnants of Kampfgruppe Langkeit. It comprised units of "Grossdeutschland" Verbände, which is why its members were allowed to wear the "Grossdeutschland" armband. On 4 February 1945, the division was dispatched to the Oder front, where it was assigned to XI. SS-Pz.K. (9. Armee, Army Group "Vistula"). By 17 March, it was down to 2,375 men and 14 tanks. In April, it was placed for a few weeks in the reserve in Falkenhagen Forest before returning to the front line. Unable to withstand the Soviet advance, it retreated and took up a position south-west of Müncheberg. It remained in that sector until the end of April, when it managed to break out from the Soviet encirclement at Halbe. The remnants of the division crossed the Elbe and surrendered to the Americans on 5 May...

Panzer-Division « Müncheberg »

Panzer-Division « Müncheberg »

1. Emblème arboré en mars 1945 dans la région de Müncheberg.

1. Emblem used in March 1945 in the Müncheberg area.

2. Variante non confirmée.

2. Unconfirmed variant.

- **Origine/Origin :** Wehrkreis III
- **Composition :** Pz.Gren.Rgt « Müncheberg » 1, Pz.Gren.Rgt « Müncheberg » 2, Pz.Art.Rgt. « Müncheberg », Pz.Aufkl.Abt. « Müncheberg », H.Flak.Art.Abt. (mot.) 301, Pz.Jäg.Abt. 682, Pz.Späh.Kp. « Müncheberg », Pz.Pi. Kp. (mot.) « Müncheberg », Pz.Felders.Btl. « Müncheberg ».
- **Commandeur/Commander :** Gen.Maj. Werner Mummert (9.III.-V.1945).

- Historique :

Cette division est constituée le 6 mars 1945 à Müncheberg avec des unités issue du *Wehrkreis III*. Affectée au groupe d'armées « Vistule » la 11 mars, elle est placée en réserve de la *9. Armee* (groupe d'armées « Vistule »). Le 17 mars, elle fait partie du *XI. SS-Pz.K.* de la même *9. Armee*. Elle comprend alors 2 867 hommes et 29 chars. Du 23 avril au 3 mai 1945, elle combat dans les faubourgs de Berlin. Malgré ses effectifs réduits, cette unité qui n'a de blindé que le nom, se bat bien sous la direction de son chef, le général Mummert. Ce dernier est blessé en se battant à la tête de ses hommes le 1ᵉʳ mai et capturé par les Soviétiques le 3 mai. À cette date, les restes de la division tentent de briser l'encerclement soviétique autour de Berlin. Certains de ses membres parviennent à rejoindre les lignes anglo-américaines. Le reste tombe entre les mains des Soviétiques...

History :

This division was formed at Müncheberg on 6 March 1945 with units from Wehrkreis III. Assigned to Army Group "Vistula" on 11 March, it was placed in the reserve of 9. Armee (Army Group "Vistula"). On 17 March, it joined XI. SS-Pz.K. with that same 9. Armee. It then had 2,867 men and 29 tanks. From 23 April to 3 May 1945, it fought in the outskirts of Berlin. Although understrength, the unit, armored in name only, fought bravely under its commanding officer, General Mummert, who was wounded as he led his men into action on 1 May and captured by the Soviets on 3 May. At that date, the remnants of the division attempted to break out from the Soviet encirclement of Berlin. Some of the men managed to reach the Anglo-American lines. The rest fell into the hands of the Soviets...

Panzer-Division « Norwegen »

- **Origine/Origin :** Wehrkreis VI
- **Composition :** Pz.Abt. « Norwegen », Pz.Gren.Rgt. « Norwegen », Pz.Jäg.Abt. « Norwegen », Pz.Art.Abt. « Norwegen », Pz.Pi.Btl. « Norwegen ».
- **Commandeurs/Commanders :** Gen.Maj. Reinhold Gotsche (1.X.-20.XI.1943), Oberst Max Roth (20.XI.-11.VI.1944), Gen.Maj. Reinhold Gotsche (11.VI.-1.VII.1944).

- Historique :

La *Pz.Div.* « *Norwegen* » est mise sur pied en Norvège le 25 août 1943 à partir de différentes unités issues de la *25. Pz.Div.* qui étaient restées en Norvège (environ 1 000 hommes). Ses effectifs ne dépassent pas ceux d'un régiment et ses chars, des *Pz. III*, sont au nombre de 47, pour la plupart dépourvus de transmissions. La division est alors rebaptisée *Pz. Brig.* « *Norwegen* ». En mai 1944, Ses chars sont d'ailleurs attribués à la *25. Pz.Div.* en cours de transfert sur le front de l'Est. Le reste de la division est absorbé par la même *25. Pz.Div.* en juin 1944.

History :

Pz. Div. "Norwegen" was raised in Norway on 25 August 1943 from various units from 25. Pz.Div. which had remained in Norway (around 1000 men). Its strength was no more than that of a regiment and its Pz. III tanks numbered just 47, mostly with no signals. The division was then renamed Pz. Brig. "Norwegen". In May 1944, its tanks were in fact passed on to 25. Pz.Div. on its way to the Eastern front. What remained of the division was also taken over by 25. Pz.Div. in June 1944.

Panzer-Division « Schlesien » (alias Pz.Div. « Döberitz »)

- **Composition** : Pz.Abt. « Schlesien », Pz.Gren.Rgt. 100, Pz.Art. Rgt.100, Pz.Aufkl.Kp. « Schlesien », Pz.Pi.Abt.« Schlesien », Pz.Nachr.Tr.« Schlesien », Div.Begl.Kp. « Schlesien », Schw.Flak.Abt. 420.
- **Commandeur/***Commander* : *Oberst* Ernst Wellmann (28.II.-25.III.1945)

- Historique :

Cette division est formée le 20 février 1945 sur le terrain de manœuvre de Döberitz. Elle est d'abord nommée *Pz.Div.* « *Döberitz* » puis « *Schlesien* ». Fin février, la division est mise à la disposition du groupe d'armées « Vistule » à Francfort sur Oder. Le 14 mars 1945, elle entre dans la composition d'un *Kampfgruppe* par ailleurs composé des restes de la *25. Pz.Div.* avec pour mission de tenir les environs de Stettin à l'est de l'Oder. Le 21 mars, certains de ses éléments sont absorbés avec ceux de la *Pz.Div.* « *Holstein* » par la *18. Pz.Gren.Div.* D'autres éléments sont envoyés à Gross-Glienicke et mis à la disposition de l'OKH. La division est alors considérée comme dissoute...

History :

This division was formed on 20 February 1945 at the Döberitz parade ground. It was initially called Pz.Div. "Döberitz" and later "Schlesien". At the end of February, the division was placed at the disposal of Army Group "Vistula" at Frankfurt-an-der-Oder. On 14 March 1945, it helped to make up a Kampfgruppe along with the remnants of 25. Pz.Div. and was detailed to hold the area around Stettin east of the Oder. On 21 March, some of its elements were taken over by 18. Pz.Gren.Div. along with those of Pz.Div. "Holstein". Other elements were dispatched to Gross-Glienicke and placed at the disposal of OKH. The division was then considered to have been disbanded...

Panzer-Feldausbildungs-Division « Tatra » (⇒ 232. Panzer-Division)

- **Composition** : Pz.Gren.Rgt. 101, Pz.Gren.Rgt. 102
- **Commandeurs/***Commanders* : *Gen.Lt.* Friedrich Wilhelm von Loeper (?.1944-31.XII.1944), *Gen.Maj.* Hans Ulrich Back (1.I.-III.1945).

- Historique :

Cette division est formée en Slovaquie (région des Tatras, massif montagneux des Carpates) comme division d'entraînement en décembre 1944. Constituée de différentes unités mobiles qui avaient été réunies dans cette région au cours de l'été 1944, elle est placée à la disposition de l'OKH. En septembre 1944, une partie de ses éléments est absorbée par la *1. Pz.Div.*, ce qui ne l'empêche pas de poursuivre son rôle d'instruction. La division stationne dans la région de Tyman où elle est en outre utilisée à des tâches de sécurité. Elle est alors subordonnée au groupe d'armées « Sud ». Le 21 février 1945, elle abandonne sa désignation de *Pz.Div.*« *Tatra* » pour celle de *232. Pz.Div.* Elle est alors envoyée sur le front et détruite dans la tête de pont de Raab (Danube) à la fin du mois.

History :

This division was formed in Slovakia (Tatras region, Carpathian Mountains) as a training division in December 1944. Formed from various mobile units gathered together in the region during the summer of 1944, it was placed at the disposal of OKH. In September 1944, some elements were taken over by 1. Pz.Div., which did not prevent it carrying on its training duties. The division was stationed in the Tyman area where it was also used for security tasks. It was then subordinated to Army Group "Süd". On 21 February 1945, it dropped the name Pz.Div."Tatra" to become 232. Pz.Div. It was then dispatched to the front and destroyed at the end of the month in the Raab bridgehead (Danube).

Leichte Divisionen

1. Leichte Division

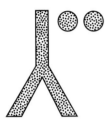

1. Leichte Division

- **Origine/*Origin*** : Wehrkreis VI
- **Composition** : Kav.Schtz.Rgt. 4, Krad.Schtz.Abt. 6, Pz.Abt. 65, Art.Rgt. 76, Aufkl.Abt. 6, Pz.Abw.Abt. 41, Nachr.Abt. 82, Pi.Btl. 57.
- **Commandeurs/*Commanders*** : *Gen.Lt.* Erich Hoepner (1.X.-23.XI.1938), *Gen.Maj.* Friedrich Wilhelm von Loeper (24.XI.1938-9.X.1939).

- Historique :

Cette division est mise sur pied le 1er avril 1938 à Wuppertal. A la veille de la guerre, elle comprend un régiment de cavalerie motorisé numéroté 4 et un groupe blindé *(Pz.Abt. 65)*. Elle participe à la campagne de Pologne au sein de la *10. Armee* (groupe d'armées « Sud ») avant d'être transformée en *6. Pz.Div.* en octobre 1939. 6 membres de cette division sont décorés de la Croix de chevalier de la Croix de fer au cours de la campagne de Pologne.

- History :

This division was raised at Wuppertal on 1 April 1938. On the eve of the war, it comprised one motorized cavalry regiment numbered 4 and an armored detachment (Pz.Abt. 65). It was involved in the Polish campaign as part of 10. Armee (Army Group "Süd") before being turned into 6. Pz.Div. in October 1939. 6 members of this division received the Knight's Cross of the Iron Cross during the Polish campaign.

2. Leichte Division

2. Leichte Division

- **Origine/*Origin*** : Wehrkreis IX
- **Composition** : Kav.Schtz.Rgt. 6, Kav.Schtz.Rgt. 7, Aufkl.Rgt. 7, Pz.Abt. 66, Art.Rgt. 78, Pz.Abw.Abt. 42, Nachr.Abt. 83.
- **Commandeur/*Commander*** : *Gen.Lt.* Georg Stumme (1.X.1938-18.X.1939).

- Historique :

La *2. Lei. Div.* est mise sur pied le 10 novembre 1938 à Gera. En août 1939, elle comprend deux régiments de cavalerie motorisés numérotés 6 et 7 et un groupe blindé *(Pz.Abt. 66)*. Elle participe à la campagne de Pologne au sein du *XV. A.K.* de la *10. Armee* (groupe d'armées « Sud »). Elle devient *7. Pz.Div.* le 18 octobre 1939.

- History :

2. Lei. Div. was raised at Gera on 10 November 1938. In August 1939, it comprised two motorized cavalry regiments numbered 6 and 7 and an armored detachment (Pz.Abt. 66). It was involved in the Polish campaign as part of XV. A.K. (10. Armee, Army Group "Süd"). It became 7. Pz.Div. on 18 October 1939.

3. Leichte Division

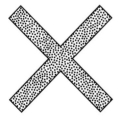

3. Leichte Division

- **Origine/*Origin*** : Wehrkreis III
- **Composition** : Kav.Schtz.Rgt. 8, Kav.Schtz.Rgt. 9, Aufkl.Rgt. 8, Pz.Abt. 67, Art.Rgt. 80, Pz.Abw.Abt. 43, Nachr.Abt. 84, Pi.Kp. 59.
- **Commandeur/*Commander*** : *Gen.Maj.* Adolf Kuntzen (10.XI.1938-30.IX.1939).

- Historique :

Cette division est mise sur pied le 10 novembre 1938 à Cottbus. En août 1939, elle comprend deux régiments de cavalerie motorisés numérotés 8 et 9 et un groupe blindé *(Pz.Abt. 67)*. Elle participe à la campagne de Pologne avec le *XV. A.K.* de la *10. Armee* (groupe d'armées « Sud ») puis devient *8. Pz.Div.* le 16 octobre 1939.

- History :

This division was raised at Cottbus on 10 November 1938. In August 1939, it comprised two motorized cavalry regiments numbered 8 and 9 and an armored detachment (Pz.Abt. 67). It was involved in the Polish campaign with XV. A.K. (10. Armee, Army Group "Süd") then became 8. Pz.Div. on 16 October 1939.

4. Leichte Division

- **Origine/*Origin*** : Wehrkreis XVII
- **Composition :** Kav.Schtz.Rgt. 10, Kav.Schtz.Rgt. 11, Aufkl.Rgt. 9, Pz.Abt. 33, Art.Rgt. 102, Pz.Abw.Abt. 50, Nachr.Abt. 85, Pi.Btl. 86.
- **Commandeur/*Commander*** : *Gen.Maj. Dr. Alfred Ritter von Hubicki (1.IV.1938-3.I.1940).*

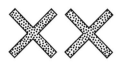

4. Leichte Division

- Historique :

Cette division est créée le 1ᵉʳ avril 1938 à Vienne peu après l'Anschluss. Elle prend part à l'occupation de la Tchécolsovaquie en mars 1939. A la veille de la guerre, elle comprend deux régiments de cavalerie mécanisée numérotés 10 et 11 ainsi qu'un groupe blindé *(Pz.Abt. 33)*. Elle participe à la campagne de Pologne au sein du *XVIII. A.K* de la *14. Armee* (septembre 1939) puis elle est placée en réserve de l'OKH (octobre 1939). Elle devient *9. Pz.Div.* le 3 janvier 1940.

History :

This division was formed in Vienna on 1 April 1938 shortly after the Anschluss. It took part in the occupation of Czechoslovakia in March 1939. On the eve of the war, it comprised two mechanized cavalry regiments numbered 10 and 11 and an armored detachment (Pz.Abt. 33). It took part in the Polish campaign as part of XVIII. A.K (14. Armee, September 1939) and was later placed in the OKH reserve (October 1939). It became 9. Pz.Div. on 3 January 1940.

5. Leichte Afrika Division (mot.)

- **Composition :** Inf.Rgt.Stab z.b.V. 200, MG-Btl. 2, MG-Btl. 8, Aufkl.Abt. 3, Pz.Rgt. 5, Pz.Jäg.Abt. 39, I./Flak.Abt. (mot.) 33, I./Art.Rgt. (mot.) 75.
- **Commandeurs/*Commanders*** : *Gen.Maj. Johannes Streich (7.II.-16.V.1941), Gen.Maj. Johann von Ravenstein (20.V.-1.VIII.1941)*

- Historique :

Cette division est mise sur pied le 18 février 1941 avec des cadres issus de la *3. Pz.Div.* Elle est dotée de deux bataillons de mitrailleurs et d'un régiment de chars, le *Pz.Rgt. 5,* lui aussi issu de la *3. Pz.Div.* et doté de 120 chars dont 60 *Pz.III.* Confiée au commandement du *Generalmajor* Streich, la nouvelle division reçoit la mission de bloquer l'avance britannique en Libye. Elle commence à débarquer à Tripoli le 14 février puis est immédiatement engagée. Pendant six mois, elle participe à tous les combats menés contre les forces blindées britanniques en Libye. Elle prend l'appellation de *21. Pz.Div.* le 1ᵉʳ août 1941.

Au cours de son engagement en Afrique, la *5. Lei.Div.* a donné trois chevaliers de la Croix de fer.

- History :

This division was raised on 18 February 1941 with officers drawn from 3. Pz.Div. It had two machine-gunner battalions and a panzer regiment, Pz.Rgt. 5, also drawn from 3. Pz.Div. and which had 120 tanks including 60 Pz.IIIs. Generalmajor Streich was placed in command of the new division with the mission to block the British advance in Libya. It began to land at Tripoli on 14 February and was engaged immediately. For six months, it took part in all the fighting against the British tank forces in Libya. It was renamed 21. Pz.Div. on 1 August 1941.

During its engagement in Africa, 5. Lei.Div. produced three knight's Cross of the Iron Cross.

5. Leichte-Afrika-Division

Ces deux insignes ne sont pas clairement établis. Le premier aurait été arboré à l'époque du Sperrverband Lybien tandis que le second aurait été arboré par la division.

These two insignia are not definitely established. The first is thought to have been used at the time of the Sperrverband Lybien and the second is thought to have been used by the division.

90. Leichte Afrika Division (mot.)

- **Origine/*Origin*** : Wehrkreis III
- **Composition :**
1941 : Schtz.Rgt. 151, Inf.Rgt. 361, gem.Aufkl.Kp. 580, Art.Abt. 361, Pi.Btl. 900, Nachr.Kp. 190.
1942 : Pz.Gren.Rgt. 155, Pz.Gren.Rgt. 200, Pz.Gren.Rgt. 361, Pz.Abt. 190, Pz.Jäg.Abt. 190, Pz.Aufkl.Abt. 90, Art.Rgt. 90.
- **Commandeurs/*Commanders*** : *Gen.Maj.* Max Sümmermann (17.VII.-10.XII.1941), *Oberst* Johann Mickl (11-27.XII.1941), *Gen.Maj.* Richard Veith (28.XII.1941-28.IV.1942), *Gen.Maj.* Ulrich Kleeman (29.IV.-14.VI.1942), *Oberst* Werner Marcks (14-18.VI.1942), *Oberst* Erwin Menny (18-19.VI.1942), *Oberst* Werner Marcks (19-21.VI.1942), *Gen.Maj.* Ulrich Kleemann (21.VI.-8.IX.1942), *Gen.Maj.* Bernhard Ramcke (8-17.IX.1942), *Oberst* Hermann Schulte-Heuthaus (17-22.IX.1942), *Gen.Lt.* Theodor *Graf von* Sponeck (22.IX.-12.V.1942).

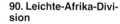

90. Leichte-Afrika-Division

Ces deux insignes ont été arborés par la division sans que l'on puisse déterminer exactement dans quel ordre chronologique.

These two insignia were used by the division although it is not known exactly in what chronological order.

- Historique :

Cette division est formée en Libye en août 1941 comme division d'emploi spécial « Afrika » *(Afrika-*

History :

This division was formed in Libya in August 1941 as a special task "Afrika" division (Afrika-Division z.b.V.).

Division z.b.V.). Elle prend la désignation de *90. Leichte Division* en novembre 1941 puis de *90. Leichte Afrika Division* en mars 1942 . Elle est alors dotée de trois régiments d'infanterie numérotés 155, 200 et 361 et qui ne seront complètement motorisés qu'au printemps 1943. Elle comprend en outre un régiment d'artillerie motorisée, un bataillon du génie et un bataillon de blindés de reconnaissance.

En 1941, la division se distingue au siège de Tobrouk. Elle retraite à travers la Cyrénaïque et contribue à la prise de Benghazi (janvier 1942). Elle participe ensuite à la bataille de la ligne de Gazala et plus particulièrement aux combats de Bir Hakeim et d'El Valeb (mai-juin 1942), à l'assaut de Tobrouk (juin 1942), à la marche vers l'Egypte, à la bataille de Marsa Matrouh (26-27 juin 1942) et enfin aux batailles d'El Alamein. Fortement éprouvée par ces différents combats, ses trois régiments d'infanterie ne comptent plus que 1 500 hommes fin juin 1942. Après l'écrasement de la *Pz.Armee « Afrika »* au cours de la seconde bataille d'El Alamein (oct.-nov. 1942), la division assure l'arrière-garde des troupes de Rommel retraitant vers la Tunisie. Elle combat durement dans ce pays, subissant de lourdes pertes. En avril 1943, elle compte 5 700 hommes seulement. Ces derniers restes disparaissent en Tunisie en mai 1943...

It took the title 90. Leichte Division in November 1941, then 90. Leichte Afrika Division in March 1942. It was then given three infantry regiments numbered 155, 200 and 361 and not fully motorized until the spring of 1943. It further comprised a motorized artillery regiment, an engineers battalion and an armored reconnaissance battalion.

In 1941, the division fought with distinction in the siege of Tobruk. It retreated across Cyrenaica and helped to take Benghazi (January 1942). It went on to take part in the battle of the Gazala Line and more especially in the battles of Bir Hacheim and El Valeb (May-June 1942), the assault on Tobruk (June 1942), the march towards Egypt, the battle of Mersa Matruh (26-27 June 1942) and finally the battles of Alamein. By the end of June 1942, hard pressed after all these battles, its three infantry regiments were down to 1,500 men. Following the crushing of Pz.Armee "Afrika" in the second battle of Alamein (Oct.-Nov. 1942), the division provided the rearguard for Rommel's troops withdrawing towards Tunisia. It fought stoutly in that country, sustaining heavy losses. In April 1943, it numbered just 5,700 men. These last remnants disappeared in Tunisia in May 1943...

164. Leichte Afrika Division (mot.)

- **Origine/*Origin* :** Wehrkreis XII

- **Composition :** Pz.Gr.Rgt. 125, Pz.Gr.Rgt. 382, Pz.Gr.Rgt. 433, Art.Rgt. 220, Pz.Jäg.Abt. 220, Aufkl.Abt. 220, Pi.Btl. 220, Nachr.Abt. 220.

- **Commandeurs/*Commanders* :** *Oberst* Alfred Petry (15.III.1941), *Gen.Maj.* Josef Folttmann (VII.-VIII.1942), *Oberst (Gen.Maj.)* Karl Hans Lungershausen (VIII.1942), *Oberst* Hans-Hermann Hecker (31.VIII.-18.IX.1942), *Gen.Maj.* Karl Hans Lungershausen (18.IX.-?.XI.1942), *Oberst* Siegfried Westphal (6-30.XII.1942), *Gen.Maj.* Kurt *Frhr* von Liebenstein (1-16.I.1943), *Oberst* Becker (16.I.-17.II.1943), *Gen.Maj.* Fritz Krause (17.II.-13.III.1943), *Gen.Maj.* Kurt *Frhr* von Liebenstein (13.III.-13.V.1943).

164. Leichte-Afrika-Division

Insigne arboré par la division lors de son engagement en Afrique.

Insignia used by the division while engaged in Africa.

- Historique :

Cette division légère est créée en novembre 1939 sur le terrain de manœuvre de Königsbrück dans le *Wehrkreis IV* comme *164. Lehr-Infanterie-Division.* Elle comprend alors trois régiments d'infanterie numérotés 382, 433 et 440. Elle reste en réserve en Allemagne pendant la campagne de France. Elle est engagée dans les Balkans en 1941 et combat en Grèce. Pendant un an, elle reste en occupation dans ce pays, occupant un secteur dans la région de Salonique. A cette époque, elle perd son *Inf.Rgt. 440,* affecté sur l'île de Rhodes. Au cours du printemps 1942, la division part en occupation en Crète et reçoit un nouveau régiment, l'*Inf.Rgt. 125,* ex-unité de garde-frontières stationnée à Saarbrücken.

C'est au cours de l'été 1942 que la division (moins l'*Inf.Rgt. 382)* est envoyée en Afrique du Nord. Elle prend alors l'appellation de *164. Leichte Afrika Division* (juillet 1942). Elle se distingue au cours des combats défensifs menés dans le secteur d'El Alamein de juillet à début novembre 1942. Le 10 juillet 1942, l'*Inf.Rgt. 382* arrive à son tour juste à temps pour dégager le QG de la *Pz.Armee « Afrika »* menacée par les Anglais et les Australiens. Fin 1942, la division, fortement éprouvée, se replie à travers l'Egypte et la Libye. Arrivée en Tunisie, elle est reconstituée dans la région de Tripoli et complètement motorisée en janvier 1943. Rattachée au XXIe corps d'armée italien, elle combat durement sur la ligne Mareth avant d'être contrainte au repli. En avril 1943, elle ne compte plus que 2 500 hommes. Elle se rend le 13 mai 1943.

History :

This light division was formed in November 1939 as 164. Lehr-Infanterie-Division on the Königsbrück parade ground in Wehrkreis IV. It then comprised three infantry regiments numbered 382, 433 and 440. During the French campaign it remained in reserve in Germany. It was engaged in the Balkans in 1941 and fought in Greece. For a year, it remained in occupation in that country, occupying a sector in the Salonika area. At that time, it lost its Inf.Rgt. 440, which was dispatched to the island of Rhodes. During the spring of 1942, the division left to occupy Crete and received a new regiment, Inf.Rgt. 125, a former border guards unit stationed at Saarbrücken.

During the summer of 1942 the division (minus Inf.Rgt. 382) was dispatched to north Africa. It was then renamed 164. Leichte Afrika Division (July 1942). It fought with distinction in the defensive battle in the Alamein sector from July to early November 1942. On 10 July 1942, Inf.Rgt. 382 in turn arrived just in time to remove the threat from the British and Australians to the Pz.Armee "Afrika" HQ. Late in 1942, the badly battered division withdrew across Egypt and Libya. On arriving in Tunisia, it was re-formed in the Tripoli area and fully motorized in January 1943. Attached to the Italian XXI Corps, it fought hard on the Mareth Line before being forced to retire. In April 1943, it was down to 2,500 men. It surrendered on 13 May 1943.

999. Leichte Afrika Division

- **Origine/Origin** : Wehrkreis V (Heuberg-Baden)
- **Composition (mars 1943/March 1943)** : Afrika Schtz.Rgt. (mot.) 961, Afrika Schtz.Rgt. (mot.) 962, Afrika Schtz.Rgt. (mot.) 963, Art.Rgt. (mot.) 999, Pz.Jäg.Abt. (mot.) 999, Aufkl.Abt. (mot.) 999, Pi.Btl. (mot.) 999, Nachr. Abt. (mot.) 999.
- **Commandeurs/Commanders** : *Gen.Lt.* Kurt Thomas (23.XII.1942-1.IV.1943), *Oberst* Ernst-Günther Baade (2.IV.-13.V.1943).

Emblème arboré par la division en 1943 en Afrique.

Emblem used by the division in Africa in 1943.

- Historique :

La *999. Leichte Afrika Division* est issue de la *999. Afrika Brigade*. Cette dernière avait été formée fin 1942 à Neuberg avec des soldats condamnés par des cours martiales. Elle obtient le statut de division en mars-avril 1943 et prend l'appellation de *999. Leichte Afrika Division* . Ses *Inf.Rgt. 961* et *962* (qui prendront peu après l'appellation d'*Afrika Schtz.Rgt. [mot.]*) sont envoyés en Tunisie à cette époque mais ne tardent pas à être submergés. Le commandeur de la division trouve la mort au cours d'un vol de reconnaissance début avril. Les différents éléments de la division arrivés en Tunisie combattent séparément au cours du mois d'avril avant d'être capturés le mois suivant. L'*Inf.Rgt. 963* ainsi que les unités de soutien de la division qui n'avaient pas eu le temps de quitter l'Italie pour la Tunisie sont envoyés en Grèce où ils sont absorbés par la *Sturm-Division « Rhodos »* et par différentes unités de forteresse. La division est donc dissoute mais son état-major continuera à entraîner en Allemagne les prisonniers politiques ou de droit commun enrôlés dans l'armée...

History :

999. Leichte Afrika Division was drawn from 999. Afrika Brigade, which was formed at Neuberg in late 1942 with soldiers condemned by courts martial. It won divisional status in March-April 1943 and was named 999. Leichte Afrika Division. Its Inf.Rgt. 961 and 962 (soon renamed Afrika Schtz.Rgt. [mot.]) were dispatched to Tunisia at this time, and quickly submerged. Early in April the divisional commander was killed during a reconnaissance flight. The different elements of the division arriving in Tunisia fought separately in April before being captured the following month. Inf.Rgt. 963 and the division's supporting units that had not had time to leave Italy for Tunisia were dispatched to Greece where they were taken over by Sturm-Division "Rhodos" and by various garrison units. So the division was disbanded, but its general staff remained in Germany to train political prisoners and convicts who had joined the army...

Panzer-Brigaden

- 1. Panzer-Brigade

15 octobre 1935, attribuée à la *1. Pz.Div.*, son état-major entre dans la constitution de celui de la *18. Pz.Div.*

15 October 1935, allocated to 1. Pz.Div., its staff became part of that of 18. Pz.Div.

- 2. Panzer-Brigade

15 octobre 1935, attribuée à la *2. Pz.Div.*, dissoute le 4 juillet 1941.

15 October 1935, allocated to 2. Pz.Div., disbanded on 4 July 1941.

- 3. Panzer-Brigade

15 octobre 1935, attribuée à la *3. Pz.Div.*, son état-major entre dans la constitution de celui de la *5. Lei.Div.* le 18 février 1941.

15 October 1935, allocated to 3. Pz.Div., its staff became part of that of 5. Lei.Div. on 18 February 1941.

- 4. Panzer-Brigade

12 octobre 1937, attribuée à la *Pz.Div. « Kempf »* devenue *10. Pz.Div.*, dissoute le 13 novembre 1941.

12 October 1937, allocated to Pz.Div. "Kempf" renamed 10. Pz.Div., disbanded on 13 November 1941.

- 5. Panzer-Brigade

10 novembre 1938, attribuée à la *4. Pz.Div.*, dissoute le 21 février 1942.

10 November 1938, allocated to 4. Pz.Div., disbanded on 21 February 1942.

- 6. Panzer-Brigade

10 novembre 1938, attribuée à la *1. Lei.Div.*, dissoute en octobre 1939.

10 November 1938, allocated to 1. Lei.Div., disbanded in October 1939.

- 8. Panzer-Brigade

10 novembre 1938, attribuée à la *5. Pz.Div.* le 25 novembre 1938, devient *Pz.Brig. 100* le 25 février 1941.

10 November 1938, allocated to 5. Pz.Div. on 25 November 1938, renamed Pz.Brig. 100 on 25 February 1941.

- Panzer-Brigade 10

27 juin 1943 pour l'opération « Citadelle », transférée à l'Ouest le 3 novembre 1943, sert de noyau à la *Pz.Div. « Döberitz ».*

27 June 1943 for Operation "Zitadelle", transferred to the West on 3 November 1943, used as a basis for Pz.Div. "Döberitz".

- Panzer-Brigade 18

9 janvier 1941, à partir de la *1. Pz.Brig.*, dissoute le 30 juillet 1941.

10. Panzer-Brigade

Cet insigne aurait été arboré par la brigade lors de l'opération « Citadelle » dans la région de Bjelgorod. Non confirmé.

This insignia is thought to have been used by the brigade in the Belgorod area during Operation "Zitadelle". Unconfirmed.

9 January 1941, drawn from 1. Pz.Brig., disbanded on 30 July 1941.

- Panzer-Brigade 21

25 juin 1943 pour l'opération « Citadelle » à partir du *Pz.Rgt. 21.*

25 June 1943 for Operation "Zitadelle" drawn from Pz.Rgt. 21.

- Panzer-Brigade 100

1er mars 1941 à partir de la *Pz.Brig. 8* pour chapeauter les régiments de *Beute-Panzer*, devient *Rgt.Stab/Pz.Rgt. 100* le 8 décembre 1942.

1 March 1941 drawn from Pz.Brig. 8 to head the regiments of Beute-Panzer, renamed Rgt.Stab/Pz.Rgt. 100 on 8 December 1942.

- Panzer-Brigade 101

5 juillet 1941 pour chapeauter les régiments de *Beute-Panzer*, sert de noyau à la *23. Pz.Div.* le 21 septembre 1941.

5 July 1941 to head the regiments of Beute-Panzer, used as a basis for 23. Pz.Div. on 21 September 1941.

- Panzer-Brigade 102

20 juillet 1944, dissoute et versée dans la *7. Pz.Div.* en novembre 1944.

20 July 1944, disbanded and assigned to 7. Pz.Div. in November 1944.

- Panzer-Brigade 103

26 juillet 1944, chapeaute un *Panzer-Kampfgruppe* de janvier à mars 1945, sert de noyau à la *Pz.Div. « Müncheberg »* le 8 mars 1945.

26 July 1944, headed a Panzer-Kampfgruppe from January to March 1945, used as a basis for Pz.Div. "Müncheberg" on 8 March 1945.

- Panzer-Brigade 104

18 juillet 1944, dissoute et intégrée dans la *25. Pz.Div.*

18 July 1944, disbanded and incorporated into 25. Pz.Div.

- Panzer-Brigade 105

28 juillet 1944, versée dans la *9. Pz.Div.* en septembre 1944.

28 July 1944, assigned to 9. Pz.Div. in September 1944.

-Panzer-Brigade 106

Juillet 1944, versée dans la *Pz.Div. « Clausewitz »* le 6 avril 1945.

July 1944, assigned to Pz.Div. "Clausewitz" on 6 April 1945.

- Panzer-Brigade 107

28 juillet 1944, dissoute et versée dans la *25.*

Pz.Gr.Div. en novembre 1944.

28 July 1944, disbanded and assigned to 25. Pz.Gr.Div. in November 1944.

- Panzer-Brigade 108

Juillet 1944, dissoute et versée dans la *116. Pz.Div.* en octobre 1944.

July 1944, disbanded and assigned to 116. Pz.Div. in October 1944.

- Panzer-Brigade 109

19 juillet 1944, dissoute et versée dans la *Pz.Gr.Div.* « Feldherrnhalle ».

19 July 1944, disbanded and assigned to Pz.Gr.Div. "Feldherrnhalle".

- Panzer-Brigade 110

19 juillet 1944, dissoute et versée dans la *13. Pz.Div.* en novembre 1944.

19 July 1944, disbanded and assigned to 13. Pz.Div. in November 1944.

- Panzer-Brigade 111

4 septembre 1944, dissoute et versée dans la *11. Pz.Div.* le 1ᵉʳ octobre 1944.

4 September 1944, disbanded and assigned to 11. Pz.Div. on 1 October 1944.

- Panzer-Brigade 112

4 septembre 1944, dissoute et versée dans la *21. Pz.Div.* le 12 septembre 1944.

4 September 1944, disbanded and assigned to 21. Pz.Div. on 12 September 1944.

- Panzer-Brigade 113

4 septembre 1944, dissoute et versée dans la *15. Pz.Gren.Div.* le 1ᵉʳ octobre 1944.

4 September 1944, disbanded and assigned to 15. Pz.Gren.Div. on 1 October 1944.

- Panzer-Brigade 150

4 novembre 1944, dissoute le 2 janvier 1945).

4 November 1944, disbanded on 2 January 1945.

- Panzer-Brigade « Norwegen »

Juillet 1944 avec les restes de la *Pz.Div.* « Norwegen ».

July 1944 with the remnants of Pz.Div. "Norwegen"

Panzer-Brigade
« Norwegen »

Panther de la *Panzer-Brigade 111* photographié le 20 septembre 1944 en Lorraine, à Bures, alors que l'unité s'apprête à lancer une contre-attaque contre les troupes américaines. (BA.)
Panther of Panzer-Brigade III photographed at Bures (Lorraine) on 20 September 1944, when the unit was preparing to launch a counter-attack against the US troops.

Panzer-Regimenter

- Pz.Rgt. 1

1ᵉʳ octobre 1935, attribué à la *1. Pz.Div.*
1 October 1935, allocated to 1. Pz.Div.

- Pz.Rgt. 2

1ᵉʳ octobre 1935, attribué à la *1. Pz.Div.* passe à la *16. Pz.Div.* le 20 octobre 1940, anéanti à Stalingrad, reconstitué le 17 février 1943.
1 October 1935, allocated to 1. Pz.Div. moved to 16. Pz.Div. on 20 October 1940, totally lost at Stalingrad, reactivated on 17 February 1943.

- Pz.Rgt. 3

15 octobre 1935, attribué à la *2. Pz.Div.*
15 October 1935, allocated to 2. Pz.Div.

- Pz.Rgt. 4

15 octobre 1935, attribué à la *2. Pz.Div.*, passe à la *13. Pz.Div.* le 28 septembre 1940, anéanti sur le front de l'Est en janvier 1945, reconstitué le 10 mars 1945 sous le nom de *Pz.Rgt. « Feldherrnhalle ».*
15 October 1935, allocated to 2. Pz.Div., moved to 13. Pz.Div. on 28 September 1940, totally lost on the eastern front in January 1945, reactivated on 10 March 1945 as Pz.Rgt. "Feldherrnhalle".

- Pz.Rgt. 5

15 octobre 1935, attribué à la *3. Pz.Div.*, passe à la *5. Lei.Div.* le 15 février 1941, disparaît en Tunisie en mai 1943.
15 October 1935, allocated to 3. Pz.Div., moved to 5. Lei.Div. on 15 February 1941, disappeared in Tunisia in May 1943.

- Pz.Rgt. 6

15 octobre 1935, attribué à la *3. Pz.Div.*
15 October 1935, allocated to 3. Pz.Div.

- Pz.Rgt. 7

6 octobre 1936, attribué à la *4. Pz.Brig.*, puis à la *Pz.Div. « Kempf »* devenue *10. Pz.Div.* le 10 octobre 1939.
6 October 1936, allocated to 4. Pz.Brig., then to Pz.Div. "Kempf" renamed 10. Pz.Div. on 10 October 1939.

- Pz.Rgt. 8

6 octobre 1936, attribué à la *3.Pz.Div.* passe à la *4. Pz.Brig.* puis à la *Pz.Div. « Kempf »* devenue *10. Pz.Div.* le 10 octobre 1939, attribué à la *15. Pz.Div.* le 18 janvier 1941, disparaît en Tunisie en mai 1943.
6 October 1936, allocated to 3.Pz.Div. moved to 4. Pz.Brig. then to Pz.Div. "Kempf" renamed 10. Pz.Div. on 10 October 1939, allocated to 15. Pz.Div. on 18 January 1941, disappeared in Tunisia in May 1943.

- Pz.Rgt. 9

4 décembre 1942 à partir de l'état-major du *Pz.Rgt.18.*
4 December 1942 from the general staff of Pz.Rgt.18.

- Pz. Rgt. 10

12 octobre 1937, attribué à la *8. Pz.Div.* en octobre 1939.
12 October 1937, allocated to 8. Pz.Div. in October 1939.

- Pz.Rgt. 11

12 octobre 1937, attribué à la *1. Lei.Div.* le 1ᵉʳ août 1939, passe à la *6. Pz.Div.* le 18 octobre 1939.
- 12 October 1937, allocated to 1. Lei.Div. on 1 August 1939, moved to 6. Pz.Div. on 18 October 1939.

- Pz.Rgt. 15

12 octobre 1937, attribué à la *5. Pz.Div.* le 24 novembre 1938, passe à la *11. Pz.Div.* le 4 septembre 1940.
12 October 1937, allocated to 5. Pz.Div. on 24 November 1938, moved to 11. Pz.Div. on 4 September 1940.

- Pz.Rgt. 16

27 mai 1944 à partir du *Pz.Rgt. 116*, attribué à la *116. Pz.Gren.Div.*
27 May 1944 from Pz.Rgt. 116, allocated to 116. Pz.Gren.Div.

- Pz.Rgt. 18

6 décembre 1940, attribué à la *18. Pz.Div.*
6 December 1940, allocated to 18. Pz.Div.

- Pz.Rgt. 21

Créé le 10 octobre 1940, attribué à la *20. Pz.Div.* le 1ᵉʳ décembre 1940.
Formed on 10 October 1940, allocated to 20. Pz.Div. on 1 December 1940.

- Pz.Rgt. 22

20 mai 1944 à partir du *Pz.Rgt. 100*, attribué à la *21. Pz.Div.*
20 May 1944 drawn from Pz.Rgt. 100, allocated to 21. Pz.Div.

- Pz.Rgt. 23

10 novembre 1938, attribué à la *7. Pz.Div.* le 1ᵉʳ novembre 1939.
10 November 1938, allocated to 7. Pz.Div. on 1 November 1939.

- Pz.Rgt. 24

3 décembre 1941, attribué à la *24. Pz.Div.*, anéanti à Stalingrad, reconstitué le 17 février 1943.
3 December 1941, allocated to 24. Pz.Div., totally lost at Stalingrad, reactivated on 17 February 1943.

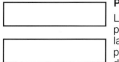

Panzer-Regiment 1

Le régiment ne portait pas d'insigne à proprement parler. Ce marquage a été vu dans la région de la Bzura au cours de la campagne de Pologne sur la tourelle des blindés.

The regiment carried no insignia as such. This marking was seen on tank turrets in the Bzura area during the Polish campaign.

Panzer-Regiment 6

Emblème établi dans la région de Branow à l'été 1944.

Emblem used in the Branow area during the summer of 1944.

Panzer-Regiment 2

Insigne non confirmé. Il aurait été porté lors du transfert du régiment à la *16. Pz.Div.*

Unconfirmed insignia. Thought to have been used when the regiment was transferred to 16. Pz.Div.

Panzer-Regiment 7

Emblème arboré en 1942.

Emblem used in 1942.

Panzer-Regiment 3

1. Insigne vu à l'été 1942 dans la région de Charkow.

1. Insignia seen in the Kharkov area during the summer of 1942.

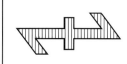

Panzer-Regiment 8

Emblème arboré dès la campagne à l'Ouest en 1940.

Emblem used in 1940 in the campaign in the West.

Panzer-Regiment 3

2. Insigne arboré au cours de l'opération « Zitadelle » à l'été 1943.

2. Insignia used during Operation "Zitadelle" during the summer of 1943.

Panzer-Regiment 11

Les lettres « Op » de cet insigne renvoie aux initiales du Kommandeur du régiment, le colonel von Oppeln-Bronikowski.

The letters "Op" on this insignia are the initials of the regimental Commander, Colonel von Oppeln-Bronikowski.

Panzer-Regiment 4

Le bouclier s'inspire des armes de Vienne, ville de garnison du régiment.

The Shield is inspired from the coat of arms of Vienna, where the regiment was garrisoned.

Panzer-Regiment 23

Cet insigne aurait été porté dans la région de Stalino en 1943.

This insignia is thought to have been used in the Stalino area in 1943.

I./Panzer-Regiment 4

Emblème introduit lors de l'équipement du groupe avec des chars Panther.

Emblem introduced when the group was being fitted out with Panther tanks.

- Pz.Rgt. 25

10 novembre 1938, attribué à la *7. Pz.Div.* le 18 octobre 1939.

10 November 1938, allocated to 7. Pz.Div. on 18 October 1939.

- Pz.Rgt. 26

5 janvier 1943 à partir du *Pz.Rgt. 202*, attribué à la *26. Pz.Div.* puis à la *26. V.G.D.* en septembre 1944.

5 January 1943 drawn from Pz.Rgt. 202, allocated to 26. Pz.Div. then to 26. V.G.D. in September 1944.

- Pz.Rgt. 27

1er octobre 1940, attribué à la *19. Pz.Div.* le 10 octobre 1940.

1 October 1940, allocated to 19. Pz.Div. on 10 October 1940.

- Pz.Rgt. 28

6 décembre 1940, attribué à la *18. Pz.Div.*

6 December 1940, allocated to 18. Pz.Div.

- Pz.Rgt. 29

1er octobre 1940, attribué à la *12. Pz.Div.* le 10 janvier 1941.

1 October 1940, allocated to 12. Pz.Div. on 10 January 1941.

- Pz.Rgt. 31

10 novembre 1938, attribué à la *5. Pz.Div.* le 24 novembre 1938.

10 November 1938, allocated to 5. Pz.Div. on 24 November 1938.

- Pz.Rgt. 33

2 février 1940, attribué à la *9. Pz.Div.*, reconstitué en septembre 1944.

2 February 1940, allocated to 9. Pz.Div., reactivated in September 1944.

- Pz.Rgt. 35

10 novembre 1938, attribué à la *4. Pz.Div.*

10 November 1938, allocated to 4. Pz.Div.

- Pz.Rgt. 36

18 novembre 1938, attribué à la *4. Pz.Div.*, passe à la *14. Pz.Div.* le 11 octobre 1940, anéanti à Stalingrad, reconstitué le 17 février 1943.

18 November 1938, allocated to 4. Pz.Div., moved to 14. Pz.Div. on 11 October 1940, totally lost at Stalingrad, reactivated on 17 February 1943.

- Pz.Rgt. 39

1er octobre 1940, attribué à la *17. Pz.Div.*

1 October 1940, allocated to 17. Pz.Div.

- Pz.Rgt. 69

3 janvier 1944.

3 January 1944.

- Pz.Rgt. 100

22 décembre 1941, attribué à la *21. Pz.Div.* le 15 juillet 1943.

22 December 1941, allocated to 21. Pz.Div. on 15 July 1943.

- Pz.Rgt. 101

22 janvier 1945 pour la *Führer-Gren.Div.*

22 January 1945 for Führer-Gren.Div.

- Pz.Rgt. 102

22 janvier 1945 pour la *Führer-Begleit.Div.*

22 January 1945 for Führer-Begleit.Div.

- Pz.Rgt. 116

1er mai 1944.

1 May 1944.

- Pz.Rgt. 118

30 mars 1945 pour la nouvelle *18. Pz.Gren.Div.*

30 March 1945 for the new 18. Pz.Gren.Div.

- Pz.Lehr-Rgt. 130

4 janvier 1943 pour la *Pz.Lehr-Div.*

4 January 1943 for Pz.Lehr-Div.

- Pz.Rgt. 201

16 décembre 1940, attribué à la *23. Pz.Div.* le 11 décembre 1941.

16 December 1940, allocated to 23. Pz.Div. on 11 December 1941.

- Pz.Rgt. 202

10 février 1941.

10 February 1941.

- Pz.Rgt. 203

5 juillet 1941.

5 July 1941.

- Pz.Rgt. 204

5 juillet 1941, attribué à la *22. Pz.Div.* le 25 septembre 1941.

5 July 1941, allocated to 22. Pz.Div. on 25 September 1941.

- Pz.Rgt. « Brandenburg »

14 décembre 1944 pour la *Pz.Gren.Div. « Brandenburg ».*

14 December 1944 for Pz.Gren.Div. "Brandenburg".

- Pz.Rgt. « Feldherrnhalle »

Décembre 1943 pour la *Pz.Gren.Div. « Feldherrnhalle ».*

December 1943 for Pz.Gren.Div. "Feldherrnhalle".

- Pz.Rgt. « Grossdeutschland »

13 janvier 1943.

13 January 1943.

Panzer-Regiment 26

Panzer-Lehr-Regiment 130

Cet emblème reprend les armoiries du Kommandeur du régiment, le Prince von Schönburg-Waldenburg.

This emblem carries the coat of arms of the regimental Commander, Prince von Schönburg-Waldenburg.

Panzer-Regiment 31

Insigne vu dans la région d'Orel en 1943.

Insignia seen in the Orel area in 1943.

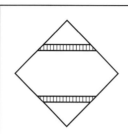

I./Panzer-Lehr-Regiment 130

Panzer-Regiment 33

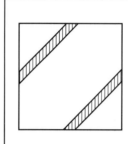

II./Panzer-Lehr-Regiment 130

I./Panzer-Regiment 33

Insigne vu en décembre 1944 près de Bastogne.

Insignia seen near Bastogne in December 1944.

Panzer-Regiment 201

Emblème arboré à partir de décembre 1941. Il était vert pour l'état-major du régiment, blanc pour la Ire Abteilung, rouge pour la IIe et jaune pour la IIIe.

Emblem used from December 1941. It was green for the regimental staff, white for 1 Abteilung, red for 2 Abteilung, and yellow for 3 Abteilung.

Panzer-Regiment 35

Cet insigne a été peint aussi bien en blanc qu'en jaune.

This insignia was painted both in white and in yellow.

Panzer-Regiment "Grossdeutschland"

Panzer-Abteilungen

- Pz.Abt. 5 :

25 août 1943, attribuée à la *20. Pz.Gren.Div.* le 21 septembre 1943, passe à la *25. Pz.Gren.Div.* le 11 octobre 1943.

25 August 1943, allocated to 20. Pz.Gren.Div. on 21 September 1943, moved to 25. Pz.Gren.Div. on 11 October 1943.

- Pz.Abt. 7 :

25 août 1943, attribuée à la *10. Pz.Gren.Div.*

25 August 1943, allocated to 10. Pz.Gren.Div.

- Pz.Abt. 8 :

25 août 1943, attribuée à la *25. Pz.Gren.Div.* le 21 septembre 1943, passe à la *20. Pz.Gren.Div.* le 27 octobre 1943.

25 August 1943, allocated to 25. Pz.Gren.Div. on 21 September 1943, moved to 20. Pz.Gren.Div. on 27 October 1943.

- Pz.Abt.z.b.V. 12 (15.IV.1944)

- Pz.Abt. 16 (Beute) (III.1945)

- Pz.Abt. 18 (15.V.1942)

- Pz.Abt. 21 (26.IV.1943)

- Pz.Abt. 33 :

1er juillet 1938, attribuée à la *4.Lei.Div.*

1 July 1938, allocated to 4.Lei.Div.

- Pz.Abt.z.b.V. 40 (8.III.1940)

- Pz.Abt. 44 :

2 février 1945, attribuée à la *Pz.Div. « Holstein ».*

2 February 1945, allocated to Pz.Div. "Holstein".

- Pz.Abt. 51 (9.I.1943)

- Pz.Abt. 51 :

5 février 1945, attribuée à la *Pz.Gren.Div. « Kurmark ».*

5 February 1945, allocated to Pz.Gren.Div. "Kurmark".

- Pz.Abt. 52 (6.II.1943)

- Pz.Abt. 55 :

21 février 1945, attribuée à la *233. Pz.Div.*

21 February 1945, allocated to 233. Pz.Div.

- Pz.Abt. 60 (4.I.1942)

- Pz.Abt. 65 :

12 octobre 1937, attribuée à la *1. Lei. Div.*

12 October 1937, allocated to 1. Lei. Div.

- Pz.Abt. 66 :

10 novembre 1938, attribuée à la *2. Lei. Div.*

10 November 1938, allocated to 2. Lei. Div.

- Pz.Abt.z.b.V. 66 (30.V.1942)

- Pz.Abt. 67 :

10 novembre 1938, attribuée à la *3. Lei. Div.*

10 November 1938, allocated to 3. Lei. Div.

- Pz.Abt.(F) 100 (5.III.1940)

- Pz.Abt.(F) 101 (4.V.1940).

- Pz.Abt.(F) 102 :

20 juin 1941, dissoute le 8 août 1941.

20 June 1941, disbanded on 8 August 1941.

- Pz.Abt.103 :

5 avril 1942, anéantie à Stalingrad, reconstituée le 11 février 1943 et attribuée à la *3. Inf.Div. (mot.).*

5 April 1942, totally lost at Stalingrad, reactivated on 11 February 1943 and allocated to 3. Inf.Div. (mot.).

- Pz.Abt. 115 (20.IX.1943)

- Pz.Abt. 116 :

19 juin 1942, attribuée à la *16. Inf.Div. (mot).*, reconstituée le 28 mars 1943.

19 June 1942, allocated to 16. Inf.Div. (mot)., reactivated on 28 March 1943.

- Pz.Abt. 118 :

23 septembre 1943, reconstituée le 16 novembre 1944 et attribuée à la *18. Pz.Gren.Div.*

23 September 1943, reactivated on 16 November 1944 and allocated to 18. Pz.Gren.Div.

- Pz.Abt. 127 :

1er octobre 1942, attribuée à la *27. Pz.Div.*

1 October 1942, allocated to 27. Pz.Div.

- Pz.Abt. 129 :

19 juin 1942, attribuée à la *29. Inf.Div. (mot.)*, anéantie en février 1943, reconstituée le 11 février 1943.

19 June 1942, allocated to 29. Inf.Div. (mot.), totally lost in February 1943, reactivated on 11 February 1943.

- Pz.Abt. 138 (30.XI.1942).

- Pz.Abt. 160 :

15 juin 1942, attribuée à la *60. Inf.Div. (mot.)*, anéantie en janvier 1943, reconstituée le 17 février 1943.

15 June 1942, allocated to 60. Inf.Div. (mot.), totally lost in January 1943, reactivated on 17 February 1943.

- Pz.Abt. 190 :

1er août 1942, attribuée à la *90. Lei.Div.*, reconstituée le 6 juillet 1943.

1 August 1942, allocated to 90. Lei.Div., reactivated on 6 July 1943).

- Pz.Abt. 202 (5 .I.1943)

- Pz.Abt. 205 (29.XI.1943)

- Pz.Abt. 206 (29.XI.1943)

- Pz.Abt. 208 (1.IV.1944)

- Pz.Abt. 211 (7.III.1941)

- Pz.Abt. 212 (12.VII.1941)

- Pz.Abt. 213 (17.XI.1941)

- Pz.Abt. 214 :

8 janvier 1942, attribuée à la *25. Pz.Div.* le 1er avril 1942.

8 January 1942, allocated to 25. Pz.Div. on 1 April 1942.

- Pz.Abt. 215 :

13 avril 1943, attribuée à la *15. Pz.Gren.Div.*

13 April 1943, allocated to 15. Pz.Gren.Div.

- Sturm-Pz.Abt. 216 (19.IV.1943)

- Sturm-Pz.Abt. 217 (7.IV.1944)

- **Sturm-Pz.Abt. 218** :

4 août 1944, reconstituée le 6 janvier 1945.

4 August 1944, reactivated on 6 January 1945.

- **Sturm-Pz.Abt. 219** (30.IX.1944)
- **Sturm-Pz.Abt. 223** (15.VII.1942)
- **Pz.Abt. 300** (15.IX.1941)
- **Pz.Abt. 301** (27.I.1941)
- **Pz.Abt. (Flk) 301** (9.IX.1942)
- **Pz.Abt.(Flk) 302** :

15 octobre 1942, reconstituée le 22 juin 1944.

15 October 1942, reactivated on 22 June 1944.

- **Pz.Abt. 303** (2.I.1945)
- **schw.Pz.Abt. 424** :

27 novembre 1944, dissoute le 11 février 1945.

27 November 1944, disbanded on 11 February 1945.

- **schw.Pz.Abt. 501** :

10 mai 1942, incorporé dans le *Pz.Rgt. 7* le 26 février 1943, reconstituée le 9 septembre 1943.

10 May 1942, incorporated into Pz.Rgt. 7 on 26 February 1943, reactivated on 9 September 1943.

- **schw.Pz.Abt. 502** (25.V.1942)
- **schw.Pz.Abt. 503** (5.V.1942)
- **schw.Pz.Abt. 504** :

8 janvier 1943, reconstituée le 18 novembre 1943.

8 January 1943, reactivated on 18 November 1943.

- **schw.Pz.Abt. 505** (12.II.1943)
- **schw.Pz.Abt. 506** (20.VII.1943)
- **schw.Pz.Abt. 507** (23.IX.1943)
- **schw.Pz.Abt. 508** (25.IX.1943)
- **schw.Pz.Abt. 509** (9.IX.1943)
- **schw.Pz.Abt. 510** (6.VI.1944)
- **schw.Pz.Abt. 511** (5.I.1945)
- **Pz.Verband 700**
- **Pz.Abt. 2101** :

21 juillet 1944, attribuée à la *101. Pz.Brig.*

21 July 1944, allocated to 101. Pz.Brig.

- **Pz.Abt. 2102** :

21 juillet 1944, attribuée à la *102. Pz.Brig.*, dissoute en novembre 1944.

21 July 1944, allocated to 102. Pz.Brig., disbanded in November 1944.

- **Pz.Abt. 2103** :

21 juillet 1944, attribuée à la *103. Pz.Brig.*, dissoute en novembre 1944.

21 July 1944, allocated to 103. Pz.Brig., disbanded in November 1944.

- **Pz.Abt. 2104** :

21 juillet 1944, attribuée à la *104. Pz.Brig.*

21 July 1944, allocated to 104. Pz.Brig.

- **Pz.Abt. 2105** :

28 juillet 1944, attribuée à la *105. Pz.Brig.*

28 July 1944, allocated to 105. Pz.Brig.

- **Pz.Abt. 2106** :

28 juillet 1944, attribuée à la *106. Pz.Brig.*

28 July 1944, allocated to 106. Pz.Brig.

- **Pz.Abt. 2107** :

28 juillet 1944, attribuée à la *107. Pz.Brig.*

28 July 1944, allocated to 107. Pz.Brig.

- **Pz.Abt. 2108** :

2 août 1944, attribuée à la *108. Pz.Brig.*, dissoute en octobre 1944.

2 August 1944, allocated to 108. Pz.Brig., disbanded in October 1944.

- **Pz.Abt. 2109** :

22 juillet 1944, attribuée à la *109. Pz.Brig.*

22 July 1944, allocated to 109. Pz.Brig.

- **Pz.Abt. 2110** :

22 juillet 1944, attribuée à la *110. Pz.Brig.*

22 July 1944, allocated to 110. Pz.Brig.

- **Pz.Abt. 2111** :

1ᵉʳ septembre 1944, attribuée à la *111. Pz.Brig.*, dissoute en novembre 1944.

1 September 1944, allocated to 111. Pz.Brig., disbanded in November 1944.

- **Pz.Abt. 2112** :

1ᵉʳ septembre 1944, attribuée à la *112. Pz.Brig.*, dissoute en septembre 1944.

1 September 1944, allocated to 112. Pz.Brig., disbanded in September 1944.

- **Pz.Abt. 2113** :

1ᵉʳ septembre 1944, attribuée à la *113. Pz.Brig.*

1 September 1944, allocated to 113. Pz.Brig.

- **Beute Pz.Abt.z.b.V. Afrika** (12.II.1942)
- **Pz.Abt. A** (25.VII.1940)
- **Pz.Abt. B** (25.VII.1940)
- **Pz.Abt. C** (13.VII.1940)
- **Pz.Abt. D** (23.VII.1940)
- **III./Führer Gren.Brig.** (1.IX.1944)
- **Pz.Abt. « Doeberitz »** (21.II.1945)
- **Pz.Abt. « Feldherrnhalle »** :

20 juin 1943, reconstituée en octobre 1944.

20 June 1943, reactivated in October 1944.

- **schw.Pz.Abt. « Feldherrnhalle »** (21.XII.1944)
- **schw.Pz.Abt. « Grossdeutschland »** (13.XII.1944)
- **Pz.Abt. « Grossdeutschland »** (5.II.1942)
- **Pz.Abt. « Jüterbog »** :

20 février 1945, attribuée à la *Pz.Div. « Jüterbog »*.

20 February 1945, allocated to Pz.Div. "Jüterbog".

- **Pz.Abt. « Kreta »** (15.I.1945)
- **Pz.Abt. « Kummersdorf »** :

16 février 1945, attribuée à la *Pz.Div. « Müncheberg »* le 5 mars 1945.

16 February 1945, allocated to Pz.Div. "Müncheberg" on 5 March 1945.

- **Pz.Abt. « Montfort »** :

16 décembre 1941, attachée à la *6. Armee* le 5 janvier 1942.

16 December 1941, attached to 6. Armee on 5 January 1942.

- **Pz.Abt. « Norwegen »** (6.IX.1943)
- **Pz.Abt. « Potsdam »** (24.II.1945)
- **Pz.Abt. « Putlos »** (17.IV.1945)
- **Pz.Abt. « Rhodos »** (22.V.1943)
- **Pz.Abt. « Sardinien »** (V.1943)
- **Pz.Abt. « Schlesien »** (22.II.1945)
- **Pz.Abt. « Stahnsdorf » 1** (1.II.1945)
- **Pz.Abt. « Stahnsdorf » 2** (1.II.1945)
- **Pz.Lehr-Abt.** (12.XII.1937)

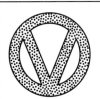

Panzer-Abteilung z.b.V. 40

Insignes vus au Danemark et en Norvège au printemps 1940.

Insignia seen in Denmark and Norway during the spring of 1940.

Sturm-Panzer-Abteilung 216

1. Insigne porté en Italie en mars 1945.

2 et **3.** Variantes.

1. Insignia used in Italy in March 1945.

2 and 3. Variants.

Panzer-Abteilung 51

Panzer-Abteilung (Fkl.) 301

Insigne tactique des unités de chars télé-commandés. Le parallélogramme noir symbolise l'engin téléguidé, le blanc le char qui le dirige.

Tactical insignia of the remote controlled tank units. The black parallelogram symbolizes the remote controlled vehicle, the white the tank guiding it.

Panzer-Abteilung 100

Insigne vu à l'automne 1941 dans la région de Briansk.

Insignia seen in the Briansk area in the autumn of 1941.

Schwere Panzer-Abteilung 501

Insigne porté en Afrique du Nord en 1942-1943.

Insignia used in north Africa in 1942-1943.

Panzer-Abteilung 115

Ces deux insignes ont été portés en juillet 1943 en Sicile.

These two insignia were used in Sicily in July 1943.

Schwere Panzer-Abteilung 502

Insigne vu fin 1942 dans la région de Leningrad.

Insignia seen in the Leningrad area in late 1942.

Panzer-Abteilung 211

Emblème arboré en 1943-1944 en Norvège.

Emblem used in Norway in 1943-1944.

Schwere Panzer-Abteilung 503

Insigne porté à l'été 1943 dans la région de Bjelgorod.

Insignia used during the summer of 1943 in the Belgorod area.

Schwere Panzer-Abteilung 504

1. Insigne arboré par l'*Abteilung* de sa création jusqu'à la fin de la guerre.

2. Insigne vu sur les engins de l'*Abteilung* engagés en Tunisie.

1. Insignia used by the Abteilung from its creation until the end of the war.

2. Insignia seen on the Abteilung's vehicles engaged in Tunisia.

Schwere Panzer-Abteilung 509

Emblème vu au cours de l'hiver 1943-1944 dans la région de Schepetowka.

Emblem seen in the Shepetovka area during the winter of 1943-1944.

Schwere Panzer-Abteilung 505

1. Insigne porté par l'*Abteilung* à l'hiver 1944 dans la région de Goldap, en Prusse Orientale.

2. Variante non confirmée.

1. Insignia used by the Abteilung during the winter of 1944 in the Goldap area of East Prussia.

2. Unconfirmed variant.

Schwere Panzer-Abteilung 510

Insigne non confirmé. Il aurait été porté lors de l'engagement de l'unité auprès de la *14. Pz.Div.* dans le secteur de Schaulen.

Unconfirmed insignia. It is thought to have been used during the unit's engagement alongside 14. Pz.Div. in the Schaulen sector.

 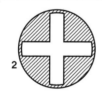

Schwere Panzer-Abteilung 506

1. Insigne porté en septembre 1943 dans la région de Saporoshje.

2. Cet insigne aurait été porté après la reconstitution de l'unité en september 1944.

1. Insignia used in September 1943 in the Zaporozhe area.

2. This insignia is thought to have been used after the unit was reformed in September 1944.

Panzer-Abteilung C

Schwere Panzer-Abteilung 507

Insigne arboré par l'*Abteilung* de sa création jusqu'à la fin de la guerre.

Insignia used by the Abteilung from its creation until the end of the war.

Panzer-Abteilung « Schlesien »

Schwere Panzer-Abteilung 508

Insigne porté lors de l'engagement du groupe à Nettuno en 1944.

Insignia used during the group's engagement at Nettuno in 1944.

Panzer-Abteilung « Rhodos »

Semi chenillé de la *9. Panzer-Division* (front de l'Est, été 1942). L'emblème de la division est ici bien visible.

Halftrack of 9. Panzer-Division (Eastern front, summer 1942). The division's emblem can be seen clearly here.

Insignes des Panzertruppen
Panzertroop Insignia

Panzergruppen/Panzer-Armeen

Panzergruppe 1

Panzergruppe 2

Panzergruppe 3

3. Panzer-Armee

Panzergruppe 4

5. Panzer-Armee

Panzer-Armee
« Afrika »

Armee-Korps (mot)/Panzer-Korps

III. Panzerkorps

IV. Panzerkorps

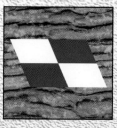

IV. Panzerkorps

XIV. Panzerkorps

XXII. Armee-Korps
(mot.)

XXIV. Panzerkorps

XXXIX. Panzerkorps

XXXX. Panzerkorps

XXXXVI. Panzerkorps

XXXXVII. Panzerkorps

XXXXVIII.
Panzerkorps

LXXVI. Panzerkorps

Panzerkorps
« Feldherrnhalle »

Panzer-Divisionen

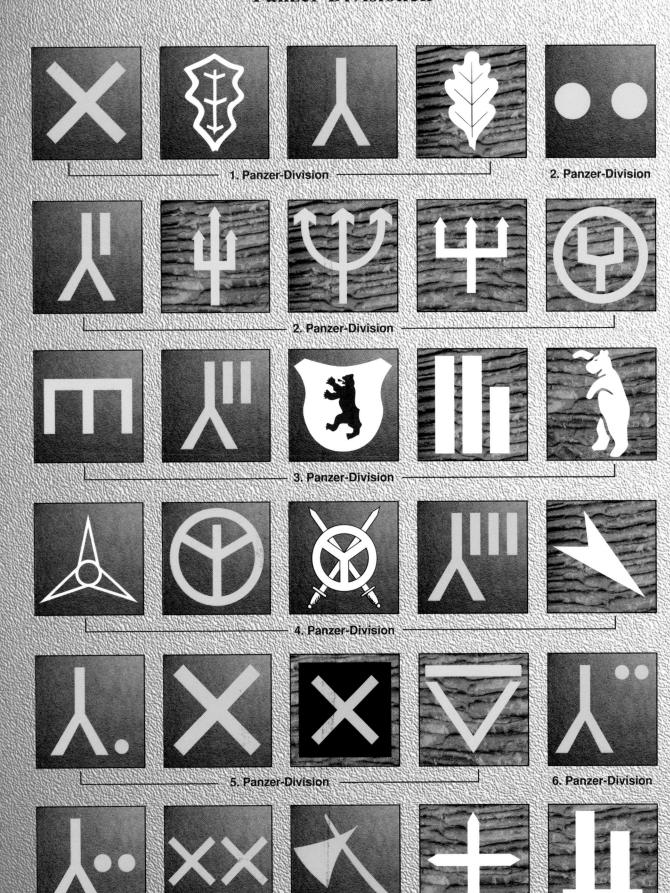

1. Panzer-Division

2. Panzer-Division

2. Panzer-Division

3. Panzer-Division

4. Panzer-Division

5. Panzer-Division

6. Panzer-Division

6. Panzer-Division

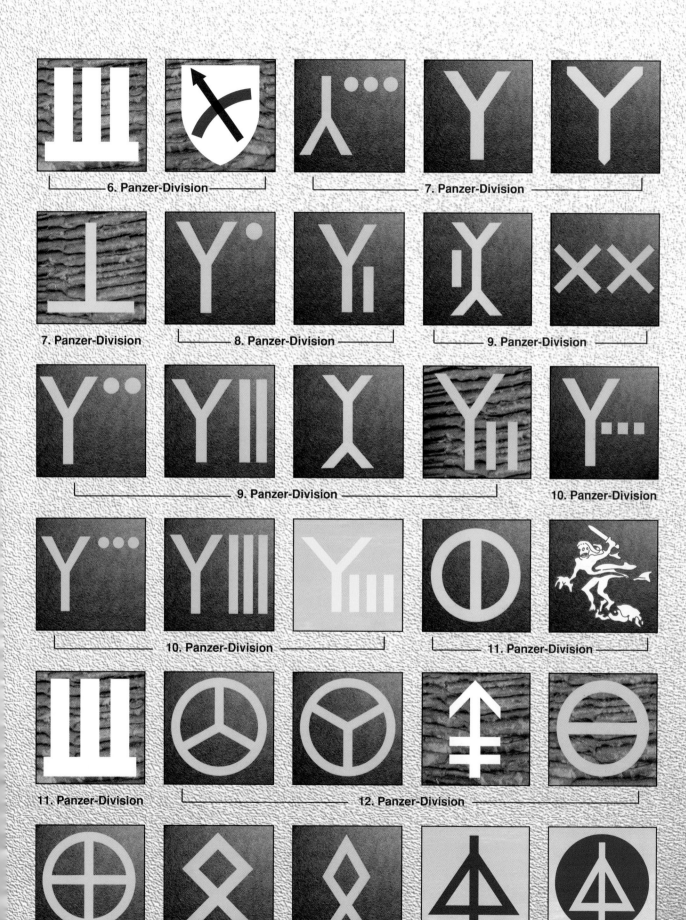

6. Panzer-Division

7. Panzer-Division

7. Panzer-Division

8. Panzer-Division

9. Panzer-Division

9. Panzer-Division

10. Panzer-Division

10. Panzer-Division

11. Panzer-Division

11. Panzer-Division

12. Panzer-Division

13. Panzer-Division

14. Panzer-Division

15. Panzer-Division

15. Panzer-Division   16. Panzer-Division   17. Panzer-Division   18. Panzer-Division

 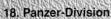   

18. Panzer-Division   19. Panzer-Division

19. Panzer-Division   20. Panzer-Division

21. Panzer-Division   22. Panzer-Division

23. Panzer-Division   24. Panzer-Division

   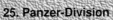  

24. Panzer-Division   25. Panzer-Division   26. Panzer-Division

26. Panzer-Division

27. Panzer-Division

28. Panzer-Division

116. Panzer-Division

116. Panzer-Division

Panzer-Lehr-Division

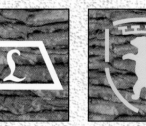

233. Reserve-
Panzer-Division

Panzer-Division
« Kurmark »

Panzer-Division
« Müncheberg »

Leichte Divisionen

1. Leichte Division

2. Leichte Division

3. Leichte Division

4. Leichte Division

5. Leichte Division

5. Leichte Division

90. Leichte Afrika-Division

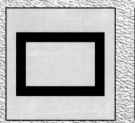

164. Leichte Afrika-
Division

999. Leichte Afrika-
Division

Panzer-Brigaden / Panzer-Regimenter

10. Panzer-Brigade

Panzer-Brigade « Norwegen »

Panzer-Regiment 1

Panzer-Regiment 2

Panzer-Regiment 3

Panzer-Regiment 4

I./Panzer-Regiment 4

Panzer-Regiment 6

Panzer-Regiment 7

Panzer-Regiment 8

Panzer-Regiment 11

6./Pz.Rgt. 18

Panzer-Regiment 23

Panzer-Regiment 26

Panzer-Regiment 31

Panzer-Regiment 33

I./Pz.Rgt. 33

Panzer-Regiment 35

Pz.Rgt. 130

I./Pz.Rgt. 130

II./Pz.Rgt. 130

Pz.Rgt. 201

I./Pz.Rgt. 201

II./Pz.Rgt. 201

III./Pz.Rgt. 201

« Grossdeutschland »

Panzer-Abteilungen

    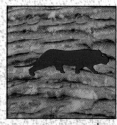

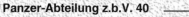

Panzer-Abteilung z.b.V. 40   Panzer-Abteilung 51

Panzer-Abteilung 100   Panzer-Abteilung 115   Pz.Abteilung 211   Sturm-Pz.Abt. 216

Sturm-Pz.Abteilung. 216   Pz.Abt. (Fkl.) 301   Pz.Abteilung 501   Pz.Abteilung 502

Pz.Abteilung 503   Pz.Abteilung 504   Pz.Abteilung 505

 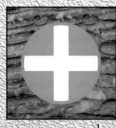   

Pz.Abteilung 506   Pz.Abteilung 507   Pz.Abteilung 508   Pz.Abteilung 509

 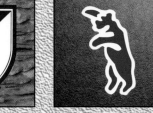  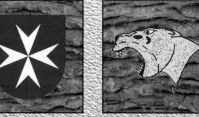

Pz.Abteilung 510   Panzer-Abteilung C   Pz.Abt. « Rhodos »   Pz.Abt. « Schlesien »

Panzertruppen, 1941

During the year 1941, some of the Heer's armored divisions were engaged in Libya, in the Balkans (Operation "Marita") then in the Soviet Union ("Barbarossa"). These photographs, some of which were published in Signal magazine, illustrate these different campaigns.

1. A Pz. III moves forward in the Libyan desert.

2. Tank crew member in discussion with a native (Libya)...

3. In a Yugoslav village (Serbia) that has just come under aerial bombardment, the crew of a half-track belonging to 11. Pz.Div. watch a Yugoslav army truck burning (Signal, 2nd issue of June 1941, PK/Grimm)

4. In the same village, a tank column of 11. Pz.Div. is held up in a traffic jam (Signal, 2nd issue of June 1941, PK/Grimm).

5. This photograph, which also appeared in the 2nd issue of June 1941 of Signal magazine (PK/Grimm) shows the crew of a Pz. III resting during Operation "Marita".

6. At the start of Operation "Barbarossa", a Pz. III belonging to 18. Pz.Div. crosses the Bug River. Note on the gun turret the badge of the amphibious tanks of this division (Signal, 2nd issue of August 1941).

Panzertruppen, 1941

Au cours de l'année 1941, des divisions blindées du Heer sont engagées en Libye, dans les Balkans (opération « Marita ») puis en Union Soviétique (opération « Barbarossa »). Ces quelques photos, parues pour certaines dans la revue Signal, illustrent ces différentes campagnes.

1. Un Pz. III progresse dans le désert libyen.

2. Tankiste en discussion avec un autochtone (Libye)...

3. Dans un village yougoslave (Serbie) venant de subir un bombardement aérien, l'équipage d'un semi-chenillé appartenant à la 11. Pz.Div. regarde un camion de l'armée yougoslave brûler (Signal, 2e numéro de juin 1941, PK/Grimm)

4. Dans la même localité, une colonne de chars de la 11. Pz.Div. est bloquée par des embouteillages (Signal, 2e numéro de juin 1941, PK/Grimm).

5. Cette photo, également parue dans le 2e numéro de juin 1941 de la revue Signal (PK/Grimm) nous montre l'équipage d'un Pz. III au repos pendant l'opération « Marita ».

6. Au début de l'opération « Barbarossa », un Pz. III appartenant à la 18. Pz.Div. franchit le Boug. On notera sur la tourelle l'insigne des chars amphibies de cette division (Signal, 2e numéro d'août 1941).

4

5

6

1

2

3

4

Panzertruppen, 1941-1942

Les deux reportages figurant sur cette double-page ont été réalisés sur le front russe à la fin de l'année 1941 et au cours de l'été 1942. Ils ont été publiés dans la revue *Signal* (numéros de février et décembre 1942, PK/A.Grimm).

1, 2 ,3 et **4.** Selon la légende parue dans *Signal*, ces photos qui nous montrent des fantassins progressant avec des chars, ont été prises au nord de Moscou dans le village de Bultchévo. Pourtant, le char visible sur la photo 3 porte le K de la *Panzer Gruppe 1 Kleist* (alias *1. Pz.Armée*) qui opérait à cette époque en Ukraine. Il s'agit probablement d'un engin de la *11. Pz.Div.*, unité retirée de la *Panzer-Gruppe 1* en octobre et engagée dans la bataille de Moscou au sein du *XXXXVI. Pz.K.* de la *Panzer-Gruppe 4*.

5, 6 et **7.** Nous retrouvons sur ces trois photos d'autres fantassins progressant à côté des chars mais cette fois-ci dans le Caucase dans le secteur de la *1. Pz.Armée* au cours de l'été 1942. Ces photos semblent avoir été prises sur le vif : un obus éclate tout près du char, les fantassins se jettent à terre puis repartent à l'assaut...

Panzertruppen, 1941-1942

Both reportages on this two-page spread were made on the Russian front late in 1941 and during the summer of 1942. They were published in Signal magazine (issues of February and December 1942, PK/A.Grimm).

1, 2 ,3 and 4. According to the caption published in Signal, these photographs showing infantry moving forward with tanks were taken north of Moscow in the village of Bultchevo. However, the tank seen in photo 3 bears the K of Panzer Gruppe 1 Kleist (alias 1. Pz.Armee) which was operating in the Ukraine at the time. It probably belonged to 11. Pz.Div., a unit withdrawn from Panzer-Gruppe 1 in October and engaged in the Battle of Moscow as part of XXXXVI. Pz.K., Panzer-Gruppe 4.

5, 6 and 7. On these three photos we see more infantry moving forward alongside tanks but this time in the Caucasus in the sector of 1. Pz.Armee during the summer of 1942. These photos appear to have been taken in a real-life situation: a shell explodes just next to the tank and the infantry throw themselves to the ground before renewing the assault...

Panzertruppen, 1942

1. « Jeune soldat, vieux combattant » précise la légende de cette photo parue dans *Signal* et montrant un sous-officier des *Panzertruppen*. Vétéran de la guerre d'Espagne, cette homme porte, outre la Croix de fer de 1ʳᵉ classe, le badge des blessé et l'insigne d'assaut des panzers, la croix espagnole ainsi que deux décorations espagnoles dont on aperçoit les rubans (la *Medalla de la campana* et la *Cruz del merito militar con distinvo rojo*) (*Signal*, 1ᵉʳ numéro d'octobre 1942, PK/A.Grimm).

2. Quelque part sur le front de l'Est, un *Pz. IV* pénètre sans une zone boisée. On notera l'effet de mimétisme obtenu grâce à la peinture grise de l'engin (*Signal*, 1ᵉʳ numéro d'octobre 1942, PK/A.Grimm).

3. Reception du courrier dans une unité blindée (*Signal*, 1ᵉʳ numéro d'octobre 1942, PK/A.Grimm).

4. Des éléments d'une unité blindée (au premier plan, un *Pz. III*) stationnent dans un village soviétique (*Signal*, 2ᵉ numéro d'octobre 1942, PK/Rühle).

5 et **6.** Accompagné de ses fantassins, un char de la *1. Pz.Armee* progresse dans la steppe soviétique non sans essuyer des coups de feu (*Signal*, 2ᵉ numéro de novembre 1942, PK/A.Grimm).

Panzertruppen, 1942

1. "Young soldier, old combatant" states the caption to this photo published in Signal and showing a Panzertruppen NCO. A veteran of the Spanish Civil War, this man is wearing in addition to his Iron Cross 1st Class, the wounded badge and the panzer assault insignia, the Spanish cross and two Spanish decorations of which we can see the ribbons (the Medalla de la campana and the Cruz del merito militar con distinvo rojo) (Signal, 1st issue of October 1942, PK/A.Grimm).

2. Somewhere on the Eastern front, a Pz. IV enters a wooded area. Note the camouflage effect obtained with the vehicle's gray paintwork (Signal, 1st issue of October 1942, PK/A.Grimm).

3. An armored unit receives its mail (Signal, 1st issue of October 1942, PK/A.Grimm).

4. Elements of an armored unit (in the foreground, a Pz. III) park in a Soviet village (Signal, 2nd issue of October 1942, PK/Rühle).

5 and 6. Accompanied by its infantry troops, a tank of 1. Pz.Armee advances in the Soviet steppes, not without coming under fire (Signal, 2nd issue of November 1942, PK/A.Grimm).

5

6

Panzertruppen, 1943

1. Au début de l'année 1943, un char de la *1. Pz.Armee* progresse dans la neige vers un village ukrainien (*Signal*, 2ᵉ numéro de janvier 1943, PK/A.Grimm).

2. Quelques minutes après l'assaut réussi d'un point d'appui soviétique, un char poursuit sa route dans les flammes (*Signal*, 2ᵉ numéro de mars 1943).

3. Toujours sur le front de l'Est, changement du moteur d'un *Pz.IV* (*Signal*, 2ᵉ numéro d'avril 1943, PK/Bütow).

4. Un char et des grenadiers rejoignent leurs positions (*Signal*, 2ᵉ numéro de juillet 1943, PK/S.Jäger).

5, 6 et **7.** Ces trois photos sont parues dans *Signal* sous le titre « L'incendie de la steppe ». Des coups d'artillerie tombent entre des chars de la *1. Pz.Armee* qui avancent avec ordre d'intercepter l'attaque ennemie. Le vent chasse l'incendie vers les chars. Ces derniers foncent à travers les flammes et partent à l'assaut... (*Signal*, 1ᵉʳ numéro de juillet 1943, PK/A.Grimm).

Panzertruppen, 1943

1. Early in 1943, a 1. Pz.Armee tank advances in the snow towards a Ukrainian village (Signal, 2nd issue of January 1943, PK/A.Grimm).

2. A few minutes after a successful assault on a Soviet strongpoint, a tank moves on amid the flames (Signal, 2nd issue of March 1943).

3. Again on the Eastern front, changing the engine on a Pz.IV (Signal, 2nd issue of April 1943, PK/Bütow).

4. A tank and grenadiers go up to their positions (Signal, 2nd issue of July 1943, PK/S.Jäger).

5, 6 and 7. These three photos were published in Signal under the title "The steppe on fire». Artillery fire fell among the tanks of 1. Pz.Armee as they advanced with orders to intercept the enemy attack. The wind blew the fire towards the panzers, which drove full speed through the flames and went on the assault... (Signal, 1st issue of July 1943, PK/A.Grimm).

7

L'industrie de guerre au service des *Panzertruppen*

Au cours des années 1943 et 1944, plusieurs numéros de la revue *Signal* publient des photos illustrant l'énorme effort de l'industrie de guerre allemande pour créer de nouveaux modèles de chars plus performants et maintenir la production à un niveau suffisant...

1. Le ministre de l'Armement et des Munitions, Albert Speer, aux commandes de nouveaux modèles de châssis chenillés (*Pz. VI Tiger* et char de reconnaissance). (*Signal*, 1er numéro d'août 1943, PK/H.Hubmann).

2. Moteur de char sur banc d'essai (*Signal*, 1er numéro d'août 1943, PK/H.Hubmann).

3. Chaîne de montage du *Pz. V Panther* (*Signal*, 3e numéro de 1944, PK/H.Hubmann).

4. Le châssis d'un *Pz. V Panther* est placé sur ses chenilles à l'aide d'une grue (*Signal*, 4e numéro de 1944, PK/H.Hubmann).

The war industry in the service of the Panzertruppen

During 1943 and 1944, several issues of Signal magazine featured photographs illustrating the huge effort of the German war industry to bring out new and better performing tanks and maintain adequate production levels...

1. The Minister for Armament and Munitions, Albert Speer, driving new tank models (Pz. VI Tiger and reconnaissance tank) (Signal, 1st issue of August 1943, PK/H.Hubmann).

2. Tank engine on the test bench (Signal, 1st issue of August 1943, PK/H.Hubmann).

3. Pz. V Panther assembly line (Signal, 3rd issue of 1944, PK/H.Hubmann).

4. The chassis of a Pz. V Panther is placed with the help of a crane on its caterpillar tracks (Signal, 4th issue of 1944, PK/H.Hubmann).

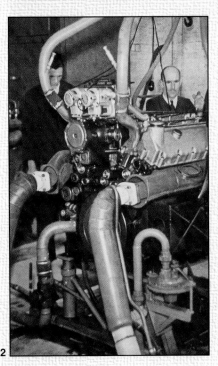

Reportages

1

Le *Generaloberst* Guderian, chef de la *Panzergruppe 2* sur le front de l'est (été 1941)

Nous commençons cette série de reportages consacrés aux troupes blindées du *Heer* pendant la Seconde Guerre mondiale par ces quelques photos du « père » de l'arme blindée allemande, le *Generaloberst* Heinz Guderian. Né en 1888 en Prusse, Guderian joue un rôle de premier plan dans la création de l'arme motorisée allemande et révolutionne la doctrine d'emploi des blindés. Sa théorie, qui repose sur l'emploi des blindés en masse avec une infanterie d'accompagnement transportée dans des véhicules motorisés, le tout en combinaison avec l'aviation, est exprimée dans son ouvrage *Achtung Panzer !* publié en 1937. Chef des unités motorisées en 1934, Guderian prend le commandement de la toute nouvelle *2. Panzer-Division* en octobre 1935. Au début de la guerre, il est *General der Panzertruppe* et commande le *XIX. Armee-Korps (mot.)* qui deviendra plus tard *Panzergruppe 2* puis *2. Panzer-Armee*. Les photos qui suivent ont été prises sur le front russe au cours de l'été 1941 à l'occasion d'une visite du *Generaloberst* Guderian, alors chef de la *Panzergruppe 2*, à l'une de ses unités blindées.

1. Le chef de la *Panzergruppe 2* discute avec un jeune *Leutnant* des troupes blindées. Proche de ses hommes et souvent présent sur le front, Guderian était particulièrement apprécié de ses subordonnés.

2. Quelques mots d'encouragement à un autre officier.

3. Un autre *Leutnant* des troupes blindées est présenté au *Generaloberst*.

4 et **5.** Avant de repartir dans sa voiture, Guderian fait un dernier point sur la carte.

6. Puis il adresse quelques mots à un officier.

Guderian sera limogé en décembre 1941 au moment de la bataille de Moscou à la suite d'un différent l'opposant au *Generalfeldmarschall* von Kluge. Tombé en disgrâce, il attendra février 1943 pour reprendre du service comme inspecteur général de troupes blindées puis comme chef d'état-major de l'OKH, cette dernière fonction occupée de juillet 1944 à mars 1945. Le caractère fort de Guderian, sa sincérité (même devant Hitler) l'ont probablement empêché d'accéder au maréchalat, dignité qu'il méritait amplement...

(BA 139/1112/14,17,22,25,27,29)

2

3

Generaloberst Guderian, commander of Panzergruppe 2 on the Eastern front (summer 1941)

We begin this series of reportages devoted to the Heer panzer troops during World War II with these few photographs of the "father" of the German tank arm, Generaloberst Heinz Guderian. Born in Prussia in 1888, Guderian played a leading role in the creation of the German motorized arm and revolutionized the doctrine regarding how armor was to be used. His theory, based on the use of mass tank forces with accompanying infantry transported in motorized vehicles, all combined with aircraft, was expounded in his book Achtung Panzer ! published in 1937. After commanding the motorized units from 1934, Guderian took over command of the newly-formed 2. Panzer-Division in October 1935. At the start of the war, he was General der Panzertruppe and commander of XIX. Armee-Korps (mot.) which later became Panzergruppe 2 then 2. Panzer-Armee. The photographs following were taken on the Russian front in the summer of 1941 during a visit by Generaloberst Guderian, then commander of Panzergruppe 2, to one of his armored units.

1. The Panzergruppe 2 commander in discussion with a young armored troop Leutnant. Close to his men and often present on the front, Guderian was particularly well liked by his subordinates.

2. A few words of encouragement to another officer.

3. Another Leutnant of the panzer troops is presented to the Generaloberst.

4 and **5**. Before leaving in his car, Guderian takes final stock of the situation on the map.

6. Then he says a few words to an officer.

Guderian was dismissed in December 1941 at the time of the Battle of Moscow following a disagreement with Generalfeldmarschall von Kluge. After his fall from grace, he had to wait until February 1943 when he was recalled as inspector general of the armored troops, then as OKH chief-of-staff, a position he held from July 1944 until March 1945. Guderian's strong personality, his frankness (even when talking to Hitler) were probably what prevented him from becoming a marshal, a rank he thoroughly deserved...

1

2

3

4

La *3. Panzer-Armee* sur le front de l'Est (début 1943)

L'idée de rassembler les corps d'armée motorisés, créés à la veille de la guerre avec des divisions blindées et motorisées, dans des entités plus importantes et par conséquent plus efficaces, les *Gruppen* ou *Panzergruppen*, est née au début de la campagne à l'Ouest. Le 8 juin 1940, le gros des forces blindées allemandes opérant en France, comprend ainsi une *Gruppe Guderian* (du nom de son chef) et une *Gruppe Kleist* composées chacune de deux corps d'armées motorisés. Ces deux *Gruppen* prendront l'appellation de *Panzergruppen* (1 pour Kleist et 2 pour Guderian) à partir de novembre 1940. Deux autres *Panzergruppen* (3 et 4) sont mises sur pied à la même époque et confiées aux généraux Hoth et Hoepner. Les *Panzergruppen 1* et *2* prendront l'appellation de *Panzer-Armee* en octobre 1941, les *Panzergruppen 3* et *4* en janvier 1942. Les reportages qui suivent mettent en scène des unités de la *3. Panzer-Armee* opérant sur le front de l'Est.

Cette première série de photos, dues à un reporter de la *Pz.PK 697* (unité de propagande rattachée à la *3. Panzer-Armee*) est consacrée à l'équipage d'un blindé à roues *SdKfz 232* et date du début de l'année 1943. A cette époque, la *3. Panzer-Armee*, commandée par le *General der Panzertruppe* Georg-Hans Reinhardt, opère dans le secteur du groupe d'armées « Centre ».

1. Belle vue du *SdKfz 231* auquel est consacré ce reportage. Ce véhicule, muni de huit roues et d'un moteur de 180 CV, pèse 8,3 tonnes et peut atteindre une vitesse de 90 km/h sur route avec une autonomie de 300 km. Il est armé d'un canon de 2 cm KwK 30 ou 38 jumelé à une mitrailleuse MG-34.

2. De la tourelle, le chef de l'engin observe le terrain.

3. A l'intérieur de l'engin, un homme de l'équipage note un message.

4. Puis il observe les alentours par la fente de visée...

5. ... avant d'émerger de la trappe située à l'arrière de la tourelle.

6. De cette trappe, le photographe a surpris le chargeur s'affairant autour de sa pièce.

7. Les membres de l'équipage posent pour le photographe. La plupart d'entre eux sont des soldats expérimentés comme en témoignent les décorations portées (insigne d'assaut des chars, Croix de fer de première classe).

8. Le chef du véhicule, un *Oberfeldwebel*, est quant à lui décoré (entre autres) de la Croix de fer de première classe, de l'insigne d'assaut des blindés et de l'insigne des blessés.

(BA 101 I 275/571/29,3a,11a,16,18,24,27,6a)

5

6

3. Panzer-Armee on the Eastern front (early 1943)

The idea of bringing together the motorized corps set up on the eve of the war with armored and motorized divisions into larger and hence more effective formations – the Gruppen or Panzergruppen – was thought up at the start of the campaign in the West. On 8 June 1940, the main body of the German armored forces operating in France thus comprised a Gruppe Guderian (named for its commanding officer) and a Gruppe Kleist each comprising two motorized corps. These two Gruppen were renamed Panzergruppen (1 for Kleist, and 2 for Guderian) as of November 1940. Two other Panzergruppen (3 and 4) were raised during the same period and entrusted to Generals Hoth and Hoepner. Panzergruppen 1 and 2 took the name Panzer-Armee in October 1941, Panzergruppen 3 and 4 in January 1942. The reportages below bring coverage of the units of 3. Panzer-Armee operating on the Eastern front.

This first set of photos, the work of a reporter of Pz.PK 697 (propaganda unit attached to 3. Panzer-Armee) is devoted to the crew of a wheeled SdKfz 232 armored vehicle and dates from early 1943. At that time, 3. Panzer-Armee, commanded by General der Panzertruppe Georg-Hans Reinhardt, was operating in the sector of Army Group "Center".

7

8

1. *A fine shot of the SdKfz 231 to which this reportage is devoted. The vehicle, with eight wheels and an 180 HP engine, weighed 8.3 tons and had a top road speed of 90 km/h and a range of 300 km. It was armed with a 2 cm KwK 30 or 38 gun in combination with an MG-34 machine-gun.*

2. *From the turret, the vehicle commander surveys the terrain.*

3. *Inside the vehicle a crew member takes down a message.*

4. *Then he observes the surrounding area through the sight...*

5. *... before emerging through the hatch at the rear of the turret.*

6. *Through this hatch, the photographer has caught the loader busying himself around his gun.*

7. *The crew members pose for the photographer. They are mostly experienced soldiers as can be seen from the decorations they are wearing (tank assault insignia, Iron Cross, 1st Class).*

8. *The vehicle commander, an Oberfeldwebel, has among other decorations an Iron Cross, 1st Class, tank assault insignia and wounded insignia.*

**La *3. Panzer-Armee* sur le front de l'Est
(début du printemps 1943)**

Au début du printemps 1944, la *3. Pz.Armee* fait toujours partie du groupe d'armées « Centre » (*Generalfeldmarschall* von Kluge) avec la *4. Armee*, la *2. Armee*, la *9. Armee* et la *2. Pz.Armee*. Elle occupe alors un secteur situé à l'aile gauche du groupe d'armées et opère dans la région de Jarzewo-Duchovschtschina-Nevel.

1, 2 et **3.** Malgré la neige qui recommence à tomber, un groupe de soldats procède à la remise en place de la chenille d'un *Panzer VI Tiger*.

4 et **5.** Non loin de là, un autre *Tiger* s'est embourbé. Des hommes s'affairent afin de tenter de le sortir de ce mauvais pas en le remorquant à l'aide d'un câble.

6. Les opérations commencent sous les yeux attentifs d'un factionnaire armé d'un pistolet-mitrailleur soviétique. On notera le camouflage « hiver » des chars réalisé avec des coups de pinceaux irréguliers de peinture blanche.

(BA 101 I 276/701/5,8,9,14,15,16)

4

5

6

3. Panzer-Armee on the Eastern front
(early spring 1943)

Early in the spring of 1944, 3. Pz.Armee was still a part of Army Group "Center" (Generalfeldmarschall von Kluge), along with 4. Armee, 2. Armee, 9. Armee and 2. Pz.Armee. It then occupied a sector on the Army Group's left flank and operated in the Jarzewo-Dushovshtshina-Nevel area.

1, 2 and *3.* Despite the snow which is starting to fall again, a group of soldiers replace the track on a Panzer VI Tiger.

4 and *5.* Close by, another Tiger is bogged down. These men are busy trying to pull it out of this awkward position with a cable.

6. Operations begin under the watchful eye of a sentry armed with a Soviet submachine-gun. Note the tanks' "winter" camouflage with daubs of white paint.

1

2

La *3. Panzer-Armee* sur le front de l'Est (janvier-février 1944)

A partir du 11 janvier 1944, les forces soviétiques passent à l'action dans le secteur central du front, défendu par le groupe d'armées « centre » (*Generalfeldmarschall* Ernst Busch) dont fait toujours partie la *3. Panzer-Armee*. Les trois reportages qui suivent ont été pris à cette époque et mettent en scène une unité de chars appartenant à l'une des divisions de la *3. Panzer-Armee*.

1, 2 et **3.** Des *Panzer IV* chargés de fantassins montent vers le front.

4 et **5.** Les chars se sont arrêtés. L'ennemi a été signalé. Sous la protection des blindés, les hommes mettent pied à terre et commencent leur progression.

6. Un sous-officier fait signe aux chars de reprendre leur avance : le terrain est libre.

(BA 101 I 277/835/2,4,6,8,12,16)

3

3. Panzer-Armee on the Eastern front (January-February 1944)

On 11 January 1944, Soviet forces began to move into action in the central sector of the front, defended by Army Group "Center" (Generalfeldmarschall Ernst Busch) to which 3. Panzer-Armee still belonged. The next three reportages were taken at this time and show a tank unit belonging to one of the divisions of 3. Panzer-Armee.

1, 2 and *3.* Panzer IVs loaded with infantry move up towards the front.

4 and *5.* The tanks have stopped. An enemy sighting has been reported. Taking cover behind the tanks, the men get down and begin to advance.

6. An NCO motions to the tanks to continue their advance: the coast is clear.

**La *3. Panzer-Armee* sur le front de l'Est
(janvier-février 1944)**

Une colonne de chars, composée de *Panzer IV* et des *Tiger*,
se dirige vers un village où elle fait halte. Tankistes et fantassins échangent leurs impressions ou font le récit de leurs
derniers combats. On remarquera le camouflage « neige »
des chars recouvert pour la plupart du revêtement spécial
anti-mines *(Zimmerit)*.

(BA 101 I 277/843/3,6,7,8,13.)

**3. Panzer-Armee on the Eastern front
(January-February 1944)**

*A column of Panzer IV and Tiger tanks heads towards a vil-
lage where it makes a stop. Tank crews and infantry exchange impressions or describe the latest battle. Note the
"winter" camouflage on the tanks, most of which have the
special Zimmerit protective coating against mines.*

1

2

La *3. Panzer-Armee* sur le front de l'Est (janvier-février 1944)

1. La colonne s'apprête maintenant à quitter le village. L'équipage d'un *Panzer IV* attend les ordres pour reprendre la progression.

2. Emergeant de son tourelleau, un chef de char scrute l'horizon.

3. La colonne poursuit son chemin à travers la campagne enneigée.

4. Belle vue d'un *Panzer IV*. Comme la plupart des *Panzer IV* de cette époque, celui-ci est muni de *Schürzen*. Ces plaques de blindage latérales, d'une épaisseur de 5 mm, sont destinées à protéger les engins des projectiles antichars ennemis. Elles équipent les *Panzer IV* à partir de mars 1943 et se généralisent au cours de l'été suivant...

(BA 101 I 277/843/14,18,25,30.)

3. Panzer-Armee on the Eastern front (January-February 1944)

1. *The column now prepares to leave the village. A Panzer IV crew awaits orders to resume the advance.*

2. *Emerging from his cupola, a tank commander scrutinizes the horizon.*

3. *The column continues its way through the snowbound countryside.*

4. *A fine shot of a Panzer IV. Like most of the Panzer IVs of that period, this one is armed with Schürzen, side armor plates 5 mm thick, designed to protect the tank from enemy antitank projectiles. They were fitted onto the Panzer IV from March 1943 and this became standard practice during the following summer...*

3

4

221

1

La *3. Panzer-Armee* sur le front de l'Est
(août-septembre 1944)

A partir de juin 1944, la *3. Panzer-Armee* se retrouve au cœur de la grande offensive d'été (opération « Bagration ») déclenchée par les forces soviétiques pour s'emparer de la Biélorussie et achever l'encerclement du groupe d'armées « Nord ». Toujours placée à l'aile gauche du groupe d'armées « Centre » (désormais commandé par le *Generalfeldmarschall* Walter Model), dans le secteur de Vitebsk, elle est contrainte de se replier à travers la Lituanie et la Courlande. Les trois reportages qui suivent datent d'août-septembre 1944. A cette époque, les unités de la *3. Pz.Armee*, commandées par le *Generaloberst* Erhard Raus depuis la mi-août, stationnent à l'ouest de Kovno sur une ligne Gumbinnen-Schaulen où elles se mettent sur la défensive.

1, 2 et **3.** Des *Panzer IV*, appartenant à la 8ᵉ compagnie d'un *Pz.Rgt.* roulent vers l'ouest pour échapper à l'étau soviétique.

4 et **5.** Ils sont suivis par des canons automoteurs et des camions. De nombreux véhicules ont été plus ou moins camouflés avec des branches afin d'échapper à la vigilance de l'aviation soviétique omniprésente.

(BA 281/1104/6,9,15,18,19.)

3. Panzer-Armee on the Eastern front
(August-September 1944)

As of June 1944, 3. Panzer-Armee was in the thick of a great summer offensive (Operation "Bagration") launched by the Soviet forces to capture Byelorussia and complete their encirclement of Army Group "North". Still placed on the left flank of Army Group "Center" (now commanded by Generalfeldmarschall Walter Model), in the Vitebsk sector, it was forced to retire across Lithuania and Courland. The three reportages below date from August-September 1944. At this time, the units of 3. Pz.Armee, commanded since mid-August by Generaloberst Erhard Raus, were stationed west of Kovno on the Gumbinnen-Schaulen line, where they went on the defensive.

1, 2 *and* ***3.*** *Panzer IVs belonging to the 8th Company of some Pz.Rgt. drive westwards to escape the jaws of the Soviet vice.*

4 *and* ***5.*** *They are followed by self-propelled guns and trucks. Many of the vehicles have been more or less camouflaged with branches to escape the ever-watchful eye of the Soviet air force.*

2

3

4

5

3

La *3. Panzer-Armee* sur le front de l'Est (août-septembre 1944)

Le photographe de la *Pz.PK 697* auquel nous devons cette série de clichés, s'est posté sur le passage d'une importante colonne de blindés.

1 et **2.** A deux *Panzer V Panther*, recouverts de branches de sapin...

3, 4 et **5.** ... succède un groupe de *Panzer IV*. La chaleur de l'été contraint une partie de l'équipage de ces chars à sortir de l'habitacle devenu étouffant. Heureusement ce secteur est calme et aucune attaque ennemie n'est à redouter...

(BA 281/1104/20,23,27,30,33)

3. Panzer-Armee on the Eastern front (August-September 1944)

The photographer of Pz.PK 697 to whom we owe this set of pictures has taken up a position along the path of a large column of armor.

1 and 2. Following two Panzer V Panthers, covered with fir branches...

3, 4 and 5. ... comes a group of Panzer IVs. The summer heat has forced some of the tank crew members out of the stifling interior. Fortunately, the sector is quiet and there is no fear of an enemy attack...

4

5

1

2

3

**La *3. Panzer-Armee* sur le front de l'Est
(août-septembre 1944)**

Les chars aperçus sur le reportage précédent se sont arrêtés à proximité d'une position tenue par l'infanterie.

1. Belle vue d'un *Panzer IV*. Comme cela est fréquent, une des plaques de protection *(Schürzen)* s'est détachée. Pris dans la tourmente des précédents combats et de la retraite, l'équipage n'a pas eu le temps de la remettre.

2 et **3.** Un *Panther* stationne près d'une tranchée hâtivement creusée par des fantassins. Ces derniers s'abritent à l'ombre du char.

4. Le servant d'un MG-42 assure la garde du secteur.

5. Puis la progression reprend dans la plaine vaste et morne...

(BA 281/1106/4,16,17,31,35.)

3. Panzer-Armee on the Eastern front (August-September 1944)

The tanks seen in the previous reportage have stopped near a position held by the infantry.

1. A fine shot of a Panzer IV. As often happened, the protective plating (Schürzen) has come off. Caught in the turmoil of the earlier fighting and the retreat, the crew has not had time to put it back on.

2 and 3. A Panther stationed near a trench hastily dug by infantrymen. They are sheltering in the shadow of the tank.

4. An MG-42 gunner stands guard over the sector.

5. Then the advance resumes across the endless dullness of the plain...

La *Panzergruppe 4* dans les Pays baltes (juin-juillet 1941)

Après la *3. Panzer-Armee*, voici maintenant la *Panzergruppe 4*. Mise sur pied, comme la précédente, en janvier 1941, la *Panzergruppe 4* participe à l'opération « Barbarossa » au sein du groupe d'armées « Nord ». Commandée par le *Generaloberst* Erich Hoepner, elle comprend alors deux corps d'armées motorisés regroupant trois divisions blindées (*1.*, *6.* et *8. Panzer-Divisionen*), deux divisions motorisées et deux divisions d'infanterie. Les deux reportages qui suivent, dus à un photographe de la *Pz.PK 694* (unité de propagande rattachée à la *Panzergruppe 4*) ont été effectués dans les Pays Baltes en juin-juillet 1941.

1 et **2.** Un semi-chenillé *SdKfz 250* aborde une gare de chemin de fer...

3 et **4.** Pour aller plus vite et surtout pour franchir un fleuve dont le pont routier a été détruit, les chars (des *Panzer III*) et les véhicules semi-chenillés de cette unité blindée progressent directement sur la voie de chemin de fer.

5. Aux abords du fleuve, l'un des membres de l'équipage d'un semi-chenillé observe aux jumelles un bourg touché par les bombardements. On aperçoit, au second plan, le pont routier détruit.

(BA 101 I 209/63/12,13,14,17,18)

Panzergruppe 4 in the Baltic States (June-July 1941)

After 3. Panzer-Armee, here now is Panzergruppe 4. Like the former, Panzergruppe 4 was raised in January 1941 and took part in Operation "Barbarossa" as part of Army Group "North". Commanded by Generaloberst Erich Hoepner, it then comprised two motorized corps combining three armored divisions (1., 6. and 8. Panzer-Divisionen), two motorized divisions and two infantry divisions. The following two reportages, shot by a photographer of Pz.PK 694 (a propaganda unit attached to Panzergruppe 4), were made in the Baltic States in June-July 1941.

1 and 2. An SdKfz 250 half-track approaches a train station...

3 and 4. For extra speed and most of all to cross a river where the road bridge has been destroyed, that armored unit's tanks (Panzer IIIs) and half-tracked vehicles carry straight on down the railroad.

5. As they come to the river, a half-track's crew with fieldglasses observe a town damaged in the shelling. The destroyed road bridge is visible in the background.

1

2

La *Panzergruppe 4* dans les Pays baltes (juin-juillet 1941)

1. Un officier général (peut-être le *Generalmajor* Walter Krüger, chef de la *1. Schützen-Brigade* puis de la *1. Panzer-Division* à partir du 17 juillet 1941), décore un tankiste qui s'est distingué lors des précédents combats.

2. Après avoir soigneusement camouflé leur char, ces deux tankistes s'accordent quelques instants pour déguster leurs rations...

3. L'équipage d'un *Panzer III* pose fièrement pour le photographe...

4. ...tout comme cet *Obergefreiter* qui vient juste de recevoir la Croix de fer de seconde classe.

5. Plus loin, l'équipage d'un autre *Panzer III* en profite pour nettoyer les armes de bord.

(BA 101 I 209/75/5a, 13a,15a,20a,21a.)

3

Panzergruppe 4 in the Baltic States (June-July 1941)

1. A general officer (maybe Generalmajor Walter Krüger, commander of 1. Schützen-Brigade then 1. Panzer-Division from 17 July 1941), decorates a tank crew member for gallantry during the recent battle.

4

2. After carefully camouflaging their tank, these two tank crewmen take a break to eat their rations...

3. The crew of a Panzer III proudly pose for the photographer...

4. ...as does this Obergefreiter who has just received the Iron Cross, 2nd Class.

5. Meanwhile, further on, the crew of another Panzer III clean their onboard weaponry.

5

1

La *1. Panzer-Division* sur le front de l'Est (Pays baltes, juin-juillet 1941)

Créée en octobre 1935 à Weimar, la *1.Panzer-Division* comprend initialement les *Pz.Rgter 1* et *2* mais elle perdra son *Pz.Rgt. 2*, attribué à la *16. Panzer-Division* dès octobre 1940. La division combat en Pologne au sein du *XVI. A.K. (mot.)* (*10. Armee*, groupe d'armées « Sud ») puis en France avec la *Gruppe Kleist* puis la *Gruppe Guderian*. En juin-juillet 1941, elle participe à l'opération « Barbarossa » au sein du *XXXXI. A.K. (mot.)* de la *Panzergruppe 4* et contribue à la conquête des Pays baltes. Ce reportage a été pris à cette époque.

1. Des officiers de l'état-major de la division font le point. Le semi-chenillé *SdKfz 251* dans lequel certains d'entre eux ont pris place appartient à une 2ᵉ section de transmissions rattachée à l'état-major. On remarquera la grande antenne cadre ainsi que l'emblème de la division, du modèle attesté en 1941 et 1942.

2. Une colonne fait route vers le front. Le véhicule au premier plan appartient au second bataillon du *Schützen-Rgt.1* comme en témoigne le signe conventionnel peint à gauche de l'emblème de la division.

3. Un *Panzer II* de la 6ᵉ compagnie du *Pz.Rgt.1* sort d'un hameau...

4. ...suivi par un semi-chenillé de la 1ʳᵉ batterie de l'*Art.Rgt. (mot.) 73*, l'unité d'artillerie de la division.

5. Non loin de là, gît l'épave d'un char soviétique T-34.

(BA 101 I 209/56/6,17, 19,20,28.)

2

3

4

1. Panzer-Division on the Eastern front
(Baltic States, June-July 1941)

Created at Weimar in October 1935, 1.Panzer-Division initially comprised Pz.Rgter 1 and 2 but lost Pz.Rgt. 2 to 16. Panzer-Division in October 1940. The division fought in Poland as part of XVI. A.K. (mot.) (10. Armee, Army Group "South") then in France with Gruppe Kleist then Gruppe Guderian. In June-July 1941, it took part in Operation "Barbarossa" as part of XXXXI. A.K. (mot.), Panzergruppe 4, and contributed to the conquest of the Baltic States. This reportage was taken during that period.

1. Officers of the divisional staff take stock. Some of them have climbed onto an SdKfz 251 half-track belonging to a 2nd Signal Platoon attached to the staff. Note the large loop antenna and the division's emblem, the model attested in 1941 and 1942.

2. A column heads towards the front. The vehicle in the foreground belongs to the second battalion of Schützen-Rgt.1 as we see from the conventional sign painted on the left of the divisional emblem.

3. A Panzer II of 6th Company, Pz.Rgt.1 leaves a small village...

4. ...followed by a half-track of 1st Battery, Art.Rgt. (mot.) 73, one of the division's artillery units.

5. Nearby lies the wreckage of a Soviet T-34 tank.

5

1

2

La *2. Panzer-Division* sur le front de l'Ouest (10 mai 1940)

Comme la division précédente, la *2. Panzer-Division* est mise sur pied en octobre 1935 et comprend deux régiments blindés (*Pz.Rgter 3* et *4*). Après Würzbourg, elle stationne à Vienne et intègre dans ses rangs une forte proportion d'Autrichiens. Elle participe à la campagne de Pologne avec le *XVIII. A.K. (mot.)* (*14. Armee*, groupe d'armées « Sud »). En janvier 1940, elle est affectée à la *12. Armee* et stationne dans l'Eifel non loin de la frontière luxembourgeoise. Lors de l'offensive de mai 1940, elle appartient au *XIX. A.K. (mot.)* de la *Gruppe Kleist*. Les deux reportages qui suivent ont été pris le 10 mai 1940, juste au début de la campagne. Les colonnes de la division pénètrent en Luxembourg avant d'entamer la traversée des Ardennes...

1. Une colonne de *Panzer III* stationne le long d'une route dans l'Eifel. Tous ces chars portent sur la tourelle le K de la *Gruppe Kleist*.

2. Un tankiste prend quelques instants de repos au soleil avant d'affronter les combats qui promettent d'être rudes.

3. Le photographe a maintenant pris place sur un char appartenant à une colonne qui se dirige vers la frontière luxembourgeoise, réalisant cette série de clichés. Un *Panzer II*, précédé d'un *Panzer I,* traverse un hameau...

4. Le *Panzer II* de la photo précédente arrive à la frontière luxembourgeoise (poste de Vianden ?)...

5. ...qu'il franchit sous l'œil de soldats allemands déjà présent sur les lieux. L'engin porte sur les côtés des fascines qui doivent lui permettre de franchir les terrains trop boueux.

(BA 101 I/382/248/2a,3a,6a,7a,8a.)

2. Panzer-Division on the Western front
(10 May 1940)

Like the previous division, 2. Panzer-Division was raised in October 1935 and had two armored regiments (Pz.Rgter 3 and 4). After Würzburg, it was stationed in Vienna with a high proportion of Austrians among its ranks. It took part in the campaign for Poland with XVIII. A.K. (mot.) (14. Armee, Army Group "South"). In January 1940, it was allocated to 12. Armee and was stationed in Eifel not far from the border with Luxembourg. During the May 1940 offensive, it was with Gruppe Kleist, XIX. A.K. (mot.). The next two reportages were made on 10 May 1940, just at the start of the campaign. The division's columns entered Luxembourg before setting off through the Ardennes...

1. A column of Panzer IIIs parked along a roadside in Eifel. All these tanks carry a K for Gruppe Kleist on their turrets.

2. A tank crewman takes a breather in the sun before facing what promises to be a fierce battle.

3. The photographer has now climbed onto a tank belonging to a column heading towards the Luxembourg border, to take this set of pictures. A Panzer II passes through a small village in the wake of a Panzer I...

4. The Panzer II of the previous photograph arrives at the Luxembourg border (Vianden frontier post?)...

5. ...which he crosses watched by German soldiers already present on the spot. Alongside the tank are fascines, bundles of brushwood to help it across very muddy terrain.

La *2. Panzer-Division* sur le front de l'Ouest (10 mai 1940)

1. La colonne se dirige maintenant vers Diekirch au nord de Luxembourg avec pour objectif Esch sur Sûre, localité située sur la route de Bastogne. Au premier plan, un *Panzer I Ausf.B ohne Aufbau* : *Panzer I* sans tourelle ni superstructures équipant les unités de maintenance. Le J que l'on aperçoit à l'arrière de cet engin signifie qu'il appartient à un atelier de réparation *(Instandsetzung)*.

2. Un char de commandement *(Panzer III)* roule à vive allure sur la route de Bastogne, Esch sur Sûre n'est plus qu'à 11 km ! Cette photo a été prise à Bavigne.

3. Des *Panzer II* progressent dans la forêt ardennaise en direction de Bastogne. Le char au premier plan, marqué RO2, est celui de l'*Adjutant* du régiment.

4 et **5.** Les chars sont suivis d'une longue colonne de véhicules appartenant à la *Luftwaffe*. Nous voyons ici une pièce de 20 mm Flak montée sur un camion Krupp-Protze puis des canons 8,8 cm Flak 18 remorqués par des tracteurs semi-chenillés *SdKfz 7*.

(101 I/382/248/11a, 15a, 19,22,33a)

2. Panzer-Division on the Western front (10 May 1940)

1. The column is now heading towards Diekirch, north of Luxembourg, with its objective Esch-sur-Sûre, a locality on the Bastogne road. In the foreground is a Panzer I Ausf.B ohne Aufbau - a Panzer I with no turret or superstructures, issued to maintenance units. The J on the rear of the vehicle means that it belongs to a repair shop (Instandsetzung).

2. A command tank (Panzer III) races along the Bastogne road; Esch-sur-Sûre is just 11 km away! This photograph was taken at Bavigne.

4

3. Panzer IIs advance through Ardennes Forest towards Bastogne. The tank marked RO2 in the foreground is that of the Adjutant of the regiment.

4 and **5.** The tanks are followed by a long column of Luftwaffe vehicles. Here we see a 20 mm flak gun mounted on a Krupp-Protze truck then some 8.8 cm flak 18 guns towed by SdKfz 7 half-track prime movers.

5

1

La *3. Panzer-Division* est créée en octobre 1935 avec les *Pz.Rgter 5* et *6*. Elle intervient en Autriche au moment de l'Anschluss puis en Pologne au sein du *XIX. A.K. (mot.)* du *General der Panzertruppe* Guderian. En mai juin 1940, elle participe à la campagne de France puis est restructurée, perdant notamment son *Pz.Rgt. 5*, cédé à la *5. Leichte Division*. En 1941, elle est engagée en Russie au sein de la *Panzergruppe 2* (groupe d'armées « Centre »). Au début de l'année 1942, elle passe dans le groupe d'armées « Sud » où elle participe à la première bataille de Charkov puis à la marche sur Stalingrad et à l'invasion du Caucase. A l'été 1943, on la retrouve à Koursk. Elle combat de nouveau à Charkov avant de se replier sur le Dniepr. Au début de l'année 1944, époque à laquelle les deux reportages qui suivent ont été pris, la division est commandée par le *Generalleutnant* Dietrich von Saucken et se trouve dans le secteur de la poche de Tcherkassy. Elle est alors rattachée au *XXXXVII. Pz.K.* (*8. Armée*).

1. Un *Panzer IV* de la 1ʳᵉ compagnie du *Pz.Rgt. 6* stationne dans l'immensité neigeuse de la région de Tcherkassy.

2, 3 et **4.** Une importante colonne de véhicules où se mêlent semi-chenillés, tracteurs d'artillerie dotés de pièces de Flak et chars de différents modèles (dont un *Panther*) stationne à proximité d'un village. Au loin, des maisons achèvent de brûler.

5. La progression reprend, chars en tête...

6. On distingue bien à l'arrière du semi-chenillé visible au premier plan de cette photo, l'emblème du *Pz.Rgt. 6* porté à partir de 1944.

(BA 101 I 90/3912/5a, 24a,28a, 3913/4a,6,24)

2

3

3. Panzer-Division on the Eastern front (early 1944)

3. Panzer-Division was created in October 1935 with Pz.Rgter 5 and 6. It saw action in Austria at the time of the Anschluss, then in Poland as part of XIX. A.K. (mot.) under General der Panzertruppe Guderian. In May June 1940, it took part in the campaign for France and was afterwards reorganized, notably losing its Pz.Rgt. 5 to 5. Leichte Division. In 1941, it was engaged in Russia as part of Panzergruppe 2 (Army Group "Center"). Early in 1942, it joined Army Group "South" where it took part in the first battle of Kharkov, then the march on Stalingrad and the invasion of the Caucasus. We later find it at Kursk, during the summer of 1943. It fought again at Kharkov before withdrawing to the Dnieper. At the beginning of 1944, when the next two reportages were made, the division was commanded by Generalleutnant Dietrich von Saucken in the Cherkassy pocket sector. It was then attached to XXXXVII. Pz.K. (8. Armee).

1. A Panzer IV of Pz.Rgt. 6's 1st Company parked amid the snowy vastness in the Cherkassy area.

2, 3 and 4. A large column of miscellaneous vehicles including half-tracks, artillery prime movers with flak guns, and tanks of various models (one a Panther) parked outside a village. Houses are burning down in the distance.

5. The advance is resumed, led by the tanks...

6. The rear of the half-track in the foreground of this photograph gives a good view of the Pz.Rgt. 6 emblem used from 1944.

3

La *3. Panzer-Division* sur le front de l'Est (début 1944)

1. La colonne aperçue sur la double-page précédente s'est arrêtée dans une région boisée où des fantassins ont établi une ligne de défense.

2. Le photographe qui accompagne les hommes de la *3. Panzer-Division* a surpris ce factionnaire, visiblement épuisé par plusieurs jours de veille dans un froid intense.

3. Tankistes et fantassins se concertent. On reconnaît sur cette photo deux officiers appartenant à la *4.Panzer-Division* : à gauche, le *Stabsartz Dr* Hans Joachim Schulz-Merkel, médecin de la *I./Pz.Rgt. 35*, décoré de la Croix de chevalier de la Croix de fer le 23 décembre 1943, à droite, l'*Oberstleutnant* Ernst Wilhelm Hoffmann, chef du *Pz.Gren.Rgt.12*, décoré de la Croix de chevalier le 4 septembre 1940 (il recevra les feuilles de chêne le 9 juin 1944, n° 494).

4. L'équipage d'un char scrute l'horizon, pas de trace d'activité ennemie !

(BA 101 I 3914/10,16,19,9a)

3. *Panzer-Division* on the Eastern front (early 1944)

1. The column seen in the previous two-page spread has stopped in a wooded area where the infantry have established a defensive line.

2. The photographer accompanying the men of 3. Panzer-Division has caught this sentry visibly exhausted by several days of vigil in intense cold.

3. Tank crews and infantry get together. In this photograph we recognize two officers of 4.Panzer-Division: left, I./Pz.Rgt. 35's medical officer, Stabsartz Dr Hans Joachim Schulz-Merkel, decorated with the Knight's Cross of the Iron Cross on 23 December 1943; right, Oberstleutnant Ernst Wilhelm Hoffmann, commander of Pz.Gren.Rgt.12, decorated with the Knight's Cross on 4 September 1940 (he received his Oak Leaves on 9 June 1944, n° 494).

4. A tank crew scrutinizes the horizon, no sign of enemy activity!

4

La *4. Panzer-Division* en France (juin 1940)

Créée à Würzbourg en novembre 1938, la *4. Panzer-Division* comprend deux régiments blindés, les *Pz.Rgter 35* et *36*. Elle combat en Pologne au sein du *XVI. A.K. (mot.)* de la *10. Armee* (groupe d'armées « Sud ») et atteint Varsovie huit jours seulement après le début de la campagne ! En mai-juin 1940, elle fait toujours partie du même corps d'armée, rattaché à la *6. Armee* puis à la *Gruppe Kleist*. Les photos qui suivent ont été prises en juin 1940 en Bourgogne.

1

1 et 2. Un groupe de motocyclistes de l'unité de reconnaissance de la division *(Pz.Aufkl.Abt. 4)* pose pour le photographe. Les civils ne semblent pas impressionnés par la présence de ces soldats armés et casqués ! Quant à ces derniers ils semblent avoir bon moral : la victoire a été fulgurante et la fin de la campagne est proche...

3 et 4. Dans le secteur de Semur en Auxois, à 21 km de Rouvray, comme nous l'indique la pancarte, des blindés stationnent dans un champ. Nous voyons sur la photo 4, au premier plan, un char léger *Panzer I Ausf B* appartenant à une cinquième compagnie. Au fond d'autres *Panzer I (dont des Ausf A, à gauche)* et un *Panzer III*.

5. Une colonne de la *2. Panzer-Division* défile dans une ville (Avallon ?).

2

6. Un peu plus loin, un tankiste effectue une vérification sur son *Panzer II*. On distingue bien à l'avant de cet engin l'emblème de la division, du modèle arboré pendant la campagne à l'Ouest.

(BA 767/87/10,11,23a, 24a,28a,30)

3

4

5

4. Panzer-Division in France (June 1940)

Created at Würzburg in November 1938, 4. Panzer-Division comprised two armored regiments, Pz.Rgter 35 and 36. It fought in Poland as part of XVI. A.K. (mot.), 10. Armee (Army Group "South") and reached Warsaw just one week after the start of the campaign! In May-June 1940, it was still part of the same corps, attached to 6. Armee, and later Gruppe Kleist. The photos that follow were taken in Burgundy in June 1940.

1 and 2. A group of motorcyclists of the division's reconnaissance unit (Pz.Aufkl.Abt. 4) pose for the photographer. The civilians seem unimpressed by the presence of these armed and helmeted soldiers! The soldiers seem in good spirits; they have won a lightning victory and the campaign will soon be over...

3 and 4. In the sector of Semur en Auxois, 21 km from Rouvray, as the signpost indicates, tanks are parked in a field. In photograph 4, we see in the foreground a light Panzer I Ausf B tank belonging to some 5th Company. There are more Panzer Is in the background (including some Ausf As, left) and a Panzer III.

5. A column of 2. Panzer-Division drives through a town (Avallon ?).

6. A little further on, a tank crewman checks his Panzer II. Clearly visible on the front of the tank is the divisional emblem, in the model used during the campaign in the West.

6

La *4. Panzer-Division* à la veille de l'opération « Barbarossa » (Prusse orientale, juin 1941)

Après la campagne de France, la *4. Panzer-Division,* amputée de son *Pz.Rgt. 36,* affecté à la *14. Panzer-Division,* est transférée en Prusse Orientale où elle se prépare à l'opération « Barbarossa ». Nous voyons ici différents véhicules de la division au cours d'un déplacement effectué dans les jours précédant le déclenchement de l'opération « Barbarossa ».

1 et **2.** Des motocyclettes appartenant au *Kradschützen-Btl. 34* ont du mal à progresser dans le sable. On remarquera, sur le side-car, l'emblème de la division du modèle utilisé sur le front de l'Est.

3. Auto-Union Horch 910 *(Kfz 15)* marquée du « G » de la *Panzergruppe 2 Guderian.* A cette époque, la *4. Panzer-Division* fait partie du *XXIV. A.K. (mot.)* de la *Panzergruppe 2.*

4. Un *Panzer IV* lancé à vive allure soulève des nuages de poussière...

(BA 101 I 534/13/12,13,14,31,38)

3

4. Panzer-Division on the eve of Operation « Barbarossa » (East Prussia, June 1941)

After the campaign for France, 4. Panzer-Division, minus its Pz.Rgt. 36, allocated to 14. Panzer-Division, was transferred to East Prussia where it prepared for Operation "Barbarossa". Here we see various vehicles of the division during a move made in the days preceding the launch of Operation "Barbarossa".

1 and 2. Motorcycles belonging to Kradschützen-Btl. 34 are having difficulty making progress in the sand. Note on the side-car the divisional emblem in the model used on the Eastern front.

3. Auto-Union Horch 910 (Kfz 15) marked "G" for Panzergruppe 2 Guderian. At that time, 4. Panzer-Division was an element of Panzergruppe 2's XXIV. A.K. (mot.).

4. A Panzer IV driven at high speed raises clouds of dust...

4

1

La *5. Panzer-Division* en France (mai 1940)

Mise sur pied en novembre 1938 à Oppeln, la *5. Panzer-Division* est constituée avec les *Pz.Rgter 15* et *31*. Elle joue un rôle mineur pendant la campagne de Pologne au sein de la *14. Armee*. Elle combat ensuite à l'Ouest au sein *XV. A.K. (mot.)* successivement rattaché à la *4. Armee* puis à la *Gruppe Kleist*. Elle est alors commandée par le *Generalleutnant* Joachim Lemelsen. Les photos qui suivent ont été prises quelque part dans le nord de la France au cours de l'avance de la division en mai 1940.

1. Un motocycliste et un tankiste, revêtu de la tenue noire de son arme et coiffé du béret propre aux troupes blindées, ont été surpris par le photographe au cours d'un déplacement.

2. Un *Panzer I Ausf. A* progresse lentement à travers champs.

3. On remarque sur la porte arrière de cette voiture *Kfz 3* (marque BMW) l'emblème de la *5. Panzer-Division*, du modèle arboré pendant la campagne de France.

4, 5 et **6.** Un *Panzer III* traverse un bourg complètement désert. Le secteur semble très calme. A côté du chef de char qui émerge du tourelleau, deux des membres de l'équipage prennent l'air par les trappes latérales de la tourelle...

(BA 101 I 767/56/11,21,28,33,34,35)

2

3

5. Panzer-Division in France (May 1940)

Raised at Oppeln in November 1938, 5. Panzer-Division was made up of Pz.Rgter 15 and 31. It played a minor role as part of 14. Armee during the Polish campaign. It went on to fight in the West with XV. A.K. (mot.), attached successively to 4. Armee and Gruppe Kleist. It was then commanded by Generalleutnant Joachim Lemelsen. The following photos were taken somewhere in northern France during the division's advance in May 1940.

1. A motorcyclist and a tank crewman, wearing his arm's black uniform and the beret worn by the panzer troops, caught on the move by the photographer.

2. A Panzer I Ausf. A advances slowly across the fields.

3. Note on the rear door of this (BMW make) Kfz 3 car the emblem of 5. Panzer-Division, model worn during the campaign of France.

4, 5 and 6. A Panzer III passes through a completely deserted village. The sector appears very quiet. Beside the tank commander emerging from the cupola, two of the crewmen are breathing in the fresh air through the turret side hatches...

4

5

6

247

La 6. *Panzer-Division* sur le front de l'Est (Bataille de Koursk, juillet 1943)

Formée en octobre 1939, la *6. Panzer-Division*, dotée dès le départ d'un seul *Pz.Rgt.* (le *Pz.Rgt. 11*) participe à la campagne de France avec les *Gruppen Kleist* puis *Guderian*. En juin 1941, elle est engagée en Russie avec la *Panzergruppe 4* (secteur nord du front). Après la bataille de Moscou et un court séjour dans le secteur central du front de l'Est, elle est rapatriée en France pour reconstitution. Elle participe ensuite à l'opération de dégagement de la *6. Armee* encerclée dans Stalingrad (décembre 1942) avant de battre en retraite. On la retrouve ensuite lors de l'opération « Citadelle » (bataille de Koursk) avec le *III. Pz.K. (Armee Abteilung Kempf)*. C'est au cours de cette opération que les photos qui suivent ont été prises.

1. Des *Panzer III* appartenant aux 6ᵉ et 8ᵉ compagnie du *Pz.Rgt.11* franchissent un talus sans aucune difficulté.

2. Cet obstacle est nettement moins évident pour cette moto avec side-car. Sur ce dernier, l'emblème de la division du modèle adopté pour l'opération « Citadelle ».

3 et 4. Des *Panzer IV* accompagnés de semi-chenillés montent vers la ligne de front. En tête, le char du chef de la 4ᵉ compagnie du *Pz.Rgt.11*.

5. Un colonne composée de tracteurs semi-chenillés vient juste de s'arrêter. Les véhicules, qui appartiennent vraisemblablement à une unité d'artillerie, ont été hâtivement camouflés avec des branchages.

(BA 101 I 219/596/3,4,10,12,18)

6. Panzer-Division on the Eastern front
(Battle of Kursk, July 1943)

Formed in October 1939, from the outset 6. Panzer-Division with just one Pz.Rgt. (Pz.Rgt.11) took part in the French campaign with Gruppen Kleist then Guderian. In June 1941, it was engaged in Russia with Panzergruppe 4 (northern sector of the front). After the battle of Moscow and a brief stay in the central sector of the Eastern front, it was repatriated for refitting in France. It was later involved in the operation to deliver 6. Armee encircled in Stalingrad (December 1942), before retreating. It went on to fight in Operation "Citadel" (Battle of Kursk) with III. Pz.K. (Armee Abteilung Kempf). It was during that operation that the following photos were taken.

1. Panzer IIIs belonging to 6th and 8th Companies of Pz.Rgt.11 cross an embankment with no difficulty.

2. That obstacle is a good deal harder for this motorcycle combination bearing the divisional emblem in the model adopted for Operation "Citadel".

3 and **4.** Panzer IVs move up to the front line accompanied by half-tracks. The leading tank is that of the commander of 4th Company, Pz.Rgt.11.

5. A column of half-track prime movers has just stopped. The vehicles, probably belonging to some artillery unit, have been hastily camouflaged with branches.

La *7. Panzer-Division* en France (été 1940)

Comme la *6. Panzer-Division*, la *7. Panzer-Division* est mise sur pieds en octobre 1939. Commandée par Rommel, elle combat à l'Ouest au sein du *XV. A.K. (mot.)* et remporte de grands succès, capturant à elle seule plus de 100 000 hommes (dont 10 généraux). Après l'armistice, la division part en occupation dans la région de Bordeaux où elle poursuit son entraînement et effectue différents exercices. Nous assistons ici à l'un d'eux.

1. Sous l'objectif d'un opérateur de la *PK 691*, les hommes du *Pz.Pi.Btl. 58*, l'unité du génie de la division, mettent en place un pont.

2. Ce dernier est aussitôt franchi par un *Panzer II*.

3 et **4.** L'exercice se poursuit, chars et fantassins progressent sur une route. On remarquera sur la tourelle du char (un *Pz IV*) l'emblème de la division porté de 1940 à la fin de la guerre.

5. L'exercice est terminé. Les participants ont été réunis sur le bord de la route où un officier général (le *Generaloberst* Friedrich Dollmann, chef de la *7. Armee*) leur adresse quelques mots.

(101 I 184/3/17a,21a,27a,28a,31a)

3

7. Panzer-Division in France (summer 1940)

Like 6. Panzer-Division, 7. Panzer-Division was raised in October 1939. Commanded by Rommel, it fought in the West as part of XV. A.K. (mot.) and won some famous victories, capturing on its own over 100,000 men (including 10 generals). After the armistice, the division left to occupy the Bordeaux area where it carried on training and performed various exercises, one of which is shown here.

1. In the telephoto lens of an operator with PK 691, the men of Pz.Pi.Btl. 58, the division's engineers unit, set up a bridge.

2. The bridge is immediately crossed by a Panzer II.

3 and **4.** The exercise continues as tanks and infantry advance along a road. Note on the Pz IV tank turret the divisional emblem used from 1940 until the end of the war.

5. The exercise is over. The participants have mustered on the road side where a general officer (Generaloberst Friedrich Dollmann, commander of 7. Armee) says a few words to them.

4

5

La *9. Panzer-Division* sur le front de l'Est (juillet 1942)

Créée en janvier 1940 à partir de la *4. Leichte-Division*, la *9. Panzer-Division* combat en France au sein du *XXIV. A.K. (mot.)* puis du *XIV. A.K. (mot.) (Gruppe Guderian)*. Elle est ensuite engagée dans les Balkans (Yougoslavie-Grèce, opération « Marita ») puis en Ukraine avec la *Panzergruppe 1*. Elle participe à la bataille de Moscou avec la *Panzergruppe 2* puis est de nouveau transférée dans le secteur sud du front où elle prend part à l'opération « Bleu » (conquête de la boucle du Don) avec le *XXXXVIII. Pz.K.* puis, à partir du mois de juillet, avec le *XXIV. Pz.K.* de la *4. Panzer-Armee*. Les photos des deux reportages qui suivent ont été prises par un photographe de la *Pz.PK 694* pendant cette offensive (juin-juillet 1942).

Les chars du *Pz.Rgt. 33* attendent l'ordre de départ. Les engins ont été camouflés avec des herbes et des branchages. Les équipages profitent de ces instants de répit pour se réapprovisionner en munitions ou se restaurer. On reconnaît sur l'une de ces photos l'*Oberstleutnant* Gerhard Willing, chef du *Pz.Rgt.33*. Il porte la Croix de chevalier de la Croix de fer obtenue le 7 mars 1942.

(BA 101 I 216/403/20,29,23,25,21)

9. Panzer-Division on the Eastern front (July 1942)

Raised in January 1940 from 4. Leichte-Division, 9. Panzer-Division fought in France as part of XXIV. A.K. (mot.) then XIV. A.K. (mot.) (Gruppe Guderian). It was later engaged in the Balkans (Yugoslavia-Greece, Operation "Marita") then in the Ukraine with Panzergruppe 1. It took part in the Battle of Moscow with Panzergruppe 2 then was again transferred to the southern sector of the front where it took part in Operation "Blue" (to take the bend of the Don River) with XXXXVIII. Pz.K., then, from July, with XXIV. Pz.K. (4. Panzer-Armee). The photographs in the next two reportages were taken by a photographer of Pz.PK 694 during that offensive (June-July 1942).

The tanks of Pz.Rgt. 33 await orders to leave. The vehicles have been camouflaged with grass and branches. The crews make the most of the short respite to load up ammunition or eat something. Oberstleutnant Gerhard Willing, commander of Pz.Rgt.33, is recognizable on one of these photos. He is wearing the Knight's Cross of the Iron Cross awarded to him on 7 March 1942.

La *9. Panzer-Division* sur le front de l'Est (juillet 1942)

Le photographe s'est maintenant rapproché de l'état-major de la division dont les membres sont installés dans un semi-chenillé garé juste à côté du char de l'*Oberstleutnant* Willing.

1, 2 et **3.** Carte en main, l'*Oberstleutnant* Willing, échange des informations avec un *Oberleutnant* appartenant probablement à l'état-major de la division.

4. L'*Oberstleutnant* Willing échange maintenant quelques mots avec un autre officier. Le semi-chenillé sur lequel ce dernier se trouve porte au-dessus de la plaque d'immatriculation, le signe conventionnel d'une division (fanion noir/blanc/rouge), à droite, l'emblème de la division.

5. Dans le semi-chenillé, le photographe a surpris le *General der Panzertruppe* Willibald *Frhr* von Langermann und Erlencamp, chef du *XXIV. Pz.K.* dont dépend alors la *9. Panzer-Division*. Langermann porte ici sa Croix de chevalier avec feuilles de chêne, ces deux décorations obtenues le 15 août 1940 et le 17 février 1942 (n° 75). Le général von Langermann trouvera la mort au front le 3 octobre 1942.

6. Plus loin, sur un *Panzer IV*, un officier observe attentivement le terrain.

(BA 101 I 216/404/8a,10a,11a,15a,27a,30a)

9. Panzer-Division on the Eastern front (July 1942)

The photographer has now approached the divisional staff whose members are in a half-track parked right alongside Oberstleutnant Willing's tank.

1, 2 and *3*. Map in hand, Oberstleutnant Willing exchanges information with an Oberleutnant probably on the divisional staff.

4. Now Oberstleutnant Willing exchanges a few words with another officer. The latter is on a half-track bearing the conventional sign of a division (black, white and red pennant) over the number-plate; on the right, the division's emblem.

5. In the half-track, the photographer has caught General der Panzertruppe Willibald Frhr von Langermann und Erlencamp, commander of XXIV. Pz.K. on which 9. Panzer-Division then depended. Here Langermann is wearing his Knight's Cross with Oak Leaves, decorations he won on 15 August 1940 and 17 February 1942 (n° 75). General von Langermann was killed on the front on 3 October 1942.

6. Further on, an officer on a Panzer IV carefully surveys the terrain.

Le *Pz.Rgt. 7* de la *10. Panzer-Division* en Belgique (mai 1940)

La *10. Panzer-Division* est mise sur pied à Prague en avril 1939 avec les *Pz.Rgter 7* et *8*. Après la campagne de Pologne au cours de laquelle elle intervient peu, elle est engagée à l'Ouest au sein des *XIX.* puis *XIV. A.K. (mot.) (Gruppe Kleist)*. Commandée par le *Generalleutnant* Ferdinand Schaal, elle traverse le Luxembourg puis la Belgique avant de franchir la Meuse à Wadelincourt. Nous voyons ici les chars du *Pz.Rgt. 7* lors de leur entrée en Belgique. On remarquera notamment l'emblème de ce régiment, un lion, peint sur la tourelle d'un *Panzer III*.

(BA 101 I 124/243/13,16,21,16, 245/10a,12a)

Pz.Rgt. 7, 10. Panzer-Division in Belgium
(May 1940)

10. Panzer-Division was raised at Prague in April 1939 with Pz.Rgter 7 and 8. After the Polish campaign during which it had little to do, it was engaged in the West as part of XIX. then XIV. A.K. (mot.) (Gruppe Kleist). Commanded by Generalleutnant Ferdinand Schaal, it crossed through Luxembourg then Belgium before crossing the Meuse at Wadelincourt. Here we see the tanks of Pz.Rgt. 7 entering Belgium. Note in particular the emblem of that regiment, a lion, painted on the turret of a Panzer III.

La *11. Panzer-Division* sur le front de l'Est (été 1941)

La *11. Panzer-Division* voit le jour en août 1940. Elle est constituée avec la *11. Schützen-Brigade* et le *Pz.Rgt.15*, issu de la *5. Panzer-Division*. Elle est engagée pour la première fois lors de l'opération « Marita » au cours de laquelle elle remporte de grands succès. Elle est ensuite envoyée sur le front de l'Est où elle combat en Ukraine avec le *XXXXVIII. A.K. (mot).* de la *Panzergruppe 1* sous les ordres du *Generalmajor* Ludwig Crüwell. Les photos qui suivent, dues à un photographe de la *Pz.PK 691*, ont été prises lors de l'avance de la division en Ukraine au cours de l'été 1941.

1. Épuisé, un motocycliste s'est affalé contre un véhicule appartenant à la 2ᵉ batterie du *Pz.Art.Rgt.119* et a sombré dans un sommeil profond. De telles images sont fréquentes dans les reportages montrant l'avance fulgurante des unités blindées allemandes en France en mai-juin 1940 ou en Russie au cours de l'été 1941. Sans cesse sur la brèche, les unités de motocyclistes parcourent des distances considérables dans un laps de temps réduit.

2. Un *Panzer II* du *Pz.Rgt.15* vient juste de s'arrêter et attend les ordres pour poursuivre sa route. Au loin, un véhicule soviétique brûle. Cette photo met bien en évidence le premier des cinq ressorts à lame qui caractérise le train de roulement du *Panzer II Ausf C*.

3 et **4.** Un *Panzer IV* franchit un fossé antichar comblé par le génie. Sur une piste boueuse, différents véhicules stationnent. La voiture au premier plan de la photo 4 porte l'emblème de la division, le fameux fantôme.

5. Des hommes font le point sur le capot d'une automobile. On distingue sur l'aile de cette dernière l'autre emblème de la *11. Panzer-Division*, le cercle barré verticalement, souvent arboré en même temps que le fantôme...

(BA 101 I 185/147/2a,4a,5a,8a,10a,11a.)

11. Panzer-Division on the Eastern front (summer 1941)

11. Panzer-Division came into being in August 1940. It was made up of 11. Schützen-Brigade and Pz.Rgt.15, taken from 5. Panzer-Division. It was engaged for the first time during Operation "Marita" when it won some great victories. It was later dispatched to the Eastern front where it fought in the Ukraine with XXXXVIII. A.K. (mot.), Panzergruppe 1 under Generalmajor Ludwig Crüwell. The photos that follow, the work of a photographer with Pz.PK 691, were taken as the division advanced in the Ukraine during the summer of 1941.

1. *An exhausted motorcyclist has collapsed against a vehicle belonging to the 2nd Battery of Pz.Art.Rgt.119 and fallen into a deep sleep. Pictures like this were common in reportages of the lightning advance of the German armored units in France in May-June 1940 or in Russia during the summer of 1941. Hard at it all the time, the motorcycle units covered considerable distances in a short space of time.*

2. *A Panzer II of Pz.Rgt.15 has just stopped and is awaiting orders to start up again. A Soviet vehicle is burning in the distance. This photograph clearly shows the first of the five leaf springs characteristic of the Panzer II Ausf C running gear.*

3 and **4.** *A Panzer IV crosses an antitank ditch filled in by the engineers. Various vehicles are parked on a mud track. The car in the foreground of photo 4 bears the divisional emblem, the famous ghost.*

5. *Men taking stock of the situation on the hood of a car carrying on its side 11. Panzer-Division's other emblem, a circle with a vertical line running through it, often placed along with the ghost...*

1

La *13. Panzer-Division* sur le front de l'Est
(juin-juillet 1941)

Mise sur pied en octobre 1940 à partir de la *13. Infanterie-Division (mot.)*, la *13. Panzer-Division* est dotée d'un seul *Pz.Rgt.*, le *Pz.Rgt. 4*. Après un séjour en Roumanie, la division participe à l'opération « Barbarossa » au sein du *XXXXVIII.* puis du *III.A.K. (mot.)* de la *Panzergruppe 1*. Ce reportage, retrouvé dans le fonds de la *Pz.PK 691*, date des mois de juin-juillet 1941.

1. Belle vue d'un char de commandement *(Panzer III)*. Il porte sur la tourelle l'emblème de la division (cercle avec croix).

2. Le char de la photo précédente stationnent maintenant près d'un *Panzer III* de la 8ᵉ compagnie du *Pz.Rgt. 4*.

3. Tandis que les chars *(Panzer IV* et *II)* restent immobiles, les fantassins ratissent le terrain. Cette photo illustre parfaitement la collaboration étroite entre les chars et l'infanterie (portée) telle qu'elle a été exposée par Guderian entre les deux guerres.

4. Sous les yeux étonnés des civils ukrainiens, un semi-chenillé appartenant à la première batterie du *Pz.Art.Rgt. 3*, traverse un village.

(BA 101 I 185/137 14a,15a,32.)

2

13. Panzer-Division on the Eastern front (June-July 1941)

Raised in October 1940 from 13. Infanterie-Division (mot.), 13. Panzer-Division had just one Pz.Rgt., Pz.Rgt. 4. After a time in Rumania, the division was involved in Operation "Barbarossa" as part of XXXXVIII. then III.A.K. (mot.), Panzergruppe 1. This reportage, found among the collections of Pz.PK 691, dates from June-July 1941.

1. *A fine shot of a command tank (Panzer III) carrying the divisional emblem (circle with cross) on the turret.*

2. *The tank in the previous photograph is now parked near a Panzer III of 8th Company, Pz.Rgt. 4.*

3. *While the tanks (Panzer IV and II) stand idle, the infantry comb the terrain. This photo is a perfect illustration of how the tanks and infantry (in personnel carriers) worked closely together, as expounded by Guderian between the two wars.*

4. *A half-track belonging to the 1st Battery of Pz.Art.Rgt. 3 passes through a village as astonished Ukrainian civilians look on.*

1

2

La *15. Panzer-Division* en Libye (printemps 1942)

La *15. Panzer-Division* est créée en novembre 1940 à partir de la *33. Infanterie Division* et du *Pz.Rgt. 8,* ce dernier issu de la *10. Panzer-Division.* Après une période d'entraînement, elle débarque en Libye au mois de mai 1941 et participe à toutes les batailles menées par le *Deutschs Afrikakorps.* Le reportage présenté ici date de l'année 1942.

1. Précédé d'un char, un semi-chenillé avance dans l'immensité plate du désert libyen.

2. Profitant d'une halte, un *Unteroffizier,* émergeant de la trappe latérale de la tourelle de son char, prend l'air.

3, 4 et **5.** Sur un char appartenant à la *II. Abteilung* du *Pz.Rgt. 8,* l'*Oberst* Ernst Gunther Baade, chef du *Schützen-Rgt. 115,* donne ses instructions. On remarquera à l'avant du char, sous la tourelle, l'emblème de l'*Afrikakorps* (le fameux palmier à croix gammée) et celui de la *15. Panzer-Division.*

(BA 101 I 784/222/23,29,32a,33a,35)

15. Panzer-Division in Libya (spring 1942)

15. Panzer-Division was formed in November 1940 from 33. Infanterie Division and Pz.Rgt. 8, the latter itself drawn from 10. Panzer-Division. After a training period, it landed in Libya in May 1941 and took part in all the battles fought by the Deutsches Afrikakorps. The reportage presented here dates from 1942.

1. *In the wake of a tank, a half-track advances across the vast plateau of the Libyan desert.*

2. *An Unteroffizier emerges from his tank turret side hatch to get some fresh air during a stop.*

3, 4 and **5.** *On a tank belonging to II. Abteilung, Pz.Rgt. 8, Oberst Ernst Gunther Baade, commander of Schützen-Rgt. 115, issues instructions. Note on the front of the tank, under the turret, the Afrikakorps emblem (the famous palm-tree and swastika) and that of 15. Panzer-Division.*

La *16. Panzer-Division* sur le front de l'Est
(secteur de Stalingrad, été 1942)

Nous quittons maintenant le désert libyen pour retrouver le front russe et la *16. Panzer-Division*. Cette dernière, mise sur pied en novembre 1940, est engagée pour la première fois lors de l'opération « Marita ». Elle rejoint ensuite le front de l'Est où elle combat en Ukraine avec la *Panzergruppe 1.* Au printemps 1942, elle participe à l'opération « bleu » avec le *III. Pz.K.* (*1. Panzer-Armee*) puis avec le *XIV. Pz.K.* (*6. Armee*), parvenant jusqu'à Stalingrad.

Les photos que nous voyons ici, prises par un photographe d'une compagnie de propagande de la *Luftwaffe* (*KBK Lw 8*) nous montrent des chars *(Panzer IV)* appartenant à la 4ᵉ compagnie du *Pz.Rgt. 2* lors de leur avance dans la boucle du Don. On distingue sur l'un d'eux ainsi que sur une pancarte, l'emblème de la division (un Y barré).

(BA 101 I 453/1019/25,29,30,32,34.)

16. Panzer-Division on the Eastern front (Stalingrad sector, summer 1942)

We now leave the Libyan desert to return to the Russian front and 16. Panzer-Division. This division was raised in November 1940, and engaged for the first time in Operation "Marita". It was later moved to the Eastern front where it fought with Panzergruppe 1 in the Ukraine. In the spring of 1942, It took part in Operation "Blue" with III. Pz.K. (1. Panzer-Armee) then with XIV. Pz.K. (6. Armee), advancing as far as Stalingrad.

The pictures we see here were taken by a photographer of a Luftwaffe propaganda company (KBK Lw 8) and show tanks (Panzer IV) of 4th Company, Pz.Rgt. 2 during their advance in the bend of the Don River. We see one of them here, and also a sign bearing the division's emblem (a crossed Y).

La *21. Panzer-Division* en Libye (fin 1941)

La *21. Panzer-Division* est créée en août 1941. Elle est directement issue de la *5. Leichte Division*, unité formée entre autres avec des éléments issus de la *3. Panzer-Division* et débarquée en Libye dès le mois de mars 1941. Commandée par le *Generalmajor* Johann von Ravenstein puis, après la capture de ce dernier, par le *Generalmajor* Karl Böttcher, la division participe à toutes les opérations menées par l'*Afrikakorps* en Libye en 1941. Le reportage présenté sur cette double-page a été réalisé près de l'Arco dei Fileni dans le golfe de Syrte, à la fin de l'année 1941.

1. Les chars du *Pz.Rgt. 5* (on distingue à droite un *Panzer II*) stationnent dans le désert où les hommes ont établi leur bivouac. Le vent de sable (le fameux ghibli) vient de se lever.

2. Muni de ses lunettes indispensables pour se protéger du sable, un homme rejoint son char. Ce dernier (un *Panzer II*) porte encore (sur le côté sous la tourelle) l'emblème de la *3. Panzer-Division* unité de rattachement du *Pz.Rgt. 5* avant son attribution à la *5. Leichte division*.

3, 4 et **5.** Malgré le vent de sable, deux hommes effectuent une réparation sur le train de roulement (rouleaux porteurs) du *Panzer IV* du chef de la 4ᵉ compagnie du *Pz.Rgt. 5*.

(BA 101 I 782/6/13,14,16,18,21.)

3

21. Panzer-Division in Libya (late 1941)

21. Panzer-Division was raised in August 1941. It was drawn directly from 5. Leichte Division, a unit formed with among others elements drawn from 3. Panzer-Division, and landed in Libya in March 1941. Commanded first by Generalmajor Johann von Ravenstein, then, when he was captured, by Generalmajor Karl Böttcher, the division took part in all operations involving the Afrikakorps in Libya in 1941. The reportage presented on this two-page spread was made near Arco dei Fileni in the Gulf of Sidra, late in 1941.

1. *Tanks of Pz.Rgt. 5 (a Panzer II can be seen on the right) parked in the desert where the men have bivouacked. A sandstorm (the famous ghibli) has just blown up.*

2. *A man joins his tank, wearing goggles needed to keep the sand out of his eyes. The tank (a Panzer II) still bears on the side under the turret the emblem of 3. Panzer-Division, the unit to which Pz.Rgt. 5 was attached before it was allocated to 5. Leichte division.*

4, 5 and **6.** *Despite the sandstorm, two men make repairs to the running gear (wheel system) on the Panzer IV of the commander of 4th Company, Pz.Rgt. 5.*

4

5

La *24. Panzer-Division* sur le front de l'Est
(août septembre 1942)

La *24. Panzer-Division* est créée en novembre 1941 par transformation de la *1. Kavallerie Division*. Jusqu'au printemps 1942, elle s'entraîne en Prusse Orientale puis en France au camp de Mailly. En juin 1942, elle participe à l'opération « Bleu » avec le *XXXXVIII.Pz.K.* de la *4. Panzer-Armee*. Le dernier reportage qui suit a été réalisé par un photographe de la *Pz.PK 694* en août-septembre de la même année lors de la conquête de la boucle du Don.

1. Le chef d'un des deux *Schützen Regimenter* de la *24. Schützen-Brigade* donne ses instructions. Sur l'aile du semi-chenillé *(SdKfz 251)*, le fanion (peint en noir et vert) indique qu'il s'agit du véhicule du commandeur d'un *Schützen Regiment*.

2 et **3**. Profitant de quelques instants de répit, un *Gefreiter* procède au camouflage de son véhicule. Quelques coups de pinceau avec de la peinture foncée font l'affaire.

4. L'ordre de départ est donné. Les semi-chenillés (dont celui du commandeur du régiment reconnaissable à son antenne cadre) reprennent leur progression à travers l'immense steppe ukrainienne...

5, 6 et **7**. Nouvel arrêt ! L'ennemi est signalé. Les hommes sont tendus, prêts à riposter. Le chef d'un semi-chenillé observe attentivement le terrain...

(BA 101 I 216/488/3a,4a,5a, 493/19,22,27,31.)

24. Panzer-Division on the Eastern front (August September 1942)

24. Panzer-Division was formed in November 1941 following a transformation of 1. Kavallerie Division. Until the spring of 1942, it trained in East Prussia then at Mailly camp in France. In June 1942, it took part in Operation "Blue" with XXXX-VIII.Pz.K. (4. Panzer-Armee). The last reportage below made by a photographer of Pz.PK 694 in August-September of the same year during the conquest of the bend in the Don River.

1. The commander of one of the two Schützen-Regimenter of 24. Schtüzen Brigade issues his instructions. On the wing of the half-track (SdKfz 251), the pennant (painted in black and green) indicates that it is the Schützen Regiment commander's vehicle.

2 and 3. A Gefreiter spends a short break camouflaging his vehicle. A few splashes of dark paint will do the trick.

4. The order to leave is given. The half-tracks (including the regimental commander's, recognizable by its loop antenna) resume their advance across the immense Ukrainian steppes...

5, 6 and 7. Another stop! An enemy sighting has been reported. The men are tense, ready to fight back. A half-track commander carefully surveys the terrain...

Glossaire
(termes et abréviations allemands)

Grades et fonctions :

- Leutnant : sous-lieutenant

- Oberleutnant : lieutenant

- Hauptmann : capitaine

- Rittmeister : capitaine de cavalerie

- Major : commandant

- Oberstleutnant : lieutenant-colonel

- Oberst : colonel

- Generalmajor : général de brigade

- Generalleutnant : général de division

- General der Panzertruppe, Kavallerie, Infanterie, etc. :
  général de corps d'armée (avec l'arme d'origine)

- Generaloberst : général d'armée

- Generalfeldmarschall (GFM) : maréchal

- Arko (Artillerie Kommandeur) :
  chef de l'artillerie d'une division.

- H.Arko (Höhere Artillerie Kommandeur) :
  chef de l'artillerie d'un corps d'armée, armée ou
  groupe d'armées.

- Ia : officier breveté d'état-major chargé des opérations dans une division, un corps d'armée ou une
  armée. Il peut parfois cumuler cette fonction avec
  celle de chef d'état-major

- i.V. (in Vertretung) : en remplacement.

- Korück (Kommandeur der rückwärtigen Verbindungen) : chef de la zone arrière d'une armée.

- m.d.F.b. (mit der Führung beauftragt) :
  en charge de commandement (généralement en
  cas d'absence du commandant en titre).

- Mil. Bef. (Militärbefehlshaber) :
  gouverneur militaire

- OFK (Oberfeldkommandant) :
  chef d'une Kommandantur.

- z.b.V. (zur besonderen Verwendung oder Verfügung) :
  à emploi particulier (ou disposition particulière)

Unités :

- Arm.Abt. (Armee-Abteilung) : détachement d'armée

- A.K. (Armee-Korps) : corps d'armée

- A.K. (mot.) (Armee-Korps motorisiert) :
  corps d'armée motorisé

- Aufkl.Abt (Aufklärungs-Abteilung) :
  groupe de reconnaissance.

- Falls.Jäg.Div. (Fallschirmjäger-Division) :
  division de chasseurs parachutistes

- Geb.Div. (Gebirgs-Division) : division de montagne

- HPA (Heeres Personal Amt) :
  office du personnel de l'armée de terre.

- HWA (Heeres Waffen Amt) :
  office de l'armement de l'armée de terre.

- Inf.Div. (Infanterie-Division) : division d'infanterie

- Inf.Rgt. (Infanterie-Regiment) : régiment d'infanterie

- Jäg.Btl., Div. (Jäger-Bataillon, Division) :
  bataillon de chasseur

- Kav.Div. (Kavallerie-Division) : division de cavalerie

- Krad.Batl. (Kraftrad-Bataillon) :
  bataillon de motocyclistes.

- Lei.Div. (Leichte-Division) : division légère

- Lw.Feld.Div. (Luftwaffen-Feld-Division) :
  division de campagne de la Luftwaffe

- Nachr.Abt., Rgt. (Nachrichten-Abteilung, Regiment) :
  groupe, régiment de transmissions.

- Nachsch.Abt. (Nachschub-Abteilung) :
  groupe d'approvisionnement

- OKH (Oberkommando des Heeres) :
  état-major de l'armée de terre.

- OKW (Oberkommando der Wehrmacht) :
  état-major suprême de la Wehrmacht.

- Pi.Btl., Rgt. (Pionier-Bataillon, Regiment) :
  bataillon, régiment du génie.

- Pz.Armee (Panzer-Armee) : armée blindée

- Pz.Abw.Abt. (Panzer-Abwehr-Abteilung) :
  groupe antichar

- Pz.Art.Rgt. (Panzer-Artillerie-Regiment) :
  régiment d'artillerie blindé

- Pz.Gren.Rgt. (Panzer-Grenadier-Regiment) :
  régiment de grenadiers blindé

- Pz.Gr. (Panzer-Gruppe) : groupe blindé

- Pz.K. (Panzer-Korps) : corps d'armée blindé

- Pz.Rgt. (Panzer-Regiment) : régiment de chars

- Radf.Btl. (Radfahrer-Bataillon) :
  bataillon de cyclistes.

- Reit.Rgt. (Reiter-Regiment) : régiment de cavalerie

- Res.Pz.Div. (Reserve-Panzer-Division) :
  division blindée de réserve

- Schütz.Rgt., Brig. (Schützen-Regiment, Brigade) :
  régiment, brigade d'infanterie motorisée

- V.G.D. (Volksgrenadier-Division) :
  division de grenadiers du peuple.

Glossary
(German terms and abbreviations)

Ranks and duties :

- Leutnant : 2nd Lieutenant

- Oberleutnant : 1st Lieutenant

- Hauptmann : Captain

- Rittmeister : Captain in the cavalry

- Major : Major

- Oberstleutnant : Lieutenant-Colonel

- Oberst : Colonel

- Generalmajor : Brigadier-General

- Generalleutnant : Major-General

- General der Panzertruppe, Kavallerie, Infanterie, etc. : Lieutenant-General (with the arm served)

- Generaloberst : General

- Generalfeldmarschall (GFM) : General of the Army/Field-Marshal

- Arko (Artillerie Kommandeur) : Artillery commander of a division.

- H.Arko (Höhere Artillerie Kommandeur) : artillery commander of a corps, army or army group.

- Ia : chief-of-staff in charge of operations with a division, a corps or an army. Sometimes combined these duties with those of chief-of-staff

- i.V. (in Vertretung) : replacement.

- Korück (Kommandeur der rückwärtigen Verbindungen) : commander of the rear of an army.

- m.d.F.b. (mit der Führung beauftragt) : in charge of command (generally in the absence of the titular commander).

- Mil. Bef. (Militärbefehlshaber) : military governor

- OFK (Oberfeldkommandant) : Commander of a Kommandantur.

- z.b.V. (zur besonderen Verwendung oder Verfügung) : for special use (or special provision)

Units :

- Arm.Abt. (Armee-Abteilung) : army detachment

- A.K. (Armee-Korps) : army corps

- A.K. (mot.) (Armee-Korps motorisiert) : motorized army corps

- Aufkl.Abt (Aufklärungs-Abteilung) : reconnaissance group.

- Falls.Jäg.Div. (Fallschirmjäger-Division) : parachutist rifles division

- Geb.Div. (Gebirgs-Division) : mountain division

- HPA (Heeres Personal Amt) : army personnel office.

- HWA (Heeres Waffen Amt) : army armament office.

- Inf.Div. (Infanterie-Division) : infantry division

- Inf.Rgt. (Infanterie-Regiment) : infantry regiment

- Jäg.Btl., Div. (Jäger-Bataillon, Division) : rifles battalion, division

- Kav.Div. (Kavallerie-Division) : cavalry division

- Krad.Batl. (Kraftrad-Bataillon) : motor-cyclist battalion.

- Lei.Div. (Leichte-Division) : light division

- Lw.Feld.Div. (Luftwaffen-Feld-Division) : Luftwaffe field division

- Nachr.Abt., Rgt. (Nachrichten-Abteilung, Regiment) : signals group, regiment.

- Nachsch.Abt. (Nachschub-Abteilung) : supply group

- OKH (Oberkommando des Heeres) : army high command.

- OKW (Oberkommando der Wehrmacht) : Wehrmacht supreme command.

- Pi.Btl., Rgt. (Pionier-Bataillon, Regiment) : engineers battalion, regiment.

- Pz.Armee (Panzer-Armee) : armored army

- Pz.Abw.Abt. (Panzer-Abwehr-Abteilung) : armored defense group

- Pz.Art.Rgt. (Panzer-Artillerie-Regiment) : armored artillery regiment

- Pz.Gren.Rgt. (Panzer-Grenadier-Regiment) : armored grenadiers regiment

- Pz.Gr. (Panzer-Gruppe) : armored group

- Pz.K. (Panzer-Korps) : armored corps

- Pz.Rgt. (Panzer-Regiment) : tank regiment

- Radf.Btl. (Radfahrer-Bataillon) : cyclist battalion.

- Reit.Rgt. (Reiter-Regiment) : cavalry regiment

- Res.Pz.Div. (Reserve-Panzer-Division) : reserve armored division

- Schütz.Rgt., Brig. (Schützen-Regiment, Brigade) : motorized infantry regiment, brigade

- V.G.D.(Volksgrenadier-Division) : grenadier division.

Bibliographie - *Bibliography*

1) Sur les généraux/*On the generals* :

- Alman (K.) *Mit Eichenlaub und Schwerten*, Rastatt (Erich Pabel Verlag) 1971.
- Bradley (D.), Hildebrand (K.F.), Rüverkamp (M.), Brockmann (M.) *Die Generale des Heeres*, Osnabrück (Biblio Verlag) 1993-2000 (cinq volumes parus s'arrêtant à la lettre H, *5 volumes up to the letter*).
- Brett-Smith (R.) *Hitler's generals*, London 1976, 306 p.
- Fellgiebel (W.P.) *Die Träger des Ritterkreuz des Eisernen Kreuzes 1939-1945*, Friedberg (Podzun Pallas Verlag) 1986, 480 p.
- Fraschka (G.) *Mit Schwerten und Brillanten*, Wiesbaden-München (Limer Verlag) 1977.
- Keilig (W.) *Die Generale des Heeres im 2.Weltkrieg 1939-1945*, Dorheim (Podzun) 1983, 429 p.
- Müller-Witten (H.) *Mit dem Eichenlaub zum Ritterkreuz* Rastatt (Erich Pabel Verlag), 1962.
- Seemen (G. von) *Die Ritterkreuztträger 1939-1945*, Bad Nauheim (Podzun) 1955, 323 p.
- Stockert (P.) *Die Eichenlaubträger 1940-1945*, Bad Friedrichshall (Friedrichshaller Rundblick Verlag) 1996, 4 vol. 292, 300, 276 & 172 p.

2) Sur les Panzertruppen/*On the panzertroops* :

- Bauer (E.) *La guerre des blindés*, Paris (Payot) 1962, 2 vol.
- Bender (J.), Odegard (W.), *Uniforms, Organization and History of the Panzertruppen,* San Jose-California (Bender) 1980, 336 p.
- Guderian (H.) *Souvenirs d'un soldat*, Paris (Plon) 1954, 446 p. [*Panzer leader*, New York (Ballantine Books), 1957].
- Held (W.) *Verbände und Truppen der deutschen Wehrmacht und Waffen-SS*, Osnabrück 1978, 649 p.
- Keilig (W.) *Rangliste des Deutschen Heeres 1944-1945,* Bad Nauheim (Podzun) 1955.
- *Das Deutsche Heer 1939-45, Gliederung-Einsatz-Stellenbesetzung*, Bad Nauheim (Podzun) 1956.
- Lentz (T.L.) *Panzertruppen, the complete guide to the creation and combat employment of Germany's tank force 1933-1945*, Atglen/USA (Schiffer) 1996, 2 vol. 287 & 300 p.
- Macksey (K.J.) *Panzer Division*, Londres 1968, 160 p.
- Meßner (K.) *Die Deutsche Wehrmacht 1939-1945, Führung und Truppe*, Nerdersfeldt (Militair Verlag) 1993.
- Mellenthin (H. von) *Panzer Battles 1939-1945*, Londres 1955, 371 p.
- Mitcham (S.W.) *Hitler's Legions (German Army, Order of battle World War II)*, London (Leo Cooper) 1985, 540 p.
- Mueller-Hillebrand *Das Heer 1933-1945*, Frankfurt/Main 1954, 3 vol. de 187, 200 & 325 p.
- Piekalkiewicz (J.) *Krieg der Panzer 1939-1945*, s.l. 1982, 332 p.
- Scheibert (H.) *Die deutsche Panzertruppe*, Bad Nauheim (Podzun) 1966, 273 p.
- *Kampf und Untergang der deutschen Panzertruppe*, Dorheim (Podzun) 1974, 304 p.
- Scheibert (H.) Lefèvre (E.) *Les panzers de la Seconde Guerre mondiale*, Paris (Copernic) 1981, 278 p.
- Schmitz (P.), Thies (K.-J.), *Die Truppenkennzeichen der Verbände und Einheiten der deutschen Wehrmacht und Waffen-SS und ihre Einsätze im Zweiten Weltkrieg 1939-1945*, Osnabrück (Biblio Verlag) 1987.
- Tessin (G.) *Verbände und Truppen der Deutschen Wehrmacht und Waffen-SS*, Osnabrück (Biblio Verlag) 1965, 14 vol.

Achevé d'imprimer
sur les presses de l'OCEP
4ᵉ trimestre 2001

11-25-2017   00
LIST PRICE = 99.

$61.84